Veröffentlichungen der Sektion Religionssoziologie der Deutschen Gesellschaft für Soziologie

Reihe herausgegeben von

Marc Breuer, Katholische Hochschule Nordrhein-Westfalen, Paderborn, Deutschland

Linda Hennig, Universität Münster, Münster, Deutschland

Jens Köhrsen, Universität Basel, Basel, Schweiz

Insa Pruisken, Universität Bremen, Bremen, Deutschland

Annette Schnabel, Soziologie, Heinrich-Heine-Universität Düsseldorf, Düsseldorf, Deutschland

Alexander Yendell, Universität Leipzig, Leipzig, Deutschland

Jonas Kolb

Muslimisches Leben und religiöse Bildung in der Gegenwartsgesellschaft

Befunde und Reflexionen zu Migration, Integration und religiöser Diversität

 Springer VS

Jonas Kolb
Universität Innsbruck
Innsbruck, Österreich

Gedruckt mit freundlicher Unterstützung durch den Forschungsschwerpunkt ‚Kulturelle Begegnungen – Kulturelle Konflikte‘, das Dekanat der Fakultät für LehrerInnenbildung und das Vizerektorat für Forschung der Universität Innsbruck.

■ universität
■ innsbruck

Bei der vorliegenden Publikation handelt es sich um die geringfügig überarbeitete kumulative Habilitationsschrift, die 2023 an der Fakultät für LehrerInnenbildung der Universität Innsbruck angenommen wurde.

ISSN 2627-8537   ISSN 2627-8545   (electronic)
Veröffentlichungen der Sektion Religionssoziologie der Deutschen Gesellschaft für Soziologie
ISBN 978-3-658-42403-9   ISBN 978-3-658-42404-6   (eBook)
https://doi.org/10.1007/978-3-658-42404-6

Die Deutsche Nationalbibliothek verzeichnet diese Publikation in der Deutschen Nationalbibliografie; detaillierte bibliografische Daten sind im Internet über http://dnb.d-nb.de abrufbar.

Planung: Cori Antonia Mackrodt
Lektorat: Roswitha Fraller
Springer VS ist ein Imprint der eingetragenen Gesellschaft Springer Fachmedien Wiesbaden GmbH und ist ein Teil von Springer Nature.
Die Anschrift der Gesellschaft ist: Abraham-Lincoln-Str. 46, 65189 Wiesbaden, Germany

Das Papier dieses Produkts ist recyclebar.

Vorwort

Dieses Buch stellt die überarbeitete Fassung meiner kumulativen Habilitationsschrift dar, die ich an der *Fakultät für LehrerInnenbildung* der Universität Innsbruck unter dem Titel ,Muslimische Alltagspraxis und religiöse Bildung in der Gegenwartsgesellschaft. Religionssoziologische Befunde und bildungsbezogene Reflexionen' im Juni 2022 eingereicht habe. Im Mai 2023 wurde mir die Lehrbefugnis für das Fach ,Religionssoziologie und religiöse Bildung' verliehen. Die Habilitationsschrift besteht aus einer Rahmenschrift sowie insgesamt zehn Aufsätzen, die in englischer oder deutscher Sprache teils in Alleinautorenschaft, teils gemeinsam mit anderen Autor*innen im Zeitraum zwischen 2017 und 2022 erschienen sind. Für das vorliegende Buch wurden die bereits publizierten Texte zum Teil geringfügig überarbeitet.

Das vorliegende Buch bringt meine in verschiedenen Zeitschriften oder Sammelbänden zu unterschiedlichen Zeitpunkten erschienenen Aufsätze in eine thematische Abfolge und in einen Zusammenhang zueinander. Dabei werden die Beiträge in eine Rahmenschrift (**Teil I: Einführung** und **Teil IV: Synopse**) systematisch neu eingebettet, wodurch die inhaltliche Einbindung in den islambezogenen Forschungsstand im deutschsprachigen Raum und die Auseinandersetzung mit bestehenden Forschungslücken besser sichtbar wird als in den separaten einzelnen Aufsätzen. Zudem wurden englischsprachige Veröffentlichungen ins Deutsche übertragen. In Summe werden damit die thematisch miteinander verbundenen Artikel in diesem Buch erstmals gemeinsam einem deutschsprachigen Publikum zugänglich gemacht.

Ohne die vielfältige Unterstützung, die ich von verschiedenen Seiten erfahren habe, hätte dieses Buch in der vorliegenden Form nicht erscheinen können. Zu dessen Entstehung haben viele Menschen auf unterschiedliche Weise beigetragen.

Herzlich danken möchte ich zunächst meiner Familie, insbesondere meinen Eltern, Anita und Peter, sowie meinen Geschwistern Anna-Lena, Jan und Maria, für
ihren Beistand und ihre Unterstützung über all die Jahre.

Mein größter Dank gebührt Martina Weissenböck für ihren selbstlosen Beistand und ihre fortwährende Ermutigung. Indem sie mich immer bestärkt und mir
unter die Arme gegriffen hat, nicht nur dann, wenn es notwendig war, hat sie den
Prozess des Habilitierens sowie die Fertigstellung des vorliegenden Buches erst
ermöglicht.

Mein Dank gebührt dann vor allem Zekirija Sejdini, der meinen Habilitations-
prozess stetig und auf verschiedene Weise gefördert und maßgeblich unterstützt
hat. Danken möchte ich ebenso meinen Kolleg*innen am *Institut für Islamische
Theologie und Religionspädagogik* und der *Fakultät für LehrerInnenbildung* der
Universität Innsbruck, Nicola Brocca, Ursula Dissertori, Ann-Kathrin Dittrich,
Julia Eitzinger, Khalid El-Abdaoui, Rahel Fischbach, Aykut Gelengec, Margareth
Graf, Katharina Kuess, Sigrid Moser und Antigona Shabani, deren Unterstützung
und Ideen – im Zuge einer Vielzahl von Gesprächen und Diskussionen – Eingang
in das vorliegende Buch gefunden haben.

Mein besonderer Dank gilt auch den Mitgliedern meiner Habilitationskom-
mission, Markus Ammann, Asligül Aysel, Hajret Beluli, Suzanne Kapelari, Hana
Muzaferovic, Martin Rothgangel, Zekirija Sejdini und Abdullah Takim, der Kom-
missionsvorsitzenden Martina Kraml, sowie den Gutachter*innen meiner Habilitationsschrift, Marc Hill, Yasemin Karakaşoğlu und Kristina Stoeckl, deren wert-
volle Anregungen, kritische Anmerkungen und umfassende Feedbacks die vorliegende Arbeit substanziell bereicherten.

Besonders bedanken möchte ich mich zudem bei Ednan Aslan und Erol Yildiz, den Projektleitern der Studie ‚Muslimische Milieus in Österreich‘, deren
empirische Daten in einigen der versammelten Beiträge aufgegriffen wurden, bei
Reinhold Hohengartner für das umsichtige und schnelle Korrekturlesen der einge-
reichten Arbeit, bei Nicole M. Bauer, Clemens Pfeffer, Mehmet H. Tuna und Erol
Yildiz für die vielen konstruktiven Feedbacks und ausführlichen Diskussionen zu
einzelnen Bestandteilen der Habilitationsschrift ebenso wie für die fortwährende
kritische Begleitung meines Habilitationsprozesses, bei meinen Mitautor*innen der einzelnen Aufsätze sowie den Verlagen für ihr jeweiliges Einverständnis
zur Wiederveröffentlichung, beim Verlag Springer VS für die Drucklegung des

vorliegenden Buches, bei der Universität Innsbruck für die finanzielle Unterstützung der Publikation sowie nicht zuletzt bei Roswitha Fraller für das sorgfältige Lektorat.

Wien/Innsbruck Jonas Kolb
im Juli 2023

Inhaltsverzeichnis

Teil IV   Synopse

Abkürzungsverzeichnis

ALEVI	*Islamisch Alevitische Glaubensgemeinschaft in Österreich*
AMS	*Arbeitsmarktservice Österreich*
DITIB	*Türkisch-Islamischen Union der Anstalt für Religion* (Deutschland)
DPI	*Dokumentationsstelle Politischer Islam* (Österreich)
ESS	*European Social Survey*
FIDS	*Föderation Islamischer Dachorganisationen Schweiz*
FNRP	*Forschungsnetzwerk Radikalisierung und Prävention* (Deutschland)
IF	*Islamische Föderation* (Österreich)
IGGÖ	*Islamische Glaubensgemeinschaft in Österreich*
IGMG	*Islamische Gemeinschaft Milli Görüş* (Deutschland)
IRPA	*Islamischen Religionspädagogischen Akademie* (Österreich)
IS	*Islamischer Staat*
IZBA	*Verband Bosniakisch-Islamischer Vereine in Österreich*
KPH	*Kirchliche Pädagogische Hochschule* (Österreich)
OECD	*Organisation für wirtschaftliche Zusammenarbeit und Entwicklung*
ÖIF	*Österreichischer Integrationsfonds*
ÖRF	*Österreichisches Religionspädagogisches Forum*
OSZE	*Organisation für Sicherheit und Zusammenarbeit in Europa*
PVQ	*Portrait Value Questionnaire*
Q 1	*Quartil 1* (d. h. bestes Quartil bzw. obere 25 %)
RSS	*Religious Schema Scale*

SJR	*Scimago Journal & Country Rank*
UIKZ/VIKZ	*Union/Vereinigung Islamischer Kulturzentren in Österreich*
VIKZ	*Verband der Islamischen Kulturzentren* (Deutschland)
WBGU	*Wissenschaftlicher Beirat der Bundesregierung* (Deutschland)

Abbildungsverzeichnis

Tabellenverzeichnis

Teil I: Einführung

Einleitende Gedanken 1

Obwohl der Anteil der muslimischen Bevölkerung im deutschsprachigen Raum erst in den vergangenen Jahrzehnten markant gestiegen ist, reicht ihre Geschichte weit in die Zeit nach dem Zweiten Weltkrieg zurück. Über lange Zeit weitgehend unbeachtet und in wissenschaftlichen Forschungsarbeiten kaum thematisiert, hat sich die Situation des Islams und der muslimischen Bevölkerung seit dem 11. September 2001, auch bedingt durch die Ankunft der Islamischen Theologie als neuer wissenschaftlicher Disziplin in universitären Kontexten des deutschsprachigen Raums, deutlich gewandelt. Seitdem herrscht, um die Worte von Levent Tezcan zu benutzen, eine regelrechte „Goldgräberstimmung" (2003, S. 237) und eine Hochkonjunktur, was Forschungsarbeiten zu islambezogenen Themengebieten und zu Muslim*innen betrifft.

Besondere Aufmerksamkeit erfahren in der Forschung seitdem Fragestellungen, die beispielsweise auf religiöse Radikalisierung, Extremismus, Fundamentalismus oder Fragen der gesellschaftlichen Integration abzielen. Zu verzeichnen sind zudem Bemühungen von islamisch-theologischen universitären Institutionen, eigenständige Forschungstraditionen in den verschiedenen Teilbereichen der jungen akademischen Disziplin zu begründen – wie z. B. in der Islamischen Religionspädagogik, den Koranwissenschaften oder der Islamischen Normenlehre.

Über muslimische Lebenswirklichkeiten und Formen des Umgangs der breiten Mehrheit der muslimischen Bevölkerung mit religiösen Normen in alltäglichen Kontexten herrscht hingegen weitgehende Unwissenheit, da diese Bereiche in Forschungsarbeiten über lange Zeit vernachlässigt wurden und dadurch ein unterbelichtetes Terrain geblieben sind. Vor diesem Hintergrund plädiert Samuli

© Der/die Autor(en), exklusiv lizenziert an Springer Fachmedien Wiesbaden GmbH, ein Teil von Springer Nature 2024
J. Kolb, *Muslimisches Leben und religiöse Bildung in der Gegenwartsgesellschaft*, Veröffentlichungen der Sektion Religionssoziologie der Deutschen Gesellschaft für Soziologie, https://doi.org/10.1007/978-3-658-42404-6_1

Schielke dafür, statt den Fokus in islambezogenen Studien auf Traditionen oder diskursive Entwicklungslinien zu legen, die Praxis, Erfahrungen, Sorgen, Wünsche und Orientierungen von Muslim*innen und deren Alltag zu untersuchen (Schielke, 2010, S. 1 ff.).

Diese Leerstellen in der Forschung hielten Akteur*innen aber nicht davon ab, in öffentlichen Debatten pauschalisierende Urteile und Stereotype über den Islam und Muslim*innen zu verbreiten (Foroutan, 2012; Çakir, 2014). Dies hatte in Österreich beispielsweise zur Folge, dass Muslim*innen in erster Linie in Problemzusammenhängen erschienen: Der Bevölkerungsgruppe wurden Orientierungslosigkeit und Integrationsdefizite, parallelgesellschaftliche Strukturen, Gewaltbereitschaft, religiöser Fundamentalismus, archaische Geschlechtervorstellungen oder ein Hang zu religiös motiviertem Extremismus oder Fundamentalismus attestiert (ÖIF, 2012). Von der Zuschreibung solcher Tendenzen bleiben auch die Angehörigen der zweiten und dritten Migrationsgeneration, also Muslim*innen, die im deutschsprachigen Raum geboren und aufgewachsen sind, nicht verschont. Derart reduktive Sichtweisen vermitteln den Eindruck, bei der muslimischen Bevölkerung handle es sich um eine homogene Gruppe von Gläubigen, die sich durch ähnliche Auffassungen, Lebensweisen und Umgangsformen mit religiösen Normen, Ritualen oder Traditionen auszeichnet. Derartige Schablonen sind weit davon entfernt, die Diversität der religiösen Alltagspraxis und die Bandbreite muslimischer Lebenswelten abzubilden (siehe dazu: Aslan et al., 2017).

Der Eindruck der Homogenität resultierte auch daher, dass bei der Analyse von muslimischen Lebenswirklichkeiten über längere Zeit hinweg der Fokus entweder auf besonders gläubige Personen oder auf organisierte religiöse Strukturen gelegt wurde (ebd., 4). Auf diese Weise haben Forschungsbemühungen das Ihrige zur Verengung des Blicks auf die muslimische Präsenz in Medien und Öffentlichkeit auf Moscheegemeinden sowie auf Muslim*innen, die in muslimischen Einrichtungen aktiv sind oder diese regelmäßig aufsuchen, beigetragen. Das gängige Bild von Muslim*innen wurde damit oftmals nach dem Vorbild von praktizierenden Gläubigen konstruiert, die ihr gesamtes Leben nach religiösen Vorschriften und Normen ausrichten. Eine solche Vorgehensweise ist jedoch reichlich unangebracht und blendet die mögliche Variationsbreite religiöser Alltagspraxis und die Unterschiedlichkeit religiöser Überzeugungen vollkommen aus, wie verschiedene Studien nachdrücklich aufzeigen (z. B. Karakaşoğlu, 2000; Klinkhammer, 2000; Khorchide, 2007; von Wensierski & Lübcke, 2012; Aslan et al., 2017; Pfündel et al., 2021).

Die Diversität der muslimischen Alltagspraxis und die Variationsbreite sowie Vielschichtigkeit der Lebenswirklichkeiten der muslimischen Bevölkerung zu beleuchten, ist nun das Ziel der hier versammelten Beiträge. Dementsprechend zeichnen sie sich durch eine empirische Ausrichtung aus und nehmen oftmals eine Forschungsperspektive ein, die sich auf Alltagsroutinen und religiöse Praxisformen konzentriert – eine Herangehensweise, die fruchtbare Einblicke in die Lebenswelten der muslimischen Bevölkerung des deutschsprachigen Raums verspricht. Auf diese Weise leistet die vorliegende Schrift einen Beitrag zur Weiterentwicklung der islamisch-theologischen Studien, da sie die sozialtheoretischen Dimensionen der strukturellen Ebene und der Handlungsfähigkeit von Akteur*innen miteinander verschränkt (u. a. im Sinne der Strukturierungstheorie von Anthony Giddens [1984, S. 25]). Zudem knüpft sie damit auch an gegenwärtige praxistheoretische Debatten an, die in den vergangenen Jahrzehnten in den islamisch-theologischen Studien bereits angestoßen wurden (Aslan et al., 2017, S. 14; Akca et al., 2022).

Das vorliegende Buch bleibt jedoch nicht bei der Erarbeitung religionssoziologischer Befunde und der Beschreibung der religiösen Alltagspraxis der muslimischen Bevölkerung stehen, sondern eruiert auch, was die Erkenntnisse in bildungsbezogener Hinsicht bedeuten und wie sie in Bildungskontexten genutzt werden können. Brisanz hat das Thema Bildung und muslimische Bevölkerung in den vergangenen Jahren nicht zuletzt durch mediale Debatten erhalten. Spätestens durch die sogenannte ‚Wiener Kindergartenstudie' (Aslan, 2016) und die Buchveröffentlichungen der Wiener Lehrerin Susanne Wiesinger (Wiesinger & Thies, 2018) oder der Berliner Schulleiterin Doris Unzeitig (2019) erfährt der Bereich der schulischen Bildung in medialen und politischen Debatten besondere Aufmerksamkeit, wenn es um Muslim*innen oder den Islam geht. Seitdem ist das Schlagwort vom religiös motivierten ‚Kulturkampf' – in Anlehnung an die programmatische Schrift Samuel P. Huntingtons (1996) – ein beliebter Topos zur Beschreibung von konflikthaften Situationen im schulischen Alltag. Kinder, Jugendliche und Heranwachsende muslimischen Glaubens, die schulische Bildungseinrichtungen besuchen, werden seitdem gerne als Problemfälle unter alleinig negativen Vorzeichen gesehen und oft auf ihre religiöse Zugehörigkeit reduziert (Yildiz, 2018). Obwohl derartige Ansichten omnipräsent und weit verbreitet sind, ist ihre empirische Grundlage lückenhaft, eine Aneinanderreihung anekdotischer Erfahrungsberichte und nicht Ergebnis einer systematischen wissenschaftlichen Analyse der religiösen Alltagspraxis.

Vor diesem Hintergrund beabsichtigt das vorliegende Werk, aus evidenzbasierten Befunden über die Diversität der religiösen Alltagspraxis von Muslim*innen im deutschsprachigen Raum Implikationen für Bildungskontexte abzuleiten und damit Impulse für die Subdisziplin der Islamischen Religionspädagogik, für den schulischen islamischen Religionsunterricht, für interreligiöse

Lehr- und Lernkonzepte sowie für die Lehrer*innenbildung im Generellen zu geben. Religiöse Praxis und Bildung werden also nicht als voneinander isoliert betrachtet, sondern systematisch zusammengedacht. Ein solcher Brückenschlag wurde bis dato nur in Ausnahmefällen (z. B. Bukow & Yildiz, 2003; Karakaşoğlu, 2007; Barz & Spenlen, 2019) vorgenommen.

Von Relevanz sind die Zielsetzungen der hier versammelten Aufsätze aus verschiedenerlei Hinsicht. Sie erschließen sich zum einen nach einem Überblick über die Entwicklungstendenzen der Forschungslandschaft, die sich mit muslimischen Lebenswelten in der Gegenwartsgesellschaft und deren Implikationen in bildungsbezogener Hinsicht befasst. Auf diesem Weg erfolgt eine Einbettung der Analysen in den aktuellen Stand der islambezogenen Forschung[1]. Zum anderen ist das Buch auch vor dem Hintergrund der sich in der Konstitutionsphase befindlichen islamisch-theologischen Studien zu betrachten, in deren Gravitationsfeld sich die Erkenntnisinteressen und Anliegen der versammelten Beiträge bewegen. Besonderes Augenmerk kommt dabei dem Stellenwert der Empirie und empirischer Forschungsmethoden für die islamisch-theologischen Studien zu, der noch nicht abschließend geklärt ist und einer methodologischen Verortung bedarf.

Insgesamt befasst sich das vorliegende Werk mit der muslimischen Alltagspraxis, Lebenswirklichkeiten und daraus resultierenden bildungsbezogenen Fragen in den Ländern Deutschland, Österreich und der Schweiz. Obwohl sie vorrangig die Situation in Österreich behandeln, bergen die versammelten Beiträge wichtige Erkenntnisse für den gesamten deutschsprachigen Raum. Kap. 3 widmet sich ausführlich dieser Frage.

Hinsichtlich seiner Struktur ist der einleitende **Teil I: Einführung** der Arbeit so gestaltet, dass zunächst vier Bereiche – die Entwicklung der islamisch-theologischen Studien (Kap. 2), die Situation von Muslim*innen und des Islams in den Ländern des deutschsprachigen Raums (Kap. 3), die Entwicklungslinien und Schwerpunkte in der Forschungslandschaft (Kap. 4) sowie Begriffsklärungen (Kap. 5) – als Hintergrundfolien diskutiert werden. Erst dann können die Zielsetzungen und Erkenntnisinteressen der einzelnen Aufsätze (Kap. 6) in die islambezogenen Forschungsdiskurse entsprechend eingeordnet werden. In diesem Kontext werden dann auch deren Systematik und Abfolge vorgestellt.

---

[1] Unter der Bezeichnung ‚islambezogene Forschung' werden Studien gefasst, die sich thematisch mit dem Islam oder Muslim*innen befassen. Unter diese Bezeichnung fallen folglich nicht nur Forschungsarbeiten aus dem Feld der islamisch-theologischen Studien, sondern auch aus den Wissenschaftsbereichen der Islamwissenschaft, Orientalistik, Religionssoziologie oder den Bildungswissenschaften.

Islamisch-theologische Studien in universitären Kontexten

Entwicklung der Disziplin und Herausforderungen

Um die Erkenntnisinteressen und die Relevanz der vorliegenden Aufsatzsammlung entsprechend verorten zu können, gilt es zunächst einen Blick auf die Entwicklung der islamisch-theologischen Studien zu werfen.[1] Als vergleichsweise junges Phänomen in universitären Kontexten des deutschsprachigen Raums blicken die islamisch-theologischen Studien insgesamt auf eine sehr reichhaltige Tradition zurück. Ihre Blüte erlebten sie zwischen dem 8. und 12. Jahrhundert christlicher Zeitrechnung, wobei sie sich vor allem außerhalb Europas entwickelten, so u. a. auf der Arabischen Halbinsel oder im Nahen und Mittleren Osten. Jene Gegenden brachten ihre eigenen Voraussetzungen für die islamische Gelehrsamkeit mit sich und durchliefen andere geschichtliche Entwicklungen (Anawati, 1983; Krämer, 2007), und dies findet seinen Niederschlag darin, wie islamische Gelehrsamkeit in den jeweiligen Kontexten betrieben wird. Auf diesem Weg bildeten sich eigene Methoden, Gütekriterien oder Kommunikationswege

---

[1] Der Bereich der islamisch-theologischen Studien wird im Rahmen der vorliegenden Arbeit eingehend dargestellt, da der Autor in den vergangenen zehn Jahren in diesem Forschungsfeld tätig gewesen ist – von 2012 bis 2017 am *Institut für Islamische Studien* bzw. am *Institut für Islamisch-Theologische Studien* der Universität Wien sowie von 2017 bis 2023 am *Institut für Islamische Theologie und Religionspädagogik* der Universität Innsbruck. Die in diesem Band versammelten Beiträge wurden folglich im Kontext der islamisch-theologischen Studien verfasst, auch wenn einige von ihnen enge Bezüge zur Religionssoziologie aufweisen.

heraus, die sich nicht eins zu eins mit den aktuellen Wissenschaftstraditionen in Europa decken. Die Einbindung islamisch-theologischer Studien als wissenschaftliche Disziplin an den Universitäten des deutschsprachigen Raums vollzog sich erst in den vergangenen Jahren – in Österreich ab 2006, in Deutschland ab 2010 und in der Schweiz ab 2016 (Engelhardt, 2017, S. 8 f.; Brandner et al., 2022, S. 184). Entsprechend steht die wissenschaftliche Konzeptionalisierung der Islamischen Theologie und deren Einpassung in universitäre Kontexte erst am Anfang.

Die Initialzündung für eine Islamische Theologie an Universitäten in Deutschland erfolgte durch die ‚Empfehlungen zur Weiterentwicklung von Theologien und religionsbezogenen Wissenschaften an deutschen Hochschulen‘ (Wissenschaftsrat, 2010) durch den *Deutschen Wissenschaftsrat*. In der Folge wurden deutschlandweit verschiedene islamisch-theologische Zentren begründet. Dazu zählen Einrichtungen an der Universität Erlangen-Nürnberg, an der Goethe-Universität Frankfurt/Main & Universität Gießen (Kooperation), an der Universität Tübingen sowie an der Universität Osnabrück & Universität Münster (Doppelstandort) mit jeweils unterschiedlichen Bezeichnungen, Lehrstühlen oder inhaltlichen Ausrichtungen. An der Humboldt-Universität zu Berlin und der Universität Paderborn existieren seit wenigen Jahren weitere Zentren. In Österreich wiederum gibt es gegenwärtig zwei universitäre Standorte, an denen Islamische Theologie betrieben wird. Zum einen das *Institut für Islamisch-Theologische Studien* an der Universität Wien, zum anderen das *Institut für Islamische Theologie und Religionspädagogik* an der Universität Innsbruck. Mit dem *Schweizerischen Zentrum für Islam und Gesellschaft* (SZIG) an der Universität Fribourg/Freiburg besteht auch in der Schweiz ein Standort für islamisch-theologische Forschung. An der Universität Luzern wurde zudem eine Professur für Islamische Theologie eingerichtet (Aslan, 2022a, S. 31–35; Schweitzer & Ulfat, 2022, S. 70 f.).

Seit dem Zeitpunkt ihrer Gründung befinden sich die universitären Einrichtungen in einer Orientierungs- und Selbstfindungsphase (Sejdini, 2022a, S. 13–21). Neben organisatorischen Anfangsschwierigkeiten sind die Standorte auch mit den hohen Erwartungen konfrontiert, die an die universitäre Islamische Theologie von Gesellschaft und Politik im Hinblick auf Themen wie Integration, Deradikalisierung und religiöser Extremismus herangetragen werden (Aslan, 2008, S. 74; Brunner, 2012). Im Vergleich zu anderen Wissenschaftsbereichen bzw. Theologien hat sie nicht nur ein Fachpublikum bzw. eine Glaubensgemeinschaft und institutionalisierte Glaubensverbände anzusprechen, sondern eine Vielzahl weiterer Aufgaben zu bewältigen. So soll sie einerseits einen Umgang mit religionsrechtlichen Fragen, mit nicht-theologischer Islamforschung, mit traditioneller islamischer Gelehrsamkeit außerhalb Europas oder mit muslimischen

Gemeinschaften, Moscheevereinen und Verbänden finden. Andererseits ist sie aufgefordert, für die Ausbildung von Studierenden, die Entwicklung von Studiengängen, die Einbindung in den Universitätsbetrieb, die Anbahnung von Kommunikations- und Publikationswegen, die Durchführung von Forschungsprojekten und – nicht zuletzt – die Etablierung wissenschaftlicher Standards zu sorgen (Agai et al., 2014). Ein derart vielfältiges Spannungsfeld, in dem unterschiedlichste Faktoren zu berücksichtigen sind, macht die Etablierung der Islamischen Theologie in der universitären Wissenschaftslandschaft zu keinem leichten Unterfangen (Özsoy, 2015; Vimercati Sanseverino, 2016). Vielmehr droht die Gefahr einer Überstrapazierung der Disziplin, oder wie es Ömer Özsoy im Interview mit dem Berliner *Tagesspiegel* formulierte: „Die Islamische Theologie soll die Integration fördern, die Muslime moderieren und den Islam neu formieren – das alles auf einmal kann keine Disziplin schaffen" (zit. n. Brunner, 2012, S. 103). Vor dem Hintergrund der jungen Geschichte der Disziplin und partiell fehlender Fachexpertisen an Standorten diagnostizierte Harry Harun Behr (2014) daher ein Unbehagen in der Islamischen Theologie angesichts der vielfältigen Erwartungen.

Eine weitere Herausforderung stellt die Frage der Benennung der Wissenschaftsdisziplin dar. Die Bezeichnung ‚Islamische Theologie' wurde in der Vergangenheit kontrovers diskutiert (Engelhardt, 2017, S. 200 f.). Theologie ist ja grundsätzlich als die Anstrengung zu verstehen, die Lehren einer Religion von Gott und seiner Beziehung zu den Menschen systematisch darzustellen. Abgeleitet aus dem Griechischen – von den Wörtern *theós* (‚Gott') und *lógos* (‚Wort, Rede, Lehre') –, bedeutet der Begriff Theologie ‚die Lehre von Gott (oder von Göttern)' im Allgemeinen (Jung 2004, 14). Im Fokus stehen dabei die Lehren vom Inhalt eines spezifischen religiösen Glaubens und dessen Glaubensdokumenten im Besonderen.

Wiewohl sie auf der Offenbarung, auf heiligen Texten oder auf anderen religiösen Quellen fußt, ist Theologie nicht mit den Quellen oder Texten identisch, sondern das Ergebnis menschlichen Nachdenkens darüber. Demnach ist der Begriff nicht auf einen spezifischen Glauben oder eine spezifische Gottesvorstellung bezogen, sondern er konzeptualisiert in neutraler Weise die Lehre einer Religion von Gott und seiner Beziehung zu Menschen.

Dessen ungeachtet wurde von verschiedener Seite Kritik an der Bezeichnung ‚Islamische Theologie' formuliert.[2] Begründet wurde diese mit der Geschichte

---

[2] In den Empfehlungen des *Deutschen Wissenschaftsrates* wurde daher der Platzhalter ‚Islamische Studien' gewählt.

und Tradition des Begriffs ‚Theologie', da dieser eng mit der christlichen Religion in Verbindung steht, durch das Christentum geprägt ist und über eine lange Zeit hinweg an den europäischen Universitäten vorrangig als christliche Theologie betrieben wurde (Polat, 2008). Dies gilt auch für weitere theologische Begriffe wie z. B. ‚Religion', ‚Offenbarung', ‚Weltanschauung' und ‚Ideologie', die im historischen Kontext des Westens geprägt wurden (Waardenburg, 2002, S. 73). Bedingt durch die junge Präsenz der islamischen Gelehrsamkeit an den europäischen Universitäten ist die Etablierung von Begrifflichkeiten ein wichtiger Teil der Arbeit, den die Islamische Theologie zu leisten hat. Sie steht daher vor der Herausforderung, Theologie im aktuellen Kontext sowohl inhaltlich als auch begrifflich aus der eigenen Perspektive heraus und im Einklang mit der eigenen Tradition zu definieren.

Welche Bereiche den islamisch-theologischen Studien zuzurechnen sind, darüber gibt es ebenfalls unterschiedliche Auffassungen. Bekannte historische Differenzierungen stammen von al-Ghazālī (gest. 1111), aš-Šīrāzī (gest. 1311) oder von Muṣṭafā Ṭāškubrīzādah (gest. 1560/61) (Engelhardt, 2017, S. 75–77). Weit verbreitet ist ein Verständnis, das sich an aš-Šīrāzī orientiert. Dieser Lesart nach umfasst Islamische Theologie, so Ali Ghandour,

> jede Wissenschaft, die sowohl über Gott spricht, sei es mit rein intellektuellen Mitteln oder auch basierend auf der göttlichen Kunde (*waḥy*), als auch jede Wissenschaft, die sich hermeneutisch, philologisch, historisch oder normativ ethisch bzw. normativ rechtlich mit der göttlichen Kunde (*waḥy*) beschäftigt (Ghandour, 2018, S. 22 [Hervorh. i. Orig.]).

Nach diesem offenen Verständnis gelten als Bestandteil der Islamischen Theologie alle Bereiche und (Sub-)Disziplinen, die sich mit der göttlichen oder prophetischen Botschaft auseinandersetzen. Diese umfassen folglich sowohl die Auseinandersetzung mit theologischen Schriften und deren Gehalt als auch historische, normative, ethische, anthropologische, philosophische sowie gegenwartsbezogene Wissenschaftsbereiche, die sich mit Fragen der islamischen Bildung und muslimischen Lebenswirklichkeiten befassen.

Trotz der Kritik am Begriff Theologie und dessen Konnotationen hat sich in der Gegenwart die Bezeichnung Islamische Theologie durchgesetzt und wird in der Regel als Selbstbezeichnung und Dachbegriff für die verschiedenen Teilfelder wie die Koranwissenschaften, Islamische Philosophie oder Normenlehre verwendet. Der Grund dafür ist, dass die Bezeichnung Theologie im deutschsprachigen universitären Kontext anschlussfähig ist und als etablierter

Sammelbegriff für glaubensbezogene (Teil-)Wissenschaftsbereiche verwendet werden kann (Engelhardt, 2017, S. 203–205).[3]

Binnendifferenzierung der Islamischen Theologie

Mit dem Einzug in den säkularen Wissenschaftsbetrieb an europäischen Universitäten sah sich die Islamische Theologie vor eine neue Situation gestellt. Sich in diesen neuen Kontext einzufügen und dabei den gewachsenen historischen Traditionen der islamischen Gelehrsamkeit verpflichtet zu bleiben, stellt eine umfangreiche und vielseitige Herausforderung dar. Tatsächlich hat sich die Islamische Theologie seit der Gründung islamisch-theologischer Zentren und Institute an deutschsprachigen Universitäten stückweise ausdifferenziert. Jan Felix Engelhardt, der in seiner Studie (ebd.) zur Etablierung der Islamischen Theologie im deutschen Wissenschaftssystem diesem Prozess nachgeht, identifiziert als wichtigen Indikator hierfür die eingerichteten Lehrstühle. Der Bereich der islamisch-theologischen Studien, so Engelhardt, sei in eine Vielzahl an Subdisziplinen aufgefächert, denen jeweils unterschiedliches Gewicht zukomme. Während Bereichen wie der Islamischen Mystik, der Islamischen Philosophie oder der Geschichte des Islams eine nachgeordnete Bedeutung zuteilwird, nehmen die Hadithwissenschaften, Koranwissenschaften, die Islamische Normenlehre sowie die Systematische Theologie/Kalām – auf Letzteren lag in der Geschichte der Islamischen Theologie traditionellerweise das Hauptaugenmerk und in der Hierarchie der Subdisziplinen das größte Gewicht – einen hohen Stellenwert ein. Im deutschsprachigen Kontext der Gegenwart hat sich jedoch die Islamische Religionspädagogik zur wichtigsten Subdisziplin entwickelt (ebd., 164), die in der traditionellen Islamischen Theologie nicht verankert ist und mithin ein zeitgenössisches Phänomen darstellt.

Was in der Binnendifferenzierung der islamisch-theologischen Studien indes fehlt, ist eine Subdisziplin, die sich in erster Linie mit Phänomenen des muslimischen Alltagslebens, mit Lebenswirklichkeiten und dem Islam in Gegenwartsgesellschaften befasst und sich empirischer Forschungsmethoden bedient. Ein solcher Ansatz wird oftmals entweder als Teilbereich oder als Grundlage der Islamischen Religionspädagogik erachtet.

---

[3] In der vorliegenden Schrift wird für die Bezeichnung der Disziplin der Begriff ‚Islamische Theologie' sowie die offene Umschreibung ‚islamisch-theologische Studien' verwendet.

Zurückzuführen ist dies u. a. darauf, dass zur Frage, welcher Stellenwert der Empirie bzw. empirischen Befunden in der Islamischen Theologie zukommt, noch keine Übereinkunft besteht. In der Geschichte der Islamischen Theologie spielen theologische Schriften wie der Koran als Primärquelle sowie die Hadithe als Sekundärquelle die zentrale Rolle. Daneben sind Methoden islamischer Gelehrter, wie die Übereinstimmung *(iǧmā ')* und der Analogieschluss *(al-qiyās)* als Quellen der Erkenntnisgewinnung anerkannt.

Spätestens in universitären Kontexten des deutschsprachigen Raums ist die Islamische Theologie aber angehalten, nicht nur auf den traditionellen Methodenkanon zu setzen, sondern auch die Empirie in das epistemologische Repertoire aufzunehmen. Ertuğrul Şahin hält dies mit folgenden Worten fest:

> Das Empirieerfordernis in der Theologie erhält eine herausragende Bedeutung, wenn die europäisch-islamische Kompatibilität der Werte und Normen von der Ebene des Absoluten und Unveränderlichen in der Religion auf die Ebene der Historizität des Veränderlichen somit der gelebten Religion, der Kultur oder ihrer ideologischen Verfestigungen verlagert wird. (Şahin, 2017, S. 180)

Mit anderen Worten begründet sich die Empirieerfordernis in der Islamischen Theologie mit der Notwendigkeit, islambezogene Forschung zu kontextualisieren, Gegenwartsbezüge herzustellen sowie die religiöse Praxis und gelebte muslimische Lebenswirklichkeiten in die akademischen Reflexionen miteinzubeziehen.

Neben der Frage, welche Bedeutung der Empirie als erkenntnistheoretischer Quelle zukommt, ist ebenfalls zu klären, welche Rolle empirische Forschungsmethoden und Studien im Bereich der islamisch-theologischen Studien spielen können oder sollen. Zu betrachten ist diese Frage allgemein vor dem Hintergrund der Konstituierung als universitäre Disziplin im deutschsprachigen Raum. Denn auch wenn die Islamische Theologie bereits einige Herausforderungen gemeistert und wichtige Schritte gesetzt hat, steht die Etablierung einer anerkannten Bandbreite an Methoden und Arbeitstechniken, die dem Wissenschaftsverständnis an europäischen Universitäten entsprechen, noch aus. Klar erkennbar ist in dieser Hinsicht bereits eine grundsätzliche Unterscheidung einerseits in Subdisziplinen, in denen hermeneutische oder textanalytische Analysemethoden Anwendung finden (wie z. B. in den Koranwissenschaften, Hadithwissenschaften oder der Islamischen Normenlehre), und andererseits in Bereiche, die u. a. auf empirische Verfahren zurückgreifen. Letzteres ist insbesondere bei der Islamischen Religionspädagogik der Fall.

Zum Begriff Empirie

Bevor wir uns der Frage zuwenden, welche Rolle der Empirie oder empirischen
Methoden in der Islamischen Theologie zukommen kann, ist zu klären, was mit
‚Empirie' oder ‚empirisch' eigentlich gemeint ist. Fürs Erste lässt sich sagen,
dass der Begriff, der aus dem Griechischen *(empeiría)* stammt, wörtlich so viel
wie ‚Erfahrungswissen' bedeutet. Empirisch zu forschen bedeutet damit zunächst einmal, dass im Forschungskontext wissenschaftliche Erfahrungen eine
Rolle spielen. Welche Rolle dies ist und was unter Erfahrungswissen zu verstehen ist, gilt es zu definieren. Wie empirisches Forschen aussieht, ist somit
weniger eindeutig als es zunächst den Anschein hat. Zudem hat sich das, was in
Forschungskontexten als Empirie oder empirisch angesehen wurde, im Verlauf
der Geschichte verändert (Hug & Poscheschnik, 2020, S. 30–33). Auch zwischen
den Wissenschaftsdisziplinen bestehen Unterschiede in dieser Frage. Während
beispielsweise die Rechtswissenschaft Empirie durch eine normative Linse betrachtet, um die gesellschaftliche Wirklichkeit anhand von Rechtsnormen zu
gestalten und zu ordnen, werden in der Astronomie und Astrophysik Himmels-
körper als vorgegebene, vom Menschen unabhängige empirische Wirklichkeiten
gefasst, über die der Mensch mittels physikalischer Instrumente und Beobachtung
Auskunft erhalten kann (Kalbheim, 2016, S. 18). Daraus wird ersichtlich, dass
nicht in jeder Disziplin menschliche Erfahrungen mitgemeint sein müssen, wenn
von empirischen Zugängen oder empirischen Verfahren die Rede ist.

In sozialwissenschaftlichen Disziplinen steht jedoch menschliches Erfahrungswissen im Mittelpunkt, wenn über Empirie oder empirische Methoden reflektiert
wird. Bernhard Waldenfels bringt dies folgendermaßen zum Ausdruck:

> Empirie meint […] nicht das Vorhandensein von Daten und auch nicht deren Samm-
> lung in Datenbanken, sondern diese Vokabel weist zurück auf die aristotelische
> εμπειρία, die im wiederholten Umgang mit den Dingen Gestalt annimmt. Dazu ge-
> hört auch, dass wir durch Leiden und Enttäuschungen lernen. „Erfahrungen machen"
> heißt etwas durchmachen und nicht etwas herstellen. (Waldenfels, 2003, S. 19)

Empirie ist folglich etwas, das Forschende durchmachen, das sie herausfordert,
irritiert, in seinen Bann zieht oder durcheinanderwirbelt. Jedenfalls ist es nichts,
das von ihnen vollkommen unabhängig und losgelöst ist – wie ein Himmels-
körper in den Sphären des Orbits. Empirische Forschung zu betreiben heißt vielmehr, wissenschaftliche und auch menschliche Erfahrungen zu machen (Hug &
Poscheschnik, 2020, S. 29). Dies vollzieht sich in einem Prozess zwischen Forschenden und Untersuchungsgegenstand.

Für empirisches Forschen kann das Erfahrungen-Machen wiederum zweierlei bedeuten: einerseits menschliches Erfahrungswissen zu sammeln mit dem Ziel, Lebenswirklichkeiten bestmöglich abzubilden. Anderseits kann Forschung bestrebt sein, auf Basis analytischer Überlegungen Empfehlungen, Impulse oder Handlungsanleitungen zu formulieren, die in der erfahrungsbasierten Lebenswirklichkeit angewendet werden können. Diesen ambivalenten Charakter, der für sozialwissenschaftliche Disziplinen leitend ist, lässt sich mit den Worten von Thomas A. Lotz so zusammenfassen:

> Gegen die aus abstrakten Grundprinzipien auf dem Wege logischer Deduktion gewonnenen Einsichten der klassischen Geisteswissenschaften, die auf interner begrifflicher Kohärenz beruhten, trat die empirische Forschung gerade mit dem Anspruch an, Wirklichkeiten zu erfassen und in Forschungsergebnisse umzusetzen, und umgekehrt ihre Forschungsergebnisse immer wieder der Bewährung in der Wirklichkeit auszusetzen. (Lotz, 2007, S. 60)

Was die wissenschaftliche Erhebung von empirischem Erfahrungswissen betrifft, so gibt es in universitären Kontexten verschiedene Verfahren. Um die Potenziale empirischer Forschung und Methoden sichtbar zu machen, mag ein Blick auf Bezugsdisziplinen der islamisch-theologischen Studien – gemeint sind damit die Sozialwissenschaften und die Islamwissenschaft – hilfreich sein.

Empirie in den Sozialwissenschaften und der Islamwissenschaft

Die Frage, wie empirische Forschung durchgeführt werden kann, ist ein wiederkehrender Bestandteil der Debatten in den Sozialwissenschaften. In dieser wissenschaftlichen Disziplin hat sich hinsichtlich der wissenschaftlichen Erhebung von empirischem Erfahrungswissen im vergangenen Jahrhundert ein etablierter Kanon herausgebildet.

Die Zeiten, in denen empirische Erhebungen nur in Form statistischer oder experimenteller Methoden erfolgten, gehören der Vergangenheit an (Hug & Poscheschnik, 2020, S. 29). In der Gegenwart sind sowohl Verfahren der quantitativen (z. B. Fragebögen) und qualitativen (z. B. Beobachtungen, qualitative Leitfadeninterviews, Gruppendiskussionen) empirischen Erhebung als auch methodologische Forschungsprogramme (z. B. Grounded Theory, Ethnografie) oder Auswertungsmethoden (z. B. univariate und multivariate Statistik, qualitative Inhaltsanalyse) anerkannt und etabliert (Baur & Blasius, 2014).

Empirische Sozialforschung ist aber nicht nur die Beschreibung von Erfahrungswissen im Sinne von Erlebnisberichten. Vielmehr hat sie wissenschaftlichen Gütekriterien (z. B. Validität, Reliabilität oder intersubjektive Überprüfbarkeit) zu genügen. In den Sozialwissenschaften besteht das Ziel empirischer Forschung darin, soziale Wirklichkeit durch bestimmte Regeln und Verfahren in abstrahierter Form bestmöglich abzubilden (Atteslander, 2000, S. 7).

Die Sozialwissenschaften selbst stellen eine vergleichsweise junge wissenschaftliche Disziplin dar, die erst mit Beginn des 20. Jahrhunderts stückweise den Status eines eigenständigen wissenschaftlichen Feldes erlangte. Debatten über Forschungszugänge und methodische Verfahren flankierten ihren Weg zur Begründung einer eigenen Erkenntnislogik und sind als Methodenstreit der Soziologie in die Annalen eingegangen (Homann, 1989, S. 1 f.; Backhaus & Hansen, 2000). Methodische und methodologische Kontroversen sind, so lässt sich folgern, offensichtlich nichts Ungewöhnliches, sondern gehören zum Wesen der Wissenschaft und stellen sozusagen die Begleitmusik auf dem Weg zur Etablierung einer eigenständigen wissenschaftlichen Disziplin dar.

Im deutschsprachigen Raum hat sich im vergangenen Jahrhundert insbesondere die Islamwissenschaft als mit islambezogenen Fragestellungen befasste, nicht-glaubensbezogene wissenschaftliche Disziplin etabliert. Als Bezugswissenschaften rekurriert sie u. a. auf die Religionswissenschaft sowie auf die Philologie. In methodischer Hinsicht verfügt die Islamwissenschaft über keine eigenen Forschungsinstrumentarien, vielmehr arbeitet sie interdisziplinär und bedient sich verschiedener geistes- und sozialwissenschaftlicher Verfahren (Takim, 2016, S. 15). Besonders verbreitet sind historische Methoden (Poya & Reinkowski, 2008, S. 11), aber auch empirische Erkenntnisinstrumente finden Verwendung (Heine, 2009, S. 140 ff.)

Die im Jahr 2010 ergangenen Empfehlungen des *Deutschen Wissenschaftsrates* zur Begründung der Islamischen Theologie an deutschen Universitäten haben auch Auswirkungen auf die Islamwissenschaft. Von deren Seite wird u. a. ein Unbehagen ob einer drohenden Marginalisierung geäußert (Brunner, 2012, S. 105 f.). Für die Islamische Theologie wiederum bietet die Verankerung der Islamwissenschaft an deutschsprachigen Universitäten eine Möglichkeit, sich an deren Methodenspektrum zu orientieren, gebe es doch „eine große Kongruenz zwischen beiden Fächern" (Engelhardt, 2017, S. 229).

Stellenwert der Empirie und empirischer Forschung in der Islamischen Theologie

Welche Rolle der Empirie und empirischen Methoden in der Islamischen Theologie zukommen kann oder soll, darüber hat sich seit der Begründung der Wissenschaftsdisziplin an Universitäten des deutschsprachigen Raums eine Debatte entsponnen, deren Eckpunkte in diesem Abschnitt skizziert werden.

Um den Stellenwert der Empirie in der Islamischen Theologie richtig kontextualisieren zu können, bedarf es jedoch zunächst einmal eines Blicks in die Vergangenheit. Schließlich hat die Empirie in der Geschichte der islamischen Gelehrsamkeit im Vorderen und Mittleren Osten einen wichtigen Platz eingenommen, sei es im Sinne der Einbindung von praktischem Erfahrungswissen oder der Beobachtung von Himmelskörpern und Naturgesetzen.

Aufzeigen lässt sich dies u. a. an den Werken von Ibn Ḥaldūn (gest. 1406), der gemeinhin als Wegbereiter soziologischen Denkens betrachtet wird (Verza, 2021, S. 39), insbesondere an seiner Schrift ‚Muqaddima‘, verfasst im Jahr 1377 n. Chr. Darin nimmt er eine Analyse der Geschichte des arabischen Raums vor und untersucht Faktoren, die zum Aufstieg und Niedergang arabischer Herrschaftshäuser geführt haben. In diesem Kontext entwirft Ibn Ḥaldūn das Konzept der ‚ʿaṣabīya‘, ein altarabischer Begriff, der so viel bedeutet wie ‚Blutsverwandtschaft‘, ‚Familienbande‘, ‚Sippensolidarität‘ oder auch ‚Gemeingefühl‘ bzw. ‚empfundene Gruppenzugehörigkeit‘. Der ʿaṣabīya schreibt er eine entscheidende Rolle für Gesellschaften oder Herrschaftssysteme zu. Sie ist sozusagen die Triebfeder für das Funktionieren und die Durchsetzung von Gehorsam, Anerkennung oder Autorität (Darling, 2007; Verza, 2021, S. 112–117).

In methodologischer Hinsicht betreibt Ibn Ḥaldūn in ‚Muqaddima‘ eine Geschichtsschreibung, die auf mündlich oder schriftlich überlieferten Berichten basiert, aber nicht nur historische Episoden möglichst tatsachengetreu rekonstruiert, sondern auch die Ursachen historischer Entwicklungen erkundet. Für deren Identifikation und Beschreibung sind empirische Erkenntnisquellen und praktisches Erfahrungswissen essenziell. Beispielsweise setzt sich Ibn Ḥaldūn kritisch mit der Frage auseinander, inwiefern Berichten oder Aussagen von Zeitgenoss*innen zu trauen ist oder aufgrund welcher Umstände es in Berichten zu Verzerrungen von tatsächlichen historischen Geschehnissen kommen kann. Auf dieser Basis legt er Kriterien für die Überprüfung der Validität empirischer Quellen fest (Schimmel, 1951, S. 9 ff.), deren wichtigstes die Übereinstimmung mit der beobachtbaren Realität ist. Auch aufgrund dieser kritischen Überlegungen zur Validität empirischer Beobachtungen kann Ibn Ḥaldūn als Vordenker einer empirischen Wissenschaft betrachtet werden. Denn für ihn war, wie Andreas Exenberger es pointiert formuliert, folgende Überzeugung leitend: „was beobachtbar ist, gibt Rückschlüsse auf den Wahrheitsgehalt der Überlieferung und was mit der Empirie nicht übereinstimmt, muß verworfen werden" (2001, S. 106). In der Geschichte der islamischen Gelehrsamkeit galten folglich die Empirie und empiriebasiertes Erfahrungswissen durchaus zum Repertoire der relevanten wissenschaftlichen Erkenntnisquellen. Erst im Verlauf des 20. Jahrhunderts nahm ihre Bedeutung ab. Ausschlaggebend dafür waren aber nicht nur wissenschaftliche Entwicklungen, sondern u. a. auch die Erfahrung der Kolonialisierung und das Aufkommen antiwestlicher Gegenbewegungen, die in akademischer Hinsicht in der wissenschaftstheoretischen Anstrengung mündeten, „originär islamisch zu sein, und die daraus abgeleitete Beanspruchung, über genuin islamische Methoden und Argumentationsstrukturen zu verfügen" (Özsoy, 2015, S. 59). In der Folge wurden im außereuropäischen Raum empirische Forschungsmethoden oftmals als Konstrukte westlicher Wissenschaftstraditionen angesehen, die mit der historisch gewachsenen islamischen Gelehrsamkeit nicht kompatibel seien.

Nach diesem kurzen Ausflug in die Geschichte der islamischen Wissenschaften gilt der Blick nun wieder der Gegenwart der Islamischen Theologie im deutschsprachigen Raum. Seit deren Erhebung zur universitären Wissenschaftsdisziplin ist der Status der Empirie und empirischer Forschungsmethoden noch nicht ausreichend geklärt, wie Ertuğrul Şahin (2017, S. 180 ff.) betont. In der diesbezüglichen Debatte stehen einander unterschiedliche Positionen gegenüber. Auf der einen Seite herrscht – entsprechend der obigen Darstellung von Ömer Özsoy – die Auffassung vor, dass die Islamische Theologie einen genuin islambezogenen Methodenkanon ausbilden soll, der sich aus der Geschichte der islamischen Gelehrsamkeit ableiten lässt. Diese Sichtweise spiegelt u. a. Versuche wider, ein genuin islamisches Wissenschaftsverständnis in Anlehnung an das Konzept der ‚Islamization of knowledge' von Al-Faruqi (1982) zu entwickeln – z. B. in Form einer Islamischen Anthropologie oder Islamischen Soziologie.[4] Von dieser Warte aus werden empirische Forschungsmethoden und die Empirie als Erkenntnisquelle kritisch betrachtet.

Demgegenüber positioniert sich auf der anderen Seite die Überzeugung, dass wissenschaftliche Methoden sich *per se* durch einen interdisziplinären Charakter auszeichnen und islambezogene Forschung sich etablierter wissenschaftlicher Verfahren und damit auch empirischer Instrumente der Erkenntnisgewinnung

---

[4]Zu einer kritischen Reaktion auf diesen Ansatz siehe u. a.: (Rahman, 1988).

bedienen dürfe. Diese Position findet unter Vertreter*innen der islamisch-theologischen Studien breite Zustimmung (Engelhardt, 2017, S. 265–271). Sie steht auch im Einklang mit den Empfehlungen des *Deutschen Wissenschaftsrates*, in denen davon die Rede ist, dass

> Theologien keine ihnen exklusiv eigenen Forschungsmethoden oder Erkenntnisweisen [kennen], sondern sie […] dem Methodenkanon der Geistes-, Kultur- und Sozialwissenschaften verpflichtet [sind] (Wissenschaftsrat, 2010, S. 52).

In diesem Sinne regt der *Deutsche Wissenschaftsrat* die Kooperation der Islamischen Theologie mit ihren universitären Bezugswissenschaften, also christlichen Theologien, der Bildungswissenschaft und Pädagogik, der Islamwissenschaft sowie den Sozialwissenschaften an. In all diesen Disziplinen sind empirische Forschungsinstrumente Bestandteile des bewährten Methodenkanons. Selbst in christlichen Theologien haben sich empirische Vorgehensweisen neben textkritischen oder historischen Verfahren als anerkannte Methoden etabliert (Engelhardt, 2017, S. 92).

Von empirischen Forschungsmethoden wird gegenwärtig im Bereich der islamisch-theologischen Studien in verschiedener Weise durchaus rege Gebrauch gemacht; besonders häufig ist dies im Bereich der Islamischen Religionspädagogik der Fall (Ulfat, 2018, S. 355–363, 2020a, S. 418; Körs et al., 2022). Allerdings werden ihr Gebrauch und die Rolle der Empirie als wissenschaftliche Erkenntnisquelle zumeist nicht epistemologisch reflektiert.

Bestrebungen, empirische Vorgehensweisen methodologisch zu verankern, finden sich u. a. in den Arbeiten der islamischen Religionspädagogin Fahimah Ulfat. Sie argumentiert, dass die Islamische Theologie weder als für alle Zeit festgelegte Erkenntnisbemühung über das Wesen Gottes verstanden werden könne, noch sich ausschließlich der theologischen Schriften als Quellen bedienen dürfe. Vielmehr

> muss, kann und wird [die Islamische Theologie] weiterhin und auf Dauer unabgeschlossen formuliert werden. Das Woher und Wohin der Erkenntnis befindet sich, was die Theologie betrifft, also im Fluss. (Ulfat, 2022, S. 109)

Da der fließende Charakter der Islamischen Theologie nur dann gewährleistet werden könne, wenn sich ihre Erkenntnisbemühungen nicht nur aus der Tradition und tradierten Methoden speisen, müssten, so Zekirija Sejdini (2018, S. 25–29), auch die Situiertheit des Seins und aktuelle Kontextbedingungen in theologische Reflexionen einbezogen werden. Dafür sollte empirisches Erfahrungswissen in seinen vielfältigen Formen als wichtige Quelle verstanden werden. Denn Aufgabe der Islamischen Theologie sei es, in den Worten von Fahimah Ulfat,

> die Bedeutung, den Sinn und die Relevanz des religiösen Wissens weiterzugeben und zu sichern, aber auch, dieses religiöse Wissen immer wieder dahingehend zu prüfen, ob es mit den Lebenserfahrungen und -bedingungen der Menschen vereinbar ist (Ulfat, 2022, S. 107).

Das sei nur umsetzbar, wenn Empirie als Erkenntnisquelle anerkannt und empirische Forschungsmethoden in islamisch-theologischen Kontexten angewendet werden – namentlich in der Islamischen Religionspädagogik, die im Kanon der islamisch-theologischen Studien als praktisch-theologische Disziplin gilt. Denn deren Zielsetzung besteht laut Harry Harun Behr nicht nur in der Rückbindung an das normative System der Deutung von Welt und Mensch, sondern ebenso in der Herstellung von lebensweltlichen Bezügen (Behr, 2010). In diesem Sinne könne die Islamische Religionspädagogik zwischen der Situation von Lernenden und theologischen Reflexionen vermitteln und für einen wechselseitigen Dialog zwischen der islamisch-theologischen Tradition und muslimischen Lebensrealitäten sorgen (Behr, 2013, S. 22).

Anders als die Anwendung empirischer Methoden in der Islamischen Religionspädagogik ist die epistemologische Verankerung empirischer Forschung in der Islamischen Theologie noch nicht in ausreichendem Maße erfolgt. Auch die Tradition der ,empirischen Theologie' (Dinter et al., 2007), die im Bereich der christlichen Theologien Zustimmung erfährt, hat in den islamisch-theologischen Studien (noch) keine ausreichende Entsprechung gefunden – ungeachtet der an den verschiedenen Standorten islamisch-theologischer Studien im deutschsprachigen Raum sowie in diversen Periodika Islamischer Theologie festzustellenden diesbezüglichen Bemühungen.[5]

---

[5] Dies zeigt sich neben den genannten Beispielen u. a. auch anhand der Mission Statements von zwei Fachzeitschriften der Disziplin im deutschsprachigen Raum *(HIKMA* und *Forum Islamisch-Theologische Studien),* in denen die Relevanz empirischer Untersuchungen explizit hervorgehoben wird. So versteht sich das *Forum Islamisch-Theologische Studien* „als Plattform für hermeneutische Analysen und Reflexionen sowie für empirische Arbeiten, die auf die Erforschung der Lebenswirklichkeit gerichtet sind und Grundlagen für neue Konzepte in der islamischen Theologie und Religionspädagogik liefern – auch und gerade im Austausch zwischen traditioneller islamischer Gelehrsamkeit und den Themen und Ansätzen der Gegenwart" (Abrufort: https://ojs.nomos-journals.de/index.php/fits/about [letzter Zugriff am: 07.03.2023]). Auf der Homepage der Zeitschrift *HIKMA* heißt es wiederum: „Sowohl die Beiträge zur islamisch-religionspädagogischen und islamisch-theologischen

Plädoyer für eine methodologische Verankerung der Empirie

Festzuhalten ist vor diesem Hintergrund, dass es im Zuge ihrer Akademisierung im deutschsprachigen Sprachraum für die Islamische Theologie unumgänglich ist, sich kritisch mit empirischen Methoden und deren Anwendungsmöglichkeiten zu befassen. Damit ist aber nicht die bloße Übernahme sozialwissenschaftlicher Instrumente gemeint, vielmehr obliegt es der Islamischen Theologie, eigene Akzente, den Einsatz von Empirie als Erkenntnisquelle und die Anwendung von empirischen Forschungsmethoden betreffend, zu setzen. Noch sind die Möglichkeiten empirischer Erkenntnisinstrumente in islamisch-theologischen Forschungszusammenhängen nicht ausgelotet und harren der Ausarbeitung.[6]

Um der Aufgabe nachkommen zu können, pädagogische Angebote für Muslim*innen zu entwickeln und religiöses Wissen für die eigene Glaubensgemeinschaft zu erarbeiten, werden – so viel lässt sich bereits jetzt prognostizieren – empirische Ansätze, die auf eine kritisch-reflexive Einbindung muslimischer Lebenswirklichkeiten in theologische Erkenntnisbemühungen abzielen, in Zukunft im Bereich der islamisch-theologischen Studien eine größere Rolle spielen als bisher (Şahin, 2017, S. 181). Grundsätzlich ist dabei in Anlehnung an Thomas A. Lotz zwischen zwei Verfahrensweisen mit der Empirie und mit empirischen Methoden zu differenzieren:

- Zum einen kann empirische Forschung in der Islamischen Theologie darauf abzielen, muslimische Lebenswirklichkeiten bestmöglich abzubilden. Diese Erfahrungswelten können als Quelle betrachtet werden, die Impulse für theologische Reflexionen zu liefern vermögen.

Grundlagenforschung als auch die empirische Forschung auf dem Gebiet der Islamischen Religionspädagogik und der religiösen Sozialisation der Muslime werden in diesem wissenschaftlichen Periodikum angemessen berücksichtigt. Erst durch die Wechselbeziehung zwischen religiösen Texten und vorgegebener Lebenswirklichkeit, gerade in einer säkularen Gesellschaft, erhalten religiöse Phänomene neue Bedeutungen." (Abrufort: https://hikma-online.com/profil/ [letzter Zugriff am: 01.05.2022]).

[6]An dieser Stelle sei auf das Lehrbuch ‚Wissenschaftliches Forschen und Arbeiten in der Islamischen Theologie. Eine Einführung' von Zekirija Sejdini und Jonas Kolb verwiesen, in dem u. a. der Status der Empirie sowie Erkenntnispotenziale und Anwendungsmöglichkeiten verschiedener empirischer Forschungsmethoden im Bereich der islamisch-theologischen Studien ausführlich diskutiert und detailliert dargelegt werden (Sejdini & Kolb, 2023).

- Zum anderen können aus theologischen Analysen Erkenntnisse generiert werden, die für muslimische Lebenswirklichkeiten von Bedeutung sind oder in religiösen Lehr- und Lernprozessen zur Anwendung kommen (Lotz, 2007, S. 60).

In diesem Buch wird die Position vertreten, dass für die islambezogene Forschung die Empirie als Quelle der Erkenntnisgewinnung und empirische Methoden unerlässlich sind. Folglich besteht eine Zielsetzung der Arbeit darin, dazu beizutragen, dass die Rolle der Empirie, empirischer Forschung und empirischer Befunde für die Disziplin gestärkt und ihr Stellenwert in methodologischer Hinsicht besser verankert wird. Damit soll auch die Frage angestoßen werden, ob die Befassung mit Empirie und empirischen Methoden auf die Islamische Religionspädagogik beschränkt bleibt oder ob Analysen zur Gegenwart des Islams und muslimischer Alltagswelten auf Basis empirischer Zugänge einen eigenständigen Teilbereich der islamisch-theologischen Studien darstellen können – z. B. in Form einer empirischen Islamischen Theologie.

Unabhängig davon, welche der genannten Verfahrensweisen gewählt wird, zielt die Anerkennung und die Einstufung der Empirie als Ausgangspunkt und Basis der islamisch-theologischen Erkenntnisgewinnung grundsätzlich darauf ab, dass islambezogene Reflexionen im Dialog mit empirischen Befunden und den alltagspraktischen Bedürfnissen der Gläubigen stehen. Diesem Grundanliegen verschreibt sich auch dieses Buch, indem es evidenzbasierte Analysen als wichtige Impulse erachtet, die geeignet sind, theologische Auseinandersetzungen über den Islam und religionspädagogische Debatten über Muslim*innen im deutschsprachigen Raum zu befruchten und zu bereichern. Dem liegt die Ansicht zugrunde, dass Theologien nicht ausschließlich an akademischen oder sakralen Orten und nicht nur von Theolog*innen oder religiösen Expert*innen hervorgebracht werden. Vielmehr spielt dabei eine Vielzahl von Orten, Anlässen und Konstellationen eine Rolle. Um zu verstehen, wie der Islam in Europa Gestalt annimmt, gilt es die empirischen Lebenswirklichkeiten und die muslimische Alltagspraxis in den Blick zu nehmen.

Erschlossen werden kann die Vielschichtigkeit, Diversität und Bandbreite muslimischer Alltagspraxis durch eine praxistheoretische Forschungsperspektive. Daher verfolgen die in diesem Band versammelten Beiträge einen Zugang zu empirischen Phänomenen, wie er in verschiedenen Wissenschaftsbereichen breit rezipiert wird und Anwendung findet, wie u. a. der Arbeitssoziologie (Lengersdorf, 2011), der Bildungsforschung (Alkemeyer et al., 2015), der Organisationssoziologie (Wilz, 2015), der Ethnizitätsforschung (Kolb, 2018, 2023b) oder der Wissenschaftstheorie (Knorr Cetina, 2002). Auch in der Religionspädagogik wurde das Potenzial praxeologischer Zugänge bereits erkannt (Grümme, 2021).

Nur eben in den islamisch-theologischen Studien haben praxistheoretische Ansätze bis dato noch zu wenig Aufmerksamkeit und Anerkennung gefunden. Grundsätzlich wird in der vorliegenden Arbeit die Auffassung vertreten, dass die Islamische Theologie die Übernahme von Methoden, Erkenntnisinstrumenten und Wissensbeständen aus anderen Wissenschaftsdisziplinen zwar kritisch überprüfen, sich Einflüssen aus anderen Bereichen der akademischen Landschaft aber keinesfalls prinzipiell verweigern sollte. Denn so zu tun, als müsste eine junge Disziplin das Rad neu erfinden und autonom, aus sich heraus wissenschaftliche Methoden, Kommunikationsformen oder Gütekriterien ohne Dialog mit benachbarten Disziplinen neu generieren, ist *de facto* anachronistisch und entspricht nicht den in der Wissenschaftslandschaft der Gegenwart gültigen Leitprinzipien. Heute wird an Wissenschaftsbereiche der Maßstab angelegt, ob sie einen interdisziplinären Ansatz befürworten und in Austausch mit den Erkenntnissen, Methoden, Befunden und Kommunikationsformen anderer Disziplinen treten. Daher wird dafür plädiert, dass die islamisch-theologischen Studien sich um eine aktive Auseinandersetzung und gegenseitige Befruchtung mit ihren Bezugsdisziplinen – wie den Bildungswissenschaften und der Religionssoziologie – bemühen, auch um die Akademisierung und Etablierung als Wissenschaftsdisziplin im universitären Kanon des deutschsprachigen Raums weiter voranzutreiben. Auf diesem Weg soll auch das Verhältnis von Religionssoziologie, Bildungswissenschaften und Islamischer Theologie und Islamischer Religionspädagogik bestimmt werden.

Muslim*innen und Islam im deutschsprachigen Raum

3

Die Aufsatzsammlung befasst sich mit muslimischem Leben und islamischer Bildung in der Gegenwartsgesellschaft des deutschsprachigen Raums, also der Länder Deutschland, Österreich und Schweiz. Diese räumliche Fokussierung hat mehrere Gründe.

Zunächst ist für die regionale Eingrenzung das Prinzip der Konfessionalität anzuführen, dem zufolge die Erteilung eines Religionsunterrichts an öffentlichen Schulen der Primar- und Sekundarstufe und die Erstellung der Lehrpläne Sache der jeweiligen staatlich anerkannten Glaubensgemeinschaften sind, die auch das Recht auf Beaufsichtigung und Leitung des Religionsunterrichts sowie das Recht auf die Bestellung der Religionslehrer*innen haben. Vonseiten des Staates wird der Religionsunterricht nur in schulorganisatorischer und schuldisziplinärer Hinsicht geregelt. Auch die Ausbildung der Lehrkräfte erfolgt in der Regel an staatlichen Hochschulen (Lüdtke & Pohl-Patalong, 2018).

Im deutschsprachigen Raum ist das Prinzip der Konfessionalität vorherrschend, aber nicht überall gegeben, denn nicht in allen Regionen wird ein konfessioneller Religionsunterricht angeboten. Ausnahmen hiervon bilden z. B. die deutschen Bundesländer Hamburg und Bremen, wo ein ‚Religionsunterricht für alle' (Hamburg) bzw. das Unterrichtsfach ‚Religion' (Bremen) Bestandteil des schulischen Curriculums sind. In Österreich hingegen herrscht das Prinzip der Konfessionalität bundesweit (Kraml et al., 2020, S. 28). In der Schweiz wiederum bestehen hinsichtlich der religionsrechtlichen Situation von Kanton zu Kanton bzw. von Region zu Region beträchtliche Differenzen, da der schulische Religionsunterricht in der Schweizerischen Bundesverfassung nicht institutionell verankert ist. Neben dem konfessionellen Religionsunterricht existieren

J. Kolb, *Muslimisches Leben und religiöse Bildung in der Gegenwartsgesellschaft,* Veröffentlichungen der Sektion Religionssoziologie der Deutschen Gesellschaft für Soziologie, https://doi.org/10.1007/978-3-658-42404-6_3

daher weitere Formen, wie mit religiöser Bildung am Lernort Schule um-
gegangen wird. Während in manchen westschweizerischen Kantonen wie Genf,
Waadt und Neuenburg – analog zum Bezugsmodell Frankreich – kein schulischer
Religionsunterricht stattfindet, wird im Kanton Zürich mit ‚Religion und Kultur'
ein konfessionsunabhängiges Unterrichtsfach für alle angeboten (Cebulj, 2012;
Leimgruber, 2013).

Ein weiterer Grund für die Fokussierung auf den deutschsprachigen Raum ist
der, dass in Deutschland, Österreich sowie der Schweiz die Grundsteinlegung
für islamischen Religionsunterricht an Schulen jeweils in den vergangenen Dekaden erfolgt ist und die drei Länder somit vergleichsweise analoge Ausgangsbedingungen aufweisen. Doch während in Österreich ein islamischer Religionsunterricht an öffentlichen Schulen bereits seit dem Schuljahr 1982/83 angeboten
wird, besteht in Deutschland kein solches flächendeckendes Angebot. Vielmehr kann aufgrund der fehlenden Anerkennung von islamischen Vertretungsorganisationen als öffentlich-rechtliche Körperschaften in der überwiegenden
Mehrheit der deutschen Bundesländer (noch) kein konfessioneller islamischer
Religionsunterricht stattfinden. Folglich bestehen in Deutschland verschiedenartige Angebote, die von religionskundlichen Modellen in staatlicher Verantwortung (Bayern, Schleswig-Holstein) oder Modellprojekten in Zusammenarbeit mit Beiräten und islamischen Verbänden (Nordrhein-Westfalen, Baden-
Württemberg) bis hin zu einem bekenntnisorientierten Religionsunterricht in
Verantwortung islamischer Verbände (Hessen, Niedersachsen) reichen (Schweitzer & Ulfat, 2022, S. 69 f.).[1] In der Schweiz hingegen wird in der Regel kein islamischer Religionsunterricht in öffentlichen Schulen angeboten. Eine Ausnahme
bilden Modellversuche in Schulen in den Kantonen Luzern, Thurgau und St.
Gallen (Kappus, 2004; Alimi & Zuzo, 2011; Schwegler, 2012; Koçyiğit, 2022,
S. 969).

Abgesehen vom Prinzip der Konfessionalität und den Entwicklungslinien der
Lernorte islamischer Bildung weist die muslimische Präsenz in den Ländern des
deutschsprachigen Raums – ungeachtet aller bestehenden Unterschiede – zudem
bestimmte Familienähnlichkeiten auf, auch wenn sich die religionsrechtliche
Stellung des Islams je nach Land unterscheidet. Diese werden nachfolgend anhand soziodemografischer Merkmale der muslimischen Bevölkerung in Deutschland, Österreich und der Schweiz aufgezeigt. Hierzu ist anzumerken, dass die

---

[1] Daneben gibt es in den Stadtstaaten Berlin, Hamburg und Bremen weitere Formen. In den
ostdeutschen Bundesländern mit zahlenmäßig vergleichsweise geringer muslimischer Bevölkerung wird kein islamischer Religionsunterricht angeboten.

zahlenmäßige Größe der muslimischen Bevölkerung im deutschsprachigen Raum, obwohl sie in öffentlichen Debatten oftmals im Mittelpunkt steht, weitgehend im Dunkeln liegt. Werden diesbezügliche Zahlen angegeben, handelt es sich in der Regel um Hochrechnungen bzw. statistische Schätzungen, die versuchen, der Wirklichkeit möglichst nahe zu kommen (Mattes, 2022, S. 35 f.).

Für Österreich lieferte die Volkszählung des Jahres 2001, bei der die religiösen und sprachlichen Zugehörigkeiten der Gesamtbevölkerung erfragt wurden, noch eine valide Datenbasis (Aslan et al., 2017, S. 38), doch bei späteren Erhebungen wurde der Modus der Registerzählung auf Basis der Daten aus dem *Zentralen Melderegister* (ZMR) umgestellt. Seitdem ist die Angabe der Glaubenszugehörigkeit nicht obligatorisch, sondern erfolgt freiwillig (Mattes, 2022, S. 36). Grundsätzlich lässt sich sagen, dass die muslimische Bevölkerung in Österreich, was die nationalen, ethnischen, religiösen oder sprachlichen Hintergründe angeht, sehr heterogen verfasst ist. Von einer homogenen, in sich einheitlichen Bevölkerungsgruppe kann, anders als Medienberichte es mitunter vermuten lassen, keinesfalls die Rede sein (Schmidinger & Larise, 2008, S. 2 f.). In einer Hochrechnung für den 01.01.2012 wurde die Anzahl der in Österreich lebenden Muslim*innen auf 573.876 Personen geschätzt (Aslan et al. 2017, S. 42 f.), für das Jahr 2016 wurde sie mit 700.000 beziffert (Goujon et al., 2017, S. 11; Der Standard, 2017). Demnach beträgt der Anteil der Menschen muslimischen Glaubens an der österreichischen Gesamtbevölkerung 6,8 % (2012) bzw. 8 % (2016).

Der Islam in Österreich ist traditionell durch zwei Einflüsse bestimmt: einerseits den Islam bosnischer Prägung, dessen historische Wurzeln auf die Habsburgermonarchie zurückgehen, was dazu führte, dass der Islam in Österreich bereits im Jahr 1912 und damit sehr frühzeitig anerkannt wurde (Aslan et al., 2015, S. 59). Daneben zeichnet er sich durch eine türkische Färbung aus, die er im Zuge der Arbeitsmigration nach dem Zweiten Weltkrieg annahm. Unter der muslimischen Bevölkerung in Österreich bilden Personen mit österreichischer Staatsangehörigkeit sowie jene mit türkischem oder bosnischem Pass die größten Gruppen (Aslan et al., 2017, S. 43). Seit 1979 besteht mit der *Islamischen Glaubensgemeinschaft in Österreich* (IGGÖ) eine bundesweite muslimische Vertretungsorganisation (Sticker, 2008). Der IGGÖ gehören die großen muslimischen Dachverbände, also die *Türkisch-Islamische Union in Österreich* (ATIB), die *Islamische Föderation* (IF), die *Union/Vereinigung Islamischer Kulturzentren in Österreich* (UIKZ/VIKZ) sowie der *Verband Bosniakisch-Islamischer Vereine in Österreich* (IZBA) an.

Ausgelöst durch politische Krisen im Mittleren und Nahen Osten sowie im Balkanraum setzten in den vergangenen Jahrzehnten weitere Migrationsbewegungen nach Österreich ein, die u. a. zu einem beträchtlichen Anstieg des

arabischsprachigen Anteils der in Österreich wohnhaften Muslim*innen führten. In Bezug auf die innermuslimische Diversität wird davon ausgegangen, dass
ca. 85 % der muslimischen Bevölkerung dem sunnitischen Glauben zuzurechnen
sind und Alevit*innen und Schiit*innen zusammen ca. 15 % ausmachen (Bauer,
2016, S. 31).

In Deutschland wiederum kam eine auf dem Mikrozensus des *Statistischen Bundesamts* basierende Hochrechnung zu dem Ergebnis, dass im Jahr
2019 zwischen 5,3 und 5,6 Mio. Menschen muslimischer Religionszugehörigkeit (inklusive Personen alevitischen Glaubens) im Land lebten (Pfündel et al.,
2021, S. 37). Demnach macht der Anteil muslimischer Gläubiger an der deutschen Gesamtbevölkerung zwischen 6,4 % und 6,7 % aus. Die größte Gruppe
muslimischer Religionsangehöriger sind – mit ca. 45 % – Personen mit türkischem Migrationshintergrund. Deren Präsenz ist vorrangig mit der Geschichte
der Arbeitsmigration verbunden (Münz et al., 1997, S. 36 ff.; Schührer, 2018,
S. 14 ff.). Die nächstgrößere Gruppe ist mit 27 % jene mit Bezügen zu einem
arabischsprachigen Land im Nahen Osten oder Nordafrika. Dazu zählen insbesondere Personen mit syrischem Migrationshintergrund (Pfündel et al., 2020,
S. 23 f.). Eine weitere große muslimische Bevölkerungsgruppe (19 %) hat ihre
Wurzeln in Südosteuropa. Die wichtigsten Herkunftsländer sind hier Bosnien-
Herzegowina und der Kosovo (Pfündel et al. 2021, S. 42).

Die religionsrechtliche Situation in Deutschland ist anders geregelt als in
Österreich, da sie in die Kompetenz der Bundesländer fällt. Die Anerkennung
von Glaubensgemeinschaften als öffentlich-rechtliche Körperschaften ist somit
Ländersache (Muckel, 2017). In fast allen Bundesländern ist dies im Fall von
muslimischen Vertretungsorganisationen im Prozess und nicht abgeschlossen.
Allein in Hessen und Hamburg sind mit der Ahmadiyya-Gemeinde *(Ahmadiyya
Muslim Jamaat Deutschland)* muslimische Vertretungsorganisationen als öffent-
lich-rechtliche Körperschaften anerkannt (Lehnhoff, 2019).

In der Schweiz hat sich der Islam ebenso wie in Deutschland und Österreich
in den vergangenen Jahrzehnten zur größten nicht-christlichen Glaubensgemeinschaft entwickelt. Die Anzahl der in der Schweiz lebenden muslimischen Bevölkerung wird mit 390.000 Personen angegeben (Bundesamt für Statistik,
2022a) bzw. auf ca. 500.000 geschätzt (Schneuwly-Purdie & Tunger-Zanetti,
2019), dies sind 5,4 % bzw. 5,5 % der Schweizer Gesamtbevölkerung. Mit etwa
58 % machen muslimische Gläubige mit Migrationsbezügen zum ehemaligen
Jugoslawien (Albanien, Kosovo, Mazedonien und Bosnien-Herzegowina) die
größte Gruppe der muslimischen Bevölkerung aus, gefolgt von ca. 21 % mit
türkischem Hintergrund. Muslim*innen mit Verbindungen zum Mittleren oder

Nahen Osten oder zu den Maghreb-Staaten sind hingegen mit ca. jeweils 4 % vergleichsweise schwach vertreten (Behloul & Lathion, 2007, S. 198). Ähnlich wie in Deutschland und Österreich verdankt sich die muslimische Präsenz Migrationsbewegungen aus wirtschaftlichen Gründen bzw. der Anwerbung von Arbeitskräften ab den 1960er Jahren sowie politischen Motiven, etwa Fluchtbewegungen aufgrund von staatlichen Krisen (ebd., S. 198 ff.).

In verbandlicher Hinsicht besteht in der Schweiz mit der *Föderation Islamischer Dachorganisationen Schweiz* (FIDS) ein Dachverband auf Bundesebene, der einen Großteil der Schweizer Moscheevereine vertritt. Die religionsrechtliche Anerkennung muslimischer Verbände als öffentlich-rechtliche Körperschaft obliegt in der Schweiz aber nicht dem Bund, sondern den Kantonen (Schmid, 2017a). Eine Anerkennung einer kantonalen muslimischen Dachorganisation – bis auf die sogenannte ‚kleine Anerkennung' des muslimischen Dachverbands im Kanton Waadt im Jahr 2018 (Siegenthaler & Abdeleli 2020) – erfolgte bis dato noch in keinem Kanton.

Ungeachtet der existierenden Differenzen bestehen hinsichtlich der soziodemografischen Konstellation und der historischen Situation muslimischer Gläubiger in den Staaten des deutschsprachigen Raums bestimmte Gemeinsamkeiten. Da wäre zunächst die Tatsache, dass die muslimische Bevölkerung in Deutschland, Österreich und der Schweiz in ethnischer, kultureller und sprachlicher Hinsicht sehr divers und heterogen ist. Während in Deutschland der Islam mehrheitlich türkisch dominiert ist, weist die muslimische Bevölkerung in Österreich eine sowohl starke türkische als auch – aus historischen Gründen – bosnische Prägung auf. In der Schweiz wiederum bilden die größte Gruppe Muslim*innen mit Migrationsbezügen zum ehemaligen Jugoslawien.

Allen drei Ländern ist gemeinsam, dass sie christlich geprägt sind und Menschen muslimischen Glaubens eine numerische Minderheit darstellen. Deren Anteil an der Gesamtbevölkerung bewegt sich wie erwähnt zwischen 5,4 % und 8 %, wobei markante innerstaatliche Unterschiede zu verzeichnen sind. In Großstädten und Metropolen ist der Anteil der muslimischen Bevölkerung signifikant höher als im ländlichen Raum oder in Kleinstädten (Bundesamt für Statistik, 2022b; Aslan et al., 2017, S. 40, 43).

Aufgrund der differierenden religionsrechtlichen Voraussetzungen bestehen zwischen Deutschland, Österreich und der Schweiz Unterschiede in der Anerkennung von muslimischen Vertretungsorganisationen, die Auswirkungen auf die Präsenz von Moscheegemeinden, Dachverbänden und das Angebot von islamischem Religionsunterricht in der Schule haben. Den drei Ländern ist jedoch gemein, dass eine enge Beziehung zu religiösen Organisationen (z. B. Mitglied-schaft in einem Moscheeverein, regelmäßiger Besuch einer Moscheegemeinde oder völliges Vertrauen in religiöse Institutionen) nur bei einer Minderheit der muslimischen Bevölkerung festzustellen ist (Pfündel et al. 2021, S. 107–117; Aslan et al. 2017, S. 205, 286).

Deutschland, Österreich und die Schweiz verbindet zudem, dass sich die mus-limische Bevölkerung jeweils durch einen allochthonen Charakter auszeichnet, da der Großteil der gegenwärtig in diesen Ländern lebenden Muslim*innen auf Be-wegungen der Arbeitsmigration nach dem Zweiten Weltkrieg sowie der Flucht-migration aufgrund politischer Konflikte im Mittleren und Nahen Osten, der ara-bischen Halbinsel, Nordafrika oder dem Balkanraum zurückgeht. Ein wichtiger Fluchtgrund waren für viele Muslim*innen in den vergangenen Jahrzehnten ins-besondere religiöse Motivationen – z. B. weil sie in ihrem Herkunftsland einer islamischen Minderheitskonfession angehörten (z. B. Syrien) oder säkulare Auf-fassungen vertraten (z. B. Iran) und deswegen religiöser Verfolgung ausgesetzt waren. Diese Gründe trugen dazu bei, dass sich die Diversität der muslimi-schen Bevölkerung im deutschsprachigen Raum auch in punkto Religiosität und Glaubensüberzeugungen weiter ausdifferenziert hat.

Eine autochthone muslimische Bevölkerung, die seit vielen Generationen im Land lebt, traditionelle Siedlungsgebiete hat und deren Wurzeln in die Geschichte der Nationalstaatsbildung zurückreichen, existiert jedoch weder in Deutschland noch in Österreich oder der Schweiz. Allerdings ist zu konstatieren, dass die mus-limischen Bevölkerungsgruppen, die teils bereits seit drei (oder mehr) Generatio-nen in den jeweiligen Ländern beheimatet sind, sich in einer Transitionsphase von einem allochthonen zu einem autochthonen Status befinden.

Zusammengefasst weist die muslimische Bevölkerung in der Schweiz, Öster-reich und Deutschland voneinander abweichende soziodemografische und geschichtliche Hintergründe auf. Unterschiede bestehen auch bezüglich des religionsrechtlichen Status und der Möglichkeit, islamischen Religionsunterricht in Schulen anzubieten. Dennoch ähneln sich viele Entwicklungslinien, auch be-stehen Analogien, was die Diversität der muslimischen Gläubigen in den drei Ländern hinsichtlich ethnischer, kultureller, sprachlicher und konfessioneller Zu-gehörigkeiten sowie in Bezug auf Religiosität und Glaubensüberzeugungen be-trifft. Eine empirische Untersuchung, die die Situation und Lebenswelten von Muslim*innen in Deutschland, Österreich und der Schweiz systematisch er-forscht und miteinander vergleicht, steht aber noch aus. Bis eine solche vorliegt, kann zumindest vorläufig angenommen werden, dass die hier versammelten

Beiträge, die vorrangig auf empirischen Daten mit Österreich-Bezug fußen, trotz der bestehenden Differenzen zwischen der muslimischen Bevölkerung in den drei Ländern Erkenntnisse in sich bergen, die für den gesamten deutschsprachigen Raum von Belang sein können. Eine Eins-zu-eins-Übertragung der österreichischen Verhältnisse auf Deutschland oder die Schweiz wäre jedoch unzulässig.

Schwerpunkte in der Forschungslandschaft 4

Um die Erkenntnisinteressen des vorliegenden Buches entsprechend einbetten zu können, gilt es, neben den islamisch-theologischen Studien in universitären Kontexten des deutschsprachigen Raums auch die Entwicklungslinien der bisherigen Forschung zu Muslim*innen und islamischer Bildung in der Gegenwartsgesellschaft darzustellen.

Vorab ist anzumerken, dass die Situation von Muslim*innen im deutschsprachigen Raum erst in den vergangenen Jahrzehnten stärker in den Fokus gerückt ist. Bei der Darstellung des für die Erkenntnisinteressen dieser Arbeit relevanten islambezogenen Forschungsstandes werden zwei Themenbereiche genauer untersucht: zum einen Entwicklungslinien in der Forschung zum muslimischen Leben in der Gegenwartsgesellschaft, zum anderen Forschungsbemühungen zu bildungsbezogenen Fragen, die sich aus der Präsenz und Diversität der muslimischen Bevölkerung im deutschen Sprachraum ergeben.

Bereich 1: Muslim*innen in der Gegenwartsgesellschaft

Mit Blick auf den aktuellen Forschungsstand zu Muslim*innen in der Gegenwartsgesellschaft des deutschsprachigen Raums lassen sich in der Zusammenschau der Forschungstrends drei verschiedene thematische Foki konstatieren. Während der erste Schwerpunkt (Fokus A) Fragen der *religiösen Radikalisierung, Extremismus und Fundamentalismu*s behandelt, thematisiert der zweite (Fokus B) *religiöse Organisationsstrukturen, Moscheen sowie religiöse Autoritäten* und

© Der/die Autor(en), exklusiv lizenziert an Springer Fachmedien Wiesbaden GmbH, ein Teil von Springer Nature 2024
J. Kolb, *Muslimisches Leben und religiöse Bildung in der Gegenwartsgesellschaft*, Veröffentlichungen der Sektion Religionssoziologie der Deutschen Gesellschaft für Soziologie, https://doi.org/10.1007/978-3-658-42404-6_4

der dritte (Fokus C) wiederum befasst sich mit *muslimischen Lebenswelten und Religiosität*.

Fokus A: Religiöse Radikalisierung, Extremismus und Fundamentalismus[1]

An der Forschung zu Muslim*innen in der Gegenwartsgesellschaft ist auffällig, dass in ihr besonders häufig problemzentrierte Ansätze vorherrschen. Einen Schwerpunkt der Forschungsbemühungen bildet die Auseinandersetzung mit Gewaltbereitschaft, religiösem Fundamentalismus, Radikalisierung und Extremismus.[2]

Solcherart ausgerichtete Studien verfolgen mitunter einen kriminologischen Ansatz, wenn sie besonders Phänomene wie Gewaltbereitschaft oder religiös motivierte Straffälligkeit in den Mittelpunkt rücken (siehe u. a.: Heitmeyer et al., 1997; Wetzels & Brettfeld, 2003; Brettfeld & Wetzels, 2007). Im vergangenen Jahrzehnt hat die Auseinandersetzung mit religiöser Radikalisierung, Extremismus, Fundamentalismus oder salafistischen Orientierungen – nicht zuletzt unter dem Eindruck islamistischer Terroranschläge in Europa und des Treibens des IS im Nahen Osten – neue Nahrung erhalten und zahlreiche Studien initiiert (Ceylan & Kiefer, 2013; Schmidinger, 2015; Diaw & Hajek, 2017; Hofinger & Schmidinger, 2017; Kiefer et al., 2018; Aslan et al., 2018; El-Wereny, 2020). Die Fokussierung von Studien auf Fragen der religiösen Radikalisierung, des Fundamentalismus und Extremismus kann zweifellos als Politisierung der islambezogenen Forschung verstanden werden. In dem von Schirin Amir-Moazami herausgegebenen Sammelband wird diese Stoßrichtung treffend mit dem Schlagwort „der inspizierte Muslim" (2018) bezeichnet. Ein besonderer Stellenwert kommt in diesem Forschungsfokus etwa der Frage zu, wie Muslim*innen anderen Religionen oder Andersgläubigen gegenüberstehen (siehe u. a.: Koopmans, 2015; Güngör & Nik Nafs, 2016; Güngör et al., 2019).

---

[1] Eine vertiefende Darstellung des Forschungsstandes zu diesem Fokus findet sich in den Aufsätzen ‚Verfasster Islam im Migrationskontext: Zur Vielfalt der Bindungen an religiöse Organisationsstrukturen und Autoritäten im Prozess des Wandels' sowie ‚Muslim*innen und das religiös Andere: Zur Diversität von Einstellungen gegenüber anderen Religionen, religiösen Schemata und Interaktionen von Muslim*innen mit Andersgläubigen' in diesem Buch. Die Ausführungen sind an dieser Stelle daher knappgehalten.

[2] Zu einer Darstellung des Verhältnisses von islamisch-theologischen Quellen und Gewalt siehe u. a.: (Fischbach, 2023).

Die genannten Untersuchungen zeugen von der breiten Aufmerksamkeit, die religiöse Radikalisierung, Extremismus und Fundamentalismus in der Forschung zu Muslim*innen in der Gegenwartsgesellschaft im deutschsprachigen Raum erfahren. Schwerpunkte einschlägiger Studien liegen auf Biografiepfaden der religiösen Radikalisierung, auf der Abwertung anderer Religionen und Andersgläubiger oder auf religiös motivierter Gewaltbereitschaft. Zudem stehen in den Analysen zumeist junge Menschen im Mittelpunkt, während andere Altersgruppen oder intergenerationale Fragestellungen ausgeblendet bleiben.

Fokus B: Moscheen und religiöse Autoritäten

Ein zweiter Schwerpunkt der Forschungen, die sich mit Muslim*innen in der Gegenwartsgesellschaft des deutschsprachigen Raums auseinandersetzen, zirkuliert um die Themen religiöse Autoritäten, religiöse Strukturen, Organisationen und Moscheen sowie um damit verbundene Fragen wie die Auswirkungen von Social Media in diesem Kontext.

Bei wissenschaftlichen Studien, die verfasste muslimische Organisationsstrukturen und religiöse Autoritäten in den Blick nehmen, steht oftmals die Rolle von Imamen im Mittelpunkt. Im österreichischen Kontext kommt in dieser Hinsicht ein wichtiger Stellenwert den Arbeiten von Sabine Kroißenbrunner zu, die die soziopolitischen Netzwerke türkischer Migrant*innen untersuchte (1996, 2001).

Eine der bekanntesten Untersuchungen zu Imamen im deutschsprachigen Raum ist die im Jahr 2010 publizierte Studie ‚Die Prediger des Islam. Imame – wer sie sind und was sie wirklich wollen‘ von Rauf Ceylan (2010a), für die 40 in türkisch geprägten Moscheen bzw. Dachverbänden in Deutschland tätige Imame befragt wurden. In der Analyse differenziert Ceylan vier Typen von Imamen: ‚traditionell-konservative‘, ‚traditionell-defensive‘, ‚intellektuell-offensive‘ sowie ‚neo-salafistische‘ (ebd., S. 51 ff.), wobei, so der Autor, schätzungsweise 70 % der Imame in Deutschland traditionell-konservativ orientiert seien (ebd., S. 51). Bei der Studie handelt es sich um eine der ersten, die Einblicke in die Lebenswelten von Imamen in Deutschland boten und die betreffenden Personen selbst zu Wort kommen ließen.

Zu erwähnen ist weiters die Studie von Ednan Aslan, Evrim Erşan Akkılıç und Jonas Kolb (2015), die auf Basis umfangreichen empirischen Datenmaterials – es wurden narrative Interviews mit Imamen in 43 Moscheevereinen in Österreich geführt – ebenfalls eine Typologie von Imamen entwickelt. Im Zuge der Analyse des empirischen Datenmaterials ließen sich sowohl wesentliche Unterschiede zwischen den Imamen als auch Gemeinsamkeiten feststellen. Ausgehend davon wurde eine aus vier Gruppen bestehende Typologie erstellt – ‚Imame mit *islah*-Mission‘, ‚Imame als Brückenbauer‘, ‚Hüter der religiösen Identität und Tradition‘ und ‚Imame mit begrenztem Handlungsraum‘. Die vier Typen basieren auf Unterschieden in der praktischen Tätigkeit innerhalb der Moscheegemeinde und hinsichtlich des Umgangs mit Fragen der gesellschaftlichen Partizipation sowie der Interaktion mit Nicht-Muslim*innen. Dabei zeigt sich, dass Imame nicht als autonome Akteure, sondern im Rahmen von etablierten Organisationsstrukturen agieren. Ihre Stellung in der Moscheegemeinde ist dabei oftmals als Abhängigkeitsverhältnis zu charakterisieren und kann daher insbesondere aufgrund ihres – zum Zeitpunkt der Befragungen – unsicheren Aufenthaltsstatus in Österreich problematisch sein. Diese Unsicherheit prägt auch die Einstellung gegenüber integrativen Aktivitäten der Gemeindemitglieder (ebd., S. 322 f.).[3] Auch aufgrund der Unkenntnis örtlicher muslimischer Lebensrealitäten wird für eine akademische Ausbildung islamischer Gelehrter im deutschsprachigen Raum plädiert. Bemühungen, diese Ausbildungsmöglichkeiten im Zuge der Etablierung der islamisch-theologischen Studien in hiesigen universitären Kontexten zu realisieren, sind jedoch kritisch zu betrachten (Aysel, 2022b).

Neben der Rolle von Imamen stehen auch spezifische islamische Organisationen im Mittelpunkt von – vereinzelten – Studien, so der *Verband der Islamischen Kulturzentren* (VIKZ) (Jonker, 2002) oder die *Islamische Gemeinschaft Milli Görüş* (IGMG) (Schiffauer, 2010). Darüber hinaus ist die Studie von Theresa Beilschmidt hervorzuheben, die sich im Rahmen einer empirischen Untersuchung mit dem Miteinander in Moscheegemeinden der *Türkisch-Islamischen Union der Anstalt für Religion* (DITIB) in Deutschland befasst (Beilschmidt, 2015). Die Autorin zeigt, dass für Moscheevereinsmitglieder neben Fragen der ethnischen Zugehörigkeit und familiärer Traditionen soziale Netzwerke von herausragender Bedeutung sind, weswegen sie auch Mitglied einer bestimmten Moschee seien. Vor diesem Hintergrund können, so Beilschmidt, DITIB-Moscheen als „Volksmoschee[n]“ (ebd., S. 215) charakterisiert werden.

Bei der Beforschung von Moscheen werden häufig Problematiken oder Spannungsfelder – wie beispielsweise Moscheebaukonflikte (Fürlinger, 2013;

---

[3] Im Zuge der Novellierung des Islamgesetzes im Jahr 2015 kam es in Österreich zu einer Veränderung der Situation der Imame. U. a. wurde mit der Novellierung festgelegt, dass muslimische Organisationsstrukturen und damit auch Imame nicht mehr aus dem Ausland finanziert werden dürfen (Pabel, 2017, S. 121 f.). Dieses Verbot stellt für viele Moscheevereine eine Herausforderung dar (Akinyosoye, 2016).

Bernhardt & Fürlinger, 2015) – oder integrationspolitische Fragestellungen (Yilmaz-Huber, 2006; Heinisch & Mehmedi, 2017) in den Blick genommen. Untersucht wird auch, inwieweit in Moscheen demokratiefeindliche Positionen vertreten werden (Schreiber, 2017; Keller-Messahli, 2017; ÖIF, 2020; DPI, 2021; Heinisch & Vidino, 2021). Letztere Studien untersuchen als problematisch geltende Moscheevereine vor allem unter dem Aspekt, inwiefern sie als potenzieller Nährboden für radikale religiöse Ansichten fungieren. Damit tragen diese Arbeiten genau die Facetten der Politisierung der islambezogenen Forschung, wie sie von Schirin Amir-Moazami (2018) diagnostiziert wurde.

Eine ganz andere Perspektive nimmt indes eine Reihe von aktuellen Studien ein, die Moscheegemeinden sozusagen ‚von unten' und unvoreingenommen betrachten oder einen Überblick über bestehende muslimische Organisationsstrukturen liefern. Zu nennen ist hier zunächst ein von Riem Spielhaus und Nina Mühe herausgegebener Sammelband mit dem Titel ‚Islamisches Gemeindeleben in Berlin' (2018). Neben strukturellen Informationen zu Moscheevereinen und der muslimischen Bevölkerung von Berlin findet sich darin eine Vielzahl von mehrperspektivischen Zugängen zu Fragen der Gemeindearbeit, der gesellschaftlichen Öffnung, zum Umgang mit Radikalisierung und Extremismus sowie zum sozialen Engagement. In letzterem Sinne können Moscheevereine auch als politische Akteure in Migrationskontexten fungieren (Mourão Permoser et al., 2010).

Hervorzuheben ist daneben die im Auftrag der *Deutschen Islam Konferenz* erstellte Studie ‚Islamisches Gemeindeleben in Deutschland' (Halm et al., 2012), die deutschlandweite Daten und Analysen zu den Angeboten und Organisationsstrukturen von islamischen sowie alevitischen Gemeinden liefert.[4] Daraus geht hervor, dass die islamischen Religionsbediensteten in Moscheen oder Religionsgelehrten (*Dede*) in alevitischen Gebetshäusern (*Cemevi*) in den wenigsten Fällen in Deutschland aufgewachsen sind. In der Regel neu zugezogen, verfügen sie weder über ausreichende Kenntnisse der landesspezifischen Lebensrealitäten noch über entsprechende Sprachkenntnisse (ebd., S. 10). Dem gegenüber steht ein

---

[4] In Österreich besteht hingegen keine landesweite Untersuchung, die sich unvoreingenommen mit muslimischen Organisationsstrukturen befasst. Solche Studien wurden bis dato nur auf Ebene einzelner Bundesländer – wie z. B. Vorarlberg (Grabherr et al., 2019) oder Niederösterreich (Fürlinger, 2018) – durchgeführt. Abseits dessen existieren in Österreich vor allem Analysen zur landesweiten Verbreitung von Organisationsstrukturen mit einer politischen Schlagseite wie die von der *Dokumentationsstelle Politischer Islam* (DPI) publizierte ‚Islamlandkarte' (https://www.islam-landkarte.at/), da die religiösen Einrichtungen z. B. unter dem Begriff ‚politischer Islam' gefasst werden.

vergleichsweise hohes Schulbildungsniveau der Religionsbediensteten, von denen viele in ihren Herkunftsländern ein Studium absolviert haben. Bei der Analyse des Moscheelebens kommt die Studie zu dem interessanten Ergebnis, dass es sich bei den Gemeindebesucher*innen nicht zwingend um ein ethnisch homogenes Publikum handelt, sondern oftmals um Gläubige aus verschiedenen Herkunftsländern, was für Imame durchaus eine Herausforderung darstellen kann. Auch aufgrund der Diversität der Moscheegemeinden stehen sie daher mehrheitlich für einen dialogbereiten Islam (ebd., S. 11).

Mit dem Moscheeleben und dem gelebten Islam in religiösen Organisationsstrukturen befasst sich neben der Studie von Dirk Halm et al. auch eine ethnografische Analyse von Veronika Rückamp. Die Arbeit ‚Alltag in der Moschee. Eine Feldforschung jenseits von Integrationsfragen' (2021) gibt Einblicke in das Alltagshandeln von Moscheen auf Basis empirischer Feldforschungen in Moscheegemeinden in der Schweiz (Zürich) und in Österreich (Wien). Im Zuge der Analyse zeigt sich, dass Moscheen multifunktionale Räume darstellen, die keineswegs nur als Sakralräume fungieren, sondern auch als Orte der sozialen Vernetzung. In diesem Kontext sind Moscheen, so Rückamp,

> mit vielfältigen Erwartungen konfrontiert, sodass sie sich in einem Balanceakt befinden, den Erwartungen gerecht zu werden und dadurch ihre eigene Legitimität aufrechtzuerhalten. Diese Erwartungen sind selbst im Wandel und bedingen Wandel in den Moscheen. (Ebd., S. 335)[5]

Herangetragen werden Erwartungen sowohl intern vonseiten der Mitglieder als auch extern vonseiten des Staates. In diesem Spannungsfeld müssen sich Moscheevereine und Imame gleichermaßen zurechtfinden und immer wieder neu verorten.

Weitere Studien widmen sich der Konstitution oder der Ausverhandlung religiöser Autorität in organisierten Kontexten (Müller, 2017; Sunier & Buskens, 2022; Bano, 2022). Hervorzuheben ist hier insbesondere eine Studie zum Moscheeleben von Ayşe Almıla Akca mit dem Titel ‚Moscheeleben in Deutschland. Eine Ethnographie zu Islamischem Wissen, Tradition und religiöser Autorität'

---

[5]Zu den dynamischen Wandlungsprozessen, denen muslimische Organisationstrukturen unterliegen, siehe ebenfalls die Beiträge der beiden Sammelbände ‚Moscheen in Bewegung. Interdisziplinäre Perspektiven auf muslimische Kultstätten der Migration' (Alkin et al., 2022) und ‚Moschee 2.0: Internationale und transdisziplinäre Perspektiven' (Karakoç & Behr, 2022).

(2020). Auf Basis einer empirischen Analyse geht die Autorin mittels eines praxistheoretischen Forschungsansatzes insbesondere der Frage nach, wie religiöses Wissen in deutschen Moscheen als gültig oder ungültig klassifiziert wird, und welche Akteur*innen an diesen Prozessen beteiligt sind. Dabei zeigt sich, dass die Interpretation islamischer Traditionen oder als gültig anerkannten religiösen Wissens nicht nur in akademischen Kontexten oder auf der höheren Ebene der Bundesvorstände von muslimischen Dachverbänden erfolgt und dass sich eine „*Pädagogik der Unterwerfung* in Moscheen, respektive *Imam-Hörigkeit* von Menschen in Moscheen" (ebd., S. 383 [Hervorh. i. Orig.]) als unzutreffende Zuschreibung von außen erweist. Vielmehr konstituiere sich das, was als ‚richtiges' oder gültiges religiöses Wissen anerkannt wird, im Zuge eines Diskurses um Deutungshoheit, in dem religiöses Wissen, Macht, Kapital und Autorität eine herausragende Rolle spielen. Als besonders bedeutsam ist hierfür die lokale Ebene einzustufen (siehe dazu auch: Akca, 2022). Ayşe Almıla Akca gelingt es, die lokalen Praktiken und praktischen Handlungsverkettungen zu rekonstruieren, wie

Aushandlungsprozesse um islamisches Wissen zwischen Akteur*innen vor Ort ablaufen, deren Sinnwelten, Handlungen und ergo ihre Kapitale auf die Autorisierung von islamischem Wissens [sic!] wirken und den Umgang mit islamischer Tradition im islamischen Feld in Deutschland erheblich bestimmen (Akca, 2020, S. 384).

Mit dynamischen Wandlungsprozessen von religiösen Autoritäten setzen sich aber nicht nur Studien auseinander, die auf muslimische Organisationsstrukturen abzielen. Auch bei mit alltagsweltlicher Religiosität fernab von religiösen Institutionen befassten Analysen und Untersuchungen zeigt sich, dass im Zuge der Digitalisierung des Alltagslebens insbesondere digitale Medien und Online-Foren als Informationsquellen für religiöse Anliegen – und damit als neu aufkommende religiöse Autorität – massiv an Bedeutung gewonnen haben (Bunt, 2003, 2009, 2018; Aslan & Yildiz, 2023). Deren Relevanz wird u. a. daran ersichtlich, dass sich muslimische Gläubige bei Fragen zu religiösen Themen eher selten an den örtlichen Imam oder an religiöse Gelehrte wenden, sondern in gängigen Suchmaschinen nach Antworten recherchieren. Über den dafür herangezogenen sogenannten „Google-Hodscha" (Aslan et al., 2017, S. 151) kommen sie oftmals auch mit religiösen Netzwerken in Kontakt, die auf Homepages und in Foren tendenziell rückwärtsgewandte Ansichten – auch im Zusammenhang mit der Scharia – in Umlauf bringen. In Studien zum Wandel religiöser Autoritäten konnte u. a. gezeigt werden, wie die salafistische Szene digitale Formate

und den virtuellen Raum zur Gewinnung neuer Anhänger*innen sowie zur
Verbreitung ihrer religiösen Ideologie nutzt (El-Wereny, 2020). Für religiöse
Radikalisierungsprozesse spielen insbesondere Messenger-Dienste wie Telegram
und WhatsApp eine zentrale Rolle (FNRP, 2020). Die Auswirkungen der Digitalisierung religiöser Autoritäten und deren alltagspraktische Folgen bedürfen aber
noch weiterer systematischer Untersuchungen, ebenso wie religiöse Inhalte, die
über Online-Foren, Webportale, Online-Plattformen oder Social Media verbreitet
werden, einer fundierten theologischen Analyse zu unterziehen sind. Zu diesen
Fragen haben bisherige Forschungen bis auf wenige Ausnahmen – wie die Arbeiten von Sabine Damir-Geilsdorf, die sich u. a. mit der Verhandlung von Scharia-
normen im Cyberspace auseinandersetzt (Damir-Geilsdorf, 2014; Damir-Geilsdorf & Tramontini, 2015) – noch zu wenige verlässliche Erkenntnisse produziert.

In der Zusammenschau der vorliegenden Studien zu Muslim*innen in der
Gegenwartsgesellschaft tritt als zweiter Schwerpunkt der Forschungslandschaft
der Themenkomplex Moscheen, muslimische Organisationsstrukturen und religiöse Autoritäten hervor. Dabei liegt der Fokus oftmals auf Imamen oder auf
einem spezifischen Dachverband, und häufig wird an muslimische Organisationsstrukturen als Sozialräume aus einer problematisierenden Perspektive heran-
gegangen, der zufolge in diesen Kontexten demokratiefeindliche Positionen kur-
sieren oder eine religiöse Radikalisierung stattfindet. Unvoreingenommene empirische Studien zu Moscheen oder religiösen Autoritäten haben Seltenheitswert.
Auch wissenschaftliche Analysen zu muslimischem Gemeindeleben, in denen
beispielsweise Sichtweisen von Gemeindemitgliedern ein besonderer Stellenwert eingeräumt wird, stellen Ausnahmefälle dar. Es sind vor allem Standpunkte
von Funktionsträgern oder Imamen, die Berücksichtigung finden (Kolb, 2020, S.
377), nicht aber Sichtweisen von Muslim*innen, die nicht Mitglied in religiösen
Organisationsstrukturen sind oder sich von diesen distanzieren. Entsprechend
wenig ist über die Motive dieser Muslim*innen und potenziellen Gemeindemitglieder bekannt. Hierbei handelt es sich gewissermaßen um einen blinden Fleck
in der Forschung.

Fokus C: Muslimische Lebenswelten und Religiosität

Neben religiöser Radikalisierung, Extremismus und Fundamentalismus sowie
Moscheen und religiösen Autoritäten bilden muslimische Lebenswelten und
Religiosität schließlich einen dritten Schwerpunkt von Studien zu Muslim*innen

in der Gegenwartsgesellschaft des deutschsprachigen Raums.[6] Hier ist zu differenzieren zwischen Studien, die quantitative empirische Methoden anwenden, und Untersuchungen, die eine qualitative Forschungslogik verfolgen.

Im Bereich quantitativer Analysen ist zunächst eine von Yasemin Karakaşoğlu gemeinsam mit Ursula Boos-Nünning (2005) durchführte Forschungsarbeit zu nennen, in der der Umgang mit religiösen Positionen sowie Werteorientierungen von jungen Migrantinnen in Deutschland untersucht wurden. Im Blickpunkt der empirischen Studie ‚Viele Welten leben' steht die Lebenssituation einschließlich der Rolle von Wohnumfeld, Freundes- und Bekanntenkreisen, familiärem Kontext, Bildung, Mehrsprachigkeit und auch von Religion von Mädchen und jungen Frauen (15 bis 21 Jahre) mit unterschiedlichem Migrationshintergrund. Die umfangreiche Studie liefert interessante Erkenntnisse, was die Stellung von Religion im Leben junger Musliminnen angeht, vor allem auch im Vergleich zu Gleichaltrigen mit anderer Glaubenszugehörigkeit. Bei der Analyse der differierenden Dimensionen von Religiosität stellen die Autorinnen fest, dass die befragten jungen Frauen und Mädchen, die vier Religionsgruppen (Musliminnen, Orthodoxe, Katholikinnen, Protestantinnen) angehören, ein vergleichsweise kongruentes Bild von Religiosität haben. Ungeachtet dessen, dass sie in vielen Welten leben, fühlen sie sich religions- und herkunftsübergreifend in ihrer jeweiligen Konfession überwiegend anerkannt und akzeptiert (ebd., S. 415 ff.).

Erwähnung verdienen daneben die quantitativen Analysen der Forschungsgruppe um die Wiener Soziologin Hilde Weiss (2007; Weiss et al., 2014; Weiss et al., 2016), die sich insbesondere mit der Frage der intergenerationalen Vermittlung von Religiosität oder religionsbezogenen Aspekten sowie mit der Bindung von muslimischen Angehörigen der zweiten Migrationsgeneration an religiöse Normen auseinandersetzt. Im Rahmen der quantitativen empirischen Analysen wurde auch eine Typologie von Muslim*innen der zweiten Generation in Österreich entwickelt, die deren religiöse Orientierungen kategorisiert (Khorchide, 2007). Dabei wird zwischen sechs Typen differenziert: ‚Fundamentalist*innen' (7 %), ‚Schalenmuslim*innen' (24 %), ‚reflektierte Muslim*innen'

---

[6]An dieser Stelle sei zudem auf die Studie ‚Europäischer Islam. Muslime im Alltag' der französischen Soziologin Nilüfer Göle (2016) verwiesen, die sich mit muslimischem Leben in der Gegenwart sowie insbesondere mit Strategien, mit denen in Europa lebende Muslim*innen westliche Lebensstile mit ihrer Religiosität und religiösen Normen zu verbinden suchen, beschäftigt (ebd., S. 199 ff.). Da sich das vorliegende Buch auf den Forschungsstand im deutschsprachigen Raum fokussiert, werden die Analysen und Befunde der Studie von Göle nicht gesondert dargelegt.

(7 %), ‚spirituelle Muslim*innen' (7 %), ‚marginalisierte Distanzierte' (20 %) sowie ‚assimilierte Distanzierte' (31 %) (ebd., 229 ff.).

Zu nennen ist in diesem Kontext auch die vom *Institut für empirische Sozialforschung* durchgeführte Untersuchung mit dem Titel ‚Muslime in Österreich' (Ecoquest, 2013), für die 500 Muslim*innen mit türkischem und bosnischem Hintergrund befragt wurden. Auch hier wurde auf Basis des quantitativen Datenmaterials eine Typologie gebildet, die zwischen ‚säkularen' (25 %), ‚traditionell religiösen' (19 %), ‚religiös konservativen' (26 %), ‚politisch religiösen' (17 %) sowie ‚kulturkonservativen' (7 %) und ‚verunsicherten' (5 %) Muslim*innen unterscheidet (ebd., S. 42 ff.). Die beiden genannten Typologien basieren jeweils auf wenigen Items. Eine Analyse muslimischer Lebenswirklichkeiten oder des Umgangs mit religiösen Normen in Alltagskonstellationen erfolgt nicht.

Eine weitere quantitative Studie, die sich u. a. auch mit muslimischer Religiosität befasst und deren Befunde ungeachtet der von Österreich unterschiedenen Stellung der Kirchen in Deutschland oder der Schweiz dennoch Aussagekraft für den gesamten deutschsprachigen Raum besitzen, stammt von Paul M. Zulehner (2011). Unter dem Titel ‚Verbuntung. Kirchen im weltanschaulichen Pluralismus' fasst er Erkenntnisse aus seiner mehrere Jahrzehnte andauernden Forschungstätigkeit in Österreich zusammen. Während sich der Autor zu Beginn vor allem mit christlichen Gläubigen beschäftigte, ist in den vergangenen Jahrzehnten mehr und mehr die muslimische Bevölkerung in den Fokus seiner Aufmerksamkeit gerückt. Diesem Bevölkerungssegment attestiert Zulehner einen verglichen mit anderen in Österreich vertretenen Religionsgemeinschaften hohen Grad an Religiosität. Nichtsdestotrotz sei auch hier ein Wandlungsprozess feststellbar, namentlich ließe sich eine Tendenz zu multiplen religiösen Bezügen konstatieren. Deutlich zum Ausdruck komme dies bei Muslim*innen, die in Österreich aufgewachsen sind – bei diesen sei eine partielle Loslösung von tradierten Rollenvorstellungen und traditionellen religiösen Bindungen erkennbar. Dies treffe vor allem auf die junge muslimische Bevölkerung, und dabei insbesondere auf weibliche Personen, zu (ebd., S. 316–318).

In einer späteren quantitativen Erhebung ging Zulehner der Frage der Gleichstellung von Mann und Frau in unterschiedlichen Glaubensgemeinschaften in Österreich nach (Zulehner & Steinmair-Pösel, 2014). Die die muslimische Bevölkerung betreffenden Ergebnisse arbeitete er zu einer eigenständigen Buchpublikation mit dem Titel ‚Muslime im Migrationsstress' (2016) aus, in der er mittels quantitativer empirischer Analysen untersucht, wie österreichische Muslim*innen im Angesicht von Erwartungen oder empfundenem Druck sich in Bezug auf Geschlechterrollen, den Umgang mit Religiosität, persönliche Identitäten und Freiheitsbewusstsein positionieren oder gegebenenfalls migrationsbedingte Anpassungen vornehmen. Dabei zeigt sich, dass bei Muslim*innen der ersten Generation religiöse Überzeugungen stärker ausgeprägt sind als bei späteren Generationen. So stufen sich 17 % der Männer bzw. 22 % der Frauen, die nicht in Österreich geboren sind, als ‚sehr religiös‘ ein; weitere 56 % (Männer) bzw. 65 % (Frauen) beschreiben sich als ‚religiös‘. In der zweiten und dritten Generation wiederum definieren sich weiterhin 19 % der Männer bzw. 24 % der Frauen als ‚sehr religiös‘. Allerdings charakterisieren sich nur noch 38 % dieser Muslim*innen als ‚religiös‘ (ebd., S. 128). Ungeachtet der gesunkenen Religiosität geben jedoch 65 % der männlichen wie weiblichen Angehörigen der zweiten und dritten Generation an, dass Fasten im Ramadan für sie wichtig oder sehr wichtig sei. 64 % der Männer und 69 % der Frauen dieser Generationen halten die Vermeidung von Speisen und Getränken aus religiösen Gründen *(haram)* für wichtig oder sehr wichtig (ebd., S. 138). In Bezug auf solche Facetten von Religiosität stellt Zulehner eine zunehmende ‚Verbuntung‘ des religiösen muslimischen Lebens sowie einen Wandlungsprozess bei traditionellen Geschlechterrollen oder religiösen Traditionen fest.

Mit Blick auf Deutschland ist bei quantitativen Analysen zum muslimischen Leben und muslimischer Religiosität zunächst der Religionsmonitor hervorzuheben, der bis dato dreimal durchgeführt wurde. Während im Jahr 2007 der Fokus auf der individuellen Religiosität lag (Bertelsmann Stiftung, 2008a), rückte bei der zweiten Erhebung im Jahr 2012 das Zusammenspiel von Religiosität, sozialen Einstellungen und Werteorientierungen in den Mittelpunkt (Pollack & Müller, 2013; Bertelsmann Stiftung, 2015). Die dritte Erhebung 2017 untersuchte noch eingehender das interreligiöse Zusammenleben, zudem kommen Angehörige religiöser Minderheiten vermehrt zu Wort (Halm & Sauer, 2017). In allen Erhebungswellen fand die Religiosität von Muslim*innen in Deutschland spezifische Berücksichtigung (Bertelsmann Stiftung, 2008b; Halm & Sauer, 2015). Mit dem von Stefan Huber entwickelten Religiositäts-Struktur-Test (2008a, b) werden die unterschiedlichen Dimensionen von Religiosität jeweils gezielt empirisch untersucht. Laut Religionsmonitor 2017 war in den untersuchten Ländern (Deutschland, Österreich, Frankreich, Großbritannien und der Schweiz) „eine Angleichung in den Bereichen Sprachkompetenz, Bildungsniveau und Erwerbsbeteiligung zwischen Muslimen aus Einwandererfamilien und Einheimischen zu beobachten" (Halm & Sauer, 2017, S. 60). Dennoch sind muslimische Gläubige generell religiöser als Angehörige anderer Religionsgemeinschaften, auch pflegen sie enge soziale Bindungen an ihre Herkunftsländer. Ungeachtet der Angleichungsprozesse, die die muslimische Bevölkerung durchläuft, lösten bestehende Differenzen in kultureller, sozialer oder religiöser Hinsicht „in der einheimischen Bevölkerung Unbehagen aus" (ebd.).

Neben dem Religionsmonitor ist auch die im Auftrag der *Deutschen Islam Konferenz* erstellte Studie ,Muslimisches Leben in Deutschland' zu nennen (Haug et al., 2009). In der quantitativen Untersuchung wurden deutschlandweit 6000 Menschen aus muslimischen Herkunftsländern auf Basis eines standardisierten Fragebogens telefonisch zu soziodemografischen Merkmalen wie Religionszugehörigkeit, Einkommen, Migrationshintergrund sowie Aspekten struktureller und sozialer Integration befragt. Dabei konnte gezeigt werden, dass das muslimische Leben in Deutschland sehr vielfältig und heterogen ist. Beispielsweise stellte sich heraus, dass der Organisationsgrad von Muslim*innen in religiösen Vereinen wesentlich niedriger ist als weithin angenommen. So sind nur ca. 20 % Mitglied in einem Moscheeverein oder in einem sonstigen religiösen Verein. Der Anteil derjenigen, die im Rahmen einer solchen Einrichtung auch aktiv und engagiert sind, liegt noch etwas niedriger (ebd., S. 167 ff.).

In der Neuauflage der Studie (Pfündel et al., 2021) wurden die Analysen fortgeführt. Dabei ergab sich, dass muslimische Religionsangehörige sich als deutlich gläubiger einstufen als dies Menschen mit christlichem Glaubensbekenntnis tun. Während 82 % der Muslim*innen von sich sagen, dass sie stark oder eher gläubig seien, ist dies bei Christ*innen nur bei 55 % der Fall (ebd., S. 83). Die muslimische Bevölkerung zeichnet sich in Fragen der religiösen Praxis aber keineswegs durch Einheitlichkeit, sondern vielmehr durch markante Unterschiede aus. Denn während 39 % der Befragten angeben, dass sie täglich die rituellen Pflichtgebete verrichten, tun dies 25 % eigenen Angaben zufolge nie (ebd., S. 87). Ähnlich verhält es sich mit der Teilnahme an religiösen Veranstaltungen wie dem Freitagsgebet in der Moschee. Ca. 24 % der männlichen Muslime tun dies wöchentlich, 35 % hingegen niemals (ebd., S. 93).

Neben den genannten quantitativen Untersuchungen gibt es eine Reihe von qualitativen Studien zur Glaubenspraxis und Religiosität von Muslim*innen im deutschsprachigen Raum. Die empirische Analyse von Gritt Klinkhammer zu Formen islamischer Lebensführung (2000, 2003) untersucht die Sozialisation von in Deutschland geborenen und aufgewachsenen jungen Frauen muslimischen Glaubens und deren individuelle Deutungen des Islams. Auf Basis qualitativer Leitfadeninterviews arbeitet Klinkhammer Lebensläufe, Lebenssituationen und biografische Auslöser anhand von Einzelfalldarstellungen heraus. Aus den hinsichtlich des jeweiligen Umgangs mit Religion in der Lebensführung bestehenden Differenzen entwickelt die Autorin eine Typologie, die zwischen einer ,traditionalisierenden', einer ,exklusivistischen' sowie einer ,universalisierenden' islamischen Lebensführung unterscheidet (Klinkhammer, 2000, S. 283 ff.).

In einer gleichfalls qualitativen Studie mit dem Titel ,Islamische Identitäten' nimmt Nikola Tietze (2001) unterschiedliche Formen muslimischer Religiosität in den Blick, die sie als Modus der Subjektivierung definiert. Im Fokus stehen dabei die religiöse Identitätsbildung und religiöse Sinnstiftung bei muslimischen Männern in Frankreich sowie in Deutschland. Beim Vergleich der auf qualitativen empirischen Daten basierenden Fälle entwickelt auch Tietze eine Typologie, die verschiedene Formen islamischer Identitäten zwischen Glauben *(believing)* und Zugehörigkeit *(belonging)* umfasst. Dabei differenziert sie zwischen einer ‚Ethnisierung‘, einer ‚Ideologisierung‘, einer ‚Utopisierung‘ sowie einer ‚Kulturalisierung‘ von religiösen Selbstbildern (ebd., S. 157 ff.). Anhand der Identitätsformen arbeitet die Autorin religiöse Zugehörigkeiten, Bindungen und deren Prägung durch soziale Kontextbedingungen heraus.

Nikola Ornig wiederum richtet in ihrer Studie ‚Die Zweite Generation und der Islam in Österreich‘ (2006) den Blick auf die religiöse Lebenswelt sowie auf die heterogenen Konstitutionsbedingungen von religiösen, ethnischen und nationalen Identitäten. Hinsichtlich der Bedeutung des Religiösen für die zweite Generation von Muslim*innen mit Migrationserfahrung identifiziert die Autorin zwei grundsätzliche Typen: ‚islamische Identitäten‘ auf der einen Seite, die in die Untergruppen ‚Islam als selbstverständlicher Orientierungsrahmen‘, ‚Islamisierung‘ und ‚prekäre Gläubigkeit‘ unterteilt werden können (ebd., S. 203 ff.), sowie Formen der ‚Alterität gegenüber dem Islam‘ auf der anderen Seite, die sich in ‚keine Identifikationen‘ und ‚Distanzierungen vom Islam‘ ausdifferenzieren lassen (ebd., S. 226 ff.). Das Hauptaugenmerk der Untersuchung liegt auf Fragen der religiösen Identitätsbildung oder religiöser Selbstbilder. Eine Analyse des alltagspraktischen Umgangs mit religiösen Fragen oder der Rolle der muslimischen Religiosität für die Lebenswirklichkeit erfolgt hingegen nicht.

Weiteren Aufschluss über muslimisches Leben in Österreich bietet die Studie der Forschungsgruppe um Gudrun Biffl und Ernst Fürlinger, die unter dem Titel ‚Muslimische Vielfalt in Niederösterreich‘ (Fürlinger, 2014) mithilfe quantitativer und qualitativer empirischer Methoden die Situation der in dem Bundesland lebenden muslimischen Bevölkerung analysiert und dabei sowohl demografischen Entwicklungen, der sozioökonomischen Situation als auch der religiösen Organisationslandschaft nachgeht. Vervollständigt wird die Analyse durch qualitative Befragungen, mit denen religiöse Orientierungen, Bindungen an Religion, Sozialisationspfade, die sozioökonomische Situation und die gesellschaftlichen Partizipationsmöglichkeiten von muslimischen Jugendlichen bzw. jungen Erwachsenen in ausgewählten niederösterreichischen Städten untersucht wurden. Die Verbindung der quantitativen und qualitativen Befunde erlaubt es den Autor*innen, vielseitige Einblicke in die Lebensrealität der muslimischen Bevölkerung im Bundesland Niederösterreich zu geben.

Eine österreichweite Perspektive eröffnet hingegen die im Jahr 2017 erschienene Studie von Ednan Aslan, Jonas Kolb und Erol Yildiz mit dem Titel
‚Muslimische Diversität. Ein Kompass zur religiösen Alltagspraxis in Österreich‘ (Aslan et al., 2017). Auf Basis eines umfangreichen empirischen Datenmaterials – befragt wurden Muslim*innen zwischen 16 und 85 Jahren über alle
ethnischen Gruppen hinweg –, das im Zuge einer Mixed-Methods-Erhebung
generiert wurde und sowohl qualitative als auch quantitative Zugänge umfasst,
unterscheiden die Studienautoren zwischen fünf Typen religiöser Praxis, die die
Variationsbreite im alltäglichen Umgang mit Religion abbilden (ebd., S. 47 ff.).
Das Ziel der Studie, an der der Verfasser des vorliegenden Buches federführend
beteiligt war und deren Datensatz einigen der hier versammelten Beiträge zugrunde liegt, bestand darin, zu rekonstruieren, wie Muslim*innen im alltäglichen
Leben mit religiösen Normen umgehen und wie Religiosität ihren Alltag prägt.
Dabei wurden gezielt Muslim*innen, die nicht Mitglied in Moscheevereinen oder
islamischen Organisationen sind, in die Analyse miteinbezogen. Auf diesem Weg
gelingt es den Autoren, die Vielfältigkeit und Diversität muslimischen Lebens
in der Gegenwartsgesellschaft des deutschsprachigen Raums lebensnah nachzu-
zeichnen.

In der Zusammenschau der relevanten Studien zu muslimischem Leben und
muslimischer Religiosität zeigt sich ein Fokus vor allem auf junge Erwachsene,
Jugendliche[7] oder Angehörige der zweiten und dritten Migrationsgeneration, zumeist mit türkischem Background. Alters- und generationenübergreifende empirische Untersuchungen, die Menschen aus verschiedenen Herkunftsländern und
mit differierenden Migrationserfahrungen (erste, zweite oder dritte Generation
sowie keine Migrationserfahrung) miteinbeziehen, stellen Ausnahmen dar. Darüber hinaus steht bei der Analyse von muslimischer Religiosität oftmals im Mittelpunkt, wie sich Muslim*innen religiös selbst verorten oder welche religiösen
Identitäten sie ausprägen. Dabei zeigt sich, dass muslimische Gläubige – auch
Jugendliche und junge Erwachsene – vielfach mehrdeutige oder zwiespältige
Religionsverständnisse haben, die oftmals in Widerspruch zu ihrer Biografie
oder Lebensrealität stehen. Diese Zerrissenheit oder Ambivalenzen werden in
den wenigsten Fällen ausreichend untersucht. Vergleichsweise wenig Beachtung
erfahren zudem generell Fragen danach, welche Bedeutung religiösen Aspekten
für die Lebensgestaltung im Familien-, Freizeit- oder Berufsleben zukommt oder

---

[7] Ein Überblick über den Stand der Forschung zur Religiosität muslimischer Jugendlicher
bzw. junger Erwachsener im deutschsprachigen Raum findet sich u. a. bei (Kenar et al.,
2020).

welcher Umgang mit religiösen Normen in alltäglichen Lebensrealitäten gepflegt wird.

Bereich 2: Islamische Bildung in der Gegenwartsgesellschaft

Nach diesem Überblick über den Forschungsstand zum Thema muslimisches Leben in der Gegenwartsgesellschaft des deutschsprachigen Raums folgt nun die Darstellung eines zweiten für das vorliegende Buch relevanten Teils der Forschungslandschaft, nämlich des Bereichs der islamischen Bildung. Hier lassen sich drei Schwerpunkte identifizieren, die für das Erkenntnisinteresse der vorliegenden Arbeit von besonderem Interesse sind und daher gesondert herausgearbeitet werden. Während der erste Schwerpunkt (Fokus D) auf *zeitgenössischen religionspädagogischen Prinzipien in der Islamischen Religionspädagogik* liegt, dreht sich der zweite (Fokus E) um *religiöse Sozialisationsprozesse und Lernorte islamischer Bildung* (Familie, Moschee, Schule, Hochschule und Internet) und damit um die Frage, inwiefern Wissen über muslimische Lebensrealitäten in der Lehrer*innenbildung Berücksichtigung findet. Der dritte Schwerpunkt (Fokus F) reflektiert *Ansätze interreligiöser sowie interkultureller bzw. migrationspädagogischer Bildung.*

Fokus D: Zeitgenössische religionspädagogische Prinzipien in der Islamischen Religionspädagogik

Neben den religionssoziologischen Analysen, die die muslimische Diversität, Alltagspraxis und Lebensrealitäten untersuchen, nimmt die vorliegende Arbeit ebenso die Frage in den Blick, welche Implikationen sich aus diesen Befunden für die islamische Bildung bzw. für die Islamische Religionspädagogik ableiten lassen. Daher wird im Folgenden der Forschungsstand insbesondere unter dem Aspekt der anthropologischen Ausrichtung der Islamischen Religionspädagogik reflektiert.

Vorwegnehmend ist an dieser Stelle zu sagen, dass Bildung in den theologischen Quellen des Islams eines der wichtigsten Themen ist, wie zahlreiche Koranverse und Hadithe sowie Schriften theologischer Gelehrter belegen (Günther, 2013, 2016a). Die neuere Forschung hat eine Vielzahl an Werken hervorgebracht, die sich aus einer geschichtswissenschaftlichen oder islamwissenschaftlichen Perspektive mit historischen Lernorten islamischer Bildung oder mit pädagogischen Aussagen islamischer Gelehrter befassen (Makdisi, 1981; Hussain, 2013). Laut dem Tenor der einschlägigen Arbeiten haben sich in der islamischen Geschichte Formen islamischer Bildung etabliert, in denen das Prinzip der Überlieferung eine zentrale Rolle spielt (Sejdini, 2022b). In solchen traditionellen religionspädagogischen Ansätzen werden oftmals ein objektivistisches Verständnis von Wahrheit sowie exklusivistische Vorstellungen vertreten, die von der alleinigen Gültigkeit des eigenen Glaubens ausgehen und andere Glaubenstraditionen vom Heil ausschließen. Demgemäß besteht das Ziel solcher Auffassungen von religiöser Bildung darin, religiöse Normen und Gebote zu inkorporieren und bestehende Traditionen nachzuahmen (ebd., S. 87). Memorieren, Auswendiglernen und Rezitieren sind traditionelle didaktische Wege zur Erreichung dieses Ziels (Ceylan, 2010b).

Durch die Etablierung islamischer Studienrichtungen an österreichischen, deutschen und schweizerischen Universitäten sowie durch das Angebot von islamischem Religionsunterricht an Schulen im deutschsprachigen Raum sieht sich die Islamische Religionspädagogik der Herausforderung gegenüber, sich in die neuen Bildungskontexte einzupassen und entsprechende religionspädagogische Ansätze zu entwickeln. Allerdings widerspricht das Prinzip der Überlieferung, wie es sich in der Geschichte islamischer Bildung etabliert hat, einem zeitgemäßen Verständnis von Religionspädagogik und ist mit diesem nicht vereinbar. Überlieferungszentrierung – wiewohl kein Spezifikum des Islams, sondern auch in anderen religiösen Traditionen da und dort praktiziert – gilt weitgehend als überholt (Lachmann, 2013, S. 59).

In Bezug auf theologische Erkenntnisbemühungen an Universitäten des deutschsprachigen Raums hat sich in den vergangenen Jahrhunderten durchgesetzt, dass nicht nur Gott und theologische Quellen, sondern auch die Menschen gleichberechtigt im Sinne einer – in Anlehnung an Karl Rahner – „anthropologischen Wende" (Eicher, 1970) in religionspädagogische Reflexionen einbezogen werden. In diesem Zusammenhang haben sich für die Religionspädagogik laut dem Religionspädagogen Reinhold Boschki im Allgemeinen vier zentrale Prinzipien als besonders bedeutsam herausgestellt, die einem solchen Paradigmenwechsel den Weg bereiten. Bei diesen Prinzipien, die Zielhorizonte zeitgenössischer religionspädagogischer Lehr- und Lernprozesse darstellen, handelt es sich um die ‚Pluralismusfähigkeit‘, die ‚Subjektorientierung‘, die ‚Erfahrungsorientierung‘ sowie die ‚Bildungsorientierung‘ (Boschki, 2017, S. 87–90).

Der erste Maßstab, die ‚Pluralitätsfähigkeit‘, hat sich zu einem Leitgedanken religionspädagogischer Konzepte entwickelt (ebd., S. 87 f.). Dieser resultiert aus der Einsicht, dass in der zeitgenössischen pluralen Gegenwartsgesellschaft

Lehr- und Lernprozesse nicht für eine homogene Gruppe von Lernenden konzipiert und realisiert werden können, sondern unterschiedlichen sozialen Voraussetzungen, heterogenen ethnischen und sprachlichen Hintergründen systematisch Rechnung tragen müssen. Damit bildet religiöse Pluralismusfähigkeit nicht nur den Ausgangspunkt, sondern auch die Zielsetzung religiöser Bildungsprozesse, die es religionspädagogisch und -didaktisch zu gestalten gilt (Englert, 2002, S. 93 ff.; Schweitzer, 2014b, S. 133 ff.; Kraml & Sejdini, 2015; Grümme, 2012, 2017).

Ein zweiter Maßstab für eine zeitgemäße Religionspädagogik ist die Fähigkeit, Lebenszusammenhänge von Menschen im Hier und Jetzt zu adressieren, also ihre ‚Subjektorientierung‘. Subjekte werden dabei nicht entkoppelt von ihren sozialen Kontexten und Lebenswelten gedacht, sondern als mit diesen untrennbar verwoben verstanden (Schwab, 2002, S. 167) und „in die Mitte religionspädagogischer Reflexion" (Boschki, 2017, S. 88) gerückt. Persönliche Rahmenbedingungen und Sozialisationskontexte gilt es folglich in religionspädagogische Konzeptionen stringent miteinzubeziehen (Biehl, 2005a, S. 40; Mette, 2005, S. 66; Schröder, 2012, S. 234; Rothgangel, 2013, S. 23; Kunstmann, 2017).

Beim dritten Prinzip für die Gestaltung von religionspädagogischen Lehr- und Lernprozessen handelt es sich um die ‚Erfahrungsorientierung‘ (Boschki, 2017, S. 89). Dieser Maßstab, den Peter Biehl überhaupt als die „Schlüsselkategorie" (Biehl, 2001, S. 421) der Religionspädagogik bezeichnet, hängt eng mit der Subjektorientierung zusammen und begreift Lebenserfahrungen und -realitäten von Menschen als wichtigen religionspädagogischen Zielhorizont. Religionspädagogische Konzeptionen sollten im Sinne der Erfahrungsorientierung sowohl die Erfahrungswelt der Lernenden kennen als auch danach streben, „die Lebenserfahrung der Menschen mit den Erfahrungen des Glaubens [zu] ‚korrelieren‘, also in Beziehung [zu] setzen" (Boschki, 2017, S. 89). Erst durch solche Angebote könne die Religionspädagogik zur Subjektwerdung und religiösen Mündigkeit Lernender beitragen, die auch zu Traditionskritik befähigt sind (Mette & Schweitzer, 2002, S. 37; Kunstmann, 2010, S. 179).

Das vierte und letzte Prinzip ist die ‚Bildungsorientierung‘. Im Jahr 2005 sprach Peter Biehl noch von einer „Wiederentdeckung der Bildung in der gegenwärtigen Religionspädagogik" (Biehl, 2005b), mittlerweile hat sich der Begriff aber als Leitkategorie etabliert (Rothgangel, 2013, S. 32). Kennzeichnend für eine zeitgenössische Religionspädagogik in diesem Sinne ist, dass sie junge Menschen bei der Ausbildung von Sprachfähigkeiten und beim Abwägen von Entscheidungen unterstützt (Biehl, 2005a; Schröder, 2012, S. 226; Boschki, 2017, S. 92) und damit einen zentralen Beitrag zur religiösen Mündigkeit leistet. Mit instruktionistischen Methoden wie Frontalunterricht oder Auswendiglernen ist das Prinzip der Bildungsorientierung nicht kompatibel.

Da die genannten Prinzipien, die eine ‚anthropologische Wende' markieren, in der Geschichte islamischer Bildung keine Verankerung haben, steht die Islamische Religionspädagogik vor der Herausforderung, islamische Bildung auf eine Art fortzuführen, die es einerseits ermöglicht, deren Authentizität sicherzustellen und die andererseits die genannten Prinzipien als Merkmale einer zeitgenössischen Islamischen Religionspädagogik miteinbezieht.

Die wissenschaftlichen Debatten zur Islamischen Religionspädagogik sind seit deren Begründung als Wissenschafts(sub-)disziplin im deutschsprachigen universitären Kontext bereits weit vorangeschritten. Derzeit drehen sich religionspädagogische Debatten – in Anbetracht dessen, dass sich der islamische Religionsunterricht in vielen Regionen (noch) in einer Findungs- oder Aufbauphase befindet – oftmals um strukturelle Rahmenbedingungen, rechtliche Grundlagen oder um Religionslehrpersonen und deren Ausbildung (Kolb, 2023a, S. 172 f.); ein weiteres Thema der gegenwärtigen Debatten ist, wie der islamische Religionsunterricht aussehen kann. Zu erwähnen sind in diesem Zusammenhang Grundpositionen des islamischen Religionsunterrichts (Ourghi, 2017), methodisch-didaktische Fragen (Schröter, 2020; Sarıkaya et al., 2019), anthropologische Grundlagen (Sejdini, 2022b), Unterrichtsmaterialien (Kiefer, 2010; Spielhaus, 2018), der Umgang mit theologischen Quellen (Müller, 2016; Sarıkaya, 2016) sowie auch die Professionalisierung von islamischen Religionslehrer*innen (Tuna, 2019) und die Kompetenzorientierung im islamischen Religionsunterricht (Klement et al., 2019).

Eine zielgerichtete Auseinandersetzung mit den genannten Maßstäben einer zeitgemäßen Religionspädagogik ist bis dato noch nicht in ausreichendem Ausmaß erfolgt, auch wenn in Teilbereichen der Islamischen Religionspädagogik hierfür bereits fruchtbare Ansätze entwickelt wurden. Dies gilt beispielswiese für die Frage, wie mit dem Koran (Kaddor & Müller, 2008; Mohagheghi & Steinwede, 2016) oder mit Hadithen (Sarıkaya, 2011, 2021) im schulischen Religionsunterricht umgegangen werden kann. Auch bestehen vereinzelte Bemühungen, religiöse Überzeugungen muslimischer Schüler*innen (Alacacıoğlu, 2003; Badawia, 2003; Ulfat, 2017) sowie Erwartungen und Vorstellungen muslimischer Eltern zur religiösen Bildung religionspädagogisch zu reflektieren und einzubinden (Holzberger, 2014; Uslucan & Yalcin, 2018; Tufan-Destanoğlu, 2019, 2020). Diesbezügliche Debatten und Ansätze stellen aber Ausnahmen dar oder stehen noch am Anfang.

Stattdessen ist in der Islamischen Religionspädagogik weiterhin ein Paradigma verbreitet, das subjektive Sichtweisen, Erwartungen, Ängste und Wünsche der beteiligten muslimischen Bevölkerung vielfach vernachlässigt. Bereits im Jahr 2008 wurde eine in dieser Hinsicht unzureichende innerislamische Diskussion, das Fehlen seriöser Grundlagenforschung und die dürftige Berücksichtigung der Lebensrealität der Schüler*innen festgestellt (Uçar, 2008, S. 121). Bemängelt wurde ebenso das Fehlen „einer theologisch begründbaren und dennoch vernunftorientierten Theorie islamischer Bildung und Erziehung, die pragmatisch gedacht wird" (Behr, 2008, S. 49). Die damals geäußerten Beanstandungen haben auch heute noch ihre Gültigkeit. Daher will die vorliegende Arbeit empirische Befunde über muslimische Lebenswirklichkeiten in den Mittelpunkt rücken, denen sich Impulse für eine subjektorientierte und erfahrungsbasierte Islamische Religionspädagogik, die auch den Maßstäben der Bildungsorientierung und Pluralitätsfähigkeit Genüge leistet, entnehmen lassen. Mit der praxisgebundenen Erdung soll ein Beitrag zu gegenwärtigen Debatten und zur ‚anthropologischen Wende' der Islamischen Religionspädagogik geleistet werden.

Fokus E: Religiöse Sozialisationsprozesse und Lernorte islamischer Bildung

Um die vorliegende Schrift entsprechend in den bestehenden Forschungsstand einbetten zu können, sind neben subjektorientierten Ansätzen in der Islamischen Religionspädagogik auch jene Arbeiten zu nennen, die sich mit den Lernorten islamischer Bildung beschäftigen. Nachfolgend werden daher Studien referiert, deren Gegenstand die verschiedenen Lernorte islamischer Bildung und deren Verhältnis zueinander sind, zuvor jedoch seien Arbeiten vorgestellt, die allgemein religiöse Sozialisationsprozesse muslimischer Jugendlicher oder junger Erwachsener behandeln.

Zu nennen ist zum einen eine Studie von Adem Aygün (2013), in der auf Basis qualitativer empirischer Erhebungen religiöse Sozialisationsprozesse von türkischen Jugendlichen in Deutschland und in der Türkei typologisiert werden. Sozialisationsprozesse stehen auch bei Hans-Jürgen von Wensierski und Claudia Lübcke (2012) im Vordergrund. In ihrer Untersuchung beschäftigen sich die Autor*innen mit Biografiepfaden, Lebenswelten und Alltagskulturen von jungen Muslim*innen in Deutschland im Alter zwischen 20 und 30 Jahren und identifizieren dabei unterschiedliche sozialisatorische Entwicklungsprozesse (ebd., S. 143 ff.). Im Mittelpunkt der Studie stehen einerseits biografische Erfahrungen und Familienkonstellationen, andererseits Alltagsaktivitäten, Peergroup-Interaktionen, sexuelle Erfahrungen und jugendkulturelle Orientierungen der jungen Muslim*innen. Die Studie vermittelt interessante Einblicke in den Ablauf von

Prozessen der religiösen Sozialisation bzw. die Art und Weise der Ausbildung von religiösen Überzeugungen und Identitäten.

Prozesse der religiösen Sozialisation und der religiösen Bildung junger Muslim*innen gehen an verschiedenen Lernorten vonstatten. Dazu gehören familiäre Kontexte, Moscheegemeinden, der islamische Religionsunterricht in der Schule sowie akademische Institutionen. Da die Schule und der akademische Kontext im deutschsprachigen Raum eine sehr junge Geschichte haben und sich erst im Prozess der Konstituierung oder Etablierung befinden, ist das Verhältnis der einzelnen Lernorte zueinander noch nicht austariert.

Dem Lernort Familie kommt bei religiösen Sozialisationsprozessen grundsätzlich eine besondere Rolle zu, wird im Elternhaus doch der Grundstein für religiöse Identitäten, Selbstbilder und den Umgang mit religiösen Normen gelegt. Daher ist die Familie als Träger der informell vermittelten religiösen Bildung für die religiöse Sozialisation von Kindern und Jugendlichen besonders prägend (Stein, 2012). Zu diesem Lernort gibt es jedoch nur wenige Forschungsarbeiten (z. B.: Karakaşoğlu, 2000; Uslucan, 2008; Ateş, 2014; Weiss et al., 2014; Uygun-Altunbaş, 2017).[8]

Zu nennen ist in diesem Kontext die Untersuchung von Ayşe Uygun-Altunbaş mit dem Titel ‚Religiöse Sozialisation in muslimischen Familien‘ (2017), in der die Autorin ihren Forschungsgegenstand in einer vergleichenden Perspektive in den Blick nimmt. Auf Basis von qualitativem empirischem Datenmaterial rekonstruiert sie religiöse Erziehungsvorstellungen sowie Vermittlungsformen islamischer Bildung in familiären Kontexten und kommt zum Schluss, dass die in den Familien gelebte und erlebte Religiosität als Blaupause für die spätere Religiosität der nachkommenden Generation gelten kann – durch die religiöse Bildung im familiären Rahmen werden sowohl Familientraditionen als auch kulturelle Bezüge zu den jeweiligen Herkunftskontexten fortgeschrieben.

Hervorzuheben ist darüber hinaus die Studie von Yasemin Karakaşoğlu (2000), die Erziehungsvorstellungen von jungen muslimischen Erwachsenen anhand des Beispiels von türkischen Lehramts- und Pädagogikstudentinnen in Deutschland analysiert (ebd., S. 183 ff.). Im Vordergrund der Studie stehen familiäre Erziehungsvorstellungen, pädagogische Orientierungen und Erwartungen an religiöse Bildung. Dabei zeigt sich, dass die Sichtweisen und Wünsche junger muslimischer Erwachsener in Bezug auf religiöse Sozialisation und Erziehung sehr divers, breitgefächert und vielschichtig sein können.

---

[8] Ein Überblick über Forschungsarbeiten zu diesem Lernort islamischer Bildung findet sich u. a. bei Aysel 2022a sowie bei Stein et al., 2022, S. 248–252.

Einen zweiten für die islamische Bildung besonders relevanten Lernort stellen Moscheevereine und religiöse Organisationen dar. In chronologischer Hinsicht handelt es sich hierbei um die ersten etablierten Lernorte für islamische Bildung in der deutschsprachigen Diaspora abseits der familiären Kontexte. Den Moscheevereinen und religiösen Verbänden wird für gewöhnlich eine prägende Bedeutung für die muslimische Bevölkerung zugeschrieben (Aslan et al., 2015, S. 67), wobei allerdings nur ein Teil der muslimischen Gläubigen enge Bezüge zu religiösen Organisationsstrukturen aufweist. Von Relevanz sind Moscheevereine als Ort islamischer Bildung deswegen, weil sie – meist an den Wochenenden oder in den Ferien – einen religiösen Unterricht anbieten. Der Lernort ist bis dato erst teilweise erforscht (z. B.: Alacacıoğlu 1999; Ceylan, 2008, 2010b, 2014, 2015; Ballnus, 2011; Karakoç, 2022). Der Schwerpunkt der islamischen Bildung am Lernort Moschee, so der weitgehend einhellige Befund von Forschungsarbeiten, liegt zumeist auf dem Erlernen des Koranlesens (Koranunterricht) und einer klangvollen Rezitation sowie der religiösen Unterweisung der Kinder und Jugendlichen in Sachen Ausführung von religiösen Praktiken, etwa was die Abläufe eines Pflichtgebets betrifft (Rückamp, 2021, S. 213–258). Als Schlüsselpersonen in der religiösen Sozialisation der muslimischen Kinder und Jugendlichen (Ceylan, 2010b) fungieren Imame, zeitweise unterstützt durch ehrenamtliche Lernbegleiter*innen. In verschiedenen Forschungsarbeiten werden mit Blick auf die religionspädagogischen Zielsetzungen, die methodischen und didaktischen Fertigkeiten und Kenntnisse sowie auch die Lernunterlagen oder das Unterrichtsmaterial markante Differenzen zum schulischen Religionsunterricht konstatiert (Ceylan, 2008, S. 65–89, 2015).

Neben familiären Kontexten und der Moschee gibt es mit dem islamischen Religionsunterricht an öffentlichen Schulen einen dritten Lernort islamischer Bildung. Diesbezüglich bestehen Unterschiede zwischen Österreich, wo islamischer Religionsunterricht landesweit bereits seit dem Schuljahr 1982/83 angeboten wird (Heine et al., 2012, S. 105), und der Situation in der Schweiz und in deutschen Bundesländern (siehe Kap. 3) – eine als öffentlich-rechtliche Körperschaft anerkannte islamische Vertretungsorganisation, die einen eigenen Religionsunterricht anbieten könnte, gibt es in den meisten Bundesländern nicht. (Übergangs-)Lösungen bieten in solchen Konstellationen Schulversuche oder das Modell von Beiräten, die vonseiten des Bundeslandes und muslimischer Dachverbände beschickt werden (Kiefer, 2013; Lange, 2014, S. 174 f.).

Grundsätzlich ist der islamische Religionsunterricht ein noch verhältnismäßig junges Fach im öffentlichen Schulwesen, das sich nach wie vor im Prozess des Werdens befindet – z. B. was die Entwicklung von Lehr- und Lernmaterialien (Topalovic, 2018), didaktische Methoden (Schröter, 2020), religionspädagogische

Zielsetzungen (Behr, 2022) oder die Ausbildung von Lehrpersonen (Khorchide, 2009a, S. 175) angeht. Inwiefern der schulische islamische Religionsunterricht der muslimischen Diversität Rechnung trägt, ist eine Frage, zu der ebenfalls noch Forschungsbedarf besteht (Kolb, 2023a). Unterschiede zum Lernort Moschee bestehen u. a. darin, dass für den schulischen Religionsunterricht zeitgemäße pädagogische und didaktische Grundsätze maßgeblich sind (Sejdini, 2022b). Darauf, dass diese Maßstäbe vonseiten muslimischer Eltern und muslimischer Gemeinden auch kritisch gesehen werden können, weist z. B. Werner Schiffauer im Rahmen einer Studie (2015b) hin, in der das Verhältnis von Schule, Elternhaus und Moschee und auch das Innenleben von ausgewählten religiösen Organisationsstrukturen beleuchtet wird.

Der vierte Lernort islamischer Bildung ist der akademische Kontext, also Universitäten, Akademien, Fachhochschulen oder Pädagogische Hochschulen. Dieser Lernort ist eine internationale Besonderheit und der jüngste Teil im Beziehungsgeflecht der islamischen Bildung, gibt es islamisch-religionspädagogische Studien im deutschsprachigen Raum doch erst seit 2006 (in Österreich; seit 2010 in Deutschland; seit 2016 in der Schweiz). Seit seiner Begründung wird dem Lernort breite Aufmerksamkeit zuteil (Lange, 2014; Engelhardt, 2017; Şahin, 2017; Khalfaoui & Ehret, 2021). Prinzipiell ist die Rolle islamischer Bildung an Hochschulen besonders vielgestaltig und herausfordernd, da sie sowohl ein wissenschaftliches Fachpublikum ansprechen, wissenschaftlichen Gütekriterien sowie zeitgenössischen religionspädagogischen Methoden und konstruktivistischen Zugängen entsprechen und sich als junge Disziplin im universitären Kontext etablieren muss als auch die kritische Öffentlichkeit zu adressieren, auf öffentliche Debatten zu reagieren und sich auch an die eigene Glaubensgemeinschaft zu richten hat (Engelhardt, 2017, S. 127–130).

Befunde zur muslimischen Diversität und muslimischen Lebenswirklichkeiten sind für den religiösen Lernort Hochschule in mehrerlei Hinsicht relevant. Zum einen ist es für angehende islamische Religionslehrer*innen wichtig, Einblicke in die Religiosität der Schüler*innen (sowie deren Eltern) und damit in die Erfahrungswelten jener Personen zu haben, für die der schulische islamische Religionsunterricht gedacht ist. Zum anderen bedürfen auch Lehrpersonen der Primar- oder Sekundarstufe ganz unabhängig von fachlichen Ausrichtungen einer Vorstellung von muslimischer Vielfalt und Lebensrealität, um daraus Handlungsoptionen für den schulischen Alltag ableiten oder interreligiöse Kompetenzen (Schambeck, 2013; Schweitzer, 2017) ausbilden zu können (Kolb & Quenzel, 2022, S. 59 f.). Obwohl also die Entwicklung von interreligiösen Kompetenzen bei Lehrpersonen als wichtige Voraussetzung für die Erfüllung der Ansprüche von pädagogischem Handeln in religiös und weltanschaulich pluralen

Gegenwartsgesellschaften gilt, haben Forschungen, Befunde oder Erkenntnisse über muslimische Diversität und muslimische Lebenswirklichkeiten in der Lehrer*innenbildung bisher noch zu wenig Niederschlag gefunden (Braunsteiner et al., 2014, S. 93 f.).

Zusammenfassend lässt sich bezüglich dieses Forschungsfokus festhalten, dass die einzelnen Lernorte islamischer Bildung, also Familie, Moschee, Schule und Hochschule,[9] sowie religiöse Sozialisationsprozesse von muslimischen Jugendlichen oder jungen Erwachsenen breite Aufmerksamkeit erfahren. Grundsätzlich ist jedoch zu konstatieren, dass der Umgang mit muslimischer Diversität und der Vielfalt muslimischer Lebensrealitäten an den verschiedenen Lernorten islamischer Bildung eine Herausforderung darstellt, die auf weitere Forschungsbemühungen angewiesen ist. Auch in der Ausbildung von Lehrpersonen unabhängig von der Fachrichtung wurde der Erwerb interreligiöser Kompetenzen und von Kenntnissen über die Verschiedenheit muslimischen Lebens noch nicht ausreichend berücksichtigt.

Fokus F: Ansätze interreligiöser sowie interkultureller bzw. migrationspädagogischer Bildung

Neben zeitgenössischen religionspädagogischen Prinzipien sowie Forschungen zu religiöser Sozialisation und verschiedenen Lernorten islamischer Bildung bilden Konzepte interreligiöser Lehr- und Lernkonstellationen[10] sowie interkulturelle bzw. migrationspädagogische Bildung einen dritten Forschungsbereich, der für die Kontextualisierung der Aufsatzsammlung bedeutsam ist.[11]

---

[9]Aktuelle Studien weisen zudem auf die Bedeutung des Internets als relevanter Sphäre des religiösen Lernens junger Muslim*innen hin (Tuna et al., 2023). Behandelt wurde der Lernort Internet bereits bei Fokus B: Moscheen und religiöse Autoritäten.

[10]Aufgrund der Fokussierung auf muslimische Diversität und Glaubenspraxis in der deutschsprachigen Gegenwartsgesellschaft finden an dieser Stelle nur Ansätze interreligiöser Bildung Berücksichtigung, in denen der Islam eine Rolle spielt. Oftmals stehen in diesen Konzepten christliche und islamische Perspektiven miteinander in Beziehung.

[11]Da Studien zu interreligiösen Ansätzen detailliert in den in diesem Band enthaltenen Aufsätzen ‚Religiöse Pluralität der Gegenwartsgesellschaft und interreligiöses Lernen: Eine Analyse von interreligiösen Ansätzen in Deutschland und Österreich' und ‚Konflikte und Spannungen in interreligiösen Lehr- und Lernkonstellationen: Eine empirische Analyse von Konfliktherden in der Ausbildung von Religionslehrer*innen' dargestellt werden, wird hier der diesbezügliche Forschungsstand nur skizziert.

Die Aufmerksamkeit gegenüber interreligiös bzw. kooperativ ausgerichteten Ansätzen der religiösen Bildung ist im deutschsprachigen Raum in den vergangenen Dekaden sprunghaft angestiegen (Weiße, 2010; Schweitzer, 2014a; Grümme, 2017; Kolb, 2021), was nicht zuletzt daran liegt, dass die zunehmende Pluralität der Gegenwartsgesellschaft in bildungsbezogener Hinsicht auch die Frage nach der Zukunft des Religionsunterrichts aufwirft (Stoeckl, 2015).[12]

Entwickelt wurden interreligiöse Konzepte sowohl für die Primarstufe (Fischer, 2005; Lingen-Ali & Mecheril, 2016; Boll, 2017) als auch für die Sekundarstufe (Leimgruber, 2005, 2007), ein weiteres Betätigungsfeld für interreligiöse Pädagogik stellen die tertiäre Bildung sowie die im universitären Rahmen stattfindende Ausbildung von Religionslehrer*innen dar (Baumann, 2005; Haußmann, 2005). In diesen Bildungskontexten existiert mittlerweile eine Vielzahl an Ansätzen interreligiöser Religionspädagogik, die sich entweder durch einen theoretisch-konzeptionellen Charakter auszeichnen oder in der pädagogischen Praxis bereits Anwendung finden und empirisch erforscht wurden (u. a. Woppowa, 2016; Schweitzer et al., 2017; Boehme, 2017, 2018, 2020; Knauth, 2019, 2020; Kraml et al., 2020; Boehme & Krobath, 2020; Krobath, 2020a).

Oftmals sind die Konzepte darauf ausgerichtet, Lernende bei der Aneignung interreligiöser Kompetenzen zu unterstützen und eine interreligiöse Begegnung mit dem religiös Anderen zu befördern. Vorliegende Befunde betreffen den Ablauf, zu beobachtende Lerneffekte oder das Gelingen interreligiöser Kooperationen (Kraml et al., 2020, S. 32–37); Analysen von Konflikten oder Spannungsfeldern, die in interreligiösen Lernprozessen auftreten können, stellen hingegen die Ausnahme dar (z. B. Schmid, 2017b; Kraml et al., 2020). Die Diversität religiöser Glaubenspraxis innerhalb einer Religionsgemeinschaft, wie die Bandbreite und Verschiedenheit muslimischer Lebenswirklichkeiten, wird in solchen religionspädagogischen Ansätzen noch zu selten in den Mittelpunkt gerückt. Ausgangspunkte für derartige Anstrengungen kann die vorliegende Arbeit liefern.

Neben interreligiösen Konzepten sind für die Einbettung der bildungsbezogenen Reflexionen der vorliegenden Arbeit zudem Überlegungen zu einer interkulturellen oder migrationspädagogischen Bildung von Bedeutung. Deren Ausgangspunkt ist eine gesellschaftliche Realität, die spätestens seit dem Zuzug von Arbeitsmigrant*innen in der zweiten Hälfte des 20. Jahrhunderts durch sprachliche, kulturelle und religiöse Heterogenität gekennzeichnet ist, was

---

[12] An dieser Stelle ist darauf hinzuweisen, dass der zunehmende religiöse Pluralismus Antworten nicht nur von Schulen, sondern auch von weiteren gesellschaftlichen Institutionen erfordert (Mattes et al., 2016).

unweigerlich Konsequenzen für die Institution Schule und das Bildungswesen insgesamt zur Folge hat (Mecheril, 2004, S. 7–26).

Seit den 1980er Jahren, als diese Pluralität in Bildungskontexten mitunter noch unter dem Schlagwort Integrations- oder Assimilationspädagogik (Dickopp, 1982) thematisiert wurde, hat sich für bildungswissenschaftliche Konzepte, die sich mit der migrationsbedingten Pluralität der Gegenwartsgesellschaft befassen, eine Reihe anderer Bezeichnungen verbreitet. So etwa die ‚Interkulturelle Pädagogik' (Auernheimer, 2003), die laut Annedore Prengel bestrebt ist, „der Tatsache Rechnung zu tragen, dass unser Bildungswesen von Angehörigen verschiedener Kulturen und Ethnien besucht wird" (1993, S. 63). Georg Auernheimer (2003, S. 142) plädiert in diesem Zusammenhang für eine multiperspektivische Allgemeinbildung, die angesichts veränderter gesellschaftlicher Rahmenbedingungen und der religiösen Pluralität und Diversität der Gegenwartsgesellschaft die Neudefinition bzw. Neuinterpretation von Bildungsinhalten erfordert. Über dieses Anliegen hinaus, also neben Fragen des Spracherwerbs und der Sprachentwicklung, Mehrsprachigkeit, Schulentwicklung, Förderinstrumenten oder interkulturellen Kompetenzen von Lehrer*innen (Gogolin & Krüger-Potratz, 2006; Göbel & Buchwald, 2017), widmet sich die interkulturelle Pädagogik auch dem Umgang mit nicht-christlichen Religionen (Hellmann, 2000). Einen besonderen Stellenwert räumt die interkulturelle Pädagogik dem Begriff ‚Kultur' ein, auch wenn dieser kritisch und reflexiv verwendet wird (Gogolin & Krüger-Potratz, 2006, S. 134) – nicht zuletzt von Vertreter*innen des Ansatzes selbst (z. B. Hamburger, 1994). Schließlich wird damit die migrationsbedingte Vielfalt und Heterogenität (Prengel, 1993; Trautmann & Wischer, 2011), mit der Bildungskontexte in ganz verschiedenerlei Hinsicht konfrontiert sind, auf ‚Kultur' oder ‚kulturelle Differenz' verengt (Mecheril, 2004, S. 17).

Daher auch der Vorschlag des bildungswissenschaftlichen Konzepts der ‚Migrationspädagogik', das sich mittlerweile ebenfalls als Leitbegriff etabliert hat und das sich mit migrationsbedingten Prozessen der Pluralisierung und Differenzierung sowie der Analyse und Beschreibung von Kategorisierungen und Zuschreibungen im Sinne eines ‚Wir' und ‚die Anderen' bzw. ‚Wir' und ‚Nicht-Wir' befasst (ebd., S. 19 ff.). Besondere Aufmerksamkeit wird dabei der Frage zuteil, welche Rolle die pädagogische Praxis oder pädagogische Diskurse für die Entstehung solcher Zugehörigkeitsordnungen spielen und welche Möglichkeiten der Verflüssigung derartiger Schemata im Bildungswesen bestehen. Die Pädagogik wird in diesem Sinne als Ort der Reproduktion und auch der Veränderung migrationsgesellschaftlicher Ordnungen begriffen (Mecheril, 2016, S. 19 f.). Bislang aber, darüber herrscht Einigkeit, sei die Migrationsgesellschaft

in schulischen Kontexten noch nicht wirklich angekommen und müssten Lehrer*innen hinsichtlich ihrer pädagogischen Kompetenzen verstärkter
auf migrationsbedingte Herausforderungen in der Schule vorbereitet werden (Doğmuş et al., 2016; Karakaşoğlu & Mecheril, 2019). Die migrationspädagogische Forschung stellt ein dynamisches Feld dar, das gegenwärtig – u. a.
mit den Konzepten einer rassismuskritischen Pädagogik (Fereidooni & Simon,
2020; Drerup, 2023), der postmigrantischen Bildung (Hill, 2024; Yildiz, 2024)
oder postkolonialer Ansätze (Baquero Torres, 2012; Knobloch & Drerup, 2022;
Boger & Castro Varela, 2024) – verschiedene Weiterentwicklungen erfährt.

Unterm Strich bieten die skizzierten mit Schule und Pädagogik vor dem
Hintergrund migrationsbedingter Prozesse befassten bildungswissenschaftlichen Ansätze Anknüpfungspunkte für bildungsbezogene Reflexionen über die
muslimische Bevölkerung. Gleichzeitig können Erkenntnisse über muslimische
Lebenswirklichkeiten umgekehrt die gegenwärtigen bildungswissenschaftlichen
Debatten – beispielsweise in der Interkulturellen Pädagogik oder der Migrationspädagogik – bereichern.

Zum Abschluss der Darstellung der islambezogenen Forschungslandschaft
sei nochmals darauf hingewiesen, dass bestehende Trends hier nur konturenhaft
bzw. ‚aus der Vogelperspektive' nachgezeichnet werden konnten. Berücksichtigt
wurden in erster Linie die wichtigsten Arbeiten im Feld, nicht aber jede einzelne
Veröffentlichung. Diese Entscheidung wurde getroffen, damit zum einen der Einstieg in das Themengebiet nicht zu ausführlich gerät. Zum anderen markieren die
beiden beschriebenen Bereiche der Forschungslandschaft – also Muslim*innen
und deren Lebenswelten sowie die islamische Bildung in der Gegenwartsgesellschaft – mit ihren jeweiligen Schwerpunkten die Hintergründe und Eckpfeiler,
in die die in diesem Band versammelten Beiträge eingebettet sind. Die einzelnen
Aufsätze haben jeweils zum Ziel, einen Beitrag zur Schließung der skizzierten
Lücken und Defizite zu leisten oder einen Erkenntnisgewinn zu den Forschungs-
bereichen beizusteuern.

Begriffliche Annäherungen 5

Nach der Darlegung der bisherigen Entwicklungslinien der Forschungslandschaft im deutschsprachigen Raum gilt es abschließend noch, zentrale Begrifflichkeiten zu erläutern, um die Erkenntnisinteressen der Schrift einordnen zu können. Besondere Aufmerksamkeit erfahren dabei die Begriffe ‚Islam' und ‚Muslim*in'.

Zum Begriff ‚Islam'

Eine wichtige Rolle kommt in der vorliegenden Arbeit dem Begriff ‚Islam' zu, dessen etymologische Wortbedeutung zwar bereits anderweitig (siehe u. a.: Kalwa, 2013; Saif, 2018, S. 141–146) ausreichend beleuchtet wurde, der in der wissenschaftlichen Verwendung indes keinesfalls eindeutig ist. Im vorliegenden Band wird die religiöse Kategorie ‚Islam' in Anlehnung an Wolfgang Schiffauer als ein prinzipiell offenes „Diskursfeld" verstanden, also „als eine Arena, in der zahlreiche Akteure untereinander aushandeln, was der Islam ›ist‹" (1998, S. 419). Dies erlaubt es, Urteile über das Wesen des Islams zu vermeiden. Stattdessen können, wie Gritt Klinkhammer hervorhebt, auf diese Weise „die Aussagen der Musliminnen als Strategien der Herstellung und Deutung ihrer Wirklichkeit in den Blick" (Klinkhammer, 2003, S. 257) genommen werden; zugleich wird damit festgehalten, dass ‚Islam' nicht etwas Statisches oder zeitlos Gültiges und Unveränderliches, sondern „eine religiöse Gestalt in der Vielfalt seiner Entwicklungsmöglichkeiten" (ebd.) meint. Folglich erschließt sich der Begriff ‚Islam' nicht von sich aus, vielmehr ist er als ein Produkt sozialkonstruktivistischer Zuschreibungsprozesse zu betrachten. Oder mit den Worten von Wolfgang

© Der/die Autor(en), exklusiv lizenziert an Springer Fachmedien Wiesbaden GmbH, ein Teil von Springer Nature 2024
J. Kolb, *Muslimisches Leben und religiöse Bildung in der Gegenwartsgesellschaft*, Veröffentlichungen der Sektion Religionssoziologie der Deutschen Gesellschaft für Soziologie, https://doi.org/10.1007/978-3-658-42404-6_5

Schiffauer: „Was der Islam ›ist‹, stellt sich jeweils historisch als die Position heraus, die sich im Machtspiel der Repräsentation gegen andere durchsetzt" (1998, S. 420).

In den nachfolgenden Analysen wird der Begriff ‚Islam' daher nicht im Sinne einer einzigen, geschlossenen oder monolithischen Einheit verstanden. ‚Den Islam' gibt es nicht, stattdessen existieren vielfältige, unterschiedliche oder auch kontroverse Glaubensrichtungen, Strömungen, theologische und rechtswissenschaftliche Schulen sowie Gruppierungen, die sich jeweils als ‚islamisch' verstehen (Kutlu, 2013, S. 627). Wenn im Rahmen der vorliegenden Arbeit von ‚Islam' im Singular die Rede ist, geschieht dies allein aus Gründen der sprachlichen Vereinfachung.

Zum Begriff ‚Muslim*in'

So wie ‚Islam' bedarf auch der Ausdruck ‚Muslim*in' einer differenzierten Betrachtung. Denn auch wenn diese Bezeichnung im alltagssprachlichen Gebrauch selten hinterfragt wird, ist sie alles andere als selbsterklärend. Während im theologischen Sinn damit Anhänger*innen islamischen Glaubens gemeint sind – genauer gesagt wird damit eine Person bezeichnet, die sich in Gott ergibt oder zum Islam bekennt –, ist in sozialwissenschaftlicher Perspektive keinesfalls eindeutig umrissen, was unter ‚muslimisch' zu verstehen ist oder wer ‚Muslim*in' ist bzw. wer nicht (Spielhaus, 2011).

Dies liegt darin begründet, dass auch der Begriff ‚Muslim*in' eine Kategorie darstellt, die im Diskursfeld verhandelt wird und einer stetigen Dynamik und Neudefinition unterliegt. Daran sind sowohl Sichtweisen von außen als auch muslimische Binnensichtweisen beteiligt. Unter Letzteren sind beispielsweise strenggläubige Gruppierungen zu verstehen, die einer orthodoxen islamischen Glaubenslehre anhängen und die mitunter Menschen muslimischer Herkunft das Muslimischsein absprechen, wenn diese im Alltag nicht religiösen Normen nachkommen und z. B. nicht das Pflichtgebet verrichten. Wer der *umma* angehört, ist also innerhalb der muslimischen Community nicht immer eindeutig und klar (Buijs & Rath, 2006, S. 5 f.).

Zuschreibungen und Bewertungen werden aber auch von außen, beispielsweise in medialen Debatten oder durch politische Akteur*innen, vorgenommen. Hierbei findet häufig eine Differenzierung muslimischer Personen nach dem Schema praktizierend/nicht-praktizierend statt. Wo diese Demarkationslinie verläuft, unterliegt aber unklaren Einstufungskriterien (Jeldtoft, 2009, S. 13) – nicht zuletzt deshalb, weil die Handhabung religiöser Normen in theologischer Hinsicht oft flexibler ist als gemeinhin angenommen.

Derartige Vorabeinstufungen – geschehen sie aus einer Binnensicht (emic) oder aus einer Sichtweise von außen (etic) (Headland et al., 1990) – gilt es zu vermeiden, schließlich hat man es bei der Frage, wer als ‚Muslim*in' zu verstehen ist, mit einer Auseinandersetzung auf Basis uneindeutiger und dynamischer Maßstäbe zu tun. Daher ist es laut Rogers Brubaker essenziell, die Bezeichnung sensibel und kritisch zu verwenden. Wissenschaftliche Arbeiten hätten klarzustellen, dass unter ‚Muslim*innen' nicht eine homogene und nach außen hin klar abgrenzbare, nach eindeutigen Kriterien definierbare Bevölkerungsgruppe zu verstehen ist, sondern vielmehr eine durch interne Heterogenität und Diversität gekennzeichnete analytische Kategorie (Brubaker, 2013, S. 6 f.). So lässt sich vermeiden, eine als Muslim*in definierte Person nach dem Vorbild von Gläubigen zu konstruieren, die ihren Alltag vollkommen nach religiösen Normen ausrichten und diese allesamt praktizieren. Denn, wie Samuli Schielke ausführt, eine solche Vorgehensweise kann auch zu Verzerrungen bei der Frage führen, welche Schlussfolgerungen aus wissenschaftlichen Studien gezogen werden:

> Focussing on the very pious [Muslim believers] in moments when they are being very pious (in mosque study groups, for example) risks taking those moments when people talk about religion as religious persons (at different times, they can talk about very different things and enact rather different sides of their personality) as the paradigmatic ones, and thus unwittingly reproducing the particular ideological aspiration of Islamist and Islamic revivalist movements: the privileging of Islam as the supreme guideline of all fields of life. (Schielke, 2010, S. 2)

Um verzerrende Schlussfolgerungen hintanzuhalten – z. B. indem religiösen Orientierungen fälschlicherweise eine alle weiteren Identifikationsangebote überlagernde Rolle zugeschrieben wird –, empfiehlt sich also ein sensibler und kritischer Umgang mit der Kategorie ‚Muslim*in', auch um dichotome Gegenüberstellungen und kollektivierende Bilder zu vermeiden (Yildiz, 2018, 2020). Denn derartige alienisierende Sichtweisen lassen die Perspektiven der beteiligten Menschen außer Acht und verkennen die unterschiedlichen Bedeutungen, die religiöse Aspekte für die Lebensgestaltung der Einzelnen haben können. Darüber hinaus werden ambivalente, hybride oder ‚mehrheimische' Zugehörigkeiten durch solche Lesarten eingeebnet. Oder mit den Worten von Navid Kermani:

> Ich bin Muslim. Der Satz ist wahr, und zugleich blende ich damit tausend andere Dinge aus, die ich auch bin und die meiner Religionszugehörigkeit widersprechen können. […] Nicht alles, was ich tue, steht in Bezug zu meiner Religion. (Kermani, 2017, S. 17)

In dem vorliegenden Band wird daher ein Perspektivenwechsel vorgenommen, der neue erkenntnistheoretische Horizonte eröffnet. Für die Beurteilung dessen, ob Menschen als ‚muslimisch' oder ‚Muslim*innen' zu verstehen sind, werden deren Selbstbilder hergenommen; ausschlaggebend ist also, ob sich die Personen als ‚Muslim*innen' definieren, ungeachtet dessen, wie ihre religiöse Praxis oder Glaubensvorstellungen ausgeprägt sind (Spielhaus, 2011, S. 97). So lässt sich zum einen die Bandbreite, Unterschiedlichkeit und Vielschichtigkeit des Muslimischseins im deutschsprachigen Raum abbilden, die von besonders religiösen und wertkonservativen Praxisformen bis hin zu religionsfernen Bindungen an das Muslimischsein reicht. Zum anderen werden die Belange der Einzelnen ernst genommen und Muslim*innen als ‚Expert*innen ihres eigenen Alltags' betrachtet, die sich individuell und selbstbestimmt mit ihren Lebensbedingungen auseinandersetzen. Dies eröffnet einen neuen Blick auf die Vielfalt religiöser Lebensweisen, Handlungsstrategien und Zukunftsvisionen. Durch diesen Zugang wird auch keineswegs – wie sonst oftmals der Fall – über die Köpfe der betreffenden Muslim*innen hinweg über sie gesprochen, sondern sie kommen in den einzelnen Beiträgen in der Regel selbst zu Wort. Das subjektorientierte Prinzip macht persönliche Ansichten, Äußerungen und Schilderungen zum Ausgangspunkt der Analysen.

Wenn im Rahmen der vorliegenden Arbeit dennoch von ‚Muslim*innen' in einem generellen Sinne die Rede ist, dann nur aus Gründen der besseren Lesbarkeit. Um Aussagen mit normativen Bewertungen oder dichotomen Gegenüberstellungen (praktizierend vs. nicht-praktizierend, säkular vs. nicht-säkular) handelt es sich in solchen Fällen nicht.

Erkenntnisinteressen und Struktur 6

Das vorliegende Buch verfolgt zwei miteinander verschränkte Stoßrichtungen. Zum einen setzt es sich zum Ziel, muslimisches Leben und die Formen des Umgangs mit religiösen Normen in alltäglichen Kontexten zu untersuchen – mit dieser religionssoziologisch grundierten Bestrebung will es einen Beitrag zum Verständnis muslimischer Lebenswirklichkeiten in der Gegenwartsgesellschaft des deutschsprachigen Raums leisten. Die einzelnen Beiträge widmen sich religiösen Alltagsroutinen, Praktiken, Gewohnheiten, Orientierungen, Einstellungsmustern, Erfahrungen und Erwartungen. Ein besonderes Augenmerk gilt dabei der Bandbreite, Unterschiedlichkeit und Vielschichtigkeit der Glaubenspraxis und den unterschiedlichen Dimensionen von Religiosität in den verschiedenen Bereichen des Alltags.

Im Fokus der religionssoziologischen Analysen stehen auch die Sichtweisen auf andere Religionen und Andersgläubige sowie die Ursachen von differierenden Perspektiven auf das religiös Andere. Welche muslimischen Lebensstile sich beobachten lassen und inwiefern ein Zusammenhang zwischen muslimischer religiöser Praxis und gesellschaftlicher Partizipation besteht, wird ebenso zu beleuchten sein wie das Spektrum an Haltungen der muslimischen Bevölkerung gegenüber religiösen Organisationen, Moscheegemeinden und religiösen Autoritäten. Ein weiterer Blick gilt den Entwicklungs- und Wandlungstendenzen in deren religiöser Alltagspraxis und im Umgang mit religiösen Normen. Schließlich wird erforscht, wie die religiöse Alltagspraxis junger Muslim*innen ausgeprägt ist und ob hierbei Unterschiede zu den religiösen Praxisformen der muslimischen Gesamtbevölkerung bestehen.

J. Kolb, *Muslimisches Leben und religiöse Bildung in der Gegenwartsgesellschaft*, Veröffentlichungen der Sektion Religionssoziologie der Deutschen Gesellschaft für Soziologie, https://doi.org/10.1007/978-3-658-42404-6_6

In einem zweiten Schritt wird versucht, aus den gewonnenen religionssoziologischen Befunden Schlüsse für Bildungskontexte abzuleiten, sprich
zu ergründen, wie die evidenzbasierten Analysen im Rahmen der Islamischen
Religionspädagogik, im islamischen Religionsunterricht, an den verschiedenen
Lernorten islamischer Bildung, in interreligiösen Lehr- und Lernkonstellationen
sowie in der Lehrer*innenbildung fruchtbar gemacht werden können.

Mit Blick darauf wird gefragt, welche Bildungsvorstellungen muslimische
Eltern vertreten, welche Haltung sie gegenüber dem islamischen Religionsunterricht in Schule und Moscheegemeinden einnehmen und was dies für religionspädagogische Konzeptionen für den islamischen Religionsunterricht bedeutet.
In diesem Zusammenhang werden auch die verschiedenen Lernorte islamischer
Bildung, also Familie, Moschee, Schule und Hochschule, sowie die zwischen
diesen bestehenden Spannungsfelder analysiert. Weitere Überlegungen gelten
der Gestaltung einer gemeinsamen, transdisziplinären Grenzarbeit, die die an
den Lernorten beteiligten Akteur*innen (d. h. Eltern, Moscheevereinsmitglieder, Imame, Religionslehrer*innen) einbezieht, deren Eigenlogik ernst nimmt
und die imstande ist, gemeinsame Lern- und Reflexionsprozesse anzustoßen.
Die bildungsbezogenen Analysen versuchen darüber hinaus, bestehende Konzepte interreligiösen Lernens im deutschsprachigen Raum zu systematisieren und
zu eruieren, inwiefern diese Ansätze die intrareligiöse Diversität von Glaubensgemeinschaften berücksichtigen. Am Beispiel eines Modells interreligiösen
Lehrens und Lernens bei der Ausbildung von Religionslehrpersonen wird untersucht, wie derartige Bildungsprozesse ablaufen und welche Konfliktherde oder
Spannungsfelder sich in diesem Kontext auftun. Abschließend wird die Frage
diskutiert, auf welche Weise Forschungsbefunde über muslimische Diversität
und soziale Ungleichheit in der Lehrer*innenbildung berücksichtigt werden können und wie forschendes Lernen mit Studierenden und Schüler*innen jedweder
Glaubenszugehörigkeit zu diesen Themen stattfinden kann.

Es sind nicht nur diese beiden Stoßrichtungen, sondern auch die systematische
Verschränkung von religionssoziologischer Dimension und bildungsbezogenen
Erkenntnisinteressen, mit denen der vorliegende Band wissenschaftliches Neu-
land betritt. Innovative Zielsetzungen werden darüber hinaus in zumindest
zweierlei Hinsicht verfolgt.

Zum einen liefern die kumulierten Beiträge, in denen empirischen
Forschungsmethoden, Daten, Analysen und Befunden jeweils eine zentrale Rolle
zukommt, Argumente für die Anerkennung der Empirie als bedeutsamer Quelle
der Erkenntnis im Bereich der islamisch-theologischen Studien und für den Einsatz empirischer Forschungsmethoden und Erkenntnisse als wichtige Grundlagen

für theoretische Reflexionsbemühungen. Damit soll im Bereich der islamisch-theologischen Studien in Anlehnung an die empirische Theologie (Dinter et al., 2007) eine empirische Denkschule befördert werden, die den Austausch mit empirischen Lebenswirklichkeiten als unerlässlich für wissenschaftliche Debatten betrachtet und so auch das Potenzial praxistheoretischer Forschungsansätze in den islamisch-theologischen Studien noch stärker als bisher ausschöpft.

Zum anderen rücken die mit religionspädagogischen und bildungswissenschaftlichen Perspektiven befassten Beiträge den Menschen mit all seinen anthropologischen Dispositionen und Handlungsfähigkeiten in den Mittelpunkt. In religionspädagogischer Hinsicht wird damit ein Umdenken im Sinne einer ‚anthropologischen Wende‘ vorgenommen, demzufolge religiöse Bildung den Menschen als Orientierung dient und sie in ihrer Lebensgestaltung unterstützt (Günther, 2013, S. 363). Auf diese Weise versucht der vorliegende Band, Impulse für eine subjektorientierte und erfahrungsbasierte Islamische Religionspädagogik zu geben, die auch den Maßstäben der Bildungsorientierung sowie der Pluralitätsfähigkeit gerecht wird.

Entsprechend den Erkenntnisinteressen und Stoßrichtungen gestaltet sich der Aufbau des Buches wie folgt: Nach den einleitenden Ausführungen in **Teil I: Einführung** befassen sich im nächsten **Teil II: Religionssoziologische Analysen** fünf Aufsätze mit unterschiedlichen Bereichen muslimischer Alltagspraxis in der Gegenwartsgesellschaft des deutschsprachigen Raums. In einer Einleitung zu diesem Teil werden die einzelnen Artikel jeweils kurz vorgestellt. Im anschließenden **Teil III: Bildungsbezogene Reflexionen** widmen sich weitere fünf Aufsätze den Implikationen der empirischen Befunde für Bildungskontexte und bildungswissenschaftlichen Fragestellungen, die ebenfalls in einer Einleitung eingeführt werden. In **Teil IV: Synopse** werden dann abschließende Reflexionen angestellt. Während in Kap. 17 die Erkenntnisse und Implikationen der einzelnen Beiträge zusammengeführt werden, nimmt Kap. 18 eine Schlussbetrachtung zum Verhältnis von Religion und Bildung vor. Ein Epilog (Kap. 19) rundet den Band ab.

Das Buch vereint insgesamt zehn Artikel, die in verschiedenen Publikationsorganen erstveröffentlicht wurden. Fünf der Aufsätze wurden in Alleinautor*innenschaft, weitere fünf gemeinschaftlich verfasst. Die ursprüngliche Publikation der Beiträge erfolgte mehrheitlich in Zeitschriften. Sechs Aufsätze wurden in renommierten Peer-Review-Journals veröffentlicht, vier davon in high-ranking Q 1-Zeitschriften[1]; vier Beiträge sind in Sammelbänden erschienen.

---

[1] Laut der Datenbank SJR (https://www.scimagojr.com) bezogen auf das Jahr 2020.

Alle Aufsätze wurden vor der Erstpublikation einer Qualitätskontrolle unterzogen – entweder in Form eines Double-blind-peer-review-Verfahrens durch
in der Regel mehrere Gutachter*innen im Fall von Zeitschriftenbeiträgen oder
in Form einer Peer-Review-Begutachtung durch die Herausgeber*innen der
Sammelbände. Fünf der Beiträge wurden in englischer und fünf in deutscher
Sprache veröffentlicht. Die Aufsätze stehen jeweils für sich und stellen in sich
geschlossene Einheiten dar. Für das vorliegende Werk wurden sie nun in unterschiedlichem Maß überarbeitet – sei es, dass sie übersetzt, redaktionell angepasst (etwa bezüglich der Zitierweise oder der Anonymisierung von Interviewpartner*innen) oder erweitert bzw. gekürzt wurden. Letzteres war erforderlich
geworden, um die Einbettung der Beiträge in die Rahmenschrift zu optimieren
oder um inhaltliche Überlappungen zwischen den einzelnen Texten möglichst gering zu halten. Im Rahmen dieses Buches werden die Analysen zu muslimischem
Leben und religiöser Bildung in der Gegenwartsgesellschaft erstmals versammelt
und inhaltlich miteinander verknüpft einem deutschsprachigen Publikum zugänglich gemacht.

Teil II: Religionssoziologische Analysen

Hinführung

Gegenstand dieses analytischen Teils sind die im deutschsprachigen Raum prä-
senten muslimischen Lebenswirklichkeiten und alltagspraktischen Formen
des Umgangs mit religiösen Normen, Lebensstilen, Ritualen, Praktiken, Einstellungen, Überzeugungen und Organisationen. Die hier versammelten Aufsätze
erkunden die Vielschichtigkeit und Bandbreite des muslimischen religiösen Lebens, die von sehr religiösen bis hin zu religionsfernen Ausprägungen reicht.

Damit fügen sich die Beiträge auch in den religionssoziologischen Diskurs
über die Rolle der Religion in der Gegenwartsgesellschaft des deutschsprachigen
Raums ein, wo dem Thema unter dem Begriff ‚Säkularisierung' breite Aufmerksamkeit zuteilwird (Luckmann, 1980; Bruce, 1992; Casanova, 2001; Asad,
2003; Taylor, 2009; Pickel, 2010). Besagt wird damit, dass in modernen Gesellschaften die soziale Bedeutung von Religion in ihren unterschiedlichen Facetten verglichen mit früher abgenommen habe (Wilson, 1969, S. 14) und „der Bedeutungsrückgang auf Prozesse der Modernisierung zurückgeführt werden kann
(explanatorischer Kern)" (Pollack, 2018, S. 308). Die abnehmende Bedeutung betreffe dabei keineswegs nur das Verhältnis von Staat und Religion, sondern zeige
sich auf allen Ebenen des religiösen Lebens, also bei Bindungen zu religiösen Institutionen ebenso wie bei der individuellen Glaubenspraxis. Derartige Prozesse
verliefen zudem nicht linear, sondern offen und mitunter widersprüchlich (Beck,
1996).

Formuliert wird die These der Säkularisierung in unterschiedlicher Art und
Weise. Argumente lauten etwa, dass der Bedeutungsschwund von Religion insbesondere religiöse Autoritäten betreffe (Chaves, 1994), dass dies eine Folge der
abnehmenden Einbettung in das alltägliche Leben in religiös pluralen Gesellschaften sei (Berger, 1969; Bruce, 2006, S. 42) oder dass religiöse Praxis schlicht
ihre Form verändere und heutzutage mehr im Gewand des Individualismus als
privates Phänomen in Erscheinung trete (Ebertz, 1997; Davie, 2002).

In den vergangenen Jahrzehnten wurde an der Säkularisierungsthese ver-
schiedentlich Kritik laut. So wurde die Frage gestellt, wie sehr die Diagnose
eigentlich noch zutreffe, wenn doch, so die Argumente, für die Gegenwartsgesellschaften der westlichen Welt oder des deutschsprachigen Raums eine „Rückkehr
der Religionen" (Riesebrodt, 2000), eine „Wiederkehr der Götter" (Graf, 2004),
die Entstehung „neuer Religiositäten" (Polak, 2002) oder Anzeichen für eine
„postsäkulare Gesellschaft" (Habermas, 2001, S. 12 ff.; Stoeckl, 2016) und einer
„Desäkularisierung" (Berger, 1999) zu beobachten sei.

Diese Debatte, die an dieser Stelle nur angedeutet werden kann, steckt den
inhaltlichen Rahmen für die religionssoziologische Analyse muslimischer
Lebensrealitäten und der religiösen Alltagspraxis von Muslim*innen mit ab.

Schließlich stellt sie für muslimische Selbstbilder und Lebensrealitäten (Tezcan, 2011) sowie für die islamisch-theologischen Studien (Sejdini, 2020a) eine veritable Herausforderung dar. Auch wenn nicht jedes Mal explizit darauf Bezug genommen wird, bildet der Diskurs über die Rolle von Religion in der Gegenwartsgesellschaft des deutschsprachigen Raums eine Hintergrundfolie für die einzelnen Aufsätze.

Hierfür werden insbesondere empirische Daten mit Österreichbezug herangezogen. Doch angesichts der in Kap. 3 dargelegten Analogien und vergleichbaren Entwicklungslinien in Deutschland, Österreich und der Schweiz lassen sich aus den Analysen zumindest partiell Rückschlüsse auf den gesamten deutschsprachigen Raum ziehen.

In den vergangenen beiden Jahrzehnten hat sich die Forschung in den Ländern des deutschsprachigen Raums zunehmend der Präsenz der muslimischen Bevölkerung zugewendet. Dabei haben sich verschiedene Trends herausgebildet. Einen ersten Schwerpunkt stellen Forschungen zu den Themenbereichen *religiöse Radikalisierung, Extremismus und Fundamentalismus* (Fokus A) dar. Hier dominieren häufig problemzentrierte Zugänge und Ansätze, die sich besonders für religiös motivierte Gewaltbereitschaft interessieren, ohne sich jedoch um eine Kontextualisierung und Einbettung der religiösen Haltungen in lebensweltliche Zusammenhänge zu bemühen. Auch das Sampling ist vielfach tendenziell unausgewogen – allzu oft untersuchen einschlägige empirische Studien Personen mit gewissen Prädispositionen für religiöse Radikalisierung, Extremismus oder Fundamentalismus – wie beispielsweise muslimische Jugendliche, die mit der offenen Jugendarbeit erreicht werden, oder junge männliche Muslime oder muslimische Häftlinge, die wegen terroristischer Straftaten ihre Haft absitzen.

Studien zu *religiösen Autoritäten, religiösen Strukturen, Organisationen und Moscheen* (Fokus B) stellen einen zweiten Schwerpunkt in der Forschung zu Muslim*innen in der Gegenwartsgesellschaft des deutschsprachigen Raums dar. Diese Untersuchungen belegen, dass für ein bestimmtes Segment der muslimischen Bevölkerung muslimische Organisationsstrukturen eine außerordentlich wichtige Rolle spielen, sei es als Sakralorte oder als Sozialräume. Auch bei diesem Forschungsfokus stehen oft problemzentrierte Fragestellungen im Mittelpunkt, z. B. inwiefern der regelmäßige Besuch oder das Engagement in Moscheevereinen mit gesellschaftlicher Integration vereinbar ist. Studien, die sich unvoreingenommen dem Moscheeleben oder der Ausverhandlung religiöser Autorität in organisierten religiösen Strukturen widmen, stellen demgegenüber Ausnahmen dar.

Ein dritter Schwerpunkt in der Forschung sind Untersuchungen zu *muslimischen Lebenswelten und Religiosität* (Fokus C). In diesen stehen in der Regel

die Ausbildung und Konstituierung religiöser Identitäten, weniger jedoch die all-
tagsweltliche Einbettung oder die Analyse der religiösen Alltagspraxis im Fami-
lien-, Freizeit- oder Berufsleben im Mittelpunkt, und beforscht werden vor allem
junge Muslim*innen sunnitischen Glaubens, Angehörige der zweiten und dritten
Migrationsgeneration oder muslimische Gläubige mit türkischem Migrationshintergrund. Analysen über ethnische Grenzen, Migrationsgenerationen, Konfessionen, Glaubensströmungen oder Altersgruppen hinweg sind hingegen Einzel-
erscheinungen.

Das vorliegende Buch ist bestrebt, an der Ausbalancierung der skizzierten
Schieflagen in den drei Forschungsschwerpunkten mitzuwirken, und zwar durch
religionssoziologische Analyse empirischer Daten, die ausgewogene Reflexionen
zur muslimischen Bevölkerung zulassen. Eine problemzentrierte Herangehensweise oder eine Fokussierung auf besonders gläubige oder ‚organisierte' Muslim*innen mit engem Bezug zu religiösen Organisationen wird in den einzelnen
Aufsätzen jeweils vermieden. Im Fokus steht vielmehr die unvoreingenommene
Betrachtung der Diversität und Vielschichtigkeit der breiten muslimischen Bevölkerung im Hier und Jetzt.

Um ein umfassendes und differenziertes Bild davon zu erhalten, was die
Religiosität von Muslim*innen ausmacht, wird in den Beiträgen zum einen auf
das klassische Modell von Charles Y. Glock (1969; Stark & Glock, 1970) zurückgegriffen, das die verschiedenen Dimensionen von Religiosität – also religiöse
Erfahrung, Rituale, Ideologie, Wissen und Konsequenzen (Karakaşoğlu, 2000,
S. 124 ff.) – miteinbezieht. Eine wichtige Rolle für die nachfolgenden Analysen
spielt die Dimension der religiösen Konsequenzen. Darunter ist die praktische
Manifestation von Religiosität in den verschiedenen Bereichen des Lebens zu
verstehen, die all die Aspekte umfasst, die den sichtbaren Umgang mit Religion
im Alltag und die zwischenmenschlichen Interaktionen der beteiligten Personen
prägen.

Das Mehrebenenmodell von Glock fand breite Anerkennung und wurde in verschiedenen Konzepten zur Analyse von (muslimischer) Religiosität aufgegriffen
oder weiterentwickelt. Zu nennen sind an dieser Stelle die Arbeiten von Peter C.
Hill und Ralph W. Hood (1999), Jaak Billiet (2001), Stefan Huber (2003, 2004),
Riaz Hassan (2007) sowie von Caroline Berghammer und Katrin Fliegenschnee
(2014) oder die Francis-Sahin-Skala von Leslie J. Francis und Abdullah Sahin
(Francis et al., 2008; Sahin, 2013).

Neben dem Mehrebenenmodell von Glock setzen die Beiträge auf einen an
das Konzept der ‚lived religion' angelehnten, ergebnisoffenen Zugang (Orsi,
1985, 1997; Ammerman, 2007a; Knibbe & Kupari, 2020) – ein Ansatz, der starke

Familienähnlichkeiten mit einer praxistheoretischen Forschungsperspektive aufweist (Ammerman, 2020). Denn im Sinne der lived religion wird Religiosität grundsätzlich als etwas Dynamisches und im Fluss Befindliches begriffen, das im Rahmen der Alltagspraxis entsteht, sich in enger Verflechtung mit dem sozialen Hintergrund, der regionalen Herkunft und dem kulturellen Kontext entwickelt und in Strategien und Umgangsformen mit religiösen Normen oder religionsbezogenen Fragen seinen Ausdruck findet. Die religiösen Lebensentwürfe und Praktiken werden dabei als Ausgangspunkt für theoretische Überlegungen genommen, ohne dass jedoch die sozialen Bedingungen und asymmetrischen Machtverhältnisse ausgeblendet würden. In den Aufsätzen werden also religiöse Orientierungen und Praxisformen stets vor dem Hintergrund der Lebensbedingungen und subjektiven Möglichkeitsräume systematisch miteinander verknüpft und unter diesem Blickwinkel untersucht. Von Bedeutung ist dies nicht zuletzt deswegen, weil die Religiosität im Kontext von Migrationserfahrungen und dem Leben in der ‚Diaspora' eine wichtige Funktion als Identitätsressource einnehmen kann (Uslucan, 2008, S. 30).

In methodischer Hinsicht werden – wenn es darum geht, die verschiedenen Dimensionen der religiösen Alltagspraxis aus dem Blickwinkel der lived religion zu untersuchen – hohe Anforderungen an die Erhebungsinstrumente gelegt. Denn empirisch zu erheben sind sowohl religiöse Haltungen, biografische Perspektiven, Handlungen und Strategien im Umgang mit religiösen Normen in spezifischen alltäglichen Settings (Familie, Freizeit, Beruf) und subjektive Sinnkonstruktionen als auch deren Verwobenheit mit sozialen Konstellationen und strukturellen Gegebenheiten. Die Einblicke, die eine rein quantitative empirische Methodologie in die Vielfalt an Aspekten, Dimensionen von Religiosität und deren gegenseitige Durchdringung zu liefern vermag, sind beschränkt. Aber auch eine alleinig qualitative Verfahrensweise stößt hier bald an ihre Grenzen. Eine Lösung bieten Mixed-Methods-Ansätze, denen ein mehrperspektivisches empirisches Design zugrunde liegt.

Der erste Aufsatz untersucht Interaktionen und Haltungen von Muslim*innen gegenüber anderen Religionen und Andersgläubigen. Unter dem Titel ‚Muslim*innen und das religiös Andere: Zur Diversität von Einstellungen gegenüber anderen Religionen, religiösen Schemata und Interaktionen von Muslim*innen mit Andersgläubigen' (Kap. 7) wird eruiert, inwieweit in der muslimischen Bevölkerung inklusivistische, pluralistische oder exklusivistische Positionen anzutreffen sind und durch welche Kontextbedingungen diese beeinflusst werden.

Der zweite, in Zusammenarbeit mit Carsten Gennerich verfasste Beitrag (‚Muslimische Lebensstile in Österreich: Religiosität und Entwicklung gesellschaftlicher Partizipation'; Kap. 8) widmet sich der Diversität religiöser Orientierungen und dem Verhältnis muslimischer Lebensstile und gesellschaftlicher Partizipation. Qualitative und quantitative empirische Analysen beleuchten den Einfluss, den Faktoren wie Migrationserfahrungen, interreligiöse Beziehungen, Einkommen oder Bildungsabschlüsse auf die Teilhabe am gesellschaftlichen Leben im deutschsprachigen Raum haben.

Der darauffolgende Aufsatz thematisiert das Forschungsfeld ‚religiöse Organisationen'. Unter dem Titel ‚Verfasster Islam im Migrationskontext: Zur Vielfalt der Bindungen an religiöse Organisationsstrukturen und Autoritäten im Prozess des Wandels' (Kap. 9) werden die Bezüge der muslimischen Bevölkerung im Migrationskontext zu religiösen Vereinen, Moscheeverbänden und Institutionen untersucht. Zu Wort kommen dabei nicht nur muslimische Gläubige, die regelmäßig Moscheen aus religiösen Motiven aufsuchen, sondern ebenso Muslim*innen, die dies aus anderen Beweggründen tun oder die Moscheevereinen kritisch bis ablehnend gegenüberstehen.

Der vierte Beitrag trägt den Titel ‚Muslimische Diversität und religiöse Praxis in Bewegung: Von der defensiven zur offenen Religiosität' (Kap. 10). Verfasst in Zusammenarbeit mit Erol Yildiz, widmet sich der Aufsatz Wandlungstendenzen der muslimischen Religiosität, die in der öffentlichen Wahrnehmung oftmals aus dem Blick geraten. Besonderes Augenmerk erfahren dabei Formen muslimischer Glaubenspraxis, die sich durch Selbstbestimmung und eine partielle Neudefinition im Umgang mit religiösen Normen auszeichnen.

Mit dem fünften Aufsatz (‚Religiöse Diversität unter muslimischen Jugendlichen und jungen Erwachsenen: Überlegungen zur Virtualisierung, Bricolage und Prozessualität des religiösen Lebens'; Kap. 11) wird der religionssoziologische Teil des Buches abgeschlossen. Der Beitrag geht der Frage nach, welche Unterschiede im Umgang mit religiösen Normen in der muslimischen Bevölkerung zwischen den Generationen festzustellen sind. Dazu werden religiöse Praxisformen muslimischer Jugendlicher und junger Erwachsener (Altersgruppe 16–30 Jahre) analysiert, um zu eruieren, inwiefern sie von jenen der muslimischen Gesamtbevölkerung abweichen.

Muslim*innen und das religiös Andere

7

Zur Diversität von Einstellungen gegenüber anderen Religionen, religiösen Schemata und Interaktionen von Muslim*innen mit Andersgläubigen

Jonas Kolb

Einleitung

Die Frage, wie in Österreich lebende Muslim*innen gegenüber anderen Religionen und Andersgläubigen eingestellt sind und auf welche Weise sie sich in religiös pluralen Gesellschaften verorten, ist seit Jahren ein Dauerbrenner in der österreichischen Medienlandschaft und Gegenstand politischer Auseinandersetzungen (Hajek et al., 2012); in den öffentlichen Debatten dominieren Themen wie muslimische Parallelgesellschaften, politischer Islam, Salafismus und religiöser Extremismus oder Radikalisierung (Kocina, 2017; Wallner, 2017). Politische Parteien und gängige Stereotype unterstellen dabei gerne, dass religiös pluralistische Meinungen unter Muslim*innen Seltenheitswert hätten (OSZE, 2012, S. 13).

Durch das islamistische Attentat, bei dem in Wien am 02.11.2020 vier Mitbürger*innen ermordet wurden, verschärfte sich dieser Eindruck. In der Nacht vor dem zweiten Lockdown nutzen viele Wiener*innen die voraussichtlich für längere Zeit letzte Möglichkeit, im ersten Wiener Gemeindebezirk ein Restau-

---

Dieser Aufsatz ist die gekürzte und geringfügig modifizierte, deutschsprachige Fassung eines Beitrags, der 2023 unter dem Titel ‚Muslims and the Religious Other: On the Diversity of Austrian Muslims' Pluralistic Attitudes, Religious Schemes and Interactions with People of Another Faith and Other Religions‘ in der Zeitschrift *Journal of Muslims in Europe* (Jahrgang 12, Heft 2, S. 161–193; Verlag: Brill) erstmals publiziert wurde.

© Der/die Autor(en), exklusiv lizenziert an Springer Fachmedien Wiesbaden GmbH, ein Teil von Springer Nature 2024
J. Kolb, *Muslimisches Leben und religiöse Bildung in der Gegenwartsgesellschaft,* Veröffentlichungen der Sektion Religionssoziologie der Deutschen Gesellschaft für Soziologie, https://doi.org/10.1007/978-3-658-42404-6_7

rant oder eine Bar aufzusuchen. Der Täter, so sollte sich später herausstellen, hat gezielt Jagd auf Menschen im sogenannten ‚Bermudaviertel' gemacht, einer bekannten Ausgehmeile nahe dem Schwedenplatz. Mutmaßlich kam es ihm darauf an, gezielt Andersgläubige oder Menschen, die nach seinem Empfinden ein sündhaftes, lasterhaftes Leben führten, zu ermorden (Der Standard, 2020).

Der Attentäter, der bei dem Terroranschlag ums Leben kam, ist in einer Kleinstadt im Süden von Wien geboren, besaß die österreichische Staatsbürgerschaft und hat seine Schullaufbahn in Österreich absolviert. Die Familie stammt aus Nordmazedonien und gehört der dortigen muslimischen Minderheit ein. Als Angehöriger der zweiten Migrationsgeneration hat der Attentäter Prozesse der Radikalisierung insbesondere in islamistischen Kreisen und Moscheegemeinden in Wien durchlaufen (Nikbakhsh & Meinhart, 2020).

Nach dem Attentat folgte eine dreitägige Staatstrauer, während der der damalige Kanzler Sebastian Kurz bekräftigte, dass „die Feinde der Demokratie [...] niemals alle Angehörigen einer Religionsgemeinschaft" (Vogt, 2020) seien. Die differenzierte Haltung gegenüber der muslimischen Bevölkerung sollte jedoch nur kurz währen. In den darauffolgenden Wochen wurde von verschiedenen Seiten ein Generalverdacht gegenüber Moscheen in Österreich geäußert und u. a. der Eindruck erweckt, in muslimischen Gebetsräumen würden durch die Bank ablehnende Haltungen gegenüber Nicht-Muslim*innen geschürt (Veit, 2020; Friedrich, 2021).

Die Frage, wie Muslim*innen Menschen anderen Glaubens oder andere Religionen wahrnehmen, hat auch in der populärwissenschaftlichen Literatur (z. B. Wiesinger & Thies, 2018) reichlich Beachtung gefunden, bei denen es sich eher um Erfahrungsberichte handelt, die auf anekdotischer Evidenz und persönlichen Erlebnissen beruhen. Bücher, wie das angeführte der Wiener Lehrerin Susanne Wiesinger, finden auch deshalb Beachtung und werden intensiv diskutiert, weil in dieser Hinsicht eine Forschungslücke besteht und es zu wenige akademische Studien gibt, die das Verhältnis zwischen Muslim*innen und dem religiösen Anderen systematisch untersuchen.

Vor diesem Hintergrund nimmt dieser Beitrag eine sorgfältige und eingehende Analyse der Einstellungen von Muslim*innen gegenüber dem religiösen Anderen vor, indem er untersucht, wie es um die pluralistischen religiösen Einstellungen in der österreichischen muslimischen Bevölkerung bestellt ist, indem er die Positionen österreichischer Muslim*innen gegenüber anderen Religionen unter die Lupe nimmt und ihre soziale Interaktion mit Andersgläubigen detailliert beleuchtet. Zu diesem Zweck wurden die empirischen Daten einer bereits veröffentlichten Studie (Aslan et al., 2017) neu aufbereitet und analysiert. Das Datenmaterial stammt zwar aus der Zeit vor dem Wiener Terroranschlag, dennoch sind die darin enthaltenen Informationen weiterhin wertvoll und bergen Perspektiven für die Gegenwart in sich – u. a.

auch deswegen, da die Studienteilnehmer*innen darin die damaligen islamistischen Attentate oder Anschläge des IS (z. B. in Belgien und Frankreich) verarbeiteten. Generell zeigt das Datenmaterial die Bandbreite an Positionen von Muslim*innen in Österreich gegenüber anderen Religionen und Andersgläubigen auf und zeichnet nach, wie diese geformt werden. Aus den erhobenen Daten lassen sich Befunde ziehen, die auch für das Hier und Jetzt Gültigkeit beanspruchen können.

Bevor ich mich der empirischen Analyse zuwende, diskutiere ich zunächst die Positionen gegenüber dem religiös Anderen in islamisch-theologischen Schriften. Diese sind deshalb von Belang, da die theologischen Quellen in dieser Frage uneindeutig sind. Dennoch liegt der Fokus des Beitrags darauf, wie Muslim*innen in Österreich tatsächlich gegenüber dem religiös Anderen eingestellt sind oder agieren, und um mich einer Antwort anzunähern, beleuchte ich in der Folge verschiedene empirische Studien, die sich mit Sichtweisen von Muslim*innen gegenüber Andersgläubigen beschäftigen. Im Anschluss stelle ich das diesem Aufsatz zugrunde liegende empirische Material vor und zeige die evidenzbasierte Bandbreite der Haltungen von Muslim*innen in Österreich auf, die mit dem sozialen Umfeld, Interaktionen und praktizierten religiösen Schemata zusammenhängen, als auch Einstellungen zu religiösem Pluralismus und Wahrheitsansprüchen anderer Religionen. In der abschließenden Diskussion werden zentrale Befunde gesondert beleuchtet.

Perspektiven auf das religiös Andere in islamisch-theologischen Quellen

Einer ersten Annäherung an die Frage, wie Muslim*innen Andersgläubigen gegenüberstehen und welche Haltung sie gegenüber anderen Religionen einnehmen, mag zunächst ein Blick auf theologische Quellen, genauer gesagt den Koran dienen, auf den sich viele Muslim*innen bei der Begründung ihrer diesbezüglichen Ansichten und Handlungen berufen und den sie als Legitimationsgrundlage verwenden.

Der Koran behandelt eine breite Palette an Themen, dazu gehören auch das religiöse Gegenüber und Andersgläubige. Wie alle anderen Themen wird die Frage jedoch weder systematisch noch eindeutig abgehandelt. So finden sich Stellen, in denen pluralistische, tolerante und wohlwollende, aber auch ablehnende Positionen gegenüber dem religiös Anderen zum Ausdruck kommen (Hartmann, 2006, S. 147; Pink, 2011). Dies ist dem Umstand geschuldet, dass der Koran in einer Zeitspanne von ca. 20 Jahren sukzessive offenbart und erst nach dem Ableben des Propheten Muhammad durch dessen Gefährten in einem Buch zusammengefasst wurde. Aus diesem Grund ist der Koran weder thematisch noch chronologisch gegliedert. Aussagen zu bestimmten Themen, darunter auch jene mit Bezug auf andere Religionen oder Andersgläubige, sind über verschiedene Kapitel des Korans verstreut und in einen bestimmten Kontext eingebettet (Zirker, 1996, S. 191). Die Präsenz und die soziale Position Andersgläubiger im Koran änderten sich im Lauf der Zeit und damit auch die Haltung gegenüber dem religiös Anderen und dem Umgang mit religiöser Diversität (Schmidt-Leukel, 2019, S. 14). Diesbezüglich lassen sich – in Anlehnung an das von Alan Race (1983) und Gavin D`Costa (1986) begründete religionstheologische Dreiermodell – drei Perspektiven auf andere Bekenntnisgemeinschaften unterscheiden: Exklusivismus, Inklusivismus und Pluralismus.[1]

Der Exklusivismus vertritt die Position, dass die eigene Religion allen anderen überlegen sei. Er ist von der Überzeugung geleitet, „dass es nur eine wahre Religion gebe und demzufolge alle anderen Religionen lediglich Aberglaube, Illusion oder falsche Religionen seien" (Danz, 2005, S. 57). Eine solche Perspektive auf Andersgläubige macht selbstredend kein Angebot für ein Miteinander. Angehörigen anderer Bekenntnisgemeinschaften steht ein exklusivistischer Ansatz *per se* ablehnend gegenüber. Ein exklusivistischer Ansatz zeigt sich beispielsweise in Koran 3:85, wo es heißt: „Denn wenn einer auf die Suche geht nach einer anderen Religion als Selbstergebung in Gott, wird sie niemals von ihm angenommen werden, und im kommenden Leben wird er unter den Verlorenen sein."[2] Diese und ähnliche koranische Aussagen haben zahlreiche muslimische Gelehrte und Glaubensströmungen dazu bewogen, im Exklusivismus den einzig möglichen koranisch legitimierten Zugang zu anderen Religionen zu sehen.

Als Inklusivismus wird hingegen ein Verständnis bezeichnet, das anderen Religionen grundsätzlich Geltung und Existenzberechtigung zuspricht und die Heilsmöglichkeit außerhalb des religiös Eigenen nicht prinzipiell verwirft. Den Heilsanspruch in vollem Umfang einlösen könne jedoch nur die eigene Religion, bei dem religiös Anderen sei dies nur mit Abstrichen der Fall (Schmidt-Leukel, 2005, S. 25). Eine solche Position findet sich z. B. in Koran 109:6: „Für euch euer Moralgesetz, und für mich meines!" An dieser Stelle kommt zum einen die Duldung oder Anerkennung des Anderen und die grundsätzliche Toleranz anderer Normen zum Ausdruck. Ein soziales Miteinander, das das religiöse Gegenüber

---

[1] Die Typologie erfuhr in den vergangenen Jahrzehnten breite Aufmerksamkeit und wird an dieser Stelle nur skizziert. Für eine ausführliche und detaillierte Darstellung sei verwiesen auf (Schmidt-Leukel, 2019; Sejdini, 2022c).

[2] Die in diesem Buch angeführten Koranzitate sind der Übersetzung von Muhammad Asad (2017) entnommen.

und Andersgläubige auf Augenhöhe einbezieht, kann daraus jedoch nicht abgeleitet werden – der Vorzug gilt einem Nebeneinander ohne allzu viele Berührungspunkte.

Die dritte Perspektive, der Pluralismus, wiederum betrachtet religiöse Diversität und die Existenz anderer Religionen und Andersgläubiger als Bereicherung. Deren Heilsversprechen werden nicht nur geduldet, sondern als ebenbürtiges Angebot betrachtet. Dieser Auffassung zufolge sind alle Religionen anzuerkennen und gleichberechtigt auf eine Stufe zu stellen, sofern sie ihren Angehörigen als wahr, authentisch und heilsstiftend gelten (Schmidt-Leukel, 2019, S. 17). Als Aussage, aus der sich ein pluralistisches Prinzip ableiten lässt, wird oftmals die Koranstelle 49:13 angeführt. Darin heißt es:

O Menschen! Siehe, Wir haben euch alle aus einem Männlichen und einem Weiblichen erschaffen, und haben euch zu Nationen und Stämmen gemacht, auf daß ihr einander kennenlernen möget. Wahrlich, der Edelste von euch in der Sicht Gottes ist der, der sich Seiner am tiefsten bewußt ist.

Zum Ausdruck bringt die Textstelle, dass ethnische und kulturelle Vielfalt als ein göttlich intendierter Zustand zu verstehen ist. Mit dem Bekenntnis zu und der Wertschätzung von Diversität erteilt der Vers zugleich einem Überlegenheitsanspruch gegenüber anderen Kulturen oder dem Anderen eine Absage. Stattdessen spricht er sich dafür aus, dass Angehörige unterschiedlicher Ethnien und Kulturen einander kennenlernen und Vielfalt als gottgewollten Naturzustand der Schöpfung kultivieren. Ein solches Verständnis ebnet den Weg zu einem gehaltvollen interreligiösen Dialog und kann als Grundlage für ein Miteinander dienen, das sich durch interreligiöse Kooperationen verschiedener Glaubensgemeinschaften auf Augenhöhe auszeichnet. Auch an anderen Stellen werden religiöse Exklusivitätsansprüche verurteilt (z. B. Koran 2:124).

Aus der kurzen Darstellung wird ersichtlich, dass in islamisch-theologischen Schriften exklusivistische, inklusivistische und pluralistische Haltungen gegenüber dem religiös Anderen gleichermaßen verankert sind. In der Geschichte der islamischen Gelehrsamkeit hat jedoch der exklusivistische Ansatz die dominante Rolle eingenommen (Sejdini, 2022c, S. 280).

Im Mittelpunkt des vorliegenden Beitrags steht aber nicht die Auseinandersetzung mit theologischen Schriften, sondern die Analyse der Einstellungen von im Österreich der Gegenwart als Angehörige einer Minderheitsreligion lebenden Muslim*innen gegenüber anderen Religionen und Andersgläubigen. Die nachfolgenden Abschnitte gehen daher der Frage nach, welche Positionen Muslim*innen einnehmen, welche religiösen Schemata sie pflegen und inwiefern sie mit der nicht-muslimischen Bevölkerung interagieren.

Forschungsstand

Im deutschsprachigen Raum findet sich eine Vielzahl an Analysen, die sich systematisch mit den Haltungen von Muslim*innen gegenüber anderen Religionen oder Andersgläubigen beschäftigt haben. Zu erwähnen ist zunächst die Studie der Forschungsgruppe um Wilhelm Heitmeyer (Heitmeyer et al., 1997) mit dem Titel ‚Verlockender Fundamentalismus‘, die ausgehend vom Paradigma der ‚gruppenbezogenen Menschenfeindlichkeit‘ junge Muslim*innen in Deutschland und deren Sichtweisen untersuchte. In der Absicht, u. a. das Ausmaß religiös bedingter Gewaltbereitschaft und einen damit verbundenen Überlegenheitsanspruch zu erkunden, führten die Autoren 1.221 standardisierte Befragungen von muslimischen Jugendlichen bzw. jungen Erwachsenen mit türkischem Background zwischen 15 und 21 Jahren durch, die allgemeinbildende oder berufsbildende Schulen in Nordrhein-Westfalen besuchten (ebd., S. 45), um deren Haltungen gegenüber anderen Religionen und Andersgläubigen zu erheben. Die Analyse ergab, dass bei etwa der Hälfte der Befragten ein islamzentrierter Überlegenheitsanspruch gegenüber anderen Religionen oder Andersgläubigen besteht, der zudem eng mit einer religiös fundierten Gewaltbereitschaft einhergeht – eine solche war bei 23,2 % bis 35,7 % der Befragten und hier vor allem bei jüngeren und männlichen Jugendlichen sowie bei Hauptschüler*innen anzutreffen (ebd., S. 128–130). Die verstärkte Hinwendung zu Religion werten die Autoren als Antwort auf migrationsspezifische Probleme (ebd., S. 193 f.)

Eine zweite Studie, die hier genannt werden soll, ist jene von Katrin Brettfeld und Peter Wetzels (2007), die einen kriminalistischen Ansatz verfolgte. Primär am Verhältnis von islamischer Religiosität und Extremismus bzw. Gewaltbereitschaft interessiert, analysierten die Autor*innen, in welchem Ausmaß bei in Deutschland lebenden Muslim*innen eine Neigung zu extremistischen Haltungen oder zu politisch-religiös motivierte Gewalt besteht (ebd., S. 9) und welche Faktoren eine solche Entwicklung bedingen. Per telefonischer Erhebung wurden 1000 standardisierte Befragungen von in erster Linie jungen Menschen sowie 60 themenzentrierte Leitfadeninterviews mit männlichen Muslimen, die in Moscheevereinen oder organisierten religiösen Strukturen aktiv sind, durchgeführt (ebd., S. 66–83 & 420–428). Die Fokussierung auf männliche Muslime begründeten die Autor*innen damit, dass „Gewalthandlungen und Gewaltbereitschaft, auch mit Blick auf Einstellungen zu politisch-religiös motivierter Gewalt, bei Männern häufiger anzutreffen sind" (ebd., S. 422). Aus den erhobenen Daten schließen Brettfeld und Wetzels, dass 8–12 % der muslimischen Bevölkerung demokratiedistante Einstellungen hegen (ebd., S. 493). 10–12 % der Befragten wird ein Potenzial für islamistisch konnotierte Radikalisierung attestiert, die jedoch weniger durch religiöse Orientierungen oder Exklusionserfahrungen als vielmehr durch eine empfundene „Viktimisierung im Sinne kollektiver Marginalisierungswahrnehmung" (ebd., S. 494) ausgelöst werde.

Die Studien von Heitmeyer, Müller und Schröder (1997) sowie von Brettfeld und Wetzels (2007) erfuhren heftige Kritik. Beanstandet wurden insbesondere die Fokussierung auf Gewaltbereitschaft und der Umstand, dass die empirischen Erhebungen und Daten keinerlei theologischer oder religionswissenschaftlicher Reflexion unterzogen wurden (Bukow & Ottersbach, 1999). Weiters wurde moniert, dass die Untersuchungen dualistische Gegensätze und Gegenüberstellungen von christlichem ‚Wir' und muslimischem ‚Anderen' (Beck-Gernsheim, 2007) gezielt herstellten und beförderten. Ungeachtet der Kritik an der wissenschaftlichen Qualität gelten die Studien jedoch gemeinhin als Ausgangspunkt für die bis heute andauernde Debatte um die Rolle islamischer Religiosität bei Jugendlichen im deutschsprachigen Raum.

Aus einer ähnlich problemzentrierten, auf Österreich bezogenen Perspektive erhob eine Studie der Forschungsgruppe um Kenan Güngör (Güngör & Nik Nafs, 2016) die Einstellungen von Heranwachsenden, die Einrichtungen der offenen Jugendarbeit in Wien besuchen. Untersucht wurden die Häufigkeit der Abwertung anderer und die Selbstaufwertung des Eigenen. Dazu wurden 400 junge Menschen mittels eines Fragebogens befragt. Die Analyse ergab, dass Heranwachsende muslimischen Glaubens wesentlich häufiger zu einer starken Abwertung anderer Gruppen neigen als beispielsweise Jugendliche mit katholischem Hintergrund (33 % vs. 5 %) (ebd., S. 52). Grund dafür scheint laut Studienautor*innen aber weniger die Ablehnung von Andersgläubigen oder anderen Religionen zu sein, sondern eher die Abneigung gegenüber Homosexualität oder ethnokulturelle Stereotype, die unter muslimischen Heranwachsenden besonders verbreitet und stark ausgeprägt seien (ebd., S. 37 ff.). Zu ähnlichen Ergebnissen bezüglich der Haltung von Muslim*innen gegenüber dem religiös Anderen oder gegenüber Menschen mit anderer Religionszugehörigkeit kommen auch weitere quantitative Analysen (Koopmans, 2015).

Zu nennen ist darüber hinaus die empirische Studie von Ednan Aslan, Evrim Erşan Akkılıç und Maximilian Hämmerle zu islamistischen Radikalisierungstendenzen, in deren Rahmen insgesamt 29 narrative Interviews geführt wurden, der Großteil davon mit in österreichischen Justizvollzugsanstalten einsitzenden muslimischen Häftlingen, die wegen der Verübung terroristischer Straftaten verurteilt wurden (Aslan et al., 2018, S. 87). Im Mittelpunkt der Untersuchung, die u. a. abwertende Haltungen gegenüber anderen Religionen und Andersgläubigen sowie deren Kontextbedingungen ins Visier nimmt, steht die biografiezentrierte

Analyse des Abgleitens der Befragten in als radikal eingestufte religiöse Milieus. Dabei zeigt sich, dass sich Individuen nicht isoliert und aus reiner Eigenmotivation heraus radikalisieren, „sondern in direkter Auseinandersetzung mit einem sozialen Umfeld" (ebd., S. 267). Als Faktoren, die eine religiöse Radikalisierung befördern, benennen die Autor*innen neben einer Selbstviktimisierung und der Konstruktion eines manichäischen Weltbildes, das klar zwischen Gut (imaginierte und idealisierte *umma*) und Böse (‚der Westen') unterscheidet, zudem „[f]ehlende Perspektiven und eine allgemeine Entfremdung von der Mehrheitsgesellschaft und ihren Werten" (ebd., S. 271).

In einer weiteren Erhebung der Forschungsgruppe um Güngör unter 700 Wiener Jugendlichen mit afghanischem, syrischem, tschetschenischem, kurdischem, türkischem und bosnischem Migrationshintergrund sowie einigen Jugendlichen ohne Migrationshintergrund wurden frühere Ergebnisse bestätigt. Die Studie zeigt, dass junge Muslim*innen in höherem Ausmaß als nicht-muslimische Jugendliche verallgemeinernde und negative, abwertende Ansichten über andere gesellschaftliche Gruppen hegen (Güngör et al., 2019, S. 86), wobei diese häufiger bei Jugendlichen mit afghanischem, syrischem, tschetschenischem, türkischem oder bosnischem Background als bei kurdischen Jugendlichen und Jugendlichen ohne Migrationshintergrund anzutreffen sind. Die Jugendlichen äußern vor allem eine Abneigung gegenüber homosexuellen Menschen, jüdischen Menschen und Frauen (ebd., S. 108). In diesem Zusammenhang weisen die Autor*innen darauf hin, dass ein niedriger sozialer Status der Familie, eine streng an Rollen und Regeln orientierte Erziehung und familiäre Gewalt antidemokratische und gleichheitsfeindliche Grundhaltungen verstärken. Die Einbindung junger Menschen in die Gesellschaft hat sich als wichtiger präventiver Faktor gegen solche Tendenzen erwiesen (ebd., S. 109).

Aus den genannten empirischen Untersuchungen geht hervor, dass die Abwertung von anderen Religionen oder Andersgläubigen unter Muslim*innen in Österreich weit verbreitet ist, über das Ausmaß, in dem derartige Positionen vertreten werden, gibt es jedoch keine eindeutigen Angaben. Ebenso wenig erfolgt in der Regel eine Kontextualisierung und Einbettung der Haltungen in lebensweltliche Zusammenhänge. Zudem stehen in den meisten Analysen ausschließlich junge Menschen im Mittelpunkt, während Einstellungen und Haltungen der breiten muslimischen Bevölkerung zu Andersgläubigen und anderen Religionen ausgeblendet bleiben. Damit einhergehend treten viele der referierten Studien mit einem problemzentrierten oder einem kriminalistisch motivierten Ansatz an die Untersuchung von Muslim*innen heran – dies ist auch der Grund, warum Haltungen gegenüber dem religiös Anderen nur unter Jugendlichen, die mit der offenen Jugendarbeit erreicht werden, oder unter Häftlingen, die aufgrund der Verübung

terroristischer Straftaten in Haft sitzen, erfragt wurden. Mit anderen Worten kon-
zentrierten sich frühere Studien auf bestimmte Ausschnitte der muslimischen Bevölkerung, die in weitaus größerem Ausmaß exklusivistische Ansichten vertreten
als die Mehrheit der Muslim*innen in Österreich. So neigen z. B. muslimische
Jugendliche, die wegen terroristischer Straftaten eine Haftstrafe verbüßen, eher
zu exklusivistischen Einstellungen als andere Segmente der muslimischen Bevölkerung.

Eine Analyse, die sich mit den Ansichten und Einstellungen der breiten muslimischen Bevölkerung in Österreich befasst und sich nicht nur auf die Gewaltbereitschaft, sondern auch auf die Einstellungen gegenüber Menschen anderen
Glaubens und anderer Religionen im Allgemeinen konzentriert, steht also noch
aus. Dies nimmt sich nun dieser Aufsatz vor. Dabei versucht er, die verschiedenen
Dimensionen dieser Frage zu berücksichtigen und zu kontextualisieren und –
indem er eine rein problemzentrierte Sichtweise vermeidet – differenzierte Einblicke in die diesbezügliche Diversität der muslimischen Bevölkerung zu geben.

Methoden und Datenmaterial

Das für die vorliegenden Analysen herangezogene empirische Datenmaterial
wurde im Rahmen eines Forschungsprojekts[3] erhoben, dessen zentrale Befunde
in dem Buch ‚Muslimische Diversität' (Aslan et al., 2017) publiziert wurden.
Gegenstand der Studie war die Analyse muslimischer Religiosität mit Fokus auf
alltäglichen Lebensrealitäten (Dessing, 2013; Nielsen, 2013). Dabei wurde auch
in den Blick genommen, wie sich Muslim*innen gegenüber dem religiös Anderen
und gegenüber Andersgläubigen positionieren.

Die empirische Studie wählte einen Mixed-Methods-Ansatz, der der Logik
eines explorativen Designs folgt (Creswell & Plano Clark, 2007, S. 75), und umfasste sowohl eine qualitative als auch eine quantitative Phase, die beide komplementäre Sichtweisen auf Religiosität einnehmen und sich in der Zusammenschau
gegenseitig ergänzen. In der ersten Phase wurden in qualitativen Leitfadeninterviews 71 Personen befragt, an der quantitativen Erhebung in der zweiten Phase
nahmen 700 Muslim*innen im Alter zwischen 16 und 85 Jahren teil. Die Samples beider Studienteile waren ausgewogen, sodass sie weitestgehend die demografische Grundstruktur der muslimischen Bevölkerung Österreichs abbildeten.

---

[3] Das Forschungsprojekt wurde an der Universität Wien zwischen 2012 und 2017 unter der
Leitung von Ednan Aslan und Erol Yildiz durchgeführt.

Während im qualitativen Teil mit einem qualitativen Stichprobenplan (Schreier, 2010) gearbeitet wurde, kam in der quantitativen Phase ein geschichtetes, schrittweise konzeptionell geführtes Quotenstichprobenverfahren (Diekmann, 2010, S. 388–390) unter Berücksichtigung der Kategorien Alter, Wohnort, sozioökonomischer Status, Nationalität, ethnischer Hintergrund und Bildungsstand zum Einsatz. Die Erhebungen erstreckten sich auf die Bundesländer Kärnten, Niederösterreich, Tirol und Wien.

Um den Kreis der Studienteilnehmer*innen nicht im Vorhinein einzuengen, wurde von einer Rekrutierung über Moscheevereine abgesehen. Der Auswahl wurde vielmehr das Kriterium zugrunde gelegt, ob die Betreffenden sich selbst als Muslim*in bezeichnen. Auf diese Weise sollten im Sample auch Personen, die keinen engen Bezug zu muslimischen Organisationen haben oder die nur selten oder nie eine Moschee oder Gebetsräume aufsuchen, entsprechende Berücksichtigung finden. Immerhin stellt diese Personengruppe mit ca. 80 % die numerische Mehrheit der im deutschsprachigen Raum lebenden muslimischen Bevölkerung dar, worauf verschiedene Studien hindeuten (Haug et al., 2009, S. 167 & 170; Heine et al., 2012, S. 65; Aslan et al., 2017, S. 51–56).

Nach der ersten – auf den Verfahren der Grounded Theory (Strauss & Corbin, 1990) basierenden – Analyse der qualitativen Daten und der statistischen Analyse der quantitativen Daten wurden beide methodischen Ansätze miteinander verknüpft. Zur Darstellung der Bandbreite der muslimischen Alltagspraxis wurde eine Typologie entwickelt, die zwischen verschiedenen religiösen Praxisformen differenziert (Abb. 1). Unterschieden wird zwischen drei besonders religiösen Praxisformen – der ‚bewahrenden Religiosität‘, der ‚pragmatischen Religiosität‘ und der ‚offenen Religiosität‘. Daneben gibt es zwei tendenziell religionsferne Praxisformen, die ‚Religiosität als kulturelle Gewohnheit‘ sowie die ‚ungebundene Restreligiosität‘.[4] Als Praxisform wird eine spezifische, charakteristische Ausprägungsform muslimischer Alltagspraxis bezeichnet, die sich von anderen Formen des Umgangs mit religiösen Fragen abhebt.

Die religiösen Praxisformen fußen auf zwei Vergleichsdimensionen: zum einen dem Grad der Religiosität, erhoben mit der ‚Zentralitätsskala‘ von Stefan Huber (2003), die sowohl religiöse Überzeugungen und Erfahrungen, theologisches Wissen, die praktische Verrichtung religiöser Rituale und Vorschriften als auch die Ausrichtung des Alltags nach religiösen Regeln einschließt. Die Zentralitätsskala reicht von einem Minimum von 0 bis zu einem Maximum von

---

[4]Zu einer detaillierten Darstellung der differierenden Praxisformen siehe (Aslan et al., 2017).

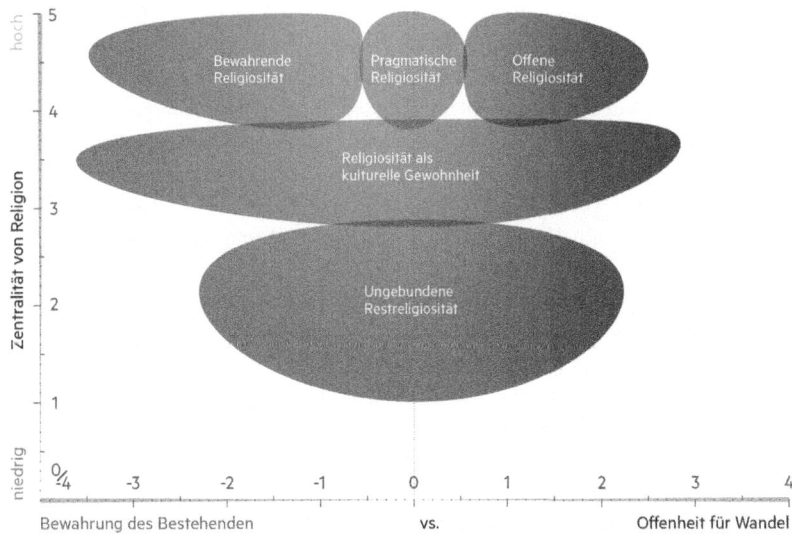

Abb. 7.1 Typologie der fünf Formen religiöser Praxis (Quelle: Aslan et al., 2017, S. 61)

5. Zum anderen basiert die Einteilung der Praxisformen auf sozialen Werte-orientierungen. Diese wurden mithilfe des ‚Portrait Value Questionnaire‘ (PVQ21) von Shalom Schwartz (Schwartz et al., 2001), der sich in einem Kontinuum zwischen den Extremen ‚Offenheit für Wandel‘ und ‚Bewahrung des Bestehenden‘ bewegt, untersucht. Die Offenheit für Wandel zeigt sich in der Befürwortung von Selbstbestimmung, Hedonismus und Stimulation, während die Tendenz zu Sicherheit, Konformität und Traditionalität eine Präferenz für die Bewahrung des Bestehenden spiegelt (Aslan et al., 2017, S. 60).

Die verschiedenen Formen der religiösen Praxis sind unterschiedlich präsent. Ihre zahlenmäßige Verteilung in der Gesamtstichprobe stellt sich wie folgt dar: Die pragmatische Religiosität wird von 29,6 % praktiziert – es ist dies die Form der Religionsausübung, der die größte Gruppe der Gesamtstichprobe anhängt –, gefolgt von der Religiosität als kulturelle Gewohnheit mit 26,6 %. Die Praxis-formen der ungebundenen Restreligiosität (15,0 %), der offenen Religiosität (14,8 %) und der bewahrenden Religiosität (14,1 %) runden das Spektrum ab.

Die Analyse der Daten weist die österreichischen muslimischen Gläubigen in Bezug auf Andersgläubige und andere Religionen als divers und unterschiedlich aus. Dieser Umstand kann an drei Gesichtspunkten festgemacht werden: dem *sozialen Umfeld und Interaktionen*, *religiösen Schemata* und *Einstellungen*.

- Perspektiven auf das religiös Andere werden von muslimischen Gläubigen zum einen anhand des *sozialen Umfelds und von Interaktionen* dargelegt. Von besonderem Belang ist dabei, ob sie in der Familie, im Freundes- und Bekanntenkreis oder am Arbeitsplatz Umgang mit Andersgläubigen pflegen oder wie sie zur Heirat der eigenen Kinder mit jemand mit anderer Religionszugehörigkeit stehen.
- Zum anderen werden *religiöse Schemata* und Positionen zu religiöser Wahrheit mittels der von Heinz Streib, Ralph W. Hood und Constantin Klein entwickelten ‚Religious Schema Scale' (RSS) (2010) dargestellt. Ein religiöses Schema ist als Reaktion auf die Erfahrung der Begegnung mit einer anderen Religion zu verstehen. Die RSS gibt Einstellungen gegenüber der Gültigkeit von religiösen Lehren, Ansichten zum Miteinander der Menschen sowie Positionen gegenüber anderen Religionen und deren religiösen Quellen wieder. Unterschieden wird dabei zwischen drei Ausprägungsformen religiöser Stile: einem traditionalistischen, einem toleranten sowie einem xenosophischen Schema. Die Items, die die RSS umfasst, finden sich bei Streib et al. (2010, S. 172) und sind in Tab. 7.1 aufgelistet.

Der traditionalistische Stil zeichnet sich durch ein exklusivistisches Verständnis aus, das die Quellen und Lehren der eigenen Religion als absolut wahr, unveränderlich und universell erachtet, während es auf andere Religionen herabblickt. Eine Aussage über Gewaltbereitschaft gegenüber Andersgläubigen kann auf dieser Basis aber nicht getroffen werden. Das tolerante Schema weist Parallelen zu inklusivistischen Auffassungen auf – in der Hinsicht, dass die Betreffenden anderen Religionen oder Andersgläubigen mit einer toleranten, rationalen Haltung entgegentreten und andere religiöse Quellen sowie deren Wahrheitsansprüche respektieren. Der xenosophische Stil schließlich ist gekennzeichnet durch einen dialogischen Ansatz im Sinne des religiösen Pluralismus, der anderen Weltsichten oder anderen Religionen, deren Schriften und religiösen Wahrheiten wohlwollend, interessiert und auf Augenhöhe gegenübertritt (ebd., S. 155; Streib, 2018).[5]

---

[5] Die Verteilung der religiösen Schemata wird im Rahmen des Beitrags anhand gebildeter RSS-Gruppen verdeutlicht, die nach dem höchsten Wert für einen religiösen Stil im Vergleich zu den beiden anderen modelliert werden. Wenn also beispielsweise traditionalistische Positionen stärker ausgeprägt sind als tolerante und xenosophische Haltungen, wird die Person der RSS-Gruppe der sogenannten ‚Traditionalisten' zugeordnet. Die anderen beiden RSS-Gruppen sind die ‚Toleranten' sowie die ‚Xenosophischen'.

Tab. 7.1 Items der Religious Schema Scale (RSS) (Quelle: Streib et al., 2010, S. 172)

Subskalen	Items
Traditionalistisches Schema	1. Was die Texte und Geschichten meiner Religion mir sagen, ist absolut wahr und darf nicht verändert werden
	2. Wenn Menschen wissen wollen, wie die Welt entstanden ist, müssen sie eine Schöpfungsgeschichte erzählt bekommen
	3. Wenn ich eine Entscheidung zu treffen habe, sorge ich dafür, dass meine Pläne durch meine religiösen Lehren gerechtfertigt sind
	4. Die Geschichten und Lehren meiner Religion geben den Erfahrungen in meinem Leben Sinn und offenbaren die unveränderliche Wahrheit über Gott oder das Göttliche
	5. Die Lehren meiner Religion bieten Antwort auf alle Fragen meines Lebens, wenn ich nur bereit bin zu hören
Tolerantes Schema	6. Wenn ich eine Entscheidung zu treffen habe, betrachte ich die Sache von allen Seiten und finde so die bestmögliche Entscheidung
	7. Der Austausch von rationalen Argumenten gehört zu einem respektvollen und fairen Umgang miteinander
	8. Wir sollten die Differenzen, wie Menschen aufeinander wirken, durch faire und gerechte Gespräche lösen
	9. Egal, wie Menschen aufeinander wirken, wir sind alle Menschen
	10. Es ist wichtig, andere Menschen durch einfühlendes Verständnis für ihre Kultur und Religion zu verstehen
Xenosophisches Schema	11. Wir können voneinander lernen, welche letzte Wahrheit jede Religion enthält
	12. Wir müssen über die konfessionellen und religiösen Unterschiede hinausschauen, um die letzte Wirklichkeit zu finden
	13. Wenn ich eine Entscheidung treffe, bin ich offen für widersprechende Vorschläge aus verschiedenen Quellen und philosophischen Standpunkten
	14. Religiöse Geschichten und Vorstellungen aus jeder Religion vereinen mich mit dem Universum
	15. Die Wahrheit, die ich in anderen Weltanschauungen sehe, führt mich dahin, meine eigenen Ansichten zu überprüfen

• Darüber hinaus werden *Einstellungen* gegenüber dem religiös Anderen ge-
schildert. Besondere Bedeutung erfährt in diesem Zusammenhang die Kurz-
skala ‚religiöser Pluralismus' von Stefan Huber, die im Fragebogen der quantitativen Studienphase Anwendung gefunden hat.[6]

Die drei Gesichtspunkte *soziales Umfeld und Interaktionen, religiöse Schemata*
sowie *Einstellungen* werden in den nachfolgenden Analysen bei den fünf Umgangsformen dargelegt und behandelt. Diese Vorgehensweise gewährleistet differenzierte Einblicke in die Frage, welche Haltungen bei den verschiedenen religiösen Praxisformen zu anderen Religionen und Andersgläubigen anzutreffen sind.
Auch die Rolle der Medien und ihrer Rezeption wird thematisiert, da diese – wie
die empirischen Daten zeigen – einen besonderen Einfluss darauf haben, wie
Muslim*innen Andersgläubige sehen.

Die Analyse der Diversität der Haltungen gegenüber anderen Religionen, der religiösen Schemata und Interaktionen mit Andersgläubigen

Bewahrende Religiosität

Charakteristisch für die bewahrende Religiosität, die von 14,1 % der Gesamtstichprobe praktiziert wird, ist ihr durch und durch pflichtbewusster Zugang
zur Religion. Die alltägliche Lebensgestaltung, Gewohnheiten sowie das Fami-
lien- und Arbeitsleben werden an religiösen Regeln und Vorschriften und einer
strengen Auslegung des Korans ausgerichtet. Das Muslimischsein steht bei dieser hochreligiösen[7] Praxisform 24 h am Tag an oberster Stelle. Angehörige der
ersten Migrationsgeneration, die nicht in Österreich geboren sind, männliche

---

[6] Die Skala religiöser Pluralismus fand beim Religionsmonitor 2008 (Bertelsmann Stiftung,
2008b) Anwendung und umfasst folgende fünf Items: ‚Für mich hat jede Religion einen
wahren Kern', ‚Man sollte gegenüber allen Religionen offen sein', ‚Ich greife für mich
selbst auf Lehren verschiedener religiöser Traditionen zurück', ‚Die zunehmende Vielfalt
von religiösen Gruppen in unserer Gesellschaft stellt eine kulturelle Bereicherung dar'
sowie ‚Die zunehmende Vielfalt von religiösen Gruppen in unserer Gesellschaft ist eine
Ursache für Konflikte' (Aslan et al., 2017, S. 504). Auf Basis der Aussagen zu den Items
wurden Gruppen mit niedrig, moderat und hoch pluralistischen Einstellungen gebildet.

[7] Als ‚hochreligiös' werden in diesem Buch Gläubige bezeichnet, deren Religiosität im ma-
ximalen Spektrum der Zentralitätsskala, genauer gesagt zwischen den Werten 4 und 5 liegt.

Muslime sowie Mitglieder von Moscheevereinen sind in dieser Praxisform überrepräsentiert.

Über die sozialen Implikationen der bewahrenden Religiosität geben qualitative Forschungsdaten Auskunft. Demnach führt die Strenggläubigkeit oftmals dazu, dass der Kontakt zu Nicht-Muslim*innen gemieden wird. In einigen Fällen bewegen sich die Betreffenden ausschließlich in strengreligiösen muslimischen Kreisen und haben kaum Bezugspunkte zum nicht-muslimischen Umfeld in Österreich. Wiederholt zeigt sich ein prinzipielles Desinteresse an Nicht-Muslim*innen oder Menschen anderen Glaubens. Berührungspunkte werden nicht gesucht, ein soziales Miteinander mit Andersgläubigen wird nicht angestrebt. Gegenüber erlebnis- oder genussorientierten Lebensweisen besteht bei der Praxisform eine weitgehend ablehnende Haltung.

Die Rezeption der österreichischen Medien spielt dabei eine verstärkende Rolle. Das ständige Negativbild des Islams und das Misstrauen gegenüber muslimischen Gläubigen, das viele Befragte, die eine bewahrende Religiosität praktizieren, in der traditionellen Medienberichterstattung (TV oder Zeitungen) oder in Social Media wahrnehmen, löst bei ihnen ein Gefühl der Ausgrenzung aus, auf das sie eben mit Rückzug in homogene muslimische Milieus reagieren.

Dass sich Muslim*innen, die eine bewahrende Religiosität pflegen, meist in religiös homogenen, strenggläubigen Zirkeln bewegen, spiegelt sich auch in den Vorstellungen Erziehungsberechtigter von der Zukunft ihrer Kinder. Die Aussicht, dass diese einmal jemanden mit anderer Religionszugehörigkeit heiraten könnten, findet bei dieser Praxisform wenig Anklang. Esma[8], eine 42-jährige bosnischstämmige Kärntnerin, vertritt diesbezüglich eine ganz entschiedene Haltung:

> Nein, damit kann ich mich nicht abfinden. Für mich ist das nicht möglich. Und ich hoffe sehr, dass meine Töchter nur einen islamischen Ehepartner finden. Wie ich vorher gesagt habe, ich respektiere andere Glauben. Ich habe nichts gegen irgendeine andere Religion. Aber meine Töchter müssen einen mit demselben Glauben heiraten! (Esma, 42 Jahre)

Die kategorische Zurückweisung dieser Vorstellung wird bei dieser Praxisform mit theologischen Argumenten begründet, oftmals unter Berufung auf koranische Textstellen, die eine exklusivistische Deutung erlauben. Dazu kommt meist eine

---

[8] Die Pseudonyme der im Rahmen der Datenerhebung der Studie ‚Muslimische Milieus in Österreich' befragten Muslim*innen wurden für dieses Buch vereinheitlicht. Die Namen der Interviewten wurden dabei so anonymisiert, dass die Pseudonyme noch Rückschlüsse auf die regionale Herkunft zulassen.

tendenzielle Abwertung anderer, nicht-islamischer Glaubensformen. So beteuert die Interviewpartnerin an anderer Stelle, sie „respektiere jede andere Religion, aber meine ist die Beste!" (Esma, 42 Jahre) Auch wenn sie andere Glaubensformen würdigt, stellt Esma dennoch eine Hierarchie der Religionsgemeinschaften auf, in der ihrer Meinung nach der muslimische Glaube an erster Stelle steht. Ein Wahrheitsanspruch kommt in ihren Augen allein ihrer Religion zu.

Eine tendenziell abwertende Position gegenüber anderen Religionen nimmt auch Adnan, ein 61-Jähriger mit bosnischem Pass ein, der in einer Kleinstadt in Kärnten lebt. Er meint: „Für mich ist der Islam, der unserem Propheten gesandt wurde, die einzig wahre Religion. Aber ich respektiere auch alle anderen Religionen, aber jeder sollte meine respektieren" (Adnan, 61 Jahre). Auch mit dieser Aussage wird eine Rangordnung der Religionen kreiert, in der der Islam den anderen überlegen ist. Wiewohl er anderen Religionen und religiösen Orientierungen seinen Respekt bekundet, würdigt er sie zugleich implizit als ‚unwahr' oder als ‚falsch' herab – was seine pluralistischen Positionen eher wie ein Lippenbekenntnis erscheinen lässt.

Aus quantitativen Daten geht hervor, dass bei der bewahrenden Religiosität das soziale Umfeld und Interaktionen in einem engem Zusammenhang mit religiösen Stilen stehen. In Bezug auf die verbreiteten religiösen Schemata der drei RSS-Gruppen ist bei dieser Praxisform mit Abstand am häufigsten der traditionalistische Stil (mit 61,8 %) anzutreffen (siehe Tab. 7.2). Dessen starke Präsenz spricht dafür, dass ein exklusivistischer Religionsgedanke vorherrscht und dass die religiösen Quellen und Lehren der eigenen Religion als absolut wahr, unveränderlich und universell eingestuft werden, während auf andere Religionen herabgeblickt wird. Einen toleranten Stil, der sie anderen Religionen mit einer toleranten, rationalen Haltung gegenübertreten lässt, praktiziert hingegen nur knapp ein Viertel (23,7 %). Wohlwollen gegenüber fremden Weltsichten und grundsätzliche Empathie gegenüber dem religiös Anderen bilden die Ausnahme und treffen nur auf einen sehr kleinen Teil von 14,5 % zu, die dem xenosophischen Schema zuzuordnen sind. Doch nicht nur, dass sie nicht aktiv den Kontakt zu Nicht-Muslim*innen suchen – im empirischen Material finden sich keine Hinweise darauf, dass Menschen, die eine bewahrende Religiosität praktizieren, mit Andersgläubigen interagieren oder umgehen wollen. Informationen, die Rückschlüsse auf Gewaltbereitschaft, vergangenes gewalttätiges Verhalten oder geplante Gewalt zulassen, liefert der Datensatz jedoch nicht.

Was die Dimension der Einstellungen betrifft, ist eine exklusivistische Haltung weit verbreitet, diese ist gewissermaßen charakteristisch für die bewahrende Religiosität. Dies zeigt sich z. B. in den Antworten zur Aussage ‚Ich

Tab. 7.2 Verbreitung der religiösen Schemata (RSS-Gruppen) bei den differierenden Praxisformen

		Verbreitung der religiösen Schemata (RSS-Gruppen)		
		Traditionalistisches Schema (%)	Tolerantes Schema (%)	Xenosophisches Schema (%)
Differierende Praxisformen	Bewahrende Religiosität	61,8	23,7	14,5
	Pragmatische Religiosität	36,2	22,8	40,9
	Offene Religiosität	38,7	24,0	37,3
	Religiosität als kulturelle Gewohnheit	27,1	33,6	39,3
	Ungebundene Restreligiosität	2,0	53,1	44,9

bin überzeugt, dass in religiösen Fragen vor allem meine eigene Religion recht hat und andere Religionen eher unrecht haben'. Diesem Item stimmen 71,3 % zu, davon 53,8 % voll und ganz sowie weitere 17,5 % eher (siehe Tab. 7.3). Es ist dies der höchste Zustimmungswert mit einem zum Teil eklatanten Abstand zu den anderen religiösen Praxisformen. Demnach herrscht unter den Vertreter*innen der bewahrenden Religiosität die Überzeugung vor, dass der eigene Glauben der einzig richtige und jede andere Religion fehlgeleitet sei. Mit der Bekräftigung des alleinigen Wahrheitsanspruchs der eigenen Religion wird die Gültigkeit der Lehren anderer Religionen in Abrede gestellt und nicht anerkannt.

Auch bei anderen Items zeigt sich, dass bei der bewahrenden Religiosität die Ansicht verbreitet ist, wonach Angehörige einer anderen Religion nie Seelenheil oder eine anderweitige religiöse Erfüllung erlangen könnten. Zugespitzt formuliert stellt die Mehrheit der dieser Praxisform zugetanen Personen in Abrede, dass Andersgläubige auf eine Erlösung nach dem Tod hoffen können (siehe Tab. 7.5). Bei der traditionsbewahrenden Religiosität unterstützen eine solche Ansicht 47,6 % voll und ganz und weitere 17,9 % eher. Insgesamt finden sich bei dieser Praxisform pluralistische Positionen in einem deutlich geringeren Ausmaß, auch im Vergleich zu anderen hochreligiösen Praxisformen. Bei der bewahrenden Religiosität vertreten 27,4 % hoch pluralistische Ansichten, bei der offenen oder pragmatischen Religiosität sind es jeweils 33,3 % (siehe Tab. 7.8).

Tab. 7.3 Positionen zur Aussage ‚Ich bin überzeugt, dass in religiösen Fragen vor allem meine eigene Religion recht hat und andere Religionen eher unrecht haben' bei den differierenden Praxisformen

		Item: ‚Ich bin davon überzeugt, dass in religiösen Fragen vor allem meine eigene Religion recht hat und andere Religionen eher unrecht haben'			
		stimme gar nicht zu (%)	stimme eher nicht zu (%)	stimme eher zu (%)	stimme voll und ganz zu (%)
Differierende Praxisformen	Bewahrende Religiosität	17,5	11,3	17,5	53,8
	Pragmatische Religiosität	17,1	24,4	26,8	31,7
	Offene Religiosität	23,5	17,6	24,7	34,1
	Religiosität als kulturelle Gewohnheit	25,3	28,7	30,7	15,3
	Ungebundene Restreligiosität	53,5	31,4	10,5	4,7
Gesamtstichprobe		25,8	23,7	23,7	26,7

Pragmatische Religiosität

Die pragmatische Religiosität als zweite Praxisform zeichnet sich ebenfalls durch einen hochreligiösen Charakter aus. Die Bedeutung von Religion im Alltag wird hier jedoch insofern relativiert, als pragmatisch orientierte Muslim*innen unterschiedliche Anpassungsprozesse an äußerliche Bedingungen vollziehen. Besonders deutlich zeigt sich dies beim Umgang mit den Pflichtgebeten, deren Verrichtung von den Möglichkeiten, die das Arbeitsleben, das Familienleben oder die Freizeittätigkeiten bieten, abhängig gemacht wird. Hinsichtlich der sozialen Werteorientierung ist diese Form der religiösen Praxis durch einen Mittelweg zwischen den Extremen Offenheit für Wandel und Bewahrung des Bestehenden gekennzeichnet. Mit einem Anteil von 29,6 % ist die pragmatische Religiosität diejenige Praxisform, der die größte Gruppe der Stichprobe anhängt.

Einen Rückzug in homogen muslimische Sozialräume gibt es den qualitativen empirischen Daten zufolge unter pragmatisch orientierten Muslim*innen nicht, vielmehr bestehen vielerlei Kontakte zur nicht-muslimischen Bevölkerung Österreichs – sei es in der Arbeit, beim Einkauf, in Vereinen oder im Wohnumfeld. Als Beispiel mag der Fall von Emre dienen, einem 39-jährigen Wiener Hausmeister mit türkischem Migrationshintergrund. In der städtischen Einrichtung, in der er arbeitet, gibt es außer ihm nur einen weiteren Mitarbeiter muslimischen Glaubens. Auch die Eigentumswohnung, in der er mit seiner Familie wohnt, liegt in einer religiös heterogenen Nachbarschaft. Hier pflegt er auch regen Kontakt mit seinen christlichen Nachbar*innen:

> Jo, wir ham do olle vierzehn Tog so a Art Brunch, gemeinsam, ja. Und do treffn sich olle! Und olle anderen Nachbarn sind Österreicher, und a einziger, wos türkischer Abstammung is. Oba wir verstehn uns sehr gut. Also olle vierzehn Tog gibt's a Zusammenkommen mit den Nachbarn. (Emre, 39 Jahre)

Das Verhältnis zu den Nachbar*innen ist also mehr als ein bloßes Nebeneinander. Die vielfältigen Verbindungspunkte zu Andersgläubigen oder zur nicht-muslimischen Mehrheitsgesellschaft prägen auch die Sichtweisen pragmatisch orientierter Eltern auf die Zukunft ihrer Kinder. Dazu gibt der 39-Jährige Folgendes zu Protokoll:

> Dass meine Kinder jemand mit anderer Religion heiraten, des is schwer ja! Also ich würd es mir nicht wünschen. Ja, aber es waren schon einige Beispiele in meinem Bekanntenkreis. Die haben halt, die leben zusammen, haben geheiratet, was auch immer, ja, mit einem christlichen Partner, ja. Ich kann's nicht ausschließen, ich würd's mir aber nicht wünschen. (Emre, 39 Jahre)

Bei der Frage des religiösen Hintergrunds zeigt sich die prinzipielle Bereitschaft, ein Schwiegerkind mit anderer Religionszugehörigkeit – wenn auch mitunter zähneknirschend – zu akzeptieren. Im Unterschied zu der bewahrenden Religiosität zugeneigten Eltern, die dies kategorisch ausschließen, gar als Frevel erachten, verwahren sich pragmatisch orientierte Muslim*innen nicht vollkommen gegen eine solche Aussicht. Auch in deren sozialen Umfeld finden sich wiederholt solche Beispiele. Hier zeigen sich also Ansätze von Offenheit und Akzeptanz für religiöse Diversität oder Interkulturalität.

Die Medienberichterstattung über Muslim*innen und den Islam wird auch von den Vertreter*innen dieser Praxisform kritisch wahrgenommen. Viele der Befragten, die ihren Umgang mit Religion im Alltag pragmatisch an ihre jeweilige Lebenssituation anpassen, sind der Meinung, dass Muslim*innen und der Islam in den Medien verallgemeinernd und negativ dargestellt werden. Anders als die Träger*innen der bewahrenden Religiosität ziehen sie sich aber nicht in eine oppositionelle Haltung zurück, sondern sind vor allem frustriert oder irritiert, weil sie ihr Bemühen um Normalität torpediert sehen.

Die quantitativen empirischen Daten wiederum lassen eine interne Gespaltenheit der pragmatischen Religiosität hinsichtlich religiöser Schemata erkennen. So wird einerseits von 40,9 % ein interreligiöser Dialog befürwortet und dem religiös Anderen mit Empathie begegnet (xenosophisches Schema). Andererseits jedoch blickt ein beträchtlicher Teil von 36,2 % auf andere Religionen herab und vertritt die Haltung, dass die religiösen Quellen der eigenen Religion absolut wahr, unveränderlich und universell seien, während es den Lehren anderer Religionen an Legitimität mangele (traditionalistisches Schema). Etwas seltener – nämlich bei 22,8 % – ist hingegen der tolerante Stil mit einer inklusivistischen Haltung anzutreffen (siehe Tab. 7.2).

Bei den religiös pluralistischen Einstellungen zeigt sich ein weiteres interessantes Bild. Denn bei der pragmatischen Religiosität (gemeinsam mit der offenen Religiosität) ist der Anteil von hoch pluralistischen Orientierungen im Vergleich zu den anderen Praxisformen mit 33,3 % am stärksten ausgeprägt, während niedrig pluralistische Anschauungen besonders selten vertreten werden – nämlich von nur 15,2 %, der niedrigste Wert unter allen fünf Praxisformen (siehe Tab. 7.8). Dies lässt den Schluss zu, dass Hochreligiosität eine pluralistische Haltung gegenüber anderen Religionen keinesfalls ausschließt.

Die Differenzen der Praxisformen untereinander in Bezug auf pluralistische Haltungen lassen sich an verschiedenen Aussagen ablesen. Beispielsweise stimmen 34,8 % der Vertreter*innen der pragmatischen Religiosität voll und ganz der Position zu, dass jede Religion einen wahren Kern habe (siehe Tab. 7.4).

Ungeachtet dessen vertritt die Mehrheit der pragmatisch orientierten Muslim*innen die exklusivistische Position, wonach in religiösen Fragen der Islam recht habe und andere Religionen eher unrecht haben. 31,7 % stimmen dieser Aussage voll und ganz zu, 26,8 % eher (siehe Tab. 7.3). Gegenüber der Zustimmung bei der bewahrenden Religiosität fallen diese Werte jedoch deutlich ab.

Offene Religiosität

Die offene Religiosität ist eine dritte Praxisform, die als hochreligiös zu bezeichnen ist. Gegenüber allen anderen Umgangsformen hebt sie sich jedoch insofern ab, als sie besonders weltoffene, selbstbestimmte und erlebnisorientierte Positionen einschließt. Der Zugang zu religiösen Fragen gestaltet sich zumeist individualistisch und zeichnet sich durch eine ausgeprägte Frömmigkeit aus. Die religiösen Gemütsbewegungen speisen sich aus einer persönlichen Sinnsuche und

Tab. 7.4 Positionen zur Aussage ‚Für mich hat jede Religion einen wahren Kern‘ bei den differierenden Praxisformen

		Item: ‚Für mich hat jede Religion einen wahren Kern‘			
		stimme gar nicht zu (%)	stimme eher nicht zu (%)	stimme eher zu (%)	stimme voll und ganz zu (%)
Differierende Praxisformen	Bewahrende Religiosität	14,5	18,1	32,5	34,9
	Pragmatische Religiosität	6,7	23,2	35,4	34,8
	Offene Religiosität	14,3	9,5	41,7	34,5
	Religiosität als kulturelle Gewohnheit	3,3	22,7	40,0	34,0
	Ungebundene Restreligiosität	14,1	16,5	44,7	24,7
Gesamtstichprobe		9,2	19,3	38,5	33,0

dem Streben nach einem spirituellen Halt im Leben. Religiösen Normen wie den rituellen Pflichtgebeten wird zwar Folge geleistet, allerdings nicht kontinuierlich und nicht immer zu den vorgegebenen Zeiten, sondern insbesondere dann, wenn das individuelle Bedürfnis nach einer Nähe zu Gott besteht. Praktiziert wird die offene Religiosität von 14,8 % der Stichprobe. Besonders stark vertreten sind bei dieser Praxisform weibliche Personen sowie Muslim*innen der zweiten und dritten Migrationsgeneration, die also in Österreich geboren und aufgewachsen sind. In qualitativer Hinsicht lässt sich empirisch feststellen, dass Angehörige der Praxisform sehr häufig soziale Verbindungen zu einem Freundes- und Bekanntenkreis mit ganz unterschiedlicher Glaubenszugehörigkeit pflegen. Die Rezeption der Medien hat keinen besonderen Einfluss auf diese Art der religiösen Praxis. Eine interessierte und wohlwollende Perspektive auf die nicht-muslimische Mehrheitsgesellschaft und Andersgläubige zeigt sich, wenn der offenen Religiosität zuzurechnende Eltern über ihre Erziehungsvorstellungen sprechen. Sema, eine 32-jährige Kärntnerin, beispielsweise passt ihre Erziehungsmethoden in Sachen Religion an den Umgang an, der in dem öffentlichen Kindergarten, den einer ihrer Söhne besucht, gepflegt wird. Sie stört sich keineswegs daran, dass ihr Sohn dort mit christlichen Bräuchen – wie dem Ostereierfärben oder dem Laternenumzug – aktiv in Berührung kommt:

Und beim Buben, er geht hier in den Kindergarten, es ist so wie jetzt Ostern, er färbt dort Ostereier. Ich werde ihm jetzt nicht erzählen: „Du bist Muslim, du sollst dies und das nicht tun!" Weil er würde es auch nicht verstehen, ich kann es ihm auch nicht erklären. Wenn Laternenfest ist, dann macht er eine Laterne, und wir gehen alle in die Kirche. Es ist genauso ein Gotteshaus. Wir bekreuzigen uns halt nicht, mein Kind auch nicht. (Sema, 32 Jahre)

Die Gepflogenheiten ihrer christlich geprägten sozialen Umgebung betrachtet sie losgelöst von deren religiösem Hintergrund. In Österreich zu leben bedeutet für Sema nicht nur, der Tatsache, dass ihr Sohn im Kindergarten christliche Bräuche kennenlernt, wohlwollend gegenüberzustehen, sondern manches auch selbst mitzumachen – wie z. B. ihren Sohn in die Kirche zu begleiten (freilich ohne das Kreuzzeichen zu machen).

Das Letzte, was die junge Mutter will, ist ihren Kindern bei deren Entscheidungen Hürden in den Weg zu legen. Auf die Frage, ob sie sich vorstellen könne, dass ihre Kinder einmal mit jemandem mit anderer Religionszugehörigkeit zusammen sind oder eine Ehe eingehen, erklärt die 32-Jährige, dass dies allein deren Sache sei. Deren Wille stehe im Vordergrund, sie würde sich in diese Frage keinesfalls einmischen.

Wie ein quantitativ-empirischer Blick auf die religiösen Schemata zeigt, sind bei dieser Praxisform alle drei RSS-Gruppen jeweils reichlich vertreten. Am stärksten präsent ist der traditionalistische Stil mit 38,7 %, wobei er sich annähernd mit dem xenosophischen Schema die Waage hält, das mit 37,3 % fast gleich stark vertreten ist. Ein toleranter Stil mit inklusivistischen Positionen gegenüber dem religiös Anderen wird von 24,0 % (siehe Tab. 7.2) praktiziert. Der Verteilung der RSS-Gruppen ist zu entnehmen, dass die offene Religiosität sehr uneinheitlich ist, was die religiösen Schemata angeht. Während die starke Präsenz der ‚Traditionalisten' von einem exklusivistischen Religionsverständnis zeugt, steht das Lager der ‚Xenosophischen' für die diametral entgegengesetzte Haltung, nämlich Empathie gegenüber anderen Religionen und die Befürwortung eines interreligiösen Dialogs.

Dies zeigt sich auch an der Ambivalenz der Positionen zu der Aussage ‚Ich bin davon überzeugt, dass nur die Mitglieder meiner eigenen Religion zum Heil gelangen'. Während 34,1 % die Aussage vollständig ablehnen und weitere 18,8 % eher dagegen sind, stimmen 21,2 % eher zu und 25,9 % der Anhänger*innen der offenen Religiosität unterstützen voll und ganz die Ansicht, dass nur Muslim*innen auf Erlösung nach dem Tod hoffen können (siehe Tab. 7.5). Der Anteil derjenigen, die glauben, dass Andersgläubige im Jenseits Erlösung erlangen können, ist bei der offenen Religiosität dennoch deutlich höher (in Summe: 52,9 %) als

Tab. 7.5 Positionen zur Aussage ‚Ich bin davon überzeugt, dass nur die Mitglieder meiner eigenen Religion zum Heil gelangen' bei den differierenden Praxisformen

		Item: ‚Ich bin davon überzeugt, dass nur die Mitglieder meiner eigenen Religion zum Heil gelangen'			
		stimme gar nicht zu (%)	stimme eher nicht zu (%)	stimme eher zu (%)	stimme voll und ganz zu (%)
Differierende Praxisformen	Bewahrende Religiosität	21,4	13,1	17,9	47,6
	Pragmatische Religiosität	21,4	17,6	30,2	30,8
	Offene Religiosität	34,1	18,8	21,2	25,9
	Religiosität als kulturelle Gewohnheit	30,6	20,4	34,0	15,0
	Ungebundene Restreligiosität	54,1	32,9	10,6	2,4
Gesamtstichprobe		30,7	20,2	25,0	24,1

bei der bewahrenden Religiosität (in Summe: 34,5 %) und auch bei der pragmatischen Religiosität (in Summe: 39,0 %).

Die Gespaltenheit zwischen exklusivistischen und xenosophischen Haltungen lässt sich auch bei Einstellungen zu religiösem Pluralismus ablesen – so u. a. an der Haltung gegenüber der Aussage ‚Ich bin davon überzeugt, dass in religiösen Fragen vor allem meine eigene Religion recht hat und andere Religionen eher unrecht haben'. Diese Aussage wird von 34,1 % voll und ganz und von 24,7 % eher befürwortet. Von einem ebenfalls beträchtlichen Teil des Segments wird die Aussage aber zurückgewiesen – 23,5 % stimmen der Position gar nicht und 17,6 % eher nicht zu (siehe Tab. 7.3). Letztere Stimmen reagieren auf exklusivistische Ansichten mit Zurückweisung. An dieser Gespaltenheit zeigt sich, dass weltoffene, erlebnisorientierte Sichtweisen und selbstbestimmte, individualistische Zugänge zu religiösen Fragen, die alle Angehörigen der Praxisform auszeichnen, nicht zwingend mit einer pluralistischen Offenheit gegenüber dem religiös Anderen und der Präferenz eines xenosophischen Stils einhergehen.

Religiosität als kulturelle Gewohnheit

Neben den genannten Formen finden sich zwei weitere Typen, die sich durch einen tendenziell religionsfernen Charakter auszeichnen. Die Religiosität als kulturelle Gewohnheit ist eine Umgangsform, die von Muslim*innen gepflegt wird, in deren Alltagsgestaltung Religiosität zwar einen Bedeutungsverlust erfahren hat, für die religiöse Zugehörigkeit aber ungeachtet dessen durchaus von hoher Relevanz ist bzw. werden kann, und zwar begrenzt auf einen spezifischen Zeitrahmen oder auf einen sozialen Kontext. Insbesondere während des Ramadans oder zu islamischen Feiertagen kommen sie religiösen Normen nach, während sie unterm Jahr die rituellen Pflichtgebete nur selten verrichten und Moscheen – wenn überhaupt – nur zum Freitagsgebet aufsuchen. Die Vertreter*innen dieser Form billigen in der Regel genuss- und erlebnisorientierte Lebensweisen und praktizieren diese oft auch selbst. Die Religiosität als kulturelle Gewohnheit ist mit 26,6 % die nach der pragmatischen Religiosität zweitverbreitetste Praxisform unter Muslim*innen in Österreich.

Laut qualitativen empirischen Daten weist die Religiosität als kulturelle Gewohnheit deutliche Unterschiede zu hochreligiösen Praxisformen auf, was das soziale Umfeld angeht. In einer Vielzahl der familiären Konstellationen finden sich Angehörige unterschiedlicher Religionen. Ein hoher Anteil der Ehen und Lebensgemeinschaften ist interreligiös (insgesamt 23,3 %; siehe Tab. 7.6). Das soziale Umfeld in der Freizeit setzt sich zu einem großen Teil aus Menschen nicht-muslimischen Glaubens zusammen. Entsprechend ist auch die Haltung von Erziehungsberechtigten gegenüber der Heirat der eigenen Kinder mit Andersgläubigen nicht *per se* ablehnend.

Auch wenn sie eine eher religionsferne Praxisform darstellt, spielt bei der Religiosität als kulturelle Gewohnheit die islambezogene Medienberichterstattung eine Rolle. So beispielsweise für Melisa, eine 23-jährige Bürokauffrau, die in Kärnten lebt:

> Man bekommt ja immer wieder etwas mit. Vor allem in den Nachrichten, wenn etwas passiert, wo ein Moslem etwas Schlimmes macht, jemanden erschießt. Dann wird es sofort auf den Islam bezogen. Klar ist es doch ein Terrorist und so weiter. Aber wenn es jetzt irgendein Mensch aus einer anderen Kultur macht, dann ist es einfach so, er hat es gemacht, da wird nicht auf die Religion geachtet oder es wird kein Bezug zur Religion gemacht. Es ist leider so. Ich muss schon sagen, also ich bin nicht so streng religiös, aber wenn irgendetwas gegen meine Religion geht, dann fühle ich mich schon davon betroffen und möchte nicht, dass jemand meine Religion in den Schmutz zieht [...] oder negativ darstellt. (Melisa, 23 Jahre)

Tab. 7.6 Anteil interreligiöser Ehen und festen Beziehungen bei den differierenden Praxisformen

		Anteil der homogen religiösen Ehen und festen Beziehungen (%)	Anteil der interreligiösen Ehen und festen Beziehungen (%)
Differierende Praxisformen	Bewahrende Religiosität	95,5	4,5
	Pragmatische Religiosität	92,4	7,6
	Offene Religiosität	91,9	8,1
	Religiosität als kulturelle Gewohnheit	76,7	23,3
	Ungebundene Restreligiosität	66,0	34,0
Gesamtstichprobe		85,3	14,7

Weil sie die negative Darstellung von Islam oder Muslim*innen als einen Affront gegen die Tradition ihrer Familie empfindet, identifiziert sich Melisa wieder stärker mit ihrer Religion und ihrem Glauben. An ihrem Blick auf Andersgläubige, andere Religionen oder die nicht-muslimische Mehrheitsgesellschaft in Österreich ändert dies jedoch nichts.

Diese Positionen schlagen sich auch quantitativ in den bei der Religiosität als kulturelle Gewohnheit gepflegten religiösen Schemata nieder. Am häufigsten sind bei der Praxisform die RSS-Gruppen der ,Xenosophischen' (mit 39,3 %) sowie der ,Toleranten' (mit 33,6 %) anzutreffen (siehe Tab. 7.2). Die größte Gruppe befürwortet folglich einen interreligiösen Dialog und nimmt gegenüber anderen Religionen und Andersgläubigen eine grundsätzlich wohlwollende, empathische Haltung ein. Ein traditionalistischer Stil mit exklusivistischen Haltungen wird hingegen von 27,1 % präferiert. Dieser Anteil in dieser Höhe mag auf den ersten Blick überraschend sein, zeigt er doch, dass es sich nicht ausschließt, einerseits im Alltag kaum religiösen praktischen Tätigkeiten und Ritualen nachzukommen, andererseits aber dennoch exklusivistische Auffassungen zu vertreten.

Als zwiespältig erweisen sich auch die Einstellungen und Haltungen gegenüber religiösem Pluralismus. Besonders bei den Positionen zur Aussage ,Für mich hat jede Religion einen wahren Kern' offenbart sich die prinzipielle Ambivalenz innerhalb der Praxisform. Denn auf der einen Seite neigen insgesamt

26,0 % exklusivistischen Ideen zu und stellen die Berechtigung anderer Glaubensgemeinschaften in Abrede. Andererseits jedoch kommen bei der überwältigenden Mehrheit pluralistische Auffassungen zum Vorschein: 40,0 % stimmen eher und 34,0 % voll und ganz dem Satz zu, dass jede Religion einen wahren Kern habe (siehe Tab. 7.4) Diese Haltung kommt etwa in der Aussage von Karim, einem 53-jährigen Wiener mit syrischem Familienhintergrund, zum Ausdruck. Auf die Frage, wie seiner Meinung nach eine ideale Gesellschaft aussehen solle, antwortet er:

> Eine ideale Gesellschaft soll offen für andere Religionen sein und tolerant sein. […] Und wir sollten nicht glauben, die eigene Religion wäre die ultimative Religion. Man sollte offen für andere Religionen sein. (Karim, 53 Jahre)

Ein uneinheitliches Bild zeigt sich zudem bei der Frage, ob die zunehmende Vielfalt von religiösen Gruppen in der Gesellschaft eine kulturelle Bereicherung darstellt. Auch in diesem Zusammenhang lässt sich eine Zwiegespaltenheit feststellen. Ein Teil der Befragten gibt sich sehr religionskritisch – 15,0 % betrachten die zunehmende Vielfalt religiöser Gruppen gar nicht und 21,8 % eher nicht als kulturelle Bereicherung – und lehnt damit auch religiös pluralistische Haltungen ab (siehe Tab. 7.7). Fast zwei Drittel der der Praxisform Zugeneigten sehen jedoch die Präsenz verschiedener religiöser Gruppen als etwas Positives an. 42,2 % befürworten diese Aussage eher sowie 21,1 % voll und ganz. Dieser Anteil vertritt damit Positionen, die als religiös pluralistisch einzustufen sind.

Ungebundene Restreligiosität

Bei der letzten Praxisform, der ungebundenen Restreligiosität, fällt die deutliche Distanzierung von religiösen Vorschriften auf: Religiosität ist beschränkt auf den persönlichen Glauben, der Islam spielt im Alltag keine Rolle mehr, die Religionszugehörigkeit ist nur mehr ein Relikt. Praktiziert wird die ungebundene Restreligiosität von 15,0 % der Stichprobe. In soziodemografischer Hinsicht ist bei dieser Praxisform der Anteil der zweiten und dritten Migrationsgeneration stark überrepräsentiert. In Bezug auf Bildungsabschlüsse oder Altersgruppen finden sich – wie auch bei den anderen Praxisformen – nur marginale Abweichungen von der Gesamtstichprobe.

In qualitativ-empirischer Hinsicht besteht ein wesentliches Merkmal der Vertreter*innen der ungebundenen Restreligiosität darin, dass sie in einem multireligiösen sozialen Umfeld leben und anderen Kulturen und Religionen

Tab. 7.7 Positionen zur Aussage ‚Die zunehmende Vielfalt religiöser Gruppen in unserer Gesellschaft stellt eine kulturelle Bereicherung dar' bei den differierenden Praxisformen

		Item: ‚Die zunehmende Vielfalt religiöser Gruppen in unserer Gesellschaft stellt eine kulturelle Bereicherung dar'			
		stimme gar nicht zu (%)	stimme eher nicht zu (%)	stimme eher zu (%)	stimme voll und ganz zu (%)
Differierende Praxisformen	Bewahrende Religiosität	22,9	18,1	28,9	30,1
	Pragmatische Religiosität	17,6	22,6	36,5	23,3
	Offene Religiosität	14,8	21,0	37,0	27,2
	Religiosität als kulturelle Gewohnheit	15,0	21,8	42,2	21,1
	Ungebundene Restreligiosität	9,3	26,7	46,5	17,4
Gesamtstichprobe		16,0	22,1	38,5	23,4

gegenüber aufgeschlossen und interessiert sind. Leyla, eine türkischstämmige Kulturschaffende, beschreibt dies folgendermaßen:

> Also ich kenn das aus meiner Familie auch so, dass meine Mutter zum Beispiel immer zu Weihnachten in eine Kirche gegangen ist und sie fühlt sich zum Beispiel der heiligen Maria, sagt sie, sehr nahe. Ich bin immer, was das ganze Thema betrifft, sehr offen erzogen worden. […] Also ich habe nie dieses ‚Wir' und ‚Ihr' in meiner Familie erlebt. Ich habe es nie so erlebt, wie dass es hieße: „Das sind Christen und wir sind Moslems!" […] Das war total alltäglich, dass man ständig mit verschiedenen Kulturen und verschiedenen Religionen zu tun hatte. (Leyla, 31 Jahre)

Die dualistische Gegenüberstellung von Islam und Christentum oder von muslimischen und christlichen Gläubigen ist Leyla, die in Wien lebt und mit einem Katholiken verheiratet ist, seit jeher fremd. Derartige Zugehörigkeitsordnungen, die oftmals dazu dienen, religiöse Gräben zu ziehen und das Muslimischsein als das religiös Andere zu beurteilen (Lamptey, 2014), lehnt sie ab. Entsprechend gestaltet sich ihr Leben in Österreich auch weniger als ein Nebeneinander als vielmehr als ein Miteinander von Menschen mit unterschiedlichen religiösen Hintergründen.

Die Berichterstattung über Muslim*innen und den Islam wird aber auch bei dieser Praxisform als verallgemeinernd empfunden. Auch die 31-jährige Künstlerin bekennt, dass die Konfrontation mit Medienklischees auch mit ihr selbst etwas gemacht habe:

> Seitdem ich in Wien bin, bin ich viel mehr, sag ich jetzt mal, Muslimin geworden, um einfach nur zu zeigen: „Leute, es ist nicht alles so, wie ihr glaubt, es zu kennen!" Damit meine ich die ganzen Klischees. (Leyla, 31 Jahre)

Dies ist für Leyla Motivation genug, der nicht-muslimischen Mehrheitsbevölkerung und ihrem Umfeld zu vermitteln, dass das Muslimischsein auch ganz anders, nämlich vielschichtiger sein kann, als es in den Medien dargestellt wird.

Ein quantitativ-empirischer Blick auf die religiösen Schemata zeigt, dass bei der Praxisform der ungebundenen Restreligiosität die RSS-Gruppe der ‚Toleranten' mit 53,1 % am stärksten vertreten ist, also jene, die Andersgläubigen und anderen Religionen vor allem mit einer inklusivistischen, anerkennenden Haltung begegnet, die religiöse Fragen aus der Perspektive von Rationalität und Toleranz bewertet. Ebenso stark präsent ist die RSS-Gruppe der ‚Xenosophischen' (mit 44,9 %), die sich durch Offenheit gegenüber anderen Religionen, prinzipielle Empathie gegenüber dem Fremden und Befürwortung des interreligiösen Dialogs auszeichnet. Die RSS-Gruppe der ‚Traditionalisten' ist hingegen zu vernachlässigen (siehe Tab. 7.2).

Exklusivistische Einstellungen finden sich bei der Praxisform kaum, wie etwa an der Haltung gegenüber der Aussage ‚Ich bin davon überzeugt, dass in religiösen Fragen vor allem meine eigene Religion recht hat und andere Religionen eher unrecht haben' abzulesen ist: Eine überwältigende Mehrheit lehnt diese ab. 53,5 % befürworten sie gar nicht (in der Gesamtstichprobe: 25,8 %) und 31,4 % (in der Gesamtstichprobe: 23,7 %) eher nicht (siehe Tab. 7.3). In keiner anderen Praxisform ist die Ablehnung exklusivistischer Haltungen derartig ausgeprägt. Dies zeigt sich auch an dem besonders hohen Anteil derjenigen, die davon überzeugt sind, dass nicht nur Menschen islamischen Glaubens auf Erlösung nach dem Tod hoffen können. 54,1 % der Vertreter*innen dieser Praxisform stimmen dieser Ansicht voll und ganz zu, 32,9 % tendieren dazu.

Umgekehrt bedeutet dies jedoch nicht, dass Angehörige der ungebundenen Restreligiosität häufiger zu besonders pluralistischen Einstellungen neigen. Vielmehr kommen bei dieser Praxisform niedrige und moderat pluralistische Positio-

Tab. 7.8 Drei Kategorien von religiösem Pluralismus (niedrig, etwas, hoch) bei den differierenden Praxisformen

		Drei Kategorien von religiösem Pluralismus		
		niedrig pluralistisch (%)	etwas pluralistisch (%)	hoch pluralistisch (%)
Differierende Praxisformen	Bewahrende Religiosität	25,0	47,6	27,4
	Pragmatische Religiosität	15,2	51,5	33,3
	Offene Religiosität	20,7	46,0	33,3
	Religiosität als kulturelle Gewohnheit	16,4	56,6	27,0
	Ungebundene Restreligiosität	19,8	54,7	25,6
Gesamtstichprobe		18,5	51,9	29,6

nen häufig vor, hoch pluralistische Ansichten dagegen eher selten (siehe Tab. 7.8). Dies dürfte mit der grundsätzlichen Skepsis gegenüber Religion zusammenzuhängen – eine Auffassung, die in diesem Segment weit verbreitet ist.

Diskussion der Befunde

Die empirische Analyse offenbart eine große Bandbreite, was die Haltungen der muslimischen Bevölkerung Österreichs gegenüber anderen Religionen und Andersgläubigen, die religiösen Schemata und Interaktionen mit dem religiösen Gegenüber angeht. Die nachfolgende Diskussion der Befunde greift drei Aspekte gesondert auf: *die Diversität der Positionen gegenüber dem religiös Anderen und Andersgläubigen, die Beeinflussung durch Kontextbedingungen* sowie *die Rolle von Medien und deren Rezeption.*

- *Diversität der Positionen gegenüber dem religiös Anderen und Andersgläubigen:* Das durch empirische Analyse sichtbar gemachte vielschichtige Spektrum umfasst exklusivistische, inklusivistische und pluralistische Positionen gegenüber anderen Religionen und Andersgläubigen und durch traditionalistische, tolerante oder xenosophische Züge gekennzeichnete religiöse

Schemata, die unter den fünf verschiedenen religiösen Praxisformen, die die Bandbreite muslimischer Alltagspraxis abbilden, unterschiedlich verbreitet sind. So finden sich z. B. bei religionsfernen Personen häufiger inklusivistische und tolerante Positionen, die religiöse Wahrheitsansprüche und Heilsversprechen anderer Religionen anerkennen und für ein gleichberechtigtes Nebeneinander plädieren, sowie pluralistische und xenosophische Haltungen, die sich durch Interesse und Wohlwollen Andersgläubigen gegenüber auszeichnen. Dass auch hochreligiöse Muslim*innen, also solche, die entweder eine bewahrende, eine pragmatische oder eine offene Religiosität praktizieren, nicht zwangsweise zu exklusivistischem Denken tendieren und anderen Religionen ablehnend gegenüberstehen, konnte ebenfalls zweifelsfrei dargelegt werden. Tatsächlich macht die Analyse deutlich, dass sich hochreligiöse Orientierungen und inklusivistische oder pluralistische Ansätze keineswegs ausschließen, sondern oft nebeneinander bestehen. Exklusivistische Haltungen finden sich nicht nur bei hochreligiösen Personen – auch wenn sie von diesen häufiger vertreten werden –, sondern auch bei religionsferneren Praxisformen wie der Religiosität als kulturelle Gewohnheit. Exklusivistische Positionen ergeben sich also nicht allein aus einer bestimmten religiösen Praxis und müssen auch nicht mit einer spezifischen Form der Religiosität einhergehen. Ebenso wenig bedeutet die Zurückweisung religiöser Exklusivitäts- oder Überlegenheitsansprüche, dass die Betreffenden im Umkehrschluss automatisch pluralistische Einstellungen präferieren. Sie können der religiösen Vielfalt von Gegenwartsgesellschaften auch aus einer prinzipiell kritischen Haltung gegenüber Religionen skeptisch gegenüberstehen.

- *Beeinflussung durch Kontextbedingungen:* In der empirischen Analyse wurde zudem ersichtlich, dass pluralistische Haltungen ‚nicht vom Himmel fallen‘, sondern immer durch Kontextbedingungen – wie den Grad der Religiosität, Werteorientierungen, Migrationserfahrungen, soziale Interaktionen mit Andersgläubigen im Alltag oder das soziale Umfeld – beeinflusst werden. Während das Bildungsniveau, der höchste Schulabschluss oder die Berufswahl die Entwicklung von Haltungen gegenüber dem religiös Anderen nicht merklich zu beeinflussen scheinen, kommt den Erfahrungen, die Muslim*innen im Austausch mit der nicht-muslimischen Mehrheitsbevölkerung machen, dabei eine zentrale Rolle zu. Menschen, die rege soziale Kontakte zu einem interreligiösen Umfeld pflegen, tendieren meist zu pluralistischen Auffassungen, vor allem dann, wenn sie auch in Freizeitkontexten mit Nicht-Muslim*innen interagieren. Dies ist insofern relevant, als die meisten Muslim*innen berufsbedingt tagtäglich mit Andersgläubigen zu tun haben, während Treffen mit Freund*innen und Bekannten gezielt und selbstbestimmt stattfinden. Die

Wahrscheinlichkeit, exklusivistische Positionen auszuprägen und dem religiös Anderen ablehnend gegenüberzustehen, ist bei jenen, die sich vorrangig in einem religiös homogenen, womöglich strenggläubigen sozialen Umfeld bewegen, wesentlich höher. Zu beobachten ist dieses Phänomen häufiger bei Muslim*innen der ersten Migrationsgeneration, die in einem anderen Land als Österreich geboren und aufgewachsen sind. Für sie ist das Leben in einer pluralen Gesellschaft oftmals keine Selbstverständlichkeit. Bei Muslim*innen der zweiten oder dritten Migrationsgeneration, die selbst oder deren Eltern bereits in Österreich geboren und aufgewachsen sind, ist die Situation nicht so eindeutig und mitunter zwiegespalten. Während es für einige ganz normal ist, sich in einem religiös heterogenen sozialen Umfeld zu bewegen und im eigenen Freundes- und Bekanntenkreis tagtäglich mit Andersgläubigen zu tun zu haben, ziehen sich andere in religiös homogene Milieus zurück. Die Motive dafür können unterschiedlich sein: erfahrene Kränkungen oder Frustration, Sinnkrisen, das Bedürfnis nach Identitätsstiftung, Bestätigung oder Geborgenheit, der Wunsch nach Beheimatung oder auch die Suche nach den eigenen Wurzeln. Ausgelöst wird dies oftmals durch Medien und deren Rezeption.

• *Die Rolle von Medien und deren Rezeption:* Die empirischen Befunde belegen, dass die Haltung gegenüber anderen Religionen und Andersgläubigen zu einem Gutteil durch Medien – seien es traditionelle Medienorgane wie Fernsehnachrichten und Printmedien oder Social Media und Messaging-Dienste – und politische Diskurse beeinflusst wird. In den Interviews, die auch unter dem Eindruck von islamistischen Terroranschlägen in europäischen Ländern geführt wurden, beklagen Muslim*innen neben der medialen Hetze, etwa gegen Minarette oder das Kopftuch, auch die pauschale Stigmatisierung von Muslim*innen sowie die Gleichsetzung von muslimischem Glauben mit Islamismus oder Terrorismus, und sie drücken die Befürchtung aus, dass antimuslimische oder islamfeindliche Äußerungen in den Medien und in der öffentlichen Meinung im deutschsprachigen Raum in Zukunft noch zunehmen werden. Derartige Aussagen finden sich bei Angehörigen aller fünf identifizierten religiösen Praxisformen, also sowohl bei hochreligiösen als auch bei wenig religiösen Muslim*innen. Der Tenor der medialen Berichterstattung und deren Rezeption hat massive Auswirkungen auf das Selbstverständnis der Muslim*innen. Vielerorts zeigt sich eine persönliche Verunsicherung. Vor allem jene, die in Österreich geboren und aufgewachsen sind, reagieren mit Unverständnis und Frustration, wenn sie in der medialen Öffentlichkeit auf ihren religiösen Hintergrund, der noch dazu mit negativen Vorzeichen versehen wird, reduziert werden. Das Resultat kann eine sich entwickelnde Abwehrhaltung sein oder das Gefühl, abgestempelt und ausgeschlossen zu wer-

den. Ein solches Befinden zeigt sich unter den Befragten sehr häufig. Manche
äußern Enttäuschung und Verbitterung, andere wiederum tendieren zum sozialen Rückzug in religiös homogene Milieus und pflegen nur noch Kontakt mit
Gleichgesinnten. Letzteres Phänomen ist vor allem bei der Praxisform der bewahrenden Religiosität anzutreffen. Damit sich aus einer enttäuschten Haltung
gegenüber der Mehrheitsgesellschaft und aus einer ablehnenden Einstellung
gegenüber anderen Religionen sowie Andersgläubigen eine Bereitschaft zu
Gewalt und entsprechenden Handlungen entwickelt, sind jedoch weitere Faktoren notwendig. Förderlich für eine religiöse Radikalisierung sind u. a. die
Einbindung in Sozial- und Gruppenprozesse sowie die Orientierung an charis-
matischen religiösen Autoritäten, die klare Unterscheidungen zwischen ‚richtig' und ‚falsch' anbieten, religiöse Erweckungserlebnisse fördern und das
Gefühl vermitteln, eine exklusive Wahrheit zu besitzen oder an einem Kampf
von Auserwählten gegen das vermeintlich Lasterhafte mitzuwirken (Schäuble,
2011; Neumann, 2013). Vieles deutet darauf hin, dass der Attentäter von Wien
Prozesse dieser Art durchlaufen hat. So konnten die Ermittler nachweisen,
dass er bereits wenige Jahre vor dem Attentat im November 2020 versucht
hatte, sich dem IS in Syrien anzuschließen und dass er nach seiner Haftent-
lassung Kontakte zu islamistischen Netzwerken in Österreich gepflegt hat. Es
wird angenommen, dass er sich in diesen Zusammenhängen radikalisiert hat
(BMI, 2020).

Das Ziel, die Vielfalt der Perspektiven der breiten muslimischen Bevölkerung
Österreichs auf Menschen anderen Glaubens und andere Religionen offenzulegen, erreichte dieser Aufsatz durch die Wahl einer Samplingstrategie, die es er-
möglichte, sowohl hochreligiöse als auch nicht-religiöse Muslim*innen über alle
Altersgruppen hinweg einzubeziehen und damit eine ausschließliche Fokussierung auf Personen mit tendenziell exklusivistischen Ansichten (z. B. Jugendliche,
die von der offenen Jugendarbeit betreut werden oder Mitglieder von Moscheevereinen) zu vermeiden. Eine Analyse der Gewaltbereitschaft oder von Verläufen
religiöser Radikalisierung kann auf Basis der Stichprobe, des Designs und des
Datenmaterials, die diesem Aufsatz zugrunde liegen, jedoch nicht vorgenommen
werden. Dazu bedürfte es weiterer Forschungsarbeiten.
     Es sei nochmals darauf hingewiesen, dass der Fokus des präsentierten Daten-
materials auf der Abbildung der Bandbreite der gelebten Alltagspraxis von Muslim*innen in Österreich und des Spektrums an Haltungen, religiösen Stilen und
Interaktionen mit dem religiösen Gegenüber lag. Die empirische Analyse ergab,
dass die Zurückweisung und Ablehnung anderer Religionen, eine abwertende
Haltung gegenüber Andersgläubigen oder der nicht-muslimischen Mehrheits-

bevölkerung keinesfalls bei allen in Österreich lebenden Muslim*innen anzutreffen sind – derartige Thesen werden in den Bereich der Mythen verwiesen und als unbegründete Stereotype entlarvt. Tatsächlich ist das Gegenteil der Fall. Die Mehrheit der Einstellungen und Haltungen gegenüber dem religiös Anderen zeichnet sich durch Offenheit, Interesse und Wohlwollen aus – die Ansicht, dass jede Religion einen wahren Kern habe, wird von 33,0 % der Stichprobe voll und ganz und von weiteren 38,5 % eher vertreten (siehe Tab. 7.4). Außerdem äußern 29,6 % der Befragten ausgeprägt pluralistische Ansichten, 51,9 % vertreten mäßig pluralistische Haltungen, wie Tab. 7.8 belegt.

In der Analyse zeigt sich, dass unter Muslim*innen das Gefühl, zurückgestoßen, enttäuscht oder von der nicht-muslimischen Mehrheitsbevölkerung stigmatisiert zu werden, durchaus verbreitet ist. Darüber hinaus geht aus den empirischen Daten unbestreitbar hervor, dass Teile der muslimischen Bevölkerung gegenüber Angehörigen anderer Religionen eine ablehnende oder abwertende Haltung einnehmen, während sie sich selbst in hochreligiöse und homogene Milieus zurückziehen. Die Aussage etwa, dass jede Religion einen wahren Kern habe, wird von 9,2 % der Stichprobe vollständig und von weiteren 19,3 % teilweise zurückgewiesen. Bei 18,5 % sind pluralistische Einstellungen nur schwach ausgeprägt. Weiters sind 24,1 % aller Befragten voll und ganz davon überzeugt, dass nur die Angehörigen der eigenen Religion Heil erlangen könnten. Es ist also eine Minderheit innerhalb der muslimischen Bevölkerung, die solche Vorstellungen vertritt – ein Befund, den es sich in öffentlichen Debatten stets zu vergegenwärtigen gilt.

Muslimische Lebensstile in Österreich   8

Religiosität und Entwicklung gesellschaftlicher Partizipation

Carsten Gennerich und Jonas Kolb

Einleitung

Österreich hat verschiedene Phasen muslimisch geprägter Zuwanderung erlebt, in denen jeweils unterschiedliche ethnische Gruppen den Hauptanteil stellten. Dieser Beitrag beschäftigt sich damit, wie die Lebensstile dieser Gruppen ausgeprägt sind und in welcher Weise sie gesellschaftliche Partizipation fördern. In der zeitlichen Perspektive stellt sich darüber hinaus die Frage, wie sich Migrant*innen der ersten, zweiten und dritten Generation in ihren Lebensstilen und insbesondere in ihrer Religiosität unterscheiden und welchen Einfluss die jeweiligen Religiositätsformen auf die gesellschaftliche Teilhabe haben. Diesen Fragen soll im Folgenden in einer Lebensstilanalyse nachgegangen werden.

Muslim*innen in Österreich

Lebensstile differenzieren Menschen nach ihren lebensleitenden Orientierungen. Aufgrund der geschichtlichen Entwicklung kann damit gerechnet werden, dass

---

Bei diesem Aufsatz handelt es sich um die geringfügig überarbeitete Fassung eines Beitrags, der gemeinsam mit Carsten Gennerich verfasst wurde und 2019 unter dem Titel ‚Muslimische Lebensstile in Österreich: Religiosität und Entwicklung gesellschaftlicher Partizipation' (S. 87–116) im Sammelband ‚Flucht. Migration. Pädagogik. Willkommen? Aktuelle Kontroversen und Vorhaben' (hrsg. von Margit Stein, Daniela Steenkamp, Sophie Weingraber und Veronika Zimmer) bei Klinkhardt erschienen ist.

© Der/die Autor(en), exklusiv lizenziert an Springer Fachmedien Wiesbaden Gmbh, ein Teil von Springer Nature 2024
J. Kolb, *Muslimisches Leben und religiöse Bildung in der Gegenwartsgesellschaft*, Veröffentlichungen der Sektion Religionssoziologie der Deutschen Gesellschaft für Soziologie, https://doi.org/10.1007/978-3-658-42404-6_8

unter der muslimischen Bevölkerung in Österreich unterschiedliche Lebensstile vorherrschen. Es sei daher einleitend der österreichische Kontext der vorliegenden Studie skizziert: Die Präsenz von Muslim*innen in Österreich reicht
bis ins 19. Jahrhundert und bis zur Annexion der muslimisch geprägten, ehemals
osmanischen Provinzen Bosnien-Herzegowina sowie des Sandschaks im heutigen Serbien durch die Habsburgermonarchie zurück. Diese hatte zur Folge, dass
innerhalb des Staatsgebiets auch eine größere muslimische Bevölkerungsgruppe
lebte und das Kaiserreich sich gezwungen sah, mit einer speziell den Islam betreffenden Religionspolitik die Eingliederung der Muslim*innen in den multi-
konfessionellen Staatsverband zu erleichtern (Kreisky, 2010, S. 13; Sticker, 2008,
S. 3). Diese Situation führte dazu, dass der Islam mit dem sogenannten Islamgesetz im Jahr 1912 im europäischen Vergleich bereits sehr früh rechtlich anerkannt wurde (Strobl, 1997, S. 36).

Die bosnische Prägung spiegelt sich – befördert durch die Aufnahme vieler bosnischer Kriegsflüchtlinge im Zuge des Bosnienkriegs – bis zum heutigen Tag in der
Zusammensetzung der Muslim*innen in Österreich wider. Die größte muslimische
Bevölkerungsgruppe stellen aber – seit den Anwerbeabkommen in den 1960er,
1970er Jahren – Menschen mit türkischem Migrationshintergrund dar (Schmied,
2005, S. 194). Die Struktur der muslimischen Bevölkerung veränderte sich erneut
im Zuge der verschiedenen Fluchtmigrationen nach Ende des Kalten Krieges, die
ihre Ursache in gewalttätigen politischen, ethnisch oder religiös motivierten Auseinandersetzungen haben. Neben der bereits erwähnten Aufnahme geflüchteter Menschen aus Bosnien-Herzegowina migrierten eine große Zahl von Muslim*innen aus
Serbien, dem Kosovo, Mazedonien, der Türkei sowie dem Nahen Osten nach Österreich (Heine et al., 2012, S. 70 f.; Ornig, 2006, S. 165–177). Diese Entwicklungen
hatten auch Folgen auf Organisationsebene. So differenzierte sich die bis dahin vor
allem türkisch und bosnisch dominierte Landschaft muslimischer Verbände und Moscheevereine im Zuge der zunehmenden ethnischen Vielfalt immer weiter aus.

Im Rahmen einer Hochrechnung im Jahr 2012 wurde die Zahl der in Österreich lebenden Menschen muslimischen Glaubens auf 573.876 beziffert, was
einem Anteil von 6,8 % an der Gesamtbevölkerung entspricht. Unter der muslimischen Bevölkerung stellen Menschen mit österreichischer (43,1 %), türkischer
(24,3 %), bosnischer (10,8 %) oder russischer Staatsangehörigkeit (4,9 %) sowie
einem Pass der Nachfolgestaaten Jugoslawiens (ohne Bosnien-Herzegowina)
(7,7 %) die größten Gruppen (Aslan et al., 2017, S. 43). Seit 2012 hat sich die
Zusammensetzung der in Österreich lebenden Muslim*innen durch Fluchtbewegungen aus den muslimisch geprägten Ländern bzw. Regionen Tschet-
schenien, Afghanistan, Nordafrika und im Zuge des Arabischen Frühlings insbesondere aus Ägypten, Libyen und Syrien zunehmend breiter aufgefächert und

im Vergleich zu den vorangegangenen Jahrzehnten einen verstärkt arabischen Charakter angenommen (Statistik Austria, 2015, S. 36 f.). Die Präsenz der muslimischen Bevölkerung in Österreich ist durch Langfristigkeit bzw. Dauerhaftigkeit gekennzeichnet. Dies liegt zum einen daran, dass viele Muslim*innen im Zuge von Einbürgerungen mittlerweile die österreichische Staatsangehörigkeit erworben haben. Zum anderen leben in Österreich muslimische Personen ganz unterschiedlichen Alters, wobei die Zahl derjenigen, die in Österreich geboren und aufgewachsen sind (Angehörige der zweiten und dritten Migrationsgeneration), stetig wächst. Nikola Ornig schätzt in ihrer Studie aus dem Jahr 2006, dass deren Anzahl in jenem Jahr „bereits weit mehr als 100.000 Kinder, Jugendliche und junge Erwachsene in Österreich" (2006, S. 23) umfasst haben dürfte.

Lebensstilsegmentierung

Aufgrund der unterschiedlichen Zuwanderungsphasen in Österreich gibt es demnach Unterschiede in der organisatorischen Entwicklung muslimischer Verbände, der ethnischen Prägung der Gruppen, der Migrationsgenerationen und dem Anteil der Einbürgerungen. Es verwundert daher nicht, wenn verschiedene Studien zeigen, dass die Gruppe der Muslim*innen äußerst heterogen ist und auf der Basis sozialwissenschaftlicher Modellbildungen differenziert werden kann (Aslan et al., 2017; Gennerich, 2016). Ein besonders verbreiteter Modelltyp stellt in diesem Zusammenhang der Lebensstilansatz dar, der auf der empirischen Ebene mit einer gewissen Variabilität operationalisiert wird. Meist nehmen Lebensstilmodelle Bezug auf Werte oder Verhaltensweisen (Hartmann, 2011, S. 63), sodass eine Lebensstilgruppe „damit faktisch ein Aggregat von Personen ähnlicher Werteorientierungen und/oder Verhaltensweisen" (Otte & Rössel, 2011, S. 15) ist. Mit Blick auf die Operationalisierung des Konzepts und die als relevant erachteten Merkmalsdimensionen haben sich entsprechend zwei unterschiedliche Richtungen herauskristallisiert (Spellerberg, 1996, S. 74–77): eine wertetheoretische, bei der die Lebensstile auf zugrundeliegende Werte- und Bedürfnisstrukturen bezogen werden, und eine alltagsästhetische, bei der sichtbares Verhalten als Ausdruck ästhetischer Präferenzen interpretiert wird. In unserem Zusammenhang ist vor allem der wertebasierte Ansatz interessant, weil in der Migrationssituation spezifische Werteorientierungen als besonders funktional erscheinen (z. B. der intergenerationale Familienzusammenhalt [Nauck, 2004, S. 94 & 97 f.]) oder sich auch als Hemmnis gesellschaftlicher Partizipation erweisen können (z. B. der Wert des Gehorsams und des Tabus, Autoritäten zu kritisieren [Uslucan, 2008, S. 53]).

Selbst-Transzendenz

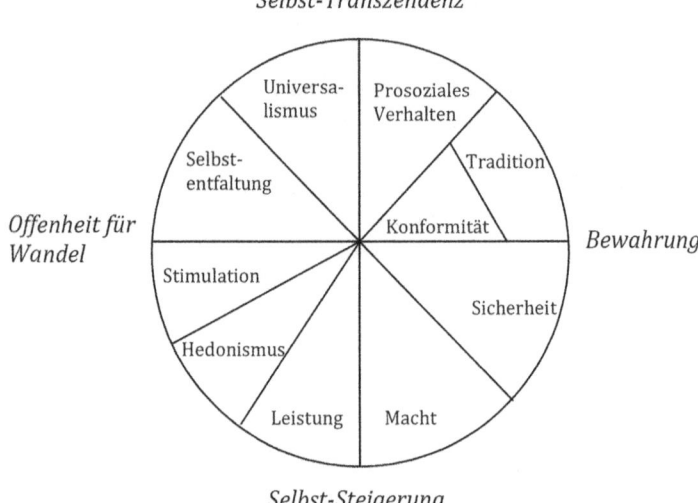

Selbst-Steigerung

Abb. 8.1 Das Konzept des Wertefeldes mit zehn grundlegenden Werteklassen nach Schwartz (1992, S. 45)

Um den wertebasierten Ansatz der Lebensstilforschung hier umzusetzen, wird auf das international etablierte Wertekonzept von Shalom H. Schwartz zurückgegriffen (1992, 2006; Schwartz et al., 2012). Schwartz konnte durch Untersuchung von mehr als 80 Ländern zeigen, dass sich Wertehaltungen universal bzw. kulturübergreifend anhand zweier Dimensionen strukturieren lassen: ‚Bewahrung gegen Offenheit für Wandel‘ und ‚Selbst-Transzendenz (die Wohlfahrt anderer fördernd) gegen Selbst-Steigerung (persönliche Interessen maximierend)‘. Die beiden Dimensionen beschreiben ein zweidimensionales Feld (siehe Abb. 8.1). Alle möglichen Werte und Ziele von Menschen fördern in je unterschiedlichem Ausmaß die Pole der beiden theoretischen Dimensionen. Schwartz (1992; 2006) unterscheidet konkret zehn Werteklassen, die theoriegemäß den Polen des Modells wie folgt zugeordnet werden können: Die Werteklassen der Tradition, Konformität und Sicherheit repräsentieren den Pol ‚Bewahrung‘ und die Werteklassen der Selbstentfaltung und Stimulation den Pol ‚Offenheit für Wandel‘. Universalismus und Prosozialität stehen für den Pol ‚Selbst-Transzendenz‘ und Macht, Leistung und Hedonismus für den Pol ‚Selbst-Steigerung‘.

Ausgehend von der Schwartz'schen Modellbildung ist die Bildung von Lebensstilgruppen schließlich eine statistische Frage. Naheliegend für die

Gruppenbildung ist die Verwendung der beiden Wertedimensionen ,Offenheit für Wandel vs. Bewahrung' und ,Selbst-Transzendenz vs. Selbst-Steigerung', sodass die vier Quadranten des Feldes jeweils vier Lebensstilgruppen darstellen, die auf der Basis von Korrelationen von interessierenden Variablen mit den beiden Wertedimensionen differenziert beschrieben werden können (Feige & Gennerich, 2009, S. 116; Gennerich, 2010, 2016, 2017).

Entwicklung gesellschaftlicher Partizipation über drei Generationen muslimischer Migrant*innen

Zu Veränderungen der religiösen Orientierungen im Migrationsprozess bei Muslim*innen gibt es bisher kaum Forschung. Während Ausprägungen der Religiosität bei jungen Muslim*innen oder bei Angehörigen der zweiten Migrationsgeneration wiederholt untersucht wurden (Klinkhammer, 2000; Ornig, 2006; Gennerich, 2016; Kolb, 2017), waren die Veränderungen der religiösen Orientierungen im Migrationsprozess bei Muslim*innen bzw. diesbezügliche intergenerationale Entwicklungsprozesse bis dato kaum Gegenstand von Studien. Eine Ausnahme bildet neben den Arbeiten der Forschungsgruppe um Hilde Weiss (Weiss et al., 2014) und Haci-Halil Uslucan (2008; Fuhrer & Uslucan, 2005) insbesondere die Analyse von Sakin Özışık (2016), die die besondere Relevanz religiöser Orientierungen – die für muslimische Migrant*innen von zentraler Bedeutung sind (Aslan et al., 2017) – für mögliche gesellschaftliche Partizipation aus einem intergenerationalen Blickwinkel aufzeigt. Für seine Studie interviewte Özışık 76 Personen aus 27 türkischen Migrationsfamilien in Deutschland mit dem Faith Development Interview (FDI) nach James W. Fowler (1981). Aus 23 Familien, von denen ihm eine komplette Kette von drei Generationen vorlag, wählte er fünf repräsentative Familien zur Feinanalyse aus. Dabei zeigten sich in Bezug auf die Glaubensentwicklung große Ähnlichkeiten zwischen allen drei Generationen. Sie werden weitgehend auf Stufe 3 nach Fowler verortet (d. h. im Typ des konventionellen Glaubens). Allerdings zeigen sich in der Feinanalyse zwischen den Generationen doch Entwicklungsprozesse: Die erste Generation versteht Entwicklung als Verbesserung ihrer materiell-ökonomischen Situation, Sinnfragen stellen sich für sie nicht explizit. Der Rückbezug auf Religion dient dazu, in der Migrationssituation die türkische Herkunftskultur zu wahren. Entsprechend wird auch von den Kindern erwartet, dass sie gehorsam sind und „nicht vom Weg abkommen" (Özışık, 2016, S. 380 f. & 414). Die zweite Generation weist mehr Bezüge zur Aufnahmegesellschaft auf, hat jedoch zugleich mehr Konflikte auszutragen. Die Heirat wird meist als Chance verstanden, sich von der ersten

Generation zu emanzipieren. Auch die zweite Generation definiert den Lebenssinn noch über Wohlstand und ein friedliches Familienleben, erzieht ihre Kinder
jedoch tendenziell dialogischer und offener. Die dritte Generation hat teilweise
hohe Bildungsabschlüsse erworben bzw. einen Bildungsniveauanstieg erreicht.
Der Sinn des Lebens wird vermehrt „innerlich" (ebd., S. 427) verortet und bezieht universalistische Werte mit ein. Religion wird stärker funktional begründet
und weniger mit Rekurs auf die Annahme ihrer absoluten Gültigkeit. Insgesamt
ist auch die Familienkultur der dritten Generation deutlich traditionell geprägt,
allerdings finden sich mehr individualistische Aspekte in der Lebensführung.
War z. B. für die erste Generation der Imam noch eine absolute Autorität, wird
er von den folgenden Generationen auch kritisch gesehen. Allerdings finden angesichts von Leiderfahrungen (z. B. Tod eines Kindes bei einem Erdbeben)
keine Horizonterweiterungen statt, sondern es werden eher die vorhandenen
konventionellen Überzeugungen aktiviert (z. B. Rettung des Kindes im Jenseits)
(ebd., S. 442). Das habe auch zur Folge, dass etwa eine Partizipation in der Gesellschaft gehemmt werde. Gleichwohl unterstreichen die Analysen von Özışık,
dass die dritte Generation die deutschen Institutionen deutlich stärker für sich zu
nutzen weiß und sich dadurch in einem gewissen Grad der einheimischen deutschen Gesellschaft öffnet. In der folgenden quantitativen Analyse können diese
ersten explorativen Befunde auf eine breitere Datenbasis gestellt werden.

Methode

Stichprobe

Der Datensatz, den wir in unserem Beitrag verwenden, wurde im Rahmen der
Studie ‚Muslimische Milieus in Österreich' (Aslan et al., 2017) erhoben. Bei
dieser Untersuchung handelt es sich um eine Mixed-Methods-Studie, welche sowohl eine qualitative als auch eine quantitative Erhebung umfasst, die sich jeweils
gegenseitig ergänzend mit demselben Phänomen – der Ausprägung der religiösen
Alltagspraxis muslimischer Menschen in Österreich – beschäftigen.[1]

---

[1] Eine ausführliche Beschreibung der empirischen Methoden und des Forschungsdesigns
findet sich bei (Aslan et al., 2017, S. 47–58) sowie im Abschnitt ‚Methoden und Datenmaterial' (Kap. 7.4) im Aufsatz ‚Muslim*innen und das religiös Andere: Zur Diversität von
Einstellungen gegenüber anderen Religionen, religiösen Schemata und Interaktionen von
Muslim*innen mit Andersgläubigen' in diesem Buch.

Für die quantitative Erhebung wurden N = 700 Muslim*innen österreich-weit mit einem standardisierten Fragebogen befragt. 51,2 % der befragten Personen sind männlich, 48,8 % weiblich. 54,3 % der Stichprobe besitzt den österreichischen Pass, 16,5 % den türkischen sowie weitere 7,6 % den bosnischen. Während 24,9 % der Befragten der zweiten und 4,9 % der dritten Migrationsgeneration angehören, stellen die Angehörigen der ersten Migrationsgeneration, die nicht in Österreich geboren sind, mit 70,2 % den Großteil des Samples. Das Durchschnittsalter beträgt 35,1 Jahre. Am stärksten in der Stichprobe vertreten sind die Altersgruppen zwischen 21 und 30 Jahren (28,9 %) und zwischen 31 und 40 Jahren (23,1 %).

Der regionale Fokus liegt auf Wien. 63,8 % der befragten Muslim*innen geben an, dass sie in der österreichischen Bundeshauptstadt leben. In der Stichprobe finden sich zudem Muslim*innen mit unterschiedlichen Bildungsabschlüssen. Während 21,4 % der Befragten einen Universitätsabschluss (oder Vergleichbares) aufweisen, geben 24,7 % Matura/Abitur als höchsten Abschluss an. 14,0 % haben eine Sekundarschule ohne Matura/Abitur abgeschlossen. Über einen Pflichtschulabschluss mit bzw. ohne Lehre verfügen 20,8 % bzw. 16,3 %. Weitere 2,3 % der Muslim*innen haben keinen Schulabschluss.

Vertreten sind im Sample zudem Angehörige der unterschiedlichen Konfessionen und Glaubensrichtungen des Islam. Die überwiegende Mehrheit (77,7 %) sind Sunnit*innen, gefolgt von Menschen alevitischen (mit 7,3 %) und schiitischen Glaubens (mit 5,9 %). In der Kategorie ‚Andere' (9,0 %) finden sich sowohl Muslim*innen, die einer anderen Glaubensrichtung angehören, als auch solche, die weder ihre eigene Glaubensrichtung noch die ihrer Familie kennen. Die Stichprobe bezieht darüber hinaus nicht nur Menschen ein, die in einem muslimisch geprägten Elternhaus geboren und aufgewachsen sind, sondern ebenso konvertierte Personen. Diese machen 9,4 % aus (Aslan et al., 2017, S. 51–56).

Verwendete Items und Skalen

Verwendete Items

Die Analysen ziehen zur Beschreibung der Lebensstile muslimischer Migrant*innen in Österreich die folgenden Variablen heran, die bei Ednan Aslan, Jonas Kolb und Erol Yildiz (2017) im Detail beschrieben wurden: Lebensalter (57), Bildungsgrad (57), Herkunft (57), Generation (57), Bewertung der Lebensweise der Österreicher* innen (125).

Zusätzlich zu den von Aslan und Kollegen verwendeten Items kommen folgende Variablen zum Einsatz: Einkommen (‚Wie hoch würden Sie das

regelmäßige Monatseinkommen ungefähr schätzen, alle Verdienenden zu-
sammengenommen?'), Selbsteinschätzung zur Schicht ('Die Menschen beschreiben sich manchmal als Angehörige verschiedener Gesellschaftsschichten.
Ausgedrückt zwischen 1 für unten und 5 für oben: Mit welcher Zahl zwischen 1
und 5 würden Sie sich einstufen?'), Lebenszufriedenheit ('Wie zufrieden sind Sie
zur Zeit mit Ihrem Leben?'; 10-stufige Skala von 1 für ‚vollständig unzufrieden‘
bis 10 für ‚vollständig zufrieden‘) und Religionszugehörigkeit des Partners/der
Partnerin ('Gehört Ihr Partner oder Ihre Partnerin der gleichen Religionsgemeinschaft an wie Sie selbst? Ja/Nein'; ‚Wenn Ihr Partner oder Ihre Partnerin einer
anderen Religionsgemeinschaft als Sie selbst angehört, welcher Religionsgemeinschaft ist er/sie zugehörig? Christentum/Judentum/Buddhismus/Hinduismus/einer
anderen Religionsgemeinschaft/keiner Religionsgemeinschaft').

Verwendete Skalen

Zur Messung verschiedener Formen der Religiosität wurde auf etablierte Instrumente der Religiositätsmessung zurückgegriffen. Fünf der in Abb. 8.7 verwendeten
Skalen werden bei Aslan und Kollegen (2017, S. 502–505) beschrieben. Dies sind
die Skalen ‚Religiöser Pluralismus‘ (z. B. ‚Für mich hat jede Religion einen wahren Kern‘), ‚Religiöser Fundamentalismus‘ (z. B. ‚Ich bin bereit für meine Religion große Opfer zu bringen‘), ‚Antichristlichkeit‘ (z. B. ‚Das Christentum stellt
eine Verfälschung der wahren Religion dar‘), ‚Antisemitismus‘ (z. B. ‚Die Juden
haben in Österreich zu viel Einfluss‘), ‚Zentralitätsskala‘ (z. B. ‚Wie stark glauben Sie daran, dass Gott oder etwas Göttliches existiert?'; ‚Wie häufig beten Sie
das Pflichtgebet [Salat, türkisch: Namaz]?').

Ergänzend wurde in Anlehnung an Stefan Huber (2008c, S. 116) noch die
fünfstufige Skala der ‚Religiösen Reflexivität‘ mit den folgenden Items konstruiert: (1: ‚Wie oft überdenken Sie einzelne Punkte Ihrer persönlichen Grund-
überzeugungen?‘ 2: ‚Wie oft überdenken Sie einzelne Punkte Ihrer persönlichen
religiösen Einstellungen?‘ 3: ‚Wie oft setzen Sie sich kritisch mit religiösen Lehren auseinander, denen Sie grundsätzlich zustimmen?‘ 4: ‚Wie wichtig ist es für
Sie, religiöse Themen von verschiedenen Seiten aus zu betrachten?', Kennwerte:
$M = 3,42$; $SD = 0,85$; $\alpha = 0,70$). Ebenso wurde die vierstufige Skala ‚Atheismus‘
gebildet (1: ‚Ich würde mich selbst als einen Atheisten bezeichnen‘, 2: ‚Ich bin
davon überzeugt, dass es keinerlei höhere Macht oder göttliche Macht gibt‘, 3:
‚Ich bin davon überzeugt, dass Religionen eher schädlich sind‘, Kennwerte:
$M = 1,49$; $SD = 0,72$; $\alpha = 0,76$).

Wertemessung

Für die Messung der Wertedimensionen im Anschluss an die Schwartz'sche Modellbildung wurde auf den PVQ21 zurückgegriffen. Zum Wortlaut der Items sei verwiesen auf Schmidt et al. (2007) bzw. Aslan und Kollegen (2017, S. 499–501). Die Dimensionen werden über die Faktorscores einer Faktorenanalyse mit theoriegemäß zwei extrahierten Faktoren berechnet.

Abb. 8.2 zeigt für die Stichprobe der österreichischen Muslim*innen, wie sich das Modell empirisch darstellt. Dabei werden gewisse Unschärfen ersichtlich: So etwa sind die Items für Hedonismus und Stimulation nicht strikt in getrennten Ausschnitten des Feldes angesiedelt. Und insbesondere verorten sich die Items für ‚Sicherheit' nicht erwartungsgemäß zwischen Konformität und Macht, sondern mit einer Tendenz zur Selbst-Transzendenz im Segment oben/rechts. Dies kann darauf hindeuten, dass Sicherheit in der Migrationssituation als prosozialer Wert gedeutet wird. Schließlich stammen – worauf Bernhard Nauck (2004, S. 97 f.) hinweist – viele Migrant*innen aus Gesellschaften ohne ausgebaute sozialstaatliche Systeme, weswegen die Risiken des Lebens zwischen den Generationen durch Unterstützungsleistungen der Familie abgesichert werden. Insgesamt zeigt sich eine sehr stimmige Darstellung der theoretischen Modellstruktur von Abb. 8.1 im empirischen Befund von Abb. 8.2, denn die Werteitems lokalisieren sich mit Blick auf die beiden Wertedimensionen erwartungskonform.

Ergebnisse

In einem ersten Schritt werden die Zusammenhänge der Wertedimensionen mit verschiedenen Lebenslage-Variablen analysiert, die mit gesellschaftlicher Partizipation in Beziehung stehen. Dazu zählen Bildung, Einkommen, soziale Schicht, Einstellung zur Lebensweise der Österreicher*innen, die Migrationsgeneration und Partner*innenwahl. Verschiedene Lebensstile können so mit Blick auf die mit ihnen verbundenen Partizipationschancen reflektiert werden und dann im darauffolgenden Abschnitt mit unterschiedlichen Formen der Religiosität in Beziehung gesetzt werden.

Zusammenhänge von Werten mit Lebenslage-Variablen

Alter, Geschlecht und Bildung stellen relevante Faktoren bei der Präferenz eines Lebensstils dar. Vor allem Bildung gilt als eine hoch relevante Ressource für die

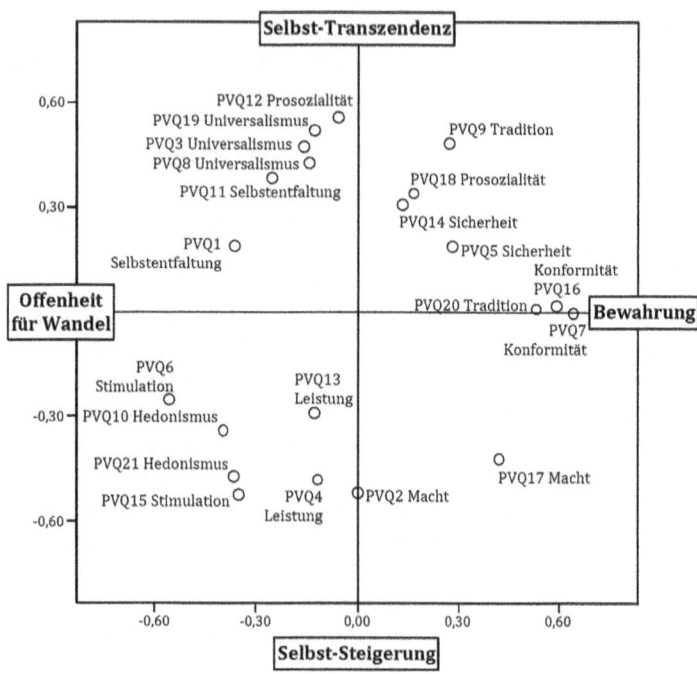

Abb. 8.2 Wertefeld für den PVQ21 in der vorliegenden Stichprobe (Zweikomponenten-analyse, theoriekonforme Rotation der Varimaxlösung)

gesellschaftliche Teilhabe (Bödeker, 2011, S. 27). Abb. 8.3 zeigt den Befund an-hand der mittleren Faktorscores der verschiedenen Teilgruppen der Stichprobe.

Abb. 8.3 belegt einen erwartungsgemäßen Zusammenhang von Lebensalter und Werteprioritäten: Die jüngeren, sich ‚in Ausbildung' befindenden Befragten präferieren mehr hedonistische und leistungsorientierte Werte und die älteren Be-fragten stärker prosoziale und traditionelle Werte. Das entspricht bisherigen Be-funden im Wertefeld (Gennerich, 2010, S. 54). Ebenso zeigt sich eine deutliche Tendenz dahingehend, dass gebildetere Muslim*innen stärker Werte der Selbst-entfaltung betonen sowie dass Männer sich eher an Werten der Selbst-Steigerung orientieren und Frauen an Werten der Selbst-Transzendenz. Auch dies sind all-gemein bekannte Zusammenhänge (ebd., S. 54 & 56 f.; Gennerich, 2017, S. 51). Dementsprechend steht in Abb. 8.3 insgesamt der Bereich der Selbstentfaltungs-werte mit bildungsbasierten Partizipationschancen in Beziehung.

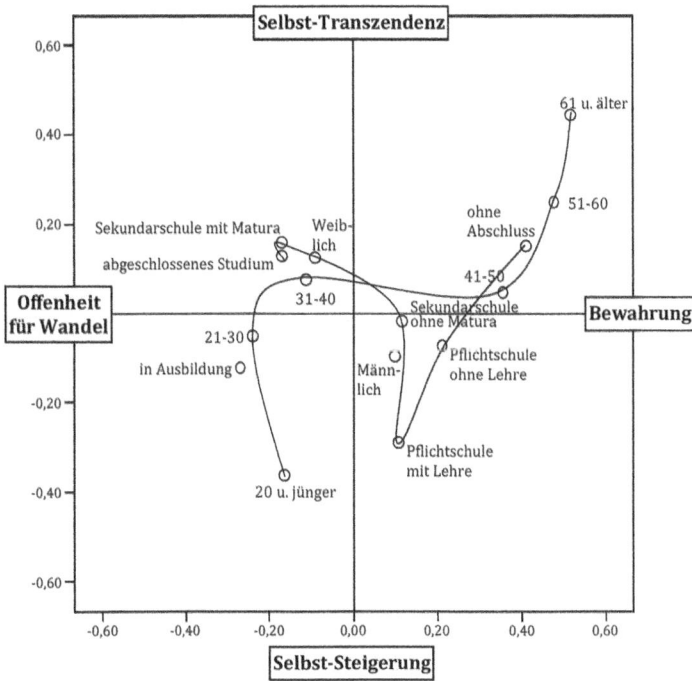

Abb. 8.3 Mittlere Faktorscores der verschiedenen Alters- und Bildungsgruppen sowie Geschlecht

In Abb. 8.4 werden im nächsten Schritt die Korrelationen von Lebenszufriedenheit, Schicht, Einkommen, Migrationsstatus und Einstellung zur österreichischen Lebensweise mit den Wertedimensionen dargestellt. Mit Ausnahme der Einkommensvariable erfolgte bei allen Variablen eine Spiegelung am Nullpunkt bzw. die Korrelationen wurden jeweils für beide Bedeutungsrichtungen der Variablen dargestellt. Insbesondere die Höhe des Familieneinkommens kann dabei als ein Indikator für die gesellschaftliche Teilhabe interpretiert werden, der z. B. mit einem höheren Grad an politischer Partizipation einhergeht (Bödeker, 2011, S. 27).

Aus Abb. 8.4 geht hervor, dass aufstiegsorientierte Muslim*innen unten/links, deren Familieneinkommen höher ist als das anderer Muslim*innen und die sich auch selbst in ihrer Schicht höhergestellt sehen, zugleich mit ihrem Leben unzufriedener sind. Dem entspricht zum einen, dass materialistische Haltungen, die

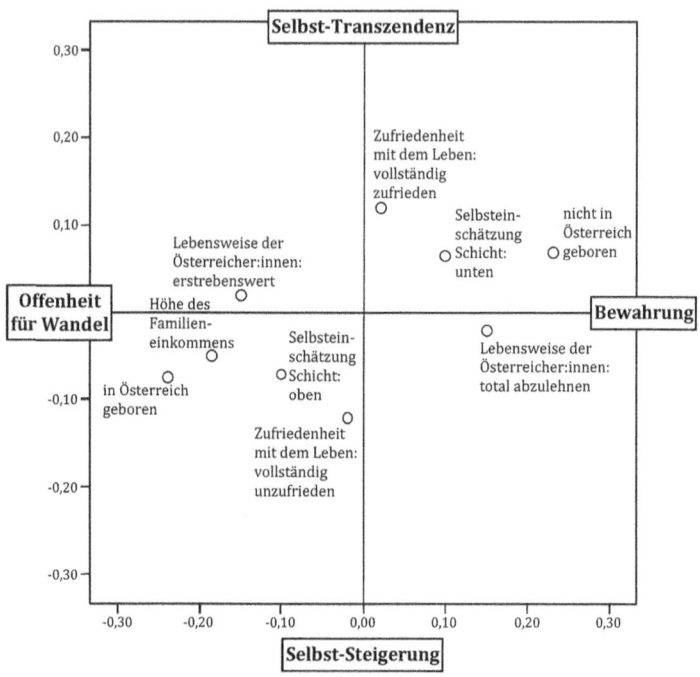

Abb. 8.4 Korrelation von Lebenszufriedenheit, Schicht, Einkommen, Migrationsstatus und Einstellung zur österreichischen Lebensweise in Korrelation mit den beiden Wertedimensionen

im unteren Feldbereich stärker ausgeprägt sind, mit weniger Wohlbefinden einhergehen (Gennerich, 2010, S. 95–99). Zum anderen findet mit der Akkulturation in der Aufnahmegesellschaft ein Wechsel der Vergleichsperspektive statt, sodass die zweite Generation, die im Feldbereich unten/links liegt (siehe Abb. 8.5), sich stärker mit der Bevölkerungsmajorität vergleicht und in diesem Vergleich eher schlecht abschneidet, weil der materiell-ökonomische Anschluss eben nicht in einer Generation herstellbar ist (Nauck, 2004, S. 94). Und weiterhin hängt das Wohlbefinden von der Diskrepanz der eigenen Orientierungen zu denen der Herkunftsfamilie ab (siehe ,Lebensweise der Österreicher*innen ist erstrebenswert' vs. ,nicht in Österreich geboren'), weil derartige Diskrepanzen mit inneren Konflikten in Beziehung stehen (Hadjar et al., 2014, S. 52 & 64). Mit Status und Einkommen steigt demnach nicht unmittelbar die Zufriedenheit. Diese scheint stärker durch prosoziale Werte determiniert zu werden und zugleich wohl auch mit Rückgriff auf religiöse Deutungen eher konstruierbar zu sein(siehe Abb. 8.7 zur hohen Zentralität von Religion in diesem Feldbereich). Plausibel ist darüber hinaus der Befund, dass diejenigen, die bereits in Österreich geboren wurden, bessere Ausgangsbedingungen haben, was soziale Stellung und Einkommen betrifft, sodass ihre Selbsteinschätzung bezüglich des Status durchaus parallel gehen dürfte mit den objektiven Gegebenheiten.

Interessant ist auch, dass die Lebensweise der Österreicher*innen als primär von Werten der Selbstentfaltung bestimmt wahrgenommen wird. Wer die Lebensweise der Österreicher*innen ablehnt, missbilligt offenkundig Werte der Selbstentfaltung und steht zu diesen in Opposition. In Abb. 8.8 zeigt sich dagegen, dass die Lebensweise der Österreicher*innen objektiv eher von Werten des Universalismus geprägt ist, d. h. stärker am Pol ‚Selbst-Transzendenz‘ und nicht primär am Pol ‚Offenheit für Wandel‘ orientiert ist.

Die Herkunftskulturen können einen beträchtlichen Einfluss auf den Lebensstil der muslimischen Migrant*innen nehmen (z. B. Nauck, 2004, S. 97 f.). Wir haben daher in Abb. 8.5 die mittleren Faktorscores für die unterschiedlichen Herkunftsgruppen berechnet. Bei den drei größten Teilgruppen (österreichische, bosnische, türkische Muslim*innen) stellen wir zusätzlich auch den Effekt der Herkunft der Eltern dar. Ebenso haben wir die drei Migrationsgenerationen mit ihren mittleren Faktorscores positioniert.

Abb. 8.5 zeigt mehrere aufschlussreiche Zusammenhänge auf: 1) Von der ersten Generation (nicht in Österreich geboren) über die zweite Generation (selbst in Österreich geboren, die Eltern jedoch nicht) zur dritten Generation (auch die Eltern sind bereits in Österreich geboren) findet eine Entwicklung in Richtung des Wertepols ‚Offenheit für Wandel‘ statt. Damit bestätigt sich der Befund von Hilde Weiss und Robert Strodl (2016, S. 73 f.), wonach in der zweiten Generation traditionelle Familienwerte und religiöse Praktiken ihre Bindekraft verlieren, auch für die dritte Generation. Dieser Sachverhalt spiegelt sich auch darin, dass die Befragten stärker Werte der Selbstentfaltung und Stimulation vertreten, wenn ihre Eltern bereits Österreicher*innen sind. Verfügen dagegen bei den türkischen Migrant*innen die Eltern noch über einen türkischen Pass, werden eher noch konservative Werte vertreten. Dieser Werteentwicklung im Migrationsprozess dürfte die bekannte Beobachtung entsprechen, dass Jugendliche der zweiten Generation stärker assimiliert sind als ihre Eltern und im Vergleich zu ihnen eine geringere Distanz zur Aufnahmegesellschaft spüren (Nauck, 2004, S. 94 & 100). Dies zeigt sich darin, dass sich Angehörige der zweiten und dritten Generation mit ihrem Lebensstil im linken Feldbereich verorten, wie Abb. 8.3 deutlich macht.

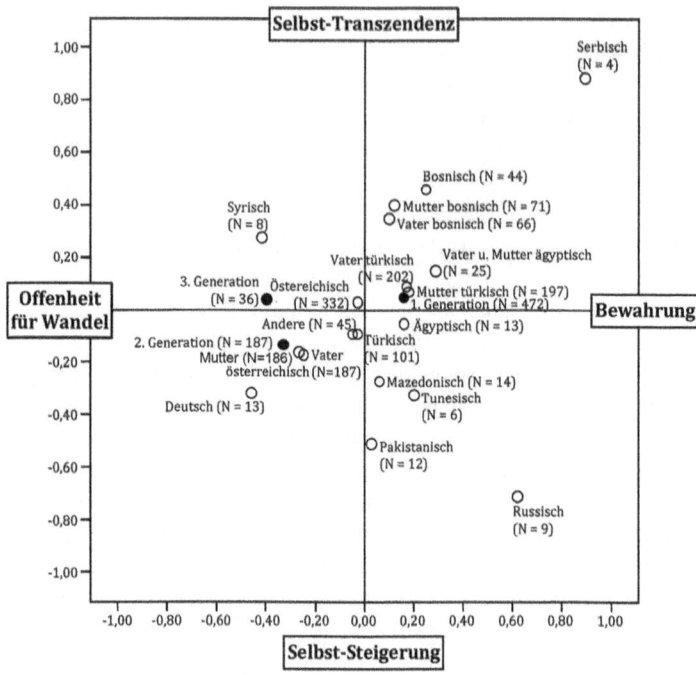

Abb. 8.5 Mittlere Faktorscores für die befragten Gruppen (Herkunft und Zuwanderungs-generation)

2) Erkennbar werden länderspezifische Profile: Muslim*innen aus der Russischen Föderation zeigen stark machtorientierte Werte im extremen Bereich unten/rechts. Etwas abgeschwächt aber vergleichbar gilt dies für Muslim*innen aus Nordafrika (Ägypten, Tunesien), Pakistan und Mazedonien. Deutsche, österreichische und syrische Muslim*innen sind dagegen weniger konservativ als andere. Serbische und bosnische Muslim*innen schließlich vertreten mehr als andere prosoziale Werte und weisen damit die größte Nähe zur österreichischen Bevölkerungsmehrheit auf (siehe Abb. 8.8), was auch mit deren langer historisch bedingter Präsenz in Österreich zusammenhängt.

3) Der Vergleich der Herkunft der Eltern mit Befragten, die noch nicht die österreichische Staatsbürgerschaft angenommen haben, zeigt, dass die Herkunftskultur bei der Lebensstilpräferenz eine entscheidende Rolle spielt. So weisen Muslim*innen mit österreichischem Pass, deren Eltern bosnische Staatsangehörige sind, weitgehend gleiche Werteorientierungen auf wie Befragte,

die selbst noch die bosnische Staatsbürgerschaft haben. Dasselbe Phänomen manifestiert sich bei den österreichischen Befragten, deren Eltern über einen türkischen Pass verfügen. Ihre Werteorientierungen sind ebenfalls sehr ähnlich mit jenen, die noch türkische Staatsbürger*innen sind. Auch bei den Personen, deren Eltern bereits die österreichische Staatsbürgerschaft besitzen, zeigt sich eine deutliche Werteähnlichkeit. Wobei sich jedoch auch der Generationseffekt in den Daten spiegelt, denn sie verorten sich mit einer deutlichen Tendenz am Pol ‚Offenheit für Wandel'.

Abb. 8.6 dokumentiert schließlich, dass die Heirat mit einer*einem Partner*in, die*der dem Christentum oder keiner Religionsgemeinschaft angehört, mit einer starken Präferenz für Werte am Pol ‚Offenheit für Wandel' einhergeht. Dies kann einerseits damit zusammenhängen, dass die gemischt-religiösen Paare bereits zum Zeitpunkt ihres Kennenlernens offener waren als andere. Empirisch steigt

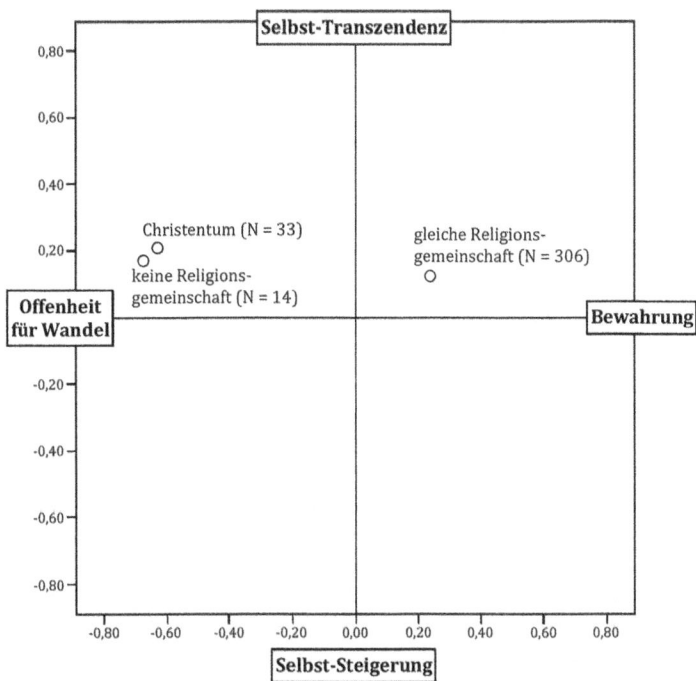

Abb. 8.6 Werteposition in Abhängigkeit von der Religionszugehörigkeit des Partners/der Partnerin (Faktorscore-Mittelwerte für die drei Gruppen, die vorkommen)

z. B. mit dem Bildungsgrad (siehe Abb. 8.3) und mit Freundschaftsnetzwerken
(Schnell, 2014, S. 131) die Wahrscheinlichkeit, Partner*innen aus der Bevölkerungsmehrheit zu heiraten (Nauck, 2004, S. 91). Andererseits kann dies
auch ein Effekt der Partnerschaft selbst sein, wenn etwa in der Ehe offenere Werte
transferiert oder partnerschaftlich entwickelt werden. Dem entsprechen auch bisherige Befunde, wonach binationale Ehen mit einem hohen Anteil religionsver-
schiedener Paare größere Anpassungskapazitäten an die Aufnahmegesellschaft
aufweisen und sich schneller in diese eingliedern (ebd., S. 85). Die Heirat außerhalb der eigenen ethnisch-religiösen Gruppe indiziert damit erhöhte Ressourcen
für gesellschaftliche Teilhabe.

Zusammenfassend zeigt sich damit soweit, dass Variablen, die mit gesteigerten
gesellschaftlichen Partizipationschancen in Beziehung stehen, vor allem mit den
Lebensstilen der linken Feldhälfte korrelieren.

Art der Religiosität und religiös begründetes Vertrauen

Im zweiten Schritt der Lebensstilanalyse werfen wir nun den Blick auf die religiösen Orientierungen und fragen danach, mit welchen Formen der Religiosität
die Lebensstile in Beziehung stehen und inwiefern die unterschiedlichen Formen
der Religiosität sich als förderlich oder hinderlich für die gesellschaftliche Partizipation erweisen. Wir greifen dazu auf die im Methodenteil beschriebenen Skalen zurück, die das Phänomen der Religiosität in ihrer Multidimensionalität erfassen. Ebenso betrachten wir, inwieweit soziale Beziehungen der Befragten mit
Rückgriff auf die Religion begründet werden.

Abb. 8.7 zeigt die religiösen Orientierungen der Befragten in Abhängigkeit
von ihren Wertepräferenzen. Die größte *Zentralität* hat die Religiosität von Personen im Bereich von Traditionswerten oben/rechts. Oppositionell dazu werden
im Bereich hedonistischer Werte unten/links am ehesten *atheistische* Orientierungen vertreten. Im Bereich von Machtwerten unten/rechts finden sich bei den
Befragten die größten *Vorurteile gegenüber dem Christentum und dem Judentum*.
Wiederum oppositionell zu diesem Pol werden im Bereich von Werten der Selbstentfaltung und des Universalismus *pluralistische* Positionen und eine *religiöse
Reflexivität* als Haltung praktiziert. Die Skala zum ,religiösen Fundamentalismus'
lokalisiert sich schließlich zwischen einer besonders zentralen Religiosität und
einer besonders durch Vorurteile geprägten Religiosität beim Pol ,Bewahrung'.

Religiöser Fundamentalismus und feindliche Einstellungen gegenüber anders-
religiösen Orientierungen lassen sich als hinderlich für die gesellschaftliche Teilhabe interpretieren. Insbesondere gehen mit diesen Orientierungen Denkmuster

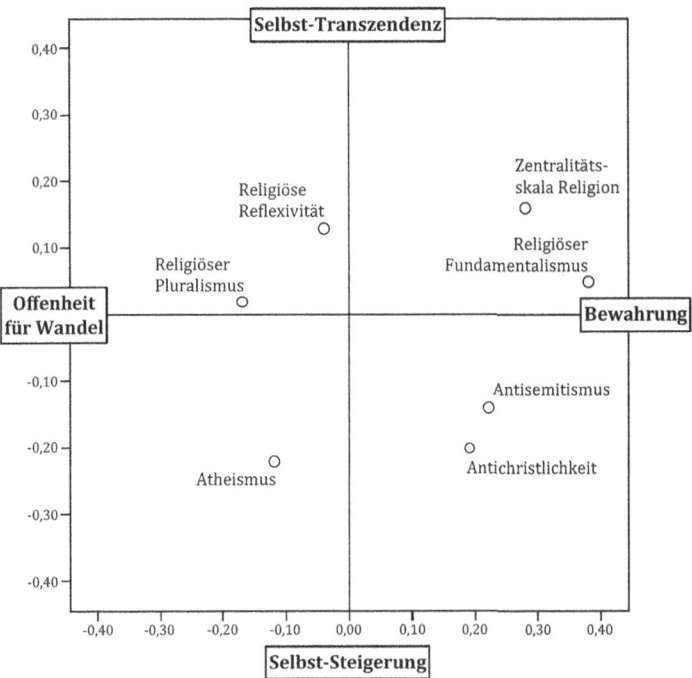

Abb. 8.7 Verschiedene Religiositätsskalen in Korrelation mit den beiden Wertedimensionen

einher, die es erschweren, mit den komplexen Bedingungen einer sich schnell
wandelnden, pluralistischen Gesellschaft zurechtzukommen (Gennerich, 2018;
Uslucan, 2008, S. 51–53).

Eine religiös begründete Reflexivität und ein religiös begründeter Pluralismus
gehen dagegen mit einer höheren Bildung einher (siehe Abb. 8.3) und verhalten
sich neutral zum Wohlbefinden. Atheistische Orientierungen, die im Widerspruch
zum Islam stehen, gehen dagegen mit einer niedrigen Lebenszufriedenheit einher.
Mit Özışık (2016) lässt sich vermuten, dass die religiöse Bildung hier nicht ausreichend war, um den konventionellen Islam in Richtung des eigenen Lebensstils
zu transformieren, anstatt ihn als nicht mehr passenden Ballast abzulegen.

Abb. 8.8 zeigt, dass die Befragten in den oberen Feldhälften insgesamt anderen Menschen mehr vertrauen. Darüber hinaus offenbart sich eine Differenzierung innerhalb des Vertrauens: Islamische Institutionen (Vereine, Verbände, Organisationen und Initiativen) erfahren im Bereich konservativer Werte am meisten

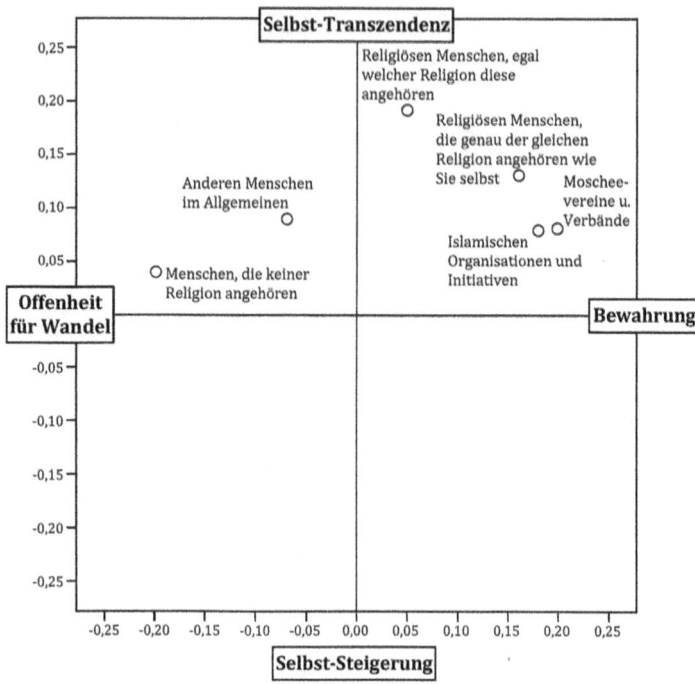

Abb. 8.8 ,Wie sehr vertrauen Sie …?' in Korrelation mit den beiden Wertedimensionen

Zuspruch. Mit Blick auf das Vertrauen zu anderen Menschen manifestiert sich wiederum eine deutliche Abhängigkeit von religiösen Zuschreibungen: Ganz am Bewahrungspol wird Angehörigen der eigenen Religion das größte Vertrauen entgegengebracht, am entgegengesetzten Pol ,Offenheit für Wandel' hingegen gilt dieses vermehrt auch Menschen, die keiner Religion angehören. Dazwischen liegen die Items für das Vertrauen zu Menschen ,im Allgemeinen' (tendenziell linke Feldhälfte) und zu Personen, die einer anderen Religion angehören und die damit zumindest überhaupt religiös sind (tendenziell rechte Feldhälfte). Diese Befunde verhalten sich stimmig zu vergleichbaren Untersuchungsergebnissen, wonach z. B. Jugendliche im Bereich oben/rechts mehr Vertrauen zu gesellschaftlichen Institutionen haben (Gennerich, 2010, S. 147), und zu Analysen, wonach Personen in der unteren Feldhälfte Gewalt in der Erziehung erfahren und entsprechend mit einer größeren Wahrscheinlichkeit ein von Misstrauen geprägtes Menschenbild entwickeln (Gennerich, 2016, S. 52).

Die Befunde bezüglich des Vertrauens können einerseits so gedeutet werden, dass die religiösen Organisationen (Verbände, Vereine) einen sozial-integrativen Einfluss haben, indem sie Werte der Selbst-Transzendenz motivieren. Andererseits besteht aber auch die Möglichkeit, dass die dargestellten Vertrauensbeziehungen zu religiös gleichgesinnten Menschen und Organisationen eine ambivalente Wirkung entfalten. Denn die vertrauensvolle Qualität kann es unattraktiver machen, sich einer Entwicklung in Richtung auf die Mehrheitsgesellschaft zu öffnen (Schnur, 2008, S. 139). Auch könne eine solche selbstreferenzielle Binnenintegration mit einer exkludierenden Tendenz verbunden sein und damit bezogen auf das Anliegen der gesellschaftlichen Partizipation kontraproduktiv wirken (ebd., S. 141). Dieser ambivalente Charakter sozialer Beziehungen zur eigenen Gruppe könnte daher auch erklären, warum nach Abb. 8.4 Personen, die ein besonders hohes Vertrauen zur eigenen Gruppe haben, sich selbst eher als Angehörige einer ‚unteren' Schicht einschätzen, wohingegen diejenigen, die muslimischen Organisationen tendenziell misstrauisch gegenüberstehen, sich eher einer oberen Schicht zuordnen. In diesem Befund spiegelt sich daher auch der Zusammenhang zwischen Aufstiegsmöglichkeiten und Beziehungen zur Mehrheitsgesellschaft, sodass Kontakte, die die eigene berufliche Entwicklung fördern, eben nicht durch Religionsgleichheit definiert sind.

Migrationserfahrungen in ausgewählten Interviews

Der verwendete Mixed-Methods-Ansatz in der hier zugrunde liegenden Studie erlaubt es, die bereits gewonnen Einsichten durch Interviews zu vertiefen. Insgesamt liegen neun Interviews mit Personen vor, die auch den Fragebogen mit der Wertemessung ausgefüllt haben, sodass diese mittels der Faktorscores der neun interviewten Muslim*innen im Wertefeld positioniert werden können. Abb. 8.9 stellt den entsprechenden Befund grafisch dar. Dabei zeigt sich, dass sich die Interviewten auf fast alle Quadranten des Feldes verteilen. Der Quadrant unten/rechts, der starke Vorurteile gegenüber allem Nicht-Muslimischen widerspiegelt, bleibt aber leer. Offenbar ist diese Gruppe der Muslim*innen auch für Interviews am schwersten zugänglich, weil bereits das Anliegen der Forschung als Instrument der Mehrheitsgesellschaft gesehen werden kann, zu der diese Gruppe in Opposition steht.

Abb. 8.9 zeigt darüber hinaus die gemittelte Position aller Österreicher*innen anhand der Daten des ‚European Social Surveys' (ESS) (Runde 7; 2014). Dafür wurde eine lineare Vorhersagegleichung anhand der Daten der befragten Muslim*innen berechnet (d. h. die 21 Werteitems des PVQ21 wurden zur Vorhersage

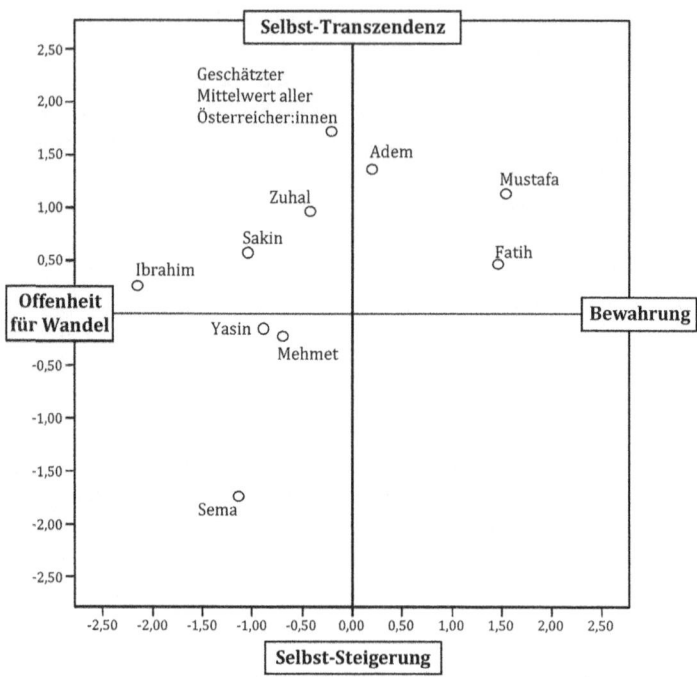

Abb. 8.9 Die interviewten Personen im Feld mit ergänzender Werteposition der Gesamt-heit der Österreicher*innen (die durchschnittliche Position aller Österreicher*innen be-rechnet anhand des ESS 7, 2014; N = 1.795)

der beiden Wertedimensionen genutzt). Mit dieser Gleichung für das hier dar-gestellte Feld der 21 Werteitems von Abb. 8.2 konnte dann die mittlere Position der Österreicher*innen mit den Daten des ESS berechnet werden, weil dort auch der PVQ21 Verwendung fand. Es zeigt sich, dass die Österreicher*innen ins-gesamt im Vergleich zu den Muslim*innen deutlich stärker universalistische Werte vertreten. Selbst die beiden Interviewpartner Adem und Zuhal, die am ehesten in diesem Bereich liegen, erreichen nicht den Durchschnittswert der Österreicher*innen.

Die Interviewten in der Einzelanalyse
Ibrahim ist ein 33-jähriger Wiener Sozialarbeiter, der in Bosnien geboren wurde und im Alter von zwölf Jahren mit seiner Familie vor dem Krieg nach Österreich

fliehen musste. Mehr als andere Interviewpartner*innen präferiert er Werte am Pol ‚Offenheit für Wandel‘, was sich beispielsweise an seiner grundsätzlichen Offenheit für nicht-traditionelle Familienkonstellationen zeigt:

> Ich persönlich denk, so klassische Geschichte. Also Eltern, wobei ich auch gleich-geschlechtliche Ehen und Partnerschaften super willkommen heiß. Das ist für mich eine ganz normale Lebensform, wie das bisher klassisch geprägte Familiensetting. Ich nehme an, Eltern, ob das jetzt zwei Väter oder zwei Mütter sind, gleichgültig. Solang die Menschen in dem glücklich sind, was sie tun. Und ob das dann eigene Kinder oder adoptierte Kinder sind, is mir auch gleichgültig. (Ibrahim, 33 Jahre)

Ibrahim ist selbst nicht verheiratet und Single. Frühere Beziehungen führte er bis dato aber stets mit nicht-muslimischen Österreicherinnen (siehe Abb. 8.6). Sein Familienbild zeigt sich als offen, sowohl was homosexuelle Partnerschaften als auch die Adoption von Kindern angeht. Als Angehöriger der ersten Migrations-generation begründet er seine erlebnisorientierte, liberale Grundhaltung mit sei-ner nicht-religiösen Erziehung. Seine Eltern seien zwar sehr wohl Muslim*innen, praktizierten aber die religiösen Säulen nicht. Auch in Bosnien wurde er in einem Milieu sozialisiert, in dem der Frage der religiösen Zugehörigkeit kein zentraler Stellenwert beigemessen wurde.

Auch Sakin, ein Angehöriger der zweiten Generation (siehe Abb. 8.5), positio-niert sich neu und selbstbestimmt zum konventionellen islamischen Familienbild. Nach dem Versuch seiner Eltern, ihn zu einer arrangierten Hochzeit zu drängen – so zumindest die damalige Wahrnehmung des Interviewpartners mit türkischem Migrationshintergrund – zog er von zu Hause aus, verließ seine Heimat Vorarlberg und ging nach Wien. Nach einigen Liaisons, auch mit Nicht-Musliminnen, führt er nun eine feste Beziehung mit einer Muslimin, die er auch heiraten will:

> Schlussendlich will ich schon Familie. Ich glaub, es gibt nix Schlimmeres, als wenn man alleine irgendwo stirbt und kein Mensch kümmert sich um dich. […] Und das is dann scho a bissel deprimierend, wenn sich keiner kümmert um dich. […] Also ideal find i Familie, also mit Heirat und Ehe. Das geht bei uns ja net anders! […] Ohne Heiraten kriegst eh keine. Ja i mein, kriegste scho. Aber dann biste halt mal ein Fall in unserer Gesellschaft und komplett abgestempelt! (Sakin, 32 Jahre)

Sakins Aussage lässt keinen Zweifel daran, dass seine Zukunftsvorstellung mit Heirat, Ehe und gemeinsamen Kindern nicht religiös begründet ist. Als An-gehöriger der zweiten Migrationsgeneration orientiert er sich in seinem Lebens-stil ebenfalls am Pol ‚Offenheit für Wandel‘. Dass er nun vorhat, seine muslimi-sche Partnerin zu heiraten und eine Familie zu gründen, hat keine theologischen, sondern in erster Linie soziale Gründe: Andernfalls würde er von seinem familiären und sozialen Umfeld scheel angesehen. Sein Familienbild ist somit nicht vollkommen frei gewählt, sondern passt sich notgedrungen an die Vorstellungen seines konservativen Herkunftsmilieus an.

Vor allem Muslim*innen der zweiten und dritten Generation erweisen sich als offen gegenüber dem Prinzip der Selbstentfaltung oder verfolgen es in ihrem eigenen Alltag selbst (siehe Abb. 8.5). Deutlich wird dies z. B. beim Thema Alkohol. Die Interviewpartnerin Zuhal, die der dritten Migrationsgeneration angehört und in deren nahem sozialen Umfeld Alkohol konsumiert wird, beschreibt ihren Umgang damit wie folgt:

> Viele meiner Freunde sind keine Muslime. Die meisten trinken auch Alkohol. Das ist dann auch kein Problem für mich. Ja, ist auch unumgänglich mittlerweile, auch in der Türkei. [...] Meistens machen's meine Freunde so, dass sie aus Respekt keinen Alkohol trinken. Wenn einer, wenn jetzt zum Beispiel ein Freund von nem Freund kommt und er ein Bier bestellt, dann ist mir das egal. Aber für nahestehende Freunde ist es immer so gewesen, dass sie aus Respekt keinen getrunken haben. Aber sonst ist mir das egal, also wenn einer zufällig zu uns stößt. (Zuhal, 28 Jahre)

Selbst legt die 28-jährige unverheiratete Muslimin, die im Westen Österreichs geboren wurde, in Wien lebt und als Lehrerin arbeitet, großen Wert darauf, die eigenen Konsumgewohnheiten konform den *halal*-Regeln zu gestalten. Dass sie wiederholt Zeit in Lokalen verbringt, in denen Alkohol ausgeschenkt wird, und dass ein großer Teil ihres interreligiösen Freundes- und Bekanntenkreises Alkohol konsumiert, stört sie nicht weiter. Vielmehr sieht sie diesen Konsum als landesüblich und weit verbreitet an, entsprechend akzeptiert sie das Prinzip der Selbstentfaltung und Stimulation pragmatisch sozusagen als Kulturgut, auch wenn sie selbst ihren eigenen Alltag nicht daran ausrichtet. In diesem Sinne ist Zuhal auch ausgesprochen tolerant, was ihrer universalistischen Werteposition oben/links entspricht (siehe Abb. 8.2 und 8.9).

Adem ist ein 27-jähriger Wiener mit österreichischem Pass und bosnischem Migrationshintergrund (siehe Abb. 8.5), der ebenfalls während des Kriegs gemeinsam mit seiner Familie aus seiner Heimat fliehen musste, seine gesamte schulische Sozialisation in Österreich durchlief und als Elektriker für den Lebensunterhalt seiner Familie sorgt. Er vertritt eine Werteposition, die der Mehrheit der Österreicher*innen sehr ähnlich ist, und drückt in Übereinstimmung mit dem Befund von Abb. 8.4 eine allgemeine Zufriedenheit über das Leben in Österreich aus, wie im nachfolgenden Zitat deutlich wird:

Also mein Leben in Österreich find ich gut, schön, ich hab alles von der Welt, ich wüsste nicht, wo ich es schöner hätte haben können. Vielleicht irgendwo in der Karibik? Aber da hätt ich dann nicht so viel zu essen, aber da wär das Wetter besser, ja? Ja sonst, ich mein, alle Vorzüge, materielle Vorzüge, die man haben kann, sind da. Auch eben religiöse Freiheit. [...] Islam is Meinungsfreiheit, Islam, des is meiner Meinung nach Islam. Ja. Daher denk ich, dass in Österreich einfach die islamischen Werte mehr vorhanden sind als in anderen Ländern, wo Muslime sind, Musliminnen, vielleicht außer auf Indonesien oder Malaysia. (Adem, 27 Jahre)

Der junge Mann bezeichnet sich als sehr religiösen und gläubigen Muslim (siehe Abb. 8.7). Dies schlägt sich auch in seiner Werteorientierung nieder, die weniger an einer materialistischen Haltung, sondern an Selbst-Transzendenz orientiert ist. Den Islam betrachtet er in erster Linie als prosoziale Religion der Toleranz, Offenheit und Meinungsfreiheit. Alles Werte, die er in Österreich verwirklicht sieht und die für ihn Grund zu umfassender Zufriedenheit mit seinem Leben in dem Land sind.

Seine offene, religiös reflexive Haltung (siehe Abb. 8.7) entwickelte Adem in einem Milieu in Bosnien, das sehr stark pluralistisch orientiert war und sich durch Aufgeschlossenheit auszeichnete. Es beeinflusst auch seine Vorstellungen vom Umgang mit Religion bei der Erziehung seiner Kinder. So wünscht er sich,

dass meine Kinder halt ein offenes Weltbild haben [...], dass sie wirklich irgendwie versuchen, das große Ganze zu fassen oder zu sehen. Das is halt mein Willen. Und wenn sie des haben, dann werden sie dann wissen, was halt das Richtige für sie ist. Ich kann sie ja nicht zwingen oder so was. Das is ja auch die falsche Einstellung. Dann [...] betet er zwar und er tut so, als ob er an Gott glaubt, in Wirklichkeit glaubt er aber gar net an Gott, na toll. (Adem, 27 Jahre)

An oberster Stelle steht für den Familienvater, dass sein Nachwuchs ein offenes Weltbild, eine pluralistische und reflexive Haltung frei von Einseitigkeit oder vorurteilsbelasteten Ansichten entwickelt, insbesondere in Bezug auf religiöse Fragen. Ganz schlimm ist für Adem die Vorstellung, dass seine Kinder sich zwar an religiöse Regeln und Vorschriften halten, dies aber nicht aus eigener Überzeugung, sondern aus Gehorsamkeit, Autoritätsglauben oder Pflichtbewusstsein tun. Einen solchen Zugang zum Glauben lehnt er vehement ab und positioniert sich in dieser Frage damit sehr ähnlich wie die Mehrheit der Österreicher*innen.

Mustafa hat als Migrant der zweiten Generation eine ausgeprägte alevitische Identität und beschreibt sich mit seiner Familie als „zufrieden": „wir als Aleviten sagen, dass der richtige Weg unserer ist". Er grenzt sich dabei durchaus vom sunnitischen Islam und dem Konzept der „Säulen" ab und betont die ethische Ausrichtung seiner „alevitischen Gesellschaft": „man soll auf die Hand, die Taille und Zunge aufpassen". Inhaltlich bestimmt er seine Orientierung mit der Regel „es gibt keinen besseren Moslem als du, wenn du das, was du für dich wünschst, auch für die anderen wünschst". Er betont damit Werte der Prosozialität und ist somit nicht ausschließlich auf Bewahrung fixiert. Er vertritt eine religiös begründete Toleranz („jeder soll machen, was er will, wir sehen uns auf der anderen Seite") und kauft in Supermärkten nach der Regel „gut und günstig", d. h. im Zweifel auch Fleisch „nicht-muslimischer Schlachtung" (alle Zitate des Abschnitts: Mustafa, 55 Jahre).

Differenzen zwischen den befragten Muslim*innen zeigen sich insbesondere an deren Haltung gegenüber den Lebensweisen von nicht-muslimischen Österreicher*innen, die in erster Linie als am Prinzip der Selbstentfaltung orientiert eingestuft werden (siehe Abb. 8.4). Hierbei handelt es sich um eine Konfliktlinie, die sich durch die muslimische Bevölkerung in Österreich zieht, wenn man das Interview von Fatih vor dem Hintergrund der Positionierungen von Ibrahim und Sakin liest.

So bestehen Spannungen innerhalb der muslimischen Bevölkerung in Österreich bezüglich der Frage familienbezogener Wertesetzungen. Fatih, ein 46-jähriger Familienvater, der in Ägypten geboren wurde und der ersten Migrationsgeneration angehört, lehnt in familiären Fragen das Prinzip der Selbstentfaltung vehement ab und begründet dies wie folgt:

> Für mich ist Familie sehr wichtig, vor allem eine harmonische Familienform. Bei uns Muslimen ist es so, wir halten in der Familie zusammen. Familie ist das Wichtigste in meinem Leben. Ich versuche, das Allerbeste zu machen für meine Familie. Und Ehe und Familie gehören für mich zusammen. Zusammen sein ohne Heirat, das darf nicht sein. Ich finde das nicht in Ordnung und wie gesagt, ich akzeptiere das nicht. Aber respektieren muss man leider. Wie die anderen Leute leben, ist deren Sache, aber für einen Muslim geht das nicht. Wir müssen uns nach dem Islam richten und danach, was im Koran steht. (Fatih, 46 Jahre)

Ein Zusammenleben ohne Trauschein, wie Fatih es in der nicht-muslimischen Bevölkerung in Österreich als gang und gäbe beobachtet, empfindet er als nicht in Ordnung. Für Muslim*innen sei dies ein No-Go. Seiner Meinung nach sind muslimische Paare dazu bestimmt, zu heiraten und dazu verpflichtet, so zu leben, wie es der Koran vorschreibt. Die Bewahrung des Bestehenden begründet der Interviewpartner dabei nicht sozial, sondern theologisch. Als Angehöriger der ersten Migrationsgeneration legt er großen Wert darauf, dass seine eigenen Kinder dieser Vorstellung entsprechen.

Korrespondierend damit weisen Fatihs religiöse Einstellungen einen hohen
Grad an religiösem Fundamentalismus auf. Auf die Frage, wie die Grundsätze des
Islams zu sehen sind, äußert der gelernte Schweißer Folgendes:

> Ich finde, als Muslim muss man alles akzeptieren, was im Koran steht. Wenn je-
> mand sagt, die religiösen Säulen oder die religiösen Verpflichtungen gefallen mir
> nicht, eine davon gefällt mir nicht oder ich glaube an diese eine nicht, dann ist
> er kein Muslim mehr, dann ist er nicht mehr Muslim. [...] Ich finde, das was im
> Koran steht, das muss man alles akzeptieren. Also dass es keinen Gott außer Allah
> gibt, an den Koran glauben, an die Engel. Verstehen Sie? Wir müssen an alle Ver-
> pflichtungen im Islam glauben, auch vom Imam, das, was der sagt, das müssen wir
> auch alles glauben. (Fatih, 46 Jahre)

Nach Fatihs Ansicht seien Muslim*innen dazu verpflichtet, die religiösen Säulen
im Alltag umstandslos zu akzeptieren und rückhaltlos zu erfüllen. Zwingend sei
auch, dass die Aussagen von Imamen als Wahrheiten angesehen werden müssen,
was dem hohen Vertrauen in religiöse Einrichtungen bei Muslim*innen am Wertepol der ‚Bewahrung' entspricht (siehe Abb. 8.8). Fatihs regelgeleitetes Verständnis von Religion erlaubt keine Zweifel, vielmehr betrachtet er die Hinterfragung
der religiösen Säulen oder der Glaubensgrundsätze des Islams als einen Abfall
vom Glauben. Daher betreibt er auch aktiv *takfīr*, spricht also Muslim*innen, die
sich bezüglich der religiösen Säulen Freiheiten herausnehmen und sie im Alltag
nicht praktizieren, das Muslimischsein ab. Nicht zuletzt in dieser Haltung zeigen
sich fundamentalistische religiöse Tendenzen, die sehr stark mit den Werteklassen
Tradition und Konformität, also dem Pol der ‚Bewahrung', in Beziehung stehen
(Abb. 8.7; siehe auch weiterführend: Gennerich, 2018).

Anders als antisemitische bzw. antichristliche Befragte im Quadrant unten/
rechts zeigt Fatih jedoch zugleich eine gewisse interreligiöse Offenheit, wenn er
sagt:

> Meine Nachbarn sind mir sehr wichtig. Egal welche Religion, ob katholisch, isla-
> misch oder orthodox oder ob sie jetzt aus dem Kosovo oder Rumänien kommen,
> für mich sind Nachbarn sehr wichtig. Ich sehe Nachbarn wie meine Brüder. (Fatih,
> 46 Jahre)

Seine Verurteilungstendenzen bleiben damit auf die dogmatische Ebene beschränkt und hindern ihn nicht, in seiner Nachbarschaft konstruktive Beziehungen zu pflegen. Vieles deutet darauf hin, dass Fatihs Verantwortungsgefühl
gegenüber anderen Menschen in seiner Wohnumgebung auch religiös begründet

ist. Schließlich heißt es in der bekannten Sure 4, Vers 36 im Koran[2], dass Muslim*innen ihren Nachbar*innen Gutes tun und sich um diese kümmern sollten, und zwar unabhängig von deren Religionszugehörigkeit.

Mehmet ist ein 31-jähriger Familienvater der zweiten Migrationsgeneration (siehe Abb. 8.5) mit türkischen Wurzeln und österreichischer Staatsbürgerschaft. Seine Religiosität weist säkulare Züge auf (siehe Abb. 8.7). Als Selbstständiger mit einem kleinen, florierenden Unternehmen orientiert er sich tendenziell mehr als andere am Wertepol der ‚Selbst-Steigerung‘, was bei ihm jedoch nicht zu einer gesteigerten Zufriedenheit, sondern eher zu einer Sinnkrise und getrübten Zukunftsperspektive führt (siehe Abb. 8.4). Dazu sagt er:

> Das Leben in Westeuropa ist in meinen Augen nicht mehr wirklich lebenswert. Im Großen und Ganzen jagt man hier ständig irgendwelchen Träumen hinterher, die einem immer jemand vorgegaukelt hat, immer vorgegaukelt bekommen hat. Es ist hier im Westen eine Oberflächlichkeit entstanden, die mich anwidert. Menschliches oder barmherziges Denken ist kaum noch, es wird eher in Zahlen gedacht und ah es wird eher auch in Zahlen entschieden. (Mehmet, 31 Jahre)

Die eigene materielle Orientierung zieht in Mehmets Fall nach sich, dass er prosoziale Werte vermisst und eine Oberflächlichkeit sowie Menschlichkeit in westeuropäischen Lebensstilen beklagt.

Aufschlussreich ist auch das Vertrauen, das der Kulturmuslim Mehmet traditionellen Religionsgelehrten entgegenbringt. Auch wenn er eine Moschee nur selten aufsucht, wendet er sich in religiösen Fragen oder wenn ihm etwas auf dem Herzen liegt, in der Regel an einen Imam:

> Einen Imam frage ich dann, einen Religionslehrer weniger. Wobei ich auch nicht jeden Imam frag. Es muss ein Imam sein meines Vertrauens, den ich kenne, was seine Gewohnheiten angeht, allgemein was er für Sichtweisen vertritt. Weil es gibt so viele Abspaltungen, so viele Meinungen. Zu ein und demselben Thema kann man dreißig verschiedene Imame fragen und man kriegt dreißig verschiedene Antworten. (Mehmet, 31 Jahre)

---

[2] In Koran 4:36 heißt es wörtlich: „Und betet Gott (allein) an und schreibt auf keine Weise etwas anderem neben Ihm Göttlichkeit zu. Und tut Gutes euren Eltern und den nahen Verwandten und den Waisen und den Bedürftigen und dem Nachbarn von euren eigenen Leuten und dem Nachbarn, der ein Fremder ist, und dem Freund an eurer Seite und dem Reisenden und denen, die ihr rechtmäßig besitzt."

Obwohl er also im eigenen Alltag den religiösen Säulen des Islams nur selten nachkommt, bringt er Moscheen und Imamen großes Vertrauen entgegen und seine Bindung an religiöse Institutionen ist vergleichsweise eng. So wendet sich Mehmet oftmals an traditionelle religiöse Autoritäten. Wert legt er jedoch darauf zu betonen, dass er aufgrund der mannigfaltigen Glaubensrichtungen innerhalb des Islams und der Ausdifferenzierung der Moscheevereine nur Imame seines Vertrauens zu Rate zieht und betont damit die Autonomie seiner Wahl bzw. Beziehungsentscheidungen.

Yasin ist Migrant der ersten Generation und vertritt im Vergleich zu Mustafa und Fatih eine ausgesprochen kritische Position gegenüber islamischen Organisationen (siehe Abb. 8.8 und 8.9), da diese sich wechselseitig verurteilten („sagt das eine Verein: sind wir richtig! Sagt das andere Verein: sind wir richtig, die sind falsch!"). Für ihn ist jedoch der Islam „Eine!". Auch religiösen Autoritäten könne er nicht vertrauen: „Niemand kann ich fragen. Nein!". Das dürfte auch der Grund dafür sein, dass er religiösen Konventionen kaum gerecht wird: Er lebt von seiner Frau und Familie getrennt und hat aufgrund seiner Selbstständigkeit „keine Zeit zum Beten!". Auch beschreibt er sich als „ganz schwierigen Mensch, ehrlich", d. h. zum Beispiel, „wenn Freunde heiraten, geh ich nicht, ich habe keine Zeit". Auch gegenüber den Mitarbeiter*innen in seinem gastronomischen Betrieb vertritt er einen strengen Arbeitsethos: Zwar untersagt er ihnen nicht, Gebete während der Arbeitszeit zu verrichten, zusätzliche Pausen räumt er ihnen hierfür jedoch nicht ein, auch dürfen sie ihren Arbeitsplatz nicht verlassen. Er selbst trinkt keinen Alkohol, schenkt ihn jedoch aus und akzeptiert das Trinkverhalten seiner Kund*innen. Das für ihn wichtigste islamische Prinzip ist, „die Menschen müssen einander sich lieben", ansonsten gilt, „dass ich selbst leben kann, mich selbst entscheiden kann". Das gilt auch für andere: „ich bin offen für alle", z. B. „muss man nicht heiraten, wenn liebt". Allerdings möchte er nicht, dass seine eigenen Kinder Christ*innen heiraten. Hier hat seine Toleranz eine Grenze. Insgesamt stehen bei Yasin jedoch Leistungswerte im Vordergrund, die sich durch das ganze Interview ziehen: „wenn ich nicht arbeite, dann werde ich krank im Bett […] ich muss arbeiten" (alle Zitate des Abschnitts: Yasin, 45 Jahre).

Auch die aus Bosnien stammende Sema, die in Kärnten lebt und die österreichische Staatsbürgerschaft besitzt, formuliert eine grundsätzliche Skepsis gegenüber Moscheevereinen und religiösen Institutionen (vergleiche ihre Position in Abb. 8.9 mit Abb. 8.8). Über den Umgang mit Religion bei der Erziehung ihrer Kinder äußert sie Folgendes:

Ich finde, man sollte im Leben mit nichts übertreiben, genauso auch nicht mit der Religion. […] Ich mache es [d. h. eine Moschee mit den Kindern besuchen (Anm. d. Verf.)] einfach nicht, weil ich vielleicht selber nicht sehr viel davon halte. Ich bete mit meinen Kindern so, wie ich denke, dass es richtig ist. Ich muss ihnen jetzt nichts eintrichtern oder ihnen aus dem Koran etwas vorlesen und sie sind dann Muslime. Ich unternehme lieber etwas mit den Kindern. (Sema, 32 Jahre)

Moscheevereinen bringt die Interviewpartnerin nur wenig Vertrauen entgegen. Insbesondere ihre Kinder will sie nicht in die Obhut religiöser Einrichtungen geben, da sie dort zwangsweise und immerzu mit theologischen Schriften konfrontiert seien. Viel wichtiger ist ihr, gemeinsam mit den Kindern Unternehmungen zu machen und erlebnisorientiert die Freizeit zu genießen, was ihrer deutlich hedonistischen Wertesetzung entspricht (siehe Abb. 8.1 und 8.9).

Insgesamt verhalten sich die Interviewinhalte damit stimmig zu den quantitativen Analysebefunden und differenzieren diese zugleich. In einem abschließenden Schritt werden wir nun der Frage der gesellschaftlichen Partizipationsperspektiven nachgehen.

Diskussion

In unserer Analyse kristallisieren sich vier muslimische Lebensstile heraus, mit denen sehr unterschiedliche Partizipationschancen einhergehen.

(1) Im Feldbereich oben/rechts zeichnet sich eine Gruppe ab, die in besonderer Weise *sozial integriert* ist. Muslim*innen dieses Segments beschreiben sich als sehr religiös, vertrauen mehr als andere Befragte muslimischen Menschen und Organisationen und sind besonders zufrieden. Dieser Lebensstil wird dominiert von älteren Muslim*innen mit geringer Bildung, Muslim*innen mit bosnischer Prägung und Migrant*innen der ersten Generation. Mit Blick auf das gesellschaftliche Partizipationspotenzial dürfte sich diese Gruppe als zweigeteilt erweisen. Denn einerseits gehören zu dieser Lebensstilgruppe Muslim*innen wie Adem (erste Generation, bosnisch, zufrieden), der mit einer guten Ausbildung auch in der Mehrheitsgesellschaft gut integriert ist. Andererseits zeigen Fälle wie Mustafa und Fatih eine normative Ingroup-Bezogenheit, die sich auch erschwerend auf ihre Entwicklungsmöglichkeiten in der österreichischen Gesellschaft auswirken kann (Schnur, 2008). Dies drückt sich in der quantitativen Analyse insofern aus, als Befragte im Bereich oben/rechts ein geringeres Haushaltseinkommen als der Durchschnitt angeben und sich eher in einer unteren sozialen

Schicht wahrnehmen. Bei Fatih und Mustafa zeigt sich dieser Effekt jedoch kaum ausgeprägt. Beide wählen die mittlere Schichtkategorie 3 (wobei der Stichproben-durchschnitt bei M = 3,18 liegt). Fatih besitzt jedoch mit seiner ebenfalls arbei-tenden Frau eine Eigentumswohnung (sein Gehalt hat er nicht angegeben) und zeigt sich seiner offenbar sozial vielfältigen Nachbarschaft gegenüber sehr auf-geschlossen. Lediglich Mustafa gibt mit 1250 € ein relativ geringes Haushaltsein-kommen an.

Neben dem sozialen Effekt einer starken Ingroup-Bezogenheit kann sich da-rüber hinaus auch der hohe Religiositätsgrad dieser Gruppe als Partizipations-barriere auswirken. Denn mit Uslucan (2008, S. 51–53) ist davon auszugehen, dass der von dieser Lebensstilgruppe praktizierte Islam einhergeht mit einem re-zeptiven Koranverständnis, bei dem die wortgetreue Wiedergabe leitend ist, und einer Gegenwartsdeutung, bei der primär auf die Vergangenheit zurückgegriffen wird. Das habe zur Folge, dass in einer Gesellschaft, in der ‚Mündigkeit‘, ‚Kritik-fähigkeit‘, ‚Eigenständigkeit‘ und ‚Kreativität‘ großgeschrieben werden und die Individuen herausgefordert sind, in vielfältiger Weise neue und offene Situationen zu gestalten, Teilhabemöglichkeiten stark begrenzt sind.

(2) Im Feldbereich oben/links positioniert sich eine Lebensstilgruppe, die be-sonders *bildungsorientiert* ist und häufig der dritten Migrationsgeneration an-gehört. In diesem Segment kommt es am häufigsten vor, dass Partner*innen geheiratet werden, die einer anderen Religion angehören als der eigenen. Auch halten Muslim*innen dieses Segments die österreichische Lebensweise als er-strebenswerter als die anderen Lebensstilgruppen.

Die gesellschaftlichen Partizipationschancen sind bei dieser Gruppe aufgrund ihrer Bildung sicherlich als besonders günstig einzuschätzen (Bödeker, 2011). Gleichwohl weist Özışık (2016) auf bedenkenswerte Entwicklungsbarrieren hin: Weil die religiöse Bildung in den türkischen Familien wesentlich Ergebnis der – ihrerseits durch hierarchisches Denken („hodja-centric teaching" [ebd., S. 438]) und moralische Regelsammlungen geprägten – Religionslehre in den Moscheen ist, fehle es an relevanten Kompetenzen, um religiöse Vorstellungen zu konstruie-ren, die für sie selbst entwicklungsförderlich seien:

Because people had little knowledge of the philosophical and metaphysical dimen-sions of religion, and are unable to produce ideas in this respect, they inevitably tend to favoritize a rigid, ritualistic understanding of religion. (Ebd., S. 448)

Nach Özışık bleibt daher auch der dritten Generation nicht viel übrig, als die religiösen Konventionen für das eigene Leben zu übernehmen. Diese Problematik zeigt sich durchaus auch bei unseren Interviewpartner*innen, insofern Ibrahim und Sakin ihre offenen Familienbilder eben nicht islamisch-theologisch begründen können, obwohl dies eine progressive Islamische Theologie durchaus könnte, und Zuhal im Widerspruch zu ihrem persönlichen Lebens- und Beziehungskontext die *halal*-Regeln nur sehr strikt auslegen kann.

(3) Im Feldbereich unten/rechts zeichnet sich eine Lebensstilgruppe ab, die als *„statussuchend"* (Feige & Gennerich, 2009, S. 187) beschrieben werden kann. Muslim*innen dieses Segments haben eine eher geringe Bildung und konstruieren ihren Status besonders häufig durch Abwertung von Outgroups: Sie lehnen die österreichische Lebensweise ab und bejahen mehr als die anderen Lebensstilgruppen antisemitische und antichristliche Orientierungen. Mit Blick auf die Herkunft dominieren in dieser Gruppe Muslim*innen aus Nordafrika, Mazedonien, Pakistan und der Russischen Föderation. Die hier beschriebenen Orientierungen sind freilich wenig geeignet, an der österreichischen Gesellschaft zu partizipieren. Realistische Entwicklungsperspektiven dürften hier die religiös begründeten Vertrauensbeziehungen des Lebensstilbereichs oben/rechts sein, weil sie helfen können, den „biographischen Schock der Migration" (Schnur, 2008, S. 141) zu bewältigen und zugleich anschlussfähig sind an das eigene islamische Selbstverständnis.

(4) Im Feldbereich unten/links dominieren *autonome* Orientierungen. In diesem Lebensstil finden sich einerseits jüngere Muslim*innen, die – entwicklungspsychologisch nachvollziehbar – im Jugendalter ihren eigenen Weg suchen. Das Segment umfasst andererseits aber auch Muslim*innen, die sich als wenig religiös empfinden und gegenüber religiösen Menschen und muslimischen Organisationen Kritik äußern. Angehörige dieser Gruppe beschreiben sich als gesellschaftlich eher ‚oben' und geben die höchsten Einkünfte an. Diese Muslim*innen sind meist österreichische Staatsbürger*innen oder kommen aus Deutschland. Die geringe religiöse Eingebundenheit in bzw. Diskrepanz zu ihrer Herkunftskultur mag der Grund dafür sein, dass diese Gruppe insgesamt mit ihrem Leben am unzufriedensten ist (Hadjar et al., 2014). Ebenso kann das größere Missfallen auch einer konfliktreichen Phase der Pubertät geschuldet sein, die ebenfalls mit der Wertediskrepanz von Herkunfts- und Aufnahmekultur zusammenhängen dürfte.

Aufgrund des relativ hohen Haushaltseinkommens und der Einschätzung, Teil der oberen Schicht zu sein, ist bei dieser Lebensstilgruppe davon auszugehen, dass sie in einem relativ hohen Ausmaß gesellschaftlich partizipiert bzw. partizipieren kann. Jedoch dürfte auch hier die von Özışık (2016) benannte Problematik von Relevanz sein. Denn die Kritik gegenüber Religion bzw. religiösen Organisationen in diesem Bereich signalisiert zugleich, dass den Befragten im Bereich unten/links für den eigenen Lebensstil und seine Herausforderungen keine angemessenen islamischen Denk- und Handlungsfiguren bekannt sind. So fühlt sich Yasin durch die Konventionalität der Moscheegemeinden spürbar ausgeschlossen, obwohl er ein klares Gottesbewusstsein hat („Von Gott ist eine, Islam ist ein").

Verfasster Islam im Migrationskontext   9

Zur Vielfalt der Bindungen an religiöse Organisationsstrukturen und Autoritäten im Prozess des Wandels

Jonas Kolb

Einleitung

In Österreich wurde dem Islam der Status als Religionsgemeinschaft bereits sehr frühzeitig – nämlich infolge seiner staatlichen Anerkennung und der Verabschiedung des sogenannten Islamgesetzes im Jahr 1912 – verliehen (Potz, 1993, S. 138; Sticker, 2008, S. 4). Damit wurden der muslimischen Bevölkerung grundsätzlich die gleichen Rechte zuerkannt wie den Angehörigen anderer gesetzlich anerkannter Religionsgemeinschaften (Schmied, 2005, S. 190). Darin unterscheidet sich die rechtliche Lage der in Österreich lebenden Muslim*innen von jener in anderen europäischen Staaten.

Trotz der aus der frühen Anerkennung resultierenden langen Geschichte des Islams und der Muslim*innen in Österreich blieb die diesbezügliche wissenschaftliche Forschung über Jahrzehnte hinweg eine Randbeschäftigung. Erst in den vergangenen Jahrzehnten rückten der Islam und Muslim*innen in Europa verstärkt in den Mittelpunkt der Forschung (Tezcan, 2003). Seitdem ist in Österreich eine umfangreiche und vielfältige Bandbreite von einschlägigen Studien

Dieser Aufsatz ist die überarbeitete deutschsprachige Fassung eines Beitrags, der 2020 unter dem Titel ‚Constituted Islam and Muslim Everyday Practices in Austria: The Diversity of the Ties to Religious Organizational Structures and Religious Authorities in the Process of Change' in der Zeitschrift *Journal of Muslim Minority Affairs* (Jahrgang 40, Heft 3, S. 371–394; Verlag: Taylor & Francis) erstveröffentlicht wurde

J. Kolb, *Muslimisches Leben und religiöse Bildung in der Gegenwartsgesellschaft*, Veröffentlichungen der Sektion Religionssoziologie der Deutschen Gesellschaft für Soziologie, https://doi.org/10.1007/978-3-658-42404-6_9

und Publikationen erschienen, die zum Großteil vor allem auf rechtliche, historische oder politische Fragen fokussieren oder allgemeine Überblicksdarstellungen
des Islams in Österreich bieten (Aslan et al., 2017, S. 15–24). Daneben finden
sich zahlreiche dem Kontext des syrischen Bürgerkriegs und den Anschlägen islamistischer Terrororganisationen gewidmete Untersuchungen, die sich mit religiösem Fundamentalismus, Radikalismus, Extremismus und/oder diesbezüglicher
Präventionsarbeit auseinandersetzen (Ceylan & Kiefer, 2013; Koopmans, 2015;
Schmidinger, 2015; Aslan et al., 2018). In den vergangenen Jahren gab es zudem
vermehrt Bemühungen, muslimische Lebenswelten[1], Milieus oder die religiöse
Alltagspraxis der muslimischen Bevölkerung zu untersuchen (Ornig, 2006; Fürlinger, 2014; Aslan et al., 2017; Kolb, 2017; Kolb & Yildiz, 2019).

Zu konstatieren ist jedoch, dass in der Zusammenschau der wissenschaftlichen
Forschung eine gewichtige Position die Auseinandersetzung mit besonders religiösen Muslim*innen, die meist auch enge Bezüge zu Moscheen oder religiösen
Vereinen pflegen, einnimmt. Dies aber hat zur Folge, dass die muslimische Präsenz in Medien und Öffentlichkeit entsprechend verengt dargestellt wird (Kolb,
2017). Denn diese Schwerpunktsetzung befördert indirekt eindimensionale Sichtweisen und Stereotype, die davon ausgehen, dass es sich bei der muslimischen
Bevölkerung um eine Gruppe von sehr gläubigen Menschen handle, die ihre Religion durchwegs in derselben Art und Weise praktizieren, und es der Regelfall sei,
dass Muslim*innen einen engen Bezug zu Moscheevereinen haben und diese aus
rein religiösen Beweggründen aufsuchen würden (Aslan et al., 2017, S. 1). Damit
wird auch der Anschein erweckt, dass es unter Muslim*innen keine kritischen
Haltungen gegenüber Moscheevereinen oder religiösen Dachverbänden gebe.

Derartige Vorstellungen entsprechen aber nicht nur nicht der empirischen
Realität, sondern widersprechen auch gängigen Ansichten in der Religionssoziologie, denen zufolge in säkular ausgerichteten Gegenwartsgesellschaften u. a.
das Prinzip ‚believing without belonging‘ (Davie, 1990, 1994) weit verbreitet ist.
Dieses besagt, dass religiöse Überzeugungen nicht unbedingt mit religiöser Zugehörigkeit einhergehen müssen – also weder mit einer Bindung an eine Konfession, was die Selbstbilder von Personen angeht, noch mit einer Mitgliedschaft in
einer religiösen Organisation wie einem Moscheeverein.

Vor diesem Hintergrund will der Beitrag pauschalen Konstruktionen, wonach alle Muslim*innen einen engen Bezug zu religiösen Institutionen haben, ein

---

[1] Unter dem Begriff ‚Lebenswelt‘ wird die Summe der Komponenten des alltäglichen Lebens verstanden, die der Mensch subjektiv erlebt und interpretiert (Schütz & Luckmann,
1984, S. 11).

differenziertes, lebensnahes Bild entgegenstellen. Daneben soll auch der Frage
nachgespürt werden, ob Muslim*innen religiöse Bindungen aufrechterhalten, ohne
dass dem entsprechende Glaubensüberzeugungen zugrunde liegen. In Anlehnung
an Grace Davie wird dieses Phänomen als ‚belonging without believing‘ bezeichnet
oder auch als ‚culturally religious‘, also als kulturbedingte Religiosität.[2] Damit
werden jene Personen erfasst, die ihrer Glaubensgemeinschaft verbunden bleiben
und gelegentlich an deren religiösen Ritualen teilnehmen, ohne sich zu zentralen
Kernpunkten des Glaubens zu bekennen, also eine ‚Zugehörigkeit ohne Glauben‘
(Kasselstrand, 2015; Zuckerman, 2008) praktizieren. Religiöse Bindungen werden
hiermit als Ausdruck eines kulturellen Erbes gewertet (Hervieu-Léger, 2000, 2006).

Gegenstand der folgenden Untersuchung ist die Bindung von Muslim*innen
an den sogenannten ‚verfassten Islam‘ in Österreich. Seine Relevanz bezieht dieses Unterfangen aus dem Umstand, dass sich im Zuge der Anerkennung des Islams 1912 und seit der Gründung der IGGÖ eine vielfältige Landschaft an muslimischen Organisationen, Moscheevereinen und Verbänden herausgebildet hat,
denen im Leben der Muslim*innen oft eine sehr große Bedeutung zukommt. Darüber hinaus prägen sie das Bild einer Religion und dominieren ihre öffentliche
Wahrnehmung (Beyer, 1999, S. 295–298).

Über den Organisationsgrad von Muslim*innen in religiösen Einrichtungen
gibt es allenfalls Schätzungen, aber bis dato keine verlässlichen Daten (Heine
et al., 2012, S. 65). Untersuchungen, die sich mit organisierten religiösen Strukturen auseinandersetzen und sich diesen von der religiösen Alltagspraxis und der
Mannigfaltigkeit und Diversität muslimischer Lebenswelten her annähern, stellen
jedenfalls die Ausnahme dar – Martin Petzke und Hartmann Tyrell sprechen in
diesem Zusammenhang auch von einer „Organisationsblindheit“ (2012, S. 276).
Auch die internationale Forschungslage ist in dieser Hinsicht dürftig. Daher geht
der vorliegende Beitrag auf Basis empirischer Daten dem Verhältnis zwischen
verfassten Strukturen und muslimischer Diversität nach und versucht damit, zur
Schließung der aufgezeigten Forschungslücke beizutragen.

Bevor ich mich der Analyse der Positionen der muslimischen Bevölkerung
zuwende, skizziere ich zunächst die geschichtlichen Grundzüge organisierter
religiöser Strukturen in Österreich. Daran anknüpfend diskutiere ich verfasste
Organisationsstrukturen in der Theorie, beleuchte ausgewählte Arbeiten, die sich
besonders mit dem Verhältnis zwischen muslimischen Gläubigen und religiösen
Institutionen in säkular geprägten Gegenwartsgesellschaften befassen, und stelle

---

[2] Entwickelt wurden diese religionssoziologischen Kategorien mit dem Ziel, die Vielfältigkeit und Komplexität von Religionsferne besser differenzieren zu können (Lee, 2012).

dann die diesem Beitrag zugrundeliegende empirische Studie vor. Es folgt eine Analyse der Vielfalt und Unterschiedlichkeit der Ansichten und Praktiken der muslimischen Bevölkerung in Bezug auf den verfassten Islam anhand von empirischen Daten, Interviewaussagen und soziodemografischen Daten. Den Abschluss bildet die Diskussion von Überlegungen zum Prozesscharakter religiösen Lebens, dem Wandel religiöser Autoritäten sowie den Implikationen der mannigfachen Bindungen an verfasste religiöse Strukturen.

Muslim*innen in Österreich und die Genese organisierter religiöser Strukturen

Die Geschichte des Islams in Österreich wurzelt zum einen in der Ausdehnung der Habsburgermonarchie, zum anderen in der Niederlassung der sogenannten ‚Gastarbeiter*innen' in den 1960er, 1970er Jahren (Ornig, 2006, S. 135 f.; Strobl, 1997, S. 27 f.). Seitdem ist der Islam in Österreich in zwei Hauptströmungen unterteilt: einen Islam bosnischer Prägung sowie einen türkisch gefärbten. In der jüngeren Vergangenheit ist die muslimische Bevölkerung in numerischer Hinsicht stark angewachsen und hat sich markant ausdifferenziert. Eine Hochrechnung aus dem Jahr 2017 schätzt die Zahl der in Österreich wohnhaften muslimischen Bevölkerung auf 700.000 (Goujon et al., 2017, S. 11; Der Standard, 2017), etwa die Hälfte davon hat die österreichische Staatsbürgerschaft inne. Dieses Segment ist aufgrund der mitunter sehr unterschiedlichen Migrationshintergründe reichlich inhomogen, hat jedoch mehrheitlich türkische Wurzeln. Die zweitgrößte Bevölkerungsgruppe stellt jene mit bosnisch-herzegowinischem Hintergrund dar (Aslan et al., 2017, S. 43). Muslim*innen schiitischen Glaubens oder mit arabischem Migrationshintergrund sind traditionell in einem geringeren Ausmaß vertreten.

Die Genese des verfassten Islams in Österreich ist untrennbar mit der Zusammensetzung der muslimischen Bevölkerung verbunden. Unter dem Begriff ‚verfasster Islam' werden – in Anlehnung an die Differenzierung von Flemming Mikkelsen (2019) – Organisationen, Vereine oder Verbände der muslimischen Bevölkerung, die religiöse Zielsetzungen verfolgen, sowie religiöse Autoritäten gefasst. Von Relevanz ist hierbei zum einen die IGGÖ, die aufgrund ihrer Funktion als offizielle Vertreterin der religiösen Belange der in Österreich lebenden Muslim*innen und als Körperschaft des öffentlichen Rechts zu den ‚staatlich finanzierten Organisationen' *(state sponsored organizations)* (ebd., S. 161) zu zählen ist. Zum anderen gibt es ‚selbstverwaltete Moscheevereine' (ebd., S. 162–164), die Teil von ‚transnationalen Bewegungen' *(transnational movements)* oder auch ‚einheimische Organisationen' *(homegrown organizations)* sein können.[3] Der rechtliche Status als staatlich anerkannte Religion wurde in Österreich durch das Islamgesetz im Jahr 1912 zunächst allein der „Religionsgesellschaft der Anhänger des Islams nach hanefitischem Ritus" (RGBl. No. 159/1912, § 6, Abs. 1) verliehen, der Versuch der Institutionalisierung wurde jedoch u. a. durch den Ersten und den Zweiten Weltkrieg für mehrere Jahrzehnte unterbrochen (Schmied, 2005, S. 190). Die Gründung einer öffentlich-rechtlichen Vertretung muslimischer Gläubiger erfolgte erst im Jahr 1979 mit der Konstituierung der IGGÖ (Heine et al., 2012, S. 55 f.). Diese fungiert als zentrale Servicestelle für islamspezifische Angelegenheiten – z. B. bei Eheschließungen oder Begräbnissen nach islamischem Ritus – und ist zuständig für den islamischen Religionsunterricht an öffentlichen Schulen, welcher in Österreich seit dem Schuljahr 1982/83 angeboten wird (Khorchide, 2009b, S. 22).

Die zunehmende Pluralisierung der muslimischen Bevölkerung ab den 1980er Jahren hatte auch Auswirkungen auf die IGGÖ selbst. Die Beschränkung des Islamgesetzes auf den sunnitischen Glauben und damit auf eine von vielen muslimischen Richtungen war wiederholt Gegenstand von Kritik. Viele muslimische Glaubensströmungen und Konfessionen fühlten sich dadurch aus der IGGÖ ausgeschlossen oder nicht durch diese vertreten (Strobl, 1997, S. 38; Draxler & Khorsand, 2006). Bedeutende Veränderungen ergaben sich in dieser Hinsicht im Mai 2013. Denn seitdem wird in Österreich auch dem Alevitentum – vertreten durch die *Islamisch Alevitische Glaubensgemeinschaft in Österreich* (ALEVI) – der Status einer öffentlich-rechtlichen Religionsgesellschaft zuerkannt (Beig, 2010; Brickner, 2010). Mittlerweile haben verschiedene islamische Glaubensgemeinschaften den rechtlichen Status einer ‚eingetragenen religiösen Bekenntnisgemeinschaft' erworben (Aslan et al., 2017, S. 35).

Die Landschaft der selbstverwalteten Moscheevereine in Österreich ist sehr vielfältig und spiegelt die Diversität der muslimischen Bevölkerungsstruktur wider. Heinisch und Mehmedi (2017, S. 28) beziffern die Zahl der ‚islamischen Vereine' in Österreich, unter die alle Typen von Organisationen mit religiösen Zielsetzungen fallen, mit ca. 600. Strukturiert wird die Landschaft der Moscheevereine durch transnational agierende Dachverbände mit jeweils spezifischer

---

[3] Weitere von Mikkelsen angeführte Organisationstypen, wie z. B. muslimische Jugendorganisationen (siehe hierzu: 2019, S. 166 f.), werden im vorliegenden Beitrag nicht thematisiert, da sie in den diesen Analysen zugrunde liegenden empirischen Daten keine Erwähnung finden.

ethnischer und politischer Ausrichtung (Heine et al., 2012, S. 11; Aslan et al., 2015, S. 67–77). Die Gründung der Dachverbände erfolgte oftmals, nachdem die migrierten Muslim*innen bereits viele Jahre in Österreich gelebt hatten und der Gedanke an die Rückkehr ins Herkunftsland nach und nach verblasste. Die größten von ihnen sind ATIB, IF, UIKZ/VIKZ sowie IZBA. Den Dachverbänden gehören zahlreiche Moscheevereine an, die sich seit der Novellierung des Islamgesetzes im Jahr 2015[4] ihrerseits formell bei der IGGÖ registrieren müssen. Die Vereine unterliegen dem Vereinsrecht und agieren als juristische Personen, die Gebetsräume unterhalten können. Die Finanzierung oder finanzielle Unterstützung der Moscheevereine erfolgt jedoch weder durch den Staat noch durch die IGGÖ, vielmehr werden die Aufwendungen – im Falle von unabhängigen Moscheevereinen oder einheimischen Organisationen – durch die Mitglieder oder – bei manchen transnationalen Bewegungen – durch die Dachverbände getragen.[5]

Theoretische Perspektiven

Säkularisierung und religiöse Zugehörigkeit

Das Verhältnis von Religion und verfassten Organisationsstrukturen wird in der sozialwissenschaftlichen Literatur oftmals als schwierig angesehen, mit der Begründung, dass es problematisch sei, religiöse Institutionen mit anderen, ‚profanen' Organisationen – wie Banken oder Sportvereinen (Luhmann, 1972, S. 249) – auf eine Ebene zu stellen. Hinterfragt wird in dieser Perspektive die prinzipielle Kompatibilität von Religion und Organisation (Luhmann, 2000, S. 248 f.), ein Aspekt, der im Kontext der Säkularisierungsfrage weiter an Brisanz gewinnt (Chaves, 1997; Tyrell, 2008, S. 200–203). Aus religionssoziologischer Sicht ist es denn auch keineswegs zwingend, dass religiöse Erfahrungen und Überzeugungen mit einer Bindung an religiöse Organisationsstrukturen einhergehen. Denn ‚believing' zieht nicht unbedingt ‚belonging' nach sich (Davie, 1990, 1994). Wenn dem dennoch so

---

[4] Eine wichtige Neuerung des novellierten Gesetzes ist das Verbot der Auslandsfinanzierung muslimischer Organisationsstrukturen, eine für viele Moscheevereine nicht unproblematische Bestimmung (Akinyosoye, 2016).

[5] Die Schließung während der Corona-Pandemie im ersten Halbjahr 2020 stellte die Moscheevereine angesichts deren ohnehin schon prekärer finanzieller Situation vor weitere große Herausforderungen (Ichner, 2020).

ist, sei dies mehr die Ausnahme als die Regel (Demerath et al., 1998, VII). Diese Auffassung vertreten insbesondere Anhänger*innen der Säkularisierungsthese, die von einer Verschiebung des religiösen Lebens in die Privatsphäre und einem daraus resultierenden strukturellen Bedeutungsverlust des Religiösen in der Gesellschaft ausgehen (Pickel, 2011, S. 137; Pollack, 2012). In der Konsequenz würde dies auch bedeuten, dass eine sukzessive Deinstitutionalisierung von Religionen und religiösem Leben stattfindet, was aber keineswegs mit einem individuellen Glaubensverlust zusammenfallen muss (Luckmann, 1972, S. 11).

Seit geraumer Zeit sieht sich die Säkularisierungsthese jedoch mit Einwänden konfrontiert, die statt von einem Verschwinden oder einem Bedeutungsverlust des Religiösen vielmehr von einer ‚Rückkehr der Religionen‘ (Riesebrodt, 2000; Pickel, 2011, S. 284–293) sprechen. Dass im Fall der muslimischen Bevölkerung eine Deinstitutionalisierung religiösen Lebens festzustellen sei, wird ebenfalls oftmals angezweifelt, wenn nicht überhaupt dementiert (Göle, 2004; Aslan et al., 2015, S. 47).[6]

Eine weitere in der Literatur rege diskutierte Frage ist, wie die Beziehung zwischen Religion und religiöser Organisationsstruktur zu charakterisieren ist und was die Bindungen von Gläubigen an religiöse Institutionen auszeichnet, schließlich ließe sich nicht immer von expliziten und eindeutigen Zugehörigkeiten zu einer Religion sprechen. Auch Martin Petzke und Hartmann Tyrell betonen, dass „ein in der Tendenz ‚monogames‘ Verhältnis des Einzelnen zu *seiner* Religion" (2012, S. 279 [Hervorh. i. Orig.]) nach dem Vorbild getaufter Christ*innen nicht zwingend vorauszusetzen sei. Vielmehr seien durchaus auch religiöse Mehrfachzugehörigkeiten oder Bindungen an unterschiedliche Glaubenstraditionen denkbar. Kritisch zu hinterfragen sei jedenfalls, ob es sich bei islamischen Glaubensströmungen jeweils um eine ‚Mitgliedschaftsreligion‘ handelt und ob diese mit einer sie repräsentierenden religiösen Organisation oder Institution verbunden sein muss. Diskutiert wird u. a., ob eine repräsentierende Institution, auch aufgrund ihrer Ausrichtung auf die politischen Systeme der deutschsprachigen Staaten (Heine et al., 2012, S. 59–64), zu einer Homogenisierung sehr unterschiedlicher und diverser Glaubensströmungen führen kann.

---

[6]In anderen religiösen Traditionen und der dazu gehörigen Forschungsliteratur, insbesondere im christlichen Kontext, werden die geschilderten Prozesse der Säkularisierung auf sozialstruktureller Ebene oftmals unter den Begriffen der ‚Verkirchlichung‘ sowie der ‚Entkirchlichung‘ verhandelt (Pollack & Pickel, 2003; Gabriel, 2018; Wäckerlig et al., 2022).

Religiöse Organisationsstrukturen sind zudem eng mit religiösen Autoritäten verknüpft. Als solche können die Organisationen selbst, Geistliche oder spezifische theologische Lehren gelten. Im Fall ‚des Islams' handelt es sich nun *de facto* um einen Sammelbegriff für verschiedene Glaubensströmungen, deren Anhänger*innen dem homogenisierenden Charakter sowohl eines monolithischen Religionsverständnisses als auch einer institutionellen Dachorganisation für alle Gläubigen – wie der katholischen Kirche – oftmals kritisch bis ablehnend gegenüberstehen. Ungeachtet der gewissermaßen ‚in die Wiege gelegten' Bindung Heranwachsender an die Glaubensströmung der Eltern ist der Gedanke einer daraus zwangsläufig erwachsenden Mitgliedschaft in einer verfassten Organisationsstruktur den Strömungen fremd. Zudem bestehen im deutschsprachigen Raum verschiedene muslimische Dachverbände, die entlang ethnischer Grenzlinien und in Form von Moscheevereinen auf lokaler Ebene organisiert sind, einen vielstimmigen Chor religiöser Autoritäten bilden und um einen Repräsentationsanspruch konkurrieren (Reiser, 2000). In Österreich existiert mit der IGGÖ sozusagen ein verfasstes, staatlich anerkanntes Repräsentationsorgan, in dessen Strukturen verschiedene, mitunter transnational agierende Dachverbände eingebunden sind und deren nicht immer spannungsfreies Verhältnis zueinander eingehegt wird (Heine et al., 2012, S. 63).

Forschung zu Migrant*innenorganisationen

Die Zahl der Studien, die sich mit dem Verhältnis muslimischer Gläubiger zu religiösen Organisationen im deutschsprachigen Raum befassen, ist auffallend dürftig. Erkenntnisse über diese Beziehung lassen sich am ehesten aus der Literatur über Migrant*innenvereine ziehen (Waldrauch & Sohler, 2004; Yilmaz-Huber, 2006). Von Relevanz ist dieser Forschungsbereich deswegen, weil alle muslimischen Dachverbände und Moscheevereine in Österreich von Muslim*innen mit einer spezifischen ethnisch-kulturellen Migrationserfahrung gegründet wurden und von diesen – seien es Angehörige der ersten, zweiten oder dritten Generation – getragen werden. Muslim*innen ohne Migrationshintergrund, also Konvertit*innen, die Moscheevereine besuchen oder dort aktiv sind, machen hingegen nur einen kleinen Teil der österreichischen muslimischen Bevölkerung aus; überdies gibt es kaum Moscheeinitiativen über ethnisch-kulturelle Demarkationslinien hinweg, da sie „bisher an der Uneinigkeit und Konkurrenz der verschiedenen muslimischen Organisationen gescheitert sind" (Fürlinger, 2015, S. 61). Eine Ausnahme stellt allenfalls das *Islamische Zentrum* in Wien dar, das mitunter als sakrale Anlaufstelle für Muslim*innen dient, deren ethnische Herkunft (noch)

nicht in Form von eigenen religiösen Organisationsstrukturen in der österreichischen Moscheevereinslandschaft abgebildet ist.

Auf eine zentrale Erkenntnis der wissenschaftlichen Auseinandersetzung mit
Migrant*innenorganisationen weist insbesondere Ludger Pries (2010) nachdrücklich hin. Er merkt kritisch an, dass diese Organisationsstrukturen allzu häufig nur
unter dem Aspekt der Identitätsbewahrung oder Integration sowie Ankunfts- oder
Herkunftsorientierung betrachtet werden. Eine solche Engführung sei aber zu ein-
dimensional, um das Verhältnis von Menschen mit Migrationshintergrund und
Vereinen zu entschlüsseln. Denn Migrantenorganisationen – wie verfasste muslimische Strukturen auch – zeichneten sich als kollektive Akteure durch vielseitige,
verschiedenartige, oftmals auch ambivalente Zielsetzungen aus, deren Prozesse
vorrangig durch Menschen mit Migrationshintergrund getragen werden, die sich
für migrationsspezifische Themen einsetzen (ebd., S. 21 f.).

An diesen Befund anknüpfend lassen sich die Ziele und Zwecke muslimischer
Organisationsstrukturen erst einmal grundlegend dahingehend spezifizieren, dass
sie den Gläubigen die Verrichtung religiöser Rituale ermöglichen und deren religiöse Bedürfnisse befriedigen wollen. Dementsprechend zeichnen sich Moscheevereine durch einen multifunktionellen Charakter aus. Zwar sind deren Räumlichkeiten primär Gebetsort oder Sakralort, daneben dienen sie aber ebenso als sozialer Treffpunkt, Ort für die gemeinsame Freizeitgestaltung, religiöser Bildungsort,
Veranstaltungsraum, politischer Diskussionsraum sowie Ort der Pflege von Beziehungen zu den Herkunftsländern oder von ethnisch-kulturellen Traditionen
(Aslan et al., 2015, S. 76; Schiffauer, 2015a, S. 136–138). Vonseiten der nicht-
muslimischen Mehrheitsgesellschaft oder in medialen und politischen Debatten
wiederum wird an Moscheevereine oftmals die Erwartung formuliert, dass sie zur
Beheimatung oder Integration der muslimischen Bevölkerung beitragen sollen
(Schmid et al., 2008, S. 24).

Forschung zu muslimischen Organisationen

Eine profunde Analyse muslimischer Verbandsstrukturen hat all diese Funktionen und Zielsetzungen zu berücksichtigen und darf sich nicht in einer reduktiven Manier auf die Frage der theologischen Ausrichtung oder der integrations-
politischen Haltung eines Vereins bzw. Verbands beschränken. Unerlässlich
ist zudem eine Auseinandersetzung mit religiösen Autoritäten, die mit den
Organisationsstrukturen eng verbunden sind. Als solche fungieren neben den verfassten Einrichtungen selbst und den theologischen (Rechts-)Schulen *(maḏhab)*

und Strömungen[7] vor allem die Imame in den Moscheevereinen. Ihnen kommt als Religionsgelehrten die exponierte Rolle von besonders bedeutsamen religiösen Autoritäten zu. Diese resultiert auch aus ihrem breiten Aufgabenbereich in den Gemeinden, der erfordert, dass sie über profunde Kenntnisse des Korans und theologischer Schriften verfügen, rezitatorische Fähigkeiten besitzen, religiöse Rituale (Pflichtgebete, Freitagsgebete u. a.) anleiten können, als Seelsorger[8] tätig sind, organisatorische Aufgaben übernehmen und rund um die Uhr ein offenes Ohr für Anliegen der Gemeindemitglieder haben, die in irgendeiner Weise mit religiösen Fragen in Zusammenhang stehen (Aslan et al., 2015, S. 38–45).

Die wissenschaftlichen Studien, die sich bis dato mit verfassten muslimischen Organisationsstrukturen beschäftigt haben, nehmen fast ausschließlich entweder die Rolle von Imamen (Kroißenbrunner, 2001; Aslan et al., 2015), Problematiken oder Spannungsfelder – wie z. B. Moscheebaukonflikte (Fürlinger, 2013; Bernhardt & Fürlinger, 2015) – oder integrationspolitische Fragestellungen (Yilmaz-Huber, 2006; Wets, 2006; Wagner, 2018) in den Blick. Daneben findet sich eine Reihe von Untersuchungen, die den Konstitutionsprozess von muslimischen Organisationsstrukturen sowie deren Gestaltungspotenziale als politische Akteure aus einem institutionalistischen oder organisationssoziologischen Blickwinkel analysieren (Mourao Permoser et al., 2010; Rosenow-Williams, 2010, 2012; Citak, 2013; Rosenow-Williams & Sezgin, 2014).

Ein hoher Stellenwert kommt im österreichischen Kontext dabei der Analyse von Sabine Kroißenbrunner zu, die sich mit soziopolitischen Netzwerken türkischer Migrant*innen auseinandersetze (1996) und sich als eine von wenigen Arbeiten vergleichend den verschiedenen muslimischen Dachverbänden – darunter IF sowie UIKZ/VIKZ – widmete. Der Schwerpunkt lag auf der Analyse der ideologischen Ausrichtung, der Gestaltung der Vereinsaktivitäten sowie der Vernetzung mit Organisationen der österreichischen Mehrheitsgesellschaft.

---

[7] Unterschieden wird zwischen theologischen, religiös-praktischen sowie rechtswissenschaftlichen Schulen. Zu den wichtigsten Theologieschulen, die die Grundsätze des Glaubens definieren, zählen die mutazilitische, die ascharitische und die maturidische Schule. Zu den bedeutendsten Rechtsschulen wiederum, die die religiös-praktischen Regeln des Islams definieren, zählen auf sunnitischer Seite die hanefitische, schafiitische, malikitische und hanbalitische sowie auf schiitischer Seite die dschafaritische Rechtsschule (Kutlu, 2013, S. 627).

[8] Da Seelsorge, religiöse Autoritäten und Funktionsposten in muslimischen Organisationen in der Regel männlich besetzt sind, wird in diesen Fällen auf die gendergerechte Schreibweise verzichtet.

Eine weitere wichtige Untersuchung in diesem Zusammenhang ist jene von Karl M. Reiser, die die Identitätspolitik und Interessenspolitik türkischer Migrant*innenorganisationen in Wien studierte und dazu verschiedene Dachverbände vergleichend unter die Lupe nahm. Als eine von allen untersuchten Einrichtungen geteilte Zielsetzung identifizierte Reiser die „identifikative Stärkung der Jugendlichen, da diese sonst Gefahr laufen, zwischen den Kulturen ‚zerrieben' zu werden" (2000, S. 322). In dieser Absicht spiegeln sich die innerverbandliche Fokussierung auf das ‚Heimatland' wider sowie der Wunsch, diese Orientierung bei den nachfolgenden Generationen in kulturellen, ethnischen und sozialen Fragen auch in Zukunft zu wahren. Im Gegenzug ist jedoch zu konstatieren, dass die Einbindung muslimischer Verbände in die Organisationsstruktur der IGGÖ mit einer vermehrten Orientierung an österreichischen politischen Kontexten einhergeht.

Während die Arbeiten von Reiser und Kroißenbrunner den Fokus auf Funktionsträger der verfassten Strukturen legen, widmen sich weitere Studien anderen Schwerpunkten. Gerdien Jonker beispielsweise präsentierte mit der Arbeit ‚Eine Wellenlänge zu Gott' (2002) eine detaillierte Analyse des deutschen Verbands VIKZ[9], in der sie das Verhältnis von muslimischen Gläubigen und religiösen Organisationsstrukturen am Beispiel des spezifischen Dachverbands genau offenlegte. Werner Schiffauer wiederum differenzierte in seiner Studie ‚Nach dem Islamismus' (2010) verschiedene muslimische Milieus, die den Dachverband IGMG in Deutschland tragen und unterschiedliche Aufgabenbereiche innerhalb des Verbands prägen. Dabei skizziert er den Weg von den Ursprüngen des Dachverbands als antiwestlich orientierte Organisation mit islamistischer Ausrichtung zu einer in der Demokratie angekommenen pragmatischen Interessenvertretung deutsch-türkischer Muslim*innen. Gemeindemitglieder werden in der ethnografischen Analyse ebenso erfasst wie institutionelle Funktionsträger. In einer weiteren Publikation untersucht Schiffauer (2015b) durch eine bildungspolitische Linse insbesondere das Verhältnis von Schule, Elternhaus und Moschee und beleuchtet dabei auch das Innenleben von ausgewählten religiösen Organisationsstrukturen.

In der Zusammenschau des aktuellen Forschungsstands zeigt sich, dass im Regelfall nur das Bevölkerungssegment mit türkischem Migrationshintergrund beforscht wird, andere österreichische Muslim*innen aber vernachlässigt werden.

---

[9] Der österreichische Dachverband UIKZ/VIKZ kooperiert sehr eng mit der Zentrale des deutschen Dachverbands VIKZ in Köln.

Zumeist liegt der Fokus auf einem Dachverband oder auf einer ethnisch-kulturellen Bevölkerungsgruppe, muslimische Diversität über ethnische Grenzen hinweg bleibt hingegen unbeachtet. Daneben werden Sichtweisen der Gemeindemitglieder grundsätzlich nur in Ausnahmefällen in die Untersuchungen einbezogen. Meist werden in empirischen Analysen nur Standpunkte von Funktionsträgern religiöser Organisationen oder religiöse Autoritäten berücksichtigt.[10] Sichtweisen von Muslim*innen, die nicht Mitglieder der Strukturen sind und nicht an den Funktionen oder Prozessen der Organisationen mitwirken, bleiben indes gänzlich außen vor. Über die Motive dieser Muslim*innen und potenziellen Gemeindemitglieder ist kaum etwas bekannt, geschweige denn gibt es dazu gesicherte Erkenntnisse. Sie sind bis dato ein blinder Fleck in der Forschung.

Diversität und Unterschiedlichkeit der Bindungen zum verfassten Islam

Das für die vorliegenden Analysen herangezogene empirische Datenmaterial wurde im Rahmen eines Forschungsprojekts erhoben, dessen zentrale Befunde in dem Buch ‚Muslimische Diversität. Ein Kompass zur religiösen Alltagspraxis in Österreich' (Aslan et al., 2017) publiziert wurden. Diese empirische Studie verfolgt einen Mixed-Methods-Ansatz und umfasst sowohl eine qualitative als auch eine quantitative Phase. Die Samples beider Studienteile sind ausgewogen und bilden weitestgehend die demografische Grundstruktur der muslimischen Bevölkerung in Österreich ab (ebd., S. 57).[11]

Die Analyse der Daten ergibt, dass die Bindungen von muslimischen Gläubigen an verfasste Organisationsstrukturen und religiöse Autoritäten höchst divers und unterschiedlich sind. Konkret lassen sich aus dem empirischen Datenmaterial fünf Formen ableiten: ‚die bedingungslose Hingabe', ‚pragmatisch begründete Bindungen', ‚emanzipierte und selbstbestimmte Zugänge', ‚situative und temporäre Bezugspunkte' sowie die ‚strikte Ablehnung verfasster religiöser Strukturen'.

---

[10] Detaillierte Einblicke in diese Perspektive finden sich insbesondere in Ayşe Almıla Akcas Studie mit dem Titel ‚Moscheeleben in Deutschland. Eine Ethnographie zu islamischem Wissen, Tradition und religiöser Autorität' (2020).

[11] Zu einer detaillierten Darstellung der methodischen Vorgehensweise siehe (Aslan et al., 2017, S. 47–58) sowie den Abschnitt ‚Methoden und Datenmaterial' (Kap. 7.4) im Aufsatz ‚Muslim*innen und das religiös Andere: Zur Diversität von Einstellungen gegenüber anderen Religionen, religiösen Schemata und Interaktionen von Muslim*innen mit Andersgläubigen' in diesem Buch.

Positionen gegenüber dem verfassten Islam werden nachfolgend an drei Gesichtspunkten festgemacht: zum einen an der alltagspraktischen Bedeutung, die selbstverwaltete Moscheevereine oder religiöse Einrichtungen – seien es einheimische oder zu transnationalen Bewegungen zugehörige Organisationen – für die muslimischen Gläubigen haben. Von Relevanz sind hier Momente wie Mitgliedschaft, Engagement in Moscheevereinen, Regelmäßigkeit des Aufenthalts sowie Beweggründe für den Besuch. Zum anderen werden die Positionen gegenüber der IGGÖ als staatlich finanzierter Vertretungsorganisation analysiert. Zuletzt werden Einstellungen gegenüber religiösen Autoritäten wie Imamen oder den Normenlehren der islamischen Rechtsschulen und deren alltagspraktische Relevanz für die Befragten untersucht.

Die drei Aspekte werden bei den fünf Umgangsformen jeweils abhängig vom vorliegenden Datenmaterial in unterschiedlichem Ausmaß behandelt. Für die nachfolgende Darstellung greife ich sowohl auf qualitative als auch auf quantitative Daten zurück, wobei der zentrale Stellenwert dem Interviewmaterial zukommt.

Bedingungslose Hingabe an religiöse Autoritäten als empfundene Pflicht

Die erste Form der Beziehung von muslimischen Gläubigen zu verfassten religiösen Organisationsstrukturen zeichnet sich durch bedingungslose Hingabe an religiöse Autoritäten aus und wird von hochreligiösen und gleichzeitig markant sozial wertkonservativ orientierten Muslim*innen praktiziert. Dieses Segment pflegt sehr enge Bindungen zu Moscheevereinen und Verbänden und lässt keinerlei Anzeichen einer religiösen Deinstitutionalisierung erkennen.

Insgesamt sind 42,2 % der Vertreter*innen dieser Gruppe Mitglied in einem Moscheeverein, ein im Vergleich zur Gesamtstichprobe (18,3 %) ausgesprochen hoher Wert. Dass Muslim*innen (bzw. deren Familienangehörige) nicht Mitglied in einem Moscheeverein sind, schließt aber weder deren Moscheebesuch zum Freitagsgebet noch Aktivitäten in einem Moscheeverein aus – die Mitgliedschaft ist nicht Voraussetzung für die Teilnahme am Freitagsgebet oder an der gemeinsamen Verrichtung ritueller Pflichtgebete in einer Moschee. Über den Bezug zu verfassten religiösen Organisationsstrukturen und deren alltagspraktische Bedeutung für die Befragten geben die genannten Zahlen aber noch zu wenig Auskunft. Dazu bedarf es der Einbeziehung der qualitativen Daten, also der Sichtweisen der befragten Personen.

In jenen Erhebungen wird deutlich, dass diese Personen einen großen Teil ihrer Freizeit in religiösen Einrichtungen verbringen und in der Regel auch ihr soziales Netzwerk um religiöse Organisationen herum oder ausgehend davon knüpfen. Der Besuch von Moscheen erfolgt aus genuin religiösen Motiven. Dieses Segment der muslimischen Bevölkerung betrachtet die religiösen Säulen des Islams – wie z. B. das rituelle Gebet oder das Fastengebot – als unumstößliche religiöse Pflichten, denen unbedingter Gehorsam zu erweisen ist und deren Infragestellung nicht geduldet wird. Auch werden die alltägliche Lebensgestaltung, Gewohnheiten und Lebensweisen an religiösen Regeln und Vorschriften und einer strengen Auslegung des Korans ausgerichtet.

Ein solches Verständnis vertritt beispielsweise Zehra, eine 39-jährige Mutter mit türkischem Migrationshintergrund, die in Wien lebt und in einem vorrangig von muslimischen Kindern besuchten Kindergarten arbeitet. Sie praktiziert die rituellen Gebete regelmäßig zu den festgelegten Gebetszeiten, auch an ihrem Arbeitsplatz macht sie diesbezüglich keine Kompromisse – gegenüber der Religion und deren Bedeutung in ihrem Alltag habe das Erwerbsleben nun einmal Nachrang. Sie sei eben durch und durch Muslimin, und das rund um die Uhr: „Islam muss ich 24 h praktizieren!" (Zehra, 39 Jahre).

Auf die rituellen Pflichtgebete, die in die Arbeitszeit fallen, zu verzichten, kommt für die Wienerin nicht infrage, es sei denn in einer absoluten Ausnahmesituation. Die Garantie seitens des Arbeitgebers, das Pflichtgebet am Arbeitsplatz verrichten zu dürfen, ist für sie Voraussetzung, dass sie eine Stelle überhaupt annimmt. Auch die Verschiebung der in die Arbeitszeit fallenden Gebete auf einen späteren Zeitpunkt – eine Praxis, die auch theologisch gedeckt wäre – ist für sie keine denkbare Option.

Ähnlich die Haltung des 30-jährigen Deniz, der in der Türkei geboren ist, aber seit mehreren Jahrzehnten in Österreich lebt und auch Teile seiner Schulausbildung hier durchlaufen hat. Mit seinen Eltern, seiner Ehefrau und weiteren Familienmitgliedern lebt er in einem gemeinsamen Haushalt in einer Stadt im Bundesland Kärnten, wo er als ungelernte Arbeitskraft ohne Lehrabschluss in einem familiengeführten Lokal arbeitet. Deniz genoss eine sehr religiöse Erziehung, was sich in erster Linie an seiner Einstellung gegenüber den Säulen des Islams zeigt, bezüglich derer man keine Abstriche machen dürfe, wie er sagt:

> Im Islam sollte man wirklich alle Lehren akzeptieren. Wenn jemand zum Beispiel bei den fünf Säulen sagt: „Also eine gefällt mir nicht, an die halte ich mich nicht." Ich finde, dann ist er kein Muslim mehr. Oder auch wenn er meint: „An diese Sache

glaube ich irgendwie nicht." Dann kann er sich nicht mehr Muslim nennen. Die Lehren muss man akzeptieren. Dazu gehört, fest daran zu glauben, dass es nur einen Gott, Allah, gibt, und auch an die heiligen Bücher und die Engel muss man glauben. Verstehst du, was ich meine? Alles, was zum Islam gehört, auch was Imam sagt, sollte man einfach akzeptieren. (Deniz, 30 Jahre)

Indem er Muslim*innen, die meinen, sich bezüglich der religiösen Säulen und Verpflichtungen Freiheiten herausnehmen zu können, das Muslimischsein abspricht, praktiziert Deniz aktiv *takfīr*. Abseits von Arbeit und Familienleben verbringt er den Großteil seiner Freizeit im örtlichen türkischen Moscheeverein, der einem der großen türkischen, transnational agierenden Dachverbände angehört. Seine Beziehung zu religiösen Autoritäten wie Imamen ist durch eine ausgeprägte Unterwerfungsbereitschaft gekennzeichnet. Seine Hingabe ist bedingungslos und gilt ihm als eherne Pflicht.

Mit dieser Einstellung gehen auch soziale Rückzugstendenzen in ein religiös homogenes Milieu einher. Die privaten Kontakte und Freundschaften des 30-Jährigen beschränken sich ganz auf hochreligiöse muslimische Kreise. Soziale Beziehungen zu Nicht-Muslim*innen abseits seines Arbeitsplatzes und der Moschee pflegt Deniz nicht. Auf den Kontakt mit nicht-religiösen Menschen verzichtet er durchaus bewusst.

Die IGGÖ ist Muslim*innen mit einer solchen Bindung an verfasste religiöse Strukturen bekannt, sie wünschen sich auch eine starke islamische Stimme in öffentlichen Debatten und eine islamische Interessenvertretung. Gleichzeitig wird jedoch Kritik an einer möglicherweise zu starken Anpassung des Islams an die kirchlichen Traditionen christlicher Konfessionen geäußert, die mit den Aktivitäten der IGGÖ einhergehe, namentlich einer Homogenisierung verschiedenartiger Glaubensströmungen einerseits sowie dem Bruch mit islamischen Traditionen andererseits. Direkter Bezugspunkt ist für die Betreffenden daher in erster Linie der lokale Moscheeverein.

Bei der bedingungslosen Hingabe an religiöse Autoritäten ist der persönliche Glauben ('believing') mit einer starken Verbundenheit mit religiösen Organisationsstrukturen ('belonging') verknüpft. Diese Art der Bindung an verfasste religiöse Organisationen wird von ca. 14 % der Stichprobe gepflegt. In diesem Segment finden sich gehäuft Altersgruppen über 41 Jahre sowie Angehörige der ersten Migrationsgeneration. Diese machen insgesamt 84,7 % der Muslim*innen aus, die eine bedingungslose Hingabe an religiöse Autoritäten als Pflicht verstehen.

Pragmatisch begründete Bindungen mit ambivalentem Charakter

Neben der bedingungslosen Hingabe kann das Verhältnis muslimischer Gläubiger zu verfassten religiösen Organisationsstrukturen eine zweite Form annehmen – jene der pragmatischen Bindung. Diese wird von Muslim*innen gepflegt, die ebenfalls hochreligiös, aber moderat wertkonservativ orientiert und liberalen Positionen gegenüber in Ansätzen offen sind. Auch bei dieser Praxisform zeigt sich ein im Vergleich zur Gesamtstichprobe überdurchschnittlicher Organisationsgrad. So sind 26,2 % der Betreffenden selbst Mitglied in einem Moscheeverein, bei zusätzlichen 6,5 % ist ein Familienmitglied in einer religiösen Einrichtung organisiert.

Der pragmatische Zugang zu Moscheevereinen, muslimischen Einrichtungen und religiösen Autoritäten zeichnet sich durch einen ambivalenten Charakter aus – insofern, als im Leben der ihm zugetanen hochreligiösen Muslim*innen, die Moscheen oder Gebetsräume in der Regel aus genuin religiösen Gründen aufsuchen, z. B. um das Freitagsgebet oder rituelle Pflichtgebete zu verrichten, einerseits kein Bedeutungsrückgang religiöser Institutionen feststellbar ist, andererseits bei ihnen gegenüber religiösen Autoritäten aber eine gewisse Skepsis besteht. Exemplarisch dafür ist die Meinung Emres, des 39- jährigen Hausmeisters türkischer Herkunft, der in Österreich geboren und aufgewachsen ist. Er ist Mitglied in einem türkischen Wiener Moscheeverein, der keinem der transnational agierenden Dachverbände angehört, der also als einheimische Organisation gelten kann. In dem Moscheeverein verrichtet der mehrfache Familienvater, sofern es ihm seine Arbeit erlaubt, wöchentlich das Freitagsgebet. Generell aber hat Emre mit der vom dortigen Imam gepredigten Haltung zu religiösen Normen und Vorschriften im Alltag so seine Probleme: „Ich mein, er [der Imam (Anm. d. Verf.)] kann's ja vielleicht ausleben und ausüben, ja. Für uns is das bissel schwieriger. Ma kann's net immer so ausleben, wie man's möchte." (Emre, 39 Jahre).

Emre zieht eine klare Grenzlinie zwischen dem Imam („er") und „uns", worunter er die Moscheegemeinde, also insbesondere die berufstätigen Männer, meint. Dem Imam hält er vor, dass ihm die Praxiserfahrung als Werktätiger fehle und er ‚leicht reden' habe, da er die Zwänge des beruflichen Lebens nicht selbst erlebe. Als einer von wenigen österreichischen Muslim*innen könne er den religiösen Säulen im Alltag ohne Abstriche nachkommen und im Einklang mit diesen leben – anders eben als die berufstätigen Gemeindemitglieder, die in der Industrie, im Handwerk oder im Dienstleistungssektor arbeiten. Für sie hieße es nun einmal, sich an den Gegebenheiten zu orientieren, insbesondere an den

Möglichkeiten, die das Arbeits- und Familienleben oder die Freizeitaktivitäten bieten, auch wenn man damit nicht glücklich sei. Aus diesem Grund könne er den Imam als religiöse Autorität und dessen Aussagen nicht ganz ernst nehmen. Seinen Zugang zu religiösen Fragen und zu verfassten Organisationstrukturen oder religiösen Autoritäten begründet Emre demnach nicht nur über religiöse Pflichten und bindende Normen. Vielmehr ist der zentrale Maßstab die Alltagstauglichkeit.

Seine Mitgliedschaft im Moscheeverein stellt der Hausmeister einer städtischen Einrichtung dennoch nicht infrage. Dass er zahlendes Mitglied ist und auch weiterhin bleiben wird, begründet Emre zum einen mit der Aufrechterhaltung von regionalen, kulturellen oder religiösen Traditionen und zum anderen mit Solidarität und Gemeinschaftssinn:

> Ich bin dort Mitglied in dem Moscheeverein. Aber nur zur Unterstützung sozusagen. Dass die ein monatliches Einkommen haben. Die zehn Euro oder so, die was da bei mir abgezogn wern von meim Konto, des is a Unterstützung. Des hat kein andern Hintergrund, für mi jetzt. (Emre, 39 Jahre)

Viele pragmatisch orientierte Muslim*innen sind Mitglied in einem Moscheeverein, ungeachtet dessen, dass sie die Autorität des Imams eventuell in Zweifel ziehen und ihre Beiträge eher aus Solidarität zahlen. Ein solcher Zugang zu verfassten religiösen Organisationsstrukturen wird keinesfalls nur in Großstädten wie Wien gepflegt. Auch Ömer, ein 28-jähriger Familienvater mit türkischem Migrationshintergrund, der in Österreich geboren und aufgewachsen ist und in einer metallverarbeitenden Fabrik in einer Kleinstadt im Bundesland Niederösterreich arbeitet, teilt diese Haltung. Seine Kinder nehmen am Koranunterricht im örtlichen türkischen Moscheeverein teil, u. a. deswegen, weil der islamische Religionsunterricht in der Schule, den sie ebenfalls besuchen, nicht für das Aneignen religiösen Wissens ausreiche, wie er sich das eigentlich erhofft hätte. Damit sie später einmal ihren Alltag entsprechend den religiösen Säulen des Islams gestalten können, sei der Besuch des Religionsunterrichts in der Moschee für seine Kinder unabdingbar. Deshalb bringt die gesamte Familie an Wochenenden viel Zeit in der Einrichtung zu.

> Am Wochenende sind wir regelmäßig in der Moschee. Ja, die Kinder kommen regelmäßig und lesen Koran und so. Wir kommen, ja, es gibt einen Billardtisch hier. Da kommen die Jugendlichen und da können die hier Billard spielen, untereinand halt, reden, ja. [...] Also so am Wochenend oder so bei die Feiertag oder Sommerferien gibt's also so Kurse kann man sagen, wo die Kinder dann einfach hingehen und, ohne Bezahlung, vom Imam oder vom Hodscha des lernen, also. (Ömer, 28 Jahre)

Es sind also religiöse Beweggründe, die für Ömers enge Bindung an den Moscheeverein, der ATIB, dem größten türkischen und transnational agierenden
Dachverband, angehört, ausschlaggebend sind – er verrichtet dort regelmäßig
seine Pflichtgebete und seine Kinder besuchen den Religionsunterricht. Große
Bedeutung kommt dem Moscheeverein aber auch deswegen zu, weil die Vereins-
räumlichkeiten als Veranstaltungsort und als sozialer Treffpunkt für Jung und Alt
dienen, wie Ömer zu berichten weiß:

> Des war vorige Wochn am Sonntag, wo die muslimischen Leute einfach hier ge-
> kommen sind, also mitgessn ham und einfach. […] Es gibt ja Leute, die was du im
> ganzen Jahr nicht siehst. Und da wird das dann, da kommen die muslimischen Leute
> einfach zusammen. Und da wern dann, da fragen's, wie's die Leute geht. Dann frag
> ich dich, wie's dir geht, persönlich. Ob du Schwierigkeiten hast mit irgendwas. Oder
> ob's irgendwas brauchen würdest. Für des machen wir den Ablauf. (Ömer, 28 Jahre)

Tatsächlich scheinen verfasste religiöse Einrichtungen auf dem Land eine wichtigere Rolle zu spielen als in urbanen Sozialräumen, da sie auch als sozialer Treffpunkt für Muslim*innen aus dem Umland und als Veranstaltungs- oder Festsaal
fungieren.

Die IGGÖ ist auch Muslim*innen mit einem pragmatischen Zugang zu verfassten religiösen Organisationsstrukturen bekannt. Eine enge Bindung liegt diesfalls jedoch zumeist nicht vor, da sie eigentlich ausschließlich in funktionaler
Hinsicht als Interessenvertretung für die österreichischen Muslim*innen wahrgenommen wird. Direkter Bezugspunkt für dieses Segment ist der lokale Moscheeverein. Kritik – etwa an einer drohenden Homogenisierung des Islams durch
die IGGÖ – wird in dieser Gruppe dennoch nicht laut, vielmehr erhofft man sich
konkrete Einflussnahme auf pragmatische Anliegen – wie z. B. die Anerkennung
islamischer Feiertage durch Arbeitgeber.

Ein pragmatischer Zugang zu verfassten religiösen Organisationsstrukturen
und religiösen Autoritäten ist unter der muslimischen Bevölkerung Österreichs besonders weit verbreitet. Im Sample beträgt der entsprechende Anteil ca. 30 %, bei
diesen handelt es sich tendenziell um Angehörige der ersten Migrationsgeneration.

Emanzipierte und selbstbestimmte Zugänge

Von den beiden ersten Haltungen gegenüber verfassten religiösen Organisationsstrukturen und religiösen Autoritäten grenzen sich emanzipierte und selbstbestimmte Zugänge ab, eingenommen von ebenfalls hochreligiösen Muslim*innen, die aber gleichzeitig auch weltoffene Grund- und Werteorientierungen

vertreten. Dies kann sich z. B. an Lebens- und Beziehungsformen, die von traditionellen Modellen abweichen, zeigen, etwa dem Zusammenleben in einer festen Partnerschaft, ohne verheiratet zu sein.

Der Zugang zu religiösen Fragen ist zumeist individualistisch und von starker Frömmigkeit geprägt. Die religiösen Gemütsbewegungen entspringen der persönlichen Sinnsuche und dem Streben nach einem spirituellen Halt im Leben. Religiöse Normen wie die rituellen Pflichtgebete werden zwar erfüllt, allerdings weder kontinuierlich noch zu den vorgegebenen Zeiten, sondern insbesondere dann, wenn das individuelle Bedürfnis nach einer Nähe zu Gott besteht. Folglich ist bei diesen Muslim*innen auch eine Mitgliedschaft in Moscheevereinen wesentlich seltener anzutreffen als bei anderen hochreligiösen Gläubigen. 14,1 % sind selbst Mitglied in einem Moscheeverein, bei weiteren 14,1 % sind Familienangehörige Mitglied. Der niedrige Organisationsgrad ist Ausdruck der tendenziellen Skepsis, die bei dieser Umgangsform dem verfassten Islam entgegengebracht wird. Eine partielle Distanz besteht gegenüber der IGGÖ, besonders aber gegenüber Moscheevereinen, Dachverbänden oder religiösen Autoritäten. Meist werden theologische Interpretationen und Ansichten der Imame als zu traditionalistisch oder zu konservativ wahrgenommen. Bei diesem Segment zeigen sich somit Tendenzen eines ‚Glaubens ohne Zugehörigkeit' *(believing without belonging)* bzw. Prozesse der Säkularisierung in der Form, dass die religiöse Praxis ihre traditionelle Form wandelt und eine transformierte, individualisierte Gestalt annimmt.

Religiöse Normen werden von den Betreffenden häufig als tradierte kulturelle Gewohnheiten erachtet, die im Widerspruch zu ihrer Lebenswirklichkeit stehen. Dies betrifft z. B. den Umstand, dass das Freitagsgebet nur von männlichen Muslimen oder geschlechtergetrennt praktiziert wird. Bei Personen, die selbstbestimmte Zugänge zu religiösen Fragen wählen, zeigen sich mitunter Bestrebungen, solche Normen aufzubrechen, so durch die Teilnahme von Frauen an den Freitagsgebeten. Amina beispielsweise, eine 27-jährige Studentin, deren Eltern aus dem Sandschak, also aus dem Süden Serbiens, nach Wien migriert sind, meint dazu:

> Seit Kurzem geh ich zum Freitagsgebet, das is etwas, was ich bis jetzt nicht gemacht hab. Weil ich hab früher immer geglaubt, dass das Freitagsgebet etwas ist, was nur Männer machen. Zumindest is das so in Bosnien […]. Ein Bekannter von mir hat mich darauf aufmerksam gemacht, dass das nur eine Tradition ist, die nichts mit dem Islam zu tun hat. (Amina, 27 Jahre)

Dass das Freitagsgebet Männern vorbehalten ist, hält die werdende Mutter für eine Tradition, die allein sozial und nicht religiös bzw. theologisch begründet ist. Da es ihr ein Anliegen ist, selbst das Freitagsgebet zu verrichten, besucht Amina nun eine Wiener Moschee, in der sie diesem ohne Geschlechtertrennung gemeinsam mit ihren Glaubensgenoss*innen nachkommen kann. Der bosnische Verein, der die Moschee trägt, gehört keinem transnationalen Dachverband an, sondern ist eine einheimische Organisation. Obwohl sie den Moscheeverein in der jüngeren Vergangenheit relativ regelmäßig besucht, ist Amina dort aber kein Mitglied.

Mit Skepsis begegnen Muslim*innen, die einen emanzipierten, selbstbestimmten Zugang zu religiösen Fragen verfolgen, aber nicht nur verfassten Organisationsstrukturen, sondern eben auch traditionellen religiösen Autoritäten. Insbesondere islamische Rechtsschulen werden mit Argwohn betrachtet, da diese in Konflikt mit einem subjektiven Zugang zu religiösen Fragen stünden – eine Auffassung, die auch Amina vertritt:

> Ich gehör keiner islamischen Rechtsschule an, weil mich schreckt das auch eher ein bisschen ab. So, dass ich quasi irgendwelche Regeln zu befolgen hätte oder so, also dies schreckt mich schon ab. Glaub auch nicht, dass das irgendetwas Supertolles ist, einer islamischen Rechtsschule angehörig zu sein. Das muss nicht sein. (Amina, 27 Jahre)

An islamischen Normenlehren findet Amina keinen Gefallen. Die Zugehörigkeit zu einer Rechtsschule widerspricht ganz und gar ihren offenen Vorstellungen von muslimischer Religiosität, weswegen sie sich von tradierten Autoritäten abwendet und von den damit einhergehenden religiösen Normen zu lösen versucht. In dieser Hinsicht unterscheidet sich ein emanzipierter, selbstbestimmter Zugang fundamental von pragmatisch begründeten Bindungen zu religiösen Organisationsstrukturen oder von einer bedingungslosen Hingabe an religiöse Autoritäten als religiöse Pflicht.

Das Vorhandensein emanzipierter, selbstbestimmter Zugänge zu muslimischer Religiosität und auch zu verfassten religiösen Organisationsstrukturen und Autoritäten ist in der öffentlichen Wahrnehmung wenig präsent. Und doch zeigt sich ein solches Verständnis bei ca. 15 % der Stichprobe. Interessant ist, dass dies mehrheitlich für Frauen gilt. Deren Anteil in der Gruppe ist mit 60,7 % überdurchschnittlich hoch, denn in der Gesamtstichprobe machen sie nur 48,8 % aus. Vertreter*innen eines solchen Zugangs sind zudem häufig jüngere Personen – ganze 85,4 % der Betreffenden sind unter 41 Jahre alt. Auch der Anteil der Angehörigen der zweiten und dritten Migrationsgeneration ist mit 34,5 % und 6,9 % im Vergleich zur Gesamtstichprobe ausgesprochen hoch. Aufgrund dessen ist davon auszugehen, dass solche Zugänge in Zukunft noch steigen und dass verfasste Organisationsstrukturen genötigt sein werden, auf diese Tendenzen zu reagieren.

Situative und temporäre Bezugspunkte aus kultureller Gewohnheit

Während die bisher dargestellten Bindungen an verfasste religiöse Strukturen allesamt Merkmale von hochreligiösen Muslim*innen sind, gibt es zwei weitere Haltungen, die vor allem für religionsferne Personen typisch sind: zum einen die strikte Ablehnung verfasster religiöser Strukturen und Autoritäten sowie zum anderen die situative und temporäre Bindung aus kultureller Gewohnheit. Letztere, die im Mittelpunkt dieses Abschnitts steht, kennzeichnet Muslim*innen, in deren Alltagsgestaltung Religiosität einen Bedeutungsverlust erfahren hat, für die religiöse Zugehörigkeit aber dennoch eine wichtige Rolle spielt. Religiosität erscheint hier als Ausdruck eines kulturellen Erbes (Hervieu-Léger, 2000, 2006); bei dieser Gruppe finden sich weitgehende Überlappungen mit dem Phänomen des ,culturally religious'. Die Bindungen an verfasste religiöse Strukturen sind als lose und flexibel zu charakterisieren. Dies schlägt sich auch in den Zahlen zur Mitgliedschaft in einem Moscheeverein nieder: Nur 7,7 % der Betreffenden sind selbst Mitglied, bei weiteren 10,3 % trifft dies auf Familienangehörige zu.

Charakteristisch für die Träger*innen dieser Umgangsform ist, dass Religiosität – begrenzt auf einen spezifischen Zeitrahmen oder auf einen sozialen Kontext – für sie durchaus sehr relevant ist bzw. werden kann. Insbesondere während des Fastenmonats oder im Kontext islamischer Feiertage kommen sie den religiösen Vorschriften und Normen nach, wohingegen sie unterm Jahr die rituellen Pflichtgebete nur selten verrichten und Moscheen – wenn überhaupt – nur für die Freitagsgebete besuchen.

Dies trifft beispielsweise auf Tarek zu, der in einem Reisebüro in Wien tätig ist. Während des Ramadans komme er sowohl dem Fastengebot als auch den rituellen Gebeten und dem Freitagsgebet nach, wie er betont. Die übrige Zeit im Jahr befolge er die religiösen Gebote aber nur selten. Und damit ist der 50-jährige Wiener mit türkischem Migrationshintergrund nicht allein. Seine muslimischen Kolleg*innen halten es ähnlich mit Religion im Alltag:

> Sie sind, was ich bisher gesehen habe, schon alle wie ich. Aber die besuchen am Freitag die Moschee. Und dann im Ramadan halten die sich schon auch dran, die beten [die Pflichtgebete (Anm. d. Verf.)] dann auch im Ramadan, aber sonst nicht. (Tarek, 50 Jahre)

Wiewohl religiöse Fragen in seinem Alltag einen Bedeutungsverlust erfahren haben, ist es nicht so, dass Tarek religiöse Normen vollkommen außer Acht lassen würde. Nur konzentriert er sich auf jene, die nicht mehrmals täglich befolgt werden müssen. So betet er, sofern er nicht verhindert ist, mehrmals im Monat das Freitagsgebet. Moscheevereine erachtet Tarek für wichtig, da in ihnen kulturelle Traditionen gepflegt und bewahrt würden. Der Wiener Moscheeverein, den er besucht – und dessen zahlendes Mitglied er ist –, gehört dem transnational agierenden türkischen Dachverband ATIB an. Seine Bindung zu verfassten religiösen Organisationsstrukturen ist grundsätzlich positiv konnotiert.

Darin bildet der 50-Jährige jedoch eher die Ausnahme, geht mit einer temporären oder situativ begrenzten Bindung aus kultureller Gewohnheit doch relativ selten auch die Mitgliedschaft in einem Moscheeverein einher. Ist dies dennoch der Fall, dann meist aus Solidarität oder aus kultureller Gewohnheit, kaum aus religiösen Beweggründen. Sehr wohl verstehen sich die Betreffenden aber weiterhin als Muslim*innen und bekennen ihre Zugehörigkeit zum Muslimischsein.

Ein solcher Umgang mit verfassten religiösen Organisationsstrukturen wird von einem beträchtlichen Teil der muslimischen Bevölkerung in Österreich praktiziert, nämlich von insgesamt ca. 27 %. Besonders häufig ist eine solche Bindung bei jungen Menschen zu beobachten. Personen über 40 Jahre machen lediglich ein Viertel des Segments aus. Zudem ist der Anteil der Personen alevitischen Glaubens hier höher als bei den bisher genannten Umfangsformen.

Strikte Ablehnung verfasster Strukturen und religiöser Autoritäten

Die zweite für religionsferne Muslim*innen typische Bindungsform an den verfassten Islam ist die strikte Ablehnung religiöser Organisationsstrukturen und Autoritäten. Sie findet sich bei Personen, die religiösen Fragen sehr kritisch und distanziert gegenüberstehen, bei denen jedoch nach wie vor Relikte und Restbestände der Religiosität vorhanden sind, wie der Glaube an eine Gottesperson oder das Leben nach dem Tod. Auch bekennen sie sich zum muslimischen Glauben und definieren sich als Muslim*innen. Diese Bindung ist als Relikt der Herkunft der Elterngeneration, das um der Tradition willen aufrechterhalten wird, zu sehen, teils basiert sie auch auf erfahrenen Zuschreibungen durch die nicht-muslimische Mehrheitsgesellschaft. Allerdings findet das grundsätzliche Bekenntnis zum Muslimischsein eben keine praktische Entsprechung mehr – es handelt sich hier gleichsam um ein Pendant zu den sogenannten ‚Taufscheinchrist*innen‘.

Muslim*innen, deren Religiosität sich derart fragmentiert darstellt, begegnen religiösen Institutionen zumeist grundsätzlich mit Kritik und Distanz. Dies betrifft Moscheevereine, Imame und religiöse Autoritäten gleichermaßen. Und doch bestehen trotz des markanten Bedeutungsverlustes der Religiosität im Leben der Betreffenden noch vereinzelt Bindungen zu Moscheevereinen – 3,4 % in diesem Segment sind Mitglied in einem solchen Verein. Hier zeigt sich das Phänomen des ‚belonging without believing', der Zugehörigkeit zu religiösen Organisationen trotz einer ablehnenden Haltung gegenüber Religion.

Von der Existenz der IGGÖ haben die meisten der Betreffenden dennoch noch nie gehört. Der Großteil hat noch nie eine Moschee oder einen muslimischen Gebetsraum betreten. Die Gründe dafür sind unterschiedlich, sie reichen von der Infragestellung von Imamen und religiösen Autoritäten bis hin zur prinzipiellen Ablehnung von muslimischen Organisationen und Einrichtungen. Die meisten möchten aber auch gar nicht versuchen, als religionsferne Person in Österreich eine Moschee zu betreten, da die Zugangsmöglichkeiten hier eingeschränkter sind als beispielsweise bei Kirchen.

Nesrin, eine 28-jährige kurdischstämmige Sachbearbeiterin mit österreichischer Staatsbürgerschaft steht religiösen Organisationen und Einrichtungen sehr distanziert gegenüber. Dies nicht nur, weil in ihrem Leben Religiosität prinzipiell eine geringe Rolle spielt, sondern auch aus einem anderen Grund:

> Nur weil ein Hodscha etwas sagt, heißt das nicht, dass ich mich danach richten sollte. Weil ich die Sache so sehe, gehe ich nicht an solche Plätze wie Moscheen. Ich denke, diese Plätze manipulieren die Menschen. (Nesrin, 28 Jahre)

Ähnlich wie Nesrin, die Imamen unterstellt, dass sie Moscheebesucher*innen manipulieren,[12] äußert sich auch Halit, ein 42-jähriger türkischstämmiger Mitarbeiter eines Logistikunternehmens. Dass er Moscheen ablehnend gegenüberstehe, sei nicht nur seiner Religionsferne geschuldet, sondern in hohem Maße auch der Instrumentalisierung von Religion durch organisierte Gruppen:

> Mich stören in Österreich besonders die Gruppierungen, wie zum Beispiel Milli Görüş und dann die Gülens, die Fethullah Gülens. Und auch andere Organisationen,

---

[12] An dieser Stelle ist darauf hinzuweisen, dass viele türkische Dachverbände in Österreich tendenziell kurdenfeindliche oder zumindest kurdenkritische Positionen vertreten. Nesrins Ablehnung von Moscheen sowie religiösen Einrichtungen ist auch durch diesen Umstand bedingt.

die eigentlich die demokratischen Werte ignorieren und die in der türkischen Politik eine große Rolle spielen und die die unwissenden Menschen oder die schlecht
ausgebildeten Menschen in Österreich, die Türken, dadurch auch ausnutzen und in
die Politik treiben, nur um Stimmen für die AKP und religiöse Parteien zu fangen.
Also da wird Politik in Moscheen gemacht, solche Moscheen und Glaubensgemeinschaften werden eher für politische Zwecke genützt. (Halit, 42 Jahre)

Der Angestellte, der in Niederösterreich wohnt und in Wien arbeitet, betrachtet
österreichische Moscheen generell als Räume, die für den Zweck, nationalis-
tische Politik zu machen, vereinnahmt werden. Dabei kritisiert er insbesondere
türkische Dachverbände und Moscheevereine als Handlanger politischer Parteien
und mächtiger Interessensgruppen, die oftmals undemokratische Ziele verfolgten.
Diese politische Instrumentalisierung und Inanspruchnahme religiöser Stätten für
politische Zwecke hat seine Distanzierung von Religion zusätzlich befördert.

Die strikte Ablehnung verfasster Organisationsstrukturen und religiöser
Autoritäten ist keineswegs ein zu vernachlässigendes Randphänomen. Im empirischen Datenmaterial zeigt sich, dass ein solcher Zugang von ca. 15 % der österreichischen Muslim*innen gepflegt wird. Einen hohen Anteil unter ihnen machen
Angehörige der zweiten (33,3 %) und der dritten (11,1 %) Migrationsgeneration
aus.

Abschließende Überlegungen

Den Abschluss des Beitrags bilden Reflexionen über drei Aspekte, die eng mit
den Bindungen muslimischer Gläubiger an religiöse Organisationsstrukturen, den
verfassten Islam und religiöse Autoritäten verknüpft sind. Diskutiert werden in
diesem Zusammenhang der *Prozesscharakter des religiösen Lebens,* der *Wandel
religiöser Autoritäten* sowie die *Implikationen der Diversität der Bindungen zu
verfassten religiösen Strukturen.*

Prozesscharakter des religiösen Lebens

Ein Aspekt, der sich bei allen dargelegten Bindungsformen zu verfassten religiösen Organisationsstrukturen zeigt, ist der Prozesscharakter des religiösen
Lebens – der Umgang mit Religion im Alltag ist im Lauf des Lebens Änderun-
gen unterworfen. Je nach Lebensphase weisen Muslim*innen der Religion eine
größere oder eine geringere Rolle zu. Beeinflusst wird dies stets auch durch

äußere Bedingungen, wie den Familienstand oder die Arbeitssituation. Die gelebte Religiosität ist dabei grundsätzlich als Prozess zu sehen, der stetigen Veränderungen unterliegt. Dies betrifft nicht nur Dinge wie die regelmäßige Verrichtung des rituellen Pflichtgebets, das Tragen des Kopftuchs oder den regelmäßigen Besuch eines Moscheevereins zum Freitagsgebet, sondern auch die Mitgliedschaft, Aktivitäten und das Engagement in verfassten religiösen Organisationsstrukturen. Die empirischen Befunde belegen eindeutig, dass die Mitgliedschaft in Moscheevereinen vor allem eine Angelegenheit von männlichen Muslimen über 40 Jahren ist. In jüngeren Altersgruppen und unter Frauen ist der Anteil wesentlich niedriger. Dies hängt mit der gängigen Praxis zusammen, dass seitens der Vereine die Mitgliedschaft nicht nur der zahlenden Person, sondern der gesamten Kernfamilie zuerkannt wird. Dabei stehen traditionelle Familienbilder im Vordergrund, sodass es in der Regel die Väter sind, die die Mitgliedschaft tragen. Von Heranwachsenden wird eine Mitgliedschaft erst dann erwartet, wenn sie über ein entsprechendes eigenes Einkommen verfügen oder eine eigene Familie gründen.

Die sich im Lauf des Lebens verändernde Bindung zu verfassten Organisationsstrukturen geht auch mit der prozessualen Entwicklung der Religiosität muslimischer Gläubiger einher. Sehr häufig pflegen junge Menschen einen vergleichsweise laxen Umgang mit religiösen Vorschriften, ändern diesen jedoch zu einem bestimmten Zeitpunkt ihres Lebens. Für viele stellt die Zeit als Jugendlicher oder junger Erwachsener eben eine Auszeit vom religiösen Leben dar, in der die Religiosität eine geringere Rolle spielt als in anderen Lebensphasen und in der die Grenzen des Muslimischseins ausgetestet werden können. Unachtsamkeiten und Nachlässigkeiten mit religiösen Normen fallen in diesem Alter nicht besonders ins Gewicht, so die Annahme.

Beendet wird diese Phase meist durch die Gründung einer Familie – ein Einschnitt, durch den der Religiosität im Leben eines jungen Menschen eine zunehmend bedeutendere Rolle zukommt. Erst wenn es um die Erziehung der eigenen Kinder und damit auch darum geht, diesen ein Vorbild zu sein und eigene religiöse Überzeugungen wie Traditionen zu vermitteln, rückt die eigene Religiosität vermehrt in den Lebensmittelpunkt. In jener Phase nimmt auch die Bereitschaft zur Mitgliedschaft in verfassten religiösen Organisationsstrukturen zu. Insbesondere bei Muslim*innen der zweiten Generation, die also selbst bereits in Österreich geboren und aufgewachsen sind, kommt es in dieser Lebensphase oftmals zu einer Rückbesinnung auf die kulturelle Herkunft und religiöse Tradition der Eltern. Der Befund, dass es sich bei der Bindung an verfasste religiöse Organisationsstrukturen um ein Phänomen handelt, das sich stets in

Bewegung befindet und abhängig von Kontextbedingungen ist, trifft auf alle unterschiedlichen Beziehungsvarianten zu.

Wandel religiöser Autoritäten

Ein weiterer Aspekt, der sämtliche Bindungen zu verfassten religiösen Strukturen prägt, betrifft traditionelle religiöse Autoritäten. Hier zeigen sich – ganz im Sinne der Säkularisierungsthese – auch im Fall der muslimischen Bevölkerung ein grundsätzlicher Bedeutungsverlust und ein Wandel. Zum einen wird dies deutlich in der alltäglichen religiösen Praxis im Zuge einer Virtualisierung des religiösen Lebens. Von besonderer Wichtigkeit sind hierbei Smartphone-Apps, die Muslim*innen jeden Alters die Zeiten des rituellen Pflichtgebets in Erinnerung rufen oder die Gebetsrichtung anzeigen. Zum anderen zeigt sich dies auch, wenn Antworten bezogen auf den Islam oder religiöse Normen gesucht werden. In solchen Fällen wenden Muslim*innen sich zumeist nicht an einen Imam oder an islamische Religionslehrpersonen, wenn sie sich über religiöse Fragen informieren wollen. Stattdessen werden entweder Personen im Freundes- und Bekanntenkreis oder – und diese Quelle wird heutzutage besonders häufig konsultiert – Online-Suchmaschinen zurate gezogen, auch wenn bezüglich der Vertrauenswürdigkeit der Informationen oftmals Unsicherheit besteht.

Aufgrund der Skepsis bezüglich der Richtigkeit und Fundiertheit von Internetbeiträgen werden Online-Quellen insbesondere dann befragt, wenn es sich um einfach zu beantwortende Fragen wie die Recherche von Inhaltsstoffen eines Lebensmittels handelt, nicht aber zwingend in komplexen oder wichtigen religiösen Fragen. Zudem werden in der Regel Beiträge auf verschiedenen Internetseiten miteinander verglichen, um die Richtigkeit der Informationen zu überprüfen. Diese Strategien sollen das bekannte Dilemma lösen, dass in häufig frequentierten Quellen und vorgeschlagenen Suchergebnissen oftmals sehr traditionalistische Auffassungen des Islams verbreitet werden (Harms, 2009; Kutscher, 2009).

Bei aller Unklarheit betreffend die Glaubwürdigkeit der Informationen hat die Konsultation von Online-Quellen in religiösen Fragen einen großen Vorteil: den der Anonymität. So sieht das auch Emre, der 39-jährige Wiener Hausmeister, der für das Freitagsgebet regelmäßig die gleiche Moschee besucht und eigentlich einen engen persönlichen Kontakt zu dem dortigen Imam pflegt. Dennoch, so hebt Emre hervor, würde er diesen bei religiösen Fragen nicht konsultieren, sondern hierfür auf die Möglichkeiten des Internets zurückgreifen:

Jo sicher, ich mein, i könnt jederzeit zum Imam gehen und sagen: „Ich hab jetzt das und das Problem." Oder: „I hab a Riesenfragezeichen im Kopf, wie schaut's aus? Da gibt's doch sicher a Antwort dafür." Und wenn der Imam sagt: „Das überfordert mich jetzt!", dann muss ich halt einen anderen fragen. Okay, das gibt's auch! [...] Aber man kann natürlich googeln auch, ha! [lacht]. Das ist anonym dann. [...] Ich mein, ich hab schon sehr viele Gespräche gehabt mit Imamen. Wobei ein Imam ein Freund von mir is, den ich schon länger kenne. Aber so richtig gefragt in dem Sinne hab ich da noch nichts! [...] Weil das ist halt ein Freund von mir. Da google ich lieber. (Emre, 39 Jahre)

Bevor er sich also dazu durchringt, islamischen Religionsgelehrten – noch dazu, wenn es Freunde von ihm sind – zu offenbaren, dass er über religiöse Fragen und Positionen nicht ganz genau Bescheid weiß, recherchiert Emre dazu lieber im Schutz der Anonymität mittels der Online-Suchmaschine Google. Die eigenständige und vor allem anonyme Online-Recherche steht in Konkurrenz zu dem direkten, interaktiven Face-to-Face-Kontakt mit einem Imam. Das bedeutet zwar nicht, dass islamische Religionsgelehrte ihre Autorität vollständig eingebüßt hätten – vor allem in wichtigen Fragen will man auf deren Rat und Meinung nach wie vor nicht ganz verzichten. Zu konstatieren ist jedoch, dass virtuelle Medien traditionelle religiöse Autoritäten zumindest infrage stellen oder in manchen Fällen sogar ablösen. Dieser Wandel religiöser Autoritäten – der nicht nur durch das Phänomen der Virtualisierung des religiösen Lebens ausgelöst wird, sondern auch mit stattfindenden Säkularisierungsprozessen in Zusammenhang steht – betrifft sämtliche Bindungsformen an verfasste religiöse Organisationsstrukturen.

Implikationen der Bindungsvielfalt zu organisierten religiösen Strukturen

Abschließend erfolgt eine Reflexion der Mannigfaltigkeit der Zugänge zu verfassten religiösen Organisationsstrukturen, in der grundsätzlich deutlich wird, dass Bezüge fast ausschließlich zu Moscheegemeinden oder Dachverbänden vorliegen, egal ob es sich um eine transnationale Bewegung oder um eine einheimische Organisation handelt. Keine persönlichen Beziehungen oder Bindungen bestehen indes in aller Regel zur IGGÖ. Diese wird vor allem als politischer Akteur wahrgenommen, der mit der religiösen Alltagspraxis der muslimischen Bevölkerung nur wenig zu tun habe.

Im Zuge der Analyse zeigt sich zudem, dass keinesfalls alle Muslim*innen in Österreich Mitglieder in Moscheevereinen oder aktiv engagiert sind. Insgesamt bekunden 18,3 % der Befragten, dass sie selbst Mitglied in einem Moscheeverein

seien, bei zusätzlichen 8,3 % trifft dies auf Familienangehörige zu. Die Mitgliedschaft ist dabei vor allem eine Angelegenheit der Männer und Familienväter. Bei
insgesamt 73,4 % des Samples, also beim überwiegenden Teil der muslimischen
Bevölkerung Österreichs, ist jedoch niemand aus der Familie Mitglied in einem
Moscheeverein.

Grundsätzlich ist bei Muslim*innen der Organisationsgrad vergleichsweise
hoch und der Besuch von Sakralorten (z. B. zur Verrichtung ritueller Pflichtgebete, der Freitagsgebete oder des Fastenbrechens im Ramadan) erfolgt oftmals
regelmäßig. Von einer eindeutigen Deinstitutionalisierung des Religiösen kann im
Fall islamischer Glaubensströmungen jedenfalls keine Rede sein. Dennoch treten
auch unter Muslim*innen verschiedene Tendenzen des Säkularisierungsprozesses
in Erscheinung – sei es die abnehmende Einbettung religiösen Lebens in den Alltag, die Zunahme individualisierter Glaubenspraktiken oder die kritische Haltung
gegenüber religiösen Autoritäten. Ungeachtet dessen ist das Selbstverständnis,
Muslim*in zu sein, dennoch stark ausgeprägt und weit verbreitet, auch unter
religionsfernen Personen.

Dies hängt zweifelsohne auch mit der Minderheitenposition von Muslim*innen in der Diaspora und dem daraus oftmals resultierenden Streben nach Wahrung der Herkunftskultur zusammen. Die stereotype Sichtweise, dass es sich
bei der muslimischen Bevölkerung um eine homogene Gruppe von Gläubigen
handle, die ihre Religiosität im Alltag in einer ähnlichen Weise praktizieren
würde und einen engen Bezug zu Moscheevereinen oder Dachverbänden hätte,
trifft aber dennoch keinesfalls zu. Selbst unter hochreligiösen Muslim*innen
herrscht keineswegs einheitlich ein enger Bezug zu verfassten religiösen Strukturen vor, wie in den vorangegangenen Ausführungen deutlich zum Ausdruck kam.

Einen besonders engen Bezug zu Moscheevereinen oder Verbänden, insbesondere in Form der Mitgliedschaft, pflegen wie erwähnt vor allem Familienväter, die in der Regel für Mitgliedsbeiträge für die gesamte Familie, also auch
für die Kinder, aufkommen. Auf diese Weise wird gewissermaßen bereits der
Nachwuchs rekrutiert, denn wenn die Heranwachsenden über ein eigenes Einkommen verfügen oder eine eigene Familie gründen, tragen sie die Mitgliedsbeiträge selbst und treten oftmals im selben Moscheeverein oder Dachverband in die
Fußstapfen ihrer Eltern. Die Bindungen zu einer spezifischen religiösen Organisation werden oftmals intergenerational tradiert.

Für die Annahme, dass ein verfasster Islam zu einer Vereinheitlichung der verschiedenen islamischen Glaubensströmungen führe, gibt es in den empirischen
Befunden indes keine Indizien. Die vorliegende Analyse deckt vielmehr deutliche Unterschiede und eine große Variationsbreite an Positionen, Bedürfnissen
und Praktiken bezogen auf verfasste religiöse Organisationsstrukturen auf. Diese

erstrecken sich von der bedingungslosen Hingabe über pragmatische Bindungen, selbstbestimmte, individualistische Zugänge mit kritischem Reflexionspotenzial bis hin zu einem situativen und temporären Band sowie der strikten Ablehnung verfasster Strukturen und religiöser Autoritäten. Das Spektrum reicht folglich von uneingeschränkter und vollkommen autoritätshöriger Unterwerfung über eine fragmentierte Bindung an Institutionen aufgrund kultureller Prägungen bis hin zur kritisch-ablehnenden Infragestellung der Existenzberechtigung traditioneller religiöser Organisationen, Einrichtungen und Autoritäten. In numerischer Hinsicht überwiegen dabei die tendenziell kritischen Zugänge.

Schluss

Die Analysen vermitteln ein lebendiges, alltagsnahes Bild des Verhältnisses von muslimischen Gläubigen in Österreich zum verfassten Islam. Diese Diversität resultiert auch daher, dass das Sampling der zugrunde liegenden empirischen Untersuchung besonders ausgewogen ist und dass deren Fokus nicht, wie sonst oft üblich, auf islamische Organisationen, religiöse Einrichtungen und auf Muslim*innen, die in Moscheevereinen organisiert sind, gelegt wurde, sondern ebenso auch die alltägliche religiöse Praxis von Personen berücksichtigte, die selten oder kaum Moscheen aufsuchen.

Die empirischen Analysen zeigen zudem, dass die Grenzen zwischen den religiösen Umgangsformen weder entlang ethnischer Linien oder staatsbürgerschaftlicher Bindungen verlaufen noch konfessionellen Zugehörigkeiten entsprechen. Denn keine der dargestellten Bindungsformen zu verfassten religiösen Organisationsstrukturen wird allein durch eine ethnische bzw. staatsbürgerschaftliche Gruppe oder Konfession getragen. Beispielsweise finden sich Sunnit*innen unterschiedlicher theologischer Schulen oder Alevit*innen in allen Umgangsformen wieder.

Selbstredend führt die Analyse der Bindung muslimischer Gläubiger zu verfassten Organisationstrukturen nicht zwingend zu einer Umstrukturierung der Architektur der Landschaft der Moscheevereine und Dachverbände oder zu einem prinzipiellen Überdenken der Ausrichtung des gewachsenen verfassten Islams am Prinzip der ethnischen Zugehörigkeit. Gleichwohl ist es wünschenswert, dass Moscheevereine, Dachverbände, religiöse Institutionen und Autoritäten die Diversität der Bindungen muslimischer Gläubiger stärker als bisher zur Kenntnis nehmen, als gegeben betrachten und adäquat damit umgehen.

Was Moscheevereinen und Dachverbänden vor diesem Hintergrund zu denken geben könnte ist, dass ein beträchtlicher Anteil der muslimischen Bevölkerung sowie der eigenen ethnischen Community religiösen Organisationsstrukturen kritisch bis ablehnend gegenübersteht. Die Gründe dafür sind unterschiedlich und reichen von Zeitmangel, agnostischen Haltungen, selbstbestimmten theologischen Auslegungen bis hin zur Kritik an politischen Aktivitäten in Moscheegemeinden. Religiöse Organisationen täten aber gut daran, die Bezüge zu diesen Segmenten der muslimischen Bevölkerung nicht abreißen zu lassen. Sie sollten daher Angebote schaffen, die für die Betreffenden attraktiv sein können. Bei Muslim*innen, die verfasste Organisationsstrukturen und religiöse Autoritäten strikt ablehnen, mag dies zwar wenig Aussicht auf Erfolg haben, bei jenen aber, die entweder selbstbestimmte, individualistische Zugänge wählen oder situative und temporäre Bindungen aus kultureller Gewohnheit heraus pflegen, sieht dies anders aus. Bei letzteren beiden Umgangsformen besteht die Option, dass der Bezug zu Moscheevereinen oder Dachverbänden intensiviert wird. Auch kann nicht davon ausgegangen werden, dass die Betreffenden die bestehende Bindung an religiöse Organisationsstrukturen auch in Zukunft dauerhaft aufrechterhalten werden. Letzteres könnte unter Umständen auch negative Implikationen für das Gemeindeleben, für Veranstaltungstätigkeiten oder für die finanzielle Situation der Organisationen haben.

Die alleinige Ausrichtung auf Muslim*innen, die eine bedingungslose Hingabe an religiöse Autoritäten als Pflicht empfinden, erscheint jedenfalls als einseitig und dem Gemeindeleben eines Moscheevereins nicht unter allen Umständen zuträglich. Verstärkte Bemühungen der religiösen Organisationsstrukturen, auch Muslim*innen mit kritischen Zugängen zu traditionellen religiösen Autoritäten anzusprechen, könnten sowohl die Diversität des Gemeindelebens beleben und die Heterogenität einer spezifischen ethnischen Community innerhalb eines Moscheevereins oder Dachverbands besser abbilden. Durch eine solche Ausrichtung wäre eine religiöse Organisation eher in der Lage, den vielfachen Erwartungshaltungen der nicht-muslimischen Mehrheitsgesellschaft an Moscheevereine nachhaltiger gerecht zu werden und dazu beizutragen, dass die muslimische Bevölkerung sich im österreichischen Kontext mehr akzeptiert und heimisch fühlt.

Muslimische Diversität und religiöse Praxis in Bewegung

10

Von der defensiven zur offenen Religiosität

Jonas Kolb und Erol Yildiz

Einleitung

Trotz der langen Geschichte, auf die der Islam und die Muslim*innen in Österreich zurückblicken können, deren starker medialer Präsenz und der damit verbundenen öffentlichen Diskurse ist die Lebenswirklichkeit der muslimischen Bevölkerung bisher weitgehend unbeachtet geblieben. In wissenschaftlichen Arbeiten nimmt die Auseinandersetzung mit organisierten muslimischen Strukturen, Vereinen und Einrichtungen eine vorrangige Position ein, mit der Folge, dass die muslimische Präsenz in Medien und Öffentlichkeit auf religiöse Aktivitäten in den Moscheegemeinden reduziert wird (Amiraux, 2006, S. 21 f.; Jeldtoft & Nielsen, 2011, S. 1113). Was bisher kaum zur Kenntnis genommen wurde, ist die religiöse Alltagspraxis der breiten muslimischen Mehrheitsbevölkerung (Heine et al., 2012, S. 21).

Für gewöhnlich erscheinen Muslim*innen in der medialen Berichterstattung in Österreich – wie in anderen europäischen Ländern auch – nur in Problemzusammenhängen (Yildiz, 2018). Das gilt auch für Angehörige der zweiten und dritten Migrationsgeneration, also diejenigen, die in Österreich geboren und

---

Dieser Aufsatz ist die leicht gekürzte und geringfügig modifizierte deutschsprachige Fassung eines Beitrags, der gemeinsam mit Erol Yildiz verfasst wurde und 2019 unter dem Titel ‚Muslim Everyday Religious Practices in Austria: From Defensive to Open Religiosity' in der Zeitschrift Religions (Jahrgang 10, Monat 3, Artikel 161; Verlag: MDPI) erschienen ist.

© Der/die Autor(en), exklusiv lizenziert an Springer Fachmedien Wiesbaden GmbH, ein Teil von Springer Nature 2024
J. Kolb, *Muslimisches Leben und religiöse Bildung in der Gegenwartsgesellschaft*, Veröffentlichungen der Sektion Religionssoziologie der Deutschen Gesellschaft für Soziologie,
https://doi.org/10.1007/978-3-658-42404-6_10

aufgewachsen sind. Schlagworte wie Orientierungslosigkeit und Integrationsdefizit, Parallelgesellschaft, Gewaltbereitschaft, religiöser Fundamentalismus,
archaische Frauenbilder und religiös motivierter Terrorismus gehören seit Jahren
zum Standardvokabular politischer und medialer Debatten, das immer wieder
im Zusammenhang mit Muslim*innen gebraucht wird (Kolb, 2017, S. 74). Dazu
schreibt Frank-Olaf Radtke:

> Soziale Konflikte, die mit „Kultur" und „Religion" in Verbindung gebracht werden
> können, erreichen eine erhöhte öffentliche Aufmerksamkeit und lassen sich ver-
> gleichsweise schnell politisieren. Ihnen wird ein Konfliktpotential zugeschrieben,
> welches von vornherein das Kriterium der politischen Relevanz zu erfüllen und sie
> zu Kandidaten für außeralltägliche Dialoge zu machen scheint. (Radtke, 2011, S. 98)

Solche aus einer reduktiven Sicht vorgenommenen medialen Zuschreibungen vermitteln oftmals den Eindruck, dass es sich bei der muslimischen Bevölkerung um
eine homogene Gruppe von Gläubigen handle, die ihre Religion auf einheitliche
Art und Weise vertreten und praktizieren würde (Yildiz, 2018). Im Rahmen des
vorliegenden Beitrags möchten wir derartigen pauschalisierenden Vorstellungen
entgegenwirken und auf Basis einer ebenso umfangreichen wie detaillierten empirischen Studie die Diversität und Vielschichtigkeit der religiösen Alltagspraxis
von Muslim*innen aufzeigen. Klischeebesetzten Vorstellungen über den Islam
und die muslimische Bevölkerung stellen wir ein differenziertes, lebensnahes
Bild entgegen.

Im Mittelpunkt des Beitrags steht eine bis dato nur wenig beachtete religiöse
Praxisform – wir bezeichnen sie als ‚offene Religiosität' –, die eindrucksvoll
belegt, dass hochreligiös nicht gleich hochreligiös ist. Am Beispiel der Praxisform wird deutlich, auf welch unterschiedliche und vielfältige Weise sich eine
starke religiöse Bindung und eine markante Religiosität äußern können. Der gemeinsame Nenner der ihr Zugehörigen ist der individualistische, selbstbestimmte
Zugang zu religiösen Normen bei gleichzeitiger Ablehnung eines den Vorschriften entsprechenden Verständnisses von Religion. Der Umkehrschluss, dass
rituelle Praktiken – wie Pflichtgebete oder das Freitagsgebet – bei der offenen
Religiosität gänzlich vernachlässigt würden, ist aber nicht angebracht. Denn sie
werden sehr wohl verrichtet, aber eben nicht kontinuierlich und nicht immer zu
den vorgegebenen Zeiten, sondern wenn das Bedürfnis danach besteht.

Praktiziert wird dieser Umgang mit Religiosität vor allem von Angehörigen
der zweiten und dritten Migrationsgeneration, die also bereits in Österreich geboren und aufgewachsen sind. Daraus erwächst die besondere Relevanz dieser
Praxisform für die Zukunft. Denn angesichts des in den kommenden Jahren zu er-

wartenden zahlenmäßigen Anstiegs der Angehörigen der Nachfolgegenerationen wird die offene Religiosität stärker noch als bisher den muslimischen Alltag in Europa prägen.

Unsere Studie knüpft an Erkenntnisse anderer Untersuchungen an, die sich mit religiösen Umfangsformen von Angehörigen der Nachfolgegenerationen im deutschsprachigen Raum befassen. Zu nennen sind an dieser Stelle die Arbeiten von Gritt Klinkhammer (2000), Nikola Ornig (2006), Mouhanad Khorchide (2007) oder Carsten Gennerich (2016), die jeweils die Ausprägung der Religiosität unter jungen Muslim*innen in den Blick nehmen und dabei Abweichungen gegenüber der ersten Generation konstatieren. Besondere Einblicke vermittelt diesbezüglich die Analyse von Sakin Özışık (2016), in der die Entwicklungsprozesse türkischer Familien über drei Generationen hinweg herausgearbeitet werden. Dabei zeigen sich hinsichtlich der zweiten und dritten Generation eine zunehmende dialogische Offenheit und ein überwiegend funktionales Verständnis von Religion. Insbesondere in der dritten Generation sind Lebensführung und religiöse Umfangsformen stärker individualistisch geprägt.

Dies bedeutet aber keineswegs, dass sich die Nachfolgegenerationen von religiösen Fragen distanzieren. Vielmehr kommt es, worauf auch Nikola Tietze in ihrer vergleichenden Studie zu jungen muslimischen Männern in Deutschland und Frankreich hinweist (2001), zu einer Individualisierung von Beweggründen und Motiven für religiöse Praktiken. Dafür, dass sich ein vormals nicht-religiöser junger Mensch verstärkt dem Islam zuwendet oder eine junge Frau, die in Deutschland geboren und aufgewachsen ist und einer säkular orientierten Familie entstammt, gegen den Willen ihrer Eltern plötzlich ein Kopftuch anlegt, könne es unterschiedliche Auslöser geben. Werner Schiffauer wiederum zeigt in seiner ethnografischen Studie über den islamischen Verband *Milli Görüş* in Deutschland auf, dass intergenerationale Entwicklungsprozesse nicht nur innerhalb einer Familie stattfinden, sondern dass innerhalb ein und derselben religiösen Organisation je nach Generation unterschiedliche Zugänge zu Religion vorherrschen. Während die erste Migrationsgeneration sich noch durch eine defensive Religiosität auszeichne, setze sich in den Nachfolgegenerationen zunehmend eine Diaspora-Identität durch, die offene, bewusst reflexive Züge trägt (Schiffauer, 2010, S. 360).

Die Entwicklung der für ihre gesellschaftliche Positionierung höchst relevanten religiösen Orientierungen und biografischen Deutungen geschieht im Zuge der Auseinandersetzung mit diskriminierenden gesellschaftlichen Bedingungen und einer öffentlichen Wahrnehmung, in der die Nachfolgegenerationen – deren Lebensentwürfe und religiösen Orientierungen sich mangels Migrationserfahrungen wesentlich von denen ihrer Eltern oder Großeltern unterscheiden, die in Wien, Graz, Innsbruck oder einer anderen Stadt geboren und aufgewachsen sind, dort ihre Sozialisationsprozesse durchlaufen und ihre Bildungsabschlüsse erworben haben – unverändert als Migrant*innen oder Menschen mit Migrationshintergrund gelten.

Bevor wir nun anhand der offenen Religiosität die religiöse Alltagspraxis von Angehörigen der zweiten und dritten Migrationsgeneration inhaltlich beleuchten, wollen wir in den nachfolgenden Abschnitten noch theoretische Perspektiven diskutieren und das empirische Material vorstellen, das diesem Beitrag zugrunde liegt. Im Anschluss skizzieren wir die Typologie muslimischer Alltagspraxis unter österreichischen Muslim*innen, die wir im Rahmen unserer Studie rekonstruiert haben. Daran anknüpfend beschäftigen wir uns detailliert mit der Praxisform der offenen Religiosität, indem wir mithilfe von Interviewaussagen deren charakteristische Merkmale und die soziodemografischen Hintergründe der betreffenden Gläubigen analysieren.

Theoretische Perspektiven: muslimische Alltagspraxis

In den vergangenen Jahren wurden der Islam und Muslim*innen mehr und mehr als Prototypen des in der westlichen Welt Fremden konstruiert und festgeschrieben – nicht nur in der medialen Berichterstattung, sondern auch durch wissenschaftliche Methoden und in theoretischen Perspektiven. Infolgedessen sind in migrationsbezogenen Studien dichotome Gegenüberstellungen und kollektivierende Bilder nach dem Muster ‚Wir' (Christ*innen) und die ‚anderen' (Muslim*innen) sowie generalisierende Deutungen (‚praktizierende' vs. ‚säkulare' Muslim*innen) gang und gäbe (Yildiz, 2018, 2020). Derart alienisierende Sichtweisen lassen jedoch die Perspektiven der beteiligten Menschen außer Acht und verkennen zum einen die unterschiedlichen Bedeutungen, die religiöse Aspekte für die Lebensgestaltung der Einzelnen haben können. Zum anderen werden in solchen Lesarten ambivalente, hybride oder ‚mehrheimische' Zugehörigkeiten systematisch ausgeblendet. Dass Religiosität nur einer von vielen möglichen Bezugspunkten für die Selbstbilder der Einzelnen und deren jeweilige Alltagsgestaltung ist, wird schlicht nicht zur Kenntnis genommen. Dies steht im krassen Gegensatz zur sozialen Einbettung und Vielschichtigkeit von Selbstbildern, wie sie beispielsweise Navid Kermani paradigmatisch zum Ausdruck bringt:

Ich bin Muslim, ja – aber ich bin auch vieles andere. Der Satz, „Ich bin Muslim", wird also in dem Augenblick falsch, ja geradezu ideologisch, wo ich mich ausschließlich als Muslim definiere – oder definiert werde. (Kermani, 2017, S. 19)

Vor diesem Hintergrund nehmen wir im Rahmen unserer empirischen Studie einen Perspektivwechsel vor, der uns neue erkenntnistheoretische Horizonte eröffnet. Ähnlich wie Nilüfer Göle in ihrer Studie ‚Europäischer Islam. Muslime im Alltag' (2016) verzichten wir auf künstliche, vorgefertigte Klassifizierungen und begreifen stattdessen die Sichtweise von gewöhnlichen, „ganz einfachen Muslimen" bzw. „einfachen Bürgern" (ebd., S. 13 & 15) und deren Umgangsformen mit Religion als Ausgangspunkt unserer Untersuchung. Durch einen praxistheoretischen Zugang nehmen wir die Belange der Einzelnen ernst und rekonstruieren auf dieser Basis subjektive Auslegungen von Religiosität im Alltag sowie Analogien und Schnittmengen zwischen den individuellen Deutungen.

Den Mittelpunkt der theoretischen Perspektiven unserer Studie bildet dementsprechend die muslimische Alltagspraxis, unter der wir nicht nur religiöse Einstellungen und Überzeugungen verstehen. Auch sagen wir damit nichts darüber aus, ob die Betreffenden Schweinefleisch essen, Alkohol trinken oder beides meiden. Um zu einer umfassenden und differenzierten Ausarbeitung dessen zu gelangen, was die Religiosität von Muslim*innen ausmacht, lehnen wir uns an das klassische Modell von Charles Y. Glock an, wie Religiosität in differierende Dimensionen aufzugliedern sei (1969). Von Relevanz sind dabei fünf Ebenen der Religiosität: die religiöse Erfahrung, die rituelle Dimension, religiöse Ideologie, Wissen und Konsequenzen. Besonders zentral ist in unserer Konzeption die Dimension der religiösen Konsequenzen. Darunter fassen wir die praktischen Folgewirkungen von Religiosität auf den unterschiedlichen Ebenen. Damit zirkuliert diese Ebene um die Frage, was ein Mensch als Konsequenz seiner Religiosität in seiner Alltags- und Lebensgestaltung, also im Arbeitsleben, im Familienleben oder im Freundes- und Bekanntenkreis, tut oder lässt.

Neben dem Glock'schen Mehrebenenmodell verfolgen wir zudem eine konzeptionell geleitete, offene Annäherung an den Untersuchungsgegenstand, die der Haltung der ‚lived religion' entspricht (Hall, 1997; Ammerman, 2007b; McGuire, 2008). Grundsätzlich fassen wir somit Religiosität als etwas sich Veränderndes und in der Alltagspraxis Entstehendes, das sich in enger Verzahnung mit sozialen Hintergründen, der regionalen Herkunft und dem kulturellen Kontext entwickelt. Wie die Religiosität der muslimischen Bevölkerung Österreichs ausgeprägt ist, erschließt sich erst nach Kenntnisnahme dessen, wie Religion übersetzt wird – in die alltägliche Praxis, in religiöse Wahrnehmungen, Verständnisse und Interpretationen. Im Mittelpunkt stehen somit nicht theologische Positionen, Inhalte und Debatten, sondern die Frage, wie Muslim*innen in Österreich ihren Glauben wahrnehmen, empfinden, welche Bedeutung der Islam für sie hat, wie sie damit im Alltag umgehen und wie dies Einfluss nimmt auf ihre Lebensgestaltung (Dessing, 2013; Nielsen, 2013).

Methodisches und Skizze der Typologie

Das dem Beitrag zugrunde liegende empirische Datenmaterial wurde im Rahmen des Forschungsprojekts ‚Muslimische Milieus in Österreich' erhoben (Aslan et al., 2017). Bei der Untersuchung handelt es sich um eine Mixed-Methods-Studie, welche sowohl eine qualitative als auch eine quantitative Erhebung umfasst. Beide Datengattungen wurden jeweils gesondert ausgewertet und miteinander verbunden. Im Anschluss wurde eine Typologie entwickelt, die zwischen verschiedenen religiösen Praxisformen unterscheidet.[1] Als Praxisform bezeichnen wir eine charakteristische Ausprägungsform muslimischer Alltagspraxis, die sich sowohl durch spezifische religiöse Aspekte als auch Werteorientierungen auszeichnet.

Unterschieden wurde bei der Auswertung zwischen einer ‚bewahrenden Religiosität', einer ‚pragmatischen Religiosität', einer ‚offenen Religiosität', einer ‚Religiosität als kulturelle Gewohnheit' sowie einer ‚ungebundenen Restreligiosität' (siehe den Beitrag ‚Muslim*innen und das religiös Andere: Zur Diversität von Einstellungen gegenüber anderen Religionen, religiösen Schemata und Interaktionen von Muslim*innen mit Andersgläubigen', Abb. 1). Die letzten beiden Umgangsformen mit Religion im Alltag zeichnen sich durch eine tendenzielle Religionsferne aus und sollen daher nicht weiter erörtert werden. Im Fokus steht stattdessen eine Praxisform, die als hochreligiös einzustufen ist und in der öffentlichen Wahrnehmung kaum präsent ist: die offene Religiosität. Von allen anderen Umgangsformen mit Religion hebt sie sich insofern ab, als sie durch besonders liberale Wertehaltungen und individualistische Deutungen von religiösen Normen gekennzeichnet ist. Während die bewahrende Religiosität defensive Züge trägt, zeigt sich bei der offenen Religiosität ein ganz anderer Ansatz, nämlich ein selbstbestimmter Zugang zu Glaubensfragen und eine ausgeprägte Wandelbereitschaft und Offenheit für Neues. Eingelagert ist die Praxisform auch in Prozesse der Säkularisierung in der Gegenwartsgesellschaft, die in den Merkmalen der offenen Religiosität, u. a. im vermehrten Auftreten individualistischer Glaubensformen und im Rückzug des religiösen Lebens in den privaten Raum (Ebertz 1997; Davie, 2002), ihren Niederschlag finden.

---

[1] Zu einer genauen Präsentation der Methodik, des Samplings und der Auswertung der empirischen Daten sei verwiesen auf (Aslan et al., 2017, S. 47–58) sowie den Abschnitt ‚Methoden und Datenmaterial' (Kap. 7.4) im Aufsatz ‚Muslim*innen und das religiös Andere: Zur Diversität von Einstellungen gegenüber anderen Religionen, religiösen Schemata und Interaktionen von Muslim*innen mit Andersgläubigen' in diesem Band.

Dass die offene Religiosität in der öffentlichen Berichterstattung nicht erwähnt wird, liegt auch darin begründet, dass sich in sozialwissenschaftlichen Debatten bis dato kaum gesicherte Erkenntnisse über diese spezifische Form der muslimischen Alltagspraxis finden. In den nachfolgenden Abschnitten wollen wir uns daher ausführlich dieser Praxisform widmen. Für die Darstellung greifen wir sowohl auf qualitative als auch auf quantitative Daten zurück, wobei Ersteren der zentrale Stellenwert zukommt.

Praxisform der offenen Religiosität

Soziodemografische Hintergründe

In der Stichprobe stellt die offene Religiosität mit 14,8 % eines der kleineren Segmente dar. Aus demografischer Perspektive ist die Praxisform häufiger bei jüngeren Muslim*innen anzutreffen – Personen, die die Praxisform verrichten, weisen mit 28,9 Jahren einen sehr niedrigen Altersschnitt gegenüber den 35,1 Jahren der Gesamtstichprobe auf. Die offene Religiosität ist also eher ein Phänomen der Jugend und junger Erwachsener, die religiöse Normen und Vorschriften auf den Prüfstand stellen. Ältere Befragte tendieren hingegen oftmals stärker zu traditionellen Werten und einer Bewahrung des Bestehenden (Gennerich, 2010, S. 54), was seinerseits Auswirkungen auf die Ausprägung der religiösen Alltagspraxis zeitigt. Demnach steht die religiöse Alltagspraxis im Zusammenhang mit den jeweiligen Lebenslagen der Gläubigen.

In Sachen geschlechtliche Verteilung zeigt sich, dass Frauen hier wesentlich stärker präsent sind. So besteht ein weiblicher Überhang von 60,7 % zu 39,3 %. In der Gesamtstichprobe sind dagegen beide Geschlechter nahezu gleich verteilt (51,2 % männlich; 48,8 % weiblich). Eine derart starke geschlechtliche Ungleichverteilung ist bei keiner anderen Praxisform gegeben. Offenheit für Wandel ist somit vorrangig eine Haltung, die bei Musliminnen auftritt.

Was die Staatsangehörigkeit betrifft, so besitzt die Mehrheit, genauer 58,4 %, einen österreichischen Pass, gefolgt von türkischen (14,6 %) und bosnischen (4,5 %) Staatsbürger*innen. Beim Blick auf den Geburtsort wird deutlich, dass fast die Hälfte der Personen, die diese Praxisform pflegen, nämlich 41,4 %, in Österreich geboren sind und damit entweder der zweiten oder dritten Migrationsgeneration angehören. In der Gesamtstichprobe ist deren Anteil mit 31,6 % wesentlich geringer. Damit bestätigt sich ein Befund von Weiss und Strodl (2016, S. 73 f.), wonach mit der zweiten Generation religiöse Praktiken und Traditionen ihre Bindekraft partiell verlieren oder auch transformiert werden. Dieser Sachverhalt spiegelt sich auch darin, dass die Befragten stärker Werte der Selbstentfaltung und Stimulation vertreten, wenn ihre Eltern bereits in Österreich aufgewachsen sind.

Hinsichtlich der Bildungsabschlüsse unterscheiden sich die Vertreter*innen der offenen Religiosität kaum von der Gesamtstichprobe. Weder ist das Bildungsniveau einheitlich, noch finden sich darunter ausschließlich Menschen mit höheren Abschlüssen. Vielmehr herrscht, wie bei anderen Praxisformen auch, eine starke gruppeninterne Diversität in Bezug auf Bildungslaufbahnen vor.

Subjektive Bedürfnisse und gesellschaftliche Lebensbedingungen

Wie im theoretischen Teil bereits betont wurde, müssen die subjektiven Bedürfnisse und Orientierungen mit gesellschaftlichen Lebensbedingungen zusammengedacht werden. Bei der Praxisform der offenen Religiosität handelt es sich um eine Ausprägung der muslimischen Alltagspraxis, die sich aufgrund ihrer Offenheit für Wandel durch besondere Merkmale auszeichnet. Gegenüber der bewahrenden wie auch der pragmatischen Religiosität grenzt sich die offene Religiosität, die ebenfalls als hochreligiös einzustufen ist, scharf ab – insofern als bei dieser aufgeschlossene und unkonventionelle Grundhaltungen dominieren. So werden bei dieser Praxisform zwar kulturelle Traditionen hochgehalten und gewahrt, jedoch besteht eine Offenheit gegenüber anderen, von traditionellen Lebens- und Beziehungsformen abweichenden Modellen.

Unterschiede zu den anderen hochreligiösen Praxisformen bestehen darüber hinaus auch hinsichtlich des Zugangs zu Religion. In der offenen Religiosität steht nicht primär die Pflichterfüllung oder die Einhaltung von Regeln im Vordergrund, wie es in der bewahrenden – und teilweise auch in der pragmatischen – Religiosität der Fall ist. Vielmehr herrschen hier individuelle Bedürfnisse, die persönliche Suche nach Sinn oder das Streben nach einem spirituellen Halt im Leben vor. Abwertende Haltungen gegenüber anderen Religionen oder ein exklusivistisches Religionsverständnis, das den Wahrheitsanspruch und die Gültigkeit der Deutungen anderer Religionen in Abrede stellt, ist der Praxisform eher fremd.

Ein solcher Zugang zu Religion zeigt sich etwa am Beispiel Semas, der bereits zitierten 32-jährigen Kärntnerin mit bosnischem Migrationshintergrund. Ihre muslimische Religiosität ist integraler Bestandteil ihres Selbstbilds, der die Ziele ihres Lebens und den Sinn ihres Daseins auf der Erde wesentlich bestimmt. Doch auch wenn für die dreifache Mutter, die als Angestellte in der Wellness-Branche arbeitet, ihr Glauben eine zentrale Rolle spielt, mischen sich in ihre religiöse

Selbstverortung auch kritische Töne – wenn sie etwa sagt, dass religiöse Fragen für sie nicht immerzu präsent seien:

> Ich bin als Muslimin geboren, ich bin so auf die Welt gekommen und ich bin auch sehr stolz darauf, dass ich es bin. Aber ich übertreibe es nicht, ich übertreibe auch generell mit nichts im Leben. Ich weiß, was ich bin, und bin froh, dass ich es bin. Doch ich respektier auch jeden anderen. […] Ich denke schon sehr oft an Gott. Wenn etwas passiert, denke ich mir: „Das war Schicksal", oder: „Das ist durch eine höhere Macht geschehen!" Aber es ist nicht so, dass ich vierundzwanzig Stunden am Tag an Gott denke. (Sema, 32 Jahre)

Das Muslimischsein ist für Sema ein zentraler Baustein ihres Selbstverständnisses. Gleichwohl macht sie Einschränkungen: Religiosität sei für sie nicht rund um die Uhr präsent. Je nach Alltagssituation denke sie mal mehr, mal weniger an Gott. Muslimin zu sein ist für sie somit nicht etwas, mit dem sie sich ausschließlich identifiziert, sondern eben ein Bestandteil ihres Selbstbilds unter verschiedenen anderen. Gegenüber streng religiösen Muslim*innen, die es in ihren Augen mit Religiosität übertreiben, grenzt sich Sema – dies wird in dem Zitat unterschwellig vermittelt – bewusst ab, scheint sie geradezu eine Abneigung zu verspüren, obwohl sie selbst als sehr religiös einzustufen ist. Sie praktiziert ihre Religiosität im Alltag eben ganz anders, nämlich weniger in Form von religiösen Regeln und Vorschriften, die sie keineswegs rigide einhält, sondern spontan und flexibel, in Form einer persönlichen Frömmigkeit, Spiritualität und von Gebeten, deren Verrichtung sie selbst zeitlich festlegt.

Selbstbestimmte religiöse Praxis

Was die Dimension der religiösen Rituale angeht, zeigt sich bei der Praxisform der offenen Religiosität eine reservierte Haltung gegenüber religiösen Vorschriften. Dies ist ein bezeichnendes Merkmal dieser Ausprägung muslimischer Alltagspraxis. Besonders deutlich zum Ausdruck kommt die verhaltene Sichtweise gegenüber religiösen Geboten bei Amina:

> Das rituelle Gebet is so eine Art spirituelle Erfahrung, oder etwas, wo man sich in so eine Art Trance versetzt. Also nicht absichtlich, sondern es is einfach so. Und deshalb möcht ich einfach oder das is für mich wichtig, dass es einfach still ist. Ja. Ja, aber sonst muss es, und ja ich tu natürlich mein Kopftuch rauf und alles, das is klar, […] weil wenn ich bete, bin ich Gott ja so nahe. Es gibt auch diese Koranstelle, die besagt, wir sind dir näher als die eigene Halsschlagader. Also so nahe ist Gott eigentlich uns Menschen. Das spürt man halt bei so einem rituellen Gebet ganz stark, also so, vor allem ich spür das so. (Amina, 27 Jahre)

Weit davon entfernt, die Verrichtung der rituellen Gebete als eherne Pflicht oder einen Akt der Schuldbegleichung anzusehen – diese Vorstellung lehnt sie kategorisch ab –, stehen für Amina vielmehr die spirituelle Erfahrung, ein religiöser Trancezustand und eine Nähe zu Gott, die sie dabei erfahre, im Fokus. Ein zentraler Baustein ihres Religions- und Glaubensverständnisses ist Selbstbestimmtheit:

> Also die fünf religiösen Säulen sind für mich ein Wegweiser, also etwas, woran man sich halten kann, um zu versuchen, ein guter Mensch zu sein. Ich bin auch kein Mensch, der die Gebete immer nachholt, das mach ich nicht. Weil es für mich einfach in dem Moment keinen Sinn ergibt. (Amina, 27 Jahre)

Die Verrichtung der rituellen Gebete ist also daran gebunden, dass sich zu einem gegebenen Moment deren Sinnhaftigkeit erschließt, die ihrerseits allein einem subjektiven Bedürfnis und einer entsprechenden Stimmungslage entspringt. Diese Haltung hat nichts mit einer Distanzierung von religiösen Vorschriften und Regeln zu tun, sondern verdankt sich vielmehr dem Wunsch nach einer unmittelbaren Nähe zu Gott – die eben nicht durch die Einhaltung von religiösen Vorschriften wie den Pflichtgebeten erreicht werden könne. Im Lichte dessen seien die fünf religiösen Säulen Richtungsmarker oder Wegweiser, die bei der persönlichen Sinnsuche beachtet werden können, aber nicht müssen.[2]

In erster Linie aber gehe es darum, im alltagspraktischen Umgang mit den rituellen Pflichtgebeten einen selbstbestimmten, von Regeln losgelösten Weg zu gehen:

> Also ich muss ganz ehrlich sagen, ich bin ein Mensch, der grundsätzlich immer dann betet, wenn ich hundertprozentig es brauche und davon überzeugt bin. Ich bin kein Mensch, der Vorschriften nachgeht. Also fünf Mal am Tag beten, das tu ich nur dann, wenn ich das Gefühl habe, fünf Mal am Tag beten zu müssen. Aber nicht, weil es diese Vorschrift gibt. (Amina, 27 Jahre)

Die Befolgung religiöser Normen aufgrund eines Pflichtgefühls steht der Vorstellung der jungen Frau von Religiosität diametral entgegen. Sie selbst richtet

---

[2] In der Suche nach religiösen Erfahrungen, der Bedeutung des Glaubens und der Spiritualität sowie auch in der partiellen Abkehr von rituellen Normen finden sich durchaus sufistische Anleihen oder Analogien. Ungeachtet dessen ist die offene Religiosität dennoch als völlig eigenständige religiöse Praxisform zu verstehen, da die gesellschaftlichen Kontext- und Lebensbedingungen von Muslim*innen, die eine offene Religiosität praktizieren, gänzlich andere sind als bei traditionellen sufistischen Strömungen.

ihre religiöse Alltagspraxis autonom nach ihren persönlichen Bedürfnissen aus, also danach, ob sie das spirituelle Erlebnis, das sie beim Beten empfindet, gerade benötigt. Sie betet das Pflichtgebet, wenn sie den Wunsch danach verspürt, und nicht, wenn es durch die Gebetszeiten vorgeschrieben ist. Insgesamt finden sich bei Amina keine Spuren einer abgeschotteten und defensiven Religiosität, die vor allem im Rahmen von Moscheen oder religiösen Vereinen praktiziert wird, sondern es werden eigenständig Ansprüche formuliert und Interpretationen vorgenommen. Religiöse Bräuche werden nicht praktiziert, um kulturelle Wurzeln zu verteidigen und zu bewahren, sondern um individuellen Bedürfnissen nachzukommen.

Ihren emanzipativen und selbstbestimmten Umgang mit Religiosität und religiösen Regeln im Alltag betrachtet Amina nicht nur als legitim, sondern hinsichtlich deren Bedeutsamkeit auch als dem Sinn von Religion viel eher entsprechend als eine pflichtversessene Einhaltung von religiösen Geboten. So meint sie:

> Ich bin auch der Meinung, der Überzeugung, dass Gott so etwas auch versteht und es auch, glaub ich, mehr schätzt. [...]. Also ich bin kein Mensch, der irgendwie so urteilen kann, also auf irgendeine Art und Weise möchte ich auch gar nicht urteilen, weil das kann nur Gott. Aber es is ein ganz anderer Zugang, das habe ich selbst erkannt, als ich begonnen hab zu beten. Es is ein ganz anderer Zugang, wenn du betest, weil du es spürst und weil du Gott unfassbar nahe sein möchtest, als wenn du betest, weil es bestimmte Vorschriften also gibt oder wenn du solchen Dogmen nacheiferst. (Amina, 27 Jahre)

Den Pflichtgebeten im Sinne von religiösen Pflichten in einer dafür vorgesehenen Zeit nachkommen zu müssen, betrachtet die Wienerin als Dogma, ein für sie durchaus problematischer Begriff. Darunter versteht sie religiöse Lehrmeinungen, die zeitlose und universelle Gültigkeit beanspruchen und nicht hinterfragt werden dürfen. Ein derartiges Verständnis widerspricht ihrer Vorstellung von muslimischer Religiosität. Einer solchen regelgeleiteten Religiosität kann Amina, wie sie sagt, nichts abgewinnen.

Wenn die rituellen Gebete allein aufgrund eines empfundenen Zwangs zur Pflichterfüllung verrichtet werden, so Amina, sei deren Sinnhaftigkeit infrage zu stellen. Demgegenüber gibt sie einer selbstbestimmten, aus persönlichen Überzeugungen resultierenden Religiosität auf jeden Fall den Vorzug, auch wenn sie eine Hierarchisierung der beiden Formen religiöser Praxis eigentlich zu vermeiden sucht. Die junge Frau lehnt es dabei grundsätzlich ab, auf andere Menschen zu zeigen und deren Umgang mit Religion zu bewerten – sei es, dass deren religiöse Praxis als nachlässig oder als falsch bezeichnet wird. Auf welchem Weg der Bezug und die Nähe zu Gott hergestellt werden, ist ihrer Meinung nach eine private, rein persönliche Angelegenheit zwischen der gläubigen Person und Gott. Ein Urteil darüber, wie der Umgang mit religiösen Normen zu erfolgen habe, sei alleinige Sache des Schöpfers und gehe andere Personen nichts an. In Aminas Augen ist Religion Privatsache. Darin spiegeln sich Tendenzen von Säkularisierungsprozessen in der Gegenwartsgesellschaft wider. Zentrale Kriterien, um sich als religiöse und gläubige Person zu erweisen, sind für die Interviewpartnerin Selbstreflexion, Reue und das Eingestehen eigener Fehler und Verfehlungen. Bei der Begründung bezieht sie sich auf einen Hadith, also einen überlieferten Ausspruch des Propheten, dem sie Folgendes entnimmt:

> Und Gott verzeiht dem Menschen, der eben Fehler begangen hat, wie, keine Ahnung, dass er [Alkohol (Anm. d. Verf.)] getrunken hat oder was weiß ich was, ja? [...] Und wenn der, der was Schlechtes gemacht hat, es bereut, das sieht Gott einfach. Es is wichtig, wenn man einen Fehler macht, das einfach zu bereuen und wirklich ehrliche Reue zu zeigen und dieser Mensch kommt ins Paradies. [...] Also, und das is so, für mich so eine Geschichte, die genau irgendwie das auf den Punkt trifft: Ich bin nicht dazu da, ich kann nicht auf Gottes Erden was irgendwas Heiliges betrifft, da kann ich nicht sagen: „Ja du bist gläubig und du nicht!" Und: „He, der trinkt Alkohol, aber geht freitags in die Moschee beten!". Er wird für sich selbst wissen was am besten is, ja? Und vor allem Gott wird das noch besser wissen, also ich bin nicht dazu da, dass ich da jetzt jemand verurteil. (Amina, 27 Jahre)

Die junge Frau ist grundsätzlich der Ansicht, dass sich erst durch das Eingestehen und Reflektieren eigener Fehler, Fehltritte, Entgleisungen oder Laster eine selbstbestimmte und innige Religiosität überhaupt entwickeln könne. Diese Art der Umkehr würde laut Amina auch von Gott viel mehr geschätzt, weil sie bedeutet, dass der Weg zu einem religionskonformen Leben eigenständig und aus freien Stücken eingeschlagen wurde – anders als bei Muslim*innen, die beständig rechtschaffen und pflichtbewusst ihren Alltag allein nach religiösen Regeln und Vorschriften ausrichten. Mit dieser Überzeugung steht Amina nicht allein da. Es ist dies ein häufig geäußertes und weit verbreitetes Argumentationsmuster von Muslim*innen, die religiöse Regeln und Vorschriften im Alltag mehr oder weniger bewusst missachten, um beispielsweise einem hedonistischen Lebensstil zumindest zeitweise nachzugehen.

Hand in Hand mit der Zurückweisung eines pflichtschuldigen Zugangs zu Religion geht eine scharfe Kritik an traditionellen religiösen Normenlehren sowie an der muslimischen Organisationslandschaft in Österreich. Eine Oppositionshaltung gegenüber der nicht-muslimischen Mehrheitsgesellschaft ist hingegen in keiner Weise erkennbar. Als hochreligiöse Praxisform bringt die offene Religiosität genuss- und erlebnisorientierten Lebensweisen eine erstaunliche Offenheit entgegen. Auch das soziale Umfeld der Betreffenden ist multireligiös geprägt. Der Großteil der Personen, die im Alltag eine offene Religiosität praktizieren, identifiziert sich stark mit Österreich. Viele sind hier geboren, haben hier ihre Schulbildung erhalten und betrachten Österreich als ihre Heimat. Sie vertreten in der Regel säkulare Positionen und verstehen Religiosität als Privatsache, in die sich auch niemand anderes – sei es der Staat oder religiöse Organisationen – einmischen dürfe, und sie sprechen sich für eine Trennung religiöser Fragen von Staat bzw. Politik aus. Ihre Zukunft sehen sie zumeist in Österreich, obwohl sie sich an der medialen Darstellung des Islams und den öffentlichen Debatten über die muslimische Bevölkerung stoßen. Viele der Personen, die eine offene Religiosität im Alltag leben, kommen sich dadurch, dass ihre Religion, ihr Glaube in vielen Berichterstattungen mit terroristischen Aktivitäten und kriegerischen Konflikten in Verbindung gebracht wird, brüskiert vor. In derartigen Bildern erkennen sie sich in keiner Weise wieder, ja fühlen sich in ihrem Selbstverständnis als muslimische Österreicher*innen geradezu diskreditiert.

Grenzen autonomer Deutungen

Der selbstbestimmten Deutung religiöser Vorschriften und der aus subjektiven Bedürfnissen heraus begründeten Religiosität sind aber sehr wohl Grenzen gesetzt. Subjektive Auslegungen sind nur in eingeschränktem Maße möglich. So zeigt sich der emanzipative Zugang zum Pflichtgebet in erster Linie darin, ob und wann die Betreffenden beten, also im Zeitpunkt und in der Frequenz, aber nicht, in welcher Form dies passiert. Denn diese bleibt weitestgehend unangetastet, eine Modifizierung des rituellen Ablaufs, der Vorbereitungen oder der wesentlichen Elemente des Pflichtgebets findet nicht statt. Eine der wenigen Ausnahmen besteht darin, dass einzelne Musliminnen, die die Praxisform der offenen Religiosität praktizieren, das Tragen des Kopftuchs nicht als obligatorische Verpflichtung bei der Verrichtung des rituellen Pflichtgebets erachten.

Muslimische Frauen, die einer offenen Religiosität zugeneigt sind, pflegen neben dem selbstbestimmten Zugang zum rituellen Pflichtgebet auch emanzipierte Umgangsformen mit dem Freitagsgebet. Manche Musliminnen berichten darüber, dass sie am Freitagsgebet in einer Moschee teilnehmen. Damit fordern sie die Vorstellung heraus, dass diese Praxis männlichen Muslimen vorbehalten sei. Für sie ist das eine Tradition, die vorrangig sozial und nicht theologisch begründet ist.

Der Vollständigkeit halber ist jedoch zu erwähnen, dass die Teilnahme von Musliminnen am Freitagsgebet keineswegs in jeder Moschee und in jeder ‚ethnischen' Community möglich ist. Zwar wird ihnen die Teilnahme von den Gemeindemitgliedern oder vom Imam in der Regel nicht explizit verwehrt, jedoch stellen sich ihnen zahlreiche Hürden in den Weg. Gewöhnlich bedarf es dazu der aktiven Unterstützung der Imame. Dabei haben diese in der Moschee, in der sie tätig sind, nicht vollkommen freie Hand, sondern sind bei dem, was sie tun, auch auf die Zustimmung und Unterstützung der Gemeindemitglieder angewiesen (Aslan et al., 2015).

Irma, eine Angehörige der zweiten Migrationsgeneration mit bosnischem Hintergrund und österreichischem Pass, berichtet von einem diesbezüglichen Versuch in einer Kärntner Moschee, der aber nur von kurzer Dauer war. Ein in ihren Augen fortschrittlicher Imam wollte, so die 22-Jährige, das Freitagsgebet auch Musliminnen zugänglich machen, diese aber hätten von der Möglichkeit nicht entsprechend Gebrauch gemacht und seien bald auf Dauer ferngeblieben. Dies nicht zuletzt aus Gründen der Unvereinbarkeit des Freitaggebets mit der Vorbereitung des Familienessens im Anschluss an den Moscheebesuch – sind doch in vielen Fällen sie allein für den Haushalt zuständig.

Tijana, eine junge, in Kärnten lebende serbischstämmige Konvertitin, ergänzt, dass sie zwar prinzipiell gerne am Freitagsgebet teilnehmen würde, es aber aufgrund der begrenzten räumlichen Situation in den Moscheen in ihrer Wohnumgebung nicht macht. So böten die Gebetsräume viel zu wenig Platz, auch scheue sie die Blicke sowie die körperliche Nähe zu den am Gebet teilnehmenden männlichen Muslimen: „Dort sind wirklich nur Männer und ich will nicht angestarrt werden. Dann fühle ich mich unwohl, weil ich beten gehe. Und außerdem bin ich dort immer die einzige Frau" (Tijana, 18 Jahre).

In der Zusammenschau zeigen sich bei der Praxisform der offenen Religiosität bezüglich des Umgangs mit religiösen Pflichten und Vorschriften zwei Tendenzen, die sie von anderen Formen muslimischer Alltagspraxis abgrenzen. Zum einen wird eine Neuverhandlung religiöser Traditionen angestrebt. So etwa kommt es zu einer verstärkten Teilnahme von Frauen an den Freitagsgebeten in Moscheen (mit den genannten faktischen Einschränkungen). Zum anderen ist eine Umdeutung spezifischer religiöser Normen festzustellen. In der Alltagspraxis der offenen Religiosität werden religiöse Vorschriften infrage gestellt – insbesondere hinsichtlich des praktischen Umgangs mit den rituellen Pflichtgebeten. Zwar kommt man den religiösen Geboten weiterhin in gewissem Maße nach, legt dabei jedoch großen Wert auf Selbstbestimmung und Autonomie.

Perspektiven und Schlussfolgerungen

Durch unsere mehrperspektivische Herangehensweise, die sowohl eine qualitative als auch eine quantitative empirische Analyse umfasst und beide miteinander verbindet, konnten wir konkrete und differenzierte Einblicke in das breite, vielschichtige Spektrum religiöser Gepflogenheiten und Wandlungstendenzen unter Muslim*innen gewinnen. Damit nehmen wir einen Perspektivenwechsel vor, der nicht im Sinne eines alienisierenden Diskurses über die Köpfe der Betreffenden hinweg geht, sondern diese vielmehr zum Ausgangspunkt der Analyse macht. Wie die muslimische Religiosität in Österreich ausgeprägt ist, erschließt sich erst durch den Blick darauf, wie religiöse Normen in den Alltag in Form einer religiösen Alltagspraxis übersetzt werden. Dabei zeigte sich eine Diversität auf den zweiten Blick. So sind hochreligiöse Einstellungen und Umgangsformen im Alltag keineswegs immer gleich, vielmehr bestehen markante Unterschiede, was den Zugang zu Religiosität und das Verständnis der religiösen Säulen des Islams angeht.

Die Praxisform der offenen Religiosität konnte dabei als eine von mehreren Möglichkeiten des Umgangs mit Religion im Alltag rekonstruiert werden, die bis dato kaum Beachtung gefunden hat. Dass wir diese Praxisform in unserer Analyse offenlegen konnten, liegt an der Ausgewogenheit unseres Samples, da wir nicht – wie sonst oft üblich – allein Muslim*innen befragten, die in Moscheevereinen aktiv sind, sondern uns gleichermaßen für die alltägliche religiöse Praxis jener interessierten, die selten oder nie Moscheen aufsuchen.

Grundsätzlich ist die offene Religiosität ein Ausdruck dessen, dass sich religiöse Zugehörigkeiten und alltagspraktische Handlungsmuster stetig in Bewegung befinden und unter dem Einfluss von Prozessen der Säkularisierung stehen. Folglich ist auch die Praxisform selbst keineswegs statisch, sondern unterliegt Veränderungsdynamiken. In manchen Fällen ist die offene Religiosität durchaus ein zeitlich begrenztes Phänomen, das bei tiefgreifenden Einschnitten ins Leben, wie dem Elternwerden oder der Heirat, auch partiell transformiert werden kann. Zudem ist die Praxisform gebunden an zeitliche, gesellschaftliche, geografische und kulturelle Kontexte. Deutlich wird dies darin, dass die Praxisform insbesondere unter Muslim*innen der zweiten oder dritten Generation, die also bereits in Österreich geboren und aufgewachsen sind, verbreitet ist. Deren Sozialisation und Vertrautheit mit westeuropäischen Lebensbedingungen hat auch Konsequenzen für ihre Umgangsformen mit Religion. Denn generell relativieren sich bei der offenen Religiosität kulturelle Prägungen durch Herkunftskontexte, die für die erste Migrationsgeneration noch eine große Rolle spielen. An Gewicht gewinnt bei der Praxisform dagegen die formende Kraft des lokalen Hier und Jetzt.

So spiegeln sich aufgeschlossene, undogmatische Aspekte in der religiösen Praxis wider, werden traditionelle religiöse Autoritäten transformiert und religiöse Normen infrage gestellt. Geprägt ist die offene Religiosität – und das gilt auch für den Großteil der anderen Praxisformen – durch eine interne Inhomogenität, was die staatsbürgerschaftlichen Zugehörigkeiten, die Bildungsabschlüsse wie auch islamische Glaubenszugehörigkeiten und Konfessionen angeht. Festzustellen ist eine geringe konfessionelle Prägung der Menschen und eine zumindest partielle Loslösung von religiösen Autoritäten. Gemeinsamkeiten und Verbindendes zwischen den Individuen resultieren aus dem Grad der Religiosität und der sozialen Werteorientierungen, aber weniger aus der Zugehörigkeit zu einer religiösen Normenlehre oder islamischen Rechtsschule. Bei der Definition der eigenen Religiosität greift man weniger auf klassisch-theologische Glaubensinhalte zurück – ausschlaggebend sind die konkreten Lebenswirklichkeiten. Vertreten und gelebt wird die Praxisform in einer selbstbestimmten Art und Weise. Dies deckt sich mit Analysen von Werner Schiffauer, dem zufolge Angehörige der Nachfolgegenerationen oftmals keine defensive Religiosität wie ihre Eltern und Großeltern (2004, S. 351), sondern eine offene, emanzipative und selbstbestimmte Religiosität praktizieren.

Die Erkenntnisse dieser Untersuchung liefern eindeutige Belege dafür, dass sich Muslim*innen in Österreich zum überwiegenden Teil nicht durch konventionelle und klassische theologische Glaubensinhalte, sondern aus ihrer eigenen Lebenswirklichkeit heraus definieren. Sie verstehen sich als mündige Bürger*innen, die selbstbewusst ihre religiösen Alltagspraktiken aus unterschiedlichen Elementen zusammenfügen und gestalten. Die Deutungsmacht haben sie selbst in die Hand genommen, wie vor allem die religiösen Orientierungen der „postmuslimischen Generation" (Donlic & Yildiz, 2022) demonstrieren. Vor diesem Hintergrund braucht es auch eine Islamische Theologie, die die veränderten Lebenswirklichkeiten der Menschen zur Kenntnis und ernst nimmt und daraus eine zeitgemäße Theologie begründet; eine Theologie, die auf diese Weise ein anderes Bewusstsein in Bezug auf religiöse Vielheit schafft und neue Perspektiven und Horizonte für eine religiöse Bildung liefert.

Religiöse Diversität unter muslimischen Jugendlichen und jungen Erwachsenen 11

Überlegungen zur Virtualisierung, Bricolage und Prozessualität des religiösen Lebens

Jonas Kolb

Einleitung

In den vergangenen Jahrzehnten ist die numerische Größe der in Österreich lebenden muslimischen Bevölkerung markant gestiegen. Während deren Anzahl im Jahr 2012 knapp 600.000 Menschen betrug (Aslan et al., 2014), schätzt eine Hochrechnung des *Österreichischen Integrationsfonds* (ÖIF) vom April 2017 sie auf etwa 700.000 (Goujon et al., 2017, S. 11; Der Standard, 2017). Über ihre Alltagsrealitäten ist – ungeachtet der langen Geschichte des Islams in Österreich und der starken Präsenz von Muslim*innen in öffentlichen Debatten – wenig bekannt.[1] Tatsächlich kommen Muslim*innen, einschließlich jener, die in Österreich geboren und aufgewachsen sind, in der Berichterstattung vor allem in problembehafteten Kontexten vor. Ist von der muslimischen Bevölkerung in Österreich medial die Rede, geschieht dies seit Jahren oftmals im selben Atemzug

---

[1] Vereinzelte Ausnahmen gibt es freilich, z. B. die Studien von Nikola Ornig (2006) oder von Mouhanad Khorchide (2007).

Bei diesem Aufsatz handelt es sich um die gekürzte und modifizierte Fassung eines Artikels, der 2017 unter dem Titel ‚Religiöse Praxisformen junger Muslim*innen in Österreich im Alltag. Virtualisierungstendenzen, religiöse Bricolage und der Prozesscharakter des religiösen Lebens' in der Zeitschrift *Österreichisches Religionspädagogisches Forum* (Jahrgang 25, Heft 1, S. 74–88; Verlag: Dr. Schnider's) erstveröffentlicht wurde.

mit Zuschreibungen wie Integrationsdefizit, Parallelgesellschaft oder Kultur-
konflikt (Dolezal et al., 2008; Klaus et al., 2012; Thiele, 2015).

Derartige mediale Repräsentationsweisen lassen daneben auch den Eindruck
entstehen, dass Muslim*innen eine homogene Population darstellen würden, die
sich durch einheitliche Glaubenspraktiken, vergleichbare Formen des Umgangs
mit religiösen Normen im Alltag und eine ähnliche Lebensgestaltung auszeichne.
Das mehrjährige empirische Forschungsprojekt ‚Muslimische Milieus in Österreich', auf das im Rahmen dieses Beitrags Bezug genommen wird, kommt hingegen zu gänzlich anderen Schlüssen. Das Anliegen dieser Studie besteht darin,
das religiöse Leben der muslimischen Bevölkerung in Österreich alltagsnah abzubilden und Gemeinsamkeiten wie auch Unterschiede in der Ausübung von Religion generationenübergreifend und über die verschiedenen Herkunftskontexte der
Betreffenden hinweg zu erfassen. Bei den Analysen zeigt sich, dass die Glaubenspraxis von Muslim*innen facettenreicher, vielfältiger und uneinheitlicher ist als
weithin angenommen.

Im Rahmen der besagten Studie wurde eine Typologie entwickelt, die zwischen mehreren religiösen Praxisformen differenziert und die Unterschiedlichkeit der muslimischen Alltagspraxis abbildet. Im vorliegenden Beitrag gehe ich
der Frage nach, wie die identifizierten Praxisformen spezifisch unter jungen
Menschen verbreitet sind und wie sich die Variationsbreite der religiösen Alltagspraxis in dieser Altersgruppe gestaltet. Zu diesem Zweck beschäftige ich mich
in den nachfolgenden Ausführungen gezielt mit dem Umgang, den Personen,
die 30 Jahre oder jünger sind, mit Religion im Alltag pflegen. In den daran anschließenden Überlegungen gehe ich auf verschiedene Aspekte ein, die sich in
unterschiedlicher Intensität bei allen Umgangsformen mit Religion im Jugendalter bzw. jungen Erwachsenenalter zeigen. Gemeint sind damit Tendenzen der
Virtualisierung, der Bricolage[2] und der Prozessualität des religiösen Lebens.

---

[2] Mit dem Begriff ‚Bricolage' wird in Anlehnung an den Ethnologen Claude Lévi-Strauss
(1962, S. 17) eine Art ‚Bastelarbeit' bezeichnet, die darauf gerichtet ist, vorliegende Versatzstücke (z. B. Techniken, Gegenstände, Kleidung, Symbole) unterschiedlicher Herkunft
in einen neuen, sinnstiftenden Kontext zu stellen. Übertragen auf Religion kann dies bedeuten, dass religiöse Überzeugungen, Ideen, Normen, Lehren oder Rituale in einer ek-
lektischen Manier (Hebdige, 1979, S. 103) aus verschiedenen Quellen geschöpft werden,
um nicht auf eine einzige Tradition festgelegt zu sein (McGuire, 2008, S. 211). Die ursprüngliche Bedeutung religiöser Vorstellungen oder Lehren kann dabei verändert oder
aufgehoben und mit einem neuen Sinn versehen werden. Prozesse der Bricolage finden
vor dem Hintergrund einer Individualisierung und Enttraditionalisierung religiöser Praxisformen statt (Altglas, 2014).

Bevor ich mich jedoch der Diversität der Umgangsformen mit Religion bei jungen Muslim*innen in Österreich widme, richte ich vorweg noch den Blick auf das theoretische Konzept der religiösen Alltagspraxis, mit dem der Vielschichtigkeit des Phänomens muslimischer Religiosität Rechnung getragen wird, um daran anknüpfend die methodische Vorgehensweise der empirischen Untersuchung, auf denen die folgenden Analysen fußen, knapp darzustellen.

Religiöse Alltagspraxis

Dass sich Religiosität durch Vielschichtigkeit auszeichnet und verschiedene Dimensionen umfasst, ist bekannt und unbestritten. Zu einem umfassenden und differenzierten Verständnis dessen, was die Religiosität von Muslim*innen ausmacht, kann das klassische und weithin anerkannte Mehrebenenmodell von Charles Y. Glock (1969) beitragen, mit dem Religiosität in einzelne Bestandteile aufgegliedert wird. Unterschieden werden dabei fünf Ebenen: religiöse Erfahrung, Rituale, Ideologie, Intellekt und Konsequenzen. Obwohl der Ausgangspunkt der Glock'schen Konzeption das Christentum ist, ist sie auch auf andere Religionen übertragbar.

Yasemin Karakaşoğlu hat die Implikationen des Modells für die muslimische Religiosität ausformuliert (2000, S. 124). In diesem Fall umfasst die Dimension der Erfahrung den Bereich der islamischen Mystik, den persönlichen Glauben sowie religiöse Gemütsbewegungen (z. B. Furcht, seelischen Frieden, spirituelle Erweckungserlebnisse, Demut, Vertrauen etc.). Eine zentrale Rolle kommt bei der muslimischen Religiosität der rituellen Ebene zu, denn diese Dimension beinhaltet eine Vielzahl an religiösen Normen wie z. B. die fünf religiösen Säulen des Islams – das Glaubensbekenntnis, das Pflichtgebet, die Almosenspende, das Fasten während des Ramadans und die Pilgerfahrt – sowie das Freitagsgebet, das Kopftuch oder das *halal*-Gebot. Während die Ebene der Ideologie religiöse Überzeugungen und die Haltung zu spezifischen Glaubenssätzen umfasst, beschreibt die Dimension des Intellekts den Bereich des religionspraktischen und des theologischen Wissens, also die Kenntnis der religiösen Gebote und die Vertrautheit mit den theologischen Quellen, namentlich mit Koran und Sunna. Auf der letzten Ebene, der Dimension der Konsequenzen, schließlich zeigen sich die alltagspraktischen Folgewirkungen, also all jene Aspekte, die den sichtbaren Umgang mit Religion im Alltag betreffen und die zwischenmenschlichen Interaktionen der Beteiligten prägen.

Der muslimischen Alltagspraxis bzw. deren Implikationen und Folgewirkungen gilt denn auch die besondere Aufmerksamkeit dieses Aufsatzes. In ihr laufen die unterschiedlichen Dimensionen muslimischer Religiosität zusammen, spiegeln sich in ihr doch sowohl Elemente der Ebene der Erfahrungen, Rituale, Ideologie, Intellekt als auch der Ebene der Konsequenzen zuzuordnende Aspekte. Mit dem Ausdruck muslimische Alltagspraxis werden somit nicht nur religiöse Einstellungen und Überzeugungen bezeichnet, auch ist damit keineswegs nur gemeint, dass die Betreffenden die rituellen Pflichtgebete beten oder auf Schweinefleisch und Alkohol verzichten. Vielmehr ist unter dem Begriff das Zusammenspiel der unterschiedlichen Dimensionen und die Vielschichtigkeit von Religiosität zu verstehen. Gemäß dem Konzept der ‚lived religion' (Hall, 1997; Ammerman, 2007b; McGuire, 2008) lässt sich die Religiosität der muslimischen Bevölkerung Österreichs nur durch eine offene Herangehensweise erfassen. Im Mittelpunkt steht demnach die Frage, was eine Person als Konsequenz ihrer Religiosität bei der Gestaltung des Alltags und des Lebens, also im Berufs- und Familienleben, im Freundes- und Bekanntenkreis, tut oder nicht tut.

Methodik

Der Aufsatz basiert auf empirischem Datenmaterial, das im Rahmen der Studie ‚Muslimische Milieus in Österreich' erhoben wurde und dessen zentrale Befunde in dem Buch ‚Muslimische Diversität. Ein Kompass zur religiösen Alltagspraxis in Österreich' (Aslan et al., 2017) diskutiert werden. In der Mixed-Methods-Studie wurden Muslim*innen im Alter zwischen 16 und 85 Jahren befragt.[3] Bei der Auswertung des Datenmaterials wurde eine Einteilung in fünf Praxisformen vorgenommen, nämlich die ‚bewahrende Religiosität', ‚pragmatische Religiosität', ‚offene Religiosität', ‚Religiosität als kulturelle Gewohnheit' sowie die ‚ungebundene Restreligiosität' (siehe den Aufsatz ‚Muslim*innen und das religiös Andere: Zur Diversität von Einstellungen gegenüber anderen Religionen, religiösen Schemata und Interaktionen von Muslim*innen mit Andersgläubigen', Abb. 1). In den Praxisformen kommt sowohl eine spezifische Ausprägung der Religiosität als auch eine Haltung gegenüber sozialen Werthepositionen zum Ausdruck.

Diese Praxisformen sind in der Gesamtstichprobe unterschiedlich häufig verbreitet. Ihre numerische Verteilung sieht folgendermaßen aus: Ein Anteil von 26,9 % pflegt die pragmatische Religiosität, die damit jene Praxisform ist, die durch

---

[3] Siehe hierzu: Aslan et al., 2017, S. 47–58 sowie Abschnitt ‚Methoden und Datenmaterial' (Kap. 7.4) im Aufsatz ‚Muslim*innen und das religiös Andere: Zur Diversität von Einstellungen gegenüber anderen Religionen, religiösen Schemata und Interaktionen von Muslim*innen mit Andersgläubigen' in diesem Band.

die größte Gruppe der Gesamtstichprobe getragen wird, gefolgt von der Religiosität als kulturelle Gewohnheit, die von 26,6 % praktiziert wird. Die Praxisformen der ungebundenen Restreligiosität (mit 15,0 %), der bewahrenden Religiosität (mit 14,1 %) und der offenen Religiosität (mit 14,8 %) komplettieren das Bild.

Etwas anders sieht hingegen die Verteilung bei jungen Menschen aus – wobei die Definition, wer als junger Mensch gilt, recht unterschiedlich sein kann. Für diesen Aufsatz wurde die Altersgrenze junger Menschen mit maximal 30 Jahren festgelegt. Sehen wir uns die Verteilung der fünf Praxisformen nur bei Personen, die 30 Jahre oder jünger sind, an, erkennen wir partielle Unterschiede gegenüber der Gesamtstichprobe. Während altersübergreifend eine bewahrende Religiosität von 14,1 % praktiziert wird, sind es bei Erstgenannten nur 7,9 %. Im Gegensatz dazu ist bei den jüngeren Personen der Anteil jener, die eine offene Religiosität im Alltag pflegen, wesentlich höher. Gegenüber den 14,8 % der Gesamtstichprobe sind es 22,1 % der muslimischen Jugendlichen und jungen Erwachsenen, die diese Praxisform pflegen. Der prozentuale Anteil der anderen drei religiösen Praxisformen (pragmatische Religiosität: in der Gesamtstichprobe 26,9 %/unter jungen Menschen 27,7 %; Religiosität als kulturelle Gewohnheit: 26,6 %/28,5 %; ungebundene Restreligiosität: 15,0 %/13,9 %) ändert sich dahingegen nur unwesentlich.

Analyse der fünf Praxisformen

In den nachfolgenden Abschnitten werden die differierenden Formen des Umgangs mit Religion im Alltag am Beispiel von jungen muslimischen Erwachsenen oder Jugendlichen dargestellt. Ausführlicher erläutert werden die pragmatische Religiosität, die offene Religiosität sowie die Religiosität als kulturelle Gewohnheit, da junge Muslim*innen diesen besonders häufig zugeneigt sind. Es sind vorrangig qualitative Analysen, die für die Beschreibung der Praxisformen herangezogen werden.

Bewahrende Religiosität

Die bewahrende Religiosität zeichnet sich zum einen durch besonders konservative Werteorientierungen und die strikte Bewahrung kultureller Traditionen sowie zum anderen durch Strenggläubigkeit und Hochreligiosität aus. Letztere manifestieren sich im Sinne des Glock'schen Modells auf allen Ebenen von Religiosität. In Bezug auf die Dimension der Erfahrung zeigt sich, dass für jene, die im Alltag eine bewahrende Religiosität praktizieren, Religion den unumstößlichen Mittelpunkt ihrer Selbstbilder darstellt. Dabei herrscht ein in erster Linie regelgeleiteter Zugang vor und die religiösen Gemütsbewegungen gehen zumeist Hand in Hand mit einem latenten Schuldgefühl und mit Gottesfurcht. Die Religiosität ist bei dieser Praxisform auch auf der Ebene des Intellekts stark ausgeprägt. Deren Träger*innen sind religiös belesen, kennen die Primärquellen des Islams, also Koran und Sunna, und sind mit den grundlegenden Lehrsätzen der eigenen Religion vertraut. Ein kritischer Zugang zu theologischen Quellen besteht nicht. Daneben sind die religiösen Überzeugungen, bezogen auf die Dimension der Ideologie, oftmals durch einen exklusivistischen Charakter gekennzeichnet. So betonen die Betreffenden wiederholt, dass der Islam „die beste Religion der Welt" (Esma, 42 Jahre) sei, womit sie andere Religionen tendenziell herabsetzen.

Ebenso deutliche Differenzen gegenüber den anderen Praxisformen treten hinsichtlich der Dimension der religiösen Rituale zutage. So werden die fünf religiösen Säulen des Islams – also Schahada, Pflichtgebet, Fastengebot, Zakat und Hadsch – von den Träger*innen einer bewahrenden Religiosität nicht nur allesamt streng praktiziert, sondern als unumstößliche religiöse Pflichten angesehen, denen unbedingter Gehorsam zu erweisen ist und deren Infragestellung nicht geduldet wird. Entsprechend richten sie ihre alltägliche Lebensgestaltung, ihre Gewohnheiten und Lebensweisen nach religiösen Regeln aus. So seien religiöse Vorschriften während des gesamten Tages rigide zu befolgen, die Arbeitszeit oder Freizeit dürften davon keine Ausnahme bilden.

Die tiefe Religiosität zeigt sich auch im gegenüber anderen hochreligiösen Praxisformen, also der pragmatischen Religiosität und der offenen Religiosität, höheren Anteil kopftuchtragender Frauen. Der beträgt bei Musliminnen, die der bewahrenden Religiosität zugeneigt und die 30 Jahre oder jünger sind, 60,0 %. Bei der offenen Religiosität sind es in dieser Altersgruppe hingegen nur 21,1 % und bei der pragmatischen Religiosität 22,9 %.

Darüber hinaus finden sich bei der bewahrenden Religiosität Hinweise auf soziale Rückzugstendenzen. Die familiären Umfelder und Freizeitkontexte ihrer Träger*innen sind homogen muslimisch und hochreligiös geprägt, in einigen Fällen wird im Alltag kaum ein Wort Deutsch gesprochen. Kontakte zu Menschen anderen Glaubens werden zwar gepflegt, jedoch meist nur im Arbeitskontext. Hedonistische und erlebnisorientierte Lebensweisen werden oftmals vehement missbilligt. Dazu kommt nicht selten eine partiell ablehnende Haltung gegenüber Nicht-Muslim*innen.

Außer durch Hochreligiosität zeichnet sich die bewahrende Religiosität durch einen markanten sozialen Wertkonservatismus und eine strikte Wahrung der Traditionen der Herkunftskultur aus. Diese schlagen sich in Familienbildern, Beziehungsmodellen und Erziehungsvorstellungen nieder, die immer auch unter

Berufung auf theologische Quellen begründet werden. Das enge Band zu den Traditionen der Herkunftskultur zeigt sich nicht zuletzt darin, dass mitunter Paare im Rahmen arrangierter Partnerschaften zueinander finden.

Pragmatische Religiosität

Die pragmatische Religiosität als zweite Praxisform ist auf der einen Seite gekennzeichnet durch soziale Werteorientierungen, in denen sowohl moderate konservative Positionen als auch eine partielle Akzeptanz von weltoffenen Haltungen zum Ausdruck kommen. Zwar entsprechen die gelebten Familienbilder, Beziehungsmodelle und Erziehungsvorstellungen größtenteils traditionellen Vorstellungen, werden aber nicht religiös, sondern sozial und kulturell begründet.

Auf der anderen Seite ist für die Praxisform jedoch ein von der bewahrenden Religiosität markant abweichender Umgang mit Religion charakteristisch, konkret wird bei der pragmatischen Religiosität die Bedeutung von Religion im Alltag oftmals relativiert. Das zeigt sich bereits bei der Ebene der religiösen Erfahrung. So hat der persönliche Glaube für pragmatisch orientierte Muslim*innen zwar eine essenzielle Bedeutung, zugleich stehen Glaubensfragen auf derselben Ebene wie persönliche, körperliche, sinnliche, gesundheitliche oder berufliche Bedürfnisse. Auch der Bezug zum Islam wird nicht nur über religiöse Pflichten begründet.

Pragmatisch orientierte Muslim*innen verfügen zwar über religionspraktisches Wissen, um die religiösen Säulen den Vorschriften gemäß auszuführen, was jedoch zumeist fehlt, ist ein profunder theologischer Bezug zu den religiösen Quellen. Eben dadurch ist bei dieser Praxisform die Ausprägung der Ebene des Intellekts gekennzeichnet. Auf der Ebene der religiösen Ideologie spielen für die Träger*innen der Praxisform religiöse Überzeugungen eine gewichtige Rolle. Die zentralen Glaubenssätze haben sie verinnerlicht und sie gelten ihnen als unverrückbar. Dennoch nehmen sie gegenüber anderen Religionen seltener exklusivistische Haltungen ein als es beispielsweise bei der bewahrenden Religiosität der Fall ist.

Was die rituelle Dimension der Religiosität und insbesondere die Praktizierung der fünf religiösen Säulen des Islams angeht, machen pragmatisch orientierte Muslim*innen immer wieder Zugeständnisse. Besonders deutlich zeigt sich dies beim Umgang mit den Pflichtgebeten. Während bei der bewahrenden Religiosität alle Normen bis auf wenige Ausnahmen praktiziert werden, kommt es bei der pragmatischen Religiosität zu manchem Kompromiss, insbesondere im Arbeitsleben. Im Vergleich mit der Praxisform der bewahrenden Religiosität fällt hier die rituelle Dimension der Religiosität deutlich ab.

Damit zusammenhängend werden bei der alltäglichen religiösen Praxis – also auf der Ebene der religiösen Konsequenzen – Abstriche gemacht und etwa während des Tages verabsäumte Pflichtgebete nicht nachgeholt. Pragmatisch orientierte Muslim*innen sehen religiöse Vorschriften als etwas Auferlegtes an, dem sie bestmöglich nachzukommen versuchen, freilich nur soweit dies möglich ist, denn – so ihre Auffassung – der Islam soll ja das Alltagsleben „erleichtern und nicht schwieriger machen" (Zuhal, 28 Jahre).

Wie der Umgang mit den Pflichtgebeten bei der pragmatischen Religiosität konkret aussieht, soll an zwei Fällen verdeutlicht werden. Da ist zunächst der 19-jährige bosnischstämmige Emin, der in einer niederösterreichischen Kleinstadt in der Nähe von Wiener Neustadt lebt und gerade sein Studium in Wien begonnen hat. Er charakterisiert seine Einstellung zum Pflichtgebet wie folgt:

> Ja, man sollte es ja täglich fünfmal machen, ja also im Prinzip könnt ich ja, das Morgengebet könnt ich ja im Prinzip machen, da müsste man mal halt früh genug aufstehen. Aber ich schlafe oftmals einfach zu lange. [...] Und jetzt das Mittagsgebet ist in dem Sinne auch möglich. Aber wie, wie definiert man denn möglich? Sicherlich, in jeder Situation kann man jetzt irgendwie das Gebet verrichten. Aber eben einen geeigneten Ort auf der Uni zu suchen, das wär natürlich möglich, aber schwer. (Emin, 19 Jahre)

Tagsüber, wenn er außer Haus, unterwegs oder in Wien ist, lässt Emin die Pflichtgebete aus. Prinzipiell wäre die Verrichtung möglich, aber mit vielen Herausforderungen verbunden, die er als mühsam empfindet. Für das Morgengebet wiederum schlafe er meistens zu lange. Den Pflichtgebeten an den Wochenenden kommt der junge Mann jedoch gewissenhafter nach. Auch besucht er regelmäßig das Freitagsgebet und fastet während des Ramadans.

In dieselbe Kerbe schlägt Fatma, eine 19-jährige Niederösterreicherin mit türkischem Familienhintergrund, die in St. Pölten eine Lehre im Einzelhandel begonnen hat. Die Einhaltung der rituellen Pflichtgebete zu den gegebenen Zeitpunkten beschreibt sie als stetes Problem. In der Regel komme sie nicht umhin, Gebete hintanzustellen und auszulassen:

> Da gibt's ja die fünf Säulen, also beten tu ich, aber nicht fünf Mal am Tag. Dann gibt's das Fasten, das tu ich schon, fasten mach ich. [...] Das [rituelle Gebet (Anm. d. Verf.)] is irgendwie Gewöhnungssache. Weil ich denk mir immer zum Beispiel, wenn ich urlang nicht gebetet hab, denk ich: „Jetzt fang ich endlich an mit dem Beten, fünf Mal am Tag, ich halt mich jetzt daran!", sag ich. Und dann kommt immer irgendwas dazwischen, dass ich das nicht mache. Weil es gibt ja immer fixe Gebetszeiten, und dann zum Beispiel schaff ich das Nachmittagsgebet irgendwie nicht aus irgendwelchen Gründen. Und dann lässt das halt immer irgendwie nach, leider. Sollte man eigentlich nicht machen. (Fatma, 19 Jahre)

Von den rituellen Gebeten verrichte sie selten alle fünf am Tag. Probleme habe sie aufgrund des häufigen Nachmittagsunterrichts insbesondere mit dem Gebet, das zu dieser Zeit fällig wäre. Selbiges gelte auch für das Mittagsgebet. Jedoch komme Fatma auch bei weiteren Gebeten immer wieder „irgendwas dazwischen" (Fatma, 19 Jahre). Die verabsäumten Gebete hole sie zu einem späteren Zeitpunkt auch nicht nach, wie sie an anderer Stelle des Interviews sagt. Im Bewusstsein, dass sie damit gegen die Normen verstößt, bereitet dieses Versäumnis Fatma Schuldgefühle und Gewissensbisse, weswegen sie bereits wiederholt Besserung gelobte und entsprechende Vorsätze fasste. Allerdings kann sie diese schon nach kurzer Zeit nicht mehr einhalten, da die Umstände, die ihr die Verrichtung der religiösen Normen erschweren, gleichbleiben. Von einer strikten Befolgung der religiösen Säulen im Alltag kann bei der jungen Frau also keine Rede sein, auch wenn sie sich „schon als stark religiöse, aber auch modern[e]" (Fatma, 19 Jahre) Muslimin definiert.

Zwar fühlen sich auch pragmatisch orientierte Muslim*innen innerlich zu einem Leben entsprechend den gegebenen religiösen Geboten verpflichtet, allein die Umsetzung dieses ideellen Leitbilds scheitert immer wieder an äußeren Umständen. Das bedauern sie zwar, finden sich letzten Endes aber damit ab. Dennoch versuchen sie, trotz verschiedener Abstriche in der alltagspraktischen Verrichtung der religiösen Regeln, die ihnen das Arbeits-, Familien- oder Freizeitleben abnötigen, ihr Möglichstes zu geben, um ein den Normen zumindest weitgehend konformes Leben zu führen. Oder um es mit den Worten von Ömer, einem 28-jährigen Niederösterreicher mit türkischem Hintergrund auszudrücken:

> Also wie gsagt, ich möchte gern, dass ich fünf Mal am Tag bete, aber ich mach's ja
> nicht, weil ich einfach – naja, faul kann ma's auch nicht nennen. Ich bin dann was
> schuldig, na. [...] Es gibt sicher den Fall, nach'm Tod, wo'sd dann wirklich gfragt
> wirst. Man fragt da sicher: „Was hast du für mich gemacht?" Und dann kommen die
> Fragen und das erste is: „Was hast du für mich gemacht? Hast du fünf Mal am Tag
> gebetet? Warst du in Mekka? Hast du Süßigkeit gegeben?" Das gehört alles dazu.
> Ja. Und hoffentlich werde ich so eine Person, wo ich dann, wenn ich vor ihm steh,
> dass ich sag: „Ja, ich hab für dich mein Bestes gegeben." Oder sag ma so: „Ich hab's
> wenigstens versucht." (Ömer, 28 Jahre)

Offene Religiosität

Neben den bisher ausgeführten besteht mit der offenen Religiosität eine dritte Praxisform, die als hochreligiös einzustufen ist. Diese zeichnet sich zum einen durch Aufgeschlossenheit und Offenheit gegenüber Neuem aus, was soziale

Werteorientierungen angeht. So erfahren bei dieser Praxisform – bei aller Achtung und Würdigung kultureller Traditionen – die Werte Stimulation, Selbstbestimmung und Hedonismus eine starke Zustimmung, was sich beispielsweise daran zeigt, dass die Betreffenden in einigen Fällen feste Beziehungen führen und zusammenwohnen, ohne den Bund der Ehe geschlossen zu haben. Dergleichen findet sich weder bei der pragmatischen noch bei der bewahrenden Religiosität. Auch der Anteil an bireligiösen Partnerschaften ist bei der offenen Religiosität höher. Für eine hochreligiöse Umgangsform mit Religion besteht zudem eine erstaunliche Offenheit gegenüber genuss- und erlebnisorientierten Lebensweisen. Eine ablehnende Haltung gegenüber der nicht-muslimischen Mehrheitsgesellschaft ist nicht erkennbar, auch das soziale Umfeld der Betreffenden ist multireligiös geprägt.

Neben den sozialen Werteorientierungen ist für die offene Religiosität zum anderen vor allem der Charakter der Religiosität bezeichnend. Bei dieser Praxisform ist der Zugang zu Religion nicht auf religiöse Pflichten und Vorschriften fokussiert, wie bei der bewahrenden Religiosität der Fall, sondern basiert vielmehr auf individuellen Bedürfnissen. Dies kommt beispielsweise auf der Ebene der religiösen Erfahrung zum Ausdruck. Die Betreffenden befinden sich oftmals auf einer persönlichen Sinnsuche oder streben nach spirituellen Anhaltspunkten im Leben, an denen sie sich orientieren können. Davon, dass Gottesfurcht oder Schuldgefühle die religiöse Erfahrungswelt determinieren, ist indes keine Rede. In ideologischer Hinsicht wiederum stimmen alle Träger*innen der Praxisform den zentralen Glaubenssätzen und -überzeugungen – also dem Glauben an Allah, der Schöpfung, dem Jüngsten Tag oder dem Leben nach dem Tod – zu, wobei der Glaube jedoch als private, rein persönliche Angelegenheit angesehen wird. Eine abwertende Haltung gegenüber anderen Religionen oder ein exklusivistisches Religionsverständnis ist den Betreffenden in der Regel fremd.

Exemplarisch zeigt sich die offene Religiosität bei Amina, der 27-jährigen Studentin mit serbischem Hintergrund. Ihre religiöse Selbstverortung beschreibt die junge Frau folgendermaßen:

Muslimin zu sein ist eine Art Identifikation, also es ist Teil meiner Identität. Es gehört ganz wesentlich dazu. Wenn's Allah nicht gäbe […], wäre ich ein verlorener Mensch. Also das ist etwas, was mich ausmacht, was mein Leben ausmacht und was vor allem mich stärkt. Also ohne meine Religion wär ich einfach ein schwacher Mensch, und ich wäre irgendwie weglos, ich hätte keine Ziele im Leben und vor allem, ich würde auch den Sinn des Lebens nicht kennen. (Amina, 27 Jahre)

Muslimin zu sein ist für Amina ein zentraler Bestandteil ihres Selbstbildes, aus dem sie gar ihre Lebensziele und den Sinn ihres Daseins ableitet. Dabei begründet sie ihre Religiosität und die alltagspraktische Verrichtung ihres Glaubens ohne Bezug auf religiöse Normen. Religiosität hat für sie einfach eine sinnstiftende Rolle und stellt etwas dar, das sie im tiefsten Innern bestärkt.

In Bezug auf die intellektuelle Ebene von Religiosität wiederum zeigt sich, dass Träger*innen der offenen Religiosität sowohl mit theologischen Quellen als auch mit den grundlegenden Lehrsätzen und den vorgeschriebenen Verrichtungsweisen religiöser Rituale vertraut sind. Nur neigen sie dazu, religiöse Normenlehren und Rechtsschulen als anachronistisch zu betrachten, weswegen sie für eine individuelle Auslegung und eine zeitgenössisch orientierte Neuinterpretation religiöser Lehrmeinungen eintreten.

Die rituelle Ebene ist bei dieser Praxisform wesentlich schwächer ausgeprägt als bei der bewahrenden oder der pragmatischen Religiosität. Denn die offene Religiosität geht einher mit der vehementen Zurückweisung eines rein regelgeleiteten Verständnisses von Religion. Ein pflichtschuldiges Verrichten religiöser Rituale wird mitunter als dogmatischer Eifer abgetan. Religiöse Normen werden zwar praktiziert, aber nicht kontinuierlich und nicht immer zu festgelegten Zeiten.

Das zeigt sich bei Amina in der Form, dass für sie, wie sie an einer anderen Stelle des Interviews betont, die Verrichtung der rituellen Gebete keineswegs ein Muss oder ein Akt der Schuldbegleichung ist. Im Fokus steht für sie der individuelle Wunsch nach einem spirituellen Erlebnis, nach einem religiösen Trancezustand und einer Nähe zu Gott, die sie dabei erfahre, und nach der sie suche. Die fünf religiösen Säulen stellen für die junge Frau deshalb keine Gebote dar, an die es sich zwingend zu halten gilt. Diese seien vielmehr Orientierungshilfen, die bei der persönlichen Sinnsuche beachtet werden können, aber nicht müssen. Aus einer Pflicht heraus religiösen Vorschriften nachzugehen, widerspricht ihrer Vorstellung von Religiosität diametral.

Der selbstbestimmte Umgang mit Religion zeigt sich auch bei der Übersetzung der Religiosität in alltägliche Gepflogenheiten. Auf der Ebene der religiösen Konsequenzen, also bei Erziehungszielen und Zukunftsperspektiven oder bei den Ernährungs- und Konsumgewohnheiten, sehen junge Muslim*innen oftmals über religiöse Normen hinweg, weil das Muslimischsein für sie nicht immer und überall eine Rolle spiele. Dies gilt auch für Kleidungsfragen oder das Erscheinungsbild – junge Musliminnen, die eine offene Religiosität im Alltag pflegen, tragen oftmals kein Kopftuch.

Religiosität als kulturelle Gewohnheit

Die Religiosität als kulturelle Gewohnheit als vierte Praxisform ist zunächst durch einen grundsätzlichen Bedeutungsverlust und ein Verblassen von Religion im Alltag gekennzeichnet. Dies betrifft alle Dimensionen von Religiosität gleichermaßen. Dennoch darf die Praxisform nicht als atheistisch oder als vollkommen von Religion distanziert verstanden werden, da auf der Ebene der religiösen Erfahrung das Muslimischsein beispielsweise als zentraler Ankerpunkt für das Selbstbild der betreffenden Personen fungiert. Auch auf der ideologischen Ebene lässt sich feststellen, dass die Träger*innen der Praxisform zumeist von den zentralen Glaubenssätzen überzeugt sind und diese nicht infrage stellen. Eine Überhöhung der eigenen Religion erfolgt jedoch nicht.

Die weitgehende Religionsferne dieser Praxisform zeigt sich aber spätestens auf der Ebene des Intellekts, verfügen deren Träger*innen doch nur über wenig theologisches Wissen und nur über bescheidene religionspraktische Kenntnisse. Zudem ist bei ihnen auch die rituelle Dimension der Religiosität schwach ausgeprägt, denn religiöse Normen wie das Pflichtgebet werden im Alltag kaum, nur selten oder in einem sehr geringen Ausmaß befolgt. Hingegen besuchen junge Männer, die der Religiosität als kulturelle Gewohnheit zuneigen, nicht selten das Freitagsgebet, freilich nicht nur aus religiösen, sondern auch aus sozialen Gründen.

Der Umgang mit Religion im Alltag ist bei der Praxisform jedoch nicht statisch, sondern es herrscht eine punktuelle Religiosität vor, die begrenzt ist auf spezifische soziale Situationen, Zeitpunkte oder selektive Anlässe. So wird das Muslimischsein für die Träger*innen der Religiosität als kulturelle Gewohnheit beispielsweise an islamischen Feiertagen, zu Familienfesten und insbesondere während des Fastenmonats Ramadan relevant. Dann kommen sie auch alltagspraktischen religiösen Normen, wie eben dem Fasten, dem Freitagsgebet, den Festgebeten oder rituellen Pflichtgebeten nach. Abseits dieser spezifischen Situationen und Zeitpunkte spielt Religion auf der Ebene der Konsequenzen jedoch nur eine geringe Rolle, die alltägliche Lebensgestaltung und die sozialen Interaktionen bleiben weitgehend unbeeinflusst von religiösen Aspekten. Der praktische Umgang mit dem Glauben ist bei dieser Praxisform weniger Resultat bewusst getroffener Entscheidungen, eines religiösen Pflichtbewusstseins oder persönlicher religiöser Bedürfnisse, sondern erfolgt zur Wahrung ethnischer Gepflogenheiten oder zur Aufrechterhaltung der Familientradition, also aus kultureller Gewohnheit.

Exemplarisch für das religiöse Selbstbild von Muslim*innen, die eine Religiosität als kulturelle Gewohnheit im Alltag pflegen, steht Bekim, ein junger Mann mit kosovarischem Familienhintergrund und österreichischer Staatsangehörigkeit, der in Niederösterreich lebt. Er sagt, dass Muslim zu sein für ihn ausschließlich eine kulturelle Bedeutung habe:

> Ich komm aus nem muslimischen Land, ich hab vieles übernommen von dem. [...] Dass ich Muslim bin, ist kulturell, meistens wirklich nur kulturell, also. Wenn ich sag, „Ich bin muslimisch aufgewachsen", dann heißt das, dass ich deren Kultur kenne. Aber das war's dann auch. Mehr is es wirklich nicht. (Bekim, 24 Jahre)

Seine Religiosität reduziert sich bei dem jungen Mann auf seinen Familienhintergrund. Sie sei sozusagen ein kulturelles Relikt seiner familiären Herkunft, mehr nicht, so der 24-Jährige, der beruflich als Kellner arbeitet. Eine spirituelle Bedeutung – dass sie etwa als Wegweiser fungiert oder der Sinnstiftung dient – hat Religion für Bekim nicht; mit einem regelgeleiteten Zugang zu Religion kann er nichts anfangen:

> Die Grundsätze des Islams sind für mich nach wie vor, dass man Gott, dass du ein gotterfülltes Leben führst, nach den Regeln des Koran lebst. Es ist halt ein Gesetzbuch meiner Meinung nach für ein islamisches Land, das is, klingt zwar ein bisschen komisch. Aber du kannst nicht, ich persönlich kann eigentlich nicht nach diesen Gesetzen leben, ohne mich nicht von der Gesellschaft, von der österreichischen abzugrenzen. Du kannst nicht zwei Herren dienen. (Bekim, 24 Jahre)

Den Koran betrachtet der junge Familienvater nicht als religiöse Offenbarung oder als spirituellen Wegweiser für sein Leben, sondern in erster Linie als Gesetzestext. Muslim zu sein und sich an den Grundsätzen des Islams zu orientieren, setzt er gleich mit einer Lebensführung nach dem Koran. Deutlich wird dabei, dass er den Islam als etwas Mitgebrachtes und zu seinem Herkunftskontext Gehöriges betrachtet, für das er sich nicht selbst entschieden hat und das ihm in Westeuropa als vormodern und deplatziert erscheint. In Österreich zu leben und religiöse Normen strikt nach dem Koran zu befolgen, schließt sich nach Meinung des jungen Mannes gegenseitig aus. Die Gestaltung seines Alltags in seiner niederösterreichischen Heimatstadt nimmt er als beständige Gratwanderung und als latenten Konflikt mit dem Muslimischsein und mit religiösen Vorschriften wahr.

Es ist jedoch nicht so, dass die muslimische Religiosität im Alltag des jungen Vaters gar keine Rolle spielt. Denn er praktiziert eine prinzipielle Trennung zwischen einer religionsfernen Lebensweise außerhalb der eigenen vier Wände, also vorwiegend im beruflichen Umfeld, und einer symbolischen Religiosität im familiären Umfeld. „Draußen" (Bekim, 24 Jahre) trinkt er gern das eine oder andere Glas Wein und hat kein Problem damit, Schweinefleisch zu essen. Seine Ehefrau und seine junge Tochter sollen damit jedoch nicht in Kontakt kommen. Alkohol und Schweinefleisch kommen ihm daher nicht ins Haus. Zudem spielt sein Muslimischsein begrenzt auf einen bestimmten Zeitraum eine wesentlich stärkere Rolle, denn während des Ramadans fastet Bekim gemeinsam mit seiner Familie und seinen Eltern. Auch wenn ein derartiger alltagspraktischer Umgang mit Religion auf den ersten Blick paradox erscheinen mag, sind genau diese Widersprüchlichkeiten ein Kernmerkmal der Religiosität als kulturelle Gewohnheit.

Bezüglich sozialer Werteorientierungen ist die Praxisform in sich zutiefst gespalten. So sind der Religiosität als kulturelle Gewohnheit sowohl Personen zugeneigt, die sich weltoffen zeigen und selbst eine genuss- wie erlebnisorientierte Alltagsgestaltung leben, als auch solche, die traditionalistische und sozial konservative Positionen vertreten. Letztere werden bei dieser Praxisform jedoch nicht religiös begründet. Eine Ablehnung von Nicht-Muslim*innen besteht nicht, ganz im Gegenteil. Das hängt auch damit zusammen, dass die Vertreter*innen einer Religiosität als kulturelle Gewohnheit sich fast ausschließlich in einem interreligiösen Kontext bewegen, was nicht nur für das Arbeits- oder Wohnumfeld gilt, sondern eben auch für die eigene Familie und den Freundes- und Bekanntenkreis.

Ungebundene Restreligiosität

Mit der ungebundenen Restreligiosität kann eine fünfte Praxisform rekonstruiert werden, die sich von den vier bereits genannten unterscheidet. Gegenüber sozialen Werteorientierungen ist die Praxisform zwiegespalten. So findet sich unter Muslim*innen mit einer ungebundenen Restreligiosität sowohl ein Lager, das konservative, bewahrende oder traditionalistische Auffassungen vertritt, als auch eines, das liberale, selbstbestimmte oder hedonistische Positionen befürwortet.

Zentrale Merkmale der Praxisform sind Religionsferne und ein distanzierter Umgang mit Religion. Diese zeichnen alle Dimensionen aus. Auf der Ebene der Erfahrung und des Intellekts finden sich bei den Träger*innen der Praxisform praktisch keine Spuren mehr von muslimischer Religiosität. Sie verfügen auch gar nicht über das notwendige Wissen und die Kenntnisse, um rituelle religiöse Tätigkeiten überhaupt den Vorschriften entsprechend ausführen zu können, ebenso unbedarft sind sie in theologischer Hinsicht.

Fragmentierte Relikte und Restbestände muslimischer Religiosität bestehen hingegen noch auf der ideologischen Ebene, z. B. in der Form, dass die

Träger*innen der Praxisform zentralen Glaubenssätzen zustimmen, wie dem Glauben an Allah. Jedoch finden sich in dieser Hinsicht unter jenen, die der ungebundenen Restreligiosität zugeneigt sind, auch agnostische Stimmen, wenn etwa jemand sich als „Deist" (Hamza, 27 Jahre) begreift. Im Alltag spielt ihr Muslimischsein jedenfalls keine Rolle mehr, sondern besteht „nur auf dem Papier" (Fatameh, 27 Jahre), wie es eine junge Wienerin mit iranischem Background treffend ausdrückt. Die muslimische Religiosität fungiert dabei allein als Überbleibsel der Eltern- oder Großelterngeneration.

Bezogen auf die rituelle Ebene ist die muslimische Religiosität bei dieser Praxisform nicht vorhanden. Denn im Alltag halten sich die Betreffenden an keine religiösen Vorschriften. Weder tragen Frauen, die die Praxisform pflegen, Kopftuch, noch wird auf Schweinefleisch, Alkohol und sonstige als *haram* geltende Konsumgüter verzichtet. Rituelle Pflichtgebete, Freitagsgebete oder das Fastengebot werden nie praktiziert – auch nicht zu besonderen Anlässen oder während des Ramadans –, sondern stets als Last und als auferlegte Bürde empfunden und ignoriert. Für die alltagspraktische Lebensgestaltung – also auf Ebene der Konsequenzen – hat Religion bei der ungebundenen Restreligiosität weder Einfluss auf das Arbeits- oder das Familienleben noch auf die Wahl der Beziehungspartner*innen oder auf die Interaktionen mit Freund*innen und Bekannten.

Die Praxisform zeichnet sich zudem durch eine kritische Haltung gegenüber jedweden religiösen Institutionen und Einrichtungen aus. Der Anteil derjenigen, die selbst Mitglied oder Angehörige eines Mitglieds in einem Moscheeverein sind, ist verschwindend gering. Religiösen Organisationen wird prinzipiell nur sehr geringes Vertrauen entgegengebracht. Zwar suchen männliche Träger der ungebundenen Restreligiosität auch hin und wieder Moscheen auf, allerdings nicht aus persönlichen religiösen Bedürfnissen heraus, sondern aus Gründen der Traditionspflege, auf familiären Druck oder wegen spezifischer Anlässe wie einer Trauerfeier oder Trauung.

Allgemeine Befunde und Tendenzen

Beim Umgang mit Religion im Alltag zeigen sich bei jungen Muslim*innen neben einer grundlegenden Diversität auch allgemeine Tendenzen, die alle bzw. fast alle Praxisformen gleichermaßen betreffen. Besonders augenfällig sind hierbei drei Momente, die nachstehend ausgeführt werden. Es handelt sich dabei um die *religiöse Bricolage, Virtualisierungstendenzen* sowie den *Prozesscharakter des religiösen Lebens.*

Religiöse Bricolage

Die Zusammenschau der verschiedenen religiösen Praxisformen ergibt, dass sehr viele junge Muslim*innen islamische Rechtsschulen und theologische Normen- lehren als anachronistisch betrachten. Eine Ausnahme bilden Personen, die eine bewahrende Religiosität pflegen, sie wissen über solche Fragen Bescheid. Den meisten – und das kann auch hochreligiöse junge Muslim*innen betreffen – ist ihre eigene Zugehörigkeit zu einer islamischen Rechtsschule gar nicht bewusst. Bekim etwa, der junge Familienvater mit kosovarischem Familienhintergrund, der der Religiosität als kulturelle Gewohnheit zugeneigt ist, kommt bei der Be- schreibung seiner Glaubensrichtung gehörig ins Schwimmen:

> Zu meiner Schande, die Glaubensrichtung, das wissen wir selber nicht. Also Sunnit oder Schiit? Papa, simma Sunniten!? Ja? [Der Vater, der in diesem Moment neben ihm steht, nickt zustimmend (Anm. d. Verf.)] Sunniten simma einfach. Keine Ah- nung, echt nicht. Ich weiß den Unterschied nicht. Aja, die Schiiten sind die Araber. Nein, Sunniten simma, ganz klar. (Bekim, 24 Jahre)

Dass er seinen während des Interviews anwesenden Vater zurate ziehen muss, um zu klären, ob er und seine Familie Schiit*innen oder Sunnit*innen sind, und er arabische Menschen pauschal dem Schiitentum zuordnet, zeugt davon, dass Be- kims Wissen über die eigene Glaubenszugehörigkeit und damit verbunden auch über die religiöse Normenlehre nicht sonderlich ausgeprägt ist. Offenbar sind für ihn nationale oder kulturelle Klassifizierungen und Vorurteile präsenter und rele- vanter als religiöse Kategorien.

Andere junge Menschen wenden sich von den traditionellen Rechtsschulen, in denen sie aus der Zeit gefallene Instanzen sehen, aktiv ab und greifen, was ihre Alltagsgestaltung angeht, im Sinne einer religiösen Bricolage auf Quellen und Traditionen verschiedener Religionen zurück. Beispielsweise orientieren sich junge Sunnit*innen, die eine offene Religiosität praktizieren, in Bezug auf ihre religiösen Selbstbilder gerne an sufistischen Zugängen oder islamischer Mystik. Zum Teil werden auch christliche Bräuche, wie das Feiern von Weihnachten oder Namenstagen, praktiziert und in das eigene Leben integriert. Auch konsumieren sie mitunter Alkohol, Schweinefleisch oder sonstige Lebensmittel, die von der re- ligiösen Normenlehre her als *haram*, also als verboten angesehen werden. Junge Menschen schöpfen ihre Selbstbilder, Gepflogenheiten und religiösen Normen, an denen sie sich orientieren, eben nicht nur aus einer einzigen religiösen Tra- dition, sondern integrieren auch Versatzstücke aus anderen Glaubensströmungen wie dem Sufismus oder anderen Religionsgemeinschaften wie dem Christentum. Fehlende theologische Kenntnisse werden meist kaschiert und kompensiert durch die Aneignung von Wissensbausteinen, die in einen neuen, sinnstiftenden Kontext eingefügt werden. Bei diesen Phänomenen, so lässt sich abschließend festhalten, werden religiöse Elemente unterschiedlicher Provenienz im Zuge von ‚Bastel-prozessen' zu Formen einer ‚Patchwork-Religiosität' neu zusammengefügt, die auch als religiöse Bricolage zu bezeichnen ist.

Virtualisierungstendenzen

Eine weitere Tendenz, die alle religiösen Praxisformen betrifft, ist die Virtualisie-rung des Religiösen. Diese betrifft zum einen die alltägliche religiöse Praxis. Von besonderer Bedeutung sind hierbei Smartphone-Apps, die jungen Muslim*innen die Zeiten des rituellen Pflichtgebets in Erinnerung rufen oder die Gebetsrichtung anzeigen. Zum anderen spielt die Virtualisierung des Religiösen dann eine Rolle, wenn Antworten auf religiöse Fragen gesucht werden, die mit der religions-konformen Alltagsgestaltung zu tun haben. Wie aus den Interviews hervorgeht, wenden sich junge Menschen in solchen Fällen nur selten an einen Imam oder an eine islamische Religionslehrperson, sondern ziehen bevorzugt Online-Such-maschinen zurate. Eine sehr beliebte Methode, sich religiöses Wissen anzueignen oder aufzufrischen, ist – wie es ein Interviewpartner treffend formuliert – der „Google-Hodscha" (Yusuf, 33 Jahre). Allerdings hängt die gewählte Vorgehens-weise sehr wohl von den jeweiligen Anliegen ab. Bei komplexen und wichtigen religiösen Fragen wird eher nicht in Online-Quellen recherchiert, da gegenüber der Richtigkeit und Fundiertheit der Beiträge, insbesondere in Foren, eine ge-wisse Skepsis herrscht. Geht es hingegen darum, ob z. B. bestimmte Lebensmittel *halal* sind oder nicht, sind diese Zweifel und Unsicherheiten hinfällig. Dann wer-den zumeist verschiedene Internetseiten auf ihren Gehalt hin miteinander ver-glichen.

Zudem hat die Informationsbeschaffung in Online-Quellen trotz der Unsicher-heit ob ihrer Glaubwürdigkeit den Vorteil der Anonymität. Dieses Kriterium ist für junge Muslim*innen oftmals ausschlaggebend dafür, dass sie Online-Quellen zurate ziehen. Dass diese als Handlungsorientierung häufig sehr traditionalisti-sche Auffassungen des Islams anbieten, wird dabei nicht selten billigend und un-kritisch in Kauf genommen.

Religiosität in Bewegung

Eine dritte Tendenz, die sich bei den unterschiedlichen Praxisformen zeigt, ist der Entwicklungscharakter des religiösen Lebens, also die Tatsache, dass sich der Umgang mit Religion im Alltag im Lauf des Lebens wandelt. Abhängig von ihrer biografischen Lebensphase räumen Muslim*innen der Religion eine größere oder eine geringere Rolle ein. Beeinflusst wird dies stets auch durch äußere Bedingungen wie den Familienstand oder die Arbeitssituation. Die gelebte Religiosität ist dabei grundsätzlich als Prozess zu sehen, der stetigen Veränderungen unterworfen ist.

In diesem Kontext zeigt sich sehr häufig, dass junge Menschen mit religiösen Vorschriften vergleichsweise lax umgehen, was sich etwa auch im geringeren Anteil der bewahrenden Religiosität im Gesamtsample widerspiegelt. Denn für viele stellt die Zeit als Jugendlicher oder junger Erwachsener eine Periode dar, in der „noch Sünden" (Tijana, 18 Jahre) begangen werden können und in der die Religiosität eine geringere Rolle spielt als in späteren Lebensphasen. Nachlässigkeit im Umgang mit religiösen Regeln falle in diesem Alter nicht so stark ins Gewicht, so die Annahme. Die Jugend oder die Zeit als junge*r Erwachsene*r, in der man oftmals nicht mehr bei den eigenen Eltern wohnt, sondern mehr oder weniger auf eigenen Beinen stehen muss, stellt für viele eine Auszeit vom religiösen Leben dar.

Ab einem bestimmten Zeitpunkt ändert sich jedoch der Umgang mit der rituellen Ebene muslimischer Religiosität. Das Ende der laxen Phase wird meist durch die Gründung einer Familie eingeläutet, mit der der Religiosität eine zunehmend wichtigere Rolle zukommt. Davon zeugt das Beispiel von Sakin, einem jungen Mann, der bereits von zu Hause ausgezogen ist und der seinen derzeit nachlässigen Umgang mit religiösen Vorschriften so legitimiert: „Aber, wenn i verheiratet bin, irgendwann, werd ich's dann schon genauer nehmen müssen. Aber im Moment net, nein!" (Sakin, 32 Jahre). Erst wenn es um die Erziehung der eigenen Kinder und damit auch darum geht, diesen ein Vorbild zu sein und religiöse Überzeugungen sowie Traditionen zu vermitteln, wird für ihn die eigene Religiosität stärker in den Lebensmittelpunkt rücken und er wird religiösen Normen – insbesondere dem Pflichtgebet – häufiger nachkommen als derzeit. Bis dahin jedoch genießt Sakin das Singledasein ohne Gewissensbisse.

Der Befund, dass es sich bei Religiosität um ein sich ständig in Bewegung befindendes Phänomen handelt, trifft nicht auf alle Praxisformen zu. Eine Ausnahme bildet die bewahrende Religiosität – wer dieser Praxisform zugeneigt ist, kommt den verschiedenen religiösen Normen bereits in jungen Jahren strikt nach. Ein Aufschub oder eine Auszeit vom religiösen Leben ist diesfalls nicht feststellbar. Auch mit der Gründung einer Familie ändert sich der Umgang mit Religion im Alltag nicht grundsätzlich. Bei der bewahrenden Religiosität zeigt sich somit eine vergleichsweise lineare Entwicklung von der familiären Sozialisation über die Jugendphase bis hin zum Erwachsenenalter.

Schlussbemerkung

Das grundsätzliche Anliegen des Aufsatzes besteht darin, zur Versachlichung der in der jüngeren Vergangenheit überreizten öffentlichen Debatte über den Islam bzw. die Muslim*innen in Österreich beizutragen. Denn in Medien und Politik wird die muslimische Bevölkerung in der Regel in Problemzusammenhängen thematisiert und als homogene Einheit gefasst. Bei genauerer soziologischer Analyse und unter Einbeziehung der Binnenperspektiven der Betreffenden offenbart sich jedoch eine starke Diskrepanz zwischen klischeebesetzten Darstellungen und der konkreten Alltagswirklichkeit. Ersichtlich wird dabei eine tiefgreifende Diversität und Vielschichtigkeit der bestehenden religiösen Orientierungen. Die Variationsbreite reicht von einer bewahrenden Religiosität über eine pragmatische Religiosität und eine offene Religiosität bis hin zur Religiosität als kulturelle Gewohnheit sowie zu einer ungebundenen Restreligiosität.

Diese Umgangsformen mit Religion im Alltag werden allesamt auch von jungen Muslim*innen gepflegt – wobei deren besonderes Faible im Vergleich zur generationenübergreifenden Verteilung der muslimischen Bevölkerung der offenen Religiosität gilt, also einem individuell geleiteten Zugang zu Religion, der sich von regelgeleiteten Verständnissen abgrenzt. Und gerade von dieser alltagspraktischen Form der muslimischen Hochreligiosität wird in den öffentlichen Debatten zumeist keine Notiz genommen. Es ist daher wünschenswert, dass diese Praxisform in der medialen Berichterstattung in Zukunft stärker wahrgenommen wird und ihr die Beachtung zukommt, die sie aufgrund ihrer quantitativen Präsenz eigentlich verdient. Auch bleibt zu hoffen, dass die unter österreichischen Muslim*innen herrschende Diversität im Umgang mit dem Glauben im Generellen endlich als Normalität anerkannt wird.

Teil III: Bildungsbezogene Reflexionen

Hinführung

Wie aus den bisherigen religionssoziologischen Analysen zur muslimischen Präsenz im deutschsprachigen Raum und der Untersuchung muslimischer Lebenswirklichkeiten sowie Umgangsformen mit religionsbezogenen Fragen hervorgeht,
zeichnet sich die muslimische Bevölkerung durch eine markante Diversität und
Unterschiedlichkeit aus. Dies betrifft nicht nur soziodemografische Faktoren, wie
ethnische, staatsbürgerschaftliche oder konfessionelle Zugehörigkeit, Bildungsabschlüsse und sozioökonomische Aspekte. Eine vielschichtige und mehr-
dimensionale Bandbreite konnte auch im Grad der Religiosität, bei den Zugängen
zu religiösen Fragen, den Haltungen gegenüber anderen Religionen und Andersgläubigen, den Positionen gegenüber religiösen Organisationen und nicht zuletzt
bei den Umgangsformen mit religiösen Normen in Alltagskontexten festgestellt
werden.

Die vorliegende Aufsatzsammlung begnügt sich jedoch nicht damit, religionssoziologische Erkenntnisse zur Präsenz der muslimischen Bevölkerung im
deutschsprachigen Raum zu gewinnen, sondern befasst sich auch mit daraus ab-
zuleitenden bildungsbezogenen Implikationen. Wie in den nachfolgenden Analysen dargelegt wird, können die religionssoziologischen Befunde als Grundlage
sowohl für den islamischen Religionsunterricht in der Schule, für das Zusammenspiel hochschulgebundener, schulischer und außerschulischer Kontexte im Fall
der islamischen Bildung als auch für interreligiöse Kooperationen in Lehr- und
Lernkonstellationen sowie für die Lehrer*innenbildung im Generellen herangezogen werden.

Wie relevant ein solches Unterfangen ist, zeigt sich bereits darin, dass die Präsenz muslimischer Schüler*innen in Bildungskontexten – sowie damit verbunden
der Ist-Zustand islamischer Bildung – fortwährend Anlass für mediale Debatten
bietet sowie in öffentlichkeitswirksamen Publikationen regelmäßig aufgegriffen
wird. Schnell hat man dabei die Diagnose zur Hand, dass sich in den Klassen-
zimmern eine Vielzahl von religiös motivierten Konfliktsituationen, ja ein ‚Kulturkampf' (Wiesinger & Thies, 2018; Unzeitig, 2019) abspiele. Dergleichen Schlagworte werden in der Regel kritisch gesehen, da sie als einerseits effekthascherisch
und andererseits pauschalisierend gelten. Sie gingen, so der Vorwurf, von einem
monolithischen Kulturbegriff aus, von quasi genetischen, unveränderlichen
Charaktereigenschaften, die von allen Mitgliedern eines sogenannten ‚Kultur-
kreises' rückhaltlos geteilt würden und zwangsweise Feindseligkeiten und Konflikte mit dem kulturell Anderen nach sich zögen (Karakaşoğlu, 2010, S. 297).

Konstruktive Ansätze zur Präsenz von Muslim*innen in Bildungskontexten
liefern hingegen u. a. die Veröffentlichungen der österreichischen Journalistin und

Lehrerin Melisa Erkurt. In ihrem Artikel ‚Generation Haram' (2016) für das Wiener transkulturelle Magazin *biber* berichtet die Autorin über vornehmlich männliche muslimische Schüler, die *haram* als Trendwort gebrauchen und damit Handlungen, Kleidungsstile und Äußerungen weiblicher muslimischer Jugendlicher etikettieren. So führten sie den ‚*haram-halal*-Diskurs' als religiös motiviertes Schema nach dem Motto ‚Was ist religiös erlaubt oder verboten?' in den Schulalltag ein und beeinflussten damit auch die Haltungen der muslimischen Jugendlichen gegenüber Andersgläubigen und anderen Religionen (ebd.). In ihrem Buch, das ebenfalls den Titel ‚Generation Haram' (Erkurt, 2020) trägt, eröffnet Erkurt wiederum differenzierte Einblicke in das österreichische Schulwesen und präsentiert gleichsam einen Gegenentwurf zu den Thesen Wiesingers. Sie beschreibt, wie Kinder mit Migrationshintergrund mehr leisten müssten, um dieselbe Anerkennung zu erhalten wie Kinder ohne Migrationshintergrund (ebd., S. 65–72), und konstatiert Defizite im österreichischen Schulwesen und bei Lehrer*innen, wenn es darum geht, Schüler*innen mit Migrationshintergrund zu fördern. Es folgen ein Appell an die Mehrheitsgesellschaft, gesellschaftliche Pluralität als Normalität anzuerkennen (ebd., S. 184–189), und die Forderung, dass Lehrpersonen im Zuge ihrer Ausbildung besser auf das Lehren und Lernen in sprachlich, kulturell und religiös heterogenen Klassen vorbereitet werden.

Auch wenn die genannten Bücher nicht als systematische Untersuchungen betrachtet werden können, haben sie dennoch ihre Gültigkeit und Berechtigung, da sie bestehende Diskurse in der Gegenwartsgesellschaft des deutschsprachigen Raums aufgreifen, die sich um das Verhältnis von muslimischen und nicht-muslimischen Lernenden sowie um Bildungsprozesse in pluralen Konstellationen drehen. Schließlich werden im deutschsprachigen Raum Analysen, die sich mit diesen Fragen beschäftigen und dabei systematische methodische Verfahren anwenden sowie wissenschaftlichen Gütekriterien entsprechen, nur selten vorgenommen. Ausnahmen bilden die Arbeiten von Bernd Fechler (2003), Yasemin Karakaşoğlu (2010) oder Joachim Willems (2017).

Stattdessen hat sich die Forschung zu islamischer Bildung im deutschsprachigen Raum in den vergangenen Jahrzehnten – wie bereits weiter oben dargelegt – anderen Themen zugewendet. Ein erster Schwerpunkt beschäftigt sich mit der Frage, inwiefern die ‚anthropologische Wende' in der Islamischen Religionspädagogik angekommen ist. In diesem Zusammenhang konstatieren verschiedene Stimmen, dass zeitgenössische religionspädagogische Prinzipien – etwa die Subjekt- oder Erfahrungsorientierung – noch nicht ausreichend in islamisch-religionspädagogischen Konzeptionen berücksichtigt worden seien (Sejdini, 2022b, S. 100 ff.).

Einen zweiten Schwerpunkt stellen die religiöse Sozialisation muslimischer Kinder und Jugendlicher sowie die verschiedenen Lernorte islamischer Bildung dar. Eine Zusammenschau der Forschungsarbeiten zu diesen Themen ergibt, dass Aufwachsprozesse und religiöse Lernorte wie Moscheen oder familiäre Kontexte bisher nur geringe Aufmerksamkeit erfahren haben. Forschungsbedarf besteht hierbei insbesondere hinsichtlich der Frage, wie die Diversität muslimischer Alltagspraxis und unterschiedlicher religiöser Lebenswelten im schulischen Religionsunterricht oder in Moscheegemeinden Berücksichtigung finden kann und wie die verschiedenen Lernorte, an denen nicht immer spannungsfreie Beziehungen gegeben sind, ineinandergreifen oder gemeinsame Ziele verfolgen können. Auch in die Ausbildung von Lehrer*innen – unabhängig von der Fachrichtung – müsste allgemein mehr Wissen über die Variationsbreite und Diversität muslimischer Alltagspraxis und der Lebenswirklichkeiten muslimischer Schüler*innen einfließen.

Ein dritter Schwerpunkt mit religionspädagogischem und bildungswissenschaftlichem Bezug sind Forschungen zur interreligiösen Bildung, da interreligiöse Ansätze, die eine Infragestellung des konfessionellen Prinzips bedeuten, auf die multikulturellen und multireligiösen Konstellationen der Gegenwartsgesellschaft reagieren. Auch wenn in den vergangenen Jahren viele interreligiöse Ansätze entwickelt wurden, die mitunter in der pädagogischen Praxis Anwendung finden, wurden die Diversität und Unterschiedlichkeit muslimischer Lebenswirklichkeiten sowie mögliche Spannungsfelder in interreligiösen Lehr- und Lernkonstellationen darin noch zu selten aufgegriffen.

Das Ziel des vorliegenden Buchs besteht neben der Erstellung von religionssoziologischen Befunden darin, einen Beitrag zu den skizzierten bildungsbezogenen Forschungsschwerpunkten zu leisten. Der sechste Aufsatz mit dem Titel ‚Bildungskonzepte und religionspädagogische Erwartungen muslimischer Eltern: Bildungssoziologische Perspektiven auf muslimische Diversität' (Kap. 12) widmet sich zunächst der Diversität und Vielschichtigkeit der Erwartungen und Wünsche muslimischer Eltern an den islamischen Religionsunterricht und deren Vorstellungen von religiöser Bildung. Aus diesen empirischen Erfahrungswerten werden Empfehlungen für die religionspädagogische Praxis abgeleitet.

Der siebte Aufsatz, der in Zusammenarbeit mit Vera Brandner und Aykut Gelengec entstanden ist, nimmt dann eine Zusammenschau der verschiedenen Lernorte islamischer Bildung in der Gegenwartsgesellschaft des deutschsprachigen Raums vor. Unter dem Titel ‚Transdisziplinäre Grenzarbeit zwischen hochschulgebundener, schulischer und außerschulischer Bildung: Ein Vorschlag zum Zusammenspiel der verschiedenen Lernorte islamischer Bildung' (Kap. 13) wird das Konzept einer ‚transdisziplinären Grenzarbeit' entwickelt, das darauf abzielt, die verschiedenen schulischen, außerschulischen und hochschulgebundenen Akteur*innen an einen Tisch zu bringen und gemeinsame Reflexions- und Lernprozesse zu Fragen der islamischen Bildung anzustoßen.

Daran anschließend beschäftigt sich der achte Beitrag (‚Religiöse Pluralität der Gegenwartsgesellschaft und interreligiöses Lernen: Eine Analyse von interreligiösen Ansätzen in Deutschland und Österreich'; Kap. 14) mit einer religionspädagogischen Ausrichtung, die in den vergangenen Jahren viel Aufmerksamkeit erfahren hat, nämlich der interreligiösen Bildung, und analysiert dabei verschiedene im deutschsprachigen Raum entwickelte Lehr- und Lernkonzepte. Anhand dessen werden Überlegungen darüber angestellt, wie interreligiöse Bildungsmodelle in punkto Materialien und Planung, religiöse Differenzen und Gemeinsamkeiten sowie Momente der Reflexion und Begegnung zu konzipieren sind, um der religiös pluralen Gegenwartsgesellschaft gerecht zu werden.

Interreligiöse Lehr- und Lernkonzepte stehen auch im neunten Aufsatz mit dem Titel ‚Konflikte und Spannungen in interreligiösen Lehr- und Lernkonstellationen: Eine empirische Analyse von Konfliktherden in der Ausbildung von Religionslehrer*innen' (Kap. 15) im Mittelpunkt, der gemeinsam mit Petra Juen verfasst wurde. Der Beitrag widmet sich einem spezifischen interreligiösen Kooperationsprojekt bei der Ausbildung von muslimischen und katholischen Religionslehrer*innen an der Universität Innsbruck. Auf Basis von empirischem Datenmaterial wird untersucht, wie interreligiöses Lernen in der Religionslehrer*innenbildung in der Praxis abläuft. Der Fokus liegt auf den Spannungsfeldern, Fallstricken und Konfliktherden, die im Zuge solcher Bildungsprozesse auftreten können.

Der zehnte Aufsatz (‚Forschung und muslimische Diversität in der Lehrer*innenbildung: Zu Potenzialen und Grenzen von forschungsgeleiteter Lehre sowie forschendem Lernen mit Studierenden und Schüler*innen am Beispiel muslimischer Diversität und sozialer Ungleichheit'; Kap. 16) rundet die bildungsbezogenen Reflexionen ab. Der in Zusammenarbeit mit Gudrun Quenzel verfasste Beitrag richtet den Blick auf die Ausbildung von Lehrpersonen und diskutiert, wie Forschung in der Lehrer*innenbildung Berücksichtigung finden kann. Erörtert wird dies am praktischen Beispiel der Unterschiedlichkeit muslimischer Lebenswirklichkeiten und Glaubenspraktiken sowie sozialer Ungleichheit.

Bildungskonzepte und religionspädagogische Erwartungen muslimischer Eltern

12

Bildungssoziologische Perspektiven auf muslimische Diversität

Jonas Kolb

Einleitung

Seit 2006 sind islamisch-theologische Studien in akademischen Kontexten des deutschsprachigen Raums verankert. Die Arbeitsbereiche, die den universitären Organisationseinheiten zukommen, sind neben anderen die Ausbildung von islamischen Religionslehrer*innen für den schulischen Religionsunterricht und die Etablierung der Islamischen Religionspädagogik als universitäre Disziplin.

Die wissenschaftlichen Debatten über den islamischen Religionsunterricht im deutschsprachigen Raum, so ist zu konstatieren, sind bereits weit vorangeschritten. Sie drehen sich insbesondere um strukturelle Rahmenbedingungen, rechtliche Grundlagen oder Lehrpersonen und deren Ausbildung.[1] Wie der Unterricht aussehen kann, stellt ein weiteres Feld gegenwärtiger Debatten dar.

---

[1] Siehe hierzu u. a. die einschlägigen Beiträge in den von Bülent Uçar und Danja Bergmann (2010) und Ednan Aslan (2022b) herausgegebenen Sammelbänden.

Dieser Aufsatz stellt die geringfügig modifizierte und übersetzte Fassung eines Beitrags dar, der 2023 unter dem Titel ‚Muslim Diversity, Religious Formation and Islamic Religious Education: Everyday Practical Insights into Muslim Parents' Concepts of Religious Education in Austria' in der Zeitschrift *British Journal of Religious Education* (Jahrgang 45, Heft 2, S. 172–185; Verlag: Taylor & Francis) erstmals publiziert wurde.

Zu erwähnen sind in diesem Zusammenhang Grundpositionen des islamischen Religionsunterrichts (Ourghi, 2017), methodisch-didaktische Fragen (Schröter, 2018; Sarıkaya et al., 2019), dialogische oder interreligiöse Elemente (Sejdini, 2015), Unterrichtsmaterialien (Kiefer, 2010), der Umgang mit theologischen Quellen (Müller, 2016; Sarıkaya, 2016) sowie die Professionalisierung von islamischen Religionslehrer*innen (Tuna, 2019) und die Kompetenzorientierung im islamischen Religionsunterricht (Klement et al., 2019).

Solche Analysen werden in religionspädagogischen Konzepten häufig deduktiv entwickelt, d. h. sie gehen von theoretischen Überlegungen aus, lassen praxisbezogene Fragen sowie Perspektiven, Erwartungen, Ängste und Wünsche der beteiligten muslimischen Bevölkerung aber weitgehend unberücksichtigt. Im universitären Rahmen werden die Ansätze oft mit einem Top-down-Ansatz entworfen, der die Erfahrungen der Beteiligten vernachlässigt oder gänzlich ignoriert. Im Sinne der Strukturationstheorie von Anthony Giddens (1984) steht meist die strukturelle Perspektive (‚top') im Vordergrund, muslimische Schüler*innen und deren Eltern (‚down') werden hingegen als nachrangig betrachtet.

Während in Deutschland die Perspektive muslimischer Eltern bereits in einigen Studien reflektiert wurde (z. B. Uslucan, 2011; Holzberger, 2014; Uslucan & Yalcin, 2018; Tufan-Destanoğlu, 2019), gibt es in Österreich bisher keine derartigen Bemühungen. Dennoch besteht hierzulande die Annahme, dass Muslim*innen einheitlich eine auf den Maßstäben der Nachahmung, des Auswendiglernens und nicht mehr zeitgemäßen didaktischen Lehr- und Lernprinzipien beruhende Religionspädagogik befürworten. Ob dem tatsächlich so ist, dazu fehlten bislang evidenzbasierte Erkenntnisse. Der vorliegende Aufsatz will nun diese Vermutungen auf der Grundlage einer fundierten empirischen Analyse hinterfragen und darüber hinaus jenen Stimmen Gehör verschaffen, die in den bisherigen Debatten zu wenig oder gar nicht beachtet worden sind. Auf diese Weise will die Analyse einen Beitrag zu den aktuellen islamischen religionspädagogischen Debatten leisten, und zwar durch eine praxisnahe Fundierung, die Struktur und Handlungsfähigkeiten im Sinne der Giddens'schen Strukturationstheorie (1984, S. 25) miteinander versöhnt.

Die Analyse stützt sich auf eine empirische Untersuchung der alltagspraktischen Lebensrealitäten von Muslim*innen in Österreich, wo islamischer Religionsunterricht im öffentlichen Schulwesen landesweit bereits seit 1982/83 erteilt wird und die beteiligten Personengruppen folglich fundiert ihre Sichtweisen formulieren können. Sie nimmt dabei eine praxistheoretische Perspektive ein, die den Fokus auf alltägliche Routinen, Interaktionen und die Einbettung von praktischen Umgangsformen richtet (Schatzki, 1996; Reckwitz, 2003; Hillebrandt, 2012). Ein solcher Ansatz verheißt vielversprechende Antworten auf die Frage, welche unterschiedlichen Bildungsvorstellungen, pädagogischen Stile und

Zielsetzungen religiöser Bildung muslimische Eltern befürworten und wie sie in der Alltagspraxis mit religiöser Bildung umgehen.

Erwartungen, Ängste und Wünsche muslimischer Eltern sind wichtige Faktoren, die den Erfahrungsbereich von Schüler*innen, die den islamischen Religionsunterricht in der Schule besuchen, beeinflussen, werden doch die religiösen Perspektiven von Kindern und Jugendlichen entscheidend von den Eltern geprägt. Der Mehrwert einer Analyse elterlicher Vorstellungen für aktuelle Debatten besteht demnach u. a. darin, dass sie die Erfahrungswelten von Schüler*innen erhellt, auf dass sie in religionspädagogischen und -didaktischen Ansätzen systematisch reflektiert werden können.

Bevor ich mich der empirischen Analyse zuwende, skizziere ich den gegenwärtigen wissenschaftlichen Diskurs über den islamischen Religionsunterricht und diskutiere zentrale mit religiöser Bildung zusammenhängende Fragen. Daran anknüpfend beschreibe ich die Ausgangslage in Österreich, beleuchte die bestehenden Lernorte religiöser Bildung und reflektiere ausgewählte Studien in diesem Forschungsfeld. Im Anschluss werden das diesem Beitrag zugrunde liegende empirische Material sowie die evidenzbasierte Bandbreite des alltagspraktischen Umgangs und der Sichtweisen muslimischer Eltern auf religiöse Bildung und pädagogische Stile vorgestellt. Den Abschluss des Beitrags bilden Überlegungen zu den Implikationen der Befunde für die Ausgestaltung des islamischen Religionsunterrichts.

Diskurse über den islamischen Religionsunterricht und theoretische Perspektiven

Der Begriff ‚Bildung' ist seit mehreren Jahrzehnten als Leitkategorie in der Religionspädagogik etabliert (Rothgangel, 2013, S. 32). Grundsätzlich zeichnet sich Bildung – anders als z. B. Erziehung – dadurch aus, dass sie aktiv tätige Subjekte voraussetzt, die fähig sind, selbstständig und alleine Bildungsprozesse zu durchlaufen, die zu Mündigkeit führen können (Schweitzer, 2014b; Boschki, 2017, S. 78 f.). Mündigkeit meint im weitesten Sinne, dass Subjekte Selbstbestimmung und Urteilsfähigkeit erlangen und kraft ihrer Vernunft ethische Verantwortung übernehmen. Religiöse Bildung ist dabei als Bestandteil des gesamtheitlichen Bildungsprozesses zu verstehen, der auch andere Bereiche umfasst – wie z. B. die berufliche, kulturelle oder moralische Bildung. Welcher Stellenwert der religiösen Bildung zukommt, kann dabei unterschiedlich sein.

Wie der Bildungsweg beschritten wird bzw. zu beschreiten ist, darüber gibt es verschiedene Auffassungen. Während materiale Bildungstheorien die Vermittlung eines möglichst umfangreichen Wissensbestandes in den Mittelpunkt rücken (Jank & Meyer, 2011, S. 209 f.), steht bei formalen Bildungstheorien vereinfacht gesagt die Beherrschung von Methoden und Kompetenzen im Vordergrund (Stübig & Stübig, 2018, S. 31). Gemäß dem Konzept der kategorialen Bildung (Klafki, 1959, 2007) wiederum sollten in Lehr- und Lernkonstellationen primär solche Inhalte behandelt werden, die junge Menschen dazu befähigen, grundlegende Formen des Verstehens herauszubilden.

Mit den unterschiedlichen Vorstellungen vom Begriff Bildung korrespondieren Differenzen hinsichtlich des pädagogischen Stils. Denkbar sind zum einen autoritäre Methoden, die scheinbar stabile, unveränderliche und fixierte Lerninhalte – im Sinne eines Religionsunterrichts nach instruktionistischen Prinzipien – zum Inhalt haben. Instruktionistisch meint dabei, dass der Religionsunterricht in Form eines Frontalunterrichts oder einer religiösen Unterweisung stattfindet und dass den sich bildenden Personen dabei – im Rahmen einer Meister*in-Lehrling-Beziehung – eine rein passive Rolle zukommt. Oftmals geht dieses Prinzip mit dem Rezitieren und Auswendiglernen einher, das allein an einem materialen Bildungsverständnis orientiert ist. Diese Methoden und Techniken waren in der wechselvollen Geschichte der islamisch-pädagogischen Traditionen von großer Bedeutung (Hussain, 2013), z. B. bei der Hafiz-Ausbildung. Ein solcher pädagogisch-didaktischer Ansatz werde laut Rauf Ceylan häufig im Religionsunterricht in Moscheen angewendet (2014, S. 353–359). Der Fokus liegt dabei auf der Aneignung der Lerninhalte ohne Hinterfragen und Reflektieren (Ceylan, 2010b).

Dem stehen auf Selbstbestimmtheit der sich Bildenden, freies Verstehen, kritisches Hinterfragen und konstruktivistische Lernprinzipien setzende Modelle gegenüber, nach denen die Lernenden den Lernprozess aktiv beeinflussen und mitsteuern können, und die damit dem Verständnis formaler oder kategorialer Bildungstheorien anhängen (Stein, 2017, S. 57 ff.). Als konstruktivistisch werden somit solche Zugänge verstanden, die Lernen als einen Prozess der Selbstorganisation von Wissen definieren, der auf der Grundlage der Realitäts- und Sinnkonstruktion jedes lernenden Individuums stattfindet und folglich relativ, individuell und unvorhersehbar ist (Lindemann, 2006, S. 9 f.). Während Religionsunterrichte im deutschsprachigen Raum gegenwärtig in der Regel konstruktivistischen Prinzipien folgen, wird dem islamischen Religionsunterricht häufig vorgeworfen, zu sehr auf instruktionistische Lernmethoden zu setzen (Kraml et al., 2020, S. 133).

Dementsprechend seien auch die Zielsetzungen des islamischen Religionsunterrichts zu diversifizieren. Harry Harun Behr (2005, S. 469–473) schlägt diesbezüglich vor, zwischen einer ‚Informierung über das religiöse System‘, einer ‚Einweisung in das religiöse System‘ und einer ‚Bildung im Rahmen des religiösen Systems' zu unterscheiden.[2] Diese Differenzierung der Lernziele weist Anklänge an die Unterscheidung zwischen *learning about religion, learning in religion* sowie *learning from religion* (Grimmitt & Read, 1975) auf. Während die Informierung über das religiöse System tendenziell in religionskundlicher Manier gedacht und darauf ausgerichtet ist, Schüler*innen Wissen über den Islam im Sinne des *learning about religion* zu vermitteln (Behr, 2005, S. 469 f.), werden mit der Einweisung in das religiöse System Schüler*innen in die Lage versetzt, sich zur Lehre des Islams zu positionieren, um diese in der Praxis entsprechend umsetzen zu können *(learning in religion)* (ebd., S. 471 f.). Die Bildung im Rahmen des religiösen Systems wiederum zielt nach Behr darauf ab, dass Schüler*innen von der Religion für das eigene Leben lernen *(learning from religion)* und mit ihrem muslimischen wie auch nicht-muslimischen Umfeld über religiöse Fragen kommunizieren können (ebd., S. 472 f.).

Ausgangslage in Österreich und Lernorte religiöser Bildung

Infolge ihrer Anerkennung wurde der IGGÖ die Erteilung eines eigenen konfessionellen Religionsunterrichts zugestanden. Ein solcher wird in Österreich an allen öffentlichen Schulen der Primar- und Sekundarstufe angeboten (Strobl, 2005, S. 524) und findet als Pflichtfach im Rahmen des Schulunterrichts im Ausmaß von zwei bzw. einer Wochenstunde (je nach Schüler*innenanzahl) statt. Eine Abmeldung ist möglich. Die IGGÖ ist für die Bestellung der Lehrkräfte, die Inspektion des Religionsunterrichts, die Erlassung der Lehrpläne, das Verfassen von Schulbüchern, die Erteilung sowie die inhaltliche und methodische Gestaltung des Religionsunterrichts zuständig (Khorchide, 2009a, S. 43–49).

   Mit dem Angebot eines eigenen konfessionellen Religionsunterrichts fällt die Aufgabe der religiösen Bildung muslimischer Kinder und Jugendlicher nicht mehr exklusiv familiären Kontexten und Moscheevereinen zu, vielmehr werden diese durch das öffentliche Schulwesen herausgefordert. Tatsächlich ist das Verhältnis zwischen den verschiedenen Orten religiöser Bildung, also Familie, Moschee und Schule, nicht immer reibungslos oder konfliktfrei. Grundsätzlich ist festzustellen, dass es zu den einzelnen Lernorten islamischer Bildung,

---

[2] Behr verwendet in seiner Differenzierung den Begriff ‚Erziehung'. Um das Prinzip der Selbstständigkeit und Mündigkeit stärker zu betonen, wird die Zielsetzung als Bildung im Rahmen des religiösen Systems bezeichnet.

beispielsweise zu Moscheen und Familien, nur sehr wenige Studien gibt (z. B. Ceylan, 2014; Uygun-Altunbaş, 2017; Tuna et al., 2023). Auch eine Reflexion des islamischen Religionsunterrichts in der Schule im Lichte der anderen Orte religiöser Bildung fand noch nicht in ausreichendem Maß statt.

Partielle Einblicke bietet in dieser Hinsicht beispielsweise die Studie der Forschungsgruppe um Werner Schiffauer (2015b), die sich dem Zusammenspiel von Schule, Moschee und Elternhaus in Berlin widmet und die Perspektiven muslimischer Eltern auf öffentliche Schulen und schulische Aktivitäten ihrer Kinder detailliert analysiert (Uçan, 2015). Da aber in den betreffenden Berliner Schulen kein islamischer Religionsunterricht erteilt wird, bleibt eine Auseinandersetzung mit den religiösen Bildungsvorstellungen der Erziehungsberechtigten bezogen auf den schulischen Religionsunterricht aus.

Michael Kiefer (2005) weist in diesem Zusammenhang darauf hin, dass muslimische Eltern das Angebot eines islamischen Religionsunterrichts an öffentlichen Schulen in der Regel begrüßen. Dies gilt insbesondere für Schulversuche, wenn also ein islamischer Religionsunterricht neu eingeführt wird. Unterschiedliche Auffassungen und Wünsche können bei muslimischen Erziehungsberechtigten hingegen z. B. darüber bestehen, in welcher Sprache der islamische Religionsunterricht stattfinden soll (Khalfaoui, 2010). Irka-Christin Mohr zeigt anhand von Interviews, die sie mit islamischen Religionslehrer*innen führte, dass die Unzufriedenheit muslimischer Eltern mit dem Religionsunterricht auch religiöse Gründe haben kann (2009, S. 136 f.).

Weitere Erkenntnisse liefern Studien, die Schulversuche zum islamischen Religionsunterricht in Deutschland evaluierten. In der Regel wurden dabei Akteur*innen befragt, die an solchen Schulversuchen beteiligt sind. Dabei zeigte sich, dass muslimische Eltern zumeist sehr froh sind, dass ihre Kinder in der Schule etwas über ihre Religion lernen können (Holzberger, 2014, S. 20; Uslucan & Yalcin, 2018, S. 52). Geringer ist ihre Zufriedenheit mit den Bildungsinhalten und der Tatsache, dass der schulische islamische Religionsunterricht in deutscher Sprache stattfindet (Holzberger, 2014, S. 21). Darüber hinaus zeigen die Ergebnisse, dass der islamische Religionsunterricht in etwa einem Viertel der Fälle nicht den Vorstellungen der Eltern von religiöser Bildung entspricht (Uslucan & Yalcin, 2018, S. 55). Vereinzelt äußern Eltern zudem Kritik an dessen didaktischer Gestaltung (Uslucan, 2011, S. 164 f.). Die einschlägigen empirischen Daten weisen auf eine in diesem Zusammenhang bestehende Ambivalenz hin: So würden sich muslimische Eltern grundsätzlich einen modernen Unterricht wünschen, aber dafür teilweise noch klassische Lehr- und Lerntechniken (z. B. Rezitieren, Auswendiglernen etc.) erwarten (Tufan-Destanoğlu, 2019, S. 166).

Mit Ausnahme der genannten Studienergebnisse ist bisher wenig über das Spektrum der Perspektiven muslimischer Eltern auf den Religionsunterricht und die Erwartungen an den islamischen Religionsunterricht in der Schule bekannt. Für einen islamischen Religionsunterricht, der den Ansprüchen einer zeitgemäßen Pädagogik gerecht werden will, mag es zwar unangebracht sein, die Bedürfnisse, Erwartungen und Bestrebungen muslimischer Eltern zum Maßstab zu nehmen. Gleichzeitig ist es jedoch unabdingbar, dass religionspädagogische Konzepte mit den diesbezüglich bestehenden Vorstellungen vertraut sind, um sie antizipieren zu können. Zur Frage, welche Motive die Eltern zur Kritik an der didaktischen Gestaltung des islamischen Religionsunterrichts veranlassen und inwieweit die Religiosität der Eltern in diesem Zusammenhang eine Rolle spielt, gibt es bisher kaum Erkenntnisse.

Zum Datenmaterial und Analysekonzept

Das für diese Untersuchung herangezogene empirische Datenmaterial wurde im Rahmen eines Forschungsprojekts erhoben, dessen zentrale Befunde in der Publikation ‚Muslimische Diversität. Ein Kompass zur religiösen Alltagspraxis in Österreich' (Aslan et al., 2017) beschrieben sind. Die Studie beruht auf einem Mixed-Methods-Design, das eine qualitative und quantitative Untersuchung beinhaltet und die Vielfalt der muslimischen Bevölkerung in Österreich so gut als möglich abbildet.[3]

Bei der Analyse der Daten tritt die Diversität und Unterschiedlichkeit der Bildungsvorstellungen und alltagspraktischen Umgangsformen mit religiöser Bildung zutage. Innerhalb des empirischen Datenmaterials können vier differierende Formen identifiziert werden: *die Suprematsstellung des Religiösen, pragmatische Kompromisse, Plädoyers für offene Weltbilder und gegen Scheuklappen* sowie *religionskundliche und interreligiöse Präferenzen.*

Festgemacht werden Vorstellungen von religiöser Bildung an verschiedenen Gesichtspunkten. Von Relevanz ist dabei, welche Bildungsverständnisse vertreten

---

[3] Zu einer ausführlichen Beschreibung der empirischen Methoden, des Forschungsdesigns und des Datenmaterials sei verwiesen auf Aslan et al., 2017, S. 47–58 sowie den Abschnitt ‚Methoden und Datenmaterial' (Kap. 7.4) im Aufsatz ‚Muslim*innen und das religiös Andere: Zur Diversität von Einstellungen gegenüber anderen Religionen, religiösen Schemata und Interaktionen von Muslim*innen mit Andersgläubigen' in diesem Buch.

werden, welche pädagogischen Stile bevorzugt oder abgelehnt werden und welche Rolle religiöser Bildung in Erziehungsfragen generell zugeschrieben wird. Daneben werden die Vorstellungen von religiöser Bildung sowie den gewünschten Zielsetzungen des islamischen Religionsunterrichts analysiert. Von Interesse ist zudem, wie muslimische Eltern und Erziehungsberechtigte zu religiöser Bildung in Moscheen stehen und welche diesbezüglichen Erwartungen, Wünsche und Ängste sie haben. Darüber hinaus wird der alltagspraktische Umgang der Betreffenden mit religiöser Bildung beleuchtet. Die genannten Aspekte werden bei den einzelnen Umgangsformen abhängig vom Datenmaterial in unterschiedlichem Ausmaß behandelt.

Bei der Darstellung der vier Formen kommen muslimische Eltern ausführlich zu Wort. Zudem wird in Prozentsätzen angegeben, wie verbreitet die Ansichten in der muslimischen Bevölkerung in Österreich sind. Bei der nachfolgenden Analyse wird vor allem auf das qualitative Interviewmaterial der empirischen Studie von Aslan, Kolb und Yildiz (2017) zurückgegriffen.

Die Bandbreite von Bildungsvorstellungen, religionspädagogische Erwartungen und der alltagspraktische Umgang mit religiöser Bildung

Suprematsstellung des Religiösen in Bildungskonzeptionen

Die erste Form der Bildungsvorstellungen und religionspädagogischen Erwartungen muslimischer Eltern zeichnet sich durch eine absolute Vorrangstellung des Religiösen in Bildungskonzeptionen aus. Sie wird vertreten von hochreligiösen und zugleich sozial wertkonservativen Muslim*innen, für die die Bewahrung des Bestehenden höchste Priorität hat und die in der Regel sehr enge Bindungen zu Moscheevereinen und Verbänden pflegen.

Dass die eigenen Kinder eine religiöse Erziehung genießen und im Zuge ihrer Sozialisation die religiösen Säulen des Islams verinnerlichen, ist ein vorrangiges Anliegen dieses Segments der muslimischen Bevölkerung in Österreich. Dies zeigt sich beispielsweise bei Zehra, einer 39-jährigen Wiener Kindergartenmitarbeiterin. In einem beispielhaften Interviewauszug sagt sie über ihren Sohn Folgendes:

> Islamische Werte stehen natürlich im Vordergrund bei mir. [...] Also Hauptsache, dass er fünfmal betet, dass er den Islam wirklich praktiziert. Weil ich sehe nur jemanden als starke Persönlichkeit an, wenn sie den Islam praktiziert. Weil das ist schon stark, vor allem in dieser Gesellschaft. Wenn du wirklich die Regeln des Islams einhältst, dann bist du diszipliniert. [...] Und ich möchte, dass meine Kinder auch diese Orientierung und diese Lebensweise haben. Deswegen habe ich schon angefangen, ihnen die Grundkenntnisse beizubringen. (Zehra, 39 Jahre)

Ihren Kindern lässt sie auch deswegen von klein auf eine religiöse Bildung angedeihen, weil dadurch ihre Disziplin gefördert und sie eine „starke Persönlichkeit" entwickeln würden, für Zehra besonders wichtige Tugenden. Diesbezüglich hegt sie – wie sie an anderer Stelle betont – gegenüber staatlichen Schulen und dem dort angebotenen Religionsunterricht große Skepsis. Daher schickt sie ihre Kinder, um ihnen eine fundierte religiöse Bildung und Werteerziehung, die auch Disziplin im Umgang mit religiösen Normen beinhaltet, zukommen zu lassen, auf eine arabischsprachige islamische Schule in Wien. Ihre Vorstellungen, Wünsche und Erwartungen an den islamischen Religionsunterricht in der Schule sind geprägt von den Prinzipien des Religionsunterrichts in den Moscheen.

Bei Burak, einem 35-jährigen zweifachen Familienvater mit türkischem Migrationshintergrund, der eine Lehre als Installateur absolviert hat, steht ebenfalls die religiöse Bildung im Mittelpunkt seiner Bildungsvorstellungen. Wiewohl die Kindererziehung in erster Linie Sache seiner Ehefrau ist, kommt auch ihm dabei eine gewisse Rolle zu. So kümmert er sich nach Arbeitsschluss insbesondere um die Vermittlung religiöser Kenntnisse:

> Ich lese jeden Tag ein Buch über Religion, nicht mehrere. Aber jeden Tag lese ich Bücher. Manchmal Geschichte, manchmal Religionsbücher. Manchmal a Bücher über das Leben von unserem Prophet. Ja. Also da pass ich auf, dass mein Sohn von Religion auch was mitlernt, mitliest. Und ab und zu sag ich: „Willst du nicht beten, zu deinem Interesse?" Ab und zu sag ich das. Jetzt ist er noch klein, zehn Jahre alt, aber ab und zu, dass er das sieht. Da passe ich schon auf. (Burak, 35 Jahre)

Zu einer umfassenden Bildung gehört für diesen Vater, dass sein Nachwuchs neben dem islamischen Religionsunterricht in der Schule auch den Koranunterricht in der Moscheegemeinde besucht, um sich dort religiöses Wissen und traditionelle Werte dauerhaft anzueignen. Burak macht es sich zur Aufgabe, seinen Kindern diese Erziehungsziele auch im Alltag nahezubringen – zunächst seinem älteren Sohn, der andere sei noch zu jung für diese Fragen. Bei der Vermittlung religiöser Bildung bevorzugt er – ebenso wie Zehra – Konzepte mit instruktionistischem Charakter, also solche, die sich an materialen Bildungsvorstellungen orientieren und partielles Auswendiglernen[4] vorsehen. In seinen Aussagen, in denen er auf Gehorsam, Disziplin und Respekt gegenüber Eltern Wert legt, zeigen sich denn auch gewisse autoritäre Züge.

Bestätigt werden die Eindrücke durch Gizem, eine islamische Religionslehrerin in Tirol, die die Erwartungen einiger muslimischer Eltern an den islamischen Religionsunterricht folgendermaßen beschreibt:

> So habe ich zumindest erfahren, dass die Eltern ein bestimmtes Verständnis vom islamischen Religionsunterricht haben. Es gibt Erwartungen von den Eltern. Ein Beispiel wäre das Auswendiglernen der Suren. Man kann als Lehrperson sagen: „Ich verzichte darauf." Man wird aber merken, die Eltern sind nicht zufrieden oder sie werden als Konkurrenz ihre Kinder entweder in die Moschee schicken oder die werden sagen: „Ich melde mein Kind einfach ab." (Gizem, 31 Jahre)

Aufgrund ihrer langjährigen Arbeitserfahrung kennt Gizem den Druck, dem islamische Religionslehrer*innen seitens der Eltern, die eine nicht zu vernachlässigende Größe seien, ausgesetzt sind. Für sie als Religionslehrerin stellten deren Vorstellungen von einem Religionsunterricht – von dem oftmals erwartet wird, dass Kinder zahlreiche Suren auswendig lernen – eine Herausforderung dar. Die Ansichten der Erziehungsberechtigten verrieten immer wieder eine Nähe zu instruktionistischen Stilen und Vorstellungen von religiöser Bildung, die eigentlich der tradierten religiösen Bildungspraxis in Moscheegemeinden entstammen. Als Religionslehrerin müsse Gizem diesen Erwartungen zumindest partiell entgegenkommen.

Religiöser Bildung kommt bei diesem Segment der muslimischen Bevölkerung Österreichs, dem 14,1 % zuzurechnen sind, eine Suprematsstellung zu, die andere Bereiche überlagert. Die formulierten religionspädagogischen Erwartungen gehen in Richtung materiale Bildungsvorstellungen, instruktionistische Methoden und Auswendiglernen. In den meisten Fällen – konkret bei 75,0 % der schulpflichtigen Kinder in diesem Segment – sorgen die Eltern dafür,

---

[4] An dieser Stelle ist darauf hinzuweisen, dass das Prinzip des Auswendiglernens nicht *per se* als unzeitgemäße didaktische Methode einzustufen ist. In der islamischen religiösen Bildung kommt diesem Lernprinzip schon deswegen eine wichtige Rolle zu, da Gläubige für die konforme Ausführung religiöser Rituale, wie z. B. die Vorbereitung und Ablaufschritte der Pflichtgebete, die körperlichen Bewegungen und zu rezitierenden Gebetsbestandteile auswendig gelernt bzw. verinnerlicht haben müssen. In diesem Sinne wird das Memorisieren bestimmter Koranstellen oftmals als Basiskompetenz einer islamischen Bildung im schulischen Religionsunterricht angesehen (Dafir, 2015).

dass ihre Kinder den islamischen Religionsunterricht in öffentlichen Schulen besuchen. Eine Abmeldung erfolgt in manchen Fällen dann, wenn dieser nicht den elterlichen Idealvorstellungen eines instruktionistischen Religionsunterrichts, der auf die Einweisung in das religiöse System abzielt, entspricht. Nicht selten besuchen die Heranwachsenden auch konfessionelle islamische Schulen. Fast ausnahmslos nehmen die Kinder am Religionsunterricht in einer Moscheegemeinde teil. In der Regel kümmern sich die Eltern auch selbst in ihrer familiären Alltagspraxis aktiv darum, dass ihre Kinder eine religiöse Bildung erfahren, die ihren Wünschen und Erwartungen entspricht.

Pragmatische Kompromisse bei der Kindererziehung und im schulischen Umfeld

Neben der Suprematsstellung des Religiösen in Bildungskonzepten lässt sich eine zweite Form der religiösen Bildungsverständnisse und bevorzugten religionspädagogischen Stile ausmachen, eine, die sich durch einen pragmatischen Charakter auszeichnet. Diese Umgangsform wird ebenfalls von hochreligiösen Muslim*innen praktiziert, die aber moderat wertkonservativ orientiert sind oder teilweise auch weltoffene Positionen vertreten.

Auch wenn sie religiösen Normen in ihrem Leben einen zentralen Stellenwert einräumt, richtet diese Gruppe der muslimischen Bevölkerung nicht ihre gesamte Alltagsgestaltung nach religiösen Prinzipien aus. Der Islam prägt und leitet viele ihrer Alltagshandlungen an und bietet Rahmen und Orientierung, steht aber in Wechselwirkung mit zahlreichen anderen Lebensbereichen – namentlich Schule und Arbeit –, die religiöse Handlungspraktiken beeinflussen und vereinzelt auch in Widerspruch dazu geraten. Dies führt auch in Bildungsfragen zu religiös bedingten Anpassungsleistungen, wie sich am Beispiel von Emre, dem Wiener Hauswart, zeigt. Der wünscht sich für seinen Nachwuchs,

dass die Kinder eine gute Ausbildung haben. Is mal für mich sehr wichtig. Natürlich mit einer guten Charaktereigenschaft, ja. Dass die guten Charakter haben, dass sie eine gute Ausbildung haben, die Kinder, und vielleicht einmal a Familie gründen. Olles andere müssen die selber entscheiden. (Emre, 39 Jahre)

Die Aussage spiegelt ein für dieses pragmatisch orientierte Segment hochreligiöser Muslim*innen wichtiges Kennzeichen wider, nämlich das Streben nach Bildungsabschlüssen als Voraussetzung für bessere Chancen am Arbeitsmarkt. Gegenüber Emres Hauptanliegen, dass seine Kinder eine „gute Charaktereigenschaft" haben und eine gute Ausbildung genießen, stellt sich die religiöse Bildung als nachgeordnet dar, auch wenn alle seine Kinder den islamischen Religionsunterricht in der Schule besuchen. Im familiären Alltagsleben spielt religiöse Bildung eben keine übergeordnete Rolle, großer Wert wird eher ethischen Fragen im Allgemeinen oder der Wahrung von Kultur, Sprache, Tradition und Familienzusammenhalt beigemessen.

Unter der Woche findet Emre aufgrund seiner Arbeitszeiten kaum Möglichkeiten, sich aktiv an der Erziehung seiner Kinder zu beteiligen und Zeit mit ihnen zu verbringen, dies beschränkt sich auf das Wochenende. Dann aber stehen gemeinsame Freizeitaktivitäten oder Verwandtenbesuche am Programm und nicht das gemeinsame Lesen von religiösen Texten oder die Besprechung von religiösen Themen. Keines seiner Kinder besucht an den Wochenenden den Religionsunterricht in einer Moschee. Dies ist deswegen erstaunlich, da es eigentlich Emres religiösen Ansichten widerspricht; er selbst kann ja als hochreligiöser Mensch gelten, der den rituellen Pflichtgebeten weitgehend nachkommt, das Freitagsgebet verrichtet und die religiösen Normen erfüllt, sofern es ihm seine beruflichen Pflichten erlauben.

Andere muslimische Eltern, die bei religiösen Bildungsfragen pragmatische Kompromisse eingehen, legen hingegen sehr wohl großen Wert darauf, dass ihre Kinder den Religionsunterricht in der Moschee besuchen. Dieser dient mitunter dazu, den in ihren Augen bisweilen qualitativ ungenügenden schulischen islamischen Religionsunterricht zu kompensieren, abgesehen davon, dass bei einer zu geringen Anzahl von Interessent*innen ein solcher gar nicht angeboten wird, wie es insbesondere in kleinstädtischen oder ländlich geprägten Umgebungen der Fall sein kann.

Religiösen Fragen kommt bei diesem Segment der muslimischen Bevölkerung keine übergeordnete Bedeutung zu, was die Bildungsideale betrifft. Als wichtiger angesehen wird das Streben nach qualifizierten Bildungsabschlüssen, dass die eigenen Nachkommen eine gute Ausbildung durchlaufen und gute Aussichten auf dem Arbeitsmarkt haben. Allein das Beispiel dieser Gruppe zeigt, dass die Annahme, alle muslimischen Eltern würden die pädagogischen Prinzipien der Nachahmung, des Auswendiglernens und der instruktionistischen Lehr- und Lerntechniken befürworten, nicht haltbar ist. Eine Vorliebe für oder die Missbilligung von instruktionistischen Methoden, materialen Bildungsverständnissen oder des Prinzips des Auswendiglernens lassen die pragmatisch orientierten Erziehungsberechtigten nicht explizit erkennen. Daran, dass 76,9 % der schulpflichtigen Kinder in diesem Segment den islamischen Religionsunterricht besuchen, zeigt sich aber, dass großer Wert auf die religiöse Bildung in der Schule gelegt wird.

Oftmals nehmen die Heranwachsenden auch am Religionsunterricht in den örtlichen Moscheevereinen teil. Insgesamt sind diesem Segment 29,6 % der muslimischen Bevölkerung in Österreich zuzuordnen.

Plädoyers für offene Weltbilder und gegen Scheuklappen

Neben den beiden ersten Formen findet sich eine dritte Variante der Bildungsvorstellungen und religionspädagogischen Erwartungen, bei der Plädoyers für offene Weltbilder und gegen Scheuklappen sowie emanzipierte, selbstbestimmte Zugänge im Vordergrund stehen. Solche Haltungen nehmen muslimische Eltern ein, die als hochreligiös einzustufen sind, aber gleichzeitig offen für Wandel oder Neues sind. Dies schlägt sich auch in deren Vorstellungen von religiöser Bildung und in pädagogischen Erwartungen nieder.

Deutlich zeigt sich dies bei Adem, einem 27-jährigen Wiener, der sein Geld als Elektriker verdient. Er legt größten Wert darauf, dass seine Kinder im Verlauf ihrer Sozialisation in einer selbstbewussten und emanzipativen Auseinandersetzung eine offene Religiosität entwickeln und „[d]ass sie nicht mit so Scheuklappen durch die Welt gehen" (Adem, 27 Jahre). Seinem Nachwuchs möchte er damit eine Bildung auf den Weg mitgeben, bei der Religion einen wichtigen, aber nicht alles andere in den Schatten stellenden Platz im Leben einnimmt. Auf dieser Grundlage müssten sie aus freien Stücken und aus innerer Überzeugung heraus ein „offenes Weltbild" (Adem, 27 Jahre) entwickeln und entscheiden, wie sie mit Religion im Alltag umgehen wollen. Weder betrachtet er es als seine Aufgabe, seinen Kindern zu sagen, was richtig, falsch oder religiös angebracht ist, noch würde er es gutheißen, dass sie sich allein aus Pflichtbewusstsein an religiösen Normen und Regeln orientieren.

Als Kind habe er selbst Koranschulen besucht und sich dabei religiöses Wissen angeeignet. Die pädagogischen Ansätze der Wissensvermittlung in Moscheevereinen als Orten der religiösen Bildung sieht er heute kritisch:

> Also es gibt meistens samstags oder sonntags halt eben für die Kinder immer so einen Religionsunterricht in den Moscheen [...]. Und da geht man halt hin, da bin auch ich hingegangen, unten damals in Bosnien schon. [...] Also man kriegt halt eben den Koran, die Suren auswendig zu lernen halt eben und irgendwas, und das Glaubensbekenntnis und so weiter und so fort eben. Das muss man auswendig büffeln. Aber man kriegt halt leider wenig, wie gesagt, vom Geist vermittelt, vom Geist des Islams. (Adem, 27 Jahre)

Dass Moscheen Religionsunterricht anbieten, kritisiert der junge Mann nicht prinzipiell. Gleichwohl hält er sehr wenig von den pädagogischen und didaktischen Prinzipien, nach denen der dortige religiöse Unterricht ablaufe. Bloßes Auswendiglernen im Sinne eines instruktionistischen Unterrichts sei das. Seiner Ansicht nach geht diese Vermittlungsform von religionspraktischem oder theologischem Wissen vollkommen an dem vorbei, was den Islam eigentlich ausmache:

> Der Islam is nicht gleich auswendig zu lernen, ja. Islam is miteinander leben, ich mein, mit den Menschen auskommen, ja. Also des sollte, find ich, ein bisschen mehr die Lebensart und Lebensweise des Propheten studieren, wie er sich den anderen gegenüber verhalten hat. Und des machen halt momentan die bosnischen Koranschulen nicht. Was ich halt ein bisschen schade finde, weil das viel mehr bringt, dass man die Kinder halt eben mehr Liebe zum Islam geben könnte, weil es gehen ja viele Leute hin, in die Islamschulen, also Schulen, halt in den Unterricht, lernen das eben auswendig. […] Aber das is ja nicht der Sinn der Sache. (Adem, 27 Jahre)

In den Augen des jungen Handwerkers entspricht der Religionsunterricht, wie er in bosnischen Moscheen in Österreich erteilt wird, nicht dem eigentlichen Geist des Islams. Seiner Ansicht nach besteht religiöse Bildung nicht darin, möglichst viel auswendig zu lernen (im Sinne eines materialen Bildungsverständnisses), sondern in der Fähigkeit, Kenntnisse über religiöse Normen in die alltägliche religiöse Praxis und das soziale Miteinander zu transferieren und anzuwenden (im Sinne formaler oder kategorialer Bildungstheorien). Der zentrale Stellenwert kommt nach Adem folglich – um die Differenzierung der Zielsetzungen des islamischen Religionsunterrichts von Behr aufzugreifen – der Bildung im Rahmen des religiösen Systems zu, da es vorrangig darauf ankomme, dass Schüler*innen durch den Religionsunterricht für das eigene, selbstbestimmte Leben lernen.

Plädoyers für offene Weltbilder und Selbstbestimmtheit finden sich auch bei anderen Eltern. So z. B. bei Amina, der 27-jährigen Studierenden. In deren Bildungsideal haben Mündigkeit und Selbstständigkeit oberste Priorität, während religiöser Bildung keine alles andere überragende Bedeutung zukommt.

> Ich möchte meinen Kindern den Islam näherbringen, weil das wichtig is zu glauben. Und ich lege ganz viel Wert darauf, dass ich mich wirklich mit ihnen hinsetze und Koranverse durchgehe, die unglaublich wichtig sind fürs Leben, also, und ihnen das beibringen, dass sie's verstehen. […] Es kommt nicht darauf an, zwanghaft möglichst viele Koranverse auswendig lernen zu müssen, sondern zu verstehen, was sie bedeuten. (Amina, 27 Jahre)

Der werdenden Mutter ist es wichtig, Koranverse mit ihren Kindern durchzu-
gehen. Nicht, damit diese möglichst viele Koranverse auswendig lernen, sondern
damit sie diese verstehen und Lehren daraus ziehen, mit denen sie sich im Leben
zurechtfinden können. Ihre Vorstellung von religiöser Bildung ist folglich an formalen oder kategorialen Bildungstheorien orientiert, während sie materiale Ansätze oder auch Lernen unter Druck ablehnt.

Was die Bildungsideale betrifft, haben für dieses Segment, das 14,8 % der
muslimischen Bevölkerung Österreichs umfasst, religiöse Fragen keine vorrangige Bedeutung. Den Eltern ist es wichtiger, dass ihre Kinder ohne Scheuklappen durchs Leben gehen und ein offenes Weltbild haben, was eine religiöse
Bildung mit anderen Methoden als denen der Moscheen erfordere. Diese Gruppe
von Muslim*innen plädiert daher dafür, den schulischen Religionsunterricht an
den Standards einer zeitgemäßen Pädagogik auszurichten, etwa durch den Ein-
bau altersgerechter, beispielsweise aktivierender oder kreativer Lehr- und Lerntechniken.

Eine ausgeprägte Skepsis besteht seitens der Erziehungsberechtigten gegenüber religiösen Bildungsangeboten in Moscheen, die von instruktionistischen
Methoden, materialen Bildungsverständnissen oder vom Prinzip des Auswendiglernens geleitet seien. Den 'Geist des Islams' könnten Heranwachsende durch
solche religionspädagogischen und -didaktischen Prinzipien kaum erfassen. Entsprechend nehmen Kinder aus diesem Segment der muslimischen Bevölkerung
seltener am Religionsunterricht in Moscheegemeinden teil. Den schulischen
Religionsunterricht besuchen hingegen 70,8 % der schulpflichtigen Kinder.

Religionskundliche und interreligiöse Präferenzen

Die letzte Perspektive auf religiöse Bildung und religionspädagogische Prinzipien wird insbesondere von tendenziell religionsfernen Muslim*innen getragen.
In diesem Segment, in dem in Summe 41,6 % der muslimischen Bevölkerung in
Österreich vertreten sind, finden sich soziale Werteorientierungen jeglicher Cou-
leur. Ein gemeinsamer Nenner ist, dass die religiöse Bildung der eigenen Kinder
ein eher nachrangiges Ziel darstellt. Religiöse Bildungsvorstellungen sind oftmals
durch ein Interesse an interreligiösem Lernen geprägt.

Dies gilt etwa auch für Tarek, den 50-jährigen Wiener Reisebüroangestellten
mit türkischem Migrationshintergrund. Seine Tochter besucht ein katholisches
Gymnasium in Wien, das er gemeinsam mit seiner Ehefrau aufgrund dessen Rufs
und der Qualität des Unterrichts bewusst ausgewählt hat. Dass in der Schule katholische Riten und Praktiken, wie das tägliche Tischgebet beim Mittagessen oder

das gemeinsame Singen in einem Kirchenchor, an der Tagesordnung sind, stört den Familienvater keineswegs. Vielmehr zeigt er sich begeistert, dass seine Tochter auf diese Weise eine weltoffene und religiös pluralistische Haltung erlerne, wie der folgende Interviewauszug zeigt:

> Meine Tochter hat mir gesagt: „Papa weißt du, in der Schule, im Speisesaal sind, da machen sie das eigentlich so [Tarek macht das Kreuzzeichen auf der Brust (Anm. d. Verf.)], bevor sie die Speisen zu essen beginnen." Ich mache dann auch so [Tarek macht erneut das Kreuzzeichen auf der Brust (Anm. d. Verf.)] und sage: „Ich danke meinem Gott, was er alles gegeben hat." Darüber ist sie dann froh. Und ich bin auch froh, dass meine Tochter ihren Stamm weiß und toleriert, dass verschiedene Kulturen und verschiedene Religionen zusammenwachsen. (Tarek, 50 Jahre)

Der Vater freut sich darüber, dass seine Tochter eine katholische Schule besucht und dabei auch katholische Gepflogenheiten aufgreift und ins Verhältnis zum muslimischen Glauben setzt. Sieht er darin doch ein Zusammenwachsen verschiedener Kulturen und Religionen, was er grundsätzlich nicht als Gefahr für die Identität seiner Tochter, sondern als Bereicherung betrachtet. Gleichzeitig achtet er jedoch darauf, dass sie sich religiöses Wissen über den Islam aneignet, wie er an anderer Stelle des Gesprächs hervorhebt. Dazu holt er seine Tochter wöchentlich von der Schule ab, um sie zu einem anderen Gymnasium zu bringen, an dem sie den islamischen Religionsunterricht besucht. Im Anschluss bringt er sie zurück in ihr katholisches Gymnasium. Ihm ist prinzipiell wichtig, dass sich seine Tochter selbstbestimmt und im Zuge eines konstruktiven Lernens mit religiösen Fragen auseinandersetzt und selbst entscheidet, inwieweit sie religiöse Normen im eigenen Alltag lebt. Pädagogische Prinzipien, die an instruktionistischen Methoden oder Auswendiglernen orientiert sind, lehnt er strikt ab.

Auch bei Leyla, der 31-Jährigen mit türkischer Staatsbürgerschaft, die seit vielen Jahren im Kulturbereich in Wien tätig ist, findet sich eine Empathie für interreligiöse sowie auch für religionskundliche Bildungsansätze.

> Unser Sohn is jetzt auch in einem Alter natürlich, wo er halt fragt: „Ja, aber was sind jetzt Christen, was sind jetzt Moslems?" [...] Er hat wirklich gefragt: „Islam und Christentum, was ist da der Unterschied?" Und uns war's ganz wichtig zu sagen: „Du, es sind nur zwei verschiedene Religionen, aber die glauben alle an denselben Gott." Das ist ganz wichtig und da ist nicht so ein Riesenunterschied, wie man glaubt. Überhaupt nicht. Da gibt's diesen Propheten, da gibt's jenen. So halt. Das ist mir eben ein Anliegen, dass unser Kind das auch genauso mitkriegt und dann

später, wenn er überhaupt will, sich halt das Beste draus aussucht. [...] Religions-unterricht in Moscheen lehne ich ab. Nicht nur, weil die Kinder dort nur auswendig lernen. Sondern, ich finde, dort wird eher politische Propaganda gemacht. Menschen werden dort manipuliert. (Leyla, 31 Jahre)

Generell kommt religiöser Bildung in Leylas Augen kein besonderer Stellenwert zu. Trotz ihrer eigenen Distanzierung von Religion und ihrer religionsfernen Alltagsgestaltung ist es ihr aber wichtig, dass sich ihr Stiefsohn in seiner Bildungslaufbahn, sei es zu Hause oder in der Schule, profundes religiöses Wissen aneignet – dies aber nicht auf dem Wege von Frontalunterricht oder in einer instruktionistischen Manier, vielmehr wünscht sie sich konstruktivistische Lernansätze. Auch solle die Schulbildung über religiöse Themen religionskundliche oder interreligiöse Züge aufweisen. Zwar hegt sie Zweifel an den religionspädagogischen und -didaktischen Prinzipien im islamischen Religionsunterricht in der Schule, bis dato besucht ihr Sohn diesen aber dennoch – anders als den Religionsunterricht in einer Moschee. Letzterem steht sie sehr kritisch und ablehnend gegenüber.

Zusammenfassend lässt sich festhalten, dass religiöse Bildung bei diesem Segment der muslimischen Bevölkerung Österreichs eine prinzipiell nachrangige Stellung einnimmt. Die Präferenz der Eltern gilt konstruktivistischen Lernprinzipien und einer religiösen Bildung mit interreligiösen Zügen. Am konfessionellen Religionsunterricht wird generell Kritik geübt, gutgeheißen wird dagegen ein Lernen über religiöse Themen aus einer Außenperspektive im Sinne eines religionskundlichen Unterrichts. Instruktionistische Methoden oder Auswendiglernen werden jedenfalls strikt abgelehnt. Daher besuchen auch viele Kinder aus diesem Segment – nämlich 56,4 % – nicht den islamischen Religionsunterricht an öffentlichen Schulen, dass sie am Religionsunterricht in einer Moscheegemeinde teilnehmen würden, kommt praktisch gar nicht vor. In der familiären Alltagspraxis kann die religiöse Bildung der Kinder eine Rolle spielen, aber nur in einem interreligiösen oder religionskundlichen Sinne. Formuliert werden derartige Positionen, Erwartungen, Ängste und Wünsche an religiöse Bildung von religionsfernen Muslim*innen. Die Relevanz dieser Perspektiven für den islamischen Religionsunterricht erwächst daraus, dass auch dieses Segment der muslimischen Bevölkerung sehr wohl Wert darauflegt, dass die eigenen Nachkommen eine religiöse Bildung erfahren. Auch ist nicht gesagt, dass sich der Nachwuchs ähnlich distanziert gegenüber Religion positioniert wie die eigenen Eltern, denn in Biografieverläufen kann sich dies durchaus ändern (Kolb, 2017, S. 84).

Schlussbemerkung

Gemäß der empirischen Analyse ist die Annahme, muslimische Eltern würden einheitlich eine religiöse Pädagogik befürworten, die auf Nachahmung, Auswendiglernen und instruktionistischen Lehr- und Lernmethoden beruht, keineswegs zutreffend, die empirische Realität ist weit diverser. Insbesondere ist das Streben nach einem guten Bildungsabschluss ein verbreitetes Phänomen innerhalb der österreichischen muslimischen Bevölkerung, das sie nicht von anderen gesellschaftlichen Minderheiten unterscheidet.

Dies bestätigt Erkenntnisse aus früheren Studien, wonach muslimische Eltern islamischen Religionsunterricht in der Schule grundsätzlich begrüßen, aber gelegentlich Kritik an den Lehr- und Lernmethoden äußern (Holzberger, 2014; Uslucan & Yalcin, 2018; Tufan-Destanoğlu, 2019). Darüber hinaus gibt die Analyse Aufschluss darüber, welche Eltern Kritik äußern, wie die Kritik begründet wird und welche Rolle die Religiosität der Eltern spielt. Damit ermöglicht es die vorliegende Untersuchung, die Erfahrungswelten muslimischer Schüler*innen sowie die Perspektiven ihrer Eltern in aktuellen religionspädagogischen und -didaktischen Debatten systematisch zu reflektieren.

Die empirische Analyse zeigt, dass es ein vielschichtiges Spektrum an Interpretationen zur Bedeutung und Zielsetzung religiöser Bildung sowie zur Frage nach pädagogischen Ansätzen im schulischen Kontext gibt. Für ein Lager muslimischer Eltern kommt religiöser Bildung nur ein nachgeordneter Stellenwert zu. Wenn an öffentlichen Schulen ein islamischer Religionsunterricht angeboten wird, dann sollte dieser mit interreligiösen Ansatzpunkten oder mit religionskundlichen Elementen angereichert sein. Im Zentrum der Unterrichtsinhalte sollten Informationen über das religiöse System und Religionen *(learning about religion)* stehen, eine religiöse Unterweisung im Sinne von instruktionistischen Lehr- und Lernprinzipien und der Methode des Frontalunterrichts sowie des Auswendiglernens wird abgelehnt. Eine Bildungsvorstellung, die – im Sinne der materialen Bildungstheorie – eine Person als religiös gebildet ansieht, die möglichst viel weiß und möglichst viele Suren auswendig rezitieren kann, findet bei diesen Erziehungsberechtigten keinen Anklang. Befürwortet werden stattdessen konstruktivistische Lernansätze, freies Verstehen oder Methoden, die auf Freiheit, Emanzipation, Offenheit und Selbstbestimmung setzen. Diese Positionen werden insbesondere von Erziehungsberechtigten vertreten, die religionsfern orientiert sind und Moscheevereinen kritisch bis ablehnend gegenüberstehen.

Für muslimische Eltern, die hochreligiöse Züge aufweisen, wiederum ist religiöse Bildung ein unverzichtbarer Bestandteil der Identitätsbildung von Heranwachsenden, dem nicht allein in Moscheevereinen oder in familiären Kontexten, sondern im öffentlichen Schulwesen in Form eines konfessionellen bzw. bekenntnisorientierten Religionsunterrichts ein wichtiger Platz zukommen solle. Das hochreligiöse Lager ist in sich uneinheitlich und umfasst sowohl Gläubige, die eine religiöse Bildung nach materialem Bildungsverständnis mit Auswendiglernen und einem pflichtbewussten Zugang zu Religiosität bevorzugen, als auch Personen, die auf eine religiöse Bildung nach konstruktivistischer Manier und Prinzipien des selbstbestimmten Lernens aus sind. Gemeinsam ist den Lagern jedenfalls, dass der Religionsunterricht neben der Information über religiöse Fragen *(learning about religion)* insbesondere die Einweisung in das religiöse System *(learning in religion)* sowie die Bildung im Rahmen des religiösen Systems und das Lernen von der Religion für das eigene Leben *(learning from religion)* umfassen solle.

Im hochreligiösen Segment zeigt sich ein Zusammenhang zwischen gesellschaftlichen Werteorientierungen und Bildungsvorstellungen. Fromme muslimische Eltern, die das Bestehende bewahren wollen und Werteorientierungen wie Sicherheit, Konformität und Traditionalität priorisieren, neigen zu einem materiellen Bildungsverständnis und instruktionistischen Lehr- und Lern-Modellen. Hochreligiöse Eltern wiederum, die Offenheit für Wandel bekunden, plädieren für ein Bildungsverständnis, das den Lernenden mehr selbstbestimmte Freiheit einräumt und konstruktivistischen Lernansätzen folgt. In diesem Zusammenhang wird deutlich, dass gesellschaftliche Werteorientierungen erhebliche Auswirkungen auf religionspädagogische Erwartungen haben.

Die Islamische Religionspädagogik steht folglich vor der Herausforderung, die Wünsche und Erwartungen sowohl der religionsfernen Erziehungsberechtigten als auch der in sich durchaus heterogenen Gruppe von eher hochreligiösen Eltern zu berücksichtigen. Es ist dies ein Grenzgang, der die verschiedenen Bildungsvorstellungen, Lernprinzipien, didaktischen Stile und Stellenwerte religiöser Bildung nach den Maßstäben einer zeitgemäßen Pädagogik vereint. Angesichts der Abmelderaten vom islamischen Religionsunterricht – in Österreich besuchen laut empirischen Befunden 69,6 % der muslimischen Kinder den schulischen Religionsunterricht (Aslan et al., 2017, S. 439) – ist hier auch Handlungsbedarf geboten.

Da es sich bei dem islamischen Religionsunterricht um eine Form der religiösen Bildung handelt, die in öffentlichen Schulen stattfindet und staatlich finanziert wird, liegt ein Maßstab für seine Bewertung darin, ob er auch die Bandbreite der Bedürfnisse, Erwartungen, Ängste und Wünsche der muslimischen Bevölkerung berücksichtigt. Ein islamischer Religionsunterricht, der nur den Vorstellungen von Muslim*innen gerecht zu werden versucht, die einen engen Bezug zu Moscheevereinen haben, instruktionistische Ansätze bevorzugen und eine Suprematsstellung des Religiösen in Bildungskonzeptionen einfordern, erfüllt dieses Kriterium jedenfalls nicht.

Die in diesem Aufsatz eingenommene praxistheoretische Perspektive ermöglicht Einblicke insbesondere in den Umgang von Muslim*innen mit der religiösen Bildung ihrer eigenen Kinder in der familiären Alltagspraxis und ihre diesbezüglichen Erwartungen und Ansichten. Im Sinne der Strukturationstheorie gewährleistet ein solcher Ansatz die Verknüpfung von Struktur und Handlung. Die beteiligten Akteur*innen, d. h. muslimische Jugendliche und ihre Eltern, können so in religionspädagogische Überlegungen einbezogen werden. Mit dieser Herangehensweise, die die Sichtweisen der beteiligten Eltern ernst nimmt, setzt die praxistheoretische Perspektive religionspädagogische Konzepte in Bezug zu den Lebenswelten jener Personen, für die diese entwickelt werden – ein Zugang, der in den bisherigen Debatten vernachlässigt wurde.

Der vorliegende Aufsatz stellt vor allem generelle Reflexionen über die Vorstellungen von religiöser Bildung, Ansichten über den islamischen Religionsunterricht und Umgangsformen mit religiöser Bildung in der familiären Alltagspraxis unter muslimischen Eltern an. Eine tiefgreifende Auseinandersetzung, die religionspädagogische Konzepte und religionsdidaktische Ansätze im Zusammenspiel der religiösen Bildungsorte Schule, Familie und Moschee entwickelt und dabei die Sichtweisen der Betreffenden nicht außer Acht lässt, steht jedoch noch aus und bedarf weiterer Forschung. Plädiert wird zudem dafür, praxistheoretische Perspektiven in der Forschung zu methodisch-didaktischen sowie zu religionspädagogischen Fragen innerhalb der Islamischen Theologie in Zukunft stärker als bis dato zu berücksichtigen.

Transdisziplinäre Grenzarbeit zwischen hochschulgebundener, schulischer und außerschulischer Bildung

13

Ein Vorschlag zum Zusammenspiel der verschiedenen Lernorte islamischer Bildung

Vera Brandner, Jonas Kolb und Aykut Gelengec

Einleitung

An den Grenzen von Disziplinen und Lebenswelten trifft man auf das Andere – genau dort kann Neues entstehen. Um dieses Potenzial für die Lehrer*innenbildung nutzbar zu machen, betrachten wir in diesem Beitrag Grenzen weniger als Hindernisse, sondern als Räume, die wir betreten können, um dem Anderen zu begegnen, um gemeinsam das Neue zu erforschen und neue Handlungsoptionen zu entdecken. Zur Realisierung solcher Vorhaben braucht es zum einen Konzepte, um etablierte Wissens- und Erkenntnisformen infrage zu stellen, gegebenenfalls zu überschreiten oder neu zu definieren, und zum anderen angemessene Methoden, um das gemeinsame transdisziplinäre Arbeiten in die Wege leiten und umsetzen zu können.

Als Transdisziplinarität betrachten wir Forschungszusammenhänge, in denen Vertreter*innen verschiedener Lebenswelten, Wissensgebiete und gesellschaftlicher

---

Bei diesem Aufsatz handelt es sich um die leicht modifizierte Fassung eines Beitrags, der gemeinsam mit Vera Brandner und Aykut Gelengec verfasst und 2022 unter dem Titel ‚Transdisziplinäre Grenzarbeit zwischen hochschulgebundener, schulischer und außerschulischer Bildung. Ein konzeptioneller Beitrag am Fallbeispiel der islamischen Bildung in Österreich' (S. 173–200) im Sammelband ‚Grenzgänge und Grenzziehungen. Transdisziplinäre Ansätze in der Lehrer*innenbildung' (hrsg. von Nicola Brocca, Ann-Kathrin Dittrich und Jonas Kolb) bei iup erstveröffentlicht wurde.

© Der/die Autor(en), exklusiv lizenziert an Springer Fachmedien Wiesbaden Gmbh, ein Teil von Springer Nature 2024
J. Kolb, *Muslimisches Leben und religiöse Bildung in der Gegenwartsgesellschaft*, Veröffentlichungen der Sektion Religionssoziologie der Deutschen Gesellschaft für Soziologie, https://doi.org/10.1007/978-3-658-42404-6_13

229

Bereiche vor gemeinsamen Herausforderungen stehen (Thompson Klein et al., 2001; Vilsmaier et al., 2015). Transdisziplinäre Forschung kann an sich als Grenzarbeit verstanden werden, da es dabei um nachhaltige Zusammenarbeit zwischen Wissenschaft und Gesellschaft geht, wie sie derzeit im Bereich der Nachhaltigkeitswissenschaften besonders stark im Fokus steht (Popa et al., 2015; Spangenberg, 2011). Deren Ziel ist es, nicht nur neues Wissen zu generieren, sondern auch Differenzen und Ambivalenzen zwischen Wissenschaft und verschiedensten anderen Lebenswelten sichtbar, verhandelbar und transformierbar zu machen. Forschen kann dabei auch immer als wechselseitiges Lernen (Vilsmaier et al., 2015) und Experimentieren aller daran Beteiligten begriffen werden. Die große Herausforderung liegt in der Frage, wie man in solchen Zusammenhängen ein gemeinsames Forschungsinteresse entwickeln und einen transformativen Lern- und Forschungsprozess initiieren sowie durchführen kann, der partizipativ und prozessorientiert angelegt ist und auf bestehende Machtstrukturen zwischen den Akteur*innen Rücksicht nimmt.

In diesem Beitrag gehen wir der Frage nach, wie transdisziplinäre Lern- und Forschungsprozesse in der Lehrer*innenbildung konkret realisiert werden können. Als Fallbeispiel ziehen wir die islamische Bildung heran, die deshalb von Relevanz ist, weil es sich bei ihr um einen noch sehr jungen Bereich in der Lehrer*innenbildung handelt, an dem unterschiedliche Institutionen und Lernorte mitwirken, deren Beziehungsgeflechte noch nicht austariert sind, und zwischen denen Spannungsfelder bestehen. Infolge dieser Konstellation ist auch die islamische Bildung selbst vielfältigen Spannungsfeldern ausgesetzt. Diese resultieren konkret aus den gegenläufigen Interessenslagen und unterschiedlichen Vorstellungen der zentralen Akteur*innen (muslimische Eltern, Schüler*innen, islamische Religionslehrer*innen, Moscheegemeindemitglieder, Imame) und Institutionen (Moscheegemeinden, Hochschulen, Schulen) darüber, was eigentlich unter islamischer Bildung zu verstehen ist oder wie diese auszusehen oder zu erfolgen habe (Kolb, 2023a). Dies macht die islamische Bildung zu einem ebenso aktuellen wie dringlichen Fallbeispiel für transdisziplinäre Grenzarbeit in der Lehrer*innenbildung, die den Anspruch verfolgt, verschiedene Menschen und Lernorte auf partizipative und transformative Weise einzubinden.

Im nachfolgenden Abschn. 13.2 stellen wir zunächst das Konzept der ‚transdisziplinären Grenzarbeit‘ vor. Als Grundlagen dafür orientieren wir uns zum einen an Paulo Freires pädagogischer ‚Praxis‘ (1978). Zum anderen verknüpfen wir diesen Ansatz mit dem Konzept des ‚dritten Raums‘ von Homi Bhabha (2004). Im Anschluss (Abschn. 13.3) widmen wir uns dem Fallbeispiel der islamischen Bildung, beschreiben die verschiedenen Lernorte (Familie, Moscheegemeinde, Schule und Hochschule) in diesem Bereich und beleuchten die zentralen

Spannungsfelder, die zwischen den Beteiligten bestehen. Anknüpfend an die Darstellung der Lernorte und Spannungsfelder skizzieren wir in Abschn. 13.4, wie die transdisziplinäre Grenzarbeit in der islamischen Bildung unter Einbezug der verschiedenen Akteur*innen und Institutionen realisiert werden kann. In der Conclusio (Abschn. 13.5) werden schließlich die Potenziale und Perspektiven einer so konzipierten transdisziplinären Grenzarbeit zusammengefasst.

Transdisziplinäre Grenzarbeit

Transdisziplinarität wird relevant, wenn komplexe Problemstellungen bestehen, die wissenschaftliche und alltagspraktische Lebenswelten betreffen. Wesentlich für entsprechende Transformationsprozesse zur Bearbeitung solcher Problemstellungen ist die Erlangung relevanter Erkenntnisse durch die Expertise und die Erfahrungen beteiligter und betroffener wissenschaftlicher und nicht-wissenschaftlicher Akteur*innen aus diversen Disziplinen und Lebensbereichen (Bunders et al., 2010; Lang et al., 2012; Engbers, 2020). Auf den ersten Blick mag dies auf die meisten sozial- und kulturwissenschaftlichen Bereiche zutreffen, es ist jedoch festzuhalten, dass es durchaus keine Selbstverständlichkeit darstellt, dass Menschen aus verschiedenen Wissenschaftsdisziplinen (also ‚interdisziplinär‘) mit Menschen außerhalb der wissenschaftlichen Welt (‚transdisziplinär‘) tatsächlich auf Augenhöhe zusammenarbeiten. Meist beschränkt sich die Kooperation darauf, dass die einen ‚über‘ die anderen forschen und Menschen außerhalb der Wissenschaft in Projekten zur wissenschaftlichen Erkenntnisgewinnung lediglich als Forschungsobjekte gelten, durch die Wissenschaftler*innen zu Daten gelangen.

Ein entscheidender Aspekt, der transdisziplinäre Projekte von anderen unterscheidet, liegt also in der Form der Zusammenarbeit der Beteiligten. Das wirft die Frage auf, wie sich diese Zusammenarbeit strukturieren und organisieren lässt, um die verschiedenen Wissensformen, Blickwinkel, Werte und Wünsche der Beteiligten so zu integrieren, dass Letztere sich als Subjekte im Prozess betrachten und dem jeweils *Anderen* Verständnis, Interesse und Respekt entgegenbringen können. Dieser Zugang zu Transdisziplinarität wird besonders in den Nachhaltigkeitswissenschaften vertreten (Lang et al., 2012), in denen es um Fragen zu nachhaltiger Entwicklung und um die Entwicklung von Nachhaltigkeitsstrategien auf lokaler, regionaler, nationaler und globaler Ebene geht. Dabei stehen Fragen der ökologischen, ökonomischen, sozialen und kulturellen Nachhaltigkeit gleichermaßen im Fokus, auch wenn der Begriff ‚Nachhaltigkeit‘ aufgrund seiner Genese oftmals auf ökologische Themen reduziert wird. Durch die Verknüpfung von Wissenschaft und Gesellschaft wird eine Art der transformativen Forschung und

Bildung (WBGU, 2011) relevant, also eine Forschungsform mit durchaus norma-
tiver Ausrichtung (Popa et al., 2015).

In so beschaffenen Forschungszusammenhängen stehen immer gesellschaftliche Themen und Problemfelder im Zentrum, deren Bearbeitung, um zielführend
zu sein, Partizipation, Prozessorientierung und wechselseitiges Lernen braucht
(Brandner et al., 2024). Der Wunsch, Forschung und Bildungsarbeit im Sinne
von Transformationsprozessen auf Augenhöhe zu betreiben, besteht hier als über-
geordnetes Ziel, das jedoch in der Praxis aufgrund etablierter Strukturen und
Machtverhältnisse (wie sie das Bildungssystem allgemein, aber auch das Feld
der islamischen Bildung im Speziellen bestimmen) nicht so leicht umsetzbar ist.
Das liegt vor allem daran, dass sich die an solchen Prozessen Beteiligten den bestehenden strukturellen Bedingungen nicht einfach entziehen können. Deshalb
gilt es gerade in der transdisziplinären Grenzarbeit, diese strukturellen Gegebenheiten ganz bewusst im gemeinsamen Lern- und Forschungsprozess zu thematisieren, sich damit aktiv auseinanderzusetzen und zu fragen, wer und was das Feld
bestimmt und welche Ungleichheiten zwischen den einzelnen Institutionen und
Akteur*innen bestehen. Erst dadurch wird ein sensibler Umgang mit diesen bzw.
ein Austarieren derselben möglich. Situationen, in denen Ungleichheiten, asymmetrische Bedingungen und Machtverhältnisse nicht aufgelöst werden können,
gilt es offenzulegen, anstatt sie zu verdecken. Dementsprechend wird als Vor-
arbeit für eine etwaige Umsetzung der transdisziplinären Grenzarbeit im Feld der
islamischen Bildung die Ausprägung der gegebenen strukturellen Bedingungen
und Spannungsfelder bei der Darstellung der beteiligten Lernorte und Akteur*innen (Abschn. 13.3) genauer beleuchtet.

Als transdisziplinäre Grenzarbeit verstehen wir also das gemeinsame Arbeiten von Menschen, die eigentlich mit verschiedenen Lernorten oder Institutionen
verbunden sind, jedoch aufgrund von dringlichen Problemstellungen, die alle betreffen, herausgefordert sind, mit diesen gemeinsam umzugehen. Grenzen werden
in diesem Zusammenhang nicht als Linien, Zäune, Wälle oder Mauern betrachtet,
die ein Territorium vom anderen trennen, sondern als kulturelle Zwischenräume
im Sinne von Homi Bhabha (2004), die für alle von verschiedenen Seiten zugänglich sind und es so gestatten, miteinander in Austausch zu treten und gemeinsame
Übersetzungs- und Verhandlungsarbeit zu leisten.

> To that end we should remember that it is the "inter" – the cutting edge of trans-
> lation and negotiation, the *in-between* space – that carries the burden of the meaning
> of culture. It makes it possible to begin envisaging national, anti-nationalist histories
> of the "people". And by exploring this Third Space, we may elude the politics of po-
> larity and emerge as the others of our selves. (Bhabha, 2004, S. 56)

Grenzen sind demnach als lebendige (Zwischen-)Räume zu begreifen, in denen in Anlehnung an Bhabha Vielfalt und Gegensätzlichkeit die Norm darstellen und nicht die Ausnahme. Bhabha bezeichnet solche Zwischenräume als ‚dritte Räume'. Diese sind als kulturell hybride Sphären multipler, aber geteilter Identitäten zu betrachten, die durch wechselseitigen Austausch und verschiedene Formen des Miteinanders ständig weiterentwickelt und erneuert werden.

It is that Third Space, though unrepresentable in itself, which constitutes the discursive conditions of enunciation that ensure that the meaning and symbols of culture have no primordial unity or fixity; that even the same signs can be appropriated, translated, rehistoricized and read anew. (Ebd.)

Im dritten Raum werden Kultur und die ihr anhaftenden Symbole und Bedeutungen nicht von einer größeren Entität definiert und festgeschrieben, sondern von jenen Menschen, die ihn einnehmen, artikuliert, diskutiert und (neu) verhandelt. Die Heterogenität der Beteiligten gilt hier nicht als Hindernis, sondern als Möglichkeit, verschiedene Erfahrungen, Wissensformen, Werte und Visionen sichtbar und verstehbar zu machen. So können wechselseitige Lernprozesse stattfinden und gemeinsame Handlungsmöglichkeiten entwickelt werden.

Dies lässt sich entsprechend realisieren, wenn ein Bildungs- und Forschungsideal verfolgt wird, wie es Paulo Freire mit seinem generativen Ansatz (Freire, 1978, 1981) vorschlägt. Lernen, Forschen und Handeln bauen bei ihm auf der Selbstbeziehung der Beteiligten und ihrer Fähigkeit auf, eine Verbindung zwischen sich selbst, den anderen und ihrer Umwelt herzustellen.

Ich muß noch einmal unterstreichen, dass sich das generative Thema nicht im Menschen abgesehen von der Wirklichkeit finden lässt, auch nicht in der Wirklichkeit abgesehen vom Menschen – noch viel weniger in einem ‚Niemandsland'. Es ist nur innerhalb des Mensch-Welt-Verhältnisses erfassbar. (Freire, 1978, S. 88)

Erfolgreiche Bildungs-, Forschungs- und Transformationsprozesse beginnen nach Freire immer mit dem Generativen der Lernenden, also mit dem, was das Leben der Lernenden ausmacht. Freire entwickelt in diesem Zusammenhang seine ‚problemformulierende Bildung' (ebd., S. 64–70) oder ‚conscientização' (dt. Bewusstseinsbildung) im Gegensatz zu einem, wie er es nennt, ‚Bankiers-Konzept der Erziehung' (ebd., S. 57), in dem die Lernenden als leblose Behälter behandelt werden, die durch Bildung mit Wissen gefüllt werden.

Im Bankiers-Konzept der Erziehung ist Erkenntnis eine Gabe, die von denen, die sich selbst als Wissende betrachten, an die ausgeteilt wird, die sich als solche betrachten, die nichts wissen. Wo man anderen aber absolute Unwissenheit anlastet – charakteristisch für die Ideologie der Unterdrückung –, leugnet man, daß Erziehung und Erkenntnis Forschungsprozesse sind. (Ebd., S. 58)

Diesem Ansatz der einseitigen Wissensvermittlung nach einem Top-down-Prinzip, der Anklänge an instruktionistische Schemata aufweist, hält Freire entgegen, dass es in Bildungskontexten notwendig sei, nach den Verhältnissen von Macht und Ohnmacht zwischen den Beteiligten zu fragen: Wer besitzt und bestimmt den zu vermittelnden Wissenskanon, wer hat Zugang zu ihm, wer kann ihn gestalten, wessen Wissen wird integriert, wessen Wissen ignoriert? Ausgehend davon hat Paulo Freire kollektive Lern- und Forschungsprozesse entwickelt, die anders als das Bankiers-Konzept der Erziehung eben auf dem Generativen der Lernenden beruhen (Brandner et al., 2015). Umgesetzt hat Freire seinen Bildungsansatz vor allem in Form von Alphabetisierungsprogrammen für unterdrückte Menschen während der Militärdiktatur in Brasilien (und später auch in anderen Kontexten). Vordergründig ging es um das Erlernen von Lesen und Schreiben in relativ kurzer Zeit (40 Tage), denn wer dies nicht beherrschte, durfte nicht wählen. Im Kern handelte es sich jedoch um weit mehr als das, nämlich um eine umfassende Form der politischen Alphabetisierung. Die beteiligten Menschen sollten die Möglichkeit erhalten, sich auszudrücken, zu erkennen und zu benennen, was in ihrem Leben wichtig ist. Sie sollten ungerechte, unterdrückende Lebensbedingungen aufdecken, sich organisieren und dadurch gemeinsam handlungsfähig werden. Was bei Freire generative Bildung ist, ermöglicht nach Dietrich Benner verantwortliches Handeln, das sich als Fähigkeit „nur durch die Anerkennung der Freiheit, Geschichtlichkeit und Sprachlichkeit menschlicher Praxis" (1991, S. 286) ausbilden kann.

Freires Ansatz eignet sich nicht nur für Kontexte, in denen es um Alphabetisierung geht. Er lässt sich auf diverse Situationen anwenden, die von Unterdrückung und Ungleichheit geprägt sind, also auf Verhältnisse, in denen Menschen unter ungleichen Bedingungen offensichtlicher oder auch subtiler Art ihr Leben bestreiten. Problemformulierende Bildungsprozesse werden immer dann relevant, wenn Menschen vor gemeinsamen Herausforderungen stehen, diese jedoch unterschiedlich wahrnehmen, aber nicht die Möglichkeit haben, sich über ihre eigenen Sichtweisen klar zu werden und sich darüber auszutauschen. Was Freire entwickelt hat, lässt sich demnach auch auf das Feld der islamischen Bildung anwenden. Hier besteht ein Grenzraum, der von vier zentralen Lernorten generiert wird: (I) Familie, (II) Moscheegemeinde, (III) Schule und (IV)

Hochschule.[1] Im nachfolgenden Kapitel befassen wir uns mit diesen Lernorten, den darin vertretenen Akteur*innen sowie den zwischen ihnen bestehenden Spannungsfeldern.

Fallbeispiel: Lernorte und Spannungsfelder in der islamischen Bildung

Verschiedene Lernorte islamischer Bildung

Das Fallbeispiel behandelt islamische Bildung, worunter die islambezogene religiöse Bildung, der islamische Religionsunterricht, Islamische Religionspädagogik und auch die Beschäftigung mit islamisch-theologischen Quellen zu verstehen sind. Der Fokus liegt dabei auf dem österreichischen Kontext.

Die Geschichte der islamischen Bildung im europäischen Kontext ist im Vergleich zu außereuropäischen Kontexten relativ jung, konkret entwickelt sie sich erst seit wenigen Jahrzehnten. Die zentralen Akteur*innen der islamischen Bildungslandschaft sind akademische Institutionen wie Universitäten, das Schulamt der IGGÖ, die islamischen Religionslehrer*innen und Fachinspektor*innen, Moscheevereine bzw. Dachverbände sowie muslimische Eltern und Schüler*innen. Das Beziehungsgeflecht ist keineswegs harmonisch, denn die darin Involvierten verfolgen oftmals divergierende Zielsetzungen oder vertreten gegensätzliche Interessen, Sichtweisen und Vorstellungen darüber, was islamische Bildung eigentlich sein soll. Aus dieser Konstellation resultieren verschiedene Spannungsfelder, die die islamische Bildung kennzeichnen.

Wenn im Folgenden die vier zentralen Lernorte, an denen in Österreich islamische Bildung stattfindet, vorgestellt werden, liegt der Fokus auf der Darstellung der Eigenlogiken der jeweiligen Akteur*innen und Organisationen, auf deren Interessen und Vorstellungen in Bezug auf die islamische Bildung sowie auf deren Relevanz für die Lehrer*innenbildung.

---

[1] Ergänzend ließe sich der Lernort Internet bzw. Online-Quellen hinzufügen (siehe hierzu: Tuna et al., 2023).

Lernort I: Familie

Die Familie als Trägerin informeller religiöser Bildung nimmt als Lernort eine herausragende Stellung ein, da sie für die religiöse Sozialisation von Kindern und Jugendlichen besonders prägend ist (Uygun-Altunbaş, 2017), werden doch durch die religiöse Bildung im familiären Rahmen sowohl Familientraditionen als auch kulturelle Bezüge zu den jeweiligen Herkunftskontexten fortgeschrieben. Das Thema Bildung wird innerhalb diverser islamischer Communities in Österreich grundsätzlich sehr wichtig genommen, besonders wenn es um Bildungsabschlüsse geht. Es handelt sich dabei um ein weit verbreitetes Phänomen, das in allen sozialen Schichten und ethnischen Gruppen anzutreffen ist (Aslan et al., 2017, S. 77 & 199). In dieser Hinsicht unterscheiden sich die muslimischen Familien nicht von anderen Minderheiten, anders als in der Frage nach dem Stellenwert von religiöser Bildung oder den Zielsetzungen und Erwartungen, wie religiöse Bildung auszusehen hat – dazu bestehen in muslimischen Familien sehr unterschiedliche Sichtweisen und Zugänge (Kolb, 2023a).

Auf der einen Seite des Spektrums finden sich muslimische Eltern, die säkular orientiert sind, für die religiöse Bildung einen entsprechend nachrangigen Stellenwert hat. Vertreten werden diese Positionen insbesondere von Erziehungsberechtigten, die sich als religionsfern betrachten und Moscheevereinen kritisch bis ablehnend gegenüberstehen (ebd., S. 180 f.). Sie präferieren eine islamische Bildung an öffentlichen Schulen im Rahmen eines religionskundlichen Unterrichts oder mit interreligiösen Elementen. Zwar gelte es, Kindern religiöses Wissen und religiöse Kenntnisse zu vermitteln, religiöser Unterricht dürfe sich aber nicht instruktionistischer Lehr- und Lernprinzipien und der Methode des Frontalunterrichts sowie des Auswendiglernens bedienen. Erziehungsberechtigte, die dieser Gruppe angehören, sprechen sich für konstruktivistische Lernansätze und für Modelle aus, die auf kritisches Hinterfragen, Emanzipation, Offenheit und Selbstbestimmung setzen.

Am anderen Ende des Spektrums finden sich muslimische Eltern, die besonders gläubig und traditionell-konservativ orientiert sind. Unter diesen bestehen vorrangig Vorstellungen, die eng an die traditionelle Moscheekatechese oder den Unterricht nach dem Vorbild der Medresen samt den damit verbundenen religionspädagogischen und -didaktischen Methoden angelehnt sind (Kraml et al., 2020). Für sie stellt religiöse Bildung einen unverzichtbaren Bestandteil der Identitätsbildung von Heranwachsenden dar, dem, an welchem Lernort auch immer, ein zentraler Platz gebührt. Diese Gruppe von Eltern ist jedoch in sich nicht homogen und umfasst sowohl Stimmen, die eine religiöse Bildung mit Betonung auf Auswendiglernen und Rezitieren fordern, als auch Perspektiven, die eine religiöse Bildung nach konstruktivistischem Ansatz und Prinzipien des selbstbestimmten Lernens bevorzugen. Gemeinsam ist ihnen jedoch die Überzeugung, dass der islamische Religionsunterricht neben der Informierung über religiöse Fragen auch in die religiöse Praxis einführen solle, wie es in Moscheegemeinden üblich ist (Kolb, 2023a, S. 181 f.).

Lernort II: Moscheegemeinde

Ursprünglich fand die institutionalisierte Bildung in islamisch geprägten Ländern insbesondere in Medresen statt. Dabei handelte es sich um Lehreinrichtungen, in denen eine religiöse Ausbildung sowie Unterricht in weltlich orientierten Fächern (wie Logik oder Mathematik) geboten wurde (Ceylan, 2014, S. 166–179; Günther, 2016b, S. 215–218).

In Österreich entstanden die ersten Moscheevereine, obwohl der Islam bereits in der Habsburgermonarchie, im Jahr 1912, als Religion anerkannt wurde, erst ab Anfang der 1970er Jahre. Mit der IGGÖ gibt es seit dem Jahr 1979 eine Vertretungsorganisation der Muslim*innen in Österreich (Aslan et al., 2015, S. 63).

Gegenwärtig ist die Landschaft der selbstverwalteten Moscheevereine in Österreich sehr vielfältig und spiegelt die Diversität der muslimischen Bevölkerungsstruktur wider. Heinisch und Memedi (2017, S. 28) beziffern die Anzahl ‚islamischer Vereine' in Österreich, unter die alle Typen von Organisationen mit religiösen Zielsetzungen fallen und die von Muslim*innen getragen werden, mit ca. 600. Ihre Strukturierung erhält die Moscheevereinslandschaft durch transnational agierende Dachverbände, die sich durch eine spezifische ethnische und politische Ausrichtung auszeichnen (Aslan et al., 2015, S. 67–77; Bauer, 2016, S. 23) und die oftmals erst gegründet wurden, nachdem migrierte Muslim*innen bereits viele Jahre in Österreich gelebt hatten.

Den Dachverbänden gehören zahlreiche Moscheevereine an, die sich seit der Novellierung des Islamgesetzes im Jahr 2015 jeweils formell bei der IGGÖ registrieren müssen (Akinyosoye, 2016). Die Vereine unterliegen dem Vereinsrecht und agieren als juristische Personen, die Gebetsräume unterhalten können. Bei der Wahl der verschiedenen Funktionen und Organe der IGGÖ spielen die Dachverbände und Moscheevereine eine zentrale Rolle. Sie beeinflussen und prägen das Alltagsleben von Muslim*innen in Österreich in maßgeblicher Weise (Aslan et al., 2015, S. 67; Kolb, 2020). Eine zentrale Rolle kommt der Moschee nicht nur als sakraler Ort für gemeinsame religiöse Rituale wie die Verrichtung des Pflichtgebets oder des Freitagsgebets zu, sondern auch als Ort der religiösen Bildung. Der von Moscheevereinen für gewöhnlich an den Wochenenden veranstaltete religiöse Unterricht zielt vor allem auf die Unterweisung von Kindern und Jugendlichen im Lesen und klangvollen Rezitieren des Korans sowie in der Ausführung religiöser Praktiken wie der Abläufe eines Pflichtgebets ab (Rückamp, 2021,

238 Transdisziplinäre Grenzarbeit

S. 213–258). Der Unterricht in Moscheen wird in der Regel von Imamen erteilt und zeitweise von ehrenamtlichen Lernbegleiter*innen unterstützt, die allerdings nicht immer über religionspädagogische bzw. -didaktische Kenntnisse oder über entsprechende Lernunterlagen und Unterrichtsmaterialien verfügen (Ceylan, 2008, S. 65–89). Traditionell ist das religiöse Setting Moschee stark männlich dominiert (Jonker, 2003; Karakoç, 2020).

Praktiziert werden im religiösen Unterricht in Moscheen meist Methoden, wie sie im Sinne eines Religionsunterrichts nach instruktionistischen Prinzipien für scheinbar stabile, unveränderliche und fixierte Lerninhalte als angemessen erachtet werden. Instruktionistisch meint dabei entsprechend dem freirianischen Bankiers-Konzept der Erziehung, dass der Religionsunterricht in Form eines Frontalunterrichts oder einer religiösen Unterweisung stattfindet und seinen Adressat*innen dabei eine rein passive Rolle zugeteilt wird. Das Hinterfragen religiöser Wahrheiten, die Erarbeitung kritischer Zugänge zu religiösen Überzeugungen und das Ausloten entsprechender Perspektivenvielfalt spielen in diesen Kontexten keine Rolle und werden für gewöhnlich vermieden. Meist erfolgt der religiöse Unterricht in Moscheevereinen mittels der didaktischen Methoden des Auswendiglernens und Memorierens (Ceylan, 2010b). Die Entscheidungsträger in den Moscheevereinen und die Imame sehen sich dabei im Einklang mit der muslimischen Tradition und berufen sich darauf, religionspädagogische Praktiken nach dem Vorbild der Medresen fortzuführen (Kolb, 2023a, S. 176–178).

Dieser Lernort islamischer Bildung erfährt gegenwärtig vielerorts Kritik. Beispielsweise werden dort praktizierte religionspädagogische oder -didaktische Methoden als unzeitgemäß beanstandet (Erkurt, 2017), es werden Abschottungstendenzen beschrieben (Diaw, 2011, S. 128), was mit dem Argument untermauert wird, dass Imame häufig nicht über ausreichende Deutschkenntnisse verfügten und Moscheegemeinden oftmals Sprachinseln bilden würden, in denen die deutsche Sprache nur selten die Umgangssprache ist (Aslan et al., 2015, S. 308–311).

Lernort III: Schule

Neben den Moscheegemeinden und den Familien ist die Schule ein weiterer Lernort, an dem islamische Bildung stattfindet. Mit der Erteilung eines konfessionellen islamischen Religionsunterrichts wurde die IGGÖ als Vertretungsorganisation der österreichischen Muslim*innen betraut (Aslan et al., 2017, S. 32). Der islamische Religionsunterricht fand erstmals im Schuljahr 1982/83 statt und wird seitdem in Österreich an allen öffentlichen Schulen der Primar- und Sekundarstufe angeboten (Strobl, 2005, S. 524). Der islamische Religionsunterricht findet im Ausmaß von einer bis zwei Wochenstunden (je nach Schüler*innenanzahl) in deutscher Sprache statt. Eine Abmeldung ist möglich. Da die Erteilung des islamischen Religionsunterrichts dem Prinzip der Konfessionalität (Lüdtke, 2020, S. 115 ff.) unterliegt, ist für die Erstellung der Lehrpläne, die Beaufsichtigung und Leitung des Unterrichts sowie die Bestellung der Religionslehrer*innen die IGGÖ zuständig (Khorchide, 2009b, S. 16–33). Vonseiten des Staates wird der Religionsunterricht nur in schulorganisatorischer und -disziplinärer Hinsicht beaufsichtigt. Auch die Ausbildung der Lehrkräfte erfolgt in der Regel an staatlichen Hochschulen. Im Gegensatz zu Moscheegemeinden sind in der Schule im islamischen Religionsunterricht nicht nur männliche, sondern auch weibliche Lehrende vertreten.

Die islamische Bildung in der Schule sieht ihre Aufgabe darin, muslimischen Schüler*innen religiöses Wissen zu vermitteln, die religiöse Praxis nahezubringen sowie sie dabei zu unterstützen, religiöse Mündigkeit zu erlangen und dadurch ihre eigene Persönlichkeit zu entwickeln. Zielhorizonte religionspädagogischer Lehr- und Lernprozesse stellen Subjektorientierung, Pluralismusfähigkeit, Erfahrungsorientierung sowie Bildungsorientierung dar (Boschki, 2017, S. 87–90). In dem von der IGGÖ herausgegebenen Lehrplan wird der Zusammenhang von religiöser und nationaler Zugehörigkeit und Identitätsbildung hervorgehoben. Dies wird in den Zielsetzungen für den islamischen Religionsunterricht wie folgt formuliert:

Der Unterricht versteht sich als Dienst an den Schülerinnen und Schülern sowie an der Schule und hat die Erziehung zur muslimischen Österreicherin und zum muslimischen Österreicher bzw. zu [Musliminnen und] Muslimen, die ihren Lebensmittelpunkt in Österreich haben, zum Ziel. [...] [W]ichtigstes Ziel ist allerdings die Herausbildung einer Identität, die Österreich als Heimat und den Islam als persönliches Glaubensbekenntnis anerkennt. Erst in der Hinwendung zu Österreich kann ein verantwortungsvolles, konstruktives und sinnvolles Zusammenleben von Menschen unterschiedlicher Glaubensbekenntnisse und Identitäten umgesetzt werden. (IGGÖ, 2021, S. 27)

In den vergangenen Jahrzehnten wurden dem islamischen Religionsunterricht verschiedene Defizite attestiert. Dazu zählen z. B. mangelnde Professionalisierung und eine unzureichende pädagogische Ausbildung der Lehrkräfte sowie ein mangelndes Demokratieverständnis unter islamischen Religionslehrer*innen (Khorchide, 2009a, S. 134–141). Auch würden die Religionslehrkräfte die Aufgabe des islamischen Religionsunterrichts in erster Linie in der Vermittlung von Ritualen oder Glaubensgrundsätzen und weniger in der Befähigung zur kritischen Reflexion der Tradition oder zum kritischen Denken sehen (ebd., S. 112).

Als Anbieterin eines eigenen konfessionellen Religionsunterrichts steht die Schule in Fragen der islamischen Bildung in einer starken Wechselbeziehung mit den Lernorten Familie und Moscheegemeinde (Schiffauer, 2015b). Die Spannungsfelder, die hier bestehen, werden in verschiedenen Studien untersucht, bringen jedoch ganz unterschiedliche Befunde hervor, je nachdem welche Akteur*innen im Rahmen der Studien befragt werden. Während Michael Kiefer (2005) in seiner Untersuchung zum Schluss kommt, dass sich muslimische Eltern in der Regel mit den Angeboten des bestehenden islamischen Religionsunterrichts in öffentlichen Schulen zufrieden zeigen, weist Irka-Christin Mohr (2009, S. 136 f.) anhand von Aussagen Beteiligter nach, dass manche muslimische Eltern ihre Kinder aus religiösen Beweggründen vom Religionsunterricht abmelden.

Die divergierenden Ansprüche und Sichtweisen der Erziehungsberechtigten führen bisweilen dazu, dass sich muslimische Religionspädagog*innen unter Druck gesetzt fühlen und nicht so recht wissen, wie sie gleichzeitig institutionellen Vorgaben, ihren eigenen Bedürfnissen und Wünschen und jenen der Eltern mit so unterschiedlichen Sichtweisen gerecht werden können. Der Druck erhöht sich besonders dann, wenn Eltern, die mit dem Lehrangebot unzufrieden sind, ihre Kinder vom islamischen Unterricht abmelden, was wiederum einen großen Einfluss darauf hat, ob der Arbeitsplatz der betreffenden Lehrkraft erhalten werden kann (Kraml et al., 2020, S. 206 f.).

Angesichts der Diversität muslimischer Eltern steht der islamische Religionsunterricht somit vor der Herausforderung, den Erwartungen sowohl von religionsfernen als auch von eher traditionell orientierten, sehr religiösen muslimischen Eltern gerecht zu werden. Dies erfordert einen Grenzgang, der es leistet, die verschiedenen Bildungsvorstellungen, Lernprinzipien, didaktischen Stile und Stellenwerte religiöser Bildung nach den Maßstäben einer zeitgemäßen Pädagogik zusammenzuführen. Gleichzeitig sollen die Schüler*innen im Sinne der Pluralitätsfähigkeit auf ein „konstruktives und sinnvolles Zusammenleben von Menschen unterschiedlicher Glaubensbekenntnisse" (IGGÖ, 2021, S. 27) in der pluralen Gegenwartsgesellschaft vorbereitet werden.

Lernort IV: Hochschule

Nach der Familie, der Moschee und der Schule stellen die Hochschulen und akademischen Institutionen schließlich den vierten Lernort dar, der für die islamische Bildung eine zentrale Rolle spielt. Dieser Lernort hat im Beziehungsgeflecht der islamischen Bildung in Österreich die jüngste Geschichte: Erst mit Beginn des 21. Jahrhunderts hat die islamische Bildung in Gestalt der Islamischen Religionspädagogik Eingang in europäische Hochschulen gefunden (Takim, 2016; Sejdini, 2017, 2018), u. a. in Reaktion auf den erhöhten Bedarf an fachlich und pädagogisch ausgebildetem Lehrpersonal (Bauer, 2016, S. 21). So kam es, dass ab 1998 an der der IGGÖ nahestehenden *Islamischen Religionspädagogischen Akademie*

(IRPA) Religionslehrer*innen für den islamischen Religionsunterricht an Pflichtschulen ausgebildet wurden. Im Jahr 2016 ging die IGGÖ eine Kooperation mit der *Kirchlichen Pädagogischen Hochschule Wien/Krems* (KPH) ein. Seitdem kann am *Institut Islamische Religion* der KPH ein Bachelorstudium mit Schwerpunkt Islamische Religion für das Primarstufenlehramt absolviert werden (Krobath, 2020b). Das Lehrangebot umfasst eine praxisorientierte Lehrer*innenausbildung auf Hochschulniveau, in der islamisch-theologisches Wissen, pädagogisches und didaktisches Fachwissen und Informationen zum Schulrecht vermittelt werden.

2006 wurde in Österreich erstmals eine Professur für Islamische Religionspädagogik eingerichtet, und zwar an der Universität Wien, wo seitdem ein Masterstudium *Islamische Religionspädagogik* angeboten wird. An der Universität Innsbruck kann *Islamische Religionspädagogik* seit dem Studienjahr 2013/14 als Bachelorstudium und seit 2017/18 als Masterstudium belegt werden. Zudem wurden 2017 an der Universität Wien mit dem *Institut für Islamisch-Theologische Studien* und an der Universität Innsbruck mit dem *Institut für Islamische Theologie und Religionspädagogik* eigenständige Organisationseinheiten begründet, die u. a. eine Ausbildung zur islamischen Religionslehrkraft für die Sekundarstufe ermöglichen (Schweitzer & Ulfat, 2022, S. 71). Die entstandenen Ausbildungsstätten und Forschungseinrichtungen führen insgesamt zu einer signifikanten Qualitätssteigerung des islamischen Religionsunterrichts in Österreich (Sejdini, 2020b).

Lehre und Forschung an den Hochschulen sieht sich zeitgenössischen religionspädagogischen und -didaktischen Methoden sowie konstruktivistischen Zugängen verpflichtet. Instruktionistische Modelle oder Vorstellungen, wonach es eine klar definierbare, absolute religiöse Wahrheit (Bernhardt, 1990, S. 14 ff.) gebe, werden abgelehnt. Im Vordergrund von Forschung und Lehre steht vielmehr der Standpunkt, dass religiöse Wahrheiten nicht verabsolutiert werden können (Sejdini, 2022a, S. 136–138). Damit verbindet sich die Bereitschaft, religiöse Wahrheitsansprüche der eigenen Glaubensgemeinschaft auf den Prüfstand zu stellen und zu hinterfragen und generell einen kritischen Zugang zu religiösen Gewissheiten und Traditionen zu pflegen (Engelhardt, 2017, S. 214–223). Gleichwohl ist die Bedachtnahme auf und ein sensibler Umgang mit Traditionen für akademische Institutionen insofern unabdingbar, als dies ihrem theologischen Wirken aufseiten der eigenen Glaubensgemeinschaft Glaubwürdigkeit und Autorität verleiht (ebd., S. 221).

Prinzipiell ist die Rolle islamisch-theologischer Institutionen an Hochschulen vielgestaltig und herausfordernd: Zum einen gilt es, ein wissenschaftliches Fachpublikum anzusprechen, wissenschaftlichen Gütekriterien zu genügen, sich als junge Einrichtungen im universitären Kontext zu etablieren, die kritische Öffentlichkeit zu adressieren und auf öffentliche Debatten zu reagieren, zum anderen müssen sie auch den Bedürfnissen der eigenen Glaubensgemeinschaft Rechnung tragen (ebd., S. 127–130). Für die Lehrer*innenbildung wiederum sind sie insofern besonders relevant, als sie die Ausbildung von angehenden Religionslehrkräften gewährleisten, aber auch Forschungsergebnisse hervorbringen, auf denen die Lehrer*innenbildung aufbauen kann. Den Ausführungen zu den ersten drei Lernorten folgend ist die Lehrer*innenbildung also auch angehalten, angehende islamische Religionslehrer*innen mit ihrer beruflichen Tätigkeit in schulischen Kontexten so vertraut zu machen, dass sie in der Lage sind, mit den beschriebenen Herausforderungen zwischen Moscheegemeinden, Schulen und Familien in entsprechender Weise umzugehen. Das bedeutet zuallererst auch, dieses Betätigungsfeld als Spannungsfeld mit all seinen Differenzpunkten wahrzunehmen und die verschiedenen Perspektiven, Bedürfnisse und Wünsche in Bezug auf das, was islamische Bildung bieten soll, zu erkennen und so gut wie möglich zu verstehen.

Spannungsfelder in der islamischen Bildungslandschaft

Die vorangegangenen Darstellungen haben die unterschiedlichen Interessen, Leitbilder und Vorstellungen der Akteur*innen und Organisationen, die die islamische Bildungslandschaft in Österreich ausmachen, nachgezeichnet, aus denen sich verschiedene Spannungsfelder ergeben. Nachstehend folgt eine zusammenfassende Darstellung von drei zentralen Spannungsfeldern: (I) Bildungsvorstellungen und pädagogisch-didaktische Prinzipien, (II) der Umgang mit traditionellen Lehr- und Lernpraktiken sowie (III) der Zugang zu Glaubensfragen und religiösen Wahrheitsansprüchen.

Spannungsfeld I: Bildungsvorstellungen und pädagogisch-didaktische Prinzipien

Ein erstes Spannungsfeld resultiert aus dem Umstand, dass es unter den relevanten Akteur*innen der islamischen Bildungslandschaft in Österreich unterschiedliche Vorstellungen, Erwartungen und Wünsche gibt, was Bildungsziele und pädagogisch-didaktische Prinzipien angeht. Einig im Bestreben, eine hochwertige religiöse Bildung zu entwickeln und anzubieten, verfolgen die Beteiligten zur Erreichung dieses Ziels durchaus gegenläufige Ansätze. Muslimische Verbände und Moscheegemeinden sowie die traditionell orientierte religiöse Elternschaft, die in der Regel die Auffassung vertreten, dass die Aufgabe von religiöser Bildung vor allem in der Unterweisung muslimischer Kinder in religiöser Praxis und Koranrezitation bestehe, sprechen sich eindeutig für die Anwendung in-struktionistischer Prinzipien und die Methode des Auswendiglernens aus. Zeit-genössische religionspädagogische Prinzipien wie die Subjektorientierung oder Erfahrungsorientierung, die Lernende zu einem reflexiven Umgang mit religiö-sen Glaubensgrundsätzen anregen können, spielen in dieser Perspektive keine Rolle. Nun sind aber der islamische Religionsunterricht in schulischen Kontexten sowie insbesondere der Lernort Hochschule durch konstruktivistische Lehr- und Lernprinzipien gekennzeichnet, die auf freies Verstehen oder Modelle setzen, in denen Kritikfähigkeit, Offenheit und Selbstbestimmung im Mittelpunkt stehen. Ein religionspädagogischer und -didaktischer Zugang in Form einer ausschließ-lich instruktionistischen Katechese wird von dieser Warte aus als unzeitgemäß ab-gelehnt, da er die Lebensrealitäten der Lernenden nicht ausreichend einbeziehe.

Spannungsfeld II: Der Umgang mit traditionellen Lehr- und Lernpraktiken

Eng verbunden mit der Frage, was unter islamischer Bildung zu verstehen sei und mit welchen pädagogisch-didaktischen Mitteln sie gefördert werden solle, ist jene nach dem Umgang mit traditionellen Lehr- und Lernpraktiken, die folglich ein nächstes Konfliktfeld eröffnet. In Moscheegemeinden oder Dachverbänden gelten als die einzig genuine Form islamischer Gelehrsamkeit die traditionellen Wege islamischer Bildung nach dem Vorbild der Medresen sowie deren Methoden der Wissensüberlieferung und des Erkenntnisgewinns. Folglich müssten die traditio-nellen Formen der islamischen Erkenntnisgewinnung unverändert in die Jetztzeit übernommen oder beibehalten werden. Vertreter*innen der akademischen Insti-tutionen in der islamischen Bildung plädieren indes für einen anderen Umgang mit den Traditionen der islamischen Gelehrsamkeit. Zwar streben sie keineswegs einen Bruch mit diesen an, allerdings sprechen sie sich für die Adaption und An-passung traditioneller Lehr- und Lernpraktiken an die in der akademischen Land-schaft der europäischen Gegenwart gegebenen Rahmenbedingungen aus.

Spannungsfeld III: Der Zugang zu Glaubensfragen und religiösen Wahrheitsansprüchen

Unterschiedliche Positionen gibt es unter den Akteur*innen und Organisationen in der islamischen Bildungslandschaft schließlich auch hinsichtlich der Frage, ob die von der eigenen Glaubensgemeinschaft vertretenen religiösen Wahrheiten und Glaubensinhalte – also die Grundpfeiler einer religiösen Bekenntnisgemein-schaft – als absolut und unveränderlich gesetzt werden, ob religiöse Wahrheiten hinterfragt werden können oder dürfen, ob Andersgläubigen zugestanden wird, einen religiösen Wahrheitsanspruch zu erheben, und ob dieser anerkannt wird.

Während in muslimischen Verbänden ein reflexiver Zugang, der auch kritisches Hinterfragen zulässt, eher nicht üblich ist, nehmen Hochschulen und akademische Institutionen von als absolut gesetzten religiösen Wahrheitsansprüchen Abstand. Anstatt darauf zu beharren, im Besitz der einzigen Wahrheit zu sein, tendieren akademische Institutionen zur Position, dass sich angehende Religionslehrer*innen als Wahrheitssuchende betrachten sollten, die bereit sind, auch eigene Glaubenssätze auf den Prüfstand zu stellen oder auch das eigene Selbstverständnis zu hinterfragen, um zu religiösen Erkenntnissen zu gelangen. Für die islamische Bildungslandschaft tut sich so ein weiteres Spannungsfeld mit widerstreitenden Positionen auf.

Konzeptueller Vorschlag zur transdisziplinären Grenzarbeit in der islamischen Bildung

Wie im vorangegangenen Kapitel dargelegt, ist die islamische Bildungslandschaft in Österreich durch verschiedene Spannungsfelder gekennzeichnet. Angesichts der Konfliktträchtigkeit des Beziehungsgeflechts ist es geboten, Spannungsfelder zwischen den verschiedenen Lernorten islamischer Bildung und den beteiligten Akteur*innen und Institutionen zu entschärfen oder abzubauen. Als Schritt in diese Richtung wäre eine partikulare Zusammenarbeit zwischen einzelnen Lernorten denkbar, z. B. durch stärkere Einbindung der Moscheegemeinden in akademische Institutionen oder durch Zusammenarbeit zwischen islamischen Religionslehrer*innen in Schulen und Moscheegemeinden. Die von uns vorgeschlagene transdisziplinäre Grenzarbeit geht noch einen Schritt weiter und zeichnet sich demgegenüber durch die Besonderheit aus, dass sie alle für den jeweiligen Lernort relevanten Akteur*innen in einen gemeinsamen Lern- und Forschungsprozess einbindet. Was für diese Form der transdisziplinären Grenzarbeit vorab bedacht werden muss, stellen wir im nachfolgenden Abschnitt anhand von prozessleitenden Fragen dar.[2] Danach werden die ‚Prinzipien und Linsen transformativen Lernens und Forschens' (Brandner et al., 2024) für die konkrete Umsetzung eines solchen Transformationsprozess ausgeführt.

---

[2] Noch ist die skizzierte transdisziplinäre Grenzarbeit in der islamischen Bildung von einer Umsetzung in der Praxis entfernt. Unser Vorschlag soll daher Ideen, Inspirationen sowie – zumindest ein Stück weit – eine konkrete Anleitung liefern, wie gemeinsame Lehr- und Lehrprozesse, die die verschiedenen relevanten Akteur*innen einbeziehen, gestaltet werden können.

Prozessleitende Fragen

Was ist das Ziel? – Ein wechselseitiger Lern- und Forschungsprozess

In einem ersten Schritt werden Vertreter*innen der vier Lernorte islamischer Bildung (Familie, Moscheegemeinde, Schule, Hochschule) eingeladen, an einem partizipativen Lehr- und Lernforschungsprojekt teilzunehmen, bei dem es darum geht, das Feld der islamischen Bildung gemeinsam zu erforschen und voneinander zu lernen. Ziel dabei ist es, die bestehende Perspektivenvielfalt wahrzunehmen, mehr wechselseitiges Verständnis aufzubauen und damit mehr Handlungsfähigkeit im Alltag zu erlangen und gleichzeitig wichtige Erkenntnisse zu Inhalten und Praktiken der verschiedenen Beteiligten in der islamischen Bildung zu gewinnen.

Wer sind die Beteiligten? – Menschen aus verschiedenen Lebenswelten

Transdisziplinäre Grenzarbeit zeichnet sich dadurch aus, dass Menschen aus völlig unterschiedlichen Lebenswelten – sowohl aus wissenschaftlichen als auch aus nicht-wissenschaftlichen Bereichen – zusammenfinden, um gemeinsame Herausforderungen zu bewältigen. Mit Blick auf die Fallstudie der islamischen Bildung sind das alle Menschen, die in diesem Spannungsfeld direkt oder indirekt leben bzw. zusammenarbeiten wollen oder müssen: allen voran die Schüler*innen, die islamische Bildung erfahren, sowie deren Eltern und Lehrer*innen an den Schulen. Dazu gehören weiters die Mitglieder und Familien in den Moscheegemeinden sowie die Imame. Ebenfalls einzubeziehen sind die Studierenden, Lehrenden und Professor*innen an den Hochschulen. Und schließlich können auch jene berücksichtigt werden, die in den hierarchisch übergeordneten Institutionen tätig sind, also die Verantwortlichen der Dachverbände oder Vertreter*innen der IGGÖ.[3]

All diese Personenkreise sind in der einen oder anderen Weise davon betroffen, dass zwischen Schule, Hochschule, Moschee und familiären Kontexten

---

[3] Bei der Einbeziehung der Akteur*innen ist mit Blick auf das Bildungsverständnis, das diesem Modell zugrunde liegt (nämlich die Bildungspraxis Paulo Freires), Achtsamkeit geboten. Eine solche Bildungsvorstellung muss nicht zwingend von allen Akteur*innen geteilt werden. Im Beziehungsgeflecht der islamischen Bildung resultiert ein Spannungsfeld genau daraus, dass über pädagogisch-didaktische Vorstellungen und Bildungsvorstellungen keine Einigkeit herrscht.

kein Konsens über zentrale Inhalte und Methoden in der islamischen Bildung herrscht. So entstehen nach Freire immer wieder Grenzsituationen (1978, S. 84 f.), also Zustände, die die verschiedenen Beteiligten nötigen, einen Umgang mit vielschichtigen Ambivalenzen zu entwickeln. Diese werfen immer wieder Fragen auf, die sich allein nicht so einfach beantworten lassen:

- Was kann getan werden und wie kann gehandelt werden, wenn sich Grenzen immer wieder verschieben und das Gewohnte nicht mehr haltbar ist?
- Wie verhalte ich mich selbst?
- Was tun die anderen?
- Wie gestalten wir unsere Beziehungen zueinander?
- Inwiefern sind wir voneinander abhängig?
- Wie kann ich die anderen verstehen?
- Wie verstehen sie mich?
- Was ist das größere Ganze, in dem ich mich befinde?

Warum sollen die Beteiligten zusammenkommen? – Ein gemeinsames Anliegen

Um einen transdisziplinären Prozess zu beginnen, braucht es zuallererst ein Anliegen, das alle Beteiligten berührt. Dieses Anliegen kann im Fall der islamischen Bildung, den Ausführungen der Fallbeschreibung folgend, so zusammengefasst werden:

Es gibt keinen innermuslimischen Konsens über die zentralen Inhalte und Methoden, die im Rahmen der islamischen Bildung gelehrt und gelernt werden sollen. Um dennoch gemeinsam handlungsfähig zu sein und zu bleiben, wird ein Verständigungsprozess benötigt, in dem sich zentrale Akteur*innen mit ihren unterschiedlichen Expertisen, Eigenlogiken und Vorstellungen über ihre verschiedenen Zugänge austauschen, Bewusstsein für die Perspektiven der anderen erlangen und voneinander lernen.

Die Dringlichkeit und Komplexität der Problemstellungen, die in transdisziplinären Lern- und Forschungsprozessen grundsätzlich gegeben sind, erfordern ein hohes Maß an aktiver Teilnahme und Teilhabe. Erst wenn auch das Lern- und Forschungsinteresse von den Beteiligten gemeinsam definiert und gerahmt werden kann, ist eine aktive Beteiligung aller möglich – wer bei der Themenwahl und Konkretisierung des gemeinsamen Anliegens ausgeschlossen bleibt, wird sich im Prozess weder angesprochen noch eingebunden fühlen. Ein hoher Partizipationsgrad ist demnach von der Generierung und Interpretation von Themen und Daten bis hin zur Analyse und Ausarbeitung der Ergebnisse relevant

(Brandner et al., 2024). Hinsichtlich der Fallstudie bedeutet das, dass das gemeinsame Anliegen im Spannungsfeld der islamischen Bildung durchaus vorab benannt, jedoch im Detail erst dann ausgearbeitet werden kann, wenn die zentralen Akteur*innen in diesem Spannungsfeld selbst an dessen Konkretisierung arbeiten – also ihre generativen Themen zu diesem Anliegen einbringen. Dies kann erst im gemeinsamen Prozess geschehen.

Wie werden Gruppen gebildet? – Heterogenität und Perspektivenvielfalt

In unserem Projektentwurf wenden wir uns zuvorderst an jene Menschen, die mit islamischer Bildung zu tun haben oder deren Beruf es ist, islamische Inhalte, Werte und Praktiken in den Schulen, den Hochschulen und den Moscheen zu vermitteln und zu lehren: an Lehrer*innen, Lehrende und Professor*innen, an Imame sowie an Eltern.[4] Sie alle sind maßgeblich an der Gestaltung islamischer Bildung beteiligt, sie sind im Alltag voneinander berührt, haben aber oft keine Gelegenheit, sich zu treffen und sich miteinander auszutauschen.

Es wird eine Gruppe mit zumindest zwei Vertreter*innen der vier Bereiche Familie, Moscheegemeinde, Schule und Hochschule gebildet: also zwei Erziehungsberechtigte[5], zwei Imame, zwei Lehrer*innen und zwei Dozent*innen oder Professor*innen. Eine Gruppe kann bis zu 20 Personen umfassen und sollte nicht aus weniger als acht Personen bestehen. Es bietet sich an, zuerst mit einer Gruppe zu starten, um in der Folge das Projekt auf mehrere Gruppen lokal und dann auch überregional auszuweiten. Schließlich kann nach Beendigung der ersten Gruppenprozesse ein Treffen veranstaltet werden, bei dem Beteiligte aus den verschiedenen Gruppen die Ergebnisse untereinander austauschen. An dieser Stelle können auch Personen aus den übergeordneten Institutionen wie der IGGÖ involviert werden.

---

[4] Vertreter*innen der großen Institutionen oder Dachverbände aus den oberen Hierarchieebenen oder der Herkunftsländer sowie Pädagog*innen, die in der Früherziehung tätig sind, werden in unserem Vorhaben vorerst nicht direkt eingeladen, sollen jedoch zu einem späteren Zeitpunkt miteinbezogen werden.

[5] Wenn Eltern miteinbezogen werden, ist es bei den transdisziplinären Lernprozessen sinnvoll, zunächst eine homogene Gruppe einzuladen, beispielsweise Erziehungsberechtigte, die eine enge Bindung an Moscheevereine haben oder dem traditionell-konservativen Milieu angehören. In späteren Durchläufen können dann auch Eltern mit differierenden Sichtweisen angemessen eingebunden werden.

Wo finden die Gruppentreffen statt? – Gemeinsam im fremden Raum

Im Zusammenhang mit der Gruppenbildung ist ein spezieller Fokus auf die Räumlichkeiten zu legen, in denen die gemeinsamen Aktivitäten stattfinden. Diese sollten möglichst neutral sein; es empfiehlt sich daher nicht, Räumlichkeiten zu nutzen, die von einer beteiligten Gruppe zur Verfügung gestellt werden (wie z. B. die Moschee, die Universität oder auch Schulräume), da diese bereits mit bestehenden Abhängigkeiten und Bedeutungen konnotiert sind. Es sollte ein Raum gefunden werden, der für alle Beteiligten gleich ,fremd' ist und den sich die Gruppe im Prozess gemeinsam aneignen kann. Denkbar sind etwa kommunale Veranstaltungsräume, Seminarzentren oder Fortbildungsräumlichkeiten.

Worin besteht ein verbindendes Element für alle Beteiligten? – Das ,boundary object'

Damit die generativen Themen im Spannungsfeld islamische Bildung von den Beteiligten selbst mit möglichst hohem Partizipationsgrad erforscht werden können und die involvierten Akteur*innen dabei gleichzeitig möglichst viel voneinander und miteinander lernen, empfehlen wir, mit einem sogenannten ,boundary object' zu beginnen. Dieses Konzept wurde von Susan Leigh Star und James R. Griesemer (1989) für Kontexte entwickelt, in denen verschiedene Interessensgruppen zusammenarbeiten müssen. Ihre Definition lautet wie folgt:

> Boundary objects are both plastic enough to adapt to local needs and constraints of the several parties employing them, yet robust enough to maintain a common identity across sites. They are weakly structured in common use, and become strongly structured in individual-site use. They may be abstract or concrete. They have different meanings in different social worlds but their structure is common enough to more than one world to make them recognizable, a means of translation. (Ebd., S. 393)

Ein boundary object soll im Austausch zwischen verschiedenen Lebenswelten als verbindendes Element gemeinsames Arbeiten und gemeinsame Verstehensprozesse sowie kohärente Übersetzungsprozesse ermöglichen (ebd.). Es kann sich dabei um Bücher, Bibliotheken, Orte, Landkarten, Regionen, Alltagsgegenstände, theoretische Konzepte, Fragestellungen, Metaphern oder auch Methoden handeln (ebd., S. 410 f.).

Bei der Wahl eines boundary object geht es grundsätzlich darum, eine ,Autorität' zu bestimmen, die alle Beteiligten gleichermaßen anerkennen, wenn auch aus unterschiedlichen Gründen. Gerade diese gilt es dann im gemeinsamen Prozess herauszuarbeiten. Die Wahl des boundary object sollte jedenfalls sehr sorgsam getroffen werden und auf genauer Kenntnis des Feldes und der beteiligten Akteur*innen beruhen.

Unsere diesbezügliche Recherche hat uns zur Verfassung der IGGÖ geführt, in der unter dem Punkt 6a und b des Artikels 1 der Allgemeinen Bestimmungen die Spezifikationen ihrer Fahne und ihres Logos beschrieben werden. Dazu heißt es:

> a) Die Fahne der Islamischen Glaubensgemeinschaft in Österreich ist grün, mit der Aufschrift des Verses:
>
> واعتصموا بحبالله جميعا وال تفرقوا
>
> (Koran 3:103) in weißer Farbe („Und haltet allesamt fest am Seile Allahs und zersplittert euch nicht") und Logo der Islamischen Glaubensgemeinschaft in Österreich.
> b) Das Logo der Islamischen Glaubensgemeinschaft in Österreich besteht aus einem achteckigen Stern im Quadrat mit der arabischen Inschrift „wa-a`tasimu" (und haltet allesamt fest). (IGGÖ, 2015, S. 5)

Der Koranvers, in dem alle Muslim*innen aufgefordert werden, sich am ‚Seil Gottes' festzuhalten und sich ‚nicht zu zersplittern', kann als Verweis auf das Bemühen der IGGÖ um Zusammenhalt und Einheit sowie auf deren Harmonisierungsbestrebungen mit Blick auf die in Österreich lebenden Muslim*innen bzw. ihre Mitglieder gedeutet werden. In der Verfassung der IGGÖ werden in diesem Zusammenhang auch verschiedene Aufgaben betreffend die Interaktion mit den Gläubigen beschrieben (ebd., S. 6 f.), darunter auch die Organisation des islamischen Religionsunterrichts sowie die Verflechtung mit den registrierten Moscheeverbänden.

Vor dem Hintergrund der unterschiedlichen Interessensgemeinschaften und der beteiligten Menschen und Lernorte innerhalb der islamischen Bildung bietet der metaphorische Ausdruck ‚am Seil Gottes festhalten' einen integrativen Ausgangspunkt und damit ein gut geeignetes boundary object für die transdisziplinäre Grenzarbeit. Die Metapher ‚Seil Gottes' kann als verbindendes Element wahrgenommen werden, erlaubt es aber dennoch, Fragen zu stellen, die im gemeinsamen Transformationsprozess bearbeitet werden:

- Was bedeutet das Seil Gottes für mich (im Alltag und in der beruflichen Praxis)?
- Was bedeutet das Seil Gottes für die anderen Beteiligten (im Alltag und in der beruflichen Praxis)?
- Wie geht es mir mit diesen anderen Sichtweisen? Was kann ich verstehen? Was muss ich hinterfragen?

- Worin bestehen Gemeinsamkeiten, Ähnlichkeiten, Unterschiede oder Widersprüche?
- Worüber besteht Diskussionsbedarf?
- Wie können wir das Seil Gottes für uns als Individuen, aber auch für uns als Kollektiv beschreiben und verstehen?

Das transdisziplinäre Grenzprojekt bildet den entsprechenden Rahmen, innerhalb dessen diesen Fragen auf partizipative Weise nachgegangen werden kann.

Prinzipien und Linsen transformativen Forschens und Lernens

Eine Möglichkeit, die oben genannten Fragen auf partizipative Weise zu beantworten und darauf aufbauend kooperative Handlungsmöglichkeiten zu entwickeln, bieten die ‚drei Prinzipien und die vier Linsen transformativen Forschens und Lernens'. Dieses Konzept fußt auf einem jüngst von Vera Brandner, Moritz Engbers und Esther Meyer (2024) entwickelten methodologischen Modell, in dem Paulo Freires ‚Praxis' (1978, S. 71) mit dem Kreislauf von ‚Aktion', ‚Reflexion' und ‚Dialog' als Basis dient (Abb. 13.1).

Freires Definition von Praxis kann als Zusammenhang von Tun, Denken und Miteinander-Reden in Grenzsituationen verstanden werden. Es handelt sich dabei um einen transformativen Zyklus, in dem Partizipation, Prozessorientierung und wechselseitiges Lernen gefördert werden (Brandner et al., 2024). Seine Wirkung entfaltet das Modell jedoch nur dann, wenn alle drei Prinzipien (Aktion, Reflexion und Dialog) abwechselnd und wiederholt im Prozess eingesetzt werden, d. h. die Teilnehmer*innen am Gruppenprozess abwechselnd Zeit und Raum zum

Abb. 13.1 Drei Prinzipien
transformativen Lernens
und Forschens: Aktion,
Reflexion und Dialog
(Quelle: Freire, 1978,
S. 71; Brandner, 2020,
S. 19 & 238)

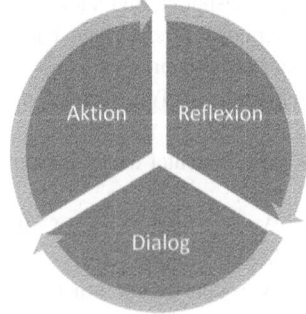

Handeln, zum Nachdenken und zum Miteinander-Reden haben (Freire, 1978, S. 72). Die drei Prinzipien transformativen Forschens und Lernens bilden die Basis des partizipativen Lern- und Forschungsprozesses der transdisziplinären Grenzarbeit. Darauf aufbauend werden die Spannungsfelder der islamischen Bildung durch vier Linsen transformativen Forschens und Lernens untersucht, die gewissermaßen als inhaltliche Wegweiser dienen: ‚Selbstwahrnehmung‘, ‚Perspektivenvielfalt‘, ‚Beziehungshaftigkeit‘ und ‚Situationalität‘ (Brandner et al., 2024).

Die ‚Linse der Selbstwahrnehmung‘ leitet die Teilnehmer*innen am Gruppenprozess dazu an, zu fragen, welche Bedeutung das Seil Gottes im eigenen Leben hat. Sie werden durch diese Linse dazu angeregt, das boundary object und in weiterer Folge auch das gemeinsame Anliegen auf sich selbst zu beziehen. Dabei erhalten die Beteiligten die Möglichkeit, ihre eigenen Erfahrungen, ihre aktuellen Bedingungen, aber auch Zukunftswünsche mit Blick auf das boundary object zu erforschen und zum Ausdruck zu bringen. Mithilfe dieser Linse können die Akteur*innen artikulieren, welche Vorstellungen und Erwartungen sie an islamische Bildung haben, welche didaktischen Prinzipien sie sich dafür wünschen oder mit welchem Anspruch sie religiöse Wahrheiten vertreten.

Die ‚Linse der Perspektivenvielfalt‘ erlaubt es, über den eigenen Tellerrand hinauszuschauen und die Meinungen, Deutungen und Sichtweisen der anderen Beteiligten über das Seil Gottes wahrzunehmen, zu reflektieren und zu befragen. Dadurch wird für die Akteur*innen ersichtlich, wie die anderen sich islamische Bildung vorstellen, welche didaktischen Methoden sie für geeignet halten oder wie sie zu religiösen Wahrheitsansprüchen stehen. Diese Linse macht zum einen klar, wie wichtig es ist, einen eigenen Standpunkt zu beziehen und die eigenen Sichtweisen zu reflektieren, denn erst dadurch können diese auch anderen zugänglich werden. Gleichzeitig führt sie zum anderen allen Beteiligten vor Augen, dass es neben der eigenen Wahrheit über das Seil Gottes noch (mehrere) andere Perspektiven darauf gibt und dass ein vollständiges Bild vom Seil Gottes bzw. eine umfassende Antwort auf die Frage, wie sich dieses in Bezug auf Vorstellungen von islamischer Bildung, didaktischen Prinzipien oder Haltungen zu religiösen Wahrheiten gestaltet, erst durch Einbezug der Vielfalt vorhandener Perspektiven bilden lässt. Erst wenn die unterschiedlichen Positionen, Werte, Wünsche und Ängste der Beteiligten sichtbar gemacht werden und auf partizipative Weise im Prozess Beachtung erlangen, kann das gemeinsame Anliegen in seiner Komplexität begriffen und das gemeinsame ‚An-einem-Strang-Ziehen‘ verhandelt werden. Es kann zudem sein, dass dieser Schritt weitere, bis dahin unbekannte Spannungsfelder zutage fördert, die in der Folge miteinander verhandelt werden können.

Anhand der ‚Linse der Beziehungshaftigkeit' wiederum zeigt sich, in welchen Beziehungen die Beteiligten zueinanderstehen und welche weiteren Beziehungen das Feld der islamischen Bildung ausmachen. Hier geht es darum zu erkennen, inwiefern zwischen einem selbst und den anderen Verbindungen bestehen und durch welche Eigenschaften, Rollen, Positionen, Hierarchien oder (Macht-)Strukturen diese bestimmt werden. Vor diesem Hintergrund können der schulische und außerschulische Religionsunterricht in Moscheegemeinden als komplementäre Angebote verstanden werden, mit dem gemeinsamen Ziel, zu einer fundierten islamischen Bildung der Kinder und Jugendlichen beizutragen. Darüber hinaus geht es auch darum, Situationen von Ungleichheit, Schieflagen und Ungerechtigkeit zu identifizieren, transparent und dadurch auch verhandelbar zu machen.

Die ‚Linse der Situationalität' schließlich macht es möglich, das größere Ganze in den Blick zu nehmen und gemeinsam zu untersuchen, welche soziokulturellen und ökonomischen Bedingungen das Feld der islamischen Bildung ausmachen. Beim Blick durch diese Linse geht es zudem darum, systemische und institutionelle Vorgaben und Netzwerke ebenso zu beleuchten wie die in diesen Spannungsfeldern vorhandenen geistigen und materiellen Ressourcen. Hier können wiederum weitere Anliegen und Herausforderungen aufgedeckt werden und Beachtung finden, die das Spannungsfeld der islamischen Beziehung charakterisieren.

Für das Arbeiten mit den drei Prinzipien und den vier Linsen transformativen Forschens und Lernens bieten sich verschiedenste Methoden an, die ein partizipatives, prozessorientiertes, reflektierendes, dialogisches und handlungsorientiertes Vorgehen erlauben.[6] Bei der Wahl der Methoden ist jedenfalls darauf zu achten, dass sich die Beteiligten auf Augenhöhe begegnen und sich als Lernende und Forschende im gesellschaftlichen Wandel begreifen können. In einem so ausgerichteten dritten Raum bzw. transdisziplinären Grenzraum können sich alle selbst als Subjekte erkennen und entsprechend handeln (Bhabha, 2004, S. 2).

---

[6] Folgende Methoden und Methodologien schlagen wir für die transdisziplinäre Grenzarbeit vor: Forschungstagebücher (Burgess, 1981; Engin, 2011; Brandner, 2020), Autoethnografie (Bochner & Ellis, 2016), generative Bildarbeit oder andere fotografisch-visuelle Methoden mit hohem Partizipationsgrad (Becker, 1986; Wang & Burris, 1994; Burris & Wang, 1997; Harper, 2002; Brandner, 2020), partizipative Szenariotechnik (Freeth & Driemie, 2016), Open Space Methoden (Owen, 2008), neosokratischer Dialog (Grießler & Littig, 2003), Soziodrama (Kellermann, 1998), Theaterpädagogik (Boal, 2006, 2016), Erinnerungsarbeit (Haug, 2008), Walking Methodologies (Kagan, 2019) oder Community Mapping (Chambers, 2006).

Conclusio

Wenn Menschen in einem größeren Zusammenhang miteinander verbunden sind, wie es in der islamischen Bildung der Fall ist, zwischen ihnen jedoch kaum ‚echter' und tiefergehender Kontakt und Austausch stattfindet, fällt es ihnen irgendwann schwer, sich in diesem größeren Ganzen zurechtzufinden. Es wird unmöglich, andere Perspektiven einzunehmen, um die Sichtweise der jeweils anderen zu verstehen; Konflikte und Differenzen verhärten sich und scheinen unüberwindbar. Irgendwann besteht auch die Gefahr, dass das größere Ganze, das eigentlich allen Beteiligten am Herzen liegt und so auch alle verbindet, nicht mehr entsprechend gewürdigt und für kommende Generationen bewahrt werden kann.

Die islamische Bildung bietet ein Fallbeispiel, in dem eine solche Grenzsituation besteht. Sie ist von komplexen Differenzen, Ambivalenzen, scheinbar tiefen Gräben und Abhängigkeiten zwischen den beteiligten Akteur*innen und Institutionen geprägt. Im Gefüge zwischen den Lernorten Familie, Schule, Moschee und Hochschule lassen sich vielschichtige Spannungsfelder erkennen. Der vorliegende Beitrag basiert auf der These, dass die an dem Beziehungsgeflecht zwischen den verschiedenen Lernorten islamischer Bildung Beteiligten dennoch in einem komplementären Sinne zusammenspielen und im Namen des größeren Ganzen gemeinsam an einem Strang ziehen können. Immerhin geht es dabei darum, muslimischen Kindern und Jugendlichen eine umfassende islamische Bildung zu ermöglichen, die gleichermaßen einen sensiblen Umgang mit Tradition erlaubt und auf kritischer Reflexionsfähigkeit beruht.

Genau dafür haben wir hier einen konkreten methodologischen Vorschlag konzipiert und ausgearbeitet. Als eine Möglichkeit, den notwendigen Transformationsprozess in der islamischen Bildung einzuleiten, haben wir Grenzen im Sinne Homi Bhabhas als Räume definiert, die von den Beteiligten eingenommen und erforscht werden können. Hier kann in Rückgriff auf Paulo Freires Modell der Praxis mit der rekursiven Anwendung von Aktion, Reflexion und Dialog (Freire, 1978, S. 71 f.) an gemeinsamen Herausforderungen gearbeitet werden, auch wenn der Blick auf diese aus völlig unterschiedlichen oder gar gegensätzlichen Perspektiven erfolgt. Damit diese Räume nicht lediglich wie Grenzposten betrachtet werden, die man so schnell wie möglich überwinden möchte, sieht das vorliegende Konzept vor, dass sich alle am Prozess Beteiligten gleichermaßen als Forschende und Lernende begreifen können. Den Ausgangspunkt für diese Form der transdisziplinären Grenzarbeit bilden ein gemeinsames Anliegen und ein boundary object (Star & Griesemer, 1989), also Elemente, die alle Beteiligten verbinden. Hinsichtlich der islamischen Bildung besteht das gemeinsame

Anliegen darin, die verschiedenen Perspektiven und Zugänge transparent zu machen und einen gemeinsamen Verstehensprozess anzuregen. Der dritte Raum für das gemeinsame Forschen und Lernen wird durch die Anwendung von vier Linsen transformativen Forschens und Lernens – Selbstwahrnehmung, Perspektivenvielfalt, Beziehungshaftigkeit und Situationalität – ermöglicht (Brandner et al., 2024). Der gründliche Blick der Beteiligten auf das gemeinsame Anliegen durch diese vier Linsen bringt bestehende Differenzen und Ambivalenzen, Gemeinsamkeiten und Zukunftsvisionen ans Licht und macht sie verhandelbar.

Das vorliegende Modell transdisziplinärer Grenzarbeit kann auch in anderen Bereichen der Lehrer*innenbildung Anwendung finden, um latente oder auch ganz offensichtliche Spannungsfelder zwischen beteiligten Lernorten und Akteur*innen zu bearbeiten und grenzübergreifende Verständigung und dialogische Zusammenarbeit zu erzielen. Als kritischer Aspekt im Hinblick auf die konkrete Umsetzung ist jedoch zu bemerken, dass der Erfolg eines solchen Projekts auf einer Vorbedingung beruht, die in gegenwärtigen, von Zeitnot, Ressourcenknappheit und Effizienzsteigerung geprägten Lehr-, Lern- und Arbeitssituationen nur in Ausnahmefällen gegeben ist: Transdisziplinäre Grenzarbeit braucht Zeit. Sie kann nur dann zu mehr wechselseitigem Verstehen, gemeinsamer Handlungsfähigkeit und einem konstruktiven Transformationsprozess führen, wenn allen Beteiligten ausreichend Zeit für Selbstreflexion, Begegnung, Diskussion und die Entwicklung von Zukunftsvisionen zur Verfügung steht.

Religiöse Pluralität der Gegenwartsgesellschaft und interreligiöses Lernen

Ein Vergleich von interreligiösen Ansätzen in Deutschland und Österreich

Jonas Kolb

Einleitung

Die Debatte um Interreligiosität und interreligiösen Dialog ist in den letzten Jahren erheblich vorangeschritten. Mittlerweile ist im deutschsprachigen Raum, insbesondere in Deutschland und Österreich, eine Vielzahl von Studien erschienen, die sich mit interreligiösen Fragen aus einer religionspädagogischen Perspektive beschäftigen (Kraml et al., 2020, S. 22). Dies weist auf die Bedeutung der interreligiösen Pädagogik als Forschungsfeld in beiden Ländern hin. Bislang gibt es jedoch keinen Überblick über den diesbezüglichen Forschungsstand, was zur Folge hat, dass er als undurchdringliches und unübersichtliches Dickicht erscheint.

Das Fehlen eines solchen Überblicks kann ein Problem darstellen. Dadurch erhöht sich die Wahrscheinlichkeit, dass Forscher*innen, die legitimerweise einen Beitrag im Bereich der interreligiösen Pädagogik leisten wollen, jedes Mal gleichsam ,das Rad neu erfinden', während die Leistungen und Erkenntnisse von Kolleg*innen im Bereich der interreligiösen Pädagogik oft unbewusst ignoriert

Dieser Aufsatz ist die leicht modifizierte, deutschsprachige Fassung eines Beitrags, der 2021 unter dem Titel ,Modes of Interreligious Learning within Pedagogical Practice: An Analysis of Interreligious Approaches in Germany and Austria' in der Zeitschrift *Religious Education* (Jahrgang 116, Heft 2, S. 142–156; Verlag: Taylor & Francis) erschienen ist.

werden. Dabei ließe sich durch die Auseinandersetzung mit bereits entwickelten Ansätzen zu interreligiösen Lehr- und Lernkonstellationen viel voneinander lernen und von den Erkenntnissen und Forschungsergebnissen anderer profitieren. Die vorliegende Analyse will dieses Anliegen unterstützen.

Aus diesem Grund werden in diesem Beitrag verschiedene aktuelle Konzepte der interreligiösen Pädagogik im deutschsprachigen Raum vorgestellt. Dabei wird versucht, Ordnung in die vielfältige und unüberschaubare Bandbreite bestehender Ansätze zu bringen und von ihnen zu lernen. Im Zuge der Bestandsaufnahme, des Vergleichs und der Systematisierung werden Anregungen und Empfehlungen herausgearbeitet, die für aktuelle Ansätze oder zukünftige Formen des interreligiösen Lernens nützlich sein können. Darüber hinaus können die Erkenntnisse aus dem deutschsprachigen Raum auch für andere Kontexte relevant sein.

Der Schwerpunkt dieser Analyse liegt auf Österreich und Deutschland, da dort der Religionsunterricht im schulischen und universitären Kontext in der Regel[1] nach dem Prinzip der Konfessionalität erteilt wird. Das bedeutet, dass staatlich anerkannte Religionsgemeinschaften jeweils ihre eigene bekenntnisgebundene Form des Religionsunterrichts an öffentlichen Schulen anbieten können. Sie sind damit sowohl für die Bestellung der Lehrkräfte, die Erstellung der Lehrpläne und Unterrichtsmaterialien als auch die Erteilung des Religionsunterrichts zuständig. Dem Staat kommt hingegen eine nachrangige Rolle zu, er sorgt u. a. für die Ausbildung der Religionslehrer*innen (Khorchide, 2009a, S. 43–49). Das Prinzip der Konfessionalität hat also erhebliche Konsequenzen für die interreligiöse Zusammenarbeit, da die Zustimmung der religiösen Institutionen entscheidend dafür ist, ob interreligiöses Lernen im konfessionellen Religionsunterricht überhaupt erfolgen kann.

Der Bedarf an interreligiösen Bildungskonzepten entstand durch die wachsende und dauerhafte religiöse Pluralität der Gegenwartsgesellschaft des deutschsprachigen Raums. In den 1980er Jahren führte der Zustrom von Arbeitsmigrant*innen u. a. zu öffentlichen Debatten über den Umgang mit nicht-christlichen Religionen im Religionsunterricht (Hellmann, 2000, S. 1 f.). In der Folge spiegelten sich diese Prozesse auch in den angebotenen Formen des Religionsunterrichts wider. Aufgrund der gesetzlichen Anerkennung der IGGÖ im Jahr 1979, der zunehmenden gesellschaftlichen Diversifizierung und der wachsenden Präsenz von Muslim*innen in Österreich wurde 1982/83 islamischer Religionsunterricht an den Pflichtschulen eingeführt. In Deutschland gab es – ungeachtet

---

[1] Ausnahmen bilden in Deutschland z. B. Bundesländer oder Stadtstaaten wie Bremen, in denen das Unterrichtsfach ‚Religion‘ und damit ein Religionsunterricht angeboten wird, der nicht dem konfessionellen Paradigma entspricht (Lott & Schröder-Klein, 2006).

mancher Unterschiede bei der Anerkennung von Religionsgemeinschaften –
ähnliche Entwicklungen. Darüber hinaus ließ die Pluralisierung des Religionsunterrichts wachsende Diskussionen über religionsdidaktische Formen, Modelle
und Konzeptionen aufkommen, die in beiden Ländern zu einer verstärkten Beschäftigung mit interreligiösen Bildungskonzepten führten.[2]

In diesem Aufsatz zeige ich in einem ersten Schritt zunächst exemplarisch die
Relevanz interreligiöser Konzepte auf. Anschließend werden ausgewählte interreligiöse Bildungsansätze dargestellt und verschiedene in Deutschland und Österreich bestehende Modelle kategorisiert. In der Auseinandersetzung mit Gemeinsamkeiten und Unterschieden zeigt sich, dass zwischen vorhandenen interreligiösen
Bildungskonzepten ein Ungleichgewicht besteht – nämlich ein Mangel an Praxisorientierung. Die Gründe für diese Unausgewogenheit und die möglicherweise daraus folgenden problematischen Konsequenzen werden im Anschluss diskutiert. Abschließend erfolgt eine pointierte Reflexion von Potenzialen und Chancen für die
Zukunft der interreligiösen pädagogischen Forschung entlang von offenen Fragen.

Die Relevanz der interreligiösen Pädagogik

Bevor die bestehenden interreligiösen Konzepte in Bildungskontexten beleuchtet
werden, gilt es zuerst, deren grundsätzliche Relevanz zu erläutern. Diese ergibt
sich daraus, dass die Zugehörigkeit zu einer anderen Glaubensgemeinschaft von
jungen Menschen oftmals (weiterhin) misstrauisch beäugt oder gar abgelehnt
wird. Darauf verweisen verschiedene im deutschsprachigen Raum erschienene
Studien, die sich mit Vorurteilen und stereotypen Haltungen gegenüber religiöser
Differenz und Andersgläubigen unter Heranwachsenden, die schulische Bildungskontexte durchlaufen, beschäftigen.

Ein Beispiel hierfür ist das Forschungsprojekt *REDCo,* das untersucht, wie
14- bis 16-Jährige religiöse Vielfalt wahrnehmen: als Ausgangspunkt für Dialog
oder als möglichen Krisenauslöser? Dabei konnte aufgezeigt werden, dass eine
Auseinandersetzung mit dem religiösen Gegenüber insbesondere im schulischen
Religionsunterricht stattfindet, während die Heranwachsenden im eigenen praktischen Alltag oder in der Peer Group nur über wenige Schnittpunkte mit religiöser Andersartigkeit verfügen. Demnach komme dem Religionsunterricht in der

---

[2] In diesem Aufsatz werden Ansätze für interreligiöses Lernen erörtert, die in den meisten
Fällen eine Zusammenarbeit zwischen Christentum (katholisch/evangelisch) und Islam
(sunnitisch) vorsehen.

Schule für den interreligiösen Austausch und das Kennenlernen religiöser Differenz eine maßgebliche Rolle zu (Weiße, 2010, S. 31).

Die Analysen belegen zudem, dass Schüler*innen das Recht auf Religionsfreiheit sowie die Gleichwertigkeit von Religionen in der Regel als selbstverständlich erachten und exklusiven religiösen Wahrheitsansprüchen oder missionarischen Ansätzen zumeist ablehnend gegenüberstehen. Deutlich wird in den Daten aber auch, dass – insbesondere aufseiten christlicher Schüler*innen – gegenüber dem Islam Vorurteile bestehen. Meist rühren diese jedoch nicht von persönlichen Erfahrungen her, sondern resultieren aus der Rezeption von medialen Berichterstattungen und öffentlichen Debatten. Kontakte, Erfahrungen und Begegnungen mit dem religiösen Gegenüber führen aber in der Regel zu einem Abbau von religiösen Vorurteilen und von Vorbehalten gegenüber religiöser Differenz (Jozsa & Friederici, 2008).

Vorbehalte gegenüber Personen anderer Glaubenszugehörigkeit müssen aber keineswegs auf die Ebene von Einstellungen beschränkt bleiben. Vielerorts wird davon berichtet, dass herablassende und abwertende Äußerungen von Jugendlichen und Schüler*innen, darunter auch muslimischen, gegenüber Andersgläubigen und anderen Religionen gang und gäbe seien (siehe u. a.: Güngör & Nik Nafs, 2016; Wiesinger & Thies, 2018; Güngör et al., 2019). Folglich sind Abwertungen und Stereotype gegenüber Andersgläubigen und anderen Religionen auch im schulischen Kontext weit verbreitet, und es besteht ein dringender Bedarf, dem in Bildungskontexten entgegenzuwirken. Eine Form, in der dies geschehen kann und die in diesem Zusammenhang immer wieder als eine Art Zauberformel ins Spiel gebracht wird, sind Ansätze des interreligiösen Lernens (Tautz, 2007, S. 60 f.).

Aktuelle Forschungsschwerpunkte zur interreligiösen Pädagogik

Nach der Erläuterung der Relevanz interreligiösen Lernens werden nun bestehende Ansätze und Modelle der interreligiösen Pädagogik vorgestellt.[3] Die Analyse unterscheidet zwischen theoretisch-konzeptionellen Modellen,

---

[3] Im Rahmen des vorliegenden Beitrags werden ausschließlich Ansätze interreligiöser Kooperation in Bildungskontexten analysiert. Analysen der Forschungsgruppe um Gritt Klinkhammer (Klinkhammer & Satilmis, 2008) oder von Martin Rötting (2012), die jeweils Typologien von interreligiösen Dialogprojekten abseits von Bildungskontexten entwickeln, werden deswegen nicht berücksichtigt.

methodisch-didaktischen Ansätzen sowie empirischen Analysen angewandter interreligiöser Projekte in der pädagogischen Praxis. Jede Kategorie wird durch exemplarische Arbeiten illustriert.[4]

Theoretisch-konzeptionelle Modelle

Die erste Kategorie von Konzepten des interreligiösen Lernens konzentriert sich auf theoretische und konzeptionelle Fragen, während didaktische und methodische Aspekte eher im Hintergrund stehen. Drei Beispiele werden veranschaulicht: (I) die Fähigkeit zu einer religionsbezogenen Perspektivenübernahme (Schweitzer), (II) interreligiöse Kompetenzen (Schambeck) und (III) trialogisches Lernen (Sajak & Langenhorst).

(I) Nach dem evangelischen Religionspädagogen Friedrich Schweitzer (Tübingen) sind interreligiöse Bildungsprozesse wichtig, da sie junge Menschen auf die religiöse Vielfalt und den Pluralismus der Gegenwartsgesellschaft vorbereiten und den Erwerb entsprechender Kompetenzen unterstützen (2014a). Schweitzer definiert das Ziel interreligiösen Lernens einerseits als Wissenserwerb über andere Religionen und Religionsgemeinschaften, im Sinne des *learning about religion* (Grimmitt, 1987, S. 225). Andererseits fordern sie Lernende dazu heraus, sich mit dem religiös Anderen konstruktiv zu befassen. Aus diesem Grund sieht Schweitzer interreligiöse Bildung als Teil des übergeordneten Bildungsziels der Entwicklung einer ‚Pluralitätsfähigkeit‘. Diese meint einen reflektierten Umgang mit religiösem und weltanschaulichem Pluralismus, der Heranwachsende befähigt, in pluralistischen Situationen selbstbestimmt zu handeln und zu entscheiden (Schweitzer, 2014a, S. 133 f.). In diesem Zusammenhang ist die „Fähigkeit zu einer religionsbezogenen Perspektivenübernahme" (ebd., S. 155) von großer Bedeutung. Diese sei wichtig, weil nicht nur Gläubige von interreligiösem Lernen profitieren können, sondern auch nicht-religiöse Personen. Daher definiert Schweitzer interreligiöse Bildung als einen exemplarischen Ansatz für den Umgang mit dem religiös Anderen.

(II) In Anlehnung an Joachim Willems (2011) konzeptualisiert die katholische Religionspädagogin Mirjam Schambeck (München) interreligiöses Lernen nach

---

[4]Zwischen den drei Kategorien gibt es teilweise Überschneidungen. Eine eindeutige Zuordnung von Modellen des interreligiösen Lernens ist nicht in allen Fällen möglich. Daher können manche Konzepte Bezugspunkte zu verschiedenen Klassifikationen haben.

dem Paradigma der ‚religiösen Kompetenzen'. Sie definiert interreligiöse Kompetenzen als

> Bündel von Fähigkeiten und Fertigkeiten, von Einstellungen und Haltungen, um angemessen mit dem Religionsplural umzugehen und eine eigene, begründete und verantwortungsvolle Position zu Religion angesichts des Religionsplurals einzunehmen (Schambeck, 2013, S. 56).

Schambeck konkretisiert interreligiöse Kompetenz als ein Zusammenspiel von Diversifikations- und Relationskompetenz. Sie umfasst demnach die Fähigkeiten,

> Eigenes und Fremdes zu unterscheiden (Diversifikationskompetenz) und zugleich Eigenes und Fremdes miteinander in Beziehung zu setzen und miteinander zu vermitteln (Relationskompetenz) (ebd., S. 174).

Darüber hinaus differenziert sie beim Verständnis von interreligiöser Kompetenz zwischen einem ästhetischen, einem hermeneutisch-reflexiven bzw. hermeneutisch-kommunikativen sowie einem praktischen Bereich (ebd., S. 177–179).

(III) Clauß Peter Sajak (Münster) und Georg Langenhorst (Augsburg) vertreten einen – unabhängig voneinander entwickelten – Ansatz zum interreligiösen Lernen, den sie als ‚trialogisches Lernen' bezeichnen. Dieses Konzept zielt darauf ab, Menschen jüdischen, christlichen und islamischen Glaubens zu befähigen, ein konstruktives Gespräch über Lebenspraktiken aufzunehmen, das zu Verständnis, Respekt und Wertschätzung führt (Sajak, 2015, S. 45; Langenhorst, 2016, S. 18–21). Die Fokussierung auf diese drei Religionen wird mit der theologischen Kongruenz im Glauben an einen Gott begründet.[5] Ausgangspunkt der Überlegungen ist nach Sajak der Begriff der ‚Konvivenz', der so viel bedeutet wie „Wahrnehmung ohne Aneignung, Anerkennung der Differenz, Verstehen des Fremden" (2005, S. 239). Da es die Konstituierung religiöser Identitäten fördert, sollte interreligiöses Lernen daher immer auch als *intra*religiöses Lernen verstanden werden.

---

[5] In diesem Zusammenhang gibt es Anknüpfungspunkte an das Konzept der ‚komparativen Theologie', das häufig mit Francis X. Clooney in Verbindung gebracht wird, der diesbezügliche Überlegungen auf das Jahr 1699 zurückführt (2010, S. 30 ff.). Im deutschsprachigen Raum hat der Ansatz in den letzten Jahren insbesondere durch die Arbeiten von Klaus von Stosch (2012) verstärkte Aufmerksamkeit erfahren.

Methodisch-didaktische Konzepte

Aufgrund ihrer nahezu unbestreitbaren Notwendigkeit im religionspädagogischen Kontext stoßen interreligiöse Lerninitiativen kaum auf Widerstand. Die Frage nach der konkreten didaktischen und methodischen Umsetzung in Bildungsprozessen ist jedoch noch nicht geklärt. In den vergangenen Jahrzehnten wurden verschiedene methodisch-didaktische Ansätze für (I) die Primarstufe, (II) die Sekundarstufe und (III) die universitäre Ausbildung (d. h. die Ausbildung von Religionslehrer*innen) entwickelt. Im Folgenden werden exemplarische Konzepte für diese verschiedenen Bildungsstufen vorgestellt. Gemeinsam ist diesen Formen des interreligiösen Lernens, dass der Schwerpunkt eher auf didaktischen und methodischen Aspekten als auf theoretisch-konzeptionellen Fragen liegt.

(I) Hinsichtlich der Primarstufe befasst sich insbesondere Stefanie Boll (2017) mit interreligiösem Lernen, in ihrem Fall im mehrheitlich protestantisch geprägten Bundesland Schleswig-Holstein. Bezugnehmend auf Dietlind Fischer (2005) stellt sie fest, dass der Erfolg interreligiösen Lernens von verschiedenen Aspekten abhängt. Erstens werde in der Primarstufe die religiöse Grundbildung von Kindern meist erst erworben. Kinder diesen Alters dürfen daher nicht als Expert*innen für ihre eigene Religion angesehen werden (Boll, 2017, S. 70 f.). Zweitens sei es notwendig, dass sie die Unterschiede zwischen Konfessionen und zwischen Religionen kennenlernen (Fischer, 2005, S. 459). Der dritte Aspekt bezieht sich auf die Inhalte des interreligiösen Lernens in der Primarstufe. Boll schlägt z. B. Themen wie religiöse Feste, Religionsstifter, Umgang mit Sterben und Tod, heilige Schriften und die Schöpfungsmythen vor. Diese Themen unterstützen in der Primarstufe das interreligiöse Lernen, da sie Einblicke in das religiös Andere und die religiösen Unterschiede geben können, die Kinder leicht nachvollziehen können (Boll, 2017, S. 75–78). Viertens sollten Unterrichtsmethoden dem Anspruch gerecht werden, anregend, vielseitig und erfahrungsnah zu sein (Fischer, 2005, S. 461). Dies kann durch performative didaktische Elemente wie das Erkunden von Orten gelebter Religion, die Begegnung mit Mitgliedern verschiedener Religionsgemeinschaften, die Teilnahme an religiösen Festen oder Aktivitäten wie Singen erreicht werden. Wichtig sei vor allem, die Kinder aktiv einzubeziehen, das selbstständige Lernen didaktisch zu sichern und Optionen für die Begegnung mit dem religiösen Anderen anzubieten (Boll, 2017, S. 64–70).

(II) Die methodischen Anforderungen an die Sekundarstufe gestalten sich etwas anders. Stephan Leimgruber, katholischer Religionspädagoge an der Universität München, hat das Konzept des ‚dialogischen Begegnungslernens' entwickelt (Leimgruber, 2005, S. 131) und nennt vier miteinander verknüpfte Schritte für interreligiöses Lernen in dieser Bildungsstufe. Zunächst sei es notwendig, die Schüler*innen für andere Religionsgemeinschaften zu sensibilisieren, indem sie Interesse an fremden religiösen Wirklichkeiten entwickeln (Leimgruber, 2007, S. 108). Die Deutung religiöser Zeugnisse und deren Bedeutung für Menschen anderen Glaubens stellt die zweite Aufgabe dar. Auch in der Sekundarstufe sei es wichtig, dass die Lehrkräfte durch anregende und vielseitige Methoden die aktive Beteiligung der Jugendlichen an der thematischen Auseinandersetzung initiieren. Als dritten Schritt hebt Leimgruber die direkte Begegnung mit Menschen einer anderen Religion hervor, da gerade solche Erfahrungen „bleibende Erlebnisse hinterlassen, welche den Eindruck über eine Religion prägen und Vorurteile abbauen helfen" (ebd., S. 109). Aufbauend auf solchen Momenten besteht die vierte Aufgabe darin, andere Religionen zu respektieren und den verschiedenen Glaubensformen behutsam zu begegnen, auch wenn ein teilweises Unverständnis des religiösen Anderen weiterhin gegeben ist.

Zur Beantwortung der Frage, wie interreligiöses Lernen in der methodischdidaktischen Praxis der Sekundarstufe stattfinden kann, wird das Konzept der ‚xenosophischen Religionsdidaktik' von Heinz Streib (Bielefeld) herangezogen (2005). Streib begründet seinen Ansatz mit einer Befragung von 2.000 niedersächsischen Religionslehrer*innen, die belegt, dass die meisten Lehrpersonen interreligiöses Lernen als Bildungsziel schätzen. Deutlich wird in der Umfrage, dass die beteiligten Pädagog*innen in der Unterrichtspraxis mehr Wert auf die Darstellung von Gemeinsamkeiten als auf die Thematisierung von Unterschieden zwischen Glaubensgemeinschaften legen. Denn während 40 % der Befragten es ablehnen, Unterschiede zwischen Religionen aufzuzeigen, möchten 60 % in den Vordergrund stellen, was verschiedenen Religionen gemeinsam ist (ebd., S. 230). Streib formuliert in diesem Zusammenhang Bedenken gegen diese Strategie, die er unter religionsdidaktischen Gesichtspunkten für nicht förderlich hält. So vertritt er die Auffassung, dass

Erfahrungen von Fremdheit nicht heruntergespielt oder gar ignoriert werden sollten und die Religionspädagogik schlecht beraten wäre, wenn sie das alleinige Ziel verfolgen würde, Fremdheit zu minimieren oder zu beseitigen (ebd.).

Möglichkeiten des Umgangs mit religiösen Differenzen skizziert Streib im Rahmen eines interreligiösen Lernansatzes, den er als ‚xenosophische Religionsdidaktik' bezeichnet. Dieser Ansatz zielt auf die positive Nutzung von Befremdungserfahrungen im Unterrichtsgeschehen. Wenn sie ihr produktives Potenzial im Sinne einer Kultivierung von Fremdheit entfalten können und nicht zu

Fluchttendenzen bei den Heranwachsenden führen oder Aggressionen nähren, können diese Erfahrungen, so Streib, den Kern interreligiöser Lernprozesse bilden.

Das konstruktive Potenzial religiöser Differenz steht auch im Fokus von zwei weiteren Ansätzen. Zum einen ist dies das von Karlo Meyer (Saarbrücken) entwickelte Konzept des ‚doppelten Individuenrekurses' (2019). Der Ansatz wurde im Rahmen von Dialogprozessen in niedersächsischen Städten entwickelt. ‚Doppelt' bedeutet: Zum einen werden in Unterrichtsmaterialien individuelle Perspektiven auf interreligiöse Fragen aufbereitet, beispielsweise in Form der Darstellung von Kindern und Jugendlichen, die religiöse Normen ihrer Glaubensgemeinschaft pflegen und in Dialog mit dem religiös Anderen treten. Zum anderen beziehen die Schüler*innen dann ihre eigenen individuellen Perspektiven auf diese Unterrichtsmaterialien. Auf diese Weise lernen die Jugendlichen, mit Ambiguität angesichts des religiösen Anderen umzugehen (ebd., S. 406).

Um das konstruktive Potenzial von Fremdheit geht es zum anderen auch im Ansatz von Monika Tautz (Köln), die interreligiöses Lernen als ‚Durchgang durch das Fremde' versteht. Tautz plädiert für ein dialogisches Lernen, das die Schüler*innen befähigt, im Durchschreiten des Fremden im metaphorischen Sinne zu eigenen religiösen Urteilen zu kommen (2007, S. 155–165). In den religiösen Lernprozessen in der Schule sollten daher interreligiöse Dialoge initiiert werden. Auf der Basis theologischer Differenzen ließen sich damit Möglichkeiten der gegenseitigen Verständigung erarbeiten (Tautz, 2018).

(III) Neben der Primar- und Sekundarstufe stellen auch die universitäre Bildung und die Ausbildung von Religionslehrer*innen ein Handlungsfeld für interreligiöse Pädagogik dar. Nach Henrik Simojoki (Berlin) und Konstantin Lindner (Bamberg) weisen die Curricula der universitären Ausbildung jedoch gelegentlich Defizite auf, wenn es um interreligiöses Lernen geht (2020). Aus diesem Grund plädierte auch Ulrike Baumann bereits 2005 dafür, interreligiöses Lernen in die Studiengänge der theologischen Fakultäten aufzunehmen (2005, S. 534). Damit könne gewährleistet werden, dass Religionslehrer*innen über ein Mindestmaß an Wissen über andere Religionen verfügen. Mit Blick auf die Begegnung zwischen Christentum und Islam skizzierte Baumann folgende Lernfelder, die ihrer Meinung nach im interreligiösen Unterricht eine wesentliche Rolle spielen: das Verhältnis von Koran und Bibel, der Glaube an Gott, das Menschenbild, ethische Fragen und das Bildungsverständnis (ebd., S. 536 ff.). Ungeachtet der Tatsache, dass in einigen Regionen seit 2005 in der universitären Ausbildung von Religionslehrer*innen erste Schritte einer interreligiösen Zusammenarbeit und des interreligiösen Lernens getan wurden (Simojoki & Lindner, 2020, S. 128–130), gibt es weiterhin ausreichend Potenzial für Verbesserungen.

Empirische Analysen zu interreligiösen Projekten in der pädagogischen Praxis

Methodisch-didaktische Ansätze haben auch Eingang in die pädagogische Praxis gefunden und ihre Umsetzung ist empirisch erforscht worden. Im Folgenden wird eine Auswahl dieser Konzepte – konkret Projekte in (I) Graz, (II) Wien, (III) Tübingen und (IV) Innsbruck – vorgestellt.

(I) Ein erstes Modell interreligiöser Begegnungen in der Bildungspraxis, das an dieser Stelle angeführt werden soll, wurde an der Universität Graz durch das von dem katholischen Religionspädagogen Wolfgang Weirer angeleitete interreligiös zusammengesetzte Projektteam entwickelt. Im Rahmen einer ersten quantitativen empirischen Erhebung wurde der aktuelle Stand des islamischen Religionsunterrichts in der Steiermark und in Kärnten untersucht, an der 64 Religionslehrer*innen und 514 Schüler*innen teilnahmen.

Das Projekt erarbeitet konkrete Unterrichtseinheiten und interreligiöse Praxiselemente sowohl für die Primar- als auch für die Sekundarstufe. Dabei gilt das Prinzip, dass die Themenwahl und die Gestaltung der Einheiten – in Absprache mit dem wissenschaftlichen Projektteam – durch die Religionslehrer*innen selbst erfolgt (Weirer et al., 2019, S. 136). Die Lehrkräfte achten dabei darauf, dass die behandelten Themen altersgerecht sind, die Erfahrungswelten der Schüler*innen berücksichtigen, der pluralen Schulrealität entsprechen und „Raum für Begegnungen eröffnet wird, in denen die SchülerInnen Respekt, Toleranz und eine wertschätzende Haltung einüben können" (ebd.).

Die entwickelten interreligiösen Unterrichtsbausteine wurden an sechs Standorten in den Bundesländern Steiermark und Kärnten in einen gemeinsamen Religionsunterricht eingebettet, der von islamischen und katholischen Religionslehrer*innen im Teamteaching abgehalten wird und von katholischen und muslimischen Schüler*innen gemeinsam besucht wird (ebd., S. 135). Wie die Analyse der Befragungen zeigt, nehmen Schüler*innen der Primar- und der Sekundarstufe die interreligiösen Erfahrungen und Begegnungen sehr positiv auf. Je nach Schulstufe äußern die Beteiligten jeweils etwas unterschiedliche Wünsche und Erwartungen an die interreligiösen Unterrichtseinheiten. Für Schüler*innen der Sekundarstufe steht insbesondere im Vordergrund, sowohl das religiöse Gegenüber

kennenzulernen und zu verstehen als auch eine eigene Positionierung in Fragen von Religion und Glauben vorzunehmen, um auf einer solchen Grundlage dialogfähig im Austausch mit anderen religiösen Einstellungen und Haltungen zu werden (ebd., S. 150).

Für Schüler*innen der Primarstufe war indes der Wunsch dringlicher, Religion und das religiös Andere konkret zu erleben und sich aktiv in das Unterrichtsgeschehen einbringen zu können.

(II) Neben dem Grazer Ansatz existiert an der KPH Wien/Krems ein zweites interreligiöses Projekt, das in der pädagogischen Praxis umgesetzt wird. Ausgerichtet ist dieses interreligiöse Begegnungslernen darauf, „dass Studierende befähigt werden, in ihrem zukünftigen Berufsfeld als Religionslehrer*innen interreligiöse Lernprozesse zu ermöglichen" (Garcia Sobreira-Majer et al., 2014, S. 155). Angelehnt an das Modell ‚interreligiöser Kompetenzen' (Willems, 2011; Schambeck, 2013) werden die Resultate interreligiöser Begegnungsprozesse an vier Dimensionen festgemacht: ‚Interesse an der anderen Religion', ‚Wissen über andere Religionen', ‚Toleranz' sowie ‚Fähigkeit zur Perspektivenübernahme' (Garcia Sobreira-Majer et al., 2014, S. 157).

Die pädagogische Praxis des Projekts sah so aus, dass Begegnungstreffen durchgeführt wurden, an denen muslimische und christliche Studierende teilnahmen und sich gemeinsam mit inhaltlichen Fragen – wie z. B. dem Thema Ethik oder mit der Bedeutung Abrahams/Ibrahims (aus christlicher und aus islamischer Perspektive) – auseinandersetzten. Evaluiert wurden die Begegnungstreffen anhand eines quantitativen Fragebogens, den die teilnehmenden Studierenden sowohl vor als auch nach den Treffen ausfüllten. An die quantitative Erhebung schloss sich eine qualitative Befragung an, in der die Beteiligten die Erfahrung der interreligiösen Begegnung reflektierten (ebd., S. 159 f.).

In der Analyse zeigt sich, dass die Begegnungstreffen Bewusstseinsprozesse, Lernerfahrungen und einen Wissenszuwachs in Bezug auf das religiöse Gegenüber sowie auch hinsichtlich der eigenen Religion bewirken. Aus den empirischen Daten geht ebenso hervor, dass die interreligiöse Begegnung nicht zu einer Sättigung, sondern vielmehr zu einem gesteigerten Interesse an dem religiösen Gegenüber führt. Zudem wird den teilnehmenden Studierenden bewusst, dass ihre bisherigen Vorstellungen des religiös Anderen meist durch negative mediale Darstellungen beeinflusst sind (ebd., S. 180 f.). Im Verlauf der Begegnungstreffen kommt es indes zu einem tendenziellen Abbau derartiger verzerrender Klischees oder von Vorurteilen, an deren Stelle tritt eine Haltung der Toleranz und des Respekts gegenüber dem religiös Anderen (Garcia Sobreira-Majer, 2015). Auch zeigt sich, dass viele der teilnehmenden Studierenden in der Auseinandersetzung mit dem religiös Fremden zu einer Perspektivenübernahme bewogen werden und sich darauf einlassen, „sich empathisch in die andere ‚Glaubenswelt' hineinzuversetzen" (Garcia Sobreira-Majer et al., 2014, S. 181).

(III) Ein dritter Ansatz wurde von Friedrich Schweitzer, Magda Bräuer und Reinhard Boschki (2017) an der Universität Tübingen entwickelt. Die Durchführung des Bildungsprojekts wurde evaluiert und die diesbezügliche Studie untersucht vorrangig die Lernerfolge und die Wirksamkeit interreligiösen Lernens in der Sekundarstufe. Als Maßstab für Lernerfolg wurde der Grad festgelegt, in dem religiöse Kompetenzen oder die Bereitschaft zu einer religionsbezogenen Perspektivenübernahme gefördert und religiöse Einstellungen weiterentwickelt werden.

Zur Untersuchung der Effekte interreligiösen Lernens wurde als Forschungsdesign eine Interventionsstudie gewählt. Im Laufe des Projekts wurden zwei thematische Unterrichtsblöcke entwickelt, die sich einerseits um Religion und Gewalt sowie andererseits um Islamic Banking drehten. Die Unterrichtsblöcke umfassten jeweils insgesamt sechs Unterrichtseinheiten und beinhalteten „Komponenten, bei denen der Wissenserwerb, die Einübung der Perspektivenübernahme und die Auseinandersetzung mit eigenen und fremden Wertehaltungen ermöglicht werden" (Gronover & Schnabel-Henke, 2017, S. 72). Eine interreligiöse Begegnung findet im Rahmen dieses Modells nicht statt. Nach einigen Pre-Tests konnte für die Studie insgesamt eine Stichprobe von N = 1.105 Schüler*innen erstellt werden. Durchgeführt wurde die Erhebung in Klassen des ersten und zweiten Ausbildungsjahres kaufmännischer Berufsschulen in Baden-Württemberg (Schweitzer et al., 2017, S. 18 f.).

Aus der empirischen Studie geht hervor, dass die Teilnahme an den entwickelten Unterrichtseinheiten die Ausbildung religiösen Wissens und Kompetenzen klar fördert, eine religionsbezogene Perspektivenübernahme erfolgt jedoch nur lückenhaft (ebd., S. 24). Daran wird deutlich, dass interreligiöses Lernen im Religionsunterricht tatsächlich Wirkungen zeigt, die auch empirisch eindeutig nachweisbar sind. Für einen kausalen Zusammenhang zwischen Lernerfolg und einen an der Lebenssituation der Schüler*innen orientierten didaktischen Ansatz gibt es jedoch keine ausreichenden Belege. So führt insbesondere die Unterrichtseinheit zu Islamic Banking unter angehenden Bankkaufleuten nicht zu einer Zunahme religiöser Kompetenzen und einer religionsbezogenen Perspektivenübernahme (ebd., S. 29). Zudem belegt die empirische Untersuchung, dass die Teilnahme an den interreligiösen Lernmodulen nicht notwendigerweise auch Effekte auf der Ebene persönlicher Einstellungen zur Folge hat. So zeigen sich Schüler*innen, nachdem sie ihr Wissen über Islamic Banking oder über das Verhältnis von Religionen und Gewalt im Zuge der Unterrichtseinheiten erweitert hatten, weder offener noch ablehnender gegenüber dem religiös Anderen als vor der erfolgten Intervention (Schweitzer & Boschki, 2017, S. 134 ff.).

(IV) Ein weiterer didaktisch-methodischer Ansatz, der interreligiöses Lernen in die Praxis transferiert, wurde an der Universität Innsbruck von den Religionspädagog*innen Martina Kraml und Zekirija Sejdini und ihrem Forschungsteam entwickelt und untersucht. Die interreligiöse Kooperation findet in zwei schulischen Praktika, den diesbezüglichen universitären Begleitlehrveranstaltungen sowie diversen religionsdidaktischen Lehrveranstaltungen statt. Diese Kurse ermöglichen Begegnungen mit dem religiös Anderen, da sie gemeinsam von muslimischen und katholischen Lehrenden geleitet und von angehenden islamischen und katholischen Religionslehrpersonen besucht werden. Die interreligiöse Zusammenarbeit besteht seit dem Wintersemester 2013/14 und wurde mit Einführung des Studiengangs *Islamische Religionspädagogik* initiiert (Kraml & Sejdini, 2018a).

Die entwickelten interreligiösen Ausbildungsbestandteile sind sehr unterschiedlich. Großer Wert wird grundsätzlich auf das Paritätsprinzip, also die gleichberechtigte Vertretung von muslimischen und christlichen (katholischen) Perspektiven, gelegt (Kraml & Sejdini, 2018b, S. 16). Entwickelt werden die Themenwahl und die didaktische Gestaltung der interreligiösen Inhalte – sei es in schulischen oder universitären Kontexten – durch die Lehrenden jeweils entlang der Maßstäbe, dass inhaltliche Themen mehrperspektivisch aus muslimischen und christlichen Blickwinkeln behandelt werden, dass eine wechselseitige Abfolge von interreligiösen und intrareligiösen Teilen stattfindet und dass die Auseinandersetzung mit dem religiösen Gegenüber im Zuge der direkten interreligiösen Begegnung von katholischen und muslimischen Studierenden und Lehrenden stattfindet (Kraml et al., 2020, S. 78 f.).

Die gemeinsame Absolvierung von Bestandteilen der Ausbildung von katholischen und islamischen Religionslehrer*innen durch Studierende wurde empirisch begleitet und dokumentiert. Die Forscher*innen führten mit allen beteiligten Akteursgruppen qualitative Leitfadeninterviews durch; die Erhebung umfasste insgesamt 40 Personen (ebd., S. 92). Im Zuge der empirischen Analyse zeigte sich, dass in interreligiösen Lernprozessen Spannungsfelder bestehen oder entstehen können. Eine Herausforderung stellt beispielsweise die Interaktion zwischen einem interreligiösen Team von Lehrenden und einer interreligiösen Studierendengruppe dar, da sie zu einem instabilen und asymmetrischen Gleichgewicht oder zur Entstehung von Ingroups und Ausschlussdynamiken führen kann (ebd., S. 222 f.). Auch die Themenauswahl und die Entwicklung von didaktischen Konzepten erfordern Aufmerksamkeit, da unterschiedliche didaktische Traditionen und diesbezüglich gemachte Erfahrungen unter den Beteiligten für potenzielle Reibungspunkte sorgten (ebd., S. 202–217).

Allen an diesem Projekt Beteiligten gemeinsam war jedoch eine Offenheit und Neugierde für andere Religionen. Selbst die Kinder in der Grundschule (in deren Religionsunterricht die schulischen Praktika stattfanden) zeigten Interesse an der Auseinandersetzung mit dem religiös Anderen. Auch waren sie, wie die empirischen Analysen zeigen, in der Lage, zwischen ihrer eigenen Religion und dem religiösen Anderen zu unterscheiden (ebd., S. 158).

Diskussion

Auf die Darstellung der bestehenden interreligiösen Lehr- und Lernkonzepte folgen nun die Untersuchung spezifischer Aspekte der Ansätze in einer vergleichenden Perspektive sowie ein Plädoyer für eine Praxisorientierung der Forschung zum interreligiösen Lernen. Der vorliegende Aufsatz zielt in erster Linie darauf ab, Ordnung in die Vielzahl der in Deutschland und Österreich entwickelten Ansätze interreligiöser Pädagogik zu bringen und die Erkenntnisse und Forschungsergebnisse von Kolleg*innen fruchtbar zu machen. Dazu wird eine grundsätzliche Unterscheidung zwischen drei Kategorien vorgeschlagen.

In den letzten Jahrzehnten wurden verschiedene methodisch-didaktische Modelle entwickelt und auch in der pädagogischen Praxis umgesetzt. Beim Vergleich der Ansätze stellt sich eine wichtige Frage: Sollen Unterrichtseinheiten von universitären Forschungsteams im Voraus konzipiert werden oder empfiehlt es sich eher, dass sie während der Durchführung der interreligiösen Projekte von Lehrer*innen entwickelt werden, die aktiv in Schulen unterrichten? Darüber hinaus unterscheiden sich die bestehenden Formen der interreligiösen Pädagogik hinsichtlich der beteiligten Akteur*innen. In der Regel setzen sich die Forschungsteams aus Personen mit unterschiedlichem religiösem Hintergrund zusammen – wie z. B. in Innsbruck oder Graz –, aber es gibt auch Ausnahmen.

Darüber hinaus ist zu klären, wie interreligiöses Lernen konzeptualisiert wird. Während einige methodisch-didaktisch Ansätze und interreligiöse Projekte in der pädagogischen Praxis die Kopräsenz von Pädagog*innen und Lernenden unterschiedlichen Glaubens in den Mittelpunkt stellen, sind andere durch abweichende Konzeptualisierungen gekennzeichnet und beinhalten keine interreligiösen Begegnungen mit Menschen anderer Religionszugehörigkeit.

Bei der Analyse des bisherigen Forschungsstandes hat sich ein breites Spektrum an Ansätzen herauskristallisiert, die sich mit Fragen der interreligiösen Begegnung in Bildungskontexten befassen, die aber noch nicht Eingang in die Unterrichtspraxis gefunden haben. So sind in den letzten Jahren zahlreiche theoretisch-konzeptionelle Modelle entwickelt worden, die Interreligiosität unterschiedlich umreißen. Der Schwerpunkt liegt dabei auf der theoretischen bzw. konzeptionellen Ausarbeitung, während der pädagogischen Umsetzung in der konkreten Unterrichtspraxis untergeordnete Bedeutung beigemessen wird. Diese Einschätzung gilt auch für verschiedene methodisch-didaktische Formen. Eine Ausnahme bilden die in dieser Arbeit vorgestellten Projekte, die bereits in die Praxis umgesetzt worden sind. Es besteht folglich ein Ungleichgewicht in der wissenschaftlichen Forschung zur interreligiösen Pädagogik, und das geht zu Lasten der Praxisorientierung (Kraml et al., 2020, S. 22–37). Dieses Missverhältnis ist problematisch. Forschung in der interreligiösen Pädagogik sollte nicht nur das Ziel verfolgen, ein akademisches Publikum zu adressieren – etwa durch Publikationen zum Thema –, sondern auch sicherstellen, dass die Ergebnisse einen Bezug zur pädagogischen Praxis aufweisen. Modelle, die in erster Linie der universitären Wissensproduktion dienen und praktische Anwendungen hintanstellen, tragen zur Überakademisierung interreligiöser Ansätze bei. Eine solche Tendenz ist jedoch nicht dazu angetan, interreligiöses Lernen im schulischen Bildungsalltag zu verstärken – ein Ziel, das von der Mehrzahl der beschriebenen Konzepte formuliert wird.

Die Gründe für dieses Ungleichgewicht lassen sich nicht zweifelsfrei und abschließend klären. Es gibt jedoch einige Hinweise darauf, dass Universitäten für interreligiöses Lernen offener sind als religiöse oder pädagogische Institutionen. Während universitäre Einrichtungen primär auf die akademische Wissensproduktion ausgerichtet sind, zielen religiöse Institutionen – wie die Schulämter einer Glaubensgemeinschaft – vor allem auf die Sicherung der konfessionellen Bindung ab. Für formale Bildungseinrichtungen wiederum ist die konkrete didaktische Ausarbeitung und Anwendbarkeit von interreligiösen Lernansätzen von zentraler Bedeutung. Da die dargestellten Ansätze primär an universitären Einrichtungen entwickelt worden sind, ist nicht auszuschließen, dass sie in erster Linie den (impliziten) Regeln der akademischen Gemeinschaft folgen und weniger den Anforderungen von religiösen Institutionen oder Schulbehörden.

Zudem ist davon auszugehen, dass es bei der Umsetzung interreligiöser Ansätze in der Bildungspraxis Hindernisse gibt. Es ist eine Sache, theoretische Modelle am Schreibtisch zu entwerfen; die pädagogische Umsetzung ist eine andere. Letztere ist nicht nur im Unterricht arbeitsintensiv, sondern erfordert auch Überzeugungsarbeit auf politischer Ebene bei den relevanten Akteur*innen, wie z. B. schulischen Entscheidungsträger*innen und Leiter*innen religiöser Institutionen, die mitunter zeitintensiv und kräftezehrend sein kann. In Deutschland und Österreich bedarf die Anwendung interreligiöser Lernansätze im schulischen Religionsunterricht in der Regel der Zustimmung der Glaubensgemeinschaften, da diese für die Lehrpläne verantwortlich sind. Aus diesem Grund werden interreligiöse Lernansätze häufiger in universitären Kontexten oder abseits des schulischen Religionsunterrichts angewendet.

Angesichts des festgestellten Ungleichgewichts wird für eine praxisorientierte Wende in der wissenschaftlichen Beschäftigung mit dem interreligiösen Lehren und Lernen plädiert. Es empfiehlt sich, Forschungsbemühungen zur interreligiösen Pädagogik praxisrelevant auszurichten – in dem Sinn, dass sie auftretende Prozesse und beteiligte Personen ernst nehmen und eine didaktische Umsetzung der entwickelten Konzepte anstreben. Idealerweise orientieren sich die Ansätze von Anfang an an den Bedürfnissen religiöser Institutionen wie der Schulbehörden und es werden konkrete Unterrichtseinheiten entwickelt. Es wäre von Vorteil, wenn einerseits die Entwicklung konfessioneller Identitäten in Formen interreligiösen Lernens systematisch gefördert wird und andererseits die Ansätze so ausgearbeitet werden, dass sie von den Lehrkräften mit möglichst geringem zusätzlichem Aufwand im Unterrichtsalltag umgesetzt werden können. Dazu ist es erforderlich, dass Unterrichtseinheiten, Materialien wie Arbeitsblätter oder didaktische Anleitungen entwickelt werden. Dies ermöglicht es, die Anwendbarkeit der Modi des interreligiösen Lernens zu überprüfen. Im Zuge der Durchführung von Unterrichtseinheiten in der konkreten Unterrichtspraxis können sowohl die entwickelten Konzepte als auch die erarbeiteten Unterrichtsmaterialien und didaktischen Methoden (z. B. vorbereitete Übungen oder Gruppenarbeiten) auf ihre Umsetzbarkeit hin überprüft werden. Aufgrund der anwendungsorientierten Ausrichtung liegt der Fokus darauf, wie die Ansätze in der pädagogischen Praxis durchgeführt werden können, welche Probleme bei der Umsetzung auftreten und wie sie von den Lehrenden und Lernenden wahrgenommen werden. Darüber hinaus können ihre Ergebnisse und Lerneffekte empirisch evaluiert und gegebenenfalls weiterentwickelt werden. In Anbetracht des Ungleichgewichts in der wissenschaftlichen Forschung ist eine solche Hinwendung zur Praxis dringend erforderlich, damit praktische Bezugspunkte der interreligiösen Pädagogik gefördert werden können.

Schlussfolgerungen und Fragen

Interreligiöse Pädagogik ist ein Forschungsbereich, in dem sich in der jüngeren Vergangenheit viel getan hat. Im Anschluss an die Diskussion von Gemeinsamkeiten und Unterschieden zwischen den Ansätzen der interreligiösen Pädagogik werden Potenziale und Chancen für gegenwärtige und zukünftige Formen interreligiösen Lernens zusammenfassend reflektiert. Ungeachtet der Tatsache, dass weitere wissenschaftliche Analysen in diesem Zusammenhang unumgänglich sind, werden Anregungen zu (I) Materialien und Planung, (II) dem Verhältnis von Differenz und Gemeinsamkeit sowie (III) zwischen Momenten der Reflexion und Begegnung skizziert. Die Einsichten und Vorschläge werden in Form von Fragen formuliert, die in naher Zukunft weiterer Auseinandersetzung bedürfen.

(I) Wie können Unterrichtsmaterialien und die Unterrichtsplanung so entwickelt werden, dass der Pädagogik Vorrang eingeräumt wird?

Zusammenfassend ist allen Konzepten interreligiösen Lernens gemeinsam, dass die Unterrichtsmaterialien altersgerecht sind, dass die Themen an die Lebens- und Erfahrungswelt der Lernenden anknüpfen und dass sie zur aktiven Teilnahme an Lernprozessen anregen. Allerdings gibt es bisweilen Unterschiede hinsichtlich der am Planungs- und Entwicklungsprozess beteiligten Personen – etwa ob Materialien eher in universitären Kontexten am Reißbrett entworfen werden oder ob auch Lehrkräfte aus der Schulpraxis beteiligt sind.

Es gibt Hinweise darauf, dass Motivationskraft und Lernpotenziale interreligiöser Bildungsprozesse gesteigert werden können, wenn sowohl Forscher*innen als auch Pädagog*innen an der Entwicklung von Unterrichtskonzepten, der Unterrichtsplanung und von Unterrichtsmaterialien beteiligt sind. Der Einbezug von Erfahrungen, Erwartungen und Vorstellungen der an den Bildungsprozessen Beteiligten ist von besonderer Bedeutung, denn nur wenn die Perspektiven der Lernenden wie auch der Lehrenden ausreichend berücksichtigt werden, können die Voraussetzungen für interreligiöse Lernerfolge geschaffen werden.

(II) Wie können Lehrkräfte über religiöse Differenz unterrichten?

Ein weiteres zentrales Thema in einer Vielzahl von Ansätzen zum interreligiösen Lehren und Lernen ist der Umgang mit dem Spannungsfeld zwischen Differenz und Gemeinsamkeit. Empirische Analysen belegen, dass interreligiöse Pädagogik grundsätzlich Lerneffekte hat. Empirisch nachweisbar sind auf jeden Fall ein Wissenszuwachs und eine verstärkte Anerkennung des religiös Anderen. Allerdings gibt es unterschiedliche Auffassungen über die Spezifika. Dabei kreisen die Diskussionen oftmals um die Frage, wie die Erfahrung religiöser Fremdheit pädagogisch konstruktiv genutzt werden kann. Empirische Untersuchungen zeigen, dass Religionslehrer*innen in der Schulpraxis häufig dazu neigen, religiöse Gemeinsamkeiten in den Vordergrund zu stellen (Streib, 2005, S. 230). Es ist aber pädagogisch nicht sinnvoll, bestehende Unterschiede auszublenden und so zu tun, als gäbe es ausschließlich Übereinstimmungen zwischen den Religionen. Unterschiede zu nivellieren ist ebenso wenig förderlich wie sie als unvereinbare Gegensätze darzustellen. Pädagogische Chancen und Potenziale liegen vor allem darin, einen Mittelweg zu finden, der einerseits Gemeinsamkeiten aufzeigt und andererseits bestehende Grenzen anerkennt.

(III) Wie können Begegnungen mit religiöser Differenz praktisch gelingen?

Ein dritter wichtiger Aspekt ist die Begegnung mit dem religiös Anderen im Rahmen interreligiöser Lernprozesse. Bestehende Ansätze zum interreligiösen Lernen gehen mit dieser Frage unterschiedlich um. Empirische Befunde zeigen, dass die Potenziale und Chancen interreligiösen Lernens häufig in der unmittelbaren Begegnung mit dem religiös Anderen liegen – etwa durch die Kopräsenz von Lernenden oder Lehrenden anderen Glaubens. Unterricht, der von andersgläubigen Lehrkräften durchgeführt wird, bietet Schüler*innen die Möglichkeit, sich mit unterschiedlichen religiösen Zugehörigkeiten zu identifizieren (Obermann, 2005, S. 483). Darüber hinaus ist interreligiöses Lernen wichtig für die eigene Religiosität und Identitätsbildung, da viele Schüler*innen insbesondere bei Schuleintritt oftmals (noch) eine diffuse oder fragmentierte Religiosität aufweisen. Dennoch sollte eine kognitive Überforderung vermieden werden, da sie einen spirituellen oder mystischen Zugang zu religiösen Themen blockieren kann. Es ist daher ratsam, dass sich in interreligiösen Lernprozessen Phasen der Begegnung und Phasen der Reflexion abwechseln. Letztere sind insofern wichtig, als in diesen Phasen die Erfahrung religiöser Gemeinsamkeiten und Unterschiede reflektiert und verarbeitet werden kann. Ein solches Vorgehen kann dafür sorgen, dass interreligiösen Lernprozessen ein nachhaltiger Lernerfolg beschieden ist.

Zum Abschluss sei darauf hingewiesen, dass die Formulierung der vorgestellten Anregungen in Frageform dem Umstand geschuldet ist, dass darauf noch keine abschließenden Antworten vorliegen und sie weiterer Forschungsbemühungen bedürfen. Zukünftige interreligiöse Lehr- und Lernkonzepte sind angehalten, sich an den skizzierten Überlegungen zu orientieren, um das festgestellte Ungleichgewicht der aktuellen Forschung auszubalancieren. Nur Formen interreligiöser Pädagogik, die sowohl das akademische Publikum ansprechen als auch in die pädagogische Praxis Eingang finden, können nachhaltig wirken und interreligiöses Lernen fördern.

Konflikte und Spannungen in interreligiösen Lehr- und Lernkonstellationen

15

Eine empirische Analyse von Konfliktherden in der Ausbildung von Religionslehrer*innen

Jonas Kolb und Petra Juen

Einleitung

Dieser Aufsatz beschäftigt sich mit Spannungen, Herausforderungen und Konflikten in der interreligiösen Religionslehrer*innenbildung. Er stützt sich auf eine empirische Untersuchung, die im Rahmen von interreligiösen Ausbildungsteilen an der Universität Innsbruck durchgeführt wurde.[1]

Theoretische bzw. praxisorientierte Forschungen, an die der vorliegende Beitrag anknüpft, sind u. a. Konzepte von Folkert Rickers (2001), Barbara Asbrand (2000) und Dietlind Fischer (2005). Dass eine interreligiöse Zusammenarbeit nicht nur in schulischen Bildungskontexten, sondern auch in der Erwachsenen-

[1] Die Analysen basieren auf der Studie ‚Konflikte und Konfliktpotentiale in interreligiösen Bildungsprozessen. Empirisch begleitete Grenzgänge zwischen Schule und Universität' (Kraml et al., 2020) und greifen deren zentrale Befunde und Erkenntnisse auf.

Dieser Aufsatz ist die geringfügig überarbeitete und erweiterte Fassung eines Beitrags, der gemeinsam mit Petra Juen verfasst und 2021 unter dem Titel ‚Konfliktherde und Spannungsfelder in der interreligiösen Lehrer*innenbildung' (S. 87–104) im Sammelband ‚Praxis für die Zukunft: Erfahrungen, Beispiele und Modelle kooperativen Religionsunterrichts' (hrsg. von Maria Juen und Mehmet H. Tuna) bei Kohlhammer erstmals publiziert wurde.

© Der/die Autor(en), exklusiv lizenziert an Springer Fachmedien Wiesbaden GmbH, ein Teil von Springer Nature 2024

J. Kolb, *Muslimisches Leben und religiöse Bildung in der Gegenwartsgesellschaft,* Veröffentlichungen der Sektion Religionssoziologie der Deutschen Gesellschaft für Soziologie,
https://doi.org/10.1007/978-3-658-42404-6_15

4

oder Lehrer*innenbildung Platz haben sollte, darauf weisen verschiedene Autor*innen hin. Die Notwendigkeit des Einbezugs interreligiöser Teile in die Fort-, Weiter- und Ausbildung von Religionspädagog*innen wird z. B. von Ulrike Baumann (2005), Werner Haußmann (2005) und Karl Ernst Nipkow (2002) betont. In Österreich findet eine interreligiöse Zusammenarbeit in der Lehrer*innenbildung zum gegenwärtigen Zeitpunkt an drei verschiedenen Orten statt. Es sind dies die Universität Innsbruck, um die es in der vorliegenden Analyse gehen wird, die KPH Wien/Krems (Garcia Sobreira-Majer et al., 2014; Garcia Sobreira-Majer, 2015) sowie die Universität Graz (Weirer et al., 2019).

In der Auseinandersetzung mit unterschiedlichen theoretischen Konzepten sowie praktisch durchgeführten Forschungsprojekten zeigt sich, dass Herausforderungen, Spannungen und Konflikte in interreligiösen Settings bislang wenig oder gar nicht berücksichtigt wurden. Daher thematisiert dieser Beitrag gezielt Konfliktpotenziale in zwei unterschiedlichen interreligiösen Lernsettings – einerseits am Schauplatz Schule sowie andererseits am Schauplatz Universität.

Hierfür gehen wir zunächst auf die interreligiöse Zusammenarbeit und deren Rahmenbedingungen an der Universität Innsbruck ein. Im Anschluss daran werden das Forschungsdesign sowie die Forschungsmethoden erläutert, bevor eine Klärung der zentralen Begriffe ‚Interreligiosität‘, ‚Konflikt‘ und ‚Konfliktpotenziale‘ erfolgt. In einem nächsten Schritt beschäftigen wir uns mit den Ergebnissen der durchgeführten Studie und beschreiben die Konfliktherde, die am Schauplatz Schule und am Schauplatz Universität zutage traten. Abschließend fassen wir unsere Erkenntnisse in Form von Impulsen für eine interreligiöse Arbeit in Bildungskontexten an anderen Standorten zusammen.

Einblicke in die interreligiöse Zusammenarbeit in Innsbruck

Die der Entwicklung einer mehrperspektivischen interreligiösen Religionspädagogik und -didaktik gewidmete interreligiöse Zusammenarbeit an der Universität Innsbruck umfasst die beiden universitären Fachbereiche *Islamische Religionspädagogik* und *Katholische Katechetik/Religionspädagogik und Religionsdidaktik*. Die interreligiöse Zusammenarbeit findet seit der Konzipierung des Curriculums für das Bachelorstudium *Islamische Religionspädagogik*, das seit dem Wintersemester 2013/14 angeboten wird, statt (Kraml & Sejdini, 2018a).

Die Kooperation ist Resultat einer bewussten Entscheidung. Einen wichtigen Anteil hatten zum einen organisatorische Gründe, da bestimmte Lehrveranstaltungen in beiden Curricula (dem der Katholischen und dem der Islamischen

Religionspädagogik) verankert sind. Lehrveranstaltungen, die bereits für katholische Studierende bestanden, wurden deshalb für den neu entstandenen Studiengang *Islamische Religionspädagogik* und damit für muslimische Studierende geöffnet und werden seitdem gemeinsam angeboten. Neben den organisatorischen Gründen spielten zum anderen auch inhaltliche Gründe eine Rolle: Mit Verweis auf die gesellschaftliche Pluralität zeigten sich beide Verantwortlichen überzeugt, dass die Zukunft beider Fachbereiche in der interreligiösen Religionspädagogik liegt (ebd., S. 14).

Damit die Erfahrungen für die weitere Zusammenarbeit sowohl für den eigenen Standort als auch für andere Standorte fruchtbar gemacht werden können, wurde auch die wissenschaftliche Begleitung der Kooperation forciert. Getragen wird die Kooperation durch ein interreligiös zusammengesetztes Team von Forscher*innen und Lehrenden, dem auch die Verfasser*innen des vorliegenden Textes angehören. Bereits aus dieser interreligiösen Konstellation ergibt sich die ständige Notwendigkeit einer Perspektivenreflexion und Perspektivendiskussion sowie einer Offenheit und eines Bewusstseins für Kontingenz (Kraml & Sejdini, 2018c, 28).

Bei den Curricula wird besonders darauf geachtet, dass sie interreligiöse Studienteile enthalten. Konkret findet die Kooperation in Schulpraktika, universitären Begleitseminaren zu Schulpraktika sowie religionsdidaktischen Lehrveranstaltungen statt. Im Rahmen dieser Ausbildungsteile kommt es zu Begegnungen mit dem religiösen Gegenüber bzw. mit Andersgläubigen. Die genannten universitären Kurse werden doppelt – d. h. jeweils mit einer muslimischen und katholischen Lehrveranstaltungsleitung – besetzt. Großer Wert wird daraufgelegt, dass muslimische und christliche (katholische) Perspektiven paritätisch vertreten sind und sich auf Augenhöhe begegnen. Die Umsetzung des Prinzips verlief jedoch nicht immer wunschgemäß, wie in den empirischen Abschnitten aufgezeigt wird (Kraml & Sejdini, 2018b, S. 16).

Als Datengrundlage für das Herzstück dieses Beitrags, nämlich die Analyse von auftretenden Spannungen und Konfliktpotenzialen in der interreligiösen Zusammenarbeit, dienen vor allem eine universitäre Begleitlehrveranstaltung sowie ein schulisches Praktikum; diese ermöglichen den Zugang zu den beiden Schauplätzen Schule und Universität. Wichtige Erkenntnisse für die weitere Zusammenarbeit lieferte die detaillierte empirische Untersuchung des sogenannten Basispraktikums (ebd., S. 19), das muslimische Studierende im Team gemeinsam mit ihren katholischen Kolleg*innen im katholischen Religionsunterricht an Tiroler Pflichtschulen unter Anleitung von katholischen Religionslehrer*innen als Begleitlehrer*innen absolvierten. Der Grund für diese Asymmetrie lag darin, dass während des Studienzeitraums zu wenige muslimische Religionslehrer*innen

über die formelle Qualifikation verfügten, um als Begleitlehrer*innen für das
Basispraktikum zu fungieren. Diese Rolle konnten daher nur katholische Religionspädagog*innen übernehmen.

Forschungsdesign und Methoden

Das gemeinsame Absolvieren von Bestandteilen der Ausbildung von katholischen und islamischen Religionslehrer*innen durch Studierende wurde empirisch
begleitet und dokumentiert. Die Datenerhebung beruht auf verschiedenen Methoden wie z. B. qualitativen problemzentrierten Leitfadeninterviews, Gruppen-
gesprächen (Kraml & Sejdini, 2018c, S. 30 f.) sowie Legearbeiten (Gilgenreiner,
2018). Als Schlüsselmethode, auf der die Analyse der aufgetretenen Konflikte
und Konfliktpotenziale in interreligiösen Bildungsprozessen vorrangig basiert,
fungieren die qualitativen Leitfadeninterviews. In methodologischer Hinsicht
weist die empirische Untersuchung Bezüge zur Evaluations- und Praxisforschung
(Prengel, 1997; Döring, 2014) sowie insbesondere zu Elementen der explorativen
interpretativen Sozialforschung (Kleemann et al., 2013) auf.

Qualitative Leitfadeninterviews wurden sowohl mit katholischen und muslimischen Studierenden als auch mit den Lehrveranstaltungsleiterinnen[2] und den
Begleitlehrer*innen geführt. Die Erhebungen fanden zwischen 2014 und 2017
statt. Befragt wurden insgesamt 40 Personen – darunter vier Lehrveranstaltungsleiterinnen, sechs Begleitlehrer*innen sowie 27 Studierende (13 katholische, 14
muslimische). Unsere Analyse konzentriert sich in erster Linie auf einen Jahrgang, der bereits reichlich Erfahrung mit der Durchführung der interreligiösen
Bestandteile der Ausbildung von Religionslehrer*innen gesammelt hatte, berücksichtigt aber ebenso Befunde aus den anderen Jahrgängen.

Die Auswertung der empirischen Daten lehnt sich an die Verfahrensschritte
der Grounded Theory an, die von Anselm Strauss und Juliet Corbin erarbeitet
wurden (1996, S. 43–56). Nach dem erstmaligen Aufbrechen des Materials im
Sinne des offenen Kodierens (ebd., S. 44) wurden Fallprofile der Beteiligten ausgearbeitet. Auf deren Basis und mit Unterstützung des paradigmatischen Modells

---

[2]An der Studie haben sich sowohl weibliche als auch männliche Lehrende beteiligt. Aus
Gründen der Anonymisierung verwenden wir bei dieser Personengruppe aber nur weibliche Pseudonyme, auch wenn sich dahinter eventuell männliche Personen verbergen, und
gebrauchen daher im Beitrag ausschließlich die weibliche Form, also Lehrveranstaltungsleiterinnen.

(ebd., S. 78 f.; Mey & Mruck, 2009, S. 129 f.) konnten Konfliktpotenziale sowie deren unterschiedliche Facetten herausgearbeitet werden. Im abschließenden Schritt der Auswertung wurden die zentralen Spannungsherde ausgewählt und in einen systematischen Zusammenhang gebracht, indem sie den Schauplätzen Schule und Universität zugeordnet wurden.

Die empirische Studie zeichnet sich grundsätzlich durch ein mehr-perspektivisches Design aus, da sie die Perspektiven von drei unterschiedlichen Personengruppen – also universitären Lehrveranstaltungsleiterinnen, Praxis-lehrer*innen und Studierenden – in die Analyse einbezieht. In Abb. 15.1 sind die jeweiligen Sichtweisen grafisch dargestellt.

Während die katholischen und muslimischen Studierenden an der inter-religiösen Zusammenarbeit als Auszubildende teilnehmen und ihre Ansichten aus dieser Position heraus formulieren, kommt den katholischen Begleitlehrer*innen für den schulischen und den Leiterinnen der Begleitlehrveranstaltung für den universitären Kontext jeweils eine Ausbildungsfunktion zu. Indem sie die Perspekti-ven der drei Personengruppen miteinander in Beziehung setzt und komplemen-

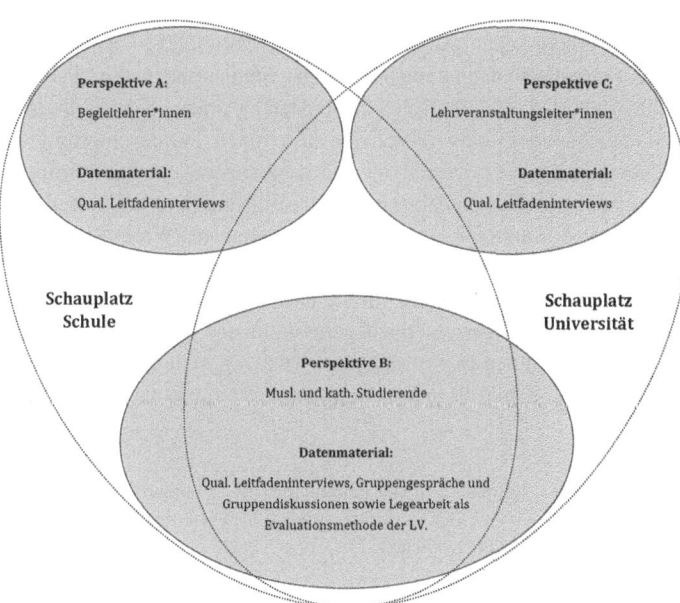

Abb. 15.1 Mehrperspektivisches Design (Quelle: Kraml et al., 2020, S. 96)

tär miteinander verschränkt, vermag die empirische Analyse vielschichtigere und tiefere Einblicke in die Praxis der interreligiösen Zusammenarbeit bei der Ausbildung von katholischen und muslimischen Religionslehrer*innen zu liefern als dies bei voneinander isolierte Einzelperspektiven möglich wäre.

Theoretische Bezugsrahmen

Konflikte und Konfliktpotenziale sind im Verlauf der interreligiösen Zusammenarbeit bei der Ausbildung von katholischen und muslimischen Religionslehrer*innen an der Universität Innsbruck in verschiedenerlei Hinsicht aufgetreten. Um die Analyse auf eine solide Basis zu stellen, wollen wir nachfolgend zunächst die theoretischen Bezugsrahmen klären, also darlegen, was unter den Begriffen ‚Interreligiosität‘, ‚Konflikte‘ und ‚Konfliktpotenziale‘ zu verstehen ist.

Als ‚Interreligiosität‘ in der Ausbildung von Religionslehrer*innen definieren wir ein religionssensibles Lernen, das von der Kopräsenz, Begegnung und gemeinsamen Teilnahme muslimischer und katholischer Studierender im schulischen Basispraktikum sowie in der universitären Begleitlehrveranstaltung lebt (Rickers, 2001, S. 875). Im vorliegenden Projekt umfassen im Zuge der Begegnung mit Andersgläubigen stattfindende interreligiöse Bildungsprozesse sowohl die (katholischen und muslimischen) Studierenden, die (katholischen) Volksschüler*innen, die (katholischen) Praxislehrer*innen als auch die (muslimischen und katholischen) Lehrveranstaltungsleiterinnen. Für das interreligiöse Lernen gilt dabei, dass es sich respektvoll und anerkennend mit der Position des religiösen Gegenübers auseinandersetzt und „als ein multiperspektivisches Lernen verstanden werden [kann], welches ein kritisch-kreatives Wechselspiel zwischen inter- und intrareligiösen Perspektiven ermöglicht" (Danzl, 2018, S. 47).

Der Begriff ‚Konflikt‘ wiederum wird je nach wissenschaftlicher Disziplin und theoretischem Zugang unterschiedlich gefasst. In der Regel sind Konflikte dadurch definiert, dass ihnen Interessensgegensätze zugrunde liegen und diese ausgetragen werden. In den Worten von Kenneth E. Boulding handelt es sich dabei um Situationen,

> in which the parties are aware of the incompatibility of potential future positions and in which each party wishes to occupy a position that is incompatible with the wishes of the other (Boulding, 1963, S. 5).

Generell ist unter Konflikten in diesem Zusammenhang der Widerstreit von Positionen zu verstehen, die aus differierenden Sichtweisen, Wertevorstellungen,

Glaubensfragen, Wünschen oder Erwartungen resultieren und die zu Spannungen oder Streit bis hin zu gewalttätigen Auseinandersetzungen führen können (Zuschlag & Thielke, 1998, S. 34). Konflikte liegen demnach dann vor,

> wenn zwei Personen etwas Unterschiedliches wollen; sie verfolgen unterschiedliche Ziele, haben unterschiedliche Absichten, treffen unterschiedliche Entscheidungen usw.; wenn die dabei angestrebten Handlungen oder Handlungsziele sich gegenseitig ausschließen oder sich nicht [...] vereinbaren lassen [...]; wenn damit nicht beide Partner für sich ein optimales Ergebnis realisieren können (Sachse, 2017, S. 8).

In Form von Streitigkeiten, Meinungsverschiedenheiten oder Spannungen sichtbar werdende Konflikte sind untrennbar mit Konfliktpotenzialen verbunden. Darunter sind jene Diskrepanzen in Bezug auf Wertehaltungen, Sozialisation und soziale Positionen zu verstehen, die zu Konflikten führen können (aber nicht müssen) und sich nicht zwingend manifestieren, aber stets latent vorhanden sind und den zutage tretenden Konflikten zugrunde liegen (Kraml et al., 2020, S. 67 f.).

In der vorliegenden Analyse steht in erster Linie die interreligiöse Begegnung in Bildungskontexten im Mittelpunkt. Dabei können auch migrationsbedingte, kulturelle oder sprachliche Diversität und Heterogenität eine Rolle spielen, die ihrerseits auf Konflikte und Konfliktpotenziale einwirken (Weiß, 2001; Bar-On, 2003). Zu deren Analyse bieten sich mehrere theoretische Zugänge an. So etwa können Konflikte in interkulturellen Begegnungen nach Bernd Fechler (2003, S. 108) als Auseinandersetzung um Anerkennung gedeutet werden. Dieses Verständnis lehnt sich an die Konzeption von Axel Honneth (2010) an und betrachtet weniger kulturelle Aspekte, sondern Machtverhältnisse als ausschlaggebend für Konflikte. Fechler macht in diesem Zusammenhang darauf aufmerksam, dass in schulischen Kontexten zwischen Jugendlichen häufig soziale Anerkennungskämpfe stattfinden. Im Vordergrund stehen dabei Themen wie Gruppenzugehörigkeit und Identitätskonstruktionen. Das Spannungspotenzial erhöht sich insbesondere in heterogenen Klassen, wo auch die Lehrpersonen und deren Umgang mit Diversität eine Rolle spielen (Fechler, 2003, S. 111 f.).

Einen Zugang zur Erklärung von Konflikten und Konfliktpotenzialen in Bildungskontexten, die im Zuge von interreligiösen Begegnungen zutage treten können, bietet auch das Konzept der ‚Etablierten-Außenseiter-Beziehungen' von Norbert Elias und John L. Scotson (1993). Es besagt, dass die Gruppe der Etablierten eine Hierarchie konstruiert und sich anderen gegenüber überlegen fühlt, insbesondere wenn es sich bei diesen um Neuankömmlinge handelt. Die Gruppe der Etablierten schreibt Machtschwächeren ein Minderwertigkeitsgefühl zu (ebd., S. 7 f.), und derartige Zuschreibungen werden oftmals von Machtschwächeren,

seien es sozial Marginalisierte, Neuankömmlinge oder Menschen mit Migrationserfahrung, aufgrund der ungleichen Machtbalance und gesellschaftlichen Position
internalisiert (ebd., S. 14). Auch in Bildungskontexten können unter Schüler*innen unterschiedlichen Glaubens oder religiöser Zugehörigkeit Figurationen entstehen, sich verfestigen und zu latenten Spannungen führen. Machtpositionen
und Machtgefälle spielen demgemäß für die Analyse interreligiöser Konflikte
oder für die migrationsbedingte und kulturelle Heterogenität von Lehr- und Lernkonstellationen eine wichtige Rolle, worauf auch von anderen Autor*innen hingewiesen wird (Weiß, 2001, S. 89; Bourdieu, 2015).

Zusammenfassend lässt sich festhalten, dass Konflikte und Konfliktpotenziale
generell dort bestehen, wo Menschen mit unterschiedlichen Biografien, Wertevorstellungen, Absichten, Wünschen und Erwartungen aufeinandertreffen. Sie
gehören somit zu ‚normalen' Prozessen der zwischenmenschlichen Interaktion,
des sozialen Miteinanders und sollten eigentlich nicht negativ konnotiert und bewertet werden. Speziell in Kontexten der Heterogenität und Pluralität ist es unver-
meidlich, dass konfligierende Interessen, Wünsche und Erwartungen und damit
auch latente Spannungsfelder und Reibungspunkte bestehen (Sachse, 2017, S. 2).
Von Relevanz ist daher nicht allein die Frage, ob Konflikte und Konfliktpotenziale
im Verlauf interreligiöser Begegnungen entstehen oder vorliegen, sondern vor
allem die Art und Weise, wie mit Konfliktpotenzialen umgegangen wird, wie und
ob sie thematisiert werden, ob sie befriedet werden oder ob sie sich zu manifesten
Auseinandersetzungen ausweiten (Kraml et al., 2020, S. 78).

Forschungsergebnisse

Die interreligiöse Zusammenarbeit bei der Ausbildung von Religionslehrer*innen
findet – wie bereits ausgeführt – sowohl in universitären als auch in schulischen
Kontexten statt. Konflikte und Konfliktpotenziale im Verlauf der interreligiösen
Begegnungen konnten bei der empirischen Analyse an beiden Schauplätzen fest-
gestellt werden. In den nachfolgenden Abschnitten widmen wir uns zuerst den
Spannungsfeldern am Schauplatz Schule.

Schauplatz Schule

Die interreligiöse Zusammenarbeit sieht so aus, dass muslimische Studierende
gemeinsam mit katholischen Studierenden ihr schulisches Basispraktikum absolvieren. Die grundsätzliche Intention des Praktikums ist es, Studierenden

erste Einblicke in das konkrete Unterrichtsgeschehen zu gewähren, ihnen den Bildungsort Volksschule näherzubringen und ihnen anfängliche Unterrichtserfahrungen im Team sowie als einzelne Lehrperson zu ermöglichen. Das Basispraktikum erstreckt sich über vier Wochen und findet jeweils im Oktober, nach Beginn des Studienjahres, statt. Während dieser Zeit nehmen die Studierenden an dem von den Begleitlehrer*innen in den Volksschulen abgehaltenen katholischen Religionsunterricht teil. Die didaktische Konzeption sieht vor, dass der Ausbildungsbestandteil in Kleingruppen zu je drei Studierenden absolviert wird. Bei der Bildung der Praktikumsgruppen wird auf eine interreligiöse Zusammensetzung geachtet.

Der Ablauf des Basispraktikums in den Volksschulen ist – z. B. durch den Lehrplan – in den Grundzügen bereits vorgegeben. Vorgesehen ist, dass die Studierenden in der ersten Einheit hospitieren und in den nachfolgenden Einheiten erste Schritte bei der aktiven Mitgestaltung des Unterrichts machen, sei es einzeln oder im Rahmen eines Teamteachings. Ob Letzteres als Tandem oder als Trio, in einer interreligiösen Konstellation, zusammen mit der Praxislehrperson oder mit Mitstudierenden erfolgt, ist nicht eindeutig geregelt (ebd., S. 101–103).

Bei der Analyse des empirischen Datenmaterials konnten im schulischen Kontext drei Spannungsfelder identifiziert werden. Diese zirkulieren um die ‚(religiöse) Gruppendynamik‘ (Konfliktherd 1), ‚Identität und Konfessionalität‘ (Konfliktherd 2) sowie ‚Themen und Didaktik‘ (Konfliktherd 3). Nachfolgend werden die wesentlichen Aspekte der aufgetretenen Spannungsfelder skizziert.

Konfliktherd 1: (Religiöse) Gruppendynamik

Eine Herausforderung bei der interreligiösen Begegnung im Verlauf der Ausbildung von katholischen und muslimischen Religionslehrer*innen stellt prinzipiell die Gruppendynamik in den Praktikumsgruppen dar. Die damit verbundenen Fragen stehen im Mittelpunkt dieses Konfliktherdes.

Zumeist lässt sich die Tendenz erkennen, dass die Angehörigen ein und derselben Glaubensgemeinschaft eine Ingroup anstreben und in der Folge auch das Teamteaching gemeinsam bestreiten wollen. In der Regel ist die Anzahl der Angehörigen unterschiedlicher Glaubensgemeinschaften, die gemeinsam eine Praktikumsgruppe im schulischen Kontext bilden, nicht ausgeglichen. Befördert wird dies durch die empfohlene Größe der Praktikumsgruppen von drei Studierenden. Ausschlaggebend für die Bildung von Ingroups ist aber weniger die Religionszugehörigkeit als vielmehr die Tatsache, dass sich Studierende bereits aus früheren Lehrveranstaltungen kennen. Aus diesem Grund ist das Adjektiv ‚religiös‘ in der Bezeichnung des Konfliktherdes in Klammern gesetzt.

Interreligiöse Praxisgruppen, die nicht nur bezüglich der Glaubenszugehörigkeit, sondern darüber hinaus auch in genderspezifischer Hinsicht inhomogen sind, bilden eine besonders herausfordernde Konstellation. So z. B. konnte eine Lehrkraft an einer aus zwei männlichen katholischen Studierenden und einer weiblichen muslimischen Studierenden zusammengesetzten Praxisgruppe beobachten, wie Letztere an den Rand gedrängt und sozusagen – wie es die Praxislehrerin Gertrud im Hinblick auf die von ihr begleitete Gruppe ausdrückt – zu einem „fünften Rad am Wagen" (Gertrud)[3] wurde.

Eine Asymmetrie der Glaubenszugehörigkeit in einer Praxisgruppe muss aber nicht zwingend dazu führen, dass die Angehörigen der religiösen Minderheit innerhalb der Gruppe im Schatten der religiösen Mehrheit stehen. Förderlich für eine ausgeglichene und ausgewogene Gruppendynamik und für eine egalitäre Teilhabe der am Basispraktikum Beteiligten sind Agilität, Aktivität und Kommunikationsbereitschaft, insbesondere bei jenen, die sich in einer Minderheitenposition befinden. In der empirischen Analyse zeigte sich dies bei verschiedenen Praxisgruppen.

Hinzuweisen ist zudem darauf, dass auch die Praxislehrer*innen selbst die Gruppendynamik in der von ihnen begleiteten Praxisgruppe beeinflussen können. Sie vermögen beispielsweise die Herausbildung einer Subgruppe innerhalb der Praxisgruppe entlang religiöser Grenzen zu unterbinden oder abzufedern, aber auch zu verstärken.

Konfliktherd 2: Identität und Konfessionalität
Der zweite Konfliktherd am Schauplatz Schule resultiert aus der religiösen Identität und dem Prinzip der Konfessionalität. Er entspringt der Frage nach den Auswirkungen interreligiöser Begegnungen im Verlauf des Basispraktikums sowie der Herausbildung konfessioneller Bindungen und religiöser Identitäten.

Bei der empirischen Analyse zeigt sich, dass Praxislehrer*innen die interreligiösen Begegnungen im Basispraktikum stets grundsätzlich vor dem Hintergrund der religiösen Identitätsbildung der Volksschüler*innen bewerten. Die Meinungen hierzu gehen aber auseinander. Ein Teil der Praxislehrer*innen betrachtet die religiöse Identität der Heranwachsenden als noch sehr fragil und

---

[3] Die für die Interviewpartner*innen verwendeten Pseudonyme sind aus der Publikation (Kraml et al., 2020) übernommen. Um die Anonymität zu gewährleisten, wird bei diesen Interviewpartner*innen auf Altersangaben verzichtet.

im Findungsprozess begriffen. Zwar lehnen sie interreligiöse Begegnungen in Bildungskontexten keineswegs ab, halten sie aber für das Volksschulalter für eventuell verfrüht.

Der andere Teil der Praxislehrer*innen wiederum nimmt die religiösen Identitäten von Volksschüler*innen als bereits partiell abgeschlossen und gefestigt wahr. Interreligiöse Begegnungen befürworten diese Lehrkräfte auch deshalb, da sie sie als wichtig für die Identitätsbildung erachten. Ihrer Meinung nach führt erst das Wahrnehmen und die Begegnung mit dem religiös Anderen dazu, dass Kinder ein Bewusstsein darüber herausbilden können, was das religiös Eigene ist. Unabhängig davon, welche der beiden Positionen die Betreffenden vertreten, sehen sie interreligiöse Begegnungen im Kindes- und Jugendalter als wichtig an, um damit Ängsten und Vorbehalten gegenüber Andersgläubigen vorzubeugen.

Die Volksschüler*innen zeichneten sich in der Praxis durch Offenheit für interreligiöse Begegnungen aus. In den empirischen Analysen wurde deutlich, dass sie an den im katholischen Religionsunterricht anwesenden angehenden muslimischen Religionslehrer*innen interessiert sind und diesen aufgeschlossen gegenübertreten. Zudem beginnen sie damit, die Begegnung mit einem religiösen Gegenüber entsprechend einzustufen. Nach Ansicht von Praxislehrer*innen sind die Volksschüler*innen also in der Lage zu erkennen, dass es sich um eine andere Religion oder Andersgläubige handelt.

Manche Lehrkräfte zeigen sich darüber überrascht und sehen sich angesichts dessen gezwungen, anfängliche Bedenken gegenüber interreligiösen Begegnungen im schulischen Basispraktikum in der Volksschule zu revidieren. So berichtet beispielsweise die Praxislehrerin Eva:

> [M]eine Anfangsbedenken haben sich aber erledigt. Weil ich einfach gesehen hab, wie die Kinder an und für sich damit umgehen. Gell, das hab ich ganz außer Acht lassen bei meinen Überlegungen, dass Kinder da ganz einen anderen Zugang zu dem Ganzen haben. Und dass das natürlich auch nochmal eine Chance ist, nochmal deutlich zu machen: „Seht's, das ist jetzt die islamische Religion, gell, da seht's ihr mal die Unterschiede, und jetzt schauen wir mal drauf, und was sind jetzt wir." (Eva)

Dass im konfessionellen Religionsunterricht Andersgläubige Themen der ihnen fremden konfessionellen Bindung mit Volksschüler*innen behandeln, wird wiederum von allen Beteiligten kategorisch abgelehnt. Die Beantwortung von Fragen zu Spiritualität, Glaubensüberzeugungen oder zum Glaubensbekenntnis sei ausschließlich Angehörigen der eigenen Konfession vorbehalten, so die einhellige Position unter allen involvierten Personen. An dieser Stelle wird eine scharfe

Grenze gezogen, die im Rahmen der interreligiösen Zusammenarbeit im konfessionellen Religionsunterricht nicht überschritten werden dürfe. Vonseiten der Beteiligten auf Hochschulebene wird diese allerdings ebenso wenig infrage gestellt.
      Mehrfach wird von den Praxislehrer*innen hervorgehoben, dass interreligiöse
Begegnungen der Abwertung von Andersgläubigen und anderen Religionen vor-
beugen können. Dies betonen sie auch deshalb, da ihrer Meinung nach Ressenti-
ments gegenüber dem religiös Anderen und die Abwertung Andersgläubiger weit
verbreitet sind und ihnen in schulischen Kontexten immer wieder begegneten. Vor
allem Eltern würden derartige Einstellungen vertreten. So wissen einzelne Praxislehrer*innen davon zu berichten, dass erzürnte Eltern ihren Missmut über interreligiöse Begegnungen im katholischen Religionsunterricht in der Volksschule
zum Ausdruck brachten und damit drohten, ihre Kinder vom Religionsunterricht
abzumelden. Derartige Vorkommnisse wurden auch medial aufgegriffen. Um
solchen Vorbehalten zu begegnen und das darin lauernde Konfliktpotenzial abzu-
mildern, hat sich die Linie mancher Praxislehrer*innen, bereits im Vorfeld offen
und transparent mit allen Beteiligten – also den Kindern, deren Eltern, der Schulleitung, den Lehrerkolleg*innen und dem örtlichen Pfarrer – zu kommunizieren,
als zielführendste Strategie erwiesen.

Konfliktherd 3: Themen und Didaktik

Neben den beiden genannten Spannungsfeldern zeigt sich in der empirischen
Analyse noch ein dritter Konfliktherd im schulischen Kontext, und zwar im Hinblick auf zu behandelnde Themen und didaktische Fragen. Die Bedingungen
und Voraussetzungen dieses Konfliktherdes liegen in der Geschichte des Basispraktikums begründet, das von einem homogen religiösen Ausbildungsbestandteil
für angehende katholische Religionslehrer*innen zu einem interreligiösen transformiert wurde.
      Für die Praxislehrer*innen stellte diese Entwicklung eine Veränderung nicht
nur hinsichtlich der Gruppendynamik der Praxisgruppe, sondern auch hinsichtlich
ihres Aufgabenbereichs dar. Dieser wurde um die Anforderung erweitert, themen-
spezifisch und didaktisch auf den interreligiösen Charakter des Praktikums zu
reagieren. So galt es für die Betreffenden zu klären, welche Themen die Studierenden im Unterricht behandeln sollten, natürlich unter Berücksichtigung der –
z. B. durch den Lehrplan – eingeschränkten Handlungsspielräume. Für die katholischen Praxislehrer*innen hat die Themenwahl für die interreligiös zusammengesetzte Praxisgruppe einen Mehraufwand zur Folge.
      Bei der Frage, wie den genannten Herausforderungen strategisch begegnet
werden kann, zeigte sich, dass es für die Lehrkräfte nicht immer einfach ist,

Themen zu bestimmen, die sowohl für katholische als auch für muslimische Praktikant*innen interessant sind und sich für das Teamteaching oder für die eigenständige Gestaltung von Unterrichtssequenzen eignen. Grundsätzlich sollten die Themen, die angehende katholische und islamische Religionslehrer*innen im Unterrichtsgeschehen aufbereiten, für die Studierenden, wie es die Praxislehrerin Lara formuliert, „stimmig passen". Als gängige Strategie hat sich etabliert, im Unterricht vorrangig religionsübergreifende oder sogenannte „neutrale" (Eva) Fragen – wie z. B. „soziale Themen" (Lara) oder „Mitmenschlichkeit" (ebd.) – zu behandeln. Deren Vorteil sei, dass sich die muslimischen Studierenden darin gut zurechtfinden und eigene Bezüge herstellen können. Erst die Wahl solcher Themen mache es möglich, dass sich alle Praktikant*innen gleichwertig in das Unterrichtsgeschehen in der Volksschule einbringen könnten.

In der Praxis sind es oftmals die Begleitlehrer*innen, die Studierenden Themen anbieten. Häufig geben sie ihnen auch Hilfestellungen, methodische Anleitungen und notwendige Materialien. Die Praxislehrer*innen vertreten übereinstimmend die Meinung, dass Studierende im Basispraktikum bei ihren unterrichtspraktischen Versuchen einer Begleitung bedürfen. Um die Lerneffekte der Studierenden zu erhöhen, sei es aber ebenso wichtig, ihnen Freiheiten zu lassen und sie dazu zu ermutigen, in der didaktischen Aufbereitung von Themen eigenständige Schritte zu gehen.

Zu erwähnen ist im Kontext dieses Konfliktherdes auch, dass manche Beteiligte an den schulischen Basispraktika die Frage aufwerfen, wie weit im islamischen Religionsunterricht an den Schulen eine antiquierte, nicht mehr zeitgemäße Didaktik praktiziert wird. In dieser Frage herrscht seitens der katholischen Praxislehrer*innen Unsicherheit. Tendenziell besteht die Annahme, dass sich der katholische Religionsunterricht durch aktivierende Methoden auszeichne, wie z. B. das gemeinsame Singen, und dass im islamischen Religionsunterricht viel memoriert oder rezitiert würde. In der Praxis bestätigten sich letztere Annahmen allerdings nicht. Vielmehr zeigte sich, dass angehende muslimische Religionslehrer*innen inhaltliche Themen keineswegs nach unzeitgemäßen didaktischen Prinzipien aufbereiten, wie die Begleitlehrer*innen betonen.

Generell wird die interreligiöse Begegnung im konfessionellen Religionsunterricht in der Volksschule als sehr positiv beschrieben. Nach Ansicht der Praxislehrer*innen bieten muslimische Studierende den Kindern Identifikationsmöglichkeiten, an denen diese religiöse Differenzen festmachen können. Sowohl bei den Kindern als auch bei den Lehrkräften selbst werden durch die interreligiösen Begegnungen im Basispraktikum Lerneffekte angestoßen, die alle Beteiligten begrüßen.

Schauplatz Universität

Nach dem Blick auf latente Konfliktherde im Bildungskontext Schule wenden
wir uns nun Spannungsfeldern im Bildungskontext Universität zu. Hier werden in
einer universitären Begleitlehrveranstaltung Eindrücke während des Praktikums –
etwa zum Ablauf der Hospitationen und zu den ersten eigenständigen Unterrichtserfahrungen – reflektiert und begleitet. Eine weitere Zielsetzung der universitären
Begleitlehrveranstaltung, die von einer muslimischen und einer katholischen
Lehrveranstaltungsleiterin gemeinsam jeweils im Wintersemester abgehalten
wird, ist die Einführung in die systematische Planung von Unterrichtsprozessen.
Die Veranstaltung findet in geblockten Einheiten statt, die auf die Praktikums-
termine abgestimmt sind.

Bei der Analyse des Materials konnten wir am Schauplatz Universität drei
Konfliktherde feststellen. Konfliktherd 1 resultiert aus der ‚Planung, Konzepten
und Erwartungen‘ der Studierenden und Lehrenden. Konfliktherd 2 betrifft den
‚Prozess, die Kommunikation und Gruppendynamik‘ und bei Konfliktherd 3 geht
es abschließend um das ‚Ringen um den ‚idealen‘ Religionsunterricht und um
Anerkennung‘.

Konfliktherd 1: Planung, Konzepte und Erwartungen

Der erste Konfliktherd am Schauplatz Universität betrifft Themen und Konzepte,
die aus den Planungsvorstellungen und den Erwartungen im Hinblick auf die
Lehrveranstaltung hervorgehen.

Die Lehrveranstaltungsleiterinnen nehmen durch die Form der Leitung, welche im Teamteaching oder einzeln ausgeübt wird und gewisse Kooperations-
herausforderungen beinhaltet, direkten Einfluss auf die Konzeptualisierung,
Durchführung und Evaluierung der Lehrveranstaltung. Studierende wiederum bestimmen die Konzeptualisierung, Durchführung und Evaluierung indirekt – insofern, als die Anzahl ihrer Lehrveranstaltungsanmeldungen nicht nur die Gruppen-
größe, sondern auch die interreligiöse Zusammensetzung der Gruppe festlegt.

Ein Kritikpunkt vonseiten der Studierenden ist die einseitige Thematisierung
von Methoden. Sie bemängeln, dass die Methoden des katholischen Religionsunterrichts auf die Anwendbarkeit im islamischen Religionsunterricht überprüft
werden, dies aber umgekehrt nicht stattfindet. Dem schließt sich auch eine Lehrveranstaltungsleiterin an.

> Perfekt wäre es […], wenn auch die katholischen Studenten im muslimischen
> Religionsunterricht anwesend wären. Und wenn sie […] hospitieren könnten und,
> das wäre eine tolle Sache, wenn in beiden Stunden die Studenten hinten sitzen und

jeweils der Student der jeweiligen Religion Unterrichtssequenzen ausprobiert und die dann in der Reflexionsstunde im universitären Teil noch einmal reflektiert werden. Das wäre eine optimale Lösung. (Mehtap)

Aus Sicht der Lehrveranstaltungsleiterinnen war die Interaktion während der Planung und Durchführung der Lehrveranstaltung, die im Teamteaching erfolgt, geprägt von Rücksichtnahme auf die jeweils andere Leitungsperson. Einer Lehrveranstaltungsleiterin zufolge waren sie „beide vorsichtig [...], dass es nicht zum Konflikt kommt" (Hilde). Abgesehen von dieser Rücksichtnahme wurden auch unterschiedliche Schwerpunkte gesetzt. Eine Lehrveranstaltungsleiterin legte den Fokus auf die Arbeit an Texten und die daraus entstehenden Diskussionen, wohingegen ihre Kollegin vorrangig eine Metareflexion der interreligiösen Zusammensetzung der Lehrveranstaltung anstrebte. Von den Studierenden wird die didaktische Schwerpunktsetzung nicht in allen Fällen goutiert. Einige hätten sich mehr theologisch-inhaltliche Auseinandersetzungen mit den Mitgliedern der anderen Religion gewünscht. Diese Differenzen in der Planung, fehlende Abstimmung und unterschiedliche Schwerpunktsetzungen bergen folglich ein Potenzial für Missstimmung.

Konfliktherd 2: Prozess, Kommunikation und Gruppendynamik

Der zweite Konfliktherd am Schauplatz Universität umfasst den Prozess, die Kommunikation sowie die Gruppendynamik im Rahmen der universitären Begleitlehrveranstaltung. Als zentraler Punkt zeigt sich hier die Klärung von Verantwortungen. So fühlte sich beispielsweise eine Lehrveranstaltungsleiterin besonders für einen Teil der Studierenden und deren Anliegen verantwortlich. Hier wird die Notwendigkeit der Klarheit der Rolle im Teamteaching sichtbar. „Was ist die Rolle, was sind die Rollen im Basispraktikum? Ob ich mich als zuständig für eine Gruppe oder die gesamte Gruppe fühle." (Hilde).

Die Kommunikationsdynamik zwischen Lehrenden und Studierenden nimmt wiederholt den Charakter einer sogenannten Dreieckskommunikation an (siehe Abb. 15.2). Die beiden Pfeile in der Abbildung repräsentieren die beiden konfliktreichsten Kommunikationswege, die innerhalb des universitären Begleitseminars aufgetreten sind.

Für ein interreligiöses Teamteaching kann die Kommunikationssituation zwischen den beiden Leitungspersonen eine Herausforderung darstellen. Treffen diese eigenständige und unabgesprochene Entscheidungen, hat dies Auswirkungen auf die Gesamtgruppe. Es kann, wenn es nicht allen Beteiligten ge-

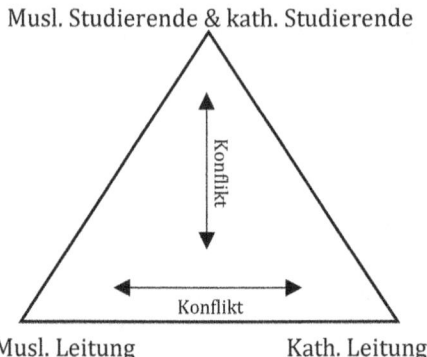

Musl. Studierende & kath. Studierende

Musl. Leitung   Kath. Leitung

Abb. 15.2 Dreieckskommunikation zwischen den Personengruppen

meinsam kommuniziert wird, innerhalb der Gruppe zu Verärgerung oder Unstimmigkeiten führen.

In unserem Fall wurden organisatorische Vorgaben im Leitungsteam nicht immer gemeinsam festgelegt. Beispielsweise traf eine der beiden Lehrveranstaltungsleiterinnen eine Entscheidung bezüglich der Anwesenheit von Studierenden, die der gleichen religiösen Ingroup wie die Lehrende angehörten, die ausschließlich diesen kommuniziert wurde. Die Folge waren Verstimmung und Unverständnis bei der anderen Lehrveranstaltungsleiterin sowie bei Studierenden mit anderer Religionszugehörigkeit. Generell wurde deutlich, dass aufkommende Konflikte weder auf der Ebene der Studierenden noch auf der Ebene der Lehrveranstaltungsleiterinnen adäquat angesprochen oder bearbeitet wurden. Schwierigkeiten oder Meinungsverschiedenheiten wurden der jeweils anderen Lehrveranstaltungsleiterin weder direkt und offen kommuniziert noch mit ihr besprochen.

Die Kommunikationssituation befördert eine Ungleichbehandlung der Studierenden und legt religiöse Demarkationslinien in der Gruppe offen, die sich auch in anderer Art und Weise zeigen können. Denn im Seminar fiel auf, dass sich die katholischen und muslimischen Studierenden räumlich getrennt voneinander hinsetzten (siehe Abb. 15.3). Eine Studierende beschreibt diese Situation folgendermaßen: „Also das war so eine U-Form im Prinzip, und auf der einen Seite sind wir Römisch-Katholischen gehockt und auf der anderen Seite dann die muslimischen Studierenden." (Sonja).

Versuche von einzelnen Studierenden, diese Blockbildung aufzulösen, indem sie sich an die jeweils andere Gruppe annäherten, blieben erfolglos. Diese Blockbildung bestand auch während der Pausen, was zu einer Asymmetrie im Seminar führte.

Abb. 15.3 Sitzordnung
der Studierenden im
Seminarraum

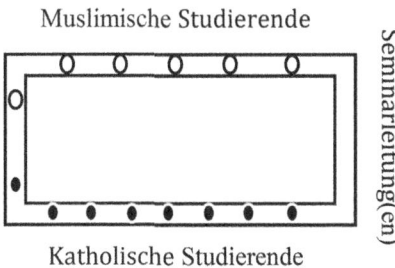

Muslimische Studierende

Seminarleitung(en)

Katholische Studierende

Schwierigkeiten, die sich besonders für die muslimischen Studierenden ergaben, sind auch dem Setting geschuldet. Die muslimischen Studierenden, die
das Basispraktikum meist früher im Studienverlauf absolvieren als ihre katholischen Kolleg*innen, waren wenig vertraut mit den Inhalten des Christentums,
hatten aber die Aufgabe, kurze Einheiten im katholischen Religionsunterricht
zu gestalten. Oft bereitete es ihnen Probleme, Fragen von Kindern richtig zuzuordnen. Eine Studierende führt folgendes Beispiel an:

> Bei uns gibt's ja Engel, die für die Hölle zuständig sind, Zebani. […] Sagt man
> dazu. Da habe ich eben gesagt gehabt: „Es gibt Engel, die für die Hölle zuständig
> sind." Und dann fragt er: „Ja, wenn die Engel sind, wieso sind sie dann in der
> Hölle?" (Esra)

Die muslimische Studentin Esra empfand diese Frage als herausfordernd. In
dieser Situation bestünde für katholische Studierende mit den entsprechenden
Voraussetzungen (wie Vertrautheit mit muslimischen Glaubensinhalten sowie ausgereifte Kommunikationskompetenz) die Chance, eine vermittelnde Rolle einzunehmen.

Konfliktherd 3: Ringen um den ‚idealen' Religionsunterricht und um Anerkennung

Der dritte Konfliktherd betrifft die gesellschaftliche Anerkennung der eigenen Religion bzw. den gesellschaftlichen Stellenwert des Religionsunterrichts insgesamt.
Hier werden konzeptuelle Unterschiede zwischen den Beteiligten bezüglich eines
‚idealen' Religionsunterrichts behandelt.

Die Lehrveranstaltungsleiterinnen nennen verschiedene Einflussfaktoren
auf die gesellschaftliche Anerkennung der eigenen Religion und des eigenen
Religionsunterrichts, besonders des muslimischen Religionsunterrichts. Zum
einen müssten muslimische Lehrpersonen an vielen verschiedenen Schulen unterrichten und der Unterricht finde meist am Nachmittag statt.

> Unsere Lehrer unterrichten an mindestens vier, fünf verschiedenen Schulen. Und sie fühlen sich nicht hundertprozentig in dieser [...] Schule integriert. Sie können auch nicht integriert werden, [...] weil sie eben an Nachmittagen unterrichten. (Mehtap)

Weiters würden sowohl die Eltern als auch die Glaubensgemeinden auf die Lehrpersonen einwirken.

> Also ich kann nur Folgendes sagen: Ich habe an zwei Montagen nicht unterrichten können, aufgrund von diesen Feiertagen. [...] Und ich bin von den Eltern angesprochen worden, eben, was da los ist, weil sie schon seit zwei Wochen keinen Religionsunterricht gehabt haben. Ich bin zu neunzig Prozent sicher, dass die Inhalte, die ich den Kindern vermittle, [...] weitererzählt werden und die Eltern hören sich das an, sie bejahen es oder [...] sie stellen es infrage. (Mehtap)

Diese Beobachtung machen auch die Studierenden, „weil da auch ein Druck von den Eltern aus ist [...], weil, wenn man da von der Islamstunde nichts lernt und nach Hause geht und die Kinder, sagen wir, haben nur gemalt, das kommt dann nicht positiv an" (Elmas).

Ein weiteres Moment, das in der Interviewanalyse zutage trat, sind die unterschiedlichen Auffassungen der beiden Lehrveranstaltungsleiterinnen in Bezug auf einen gelungenen Religionsunterricht. Auf der einen Seite sieht Mehtap als Lehrveranstaltungsleiterin die Vermittlung von Inhalten und Methoden als zentralen Aspekt des Unterrichts an. Damit einher geht auch die Sorge vor einer unzulässigen Vermischung des islamischen und des katholischen Religionsunterrichts. Auf der anderen Seite erachtet Hilde, die andere Lehrveranstaltungsleiterin, die Interaktion mit der Lerngruppe und Kontextsensibilität für essenziell. Deutlich wird dies an der Metapher des ‚Pakets‘, die Hilde bemüht:

> Ich bekomme ein Paket [...] von meiner Glaubensgemeinschaft [...]. Das ist so der Inhalt, das ist mein Paket. Ich nehm das Paket, mach das Paket auf, schau hinein, lass es durch mich durchgehen und das [...] auch mit Blick auf die Schülerinnen und Schüler: Was können die aus dem Paket brauchen? (Hilde)

Zu Hildes Vorgehensweise gehört es folglich, dass sie thematische und methodische Angebote in den Raum stellt, diese gemeinsam mit den Studierenden reflektiert, dabei auch kritische Gedanken zulässt und es dann im Anschluss den Studierenden überlässt, sich eigenverantwortlich mit den Angeboten zu befassen und einen eigenen Unterrichtsstil zu entwickeln.

Aus Sicht aller Beteiligter gibt es zudem in Bezug auf die formale Strukturierung des Religionsunterrichts massive Unterschiede zwischen den Lehrplänen.

Der katholische Lehrplan sei „losgelöst von [...] jeglichen Inhalten" und enthalte „nur mehr diese zehn Kompetenzen da", wodurch „eine Freiheit für den Lehrenden" (Mehtap) entstehe. Muslimische Beteiligte nehmen den katholischen Lehrplan also als kompetenzorientiert und somit offener wahr, den islamischen Lehrplan hingegen als zielorientiert und somit geschlossener.

Insgesamt gehen die didaktischen und inhaltlichen Vorstellungen der beiden Lehrveranstaltungsleiterinnen auseinander. Darüber, was im Religionsunterricht getan oder unterlassen werden sollte, bestehen unterschiedliche Auffassungen. Abschließend folgen nun Erkenntnisse aus unserer Analyse, die in Form von Impulsen für eine interreligiöse Arbeit auch Perspektiven für andere Bildungskontexte bieten können.

Impulse für die interreligiöse Arbeit

Im Anschluss an die Darstellung der Konfliktherde, die bei der interreligiösen Zusammenarbeit in der Ausbildung von muslimischen und katholischen Religionslehrer*innen aufgetreten sind, gilt es die empirischen Befunde zu reflektieren. Unsere Analysen lassen verschiedene Schlussfolgerungen zu, was die Zukunft und die Weiterentwicklung der interreligiösen Zusammenarbeit in der Ausbildung von Religionslehrer*innen an der Universität Innsbruck sowie für die interreligiöse Arbeit in Bildungskontexten an anderen Standorten betrifft. In den nachfolgenden Abschnitten stellen wir fünf Impulse vor, die sich aus unseren Befunden ableiten lassen.

Den ersten Aspekt bildet die Interaktion in interreligiösen Settings. Wie die empirische Analyse zeigt, stellt die Gruppendynamik eine Herausforderung und ein mögliches Konfliktfeld in interreligiösen Kontexten und gemischt religiösen Gruppen dar – insofern als deren Zusammensetzung innerhalb einer interreligiösen Praxis- oder Lerngruppe einen besonderen Einfluss auf deren Zusammenspiel hat. Denn aus der Zusammensetzung können asymmetrische Gruppenverhältnisse entstehen. Auch können Ingroup-Bildungen eine Exklusionsdynamik erzeugen. Die Herausforderung besteht darin, diesen Umständen in der didaktischen und methodischen Konzeptualisierung von Bildungsprozessen Rechnung zu tragen und für eine möglichst ausgewogene Gruppendynamik zu sorgen.

Der zweite Impuls betrifft die Leitung von interreligiösen Prozessen. Bei der Entstehung von Konflikten spielen die unterschiedlichen theologischen, didaktischen, methodischen sowie persönlichen Konzepte und Zugänge eine erhebliche

Rolle. Dies gilt auch für die individuellen Rollen- und Aufgabenverständnisse von Lehrpersonen. Für gewöhnlich bringt die interreligiöse Leitung bzw. das interreligiöse Teamteaching eine neue Konstellation mit sich. Auch routinierte Lehrende können in einer solchen Konstellation eine neue, ungewohnte Situation vorfinden, in der für sie bisher fest definierte Zuständigkeiten oder Verantwortlichkeiten neu zu klären sind. Asymmetrien können nicht nur innerhalb von studentischen Praxisgruppen entstehen, sondern auch innerhalb des Leitungsteams. So können sich Dominanz-/Marginalisierungskonstellationen herausbilden, die oft mit den gesellschaftlichen Mehrheits-/Minderheitsverhältnissen korrespondieren oder durch diese verstärkt werden.

Der dritte Anstoß, der aus den geschilderten Praxiserfahrungen gewonnen werden kann, bezieht sich auf die didaktischen und methodischen Konzepte. Aus den empirischen Befunden wird ersichtlich, dass sich in interreligiösen Lernsettings – und dies betrifft sowohl schulische als auch universitäre Handlungsfelder – Konfliktpotenziale rund um didaktische Konzeptionen entwickeln können. Dabei stehen stärker auf Inhalte fokussierte und eher instruktionistisch akzentuierte Ansätze jenen gegenüber, die die Teilnehmer*innen- und Kontextorientierung sowie Kreativität in den Vordergrund stellen.

Die Themenentwicklung und Themenfindung stellen den vierten Impuls dar. Unsere Befunde belegen, dass sich die bei der Themenfindung weitgehend angewandte Strategie am Kriterium der sogenannten Neutralität orientiert. Darunter werden allgemein anthropologische, ethische oder gesellschaftliche Fragen verstanden, die eine Außenperspektive zulassen, mitunter auch komparative Themen. Insgesamt wird deutlich, dass der diesbezügliche Findungsprozess in der interreligiösen Zusammenarbeit schwierig ist und die Aushandlung von Themen und Inhalten erfordert, die für die kooperative Arbeit infrage kommen. In unserer Analyse zeigte sich auch, dass die Leitenden von interreligiösen Gruppen Begleitung in der Themenfindung benötigen.

Als fünften Aspekt thematisieren wir das interreligiöse Lernen in einem ausschließlich intrakonfessionellen Kontext. Laut den analytischen Befunden vertreten die an der interreligiösen Zusammenarbeit Beteiligten einhellig die Position, dass die Behandlung der Spiritualität, der Glaubensüberzeugungen oder des Glaubensbekenntnisses des religiös Eigenen – im konfessionell konnotierten Setting – ausschließlich Angehörigen der eigenen konfessionellen Ingroup vorbehalten sei.

Abschließend möchten wir noch auf die zu Beginn des Beitrags angesprochene bestehende Schieflage in der Forschung zu interreligiöser Pädagogik hinweisen. Während bereits eine Vielzahl an theoretischen Ansätzen existiert, finden sich nur wenige Arbeiten, in denen konkrete interreligiöse Konzepte in

Bildungskontexten Anwendung finden und deren praktische Umsetzung untersucht wird. Unsere Analyse ist letzteren Studien zuzuordnen und beschäftigt sich dabei mit der bislang vernachlässigten Frage, welche Konflikte, Konfliktpotenziale oder Spannungsfelder in interreligiösen Begegnungen in Bildungskontexten auftreten können. Einige Ergebnisse mögen überraschend sein, andere vorhersehbar. Unsere Befunde sind dabei eng mit den in unserem Fall gegebenen Kontexten verbunden und lassen sich nicht immer genau auf andere Ausgangsbedingungen übertragen. Dies gilt beispielsweise für die Problemkonstellationen, die hinsichtlich der Gruppendynamiken im universitären und auch im schulischen Kontext aufgetreten sind. Dennoch weisen die damit zusammenhängenden Spannungsfelder, die wir in unserer Untersuchung identifizieren konnten, auf Herausforderungen hin, mit denen alle Formen der interreligiösen Zusammenarbeit in Bildungskontexten konfrontiert sind: Worauf ist bei Gruppenbildungsprozessen zu achten? Wie können alle Lernenden dazu bewegt werden, an interreligiösen Begegnungen teilzuhaben? Wie lässt sich die interreligiöse Zusammenarbeit in Lerneinheiten konzipieren und in der Praxis umsetzen? Auf welche Aspekte ist bei der Kommunikation über interreligiöse Themen zu achten? Im Zusammenhang mit diesen Fragen lassen sich aus unserer Analyse zahlreiche Impulse ableiten, die für Formen der interreligiösen Zusammenarbeit in Bildungskontexten an anderen Standorten von Nutzen sein können.

Ein grundsätzlicher Befund unserer Studie sowie der empirischen Analysen sind die dem religiösen Gegenüber und anderen Religionen entgegengebrachte Offenheit und prinzipielle Neugier, die sich bei den unterschiedlichen Beteiligten an interreligiösen Begegnungen in der pädagogischen Praxis – seien es die Praxislehrer*innen oder Studierenden – zeigen. Auch Volksschüler*innen sind interessiert an Andersgläubigen und lassen erkennen, dass sie die Auseinandersetzung mit einem vom religiös Eigenen unterschiedenen religiösen Gegenüber entsprechend einordnen können. An dieser Stelle möchten wir für die verstärkte Nutzung bzw. den Einbezug dieser Offenheit und des potenziell bestehenden Interesses an interreligiösen Begegnungen in verschiedenen Bildungskontexten plädieren und dazu ermutigen, bestehende Angebote anhand der aufgezeigten Befunde zu reflektieren.

Forschung und muslimische Diversität in der Lehrer*innenbildung

16

Zu Potenzialen und Grenzen von forschungsgeleiteter Lehre sowie forschendem Lernen mit Studierenden und Schüler*innen am Beispiel muslimischer Diversität und sozialer Ungleichheit

Jonas Kolb und Gudrun Quenzel

Einleitung

Wie mit Forschung in der Lehrer*innenbildung umgegangen werden soll, welcher Stellenwert forschungsgeleiteter Lehre sowie der methodischen Ausbildung in den verschiedenen Fachdisziplinen gebührt und inwieweit es sinnvoll ist, Studierende aktiv in Forschungsprojekte einzubinden, wird seit mehreren Jahrzehnten kontrovers diskutiert (Tremp, 2020; Groß Ophoff & Pant, 2020). Aus unserer Sicht ist Forschung ein essenzieller Bestandteil der Lehrer*innenbildung, für den im Studium mehr Zeit zur Verfügung stehen sollte. Im vorliegenden Beitrag greifen wir drei Bereiche auf, in denen die Forschung in der Lehrer*innenbildung von besonderer Relevanz ist.

Der erste Bereich, dem wir uns zuwenden, ist die forschungsgeleitete universitäre Lehre. Als zweiten Bereich verhandeln wir im Anschluss daran das

---

Dieser Aufsatz ist die geringfügig überarbeitete Fassung eines Beitrags, der gemeinsam mit Gudrun Quenzel verfasst und 2022 unter dem Titel ‚Forschung in der Lehrer*innenbildung. Potenziale und Grenzen von forschungsgeleiteter Lehre und forschendem Lernen mit Studierenden und Schüler*innen' (S. 51–83) im Sammelband ‚Grenzgänge und Grenzziehungen. Transdisziplinäre Ansätze in der Lehrer*innenbildung' (hrsg. von Nicola Brocca, Ann-Kathrin Dittrich und Jonas Kolb) bei iup erstveröffentlicht wurde.

J. Kolb, *Muslimisches Leben und religiöse Bildung in der Gegenwartsgesellschaft*, Veröffentlichungen der Sektion Religionssoziologie der Deutschen Gesellschaft für Soziologie, https://doi.org/10.1007/978-3-658-42404-6_16

eigenständige Forschen durch Studierende im Sinne des forschenden Lernens. Nähere Befassung verdient schließlich ein dritter Bereich, der in der Lehrer*innenbildung oftmals einen blinden Fleck darstellt, nämlich das forschende Lernen mit Schüler*innen.

Indem er der Rolle von Forschung zum einen aus der Perspektive der Islamischen Religionspädagogik – einer jungen wissenschaftlichen Disziplin im Kanon der Lehrer*innenbildung, die u. a. die Ausbildung von islamischen Religionslehrer*innen zum Ziel hat – auf den Grund geht und zum anderen Forschung im Zusammenhang mit Bildungsungleichheiten aus soziologischer Perspektive in den Blick nimmt, verfolgt der Beitrag einen interdisziplinären Ansatz, der es ermöglicht, Grenzgänge und Grenzziehungen, die die Forschung in der Lehrer*innenbildung betreffen, sichtbar zu machen. Darin ist auch seine Besonderheit zu sehen.

Was die Struktur des Aufsatzes angeht, so folgt auf die Einleitung eine Erörterung der Relevanz von Forschung in der Lehrer*innenbildung im Sinne einer forschungsgeleiteten Lehre (Abschn. 16.2) anhand von Beispielstudien zu muslimischer Diversität und zu Bildungsungleichheit. Daran anknüpfend beleuchten wir die Potenziale und die Grenzen forschungsgeleiteter Lehre. Als Herausforderungen, die sich im Zuge von Grenzziehungen oder Grenzgängen in diesem Zusammenhang auftun, benennen wir u. a. die Unterscheidung zwischen abstraktem Wissen und Handlungswissen sowie zwischen Forschung und Praxis.

Abschn. 16.3 widmet sich dem forschenden Lernen mit Studierenden in der Lehrer*innenbildung. Anhand von Projektbeispielen zu religiöser Diversität und zu Bildungsungleichheit versuchen wir auch hier, die dem forschenden Lernen mit Studierenden innewohnenden Potenziale und Grenzen aufzuzeigen. Letztere sehen wir etwa in den methodischen und didaktischen Rahmungen der universitären Lehre, der methodischen Ausbildung und der Haltung Studierender gegenüber neuem Wissen gegeben.

In Abschn. 16.4 behandeln wir dann das forschende Lernen mit Schüler*innen, das wie erwähnt als blinder Fleck in der Lehrer*innenbildung gilt (Feichter, 2015). Daher stellen wir Überlegungen dazu an, wie forschendes Lernen mit Schüler*innen in schulischen Kontexten gestaltet werden kann – dies anhand von Projektbeispielen zu Diversität und Nachhaltigkeit. Auch in dem Zusammenhang verweisen wir auf die Notwendigkeit, die in diesem Bereich der Lehrer*innenbildung vorhandenen Grenzen und Potenziale zu reflektieren. Die Hürden, auf die man in diesem Kontext stößt, resultieren aus Fragen der Machbarkeit, der Kontrolle, des Bewertens, der Motivation, des Einverständnisses der Eltern sowie aus der Problematik von Zuschreibungen. Der Beitrag schließt mit einem Resümee (Abschn. 16.5) in Form eines Gesamtüberblicks über die Relevanz sowie die Einsatzmöglichkeiten von Forschung in der Lehrer*innenbildung und einer Diskussion der damit verbundenen Herausforderungen.

Forschungsgeleitete Lehre

Studierenden ist oftmals nicht klar, was ihnen die Auseinandersetzung mit Forschungsmethoden oder -ergebnissen in der Lehrer*innenbildung bringen soll. Ihr Anliegen ist es, gute Lehrer*innen zu werden; warum es dazu der Beschäftigung mit Forschung oder der Einbindung von Forschung in Lehre und Unterricht bedürfen sollte, leuchtet ihnen nicht unbedingt ein. Demgegenüber sind unserer Erfahrung nach Forschende und Lehrende im Bereich der Lehrer*innenbildung im universitären Kontext zumeist davon überzeugt, dass es für Studierende wichtig ist, sich auch mit aktuellen Forschungsergebnissen und den fachspezifischen Formen der Wissensgenerierung auseinanderzusetzen. Wie verhält es sich nun wirklich? Welchem Ziel sollte diese Auseinandersetzung förderlich sein? Welche Rolle spielt forscherische Tätigkeit in der Lehrer*innenbildung? Welche Schlüsse lassen sich aus Studien für die Lehrer*innenbildung ziehen? Welche Potenziale, welche Grenzen treten hierbei zutage? Diesen Fragen geht der erste Teil unseres Beitrags anhand der zuvor genannten zwei Beispiele, also von Forschungsergebnissen zum Thema Bildungsungleichheit sowie zu muslimischer Diversität, nach.

Möglichkeiten der Durchführung forschungsgeleiteter Lehre

Forschungen zu muslimischer Diversität

Darstellung der Forschungserkenntnisse
Dass wir mit der Forschung zum Thema muslimische Diversität beginnen, liegt darin begründet, dass es bei vielen Lehrer*innen das Bedürfnis gibt, Einblicke in muslimische Lebenswelten zu bekommen, um daraus Handreichungen und Empfehlungen für den schulischen Alltag ableiten zu können. Immerhin wollen einige Autor*innen – nicht zuletzt unter Verweis auf die mediale Dauerdebatte über muslimische Schüler*innen in Pflichtschulen des deutschsprachigen Raums – sogar einen ‚Kampf der Kulturen' im Klassenzimmer ausgemacht haben (Wiesinger & Thies, 2018; Unzeitig, 2019).

Für die Darstellung forschungsgeleiteter Lehre zum Thema muslimische Diversität greifen wir auf zentrale Befunde der Studie ‚Muslimische Diversität. Ein Kompass zur religiösen Alltagspraxis in Österreich' von Ednan Aslan, Jonas Kolb und Erol Yildiz (2017) zurück, die wir an dieser Stelle im Detail erörtern, da sie noch kaum Eingang in die Lehrer*innenbildung gefunden haben. Denn bezüglich muslimischer Diversität ebenso wie zu interreligiösen Kompetenzen bestehen unter angehenden Lehrer*innen nach wie vor oftmals Defizite. Nicht von ungefähr fordert beispielsweise das *Österreichische Religionspädagogische Forum* (ÖRF) in einer Stellungnahme aus dem Jahr 2014, dass in der Ausbildung von angehenden Lehrer*innen

> neben den fachlichen auch die interreligiösen Kompetenzen vertieft und erweitert werden [sollen], die Lehrkräften in der Praxis einen reflektierten Umgang mit anderen Konfessionen, Religionen und Weltanschauungen ermöglichen (ÖRF, 2014).

Im Fokus der Studie von Aslan, Kolb und Yildiz stand die Analyse der religiösen Alltagspraxis von Muslim*innen in Österreich. Befragt wurden dabei Personen, die sich als Muslim*innen bezeichnen, ungeachtet der Intensität ihres Glaubens und ihrer Religiosität.[1] Bei der Auswertung der Daten wurde eine Einteilung in fünf religiöse Praxisformen vorgenommen, die Ähnlichkeiten zu den bekannten Sinus-Lebensstil-Milieus aufweist. Unterschieden wurde zwischen drei besonders religiösen Praxisformen, der ‚bewahrenden Religiosität‘, der ‚pragmatischen Religiosität‘ und der ‚offenen Religiosität‘. Daneben gibt es zwei tendenziell religionsfernere Praxisformen, die ‚Religiosität als kulturelle Gewohnheit‘ sowie die ‚ungebundene Restreligiosität‘ (siehe den Aufsatz ‚Muslim*innen und das religiös Andere: Zur Diversität von Einstellungen gegenüber anderen Religionen, religiösen Schemata und Interaktionen von Muslim*innen mit Andersgläubigen‘, Abb. 2.1).

Nachstehend wird jeder der fünf Typen in Form eines Steckbriefs skizziert. Darin angeführt sind zum einen die grundlegenden Charakteristika, die die Praxisform auszeichnen. Zum anderen ist in den Steckbriefen auch ein Link zu einem YouTube-Video angegeben, in dem die jeweilige Praxisform dargestellt wird.

Steckbrief: Bewahrende Religiosität

- Charakteristisch für diese hochreligiöse Praxisform ist ihr kompromisslos regelgeleiteter Zugang zu Religion, spirituelle Bedürfnisse spielen indes keine Rolle.

---

[1] Siehe hierzu auch: Aslan et al., 2017, S. 47–58, sowie den Abschnitt ‚Methoden und Datenmaterial‘ im Aufsatz ‚Muslim*innen und das religiös Andere: Zur Diversität von Einstellungen gegenüber anderen Religionen, religiösen Schemata und Interaktionen von Muslim*innen mit Andersgläubigen‘ in diesem Buch.

- Die alltägliche Lebensgestaltung, Gewohnheiten sowie das Familien- und Arbeitsleben werden nach religiösen Normen und einer strengen Auslegung des Korans ausgerichtet.
- Ihr Muslimischsein gilt den Betreffenden als absoluter Wert, der keinerlei Relativierung zulässt.
- Neben traditionalistischen und bewahrenden Werten wird insbesondere ein Suprematsanspruch gegenüber anderen Religionen vertreten. Aus dieser Personengruppe ist zu hören, dass der Islam „die einzig wahre Religion" sei.
- Es besteht die Tendenz zum sozialen Rückzug in ein homogen religiöses Umfeld.
- In Bezug auf Bildungsvorstellungen wünschen sich dieser Praxisform zugetane Erziehungsberechtigte instruktionistische Stile; sie hängen Vorstellungen religiöser Bildung an, die eigentlich der tradierten religiösen Bildungspraxis in Moscheevereinen entstammen. Eltern erwarten, dass ihre Kinder im schulischen Religionsunterricht auswendig lernen und memorieren.

Link: https://www.youtube.com/watch?v=DmcW9Bp15zg&list=PLLzsGd
999kyXtmGFu10ASgJ50nbjrfFyi&index=5

Steckbrief: Pragmatische Religiosität

- Wiewohl ebenfalls hochreligiös, lassen die sich dieser Praxisform Verbundenen hinsichtlich der Bedeutung von Religion im Alltag durchaus eine Relativierung zu, so in Form unterschiedlicher Anpassungsprozesse an äußerliche Bedingungen.
- Besonders deutlich zeigt sich dies im Umgang mit den Pflichtgebeten, deren Verrichtung an die Möglichkeiten, die das Arbeitsleben, das Familienleben oder die Freizeitaktivitäten bieten, angepasst wird.
- In Bezug auf soziale Werteorientierungen nehmen Muslim*innen, die eine pragmatische Religiosität pflegen, moderate Positionen ein. Traditionelle Vorstellungen werden sozial oder kulturell begründet und nicht aus theologischen Quellen heraus.

- Eine Vorliebe für instruktionistische Methoden oder Auswendiglernen wird bei pragmatisch orientierten Erziehungsberechtigten nicht explizit geäußert.
- Als wichtiger gilt das generelle Streben nach qualifizierten Bildungsabschlüssen, das, so die Erwartung, den eigenen Nachkommen gute Chancen auf dem Arbeitsmarkt verspricht.

Link: https://www.youtube.com/watch?v=Fp-MAofxM7g&list=PLLzsGd 999kyXtmGFu10ASgJ50nbjrfFyi&index=4

Steckbrief: Offene Religiosität

- Diese hochreligiöse Praxisform hebt sich von allen anderen Umgangsformen dadurch ab, dass sie Platz für weltoffene, selbstbestimmte und erlebnisorientierte Positionen lässt.
- Der Zugang zu religiösen Fragen gestaltet sich zumeist individualistisch und zeichnet sich durch eine tiefe Frömmigkeit aus. Religiosität bietet den Betreffenden einen wichtigen spirituellen Halt und Orientierung im Leben.
- Religiöse Normen (etwa bezüglich der Verrichtung der rituellen Pflichtgebete) werden zwar eingehalten, allerdings weder kontinuierlich noch unbedingt zu den vorgegebenen Zeiten, sondern eher entsprechend individuellen Bedürfnissen.
- Erziehungsberechtigte, die eine offene Religiosität praktizieren, können mit instruktionistischen Methoden oder Auswendiglernen nichts anfangen. Sie wünschen sich stattdessen einen Religionsunterricht, der subjekt- und erfahrungsorientiert ist.
- Den betreffenden Eltern ist es besonders wichtig, dass ihre Kinder „ohne Scheuklappen" durchs Leben gehen und ein „offenes Weltbild" haben.

Link: https://www.youtube.com/watch?v=odErcdG0w6E&list=PLLzsGd 999kyXtmGFu10ASgJ50nbjrfFyi&index=3

Steckbrief: Religiosität als kulturelle Gewohnheit

* Diese Praxisform zeichnet sich durch einen tendenziell religionsfernen Charakter aus.
* Besonders verbreitet ist diese Umgangsform bei Muslim*innen, in deren Alltagsgestaltung Religiosität einen Bedeutungsverlust erfahren hat, für die religiöse Zugehörigkeit aber dennoch eine wichtige Rolle spielt.
* Charakteristisch ist, dass für die Betreffenden Religiosität – begrenzt auf einen spezifischen Zeitrahmen oder sozialen Kontext – durchaus relevant ist bzw. werden kann. Insbesondere während des Ramadans oder anlässlich islamischer Feiertage wird religiösen Normen Folge geleistet, sonst unterm Jahr hingegen selten.
* Genuss- und erlebnisorientierte Lebensweisen werden von den Betroffenen befürwortet und oft auch selbst praktiziert.
* Instruktionistische Methoden, Memorieren oder Rezitieren lehnen die so gesinnten Erziehungsberechtigten ab.

Link: https://www.youtube.com/watch?v=iLlHgD_B6bI&index=2&list=PLLzsGd999kyXtmGFu10ASgJ50nbjrfFyi

Steckbrief: Ungebundene Restreligiosität

* Diese Praxisform geht mit einer Distanzierung von religiösen Vorschriften einher.
* Religiosität reduziert sich auf den persönlichen Glauben, überhaupt erscheint die muslimische Glaubenszugehörigkeit als Relikt der eigenen Herkunft.
* Im Alltag spielt der Islam keine Rolle mehr, die Religionszugehörigkeit „besteht nur auf dem Papier", wie aus der Personengruppe zu hören ist.
* Bei Erziehungsberechtigten, die dieser Praxisform zuneigen, herrscht eine vehemente Abneigung gegenüber Moscheevereinen und einer religiösen Bildung, wie sie in Moscheen erteilt wird. Auch einem konfessionellen islamischen Religionsunterricht stehen diese Eltern kritisch gegenüber.

- Stattdessen wünschen sie sich eine religiöse Bildung, die interreligiös oder religionskundlich angelegt ist. Auch einem Ethikunterricht stehen sie durchaus positiv gegenüber.

  Link: https://www.youtube.com/watch?v=Y-Sr8S_n-cA&list=PLLzsGd 999kyXtmGFu10ASgJ50nbjrfFyi&index=1

Relevanz für die forschungsgeleitete Lehre

Die Steckbriefe zu den differierenden Formen muslimischer Alltagspraxis in Österreich vermitteln einen Eindruck davon, wie divers gelebte muslimische Religiosität ist. Worin aber liegt die Bedeutung diesbezüglicher Einsichten für die Lehrer*innenbildung?

Von Relevanz sind die Erkenntnisse zum einen für die Islamische Religionspädagogik und für islamische Religionslehrer*innen. Für sie ist es wichtig zu wissen, wie es um die Religiosität der Schüler*innen, aber auch der Eltern bestellt ist – steht doch die systematische Erfassung der Erfahrungswelten jener, für die die pädagogischen und didaktischen Konzepte gedacht sind, durch die noch junge wissenschaftliche Disziplin und die Lehrkräfte erst am Anfang (Kolb, 2023a). Und es gilt nun einmal, sowohl die Wünsche und Erwartungen der religionsfernen muslimischen Erziehungsberechtigten zu kennen als auch über die Vorstellungen und religiösen Bedürfnisse der – wie in der vorangegangenen Analyse deutlich wurde – in sich durchaus heterogenen Gruppe von eher hochreligiösen muslimischen Eltern Bescheid zu wissen. Diesbezügliche Erkenntnisse und Schritte lassen sich aus den dargestellten Ergebnissen ableiten.

Doch nicht nur für islamische Religionslehrer*innen, auch für Lehrer*innen mit anderen Unterrichtsfächern wie Biologie oder Sport birgt die Studie interessante Erkenntnisse – etwa jene, dass es, wenn es um die Behandlung wichtiger inhaltlicher Themen im Unterricht wie Schöpfung, Sexualkunde oder den Schwimmunterricht geht, unter muslimischen Schüler*innen (und deren Eltern) ganz unterschiedliche Auffassungen gibt. Immer wieder berichten Lehrkräfte naturwissenschaftlicher Fächer davon, dass muslimische Schüler*innen Unterrichtsinhalte, die sie als *haram* und daher als ihren religiösen Auffassungen zuwiderlaufend wahrnehmen, kritisieren und mitunter gegen den einschlägigen Unterricht Stimmung machen (Wiesinger & Thies, 2018, S. 23–51; Karakaşoğlu, 2010, S. 295–299).

In diesem Zusammenhang wird bisweilen die Befürchtung laut, dass die Angst vor einer möglichen Verletzung religiöser Gefühle der ausreichenden Behandlung essenzieller Unterrichtsinhalte wie der Evolutionstheorie im Wege stehen könnte (Wiesinger & Thies, 2018, S. 28 f.). Hier müsse, so die Forderung, die Lehrer*innenbildung ansetzen und Wege aufzeigen, wie mit dem Spannungsverhältnis von Evolutionstheorie und religiöser Schöpfungslehre umzugehen ist, wobei die Frage selbstredend nicht sein könne, ob dieses Verhältnis bzw. die Evolutionstheorie „im Biologieunterricht behandelt wird, sondern vielmehr, wie dies geschehen soll" (Ohly, 2011, S. 485).

Mithilfe der Erkenntnisse aus der referierten Studie ließen sich eventuelle Kritiken oder abwehrende Äußerungen von Schüler*innen vorwegnehmen, um im Bedarfsfall entsprechend vorbereitet zu sein. Darüber hinaus können die Forschungsergebnisse Auskunft darüber geben, warum Schüler*innen zu solchen Haltungen kommen und welche Rolle dabei Eltern, Verwandte, religiöse Gemeinschaften wie Moscheevereine sowie Internetquellen oder Social Media spielen. Dies muss keineswegs nur muslimische Schüler*innen betreffen, sondern kann auch Kinder und Jugendliche (sowie deren Eltern) mit anderer Religionszugehörigkeit umfassen, deren Glaubensvorstellungen von der menschlichen Schöpfung nicht mit der naturwissenschaftlichen Evolutionstheorie einhergehen (Waschke & Lammers, 2011, S. 506–508).

Aus den Befunden der Studie von Aslan, Kolb und Yildiz wird des Weiteren ersichtlich, dass es weniger die theologischen Schriften sind, die die Behandlung der Themen im Unterricht erschweren, als vielmehr deren strenggläubige Interpretation. In diesem Kontext spielen nicht nur religiöse Aspekte eine Rolle, sondern ebenso Fragen der Mehrsprachigkeit, Interkulturalität, Bildungsungleichheit oder soziale Ausgrenzung. Hier ist es an der Schule und den Lehrkräften, allen Lernenden eine Stimme zu geben und ihnen eine Bildungslaufbahn zu ermöglichen (Erkurt, 2020). Zudem zeigt sich, dass nur ein kleiner Teil der muslimischen Bevölkerung – vor allem jener, der der Praxisform der bewahrenden Religiosität zuzurechnen ist – Evolutionstheorie, Sexualkunde oder den Schwimmunterricht kritisiert, während die überwiegende Mehrheit der Glaubensgemeinschaft an diesen Unterrichtsbereichen keinerlei Anstoß nimmt.

Die Befunde zu muslimischer Diversität, so ist ebenfalls zu betonen, sind aber nicht als ‚Rezeptwissen' misszuverstehen. Denn Herausforderungen in der Lehrer*innenbildung und der pädagogische Umgang mit Schüler*innen in formalen Bildungskontexten können natürlich nicht allein auf Fragen der Religiosität zurückgeführt werden. Anders gelagerte Bedürfnisse vonseiten der Schüler*innen sollten damit nicht überlagert oder verdeckt werden.

Die dargestellten Forschungserkenntnisse können aber dennoch ganz generell insofern einen Beitrag zur Sensibilisierung für muslimische Diversität oder allgemein religiöse Vielfältigkeit für alle Lehrer*innen leisten, als sie ein Bewusstsein dafür schaffen, dass es ‚den Islam' oder ‚die Muslim*innen' nicht gibt. Zudem können auf dieser Basis Schlüsse für didaktische Vorgehensweisen gezogen oder Unterrichtskonzepte gespeist werden. Die Sensibilität für Vielfalt muss dabei nicht auf religiöse Gruppen beschränkt bleiben, sondern kann auch Sprachgruppen einschließen. Tatsächlich verhält es sich hier wie bei einem Blick durch ein Kaleidoskop: Statt exakter Abgrenzungen lassen sich Schattierungen und Übergänge, Grenzbereiche und Grenzübergänge entdecken. Dies gilt es auch in Unterrichtskontexten zu berücksichtigen. Hiermit wird also dafür plädiert, Erkenntnisse über muslimische Diversität stärker als bis dato in die Lehrer*innenbildung einzubeziehen. Für dieses Vorhaben können die vorgestellten Analysen, auch im Sinne einer tragfähigen Basis für das Diversity Management in der Lehrer*innenbildung bzw. in schulischen Kontexten, wichtige Anhaltspunkte liefern. Denn Aufgabe der Lehrer*innenbildung ist es auch, angehende Lehrer*innen mit dem Unterrichten in sprachlich, kulturell und religiös heterogenen Klassen vertraut zu machen. Erst dann können sie der Aufgabe nachkommen, Schüler*innen auf das Leben in der pluralistischen Gegenwartsgesellschaft und auf die in ihr vorfindlichen multireligiösen und multikulturellen Verhältnisse vorzubereiten.

Forschungen zu Bildungsungleichheit

Darstellung der Forschungserkenntnisse
Die dargestellten ausgewählten Forschungsergebnisse zu muslimischer Diversität zeigen, wie wichtig diesbezügliche Kenntnisse im pädagogischen Alltag für das Verständnis des Verhaltens von Schüler*innen sind, z. B. um nicht dem Vorurteil aufzusitzen, ein Migrationshintergrund impliziere zwangsläufig tiefe Religiosität. In ähnlicher Weise erhöht die Auseinandersetzung mit dem Thema Bildungsungleichheit die Sensibilität im Umgang mit den Schüler*innen, die diesfalls die Voraussetzung dafür schafft, bestehenden Benachteiligungen in unserem Bildungssystem entgegenzuwirken.

Soziale Ungleichheit wird heute überwiegend im Bereich der Bildung produziert und reproduziert, daher gewinnen Bildung und Bildungsabschlüsse in postindustriellen Gesellschaften – ungeachtet der Tatsache, dass die Verfügbarkeit von Geld und Besitz nach wie vor eine zentrale Rolle spielt – zunehmend an Bedeutung. Dies zeigt sich nicht zuletzt daran, dass unter Geringqualifizierten das Arbeitslosigkeitsrisiko seit Jahren steigt und etwa viermal höher ist als für Menschen mit einer abgeschlossenen Berufsausbildung. Das geringste Risiko, arbeitslos zu werden, haben in Österreich Personen mit einem akademischen Abschluss (AMS, 2021, S. 2). Kurz gefasst wird es für junge Menschen immer wichtiger, genügend Wissen und Kompetenzen zu erwerben, um auf die steigenden Anforderungen des Arbeitsmarktes vorbereitet zu sein.

In Österreich hängt der schulische Erfolg jedoch stark von der Bildung der Eltern, vom sozioökonomischen Status der Familie und vom Herkunftsland der Familie ab (Neubacher et al., 2018, S. 199). Dies zeigt sich etwa daran, dass zurzeit jene Gruppe, die das höchste Risiko hat, von Bildungsarmut betroffen zu sein und damit potenziell zu den Verlierern in der Bildungsgesellschaft zu gehören, junge Männer aus bildungsfernen Elternhäusern sind. Liegt ein Migrationshintergrund vor, dann wird dieser Effekt noch verstärkt.

Geringer schulischer Erfolg wirkt sich nicht nur negativ auf die Arbeitsmarktchancen aus, sondern – eng damit zusammenhängend – auch auf den Zukunftsoptimismus, das Selbstwirksamkeitsgefühl, die Lebenszufriedenheit, das Gesundheitsverhalten und den Gesundheitsstatus (Quenzel & Hurrelmann, 2019). Schüler*innen, bei denen ein Bildungsarmutsrisiko besteht, müssen deswegen frühzeitig, individuell und vor allem deutlich effektiver als bisher bei der Erreichung des notwendigen Schul- und Ausbildungsabschlusses unterstützt werden.

Ein zusätzliches Moment, das die Chancenungleichheit im Bildungssystem verstärkt, ist die frühe Aufteilung der Schüler*innen nach vier Jahren gemeinsamen Lernens an Volksschulen auf diverse weiterführende Schulen mit unterschiedlichen Abschlussperspektiven (Büchler, 2016; OECD, 2019a). Weitere Ursachen liegen in dem sich erst allmählich verbessernden Angebot an qualitativ hochwertigen vorschulischen Betreuungs- und Bildungseinrichtungen und dem Ausbau der Ganztagsschulen (Hartel et al., 2019; Scheipl et al., 2019). An diesen strukturellen Bedingungen können Lehrer*innen jedoch in der Regel nur selten etwas ändern.

Nicht zuletzt wird die Chancenungleichheit auch durch die bei Lehrer*innen verbreitete Vorstellung verstärkt, es sei die Aufgabe der Eltern, ihre Kinder sprachlich zu fördern, sie in ihrer Lernorganisation, insbesondere bei den Hausaufgaben und bei Vorbereitungen auf Tests, zu unterstützen und aktiv Hilfe zu suchen bzw. zu finden, sobald Leistungsdefizite auftreten. Die Mehrheit der Eltern erfüllt diese Erwartungen gut, viele sogar sehr gut. Aber etwa 15 bis 20 % der Eltern fehlt es selbst an der dafür notwendigen Schulbildung. In Österreich können z. B. 16 % der erwachsenen Bevölkerung nicht sinnerfassend lesen (Rammstedt et al., 2019, S. 292). Das bedeutet, dass ihre Lesekompetenz auf oder unter der Wortebene verbleibt und sie auch kürzere oder leichtere Texte nicht immer verstehen. Zu dieser Gruppe gehören viele, deren Erstsprache nicht Deutsch ist; beim weitaus größeren Anteil handelt es sich jedoch um Österreicher*innen ohne Migrationshintergrund. Egal ob mit oder ohne Migrationshintergrund: Eltern, die nicht sinnerfassend lesen können, sind nicht imstande, ihre Kinder beim Lernen für die Schule effektiv zu unterstützen, so gerne sie dies tun würden. Die ungleichen Unterstützungsbedingungen verstärken auf diese Weise die ungleichen Bildungschancen von Kindern aus bildungsfernen Elternhäusern.

Relevanz für die forschungsgeleitete Lehre
Empirische Befunde zur Bildungsungleichheit belegen eindrücklich, dass es der Schule auch heute nur sehr unzureichend gelingt, die ungleichen Startbedingungen in den Elternhäusern so zu kompensieren, dass alle Schüler*innen die Chancen haben, im Schulsystem erfolgreich zu sein. Für angehende Lehrer*innen ist es wichtig, sich im Zuge einer forschungsgeleiteten Lehre im Rahmen ihrer Ausbildung Kenntnisse darüber anzueignen, dass Chancengleichheit zwar als politisches Ziel und als pädagogischer Anspruch formuliert ist, in der praktischen Umsetzung jedoch noch beträchtlicher Verbesserungsbedarf besteht. Gerade um zu zeigen, dass Bildungsungleichheit auch heute noch in und mit dem österreichischen Schulsystem reproduziert wird, ist die Verwendung von aktuellen Forschungsergebnissen in der Lehre wichtig.

Dass eine Erhöhung der Chancengleichheit auf Bildung möglich ist, kann in der Lehre am Beispiel von Daten gezeigt werden, die belegen, dass ein Zusammenhang zwischen Schulerfolg und sozialer Herkunft zwar in allen OECD-Ländern besteht, die Stärke des Einflusses, den der sozioökonomische Status der Eltern auf die schulischen Leistungen der Kinder hat, jedoch erheblich zwischen den Ländern variiert. Finnland, Japan, Kanada, Dänemark und Estland z. B. sind Länder, in denen dieser Einfluss relativ gering ist – ein guter Grund, sich im Studium näher mit den Schulsystemen und der Unterrichtskultur in diesen Ländern zu beschäftigen, zumal Deutschland und Österreich zu jenen Ländern gehören, in denen der Einfluss besonders hoch ist (OECD, 2019b, S. 50 ff.). Und wie der Vergleich mit anderen Ländern zeigt, ist Bildungsungleichheit etwas, gegen das man sowohl auf Ebene des Bildungssystems als auch ganz konkret im Unterricht etwas tun kann.

Aus unserer Sicht müssten Studierende vor allem zu der Erkenntnis gelangen, dass die Zuständigkeit für die Suche nach Lösungen bei schulischen Leistungsproblemen in vielen Fällen nicht den Eltern übertragen werden kann, sondern integraler Bestandteil der pädagogischen Verantwortung der Schule bleiben muss.

Potenziale und Grenzen bei der Umsetzung forschungsgeleiteter Lehre

Am Beispiel ausgewählter Befunde zu den Themen muslimische Diversität und Bildungsungleichheit haben wir dargelegt, warum wir überzeugt sind, dass die

Auseinandersetzung mit aktuellen Forschungsergebnissen für Studierende wichtig ist: Studierende lernen dadurch die Fachdiskurse zu verschiedenen Thematiken im Bildungsbereich kennen und sich kritisch mit diesen auseinanderzusetzen. So werden sie auch befähigt, ihre in den praktischen Phasen des Studiums gemachten Erfahrungen vor dem Hintergrund der fachwissenschaftlichen Ergebnisse einzuordnen und zu reflektieren.

Unbeschadet ihrer beträchtlichen Potenziale stößt forschungsgeleitete Lehre auch an Grenzen. Zum einen verharren die Vermittlung und die Auseinandersetzung mit wissenschaftlichen Befunden auf der Ebene des abstrakten Wissens. Denn auch wenn – um bei den dargestellten Beispielen zu bleiben – die Studierenden sich mit muslimischer Diversität befassen und zentrale Mechanismen der ungleichen Verteilung von Bildungschancen in Österreich benennen können, bleibt dieses Wissen in einer konkreten Unterrichtssituation zunächst einmal vor allem Hintergrundwissen. Das bedeutet, dass ihnen dieses Wissen kaum konkrete Handlungsweisen oder Reaktionsmöglichkeiten aufzeigt. Dazu bleiben Forschungsergebnisse angesichts der Vielfalt und Unvorhersehbarkeit konkreter Situationen in der Praxis in der Regel zu abstrakt und allgemein. In der konkreten Situation, wenn z. B. eine junge Lehrkraft in der Schule den Eindruck hat, dass ein bestimmtes Kind zu Hause bei Schulproblemen keine Unterstützung findet, muss das vorhandene Wissen erst Stück für Stück in Handlungswissen umgesetzt werden. Die junge Lehrperson kann auf der Basis des vorhandenen Wissens zu dem Schluss gelangen, dass es zwar sinnvoll wäre, einmal mit den Eltern zu sprechen, dass dann jedoch ein umfassender individueller Förderplan in der Schule erarbeitet werden und umgesetzt werden müsste. Wer aber erstellt diesen Förderplan? Die junge Lehrperson, die Schulleitung, das Kollegium? Wer setzt ihn um? Wann und wo findet die individuelle Förderung statt? Gibt es dafür extra Ressourcen, Deputate etc.? Wie können diese beantragt werden? Die jeweilige Antwort auf diese Fragen hängt stark von der Situation der betreffenden Schüler*innen, dem Kollegium und der vorhandenen Fördermaßnahmenstruktur ab. Das Beispiel zeigt jedoch, dass eine Fülle von Wissen – auch Hintergrundwissen – vorhanden sein muss, um in einer konkreten Situation aus einem möglichst breiten Handlungsrepertoire schöpfen zu können.

Eine weitere Grenze forschungsgeleiteter Lehre resultiert daraus, dass Forschung – um es salopp zu formulieren – ein wenig einträgliches Geschäft ist. Forschungsergebnisse beruhen auf sehr präzisen Fragestellungen und können genau genommen nur für diese konkreten Fragen verlässliche Aussagen treffen. In der Praxis gibt es jedoch oftmals ein verständliches Bedürfnis nach allgemeineren und umfassenderen Erkenntnissen. Zudem lautet in der Praxis die zentrale Frage oft nicht, was die Ursachen dieses oder jenes Problems sind oder wie häufig es auftritt, sondern wie es sich lösen lässt. Empirische Forschungen zur Effektivität unterschiedlicher Lösungsansätze sind jedoch leider ein rares Unterfangen, weil sie extrem kosten- und zeitintensiv sind und daher nur selten gefördert werden.

Forschendes Lernen mit Studierenden

Der zweite Bereich, in dem Forschung in der Lehrer*innenbildung Bedeutung zukommt, ist die hochschulpädagogische Lehre, die sich dem forschenden Lernen durch Studierende verschrieben hat. Forschendes Lernen stellt ein hochschulpädagogisches Konzept dar, das sich nach Ludwig Huber dadurch auszeichnet,

> dass die Lernenden den Prozess eines Forschungsvorhabens, das auf die Gewinnung von auch für Dritte interessanten Erkenntnissen gerichtet ist, in seinen wesentlichen Phasen – von der Entwicklung der Fragen und Hypothesen über die Wahl und Ausführung der Methoden bis zur Prüfung und Darstellung der Ergebnisse in selbstständiger Arbeit oder in aktiver Mitarbeit in einem übergreifenden Projekt (mit-)gestalten, erfahren und reflektieren (Huber, 2009, S. 11).

Als didaktischer Ansatz hat forschendes Lernen in den vergangenen Jahrzehnten – und spätestens mit Einführung von Praxissemestern oder Schulpraktika – zunehmend Eingang in die Lehrer*innenbildung gefunden (Katenbrink & Goldmann, 2020, S. 195). Bei forschendem Lernen handelt es sich um einen Sammelbegriff, unter den unterschiedliche konzeptionelle Zugänge und Ansätze fallen (Katenbrink & Wischer, 2015). Die Anwendung von forschendem Lernen ist in unterschiedlichen Formen oder Schwerpunktsetzungen denkbar, so etwa in den Konzepten des selbstständigen Lernens, der Projektarbeit, der Lernendenzentrierung oder des situierten Lernens (Huber & Reinmann, 2019, S. 4). Kennzeichnend für all diese Formen ist jedenfalls, dass sich Studierende mit einem definierten Thema in einem festzulegenden Ausmaß selbstständig auseinandersetzen. In den vergangenen Jahrzehnten wurden bildungstheoretische, lerntheoretische und qualifikatorische Begründungen vorgebracht, die die Bedeutung des forschenden Lernens untermauern (Fichten, 2010, S. 129–131). Durch das forschende Lernen wird die universitäre Lehre „durch ihre Bindung an den Prozeß der Erkenntnisgewinnung vor der bloßen Tradierung von zu Schulwissen geronnenen Kenntnissen bewahrt" (Huber, 1983, S. 497).

Von Relevanz ist das forschende Lernen in allen Bereichen der universitären Lehre, auch in der Lehrer*innenbildung. Einer in diesem Kontext gängigen

Argumentationsfigur zufolge müssen Studierende, um gute Lehrer*innen zu werden, nicht nur über kanonisches Wissen verfügen und dieses pädagogisch wie didaktisch aufbereiten können; darüber hinaus müssen sie vor allem neue und aktuelle Forschungserkenntnisse reflektieren und selbst einmal – zumindest in Ansätzen – aktiv forschen, auch um in ihrer späteren Lehrer*innentätigkeit die Neugier an neuen Erkenntnissen, die Freude am Wissenserwerb und eine kritisch-forschende Haltung an Schüler*innen weitervermitteln zu können. Gerade das aber – also die Unabdingbarkeit forschenden Lernens – will Studierenden und angehenden Lehrkräften wie bereits angedeutet oftmals nicht wirklich einleuchten (Kosnik & Beck, 2000, S. 121). Nicht selten wird die Auseinandersetzung mit Forschung und neuem Wissen als etwas Überflüssiges empfunden und die Frage gestellt: Wozu ist Forschung eigentlich notwendig, wenn – überspitzt formuliert – alles Wichtige, Wissenswerte oder Notwendige für den Lehrberuf in den Lehrplänen ausgearbeitet ist?

Warum forschungsgeleitetes Lernen sehr wohl einen Platz in der Lehrer*innenbildung verdient und wie es gestaltet werden kann, damit befassen sich die folgenden Abschnitte. Dabei wird auch hier auf Beispiele aus den Bereichen muslimische Diversität und Bildungsungleichheit zurückgegriffen. Daran anknüpfend werden wir die Potenziale und Grenzen, die beim forschenden Lernen mit Studierenden bestehen, aufzeigen.

Möglichkeiten der Durchführung forschenden Lernens mit Studierenden

Projektbeispiele zu religiöser Diversität

Darstellung der Projektbeispiele
Die nachfolgenden Beispiele bieten den Stoff für Überlegungen, wie forschungsgeleitetes Lernen in der hochschuldidaktischen Lehre Anwendung finden kann. Dabei handelt es sich um mögliche Wege, wie dies in der Praxis umgesetzt werden kann. Wenn das Thema muslimische – oder allgemein religiöse – Vielfalt und Pluralismus im hochschuldidaktischen Kontext behandelt werden soll, wäre ein denkbarer Einstieg das Aufwerfen der Gretchenfrage. Im Rahmen einer Lehrveranstaltung könnte die Forschungsfrage gestellt werden: ‚Wie hast du's mit deiner Religion bzw. mit anderen Religionen?'

Damit wären Studierende der Lehrer*innenbildung aufgefordert, der Frage im Zuge eines kleinen Forschungsprojekts auf den Grund zu gehen. Eine mögliche

Vorgehensweise wäre der Rückgriff auf die empirische Methode des narrativen Interviews. Demgemäß bestünde der Auftrag für angehende Lehrkräfte darin, Freund*innen oder andere Studierende, die den gleichen Kurs besuchen, mittels dieser Befragungsmethode zu interviewen. Der Fokus kann auf religiösen Biografien, der Bedeutung von Religion in der Familiengeschichte oder auf religiöser Alltagspraxis liegen. Nach der Durchführung gilt es für die Studierenden dann, die Interviews zu transkribieren und aufzubereiten, um im Anschluss die gesammelten Erfahrungen gemeinsam zu reflektieren. In diesem Kontext kann auch die methodische Vorgehensweise kritisch diskutiert und z. B. gefragt werden, inwiefern die Nähe zwischen Interviewer*innen und Interviewpartner*innen die Interviews beeinträchtigen oder deren Analyse beeinflussen kann.

Im Rahmen der Lehrveranstaltung würden dann die Auswertung und Interpretation der narrativen Interviews vorgenommen, entweder anhand der Analyse einzelner Fälle oder des Vergleichs von Interviews. Ob dies in einer Lehrveranstaltung geschieht, die von Studierenden mit unterschiedlichen Religionszugehörigkeiten besucht wird, oder in einer, deren Teilnehmer*innen derselben Glaubensgemeinschaft angehören, ist dabei von nachrangiger Bedeutung. Auch in letzterem Fall können sich Unterschiede und eine Vielfältigkeit offenbaren, wenn auch auf anderer Ebene.

Ein zweites Projektbeispiel ist die Durchführung von Gruppendiskussionen mit Lehrämtler*innen über Kontakte und Interaktionen mit dem religiös Anderen und diesbezügliche Erfahrungen. In diesem Fall organisieren Studierende eine Gruppendiskussion, bei der andere Teilnehmer*innen einer Lehrveranstaltung mitmachen. Im Prozess der Aufbereitung, Transkription, Reflexion und Interpretation nähern sich die Studierenden dem erhobenen Datenmaterial an, um gemeinsam proaktiv die Auswertung in Angriff zu nehmen. Gezielt thematisiert werden kann beim Austausch der Forschungserfahrungen beispielsweise die Frage, ob die Teilnehmenden tatsächlich die gesellschaftliche religiöse Diversität abbilden oder ob dazu weitere Gruppen zu inkludieren sind.

Eine dritte Möglichkeit ist, im Rahmen von Lehrveranstaltungen interreligiöse Begegnungen von Studierenden zu initiieren, um in diesem Kontext einen Austausch in Gang zu setzen. Dabei können angehende Religionslehrer*innen Interviews mit zukünftigen Religionslehrer*innen einer anderen Glaubensgemeinschaft führen, in denen sie Fragen zum Glauben, zu religiösen Erfahrungen, zu theologischen Schriften, zur Sicht auf Schöpfung, Evolution oder die Nachwelt stellen. Im Verlauf der wechselseitigen Befragungen werden zum einen methodische Kompetenzen angewandt und verinnerlicht, und zum anderen erhalten die Studierenden eine Vorstellung von den religiösen Perspektiven und Praktiken

Andersgläubiger. In weiterer Folge können die Befragungen transkribiert und mittels spezifischer Auswertungsschritte analytisch vertieft werden.[2]

Ein solcher Austausch zwischen angehenden Religionslehrer*innen mit unterschiedlicher konfessioneller Zugehörigkeit ist nicht bloße Fiktion, sondern wird u. a. in der Ausbildung von islamischen und katholischen Religionslehrer*innen in einer Kooperation des *Instituts für Islamische Theologie und Religionspädagogik* mit dem *Institut für Praktische Theologie* an der Universität Innsbruck seit einigen Jahren durchgeführt (Kraml & Sejdini, 2018a; Kraml et al., 2020).

Relevanz der Projektbeispiele im Kontext des forschenden Lernens

Warum also ist das forschende Lernen für die Lehrer*innenbildung so relevant? Hier sind mehrere Aspekte hervorzuheben. Bei einer Forschungsfrage, wie sie eben beschrieben wurde, und den genannten Möglichkeiten der Umsetzung reflektieren Studierende die eigene religiöse Biografie und können Aussagen anderer Studierender oder von Schüler*innen besser einordnen oder kontextualisieren.

Darüber hinaus werden angehende Lehrer*innen durch die Praxis des forschenden Lernens zu dieser Fragestellung für andere religiöse Biografien oder das religiös Andere sensibilisiert. Dies ist eine Erfahrung, die sie in ihrer Tätigkeit als Lehrer*innen im schulischen Kontext früher oder später zwangsläufig machen werden und für die es von Vorteil ist, wenn sie sich bereits im Studium mit ihr auseinandergesetzt haben.

Abgesehen davon sind derartige Gehversuche im Forschen förderlich, wenn es gilt, ein Gespür für religiöse Diversität, Pluralismus und Andersheit zu entwickeln. Durch das forschende Lernen können wichtige Zielsetzungen interreligiöser Bildung erreicht werden, etwa die Ausbildung von Pluralitätsfähigkeit, von Sensibilität für Differenz, von Handlungsfähigkeit in multireligiösen Kontexten sowie einer grundsätzlichen Haltung der Toleranz, Offenheit und Anerkennung gegenüber dem religiös Anderen (Schweitzer, 2014a, S. 55–60).

Außer zu themenbezogenen Erkenntnissen verhilft forschendes Lernen in der Lehrer*innenbildung Studierenden generell zur Fähigkeit, abstrakt zu denken oder genau hinzusehen bzw. hinzuhören. Und da in den Prozess des forschenden Lernens zu einer Problemstellung mehrere Studierende eingebunden sind, werden

---

[2] Neben den genannten Vorgehensweisen gibt es – abhängig auch vom jeweiligen Fachgebiet – noch weitere Methoden, mit denen forschendes Lernen initiiert werden kann. Eine verbreitete Option ist z. B. die Unterrichtsbeobachtung.

auch die Problemlöse- und die Teamkompetenz gefördert (Fichten, 2010, S. 159). Nicht zuletzt trägt forschendes Lernen dazu bei, dass Studierende Methoden-kompetenz erwerben oder diese verbessern und dass sie Forschungsbefunde anderer Studien besser einschätzen können. Die bloß theoretische Vermittlung des Einsatzes von Forschungsmethoden befähigt Studierende noch nicht, diese selbst anzuwenden und ein eigenes Forschungsprojekt praktisch durchzuführen. Dazu ist es notwendig, dass sie dies auch einmal selbst in der Praxis durch forschendes Lernen an einem konkreten Beispiel erproben und eigene Erfahrungen machen.

Projektbeispiele zu Bildungsungleichheit

Darstellung der Projektbeispiele

Im Mittelpunkt des zweiten Anwendungsbereichs für forschendes Lernen steht das Thema Bildungsungleichheit, abgehandelt an der Frage, was Lehrer*innen bei Schüler*innen an Vorbildung und Vorwissen voraussetzen. Forschendes Ler-nen zu dieser Thematik soll Studierende erkennen lassen, ob bzw. in welchem Umfang Lehrer*innen Kenntnisse und Kompetenzen erwarten, zugrunde legen und auch benoten, die nicht von ihnen selbst im Unterricht vermittelt wurden.

Methodisch annähern könnte man sich dieser Fragestellung beispielsweise über Gruppendiskussionen mit Lehrer*innen – für Gruppendiskussionen ist in der Regel eine Größe von vier bis sechs Teilnehmer*innen sinnvoll – aus derselben Schule, etwa der Volksschule, der Mittelschule oder der gymnasialen Unterstufe. Eine Aufteilung nach Fächern kann eine entsprechende Diskussionstiefe gewähr-leisten, z. B. wenn Deutschlehrer*innen sich über den Gebrauch von Adjektiven, über den Wortschatz, die Rechtschreibung oder über Wissen zu verschiedenen Satzkonstruktionen austauschen. Sie könnten auch die Frage diskutieren, ob und wann es sinnvoll ist, Nicht-Muttersprachler*innen Akkusativ- oder Dativobjekte über die Frage nach dem Wem bzw. dem Wen oder Was bestimmen zu lassen, da diese Methode eventuell ein zu hohes Sprachniveau voraussetzt. Je zwei Stu-dierende könnten gemeinsam eine Gruppendiskussion führen, die Diskussion mit einem Diktiergerät oder dem Handy aufnehmen, transkribieren und auf einer ersten groben Analyseschleife die verschiedenen Erwartungen der interviewten Lehrer*innen herausarbeiten. Im Seminar stellen dann alle Studierendenpaare ihre ersten Ergebnisse vor und versuchen herauszufinden, ob sich hier Muster er-kennen lassen, was von wem seitens der Lehrer*innen an Wissen und Kompeten-zen vorausgesetzt wird. Je nach Diskussionsverlauf können sich dann im Seminar verschiedene Unterthemen/Fragestellungen herauskristallisieren, denen die Stu-dierenden in weiteren Analyserunden in Kleingruppen nachgehen können.

Eine weitere methodische Zugangsmöglichkeit wäre die Analyse von vorliegenden Klassenarbeiten und ihren Bewertungen. Auch bei diesem Projektbeispiel ließe sich ergründen, welche Kompetenzen in den Klassenarbeiten erfragt
und bewertet werden, inwieweit diese im Rahmen des Stoffs der letzten Zeit
(z. B. laut Schulbuch, Curriculum oder den Heften der Schüler*innen) vermittelt
wurden und in welchem Umfang bereits vorausgesetzte Kenntnisse und Kompetenzen beurteilt werden. An die erarbeiteten ersten Ergebnisse könnten sich Diskussionen ähnlich den oben dargestellten Gruppendiskussionen anschließen, und
auch hier könnten je nach Interesse der Studierenden vertiefende Analysen oder
auch ein Experimentieren mit alternativen Bewertungsschemata folgen.

Ein dritter methodischer Zugang wäre eine teilnehmende Beobachtung einer
oder besser mehrerer Unterrichtsstunden, in deren Verlauf anhand eines vorher
entwickelten Kriterienkatalogs notiert wird, was im Unterricht von den Schüler*innen verlangt, bewertet oder gelobt und was ihnen tatsächlich vermittelt
wird. Auch in diesem Fall empfiehlt sich eine Diskussion darüber, wie die Schüler*innen die Differenz zwischen dem Erwarteten und dem Vermittelten aus-
gleichen sollen und können.

**Relevanz der Beispiele im Kontext des forschenden Lernens mit Studieren-
den**

Das forschende Lernen am Beispiel der Frage nach den im Unterricht voraus-
gesetzten Kenntnissen und Kompetenzen soll den angehenden Lehrer*innen helfen, sich über Inhalt und Umfang des von ihnen bei den Schüler*innen – oft un-
bedacht – als gegeben angenommenen Wissens bewusst zu werden. An diese Frage
schließt sich notwendigerweise eine Reflexion darüber an, ob diese Kenntnisse
und Kompetenzen denn wirklich vorausgesetzt werden können und woher die
Lernenden sie bezogen haben sollen. Zugleich stellt sich die Frage, wie mit Schüler*innen, denen diese Kenntnisse und Kompetenzen fehlen, umzugehen ist und
wie sie diese konkret erwerben sollen. Es geht also um die Frage nach der Verantwortlichkeit für den Kompetenzerwerb. Diese Verantwortlichkeit kann – je nach
Schultyp, Alter der Schüler*innen und pädagogischem Konzept – bei den Schüler*innen selbst, bei den Eltern, bei anderen Pädagog*innen oder bei der aktuellen
Lehrperson verortet werden. Bei wem auch immer die Verantwortung letztlich liegen soll, wichtig für angehende Lehrer*innen ist die bewusste und kritische Auseinandersetzung mit der Frage, wem aus welchen Gründen welche Verantwortung
für den Lernprozess zugewiesen wird und welche Konsequenzen diese Zuweisung
für die Kommunikation von Erwartungen hat. Sollte die Verantwortung bei den
einzelnen Schüler*innen gesehen werden, ist jedenfalls kritisch zu fragen, ob diese

über die entsprechenden kognitiven und sozialen Ressourcen verfügen – und falls nicht, woher die notwendige Unterstützung kommen könnte.

Potenziale und Grenzen bei der Umsetzung forschenden Lernens mit Studierenden

Potenziale

Zu den typischen Herausforderungen des Lehrer*innenberufs gehört das Handeln unter unvorhersehbaren Bedingungen, der Umgang mit unvereinbar scheinenden Anforderungen und die sich permanent wandelnden Aufgaben durch neue bildungspolitische Maßnahmen, veränderte Curricula und neue pädagogische Leitlinien.

Forschung ist im Wesentlichen ein Problemlösungsprozess. Dementsprechend ist forschendes Lernen ein aktives Einüben in die Fertigkeit, vorhandene Probleme und Herausforderungen sinnvoll in handhabbare Einzelaspekte zu untergliedern und diesen Aspekten dann systematisch, methodisch geleitet und auf Basis bereits vorliegender Erkenntnisse nachzugehen. Der Forschungsprozess ist langwierig, aufwendig und setzt eine beträchtliche Unsicherheitstoleranz sowie die Bereitschaft, aus Fehlern zu lernen, voraus. Durch ‚Forschung im Kleinen‘ üben Studierende einen kritischen Blick ein und machen sich zu eigen, Alltagsphänomene kategorial und konzeptionell zu erfassen und so zu vergleichen. Sie lernen, Selbstverständlichkeiten als kulturelle Rahmungen zu begreifen, die verändert werden können. In diesem Prozess werden eigene Erfahrungen reflexiv bearbeitet und systematisch Wissen über die Praxis generiert.

Auf diese Weise erzeugt methoden- und theoriegeleitet verfahrendes forschendes Lernen Wissen über das (spätere) Berufsfeld (Schneider & Wildt, 2007, S. 13). Über die Entwicklung einer eigenen Fragestellung und die systematische, methodengeleitete Auseinandersetzung mit dieser lernen die Studierenden, die existierende Schulpraxis auf reflektierte Weise zu beobachten und mit verschiedenen erlernten theoretischen Positionen abzugleichen. Die dabei in Gang gesetzte theoriegeleitete Auseinandersetzung mit der Praxis befähigt die Studierenden, ihr theoretisches Wissen an konkrete Situationen anzupassen und ermutigt sie, ihre eigene Unterrichtspraxis während ihrer beruflichen Laufbahn immer wieder im Hinblick auf die gesetzten pädagogischen Ziele zu überprüfen. Durch forschendes Lernen kann also langfristig eine ‚quasi-experimentelle‘ Einstellung zur eigenen Unterrichtspraxis generiert werden.

Grenzen

Bei all seinen Potenzialen sind dem forschenden Lernen in der Lehrer*innen-bildung auch verschiedene Grenzen gesetzt. Als Grenze erweist sich etwa die oft-mals unzureichende Ausbildung in Forschungsmethoden in der universitären Lehre. In vielen Fällen sind Studierende bereits im Moment, da sie erstmals Einblick in Forschungsmethoden erhalten, gefordert, diese aktiv anzuwenden. Eine schritt-weise Vertiefung und systematische Einübung von verschiedenen Forschungs-methoden zu verschiedenen Zeitpunkten des Studiums ist selten vorgesehen.

Damit zusammenhängend ergibt sich eine zweite Grenze, die Gefahr der Ober-flächlichkeit. In Kursen zu Forschungsmethoden lassen sich aus Zeitgründen die Phasen, Hürden und Fallstricke eines Forschungsprozesses nicht immer aus-reichend behandeln. Insbesondere das Herzstück eines Forschungsprojekts, die Auswertung, kommt in der Regel zu kurz. Dies hat zur Folge, dass das gemeinsame Interpretieren von empirischem Datenmaterial, das beispielsweise zum Thema re-ligiöse Pluralität erhoben wurde, zum einen sehr exemplarisch verlaufen und zum anderen auf einer frei-assoziativen Ebene verharren kann. Das forschende Lernen in der Lehrer*innenbildung, das alle Phasen des Forschens – von der Themenfindung und der Entwicklung einer Fragestellung über die Durchführung der Erhebung und die Aufbereitung der Daten bis hin zur Auswertung und Präsentation der Befunde – durchläuft, stellt so betrachtet einen Grenzgang dar, der aus zeitlichen Gründen im ohnehin sehr dichten Lehramtscurriculum allzu oft auf halbem Wege endet.

Eine weitere Grenze bilden der Lehre innewohnende methodische und didak-tische Aspekte. Der Erwerb von Forschungskompetenzen erfordert Lehrformate, die es den Studierenden erlauben, im Durchlaufen eines Forschungsprozesses eigene praktische Erfahrungen zu sammeln und sich mit anderen Studierenden interaktiv auszutauschen. In der Regel haben derartige Lernformate nachhaltigere Wirkung. Denn auf „aktiven Aneignungsprozessen beruhendes Wissen wird tie-fer verarbeitet, besser behalten und bekommt eine größere persönliche Bedeutung als Wissensbestände, die man passiv-rezeptiv aufnimmt" (Fichten, 2010, S. 130). Nicht jedes Lehrveranstaltungsformat eignet sich für das hochschuldidaktische Konzept des forschenden Lernens. Allerdings bietet sich für das forschende Lernen an, Elemente der Lehrveranstaltungsformate Seminare oder Übungen – die den Studierenden die Möglichkeit der aktiven Partizipation eröffnen – und Vorlesungen – die sich für die Aufbereitung der inhaltlichen Grundlagen von Forschungsprozessen eignen – zu kombinieren. Eine ganz neue Herausforderung stellten für Lehrende die Corona-Lockdowns dar, während derer es galt, Wege zu finden, diese Anforderungen in der virtuellen Lehre umzusetzen.

Als Grenze erweist sich schließlich leider allzu oft auch fehlende Neugier seitens der Studierenden auf neues Wissen. Diesbezüglich herrscht vielfach die

Haltung vor, man wüsste schon alles und sei ausreichend gut für den Lehrberuf vorbereitet oder alles notwendige Wissen sei bereits bekannt und bedürfe keiner Vertiefung oder Ergänzung durch Forschung (Cramer, 2013, S. 77–80). Die Gründe für solche Einstellungen können vielfältig sein. Zu den Faktoren, die dabei eine Rolle spielen, zählen etwa chronischer Zeitmangel, grundsätzliche Skepsis gegenüber der Wissenschaft oder Unkenntnis darüber, wie theoretisches Wissen auf die praktische Handlungsebene übertragen werden kann.

Eine solche Haltung gegenüber Forschung und neuem Wissen verstellt freilich den Blick auf aktuelle didaktische sowie auf gesellschaftliche Entwicklungen, beeinträchtigt die Herausbildung einer Problemlöse- und Reflexionskompetenz und behindert den Aufbau von beruflich bedeutsamem Handlungswissen (Fichten, 2010, S. 138–142). Die Lehrer*innenbildung ist daher angehalten, dafür zu sorgen, dass Studierende Offenheit gegenüber Forschungsbefunden, Interesse am Erkenntnisgewinn oder Spaß am Generieren von neuem Wissen, aber auch so etwas wie Demut vor all dem Wissen entwickeln, von dem sie während ihres Studiums nur einen Bruchteil erwerben können. Auch für die Entwicklung einer „fragend-entwickelnde[n] und kritisch-reflexive[n] Haltung" (ebd., S. 130) ist die Auseinandersetzung mit Forschung und neuem Wissen von zentraler Bedeutung – nicht zuletzt deshalb, weil es sich hierbei um einen grundsätzlichen Habitus des ‚Wissenwollens' und der Freude am Wissenserwerb handelt, den es Schüler*innen zu vermitteln gilt (Schneider & Cramer, 2020, S. 31).

Forschendes Lernen mit Schüler*innen

Neben der forschungsgeleiteten Lehre und dem forschenden Lernen mit Studierenden ist auch das forschende Lernen mit Schüler*innen in der Lehrer*innenbildung von Bedeutung, auch wenn dieser Bereich aus einer lehrer*innenzentrierten Perspektive gerne aus dem Blick gerät. Worin genau aber liegt dessen Nutzen? Welchen Sinn und Zweck hat forschendes Lernen mit Schüler*innen? Welche Möglichkeiten der Einbindung von Forschung in den Unterricht gibt es? Und welche Herausforderungen tun sich in diesem Bereich hinsichtlich seiner Potenziale und seiner Grenzen auf?

Von Bedeutung ist das forschende Lernen zunächst einmal grundsätzlich deshalb, weil „SchülerInnen die größte Personengruppe in der Schule darstellen und in der pädagogischen Argumentation die zentralen AdressatInnen schulischer Aktivitäten sind" (Feichter, 2015, S. 413). Und als die Personengruppe, auf die sämtliche Bildungsbemühungen ausgerichtet sind, sind sie eben auch in die Forschung in der Lehrer*innenbildung einzubinden.

In der Praxis kann von einer ausgewogenen Partizipation von Schüler*innen aber oftmals nicht die Rede sein. Vielmehr sind hier nach Helene Juliane Feichter zwei Tendenzen feststellbar. Einerseits wird aus einer lehrer*innenzentrierten Perspektive gerne *über* Schüler*innen gesprochen, aber nicht *mit* ihnen. Zum Ausdruck kommt dies laut Feichter in Appellen, die Schüler*innen dort abzuholen, wo sie gerade stehen (ebd., S. 413 f.). Ob das tatsächlich gemacht wird und ob eine Lehrperson wirklich immer weiß, wo die Lernenden abzuholen sind, was mit ihnen los ist, was sie bewegt und interessiert, bleibt jedoch dahingestellt (siehe dazu auch: Schratz & Westfall-Greiter, 2010, S. 19). Werden die Schüler*innen dann andererseits doch eingebunden, dann meist nur als mittels empirischer Erhebungsinstrumente wie Fragebögen oder Leitfadeninterviews befragte Forschungsobjekte. Eine aktive Beteiligung an Forschungsprozessen oder die Initiierung von forschenden Lernprozessen ist hingegen in den seltensten Fällen intendiert (Feichter, 2015, S. 414). Wir möchten daher in diesem Beitrag dafür plädieren, auch Schüler*innen in der Forschung im Rahmen der Lehrer*innenbildung eine größere Rolle zuzuweisen, und zwar nicht als passiven Zaungästen, sondern als aktiv Forschenden.

Wie das forschende Lernen mit Schüler*innen gestaltet werden kann, damit befassen sich die nachfolgenden Abschnitte anhand von verschiedenen Beispielen – einerseits zum Thema gesellschaftliche Diversität und andererseits zur Klimafrage. Im Anschluss daran werden sowohl die Potenziale als auch die Grenzen des forschenden Lernens mit Schüler*innen diskutiert.

Möglichkeiten der Durchführung forschenden Lernens mit Schüler*innen

Projektbeispiele zu gesellschaftlicher Diversität

Darstellung der Projektbeispiele
Ein erstes Projektbeispiel für die Einbindung von Forschung in den schulischen Unterricht ist eine Rechercheaufgabe, die sich der Frage ‚Wo komme ich her?' widmet. Es gibt verschiedene Optionen, wie Schüler*innen zu dieser Frage recherchieren oder forschen können. Eine Möglichkeit ist, dass sie mit ihren Großeltern über die eigene Familiengeschichte oder die familiäre Migrationsgeschichte reden und dabei etwa die religiösen, sozialen, sprachlichen, beruflichen, nationalen oder regionalen Bezüge der Familiengeschichte zur Sprache bringen. Von Interesse können sowohl transnationale Migrationserfahrungen als auch solche innerhalb eines Landes, eines Bundeslandes oder einer Region sein.

Die Aufgabe der Lehrperson besteht darin, die Rechercheaufgabe zu erläutern und gemeinsam mit den Schüler*innen Fragen zu entwickeln und zu formulieren, die diese den Großeltern stellen werden. Sobald der Leitfaden vorliegt, kann das Interview angebahnt und durchgeführt werden. Für die Aufzeichnung bietet sich das Smartphone an, das heutzutage wohl jede*r Schüler*in besitzt und entsprechend einsetzen kann. Ansonsten muss sich die Lehrkraft Alternativen für die Aufzeichnung überlegen.

Eine weitere Möglichkeit ist, den Schüler*innen aufzutragen, ihre Großeltern nach einem Gegenstand zu fragen, der für sie in der Jugend einen hohen symbolischen Wert hatte – ein Amulett, Foto, Buch, eine Kette, Uhr oder Ähnliches, um nur einige Beispiele zu nennen –, und diesen in den Unterricht mitzubringen und darüber zu sprechen. Dieser Gegenstand könnte auch als Anlass dienen, um gemeinsam mit den Großeltern einen Text zu verfassen, der sich mit dem symbolischen Gehalt des Artefakts auseinandersetzt und mit der Familiengeschichte befasst.

Ein zweites Beispiel für die Umsetzung von forschendem Lernen mit Schüler*innen im schulischen Kontext wäre die Beschäftigung mit der Frage ‚Wie sieht das Gebet in unserer Familie aus?‘. In diesem Fall liegt es nahe, dass Schüler*innen ein Interview mit ihren Eltern darüber führen, wie denn in der Familie gebetet wird. Auch in diesem Fall sollten die entsprechenden Fragen vor der Durchführung und Aufzeichnung des Interviews mittels Smartphone im Klassenzimmer gemeinsam erarbeitet werden.[3]

Im Anschluss an die jeweilige Erhebung oder Recherchearbeit berichten die Schüler*innen in der Klasse über ihre dabei gewonnenen Erfahrungen und Erkenntnisse. Zur Sprache kommen können hierbei Herausforderungen und Hemmungen bei den Befragungen und Eindrücke aus den Interviews. Denkbar sind in diesem Kontext auch Gruppenarbeiten, in denen die Schüler*innen Einblicke in ihre Familiengeschichte geben, sich die Vielfalt und Unterschiedlichkeit in ihrer Klasse bewusst machen oder darüber berichten, wie in ihrem Elternhaus gebetet wird. Die Rechercheaufträge können sowohl in der Primarstufe als auch in der

---

[3] Neben den genannten Vorgehensweisen gibt es weitere Optionen, wie forschendes Lernen mit Schüler*innen initiiert werden kann. Eine gängige Methode, beispielsweise im naturwissenschaftlichen Bereich, ist das ‚Scaffolding‘, also das Nützen von Lernunterstützungen, um Schüler*innen dazu zu befähigen, sich neue Themen und Inhalte eigenständig zu erschließen (Arnold et al., 2017).

Sekundarstufe ausgeführt werden, wobei es gilt, den Leitfaden und die Interview-
fragen jeweils altersgerecht anzupassen.

Relevanz des Beispiels für das forschende Lernen mit Schüler*innen

Das forschende Lernen anhand der beschriebenen Projektbeispiele ermöglicht es
Schüler*innen zunächst einmal, Aspekte der eigenen Familiengeschichte zu entdecken und sich damit auseinanderzusetzen, was die Vergangenheit ihrer Familie ausmacht. Dies schließt sowohl religiöse, soziale, ethnische und sprachliche,
berufliche, nationale oder regionale Aspekte als auch eventuelle Migrationserfahrungen ein. Das aktive Interviewen der eigenen Großeltern kann dazu führen, dass die Schüler*innen im Verlauf des Gesprächs oder durch Nachfragen
neue, bis dahin unbekannte Einblicke in die Familiengeschichte erhalten.

Von Relevanz sind derartige Recherchevorhaben auch mit Blick auf die Identitätsbildung der Schüler*innen. Indem sie familiären Bezügen in religiöser, kultureller, ethnischer, sozialer oder nationaler Hinsicht auf den Grund gehen, werden
die Schüler*innen darin bestärkt, Identitätsarbeit zu leisten oder Selbstbilder zu
stabilisieren. Dies geschieht nicht losgelöst und isoliert, sondern gemeinsam mit
Familienmitgliedern und Altersgenoss*innen.

Durch den Austausch mit ihren Klassenkamerad*innen wiederum machen
Schüler*innen die Erfahrung, dass Vielfalt und Diversität keine abstrakten Begriffe sind, sondern Phänomene, die in ihrer eigenen Schulklasse höchst präsent
und greifbar sind. Zudem können sie sich der Ausprägungen von Vielfalt und
Diversität in schulischen Kontexten bewusst werden, die konkrete Formen annehmen und praktisch erfahrbar sind.

Nicht zuletzt kann forschendes Lernen mit Schüler*innen zu den genannten
Fragestellungen einen Beitrag zu interreligiösem oder interkulturellem Lernen
leisten – ein Umstand, der es zu einem wesentlichen Element der Lehrer*innenbildung werden lässt. Denn durch die aktive Auseinandersetzung mit religiösen,
kulturellen, ethnischen, sozialen oder nationalen Bezügen werden Schüler*innen
für diese Fragen bereits frühzeitig dahingehend sensibilisiert, dass sie Pluralität
als Normalzustand wahrnehmen und so die Bereitschaft entwickeln, sich interreligiöse oder interkulturelle Kompetenzen anzueignen.

Projektbeispiele zu Nachhaltigkeit

Darstellung der Projektbeispiele

Da es nicht immer einfach ist, mit Schüler*innen das Thema Bildungsungleichheit zu untersuchen, ohne dass sich Einzelne unter Umständen stigmatisiert oder
vorgeführt fühlen, haben wir uns hier für das Thema Nachhaltigkeit entschieden.

In diesem Zusammenhang ließe sich etwa gemeinsam mit den Schüler*innen der Frage nachgehen, wie die Schule klimafreundlicher werden kann. So böte ein Rundgang durch die Schule Gelegenheit zu ersten Überlegungen, wie Schule und Klima zusammenhängen. Dabei werden die Räume inspiziert, es wird ein Blick auf die Heizung geworfen und gefragt, mit welchen Ressourcen diese eigentlich betrieben wird, woher die Ressourcen kommen und wieviel CO_2 sie produzieren. In der Klasse kann dann über Möglichkeiten diskutiert werden, daran etwas zu ändern. Auch könnten die Schüler*innen fragen, wer auf welchem Weg zur Schule kommt, wie diese Schulwege das Klima beeinflussen und welche Auswirkungen das eigene Verhalten auf den Klimawandel haben kann.

An einem dieser Diskussionspunkte kann das forschende Lernen ansetzen, indem sich die Schüler*innen in einem ersten Schritt auf eine konkrete Frage einigen, die sie beantworten möchten. In einem zweiten Schritt müssten sie – gemeinsam mit den Lehrer*innen – überlegen, auf welche Weise sie Antworten auf ihre Frage finden könnten. Wichtig ist in diesem Zusammenhang der in der Forschung zentrale Anspruch der grundsätzlichen Reproduzierbarkeit von Ergebnissen. Die Schüler*innen würden überlegen, wie sie bei der Beantwortung ihrer Forschungsfrage so vorgehen können, dass andere, die das gleiche Vorgehen wählen, sehr wahrscheinlich zu sehr ähnlichen Ergebnissen kommen würden. Eng verbunden mit den Überlegungen zur Methodenwahl sind Gedanken zur Aussagekraft und Verallgemeinerbarkeit der Ergebnisse. Es ist dabei aus unserer Sicht weniger wichtig, dass die Schüler*innen tatsächlich reproduzierbare Erkenntnisse generieren, als vielmehr, dass sie sich mit der Frage der begrenzten Generalisierbarkeit von Erkenntnissen auseinandersetzen. Der dritte Schritt wäre dann die tatsächliche Durchführung der Erhebung bzw. der Datensammlung, der vierte Schritt die Auswertung und Interpretation der Daten. Ein fünfter Schritt bestünde in der Aufbereitung der Ergebnisse für andere, etwa in Form eines Posters, eines Vortrags oder einer Ausstellung.

Ein weiteres Themenfeld wären die Schulmahlzeiten in der Mensa oder die von der Bäckerei, aus dem Supermarkt oder von zu Hause mitgebrachten Snacks. Auch hier könnte überlegt und recherchiert werden, woher die einzelnen Bestandteile des Essens eigentlich kommen, welche Wege sie zurücklegen und wie sie mit dem Klimawandel zusammenhängen.

Relevanz der Beispiele für das forschende Lernen mit Schüler*innen
Forschendes Lernen zum Thema Nachhaltigkeit ist sehr alltagsnah, da dieses vielen Schüler*innen ein aktuelles Anliegen ist. Indem sie sich ihre eigene Umgebung gezielt anschauen und z. B. recherchieren, woher ihr Essen kommt (die Wurst kommt von der Metzgerei um die Ecke, aber woher bezieht diese die einzel-

nen Zutaten, aus welchen Bestandteilen besteht eigentlich eine Extrawurst etc.?), lernen sie viel über Wirtschaftskreisläufe und Produktionsprozesse. Verbunden mit der Frage der Nachhaltigkeit erfolgt dann eine Auseinandersetzung damit, wie das Handeln der Einzelnen mit wirtschaftlichen und ökologischen Prozessen zusammenhängt. Ist die Entdeckung dieser Zusammenhänge dann noch das Ergebnis eigenen Bemühens, erscheinen sie in der Regel gleich viel interessanter. Für viele ist es auch ein schönes Gefühl zu erkennen, wie spannend die eigene Umwelt ist und was es zu erleben, zu erkunden und zu fragen gibt, wenn man erst einmal anfängt – selbst bei so alltäglichen Dingen wie der Pausenmahlzeit.

Potenziale und Grenzen bei der Umsetzung forschenden Lernens mit Schüler*innen

Bei der Umsetzung des forschenden Lernens tun sich verschiedene Herausforderungen auf, so die Frage der Machbarkeit, Kontrolle und Motivation, die Rolle der Eltern und die Problematik von Zuschreibungen, anhand derer sowohl Potenziale als auch Grenzen in diesem Bereich der Lehrer*innenbildung sichtbar werden.

An Herausforderungen ist zunächst jene der Machbarkeit zu erwähnen. Projekte des forschenden Lernens lassen sich aus zeitlichen Gründen in der Regel nicht in den für einen einzelnen Unterrichtsgegenstand zur Verfügung stehenden Stunden unterbringen. Vielmehr bedarf es für die Umsetzung solcher Projekte oftmals einer fachübergreifenden Zusammenarbeit, der Abstimmung mit Kolleg*innen oder der Nutzung von Stunden eines Stundenpools für Projektarbeiten – wenn ein solcher besteht. Zudem ist sicherzustellen, dass der Lehrplan ein solches Vorhaben zeitlich zulässt. In Summe sind Projekte des forschenden Lernens mit Schüler*innen jedenfalls dazu angetan, gängige Vorstellungen davon, was in der Bildungsinstitution Schule möglich und durchführbar ist und was nicht, auf die Probe zu stellen (Feichter, 2015, S. 419). Sind diese organisatorischen Beschränkungen und Grenzen aber einmal beseitigt, kann das forschende Lernen mit Schüler*innen sein Potenzial entfalten und zeigen, dass Bildung und Erkenntnisgewinn nicht nur im Klassenzimmer, sondern auch im Austausch mit Familienangehörigen sowie in einem transdisziplinären und fächerübergreifenden Sinn zu haben sind. Die Frage der religiösen, sozialen, nationalen, ethnischen, regionalen oder sprachlichen Bezüge des eigenen Elternhauses ist eben nicht Sache eines einzigen Unterrichtsgegenstands, sondern eröffnet auch anderen Fächern – wie Geschichte, Deutsch, Politische Bildung, Biologie oder Geografie – neue Perspektiven.

Eine weitere Herausforderung stellt die Frage der Kontrolle dar. In Projekten des forschenden Lernens durch Schüler*innen laufen die Lehr- und Lernprozesse in Kontexten ab, die nicht immer von der Lehrperson vorgegeben und gesteuert werden können. Die Gespräche oder Interviews der Schüler*innen mit Eltern oder Großeltern finden ohne Beisein der Lehrer*innen statt. Dieses eigenverantwortliche Tun hat aus Sicht der Lehrer*innen einen spezifischen Verlust der Kontrolle zur Folge, in dem Sinn, dass sie keinen Einfluss darauf haben, was dabei herauskommt oder wie Schüler*innen der Rechercheaufgabe nachkommen. Beispielsweise besteht ein gewisses Risiko, dass Schüler*innen Aufnahmen von Interviews löschen, dass sie sich in der vorgesehenen Zeit mit anderen Dingen beschäftigen oder dass das geführte Interview keinerlei Einblicke in die Familiengeschichte liefert. Gleichzeitig sind die Potenziale solcher Projektvorhaben beträchtlich. Denn die aktive Durchführung des forschenden Lernens erlaubt es den Schüler*innen, eigeninitiativ Inhalte in Unterrichtsformate einzubringen, selbstständig Schwerpunkte zu setzen, den schulischen Regelbetrieb zu modifizieren und die gewohnte Lehrer*innen-Schüler*innen-Beziehung zu hinterfragen (Tyack & Tobin, 1994; Feichter, 2015, S. 419–422).

In diesem Kontext stößt das forschende Lernen durch Schüler*innen auf eine zusätzliche Herausforderung, nämlich die Frage des Bewertens: Inwiefern können Prozesse des forschenden Lernens in Beurteilungen oder Noten einfließen, wenn das Engagement der Schüler*innen, der Arbeitsaufwand, die Ergebnisse und die zu leistenden Hindernisse höchst unterschiedlich sind? Lehrer*innen sind hierbei angehalten, eine Entscheidung darüber zu treffen, ob die Leistungsüberprüfung nach summativen oder formativen Kriterien erfolgt. Während sich das summative Vorgehen am Ergebnis orientiert und auf eine Bewertung (meist entlang einer Notenskala) abzielt, steht bei formativen Überprüfungen die Unterstützung von Lernprozessen im Mittelpunkt, die diese begleitet und konstruktive Rückmeldungen sowie Lernorientierungen gewährleistet, ohne die Form einer Bewertung auf Notenbasis anzunehmen (Winter, 2015, S. 63–69). Je nach gewählter Vorgehensweise kann den Schüler*innen anhand der Frage des Bewertens aufgezeigt werden, dass Lernprozesse nicht immer eindeutig zu erfassen sind oder dass Bildungsprozesse und die Beschäftigung mit Forschungsgegenständen nicht ausschließlich anhand einer Notenskala bewertet werden können.

In engem Zusammenhang mit der Bewertung steht eine weitere Herausforderung, nämlich die Motivation. Diesbezüglich stellt sich die grundsätzliche Frage, wie bei Schüler*innen Spaß und Neugier am forschenden Lernen geweckt werden können und wie sich ihre Motivation, bei Projektvorhaben mitzumachen, steigern lässt. Eine Herausforderung stellt dies deswegen dar, da forschendes Lernen mit Schüler*innen durch seinen schüler*innenzentrierten Fokus gewissermaßen aus den Gegebenheiten und Routinen des schulischen Regelbetriebs – und damit auch aus dem sogenannten „heimlichen Lehrplan" (Zinnecker, 1975) – herausfällt. Denn für Schüler*innen bleibt die Einübung von schulischen Praktiken und Routinen „nicht ohne Folgen und wirk[t] sich auf die Bereitschaft zur Partizipation und Mitarbeit aus" (Feichter, 2015, S. 415). Es ist nun an den Lehrkräften, die Schüler*innen zu motivieren, bei Projekten des forschenden Lernens mitzumachen und diese auch durchzuziehen. Gelingt dies, zeigt sich das ganze Potenzial dieser didaktischen Methode, selbstbestimmte und auf Eigeninitiative beruhende Lernprozesse anzustoßen, die sich vom gewöhnlichen Schulalltag abheben, Interesse oder sogar Begeisterung bei Schüler*innen auslösen und dadurch deren Partizipationsbereitschaft und Motivation erhöhen (ebd., S. 418).

Eine weitere Herausforderung für das forschende Lernen mit Schüler*innen erwächst vonseiten der Eltern, die gegebenenfalls nachfragen, wo der Mehrwert derartiger Projekte für den Lernerfolg liege. Je nach Vorhaben ist auch die Einholung von Einverständniserklärungen seitens der Elternschaft notwendig. Als Grenze erweist sich bisweilen auch die Kommunikation mit Erziehungsberechtigen, denn nicht alle Eltern nehmen an Elternabenden, an denen über solche Projektvorhaben informiert wird, teil oder sind für Anliegen von Lehrer*innen erreichbar. Zu berücksichtigen sind auch die höchst disparaten Lernsettings und die unterschiedliche Unterstützung der Lernprozesse von Schüler*innen durch die Eltern.

Es empfiehlt sich jedenfalls, Eltern oder Erziehungsberechtigten die Zielsetzungen schulischer Projekte oder von forschendem Lernen mit Schüler*innen zu erklären, damit sie sich ausreichend in derartige Vorhaben eingebunden fühlen. Nur so kann forschendes Lernen gelingen, kann diese didaktische Methode ihre Potenziale entfalten. Es kann eben nicht als gegeben vorausgesetzt werden, dass Eltern die Zielsetzungen des forschenden Lernens selbst erkennen oder unterstützen, insbesondere wenn ein schulisches Projekt Themen behandelt, zu denen es kontroverse Auffassungen gibt. Daher ist es ratsam, durch offene Kommunikation mit allen Beteiligten im Sinne einer transdisziplinären Grenzarbeit (Brandner et al., 2022) etwaige Fragen, unterschiedliche Vorstellungen oder Vorbehalte frühzeitig zu thematisieren und letztere bereits im Vorfeld abzubauen (Kraml et al., 2020, S. 152–160).

Eine letzte Herausforderung, die an dieser Stelle erwähnt sei, stellt die Problematik von Zuschreibungen dar. Die Behandlung von Themen wie Bildungsungleichheit, Religionszugehörigkeit oder Familiengeschichte birgt gewisse heikle Momente, insbesondere wenn dies in der Primarstufe erfolgt. Bedenklich wird es dann, wenn im Zuge der Auseinandersetzung mit diesen Themen Fremdzuschreibungen oder Othering verstärkt werden oder die Zugehörigkeit zu einer sozialen, religiösen, kulturellen, sprachlichen oder ethnischen Minderheit sich stigmatisierend auswirkt. Mit Bildungsungleichheit oder Zugehörigkeiten, seien sie religiöser, sprachlicher, kultureller oder nationaler Natur, ist jedenfalls so umzugehen, dass Machtverhältnisse und Ungleichgewichte nicht reproduziert und partizipierenden Schüler*innen keinesfalls Etikettierungen angehängt werden (Lingen-Ali & Mecheril, 2016). Erst unter dieser Voraussetzung kann forschendes Lernen mit Schüler*innen in den genannten Themengebieten einen Beitrag zur kulturellen oder religiösen Identitätsbildung leisten oder Anknüpfungspunkte für interreligiöses oder interkulturelles Lernen liefern.

Resümee

Den hier angestellten Überlegungen liegt die Auffassung zugrunde, dass es im Kontext der Lehrer*innenbildung grundsätzlich drei Bereiche gibt, in denen der Forschung eine besondere Wichtigkeit zukommt: erstens die forschungsgeleitete Lehre in der universitären Ausbildung, zweitens das forschende Lernen mit Studierenden und drittens das forschende Lernen mit Schüler*innen. In welcher Form Forschung in diesen Bereichen sinnvoll und machbar sein kann, haben wir jeweils anhand von Beispielen aus den Bereichen muslimische bzw. gesellschaftliche Diversität, Bildungsungleichheiten und Nachhaltigkeit veranschaulicht.

Bei der Einbindung von Forschung in die Lehrer*innenbildung treten neben Potenzialen auch Grenzen zutage. Als Grenzen können sich u. a. die Kluft zwischen abstraktem Wissen und Handlungswissen, fehlende Neugier, die Problematik von Zuschreibungen oder pragmatische Hürden bei der Umsetzung von Projekten forschenden Lernens mit Studierenden oder mit Schüler*innen geltend machen, um nur einige zu nennen.

Dies schmälert nicht die Potenziale, die der Forschung in der Lehrer*innenbildung innewohnen. Zu deren vielen Vorzügen gehört, dass sie das eigene Wissen erweitert und zu neuen Erkenntnissen verhilft, dass sie Studierende und Schüler*innen dazu anregt, Bestehendes zu hinterfragen, eine kritische Haltung zu entwickeln und neugierig zu sein. Zugleich gewährt sie vertiefte Einblicke in die Lebensrealitäten von Schüler*innen und schärft so das Bewusstsein für religiöse, kulturelle, ethnische oder soziale Diversität und Bildungsungleichheiten, dafür, dass forschendes Lernen die Selbstreflexion anstoßen kann sowie nicht zuletzt, dass sie, mit ihrem Fokus auf lösungsorientierte Ansätze, die Handlungsfähigkeit stärkt und zur Erhöhung der Problemlösekompetenz beiträgt.

Teil IV: Synopse

In den in diesem Band versammelten Beiträgen wurden miteinander verknüpfte religionssoziologische und bildungsbezogene Fragestellungen behandelt, die Muslim*innen in der Gegenwartsgesellschaft des deutschsprachigen Raums betreffen. Von Relevanz sind die Befunde sowohl für die Disziplin der islamisch-theologischen Studien, für die islambezogene Forschung in anderen Wissenschaftsbereichen als auch für pädagogische bzw. bildungswissenschaftliche Überlegungen angesichts der migrationsbedingten religiösen Diversität der Gegenwartsgesellschaft.

Im Rahmen des nachfolgenden Kap. 17 wird eine Zusammenführung vorgenommen, Kernergebnisse und Erkenntnisse der religionssoziologischen (Abschn. 17.1) sowie der bildungsbezogenen Analysen (Abschn. 17.2) werden gebündelt aufgegriffen und wesentliche Zusammenhänge erhellt. Im Anschluss werden Überlegungen für mögliche Implikationen (Abschn. 17.3) angestellt. Diese betreffen die Diversität der Gegenwartsgesellschaft des deutschsprachigen Raums als Normalzustand, die Bedeutung von Empirie und empirischer Forschung im Bereich der islamisch-theologischen Studien sowie subjektorientierte und erfahrungsbasierte Ansätze in der Islamischen Religionspädagogik. Daran anknüpfend nimmt Kap. 18 eine Schlussbetrachtung vor und diskutiert das Verhältnis von Religion und Bildung mit Blick auf Muslim*innen und den Islam in der Gegenwartsgesellschaft des deutschsprachigen Raums. Ein Epilog (Kap. 19) rundet die religionssoziologischen und bildungsbezogenen Reflexionen abschließend ab.

Religionssoziologische Einblicke

Die ersten fünf Aufsätze (**Teil II**) eröffnen eine in religionssoziologischer Hinsicht hoch differenzierte Sicht auf muslimische Lebenswirklichkeiten und den Umgang von Muslim*innen mit religionsbezogenen Fragen in der deutschsprachigen Gesellschaft hier und heute; sie umfassen sowohl biografische Episoden und subjektive Deutungen als auch soziodemografische Befunde und die soziale Einbettung religiöser Praxisformen. Dadurch vermitteln die Analysen in sozialtheoretischer Hinsicht Einblicke in das Zusammenspiel von individueller Akteursebene und struktureller Dimension, die in Gestalt religiöser Praxisformen zum Ausdruck kommt. Die gegenseitige Durchdringung dieser Ebenen konnte durch die praxistheoretische Forschungsperspektive der Beiträge, die sich an das Konzept der ‚lived religion' anlehnt, aufgezeigt werden. Religiosität wird damit als etwas sich Veränderndes, sich Entwickelndes und im Alltag Entstehendes beschrieben. Im Vordergrund steht dabei weniger die Analyse theologischer Normen als vielmehr die Frage, wie diese in alltägliche Kontexte transformiert und welcher Umgang mit diesen in lebensweltlichen Situationen gepflegt wird. Auf diese Weise können die religionssoziologischen Analysen ein lebendiges, dynamisches und alltagsnahes Bild von Religiosität und den ebenso vielfältigen wie unterschiedlichen religiösen Praxisformen von Muslim*innen im deutschsprachigen Raum sichtbar machen.

Der mehrperspektivische Zugang der hier versammelten, qualitative und quantitative empirische Elemente vereinenden Aufsätze ermöglicht konkrete und differenzierte Einblicke in das vielschichtige Spektrum religiöser Alltagspraxis und

J. Kolb, *Muslimisches Leben und religiöse Bildung in der Gegenwartsgesellschaft,* Veröffentlichungen der Sektion Religionssoziologie der Deutschen Gesellschaft für Soziologie, https://doi.org/10.1007/978-3-658-42404-6_17

in die Diversität muslimischer Lebenswelten. Die Einsichten resultieren auch
daher, dass in die empirischen Erhebungen nicht, wie sonst oft üblich, ausschließlich besonders gläubige, auf strikte Einhaltung der religiösen Normen bedachte
Muslim*innen einbezogen wurden, sondern auch jene berücksichtigt wurden, die
religiösen Fragen eher distanziert gegenüberstehen. Mit diesem Ansatz wurde die
Gefahr gebannt, das ‚Islamische' oder religiöse Belange so überzubewerten, dass
es alle anderen Identifikationsmöglichkeiten oder Orientierungsmuster, die einen
formenden Einfluss auf die Sinnkonstruktionen und Selbstbilder von Muslim*innen nehmen können (Schielke, 2010, S. 2), in den Schatten stellt. Dank dieser
Vorgehensweise kann das ‚Islamische' als eine Kategorie neben anderen – wie
z. B. ethnischen, kulturellen, staatsbürgerschaftlichen, geschlechtlichen oder
beruflichen Zugehörigkeiten, die das Sein und die Lebenswirklichkeiten der befragten Muslim*innen prägen – betrachtet werden.

Die religionssoziologischen Analysen widmeten sich zunächst einem Thema,
das seit vielen Jahren in den politischen Diskursen des deutschsprachigen Raums
präsent ist: Einstellungen und Ansichten von Muslim*innen gegenüber anderen
Religionen und Andersgläubigen. In medialen Debatten wird oftmals pauschal
davon ausgegangen, dass die muslimische Bevölkerung gegenüber anderen Religionen und Menschen mit anderer Glaubenszugehörigkeit grundsätzlich negativ eingestellt sei – eine Annahme, die sich angesichts eines empirischen Daten-
satzes, der die Diversität der muslimischen Bevölkerung im deutschsprachigen
Raum bestmöglich abbildet, jedoch als irrig erweist. Im ersten Aufsatz (‚Muslim*innen und das religiös Andere: Zur Diversität von Einstellungen gegenüber
anderen Religionen, religiösen Schemata und Interaktionen von Muslim*innen
mit Andersgläubigen') wurden mittels einer fundierten empirischen Analyse die
Vielfältigkeit und Unterschiedlichkeit der Einstellungen, religiösen Schemata und
Interaktionen mit dem religiös Anderen aufgezeigt, die sowohl exklusivistische
als auch inklusivistische und pluralistische Positionen einschließen. Tatsächlich
hegen muslimische Gläubige mehrheitlich aufgeschlossene und wohlwollende
Ansichten gegenüber anderen Religionen und pflegen regelmäßige soziale Kontakte mit der nicht-muslimischen Bevölkerung. Daneben gibt es aber auch sehr
wohl Muslim*innen, die gegenüber Andersgläubigen eine ablehnende Haltung
einnehmen, sich über andere Religionen abfällig äußern oder sich in homogenen,
streng religiösen Milieus bewegen. Auslöser dafür kann eine Erfahrung der Ablehnung, Stigmatisierung oder der empfundenen Ausgrenzung und Viktimisierung
sein. Auch Muslim*innen, die im deutschsprachigen Raum geboren und aufgewachsen sind, können mit Unverständnis, Frustration oder sozialen Rückzugstendenzen reagieren, wenn sie in der medialen Öffentlichkeit auf ihren religiösen
Hintergrund, der noch dazu mit negativen Vorzeichen versehen wird, reduziert

werden oder ihnen eine Nähe zu religiösem Extremismus unterstellt wird. Dennoch stellen Muslim*innen mit religiös exklusivistischen Haltungen eine Minderheit dar. Für die Versachlichung der öffentlichen Debatten ist es wichtig, sich diesen Befund zu vergegenwärtigen.

Auslöser von Entwicklungs- und Wandlungsprozessen religiöser Praxisformen können u. a. Lebensstile und Werteorientierungen sein, die mit Lebensrealitäten korrespondieren und folglich je nach Lebenssituation ihrerseits Wandlungen und Veränderungen unterliegen können. Im zweiten Beitrag mit dem Titel ‚Muslimische Lebensstile in Österreich: Religiosität und Entwicklung gesellschaftlicher Partizipation' konnten verschiedene Lebensstilgruppen identifiziert werden, die durch unterschiedliche Partizipationschancen in der Gegenwartsgesellschaft des deutschsprachigen Raums gekennzeichnet sind. Dabei ist zwischen vier Segmenten der muslimischen Bevölkerung zu differenzieren – einem, das für prosoziale Werte, Tradition und Konformität steht und in besonderer Weise sozial integriert ist, einem, das vor allem Selbstentfaltung und Universalismus befürwortet und als bildungsorientiert beschrieben werden kann, einem, das nach Sicherheit und Macht strebt und als statussuchend einzustufen ist, und einem, das für die Werte Hedonismus, Stimulation und Leistung eintritt und autonome Züge trägt. Aus den empirischen Analysen geht hervor, dass es von Generation zu Generation zu einer Veränderung der Werteorientierungen kommt. Während Angehörige der ersten Migrationsgeneration, die außerhalb des deutschsprachigen Raums geboren sind, besonders die Werte Tradition, Konformität und Sicherheit befürworten, findet in der zweiten und dritten Generation eine partielle Verlagerung in Richtung Selbstentfaltung, Stimulation und Hedonismus statt. Diese Tendenz trägt zu einer Erhöhung der gesellschaftlichen Partizipationschancen und der Integration in die nicht-muslimische Mehrheitsgesellschaft bei.

Darüber hinaus vermögen die empirischen Analysen die Unterschiedlichkeit und Diversität der Sichtweisen und Bezüge der muslimischen Bevölkerung gegenüber religiösen Organisationen sowie religiösen Autoritäten aufzuzeigen. Der dritte Aufsatz (‚Verfasster Islam im Migrationskontext: Zur Vielfalt der Bindungen an religiöse Organisationsstrukturen und Autoritäten im Prozess des Wandels') liefert ein lebendiges, vitales und alltagsnahes Bild vom Verhältnis muslimischer Gläubiger im Migrationskontext zum verfassten Islam, das sich nicht zuletzt daraus ergibt, dass die Stichprobe des dem Aufsatz zugrunde liegenden empirischen Datenmaterials ausbalanciert ist und sowohl Muslim*innen einbezieht, die in Moscheevereinen organisiert sind, als auch solche, die selten oder nie eine Moschee aufsuchen. Die Analysen zeigen auf, dass ein erheblicher Teil der muslimischen Bevölkerung eine kritische bis ablehnende Haltung gegenüber religiösen Organisationsstrukturen sowie gegenüber religiösen Autoritäten

wie Imamen oder theologischen Normenlehren einnimmt. Die Gründe dafür sind
unterschiedlich und reichen von Zeitmangel, selbstbestimmten theologischen
Interpretationen bis hin zur Kritik an politisch motivierten Aktivitäten in Moscheegemeinden. Die Befunde belegen, dass sich auch im Fall der muslimischen
Bevölkerung partiell Prozesse der Säkularisierung abzeichnen – wie z. B. die
Individualisierung der Glaubenspraxis, der Wandel von Glaubensformen, die
verstärkte Privatisierung des religiösen Lebens oder der Bedeutungsverlust traditioneller religiöser Autoritäten. Dies führt zur Entstehung von religionssoziologischen Phänomenen wie ‚Glauben ohne Zugehörigkeit' *(believing without belonging)*, ‚kulturbedingte Religiosität' *(culturally religious)* und religiöse ‚Zugehörigkeit ohne Glauben' *(belonging without believing)*. Vor diesem Hintergrund
spricht vieles dafür, dass muslimische Organisationen, Moscheevereine oder
Dachverbände gut daran täten, die Beziehungen zu diesen Teilen der muslimischen Bevölkerung nicht abreißen zu lassen und Angebote zu schaffen, die sich
für die organisationskritischen Segmente als attraktiv erweisen. Auf diesem Weg
ließe sich sowohl die Diversität des Gemeindelebens erhöhen als auch die Heterogenität einer spezifischen ethnischen Community innerhalb einer Moscheegemeinde oder eines Dachverbands besser abbilden. Eine solche Ausrichtung ver-
setzte muslimische Organisationen eher in der Lage, der oftmals vonseiten der
nicht-muslimischen Mehrheitsgesellschaft an sie gerichteten Erwartungshaltung,
nämlich zu einer integrativen Beheimatung der muslimischen Bevölkerung beizutragen, nachhaltiger gerecht zu werden.

Des Weiteren konnte in den Analysen aufgezeigt werden, dass Religiosität und religiöse Praxisformen nicht statisch sind, sondern einer Dynamik sowie
Entwicklungs- und Wandlungsprozessen unterliegen, die durch soziale Kontextbedingungen (mit-)beeinflusst werden. So weist der vierte Beitrag mit dem Titel
‚Muslimische Diversität und religiöse Praxis in Bewegung: Von der defensiven
zur offenen Religiosität' nach, dass besonders religiöse Haltungen und Glaubenspraktiken im Alltag mitnichten immer gleich sind, sondern vielmehr markante
Unterschiede im Hinblick auf den Umgang mit Religiosität und das Verständnis von religiösen Normen erkennen lassen. Darüber hinaus, so zeigt sich, gibt
es neben einer defensiven Form von Religiosität, die religiöse Traditionen ver-
teidigt und für sozialen Wertkonservatismus steht, auch eine – in der bisherigen
Forschung nur wenig beachtete – offene Religiosität, die sich an einer partiellen
Umdeutung religiöser Traditionen und Rituale versucht. Diese religiöse Praxisform ist grundsätzlich ein Ausdruck dafür, dass sich religiöse Zugehörigkeit
und religionsbezogene Handlungen in einem ständigen Wandel befinden. Verbreitet ist die offene Religiosität vor allem in jüngeren Altersgruppen sowie
unter Muslim*innen der zweiten oder dritten Migrationsgeneration, die im

deutschsprachigen Raum geboren und aufgewachsen sind. Zwar mag die offene Religiosität in der Gegenwart noch ein vergleichsweise randständiges Phänomen sein, aber manches spricht dafür, dass diese Form religiöser Alltagspraxis im Begriff ist, sich weiterzuverbreiten und an Bedeutung zu gewinnen.

Die religionssoziologischen Analysen des fünften Aufsatzes ('Religiöse Diversität unter muslimischen Jugendlichen und jungen Erwachsenen: Überlegungen zur Virtualisierung, Bricolage und Prozessualität des religiösen Lebens') geben Einblick in religiöse Selbstbilder und Praxisformen junger Muslim*innen im Alter von 16 bis 30 Jahren – was insofern von Relevanz ist, als die muslimische Bevölkerung in dieser Altersspanne vor allem in Problemzusammenhängen thematisiert und als homogene Einheit wahrgenommen wird. Demgegenüber zeichnen die empirischen Analysen ein nuanciertes Bild und beleuchten die Vielschichtigkeit und Variationsbreite der religiösen Selbstverortungen und praktizierten Umgangsformen mit religiösen Normen unter jungen muslimischen Gläubigen. Dabei zeigt sich, dass junge Muslim*innen – im Vergleich zur generationenübergreifenden Verteilung religiöser Praxisformen – ein besonderes Faible für einen selbstbestimmten Zugang zu religiösen Fragen haben, der sich von einem regelgeleiteten Verständnis abgrenzt und für eine partielle Neudefinition religiöser Praktiken eintritt. In der Forschung zum muslimischen Leben in der Gegenwartsgesellschaft des deutschsprachigen Raums wurden diese Entwicklungen noch nicht ausreichend wahrgenommen. Daher wird an dieser Stelle dafür plädiert, den selbstbestimmten Umgang mit religiösen Fragen und damit verbundene Tendenzen in der muslimischen Bevölkerung als verbreitete Form religiöser Praxis anzuerkennen und auch allgemeinen Befunden, wie dem Hang zu einer religiösen Bricolage sowie der zunehmenden Virtualisierung und dem Prozesscharakter des religiösen Lebens, mehr Aufmerksamkeit zukommen zu lassen.

Bildungsbezogene Erkenntnisse

Nach den religionssoziologischen Analysen vermitteln die Beiträge sechs bis zehn (**Teil III**) eine differenzierte Sichtweise auf bildungsbezogene Fragestellungen, die die muslimische Bevölkerung im deutschsprachigen Raum betreffen. Die Beiträge fußen größtenteils auf empirischen Befunden, die die Grundlage für die religionspädagogischen und bildungswissenschaftlichen Überlegungen bilden. Damit ist sichergestellt, dass die Analysen von Bildungsfragen nie praxisenthoben oder losgelöst von alltäglichen Situationen und Konstellationen, sondern in engem Austausch mit muslimischen Lebenswelten und der

Diversität der religiösen Glaubenspraxis der muslimischen Bevölkerung erfolgen. So werden jene systematisch berücksichtigt, die mit den entwickelten bildungsbezogenen Überlegungen angesprochen werden sollen. Die Analysen folgen also dem methodologischen Prinzip, religionspädagogische oder bildungswissenschaftliche Reflexionen nicht über die Köpfe der Beteiligten, also der Lernenden oder Lehrenden, hinweg anzustellen, sondern gestehen deren Aussagen, Wünschen, Kompetenzen, Erwartungen und Erfahrungen in diesem Prozess eine konstitutive Rolle zu.

Der sechste Beitrag (‚Bildungskonzepte und religionspädagogische Erwartungen muslimischer Eltern: Bildungssoziologische Perspektiven auf muslimische Diversität') untersucht zunächst, welche Vorstellungen von religiöser Bildung, welche Ansichten zum islamischen Religionsunterricht und welche Umgangsformen mit religiöser Bildung in der familiären Alltagspraxis unter muslimischen Eltern verbreitet sind. Die empirischen Daten zeigen, wie unterschiedlich diese sein können. So kommt für das Lager muslimischer Eltern, die religionsbezogenen Fragen eher distanziert gegenüberstehen, religiöser Bildung nur ein nachgeordneter Stellenwert zu. Der Vorzug wird insbesondere konstruktivistischen Lernansätzen oder didaktischen Modellen gegeben, die auf Subjektorientierung, Offenheit und Selbstbestimmung setzen. Demgegenüber zeichnet sich das zweite Lager durch besondere Gläubigkeit aus. Für diese Erziehungsberechtigten stellt religiöse Bildung einen unverzichtbaren Bestandteil der Identitätsbildung dar, um den sich nicht allein Moscheevereine oder familiäre Kontexte kümmern sollten, sondern dem auch im öffentlichen Schulwesen ein wichtiger Platz gebührt, etwa in Gestalt von Auswendiglernen bzw. einer instruktionistischen Didaktik. Die bildungsbezogenen Analysen kommen diesbezüglich zum Befund, dass die Islamische Religionspädagogik die Vorstellungen und Erwartungen der religionsfernen muslimischen Erziehungsberechtigten ebenso zu antizipieren habe wie die Vorstellungen und religiösen Bedürfnisse der eher strenggläubigen muslimischen Eltern. Es handelt sich dabei um einen Grenzgang, der versucht, die verschiedenen Bildungsvorstellungen, Lernprinzipien, didaktischen Stile und Stellenwerte religiöser Bildung nach den Maßstäben einer zeitgemäßen Pädagogik zusammenzubringen.

Bildungsbezogene Differenzen zeigen sich aber nicht nur zwischen muslimischen Eltern und Erziehungsberechtigten, sondern auch zwischen den Lernorten Familie, Moschee, Schule und Hochschule. Im siebten Aufsatz, der den Titel trägt ‚Transdisziplinäre Grenzarbeit zwischen hochschulgebundener, schulischer und außerschulischer Bildung: Ein Vorschlag zum Zusammenspiel der verschiedenen Lernorte islamischer Bildung', wird dargelegt, dass das Gefüge zwischen den einzelnen Lernorten durch diverse Spannungsfelder gekennzeichnet ist.

Diese resultieren etwa aus der Frage, welche Ziele religiöse Bildung zu verfolgen hat, wie ein angemessener Umgang mit traditionellen Lehr- und Lernpraktiken aussehen kann und wie ein kritischer oder hinterfragender Zugang zu Glaubensfragen und religiösen Wahrheitsansprüchen gestaltet sein müsste. Zu diesen Fragen gehen die Ansichten von Hochschullehrer*innen, Eltern, Imamen oder islamischen Religionslehrer*innen auseinander. Zu bedenken ist jedoch, dass die beteiligten Akteur*innen – ungeachtet der unterschiedlichen, mitunter gegenläufigen Erwartungen, Sichtweisen und Wünsche – aufeinander angewiesen sind. Daher wird dafür plädiert, dass die Lernorte islamischer Bildung – trotz bestehender Differenzen – in einem komplementären Sinne zusammenspielen und gemeinsam an einem Strang ziehen sollten, um muslimischen Kindern und Jugendlichen eine umfassende religiöse Bildung zu ermöglichen. Unter Rückgriff auf das Konzept des ‚dritten Raums‘ von Homi Bhabha (2004) und auf Paulo Freires Ansatz der ‚Praxis‘ (Freire, 1978, S. 71 f.) werden Eckpfeiler einer transdisziplinären Grenzarbeit benannt, um die Akteur*innen der verschiedenen Lernorte zusammenzubringen. Ziel ist es, einen Ansatz für die islamische Bildung zu entwickeln, der latente Spannungsfelder zwischen Hochschule, Schule, Moschee und Familien aufdeckt, die Eigenlogiken der jeweiligen Lernorte und Akteur*innen ernst nimmt und gemeinsame Reflexions- und Lernprozesse anstößt, um eine institutionenübergreifende Verständigung und Zusammenarbeit zu gewährleisten.

Islamisch-religionspädagogische Reflexionen sind nicht die einzigen bildungsrelevanten Impulse, die angesichts der Unterschiedlichkeit von Glaubensvorstellungen und Glaubenspraktiken entwickelt werden. Vor dem Hintergrund der gewachsenen religiösen Pluralität der Gegenwartsgesellschaft des deutschsprachigen Raums wird in religionspädagogischen Debatten immer öfter auch der Ruf nach interreligiösen Ansätzen im konfessionellen Religionsunterricht, in der Religionspädagogik oder in der islamischen Bildung laut. Der achte Beitrag (‚Religiöse Pluralität der Gegenwartsgesellschaft und interreligiöses Lernen: Ein Vergleich von interreligiösen Ansätzen in Deutschland und Österreich‘) zeichnet die einschlägigen Diskurse nach und systematisiert die Vielzahl der im deutschsprachigen Raum bestehenden Konzepte. Hervorzuheben ist dabei einerseits, dass in interreligiösen Kooperationen die interne Diversität und Unterschiedlichkeit der religiösen Alltagspraxis von Bekenntnisgemeinschaften bislang noch zu wenig Aufmerksamkeit erfahren haben. Andererseits zeigt sich ein breites Spektrum von Ansätzen, die sich mit Fragen der interreligiösen Begegnung in Bildungskontexten befassen und deren Schwerpunkt auf der theoretischen bzw. konzeptionellen Ausarbeitung liegt, während die pädagogische Umsetzung in der konkreten Unterrichtspraxis oftmals von untergeordneter Bedeutung ist. Angesichts der Schieflage wird ein ‚practical turn‘ in der Forschung angeregt.

Denn interreligiöse Pädagogik sollte nicht nur ein akademisches Publikum ansprechen, sondern auch in die pädagogische Praxis einfließen. Modelle und Konzepte, die in erster Linie der universitären Wissensproduktion dienen und praktische Anwendungen hintanstellen, tragen zur Überakademisierung interreligiöser Ansätze bei. Eine solche Tendenz ist jedoch nicht dazu angetan, interreligiöses Lernen im schulischen Bildungsalltag aufzuwerten. Aufgrund dessen sprechen sich die bildungsbezogenen Analysen für eine verstärkte Praxisorientierung der Forschung zu interreligiöser Pädagogik aus, die die pädagogische Anwendung in den Mittelgrund rückt, die beteiligten Personen ernst nimmt und auf eine didaktische Umsetzung der entwickelten Konzepte abzielt. Ein Vorschlag lautet, dass bei der Planung von Lernprozessen, bei der Entwicklung von Unterrichtsmaterialien, beim pädagogischen Umgang mit religiöser Andersheit und religiösen Gemeinsamkeiten sowie bei der Fruchtbarmachung von Phasen der Begegnung und Phasen der Reflexion die Prinzipien der Subjekt- und der Erfahrungsorientierung in interreligiösen Lehr- und Lernkonzepten systematisch berücksichtigt werden.

Die bildungsbezogenen Reflexionen geben nicht nur einen Überblick über verschiedene Ansätze interreligiösen Lernens in der pluralen Gegenwartsgesellschaft des deutschsprachigen Raums, sondern vermitteln anhand eines Beispiels auch tiefgreifende Einblicke dahingehend, wie interreligiöse Kooperationen in Bildungskontexten in der Praxis aussehen und ablaufen können. Im Mittelpunkt steht dabei die interreligiöse Zusammenarbeit bei der Ausbildung von katholischen und islamischen Religionslehrer*innen an der Universität Innsbruck. Bei der Analyse zeigt sich, dass im Verlauf interreligiöser Lehr- und Lernprozesse Konflikte und Spannungsfelder zwischen den Beteiligten auftreten können, wie im neunten Aufsatz ‚Konflikte und Spannungen in interreligiösen Lehr- und Lernkonstellationen: Eine empirische Analyse von Konfliktherden in der Ausbildung von Religionslehrer*innen‘ detailliert dargelegt wird. Beispielsweise bedeutet die Zusammensetzung von Gruppen eine fortwährende Herausforderung, da sich daraus asymmetrische Gruppenverhältnisse ergeben können, die häufig mit einer Ingroup-Bildung oder Exklusionsdynamik einhergehen. Mögliche Spannungen bergen daneben aber auch didaktische und methodische Fragen, haben doch die beteiligten Bekenntnisgemeinschaften meist eigene Vorstellungen davon, wie eine ‚gute‘ religiöse Bildung auszusehen habe, was Religionspädagog*innen leisten sollen oder wie ein Religionsunterricht zu gestalten sei. Dabei stehen Ansätze, die stärker auf Inhalte fokussieren, eher instruktionistisch akzentuiert sind und sich an einem materialen Bildungsverständnis orientieren, solchen gegenüber, die die Subjekt-, Kontext- und Erfahrungsorientierung betonen oder kreative und spielerische Lernprinzipien in den Vordergrund stellen. Da in den vergangenen Jahrzehnten das Thema interreligiöses Lernen immer mehr an Relevanz gewonnen hat, ist es besonders wichtig, bestehende interreligiöse Ansätze in der pädagogischen Praxis auf den Prüfstand zu stellen und – falls erforderlich – weiterzuentwickeln. Ausgehend von den identifizierten Konfliktherden, die in interreligiösen Bildungsprozessen lauern, werden daher verschiedene Vorschläge ausgearbeitet, die für Formen der interreligiösen Zusammenarbeit in Bildungskontexten von Nutzen sein können, um Konflikten rechtzeitig vorzubeugen.

Abschließend widmen sich die bildungsbezogenen Analysen im zehnten Beitrag (‚Forschung und muslimische Diversität in der Lehrer*innenbildung: Zu Potenzialen und Grenzen von forschungsgeleiteter Lehre sowie forschendem Lernen mit Studierenden und Schüler*innen am Beispiel muslimischer Diversität und sozialer Ungleichheit‘) der Frage, wie muslimische Lebenswirklichkeiten, die Variationsbreite religiöser Alltagspraxis von Muslim*innen im deutschsprachigen Raum und die diesbezügliche Forschung in der Lehrer*innenbildung Berücksichtigung finden können. Diese Frage ist deswegen von Bedeutung, weil Lehrpersonen vielfach daran interessiert sind, Einblicke in muslimische Alltagswelten zu bekommen, um für den schulischen Alltag besser vorbereitet zu sein. Zu diesem Zweck wird vorgeschlagen, die Auseinandersetzung mit muslimischer Diversität und Glaubenspraxis in der forschungsgeleiteten Lehre, beim forschenden Lernen mit Studierenden und mit Schüler*innen anhand von empirischen Befunden im Rahmen der Lehrer*innenbildung zu berücksichtigen. Entwickelt und präsentiert werden hierfür praktische Anwendungsbeispiele, wie forschendes Lernen mit Studierenden (in der Hochschule) oder mit Schüler*innen (in der Schule) zum Thema muslimische Diversität, religiöse Pluralität der Gegenwartsgesellschaft und weitere Projektbeispiele wie soziale Ungleichheit oder Nachhaltigkeit in der pädagogischen Praxis umgesetzt werden können. Durch den stärkeren Einbezug von Forschung zu muslimischen Lebenswelten und muslimischer Glaubenspraxis in die drei Bereiche der Lehrer*innenbildung können angehende Lehrer*innen der Aufgabe, Schüler*innen für das Leben in der pluralistischen Gegenwartsgesellschaft und die multireligiösen und multikulturellen Verhältnisse vorzubereiten, nachhaltiger nachkommen. Auch die Schüler*innen selbst werden so darin unterstützt, Bestehendes zu hinterfragen, neugierig zu sein und einen grundsätzlichen Habitus des Wissenwollens sowie Freude am Wissenserwerb zu entwickeln.

Implikationen

Aus den religionssoziologischen Befunden sowie den bildungsbezogenen Erkenntnissen lassen sich Implikationen ableiten, die nachfolgend vorgestellt und diskutiert werden. Dabei geht es zum einen um die (I) Diversität der deutschsprachigen

Gegenwartsgesellschaft als Normalzustand, zum anderen um die Bedeutung von (II) Empirie und empirischer Forschung in den islamisch-theologischen Studien sowie zu guter Letzt um die (III) subjektorientierte und erfahrungsbasierte islamische Bildung im Sinne einer anthropologischen Wende.

(I) Diversität als Normalität

In der wissenschaftlichen Forschung ebenso wie in öffentlichen Debatten herrscht mitunter die Tendenz, die muslimische Bevölkerung als homogene Einheit zu charakterisieren und mit überwiegend negativen Konnotationen zu versehen. Die vorliegenden Analysen dokumentieren eine starke Diskrepanz zwischen klischeebesetzten Darstellungen auf der einen Seite und den konkreten Lebenswirklichkeiten sowie religiösen Praxisformen von Muslim*innen auf der anderen Seite und entlarven damit derartige Zuschreibungen als Stereotype. Was auf den zweiten Blick erkennbar wird, sind eine tiefgehende Diversität und Vielschichtigkeit – ein Alltagszustand, der eigentlich keine neue Erkenntnis sein dürfte. Die Diversität der muslimischen Bevölkerung in der deutschsprachigen Gegenwartsgesellschaft ist, dies belegen die hier versammelten Analysen, als Normalität einzustufen.

Wie in den Beiträgen deutlich wurde, umfassen die religiösen Praxisformen der im deutschsprachigen Raum lebenden Muslim*innen eine große Variationsbreite; sowohl in den religionssoziologischen als auch den bildungsbezogenen Analysen spiegeln sich verschiedenartige religiöse Orientierungen, vielschichtige Umgangsformen mit religiösen Fragen und differierende muslimische Lebenswirklichkeiten wider. Demnach stehen besonders gläubige und von Religion distanzierte Milieus einander gegenüber und sind jeweils gleichermaßen in der muslimischen Bevölkerung vertreten. Auch sind religionsbezogene Kategorien nicht die einzigen Variablen, die muslimische Gläubige in ihrer Alltagsgestaltung beeinflussen, weswegen das ‚Islamische‘ nicht überbewertet werden sollte. Tatsächlich formen auch andere Orientierungsmuster – wie geschlechtliche, ethnische oder berufliche Zugehörigkeiten – in einem nicht unbeträchtlichen Ausmaß muslimische Lebenswirklichkeiten und Selbstbilder. Muslim*innen definieren sich eben keineswegs nur durch oder ausschließlich über ihre Religion (Ulfat, 2020b, S. 23).

Weiters zeigen die Analysen, dass auch strenggläubige Muslim*innen sehr unterschiedliche Glaubensauffassungen vertreten können, etwa was das Verständnis von religiösen Normen angeht: Eine Gruppe besonders gläubiger Personen interpretiert das rituelle Pflichtgebet oder das Fastengebot selbstbestimmt und kommt diesen vor allem aufgrund einer subjektiven Spiritualität nach, andere wiederum praktizieren religiöse Normen hauptsächlich aus Pflichtbewusstsein oder um der Traditionswahrung willen. Und während ein Großteil hochreligiöser Muslim*innen pluralistische Haltungen gegenüber anderen Religionen und Andersgläubigen vertritt, steht eine Minderheit für exklusivistische Auffassungen ein.

Darüber hinaus belegen die Befunde der Beiträge eindrucksvoll, dass die muslimische Bevölkerung ein integraler Bestandteil der Gegenwartsgesellschaft des deutschsprachigen Raums geworden ist. Mittlerweile wächst bereits die dritte oder vierte Generation heran, mit oftmals anderen als noch von der Elterngeneration gepflegten religiösen Orientierungen, Praxisformen und Selbstverortungen – wie beispielsweise ambivalenten und hybriden Deutungen (Foroutan, 2020, S. 43–46) oder postmigrantischen (Hill, 2015, 2024; Yildiz, 2015) und postmuslimischen Identitäten (Donlic & Yildiz, 2022). Wie bei anderen Glaubensgemeinschaften wirken auch bei der muslimischen Bevölkerung Prozesse der Säkularisierung auf die Religiosität und Glaubenspraxis ein. Entsprechend können Zugänge zu Glaubensfragen zwischen den Migrationsgenerationen differieren. Interpretiert werden kann die Zuwendung zum Islam beispielsweise als individueller Suchprozess – u. a. nach der eigenen Familiengeschichte –, als Austesten von Grenzen oder, allgemeiner formuliert, als ‚dritter Raum'. In einem solchen können muslimische Gläubige Identitätsfragen, religiöse Zugehörigkeit und Lebensentwürfe neu verhandeln oder im Sinne einer religiösen Bricolage alte und neue Erfahrungen, unterschiedliche kulturelle Elemente zusammenfügen und synthetisieren.

Ungeachtet der vielfältigen Facetten, Nuancen, der Vielschichtigkeit und Komplexität der religiösen Alltagspraxis von Muslim*innen hält sich in der Öffentlichkeit jedoch beharrlich eine undifferenzierte, auf eine Entkontextualisierung religiöser Orientierungen und Praktiken hinauslaufende Deutung. Viele Darstellungen sind durch holzschnittartige Vereinfachungen und Pauschalisierungen geprägt und nehmen eine Exotisierung der muslimischen Bevölkerung vor – eben in krassem Widerspruch zur evidenzbasierten Vielfalt religiöser Lebensweisen und Alltagsstrategien. Die hier versammelten Analysen haben in einer lebensnahen, differenzierten und mehrperspektivischen Herangehensweise nachgezeichnet, wie variationsreich, komplex und vielschichtig die Alltagswirklichkeiten und religiösen Praxisformen der muslimischen Bevölkerung tatsächlich sind. Sie verfestigen dabei den Eindruck, dass deren Diversität ebenso wie die religiöse Pluralität der Gegenwartsgesellschaft des deutschsprachigen Raums als Normalzustand zu betrachten sind.

(II) Empirie und empirische Methoden in den islamisch-theologischen Studien

In der Geschichte der islamischen Gelehrsamkeit wurden stets auch gesellschaftlich relevante Fragen mitverhandelt, die das soziale Zusammenleben sowie die Koexistenz verschiedener Kulturen und Religionen unter islamisch legitimierten Regeln umfassten. Dass Menschen muslimischen Glaubens dauerhaft in christlich geprägten Gegenwartsgesellschaften leben, konfrontiert die Islamische Theologie mit neuen Aufgaben, ist doch die muslimische Bevölkerung, wie in den vorangegangenen Beiträgen facettenreich dargelegt, keinesfalls in sich einheitlich und homogen, sondern in sprachlicher, ethnischer sowie nicht zuletzt religiöser Hinsicht gespalten.

Die Lebenswirklichkeiten der Gegenwartsgesellschaft des deutschsprachigen Raums fordern die muslimische Bevölkerung heraus, religionsbezogene Fragen neu zu definieren. Dabei geht es um nicht weniger als um die Klärung der Frage, welche Bedeutung religiöser Zugehörigkeit, Glauben und insbesondere religiösen Normen in Zukunft zukommen soll. Die islamisch-theologischen Studien spielen in diesem Zusammenhang eine wichtige Rolle, denn sie können dazu beitragen,

den Wandel zu deuten und so – in einer offenen Auseinandersetzung mit der eigenen Tradition – muslimische Identität in einer säkularen, pluralistischen Gesellschaft zu gewährleisten (Aslan et al., 2017, S. 457).

Angesichts der Diversität, Vielschichtigkeit und Widersprüchlichkeit der einzelnen muslimischen Bevölkerungssegmente spricht vieles dafür, dass Impulse zu religiösen Normen und zu Fragen des Zusammenlebens nicht mehr ausschließlich aus theologischen Quellen wie dem Koran und der Sunna bezogen werden können. Vielmehr ist es geboten, Empirie als epistemologische Quelle anzuerkennen und empirische Forschungsmethoden auf theologische Fragestellungen anzuwenden, denn erst dadurch kann die Islamische Theologie ihre Aufgabe wahrnehmen, Menschen mit ihren Zukunftsängsten, Wünschen, theologischen Verständnissen und ihrem Bedürfnis nach Beheimatung abzuholen und zu begleiten.

Wie aus den religionssoziologischen und bildungsbezogenen Analysen hervorgeht, ist religiösen Autoritäten oder Imamen aber nicht immer klar, wie muslimische Lebenswelten aussehen. Auch belegen die Beiträge eindrücklich, dass nur bei einem kleinen Teil der muslimischen Bevölkerung religiöse Normen die gesamte Lebenswirklichkeit prägen. Die Mehrheit richtet ihre Alltagsgestaltung nicht auf die Erfüllung religiöser Normen aus. Deren Lebenswelten sind nicht ausschließlich durch Bezugnahme auf eine gemeinhin in Moscheepredigten beschworene traditionelle islamische Normenlehre geprägt, sondern auch durch Erfordernisse, die aus alltagsweltlichen Umständen, wie z. B. beruflichen Verpflichtungen, resultieren.

Um ihrem Auftrag gerecht werden zu können, muss die Islamische Theologie folglich zuerst darüber Bescheid wissen, wen sie anspricht. Die islamisch-theologischen Studien sind daher aufgefordert, sich mit muslimischen Lebenswirklichkeiten ausreichend auseinanderzusetzen, um das religionsbezogene Denken von Muslim*innen in der Gegenwartsgesellschaft verstehen und deuten zu können. Die klassische islamische Gelehrsamkeit stößt hier an ihre Grenzen. Stattdessen ist die Islamische Theologie angehalten, „ihr traditionelles Instrumentarium in die Richtung empirischer Theologie zu erweitern bzw. sich interdisziplinär zu verorten" (ebd., S. 458).

Die empirisch reflektierten Erfahrungswelten können dann den Ausgangspunkt für theologische Reflexionen darstellen. Für differenzierte Einblicke in die Verschiedenheit muslimischer Lebenswirklichkeiten und die Diversität religiöser Alltagspraxis bieten sich insbesondere mehrperspektivische empirische Zugänge an, die qualitative und quantitative Elemente vereinen. In den religionssoziologisch ausgerichteten Aufsätzen wurde darüber hinaus eine Perspektive eingenommen, die einen lebensnahen Zugang zu religionsbezogenen Alltagsphänomenen eröffnet. Zukunftsweisende Wege für eine empirisch ausgerichtete Islamische Theologie verspricht auch ein praxistheoretisches Forschungsprogramm. Dessen Fragen stellen im Bereich der islamisch-theologischen Studien ein Forschungsdesiderat dar, das noch weiterer, vertiefter Forschungsbemühungen bedarf, um die Grundlagen, die Verfasstheit sowie die Gestaltung muslimischer Lebenswirklichkeiten und religiöser Praxisformen einordnen und verstehen zu können.

Die schablonenhafte Einteilung muslimischer Lebenswirklichkeiten oder Praxisformen in *halal* oder *haram* (Erkurt, 2016) – Kategorien, die u. a. in der Jugendsprache als Provokation dienen oder das Streben nach Eindeutigkeit ausdrücken – erweist sich in solchen Fragen jedenfalls als unzulänglich. Diese Kategorien sind als Maßstäbe für theologische Überlegungen unangebracht und vermögen es nicht, der Komplexität, Vielschichtigkeit und den vielseitigen Bezugspunkten des alltäglichen Lebens gerecht zu werden. Anstatt die empirische Wirklichkeit und evidenzbasierte Befunde durch normative Diskurse zu erschließen oder dogmatische Deduktionen anzustellen, ist die Islamische Theologie angehalten, mögliche Spannungen zwischen Empirie und Normativität zu reflektieren und die religiösen Erfahrungen, Orientierungen und Praktiken der Menschen sowie gegenwärtige Ausdrucksformen von Religiosität als Ausgangspunkt islamisch-theologischer Erkenntnisbemühungen zu begreifen.

(III) Subjektorientierte und erfahrungsbasierte islamische Bildung

Die evidenzbasierten Beiträge belegen nachdrücklich, dass die muslimische Bevölkerung nicht nur durch eine Diversität religiöser Überzeugungen und Glaubenspraktiken gekennzeichnet ist, sondern auch unterschiedliche Vorstellungen und Erwartungen an religiöse Bildung hat. Empirische Analysen, die derartige Einblicke ermöglichen, sind für die islamisch-theologischen Studien von besonderer Bedeutung, schaffen sie doch die Voraussetzung dafür, dass in pädagogischer Hinsicht nicht nur über die muslimische Bevölkerung gesprochen wird, sondern die betroffenen Akteur*innen auch systematisch in religionspädagogische Überlegungen einbezogen werden können.

Es wird daher vorgeschlagen, einerseits die Sichtweisen muslimischer Eltern auf Bildungsfragen ernst zu nehmen und andererseits religionspädagogische Konzepte in Beziehung zu den Lebenswelten jener zu setzen, für die diese Konzepte entwickelt werden. In den bisherigen Debatten und Modellen findet ein solcher Zugang nämlich noch zu selten Berücksichtigung (Sejdini, 2015, S. 24). Nach wie vor ist ein islamischer Religionsunterricht vorrangig auf muslimische Bevölkerungssegmente ausgerichtet, die einen engen Bezug zu Moscheevereinen haben, instruktionistische didaktische Prinzipien (wie z. B. Memorieren) bevorzugen und eine Suprematsstellung des Religiösen in Bildungskonzeptionen einfordern (Kolb, 2023a). Rauf Ceylan zufolge zielt eine so verstandene islamische Bildung in Schulen und Moscheen weder auf Selbstständigkeit, Mündigkeit noch die Entwicklung einer kritischen Reflexionsfähigkeit, sondern strebt in erster Linie Imitation und Nachahmung an (Ceylan, 2008, S. 143 f.). Lernende nehmen darin lediglich die Rolle von passiven Adressat*innen von religiösem Wissen ein. Derartige islamisch-religionspädagogische Ansätze legen oftmals größeres Gewicht auf theologische Normen als auf allgemeine bildungswissenschaftliche, pädagogische und didaktische Grundsätze des Lehrens und Lernens.

Die Subjektorientierung und Erfahrungsbasiertheit, die die Subjekte des Lernens und deren Erfahrungen in den Mittelpunkt religionspädagogischer und bildungswissenschaftlicher Reflexionen rücken, sind wichtige Leitlinien für zeitgemäße religionspädagogische Konzeptionen und Ansätze der islamischen Bildung, die sich auch theologisch begründen lassen. Denn in anthropologischer Hinsicht ist, wie Zekirija Sejdini ausführt,

> der Glaube als ein Angebot Gottes zu verstehen. Da der Mensch bei seiner Schöpfung mit einem freien Willen ausgestattet wurde, kann er den Glauben annehmen oder ablehnen. Dessen hat sich die islamische Religionspädagogik gewahr zu sein

und folglich muss sie den ihr Anvertrauten diese Entscheidungsmöglichkeit zuge-
stehen, ohne dass sie den Verlust von Anerkennung oder Ansehen befürchten müssen. Zudem ist sie angehalten, Angebote auch für jene bereitzustellen, die sich nicht
zum Glauben bekennen, aber dennoch an religiöser Bildung teilhaben möchten (Sejdini, 2022b, S. 103).

In diesem Sinne, aufgrund der Unverfügbarkeit des Glaubens, kann die Islamische Religionspädagogik nicht ausgereifte Glaubensvorstellungen voraussetzen.
Ihre Aufgabe besteht also darin, Lernende bei ihrer Subjektwerdung und bei der
selbstständigen Entfaltung ihres Glaubens durch altersgerechte Methoden zu
unterstützen, auf dass sie einen eigenen Zugang zum Glauben und zu religionsbezogenen Fragen entwickeln und religiöse Mündigkeit (Benner, 2005, S. 53) erlangen. Die genannten Prinzipien finden sich auch in zeitgenössischen religionspädagogischen Reflexionen als Bildungsziele wieder (Behr, 1998). Eine entsprechende Einbettung in religionspädagogische Konzepte, religionsdidaktische
Methoden und Unterrichtsmaterialien bedarf aber noch weiterer Forschungsbemühungen.

Damit religiöse Bildungsprozesse zu nachhaltigen Ergebnissen führen, müssen Religionspädagog*innen sowie religionspädagogische Konzepte muslimische
Lebensrealitäten und die Erfahrungshorizonte der Lernenden kennen. Die hier
versammelten Beiträge stellen daher, indem sie empirische Befunde reflektieren,
eine wichtige Grundlage für eine ‚anthropologische Wende' in der Islamischen
Religionspädagogik dar, die zeitgemäße Prinzipien des Lehrens und Lernens in
den Mittelpunkt rückt und für eine subjektorientierte und erfahrungsbasierte islamische Bildung eintritt. Ein solcher Zugang verhindert die Degradierung muslimischer Lernender zu passiven Adressat*innen und gewährleistet den Einbezug
ihrer Erlebnisse, Erfahrungen und ihrer Lebensrealität als konstitutiven Teil
religionspädagogischer Bildungsprozesse.

Zu berücksichtigen ist zudem, dass die Islamische Religionspädagogik nicht
nur auf ein spezifisches, hochreligiöses Segment ausgerichtet ist, sondern die
Vielfalt und Diversität der muslimischen Bevölkerung abzubilden versucht. Insbesondere an öffentlichen Schulen, hat islamische Bildung die Aufgabe, sowohl
besonders religiöse und wertkonservative Muslim*innen als auch jene anzusprechen, die gegenüber religiösen Normen selbstbestimmt, kritisch oder auch
distanziert eingestellt sind.

Die Islamische Religionspädagogik ist mithin aufgefordert, die unterschiedlichen religiösen Erfahrungen von Muslim*innen im Bildungskontext als Lern-
voraussetzungen anzuerkennen und in Bildungskonzepte einfließen zu lassen.
Vor allem Bildungsinstitutionen sollten die Bedeutung von religiöser Diversität

und hybriden Alltagspraktiken als Normalität anerkennen und ihre Bildungsziele daran ausrichten. Mit Blick darauf plädiert Georg Auernheimer (2003, S. 142) für eine multiperspektivische Allgemeinbildung, die sich dadurch auszeichnet, dass Bildungsinhalte aufgrund veränderter gesellschaftlicher Rahmenbedingungen und der religiösen Pluralität und Diversität der Gegenwartsgesellschaft neu definiert bzw. interpretiert werden. Anregungen zum reflexiven Umgang mit Differenzierungspraxen oder Zugehörigkeitsordnungen im Bildungswesen lassen sich auch weiteren bildungswissenschaftlichen Ansätzen, die sich mit der migrationsbezogenen Pluralisierung und deren Auswirkungen auf Schule und andere Lernorte befassen, wie beispielsweise migrationspädagogischen Ansätzen (Mecheril, 2004, 2016) und deren Weiterentwicklungen, entnehmen.

Das Verhältnis von Religion und Bildung. Eine Schlussbetrachtung

18

Resümierend betrachtet begreift die der Beforschung von Muslim*innen in der Gegenwartsgesellschaft des deutschsprachigen Raums gewidmete Aufsatz-sammlung Religion und Bildung als eng miteinander verwobene Bereiche, die nicht voneinander isoliert, sondern gemeinsam zu denken sind. Während sich Religion mit einem mehr oder weniger verfassten System von Glaubenssätzen und -lehren sowie den damit verbundenen Dimensionen und Facetten von Weltan-schauungen (religiöse Erfahrungen, Überzeugungen, Wissen und Rituale) befasst, deren Grundlage der Glaube an transzendente Kräfte bildet (Könemann, 2015), spielen für Bildung Wissen, Lernen, Kultiviertheit und die Entwicklung einer in-dividuellen Persönlichkeit jeweils eine wichtige Rolle.

Dass es eine historische Verbindung zwischen Bildung und Religion gibt, beispielsweise in der mittelalterlichen Bildungslehre des Theologen und Philo-sophen Meister Eckhart (gest. 1328), ist heutzutage weitgehend in Vergessen-heit geraten.[1] Dass dem so ist, hat viel mit der bis heute maßgeblich prägenden Auffassung von Bildung von Wilhelm von Humboldt zu tun. Diese leitete ein

---

[1] In den Schriften von Meister Eckhart findet der Begriff ‚Bildung' erstmals in der deut-schen Sprache Erwähnung. Das Zentrum seiner Bildungslehre bildet das Diktum, dass die Entwicklungsprozesse der sich bildenden Personen nicht auf den Menschen selbst, sondern auf Gott zurückzuführen seien. Als Ziel aller menschlichen Bildung formuliert Eckart die Erreichung eines christförmigen Ichs, die zu einer Wiederverbindung des Menschen mit dem Göttlichen führe (Dohmen, 1964, S. 36). Dieser Deutungsweise zufolge ist Bildung ein transzendenter Vorgang, der theologisch besetzt ist und sich von gegenwärtigen, säkula-ren Bildungsauffassungen markant abhebt (Lederer, 2014, S. 46).

J. Kolb, *Muslimisches Leben und religiöse Bildung in der Gegenwartsgesellschaft*, Veröffentlichungen der Sektion Religionssoziologie der Deutschen Gesellschaft für Soziologie, https://doi.org/10.1007/978-3-658-42404-6_18

344 18 Das Verhältnis von Religion und Bildung

humanistisches Bildungsverständnis ein, in dem der Mensch als Individuum im Mittelpunkt steht und dessen zentrale Zielsetzung die Ausbildung einer mündigen, selbstbestimmten Persönlichkeit ist (von Hentig, 1996, S. 40). In der Folge büßte die Religion im Verlauf des 20. Jahrhunderts im deutschsprachigen Raum ihre einstige Rolle als wesentlicher Teil von Bildung ein. Dies hängt eng zusammen mit dem Säkularismus, der die Trennung von Religion und Staat vorsieht, für eine Ablösung der politischen Ordnung von religiösen Bestimmungen eintritt und in Deutschland ebenso wie in Österreich im Zuge der Republikgründungen nach dem Ersten Weltkrieg als Verfassungsprinzip verankert wurde. Infolgedessen kam der Religion im deutschsprachigen Raum durch das verbriefte Recht auf konfessionellen Religionsunterricht an staatlichen Schulen über lange Zeit hinweg lediglich eine Nischenfunktion in der formalen Bildung zu (Hölscher, 2018, S. 950 ff.).

Mit der zunehmenden Präsenz von Muslim*innen und des Islams (sowie anderer Glaubensgemeinschaften) im deutschsprachigen Raum kommt „quasi durch die Hintertür", wie Yasemin Karakaşoğlu es formuliert, „ein religiöses Element in Bereiche öffentlicher Bildung, mit dem sich alle Beteiligten neu auseinandersetzen müssen" (2007, S. 81). Wie in den hier versammelten Beiträgen gezeigt, geschieht diese Neubelebung zunächst einmal durch die Entwicklung einer zeitgemäßen Islamischen Religionspädagogik und die Erarbeitung subjekt- und erfahrungsorientierter Konzepte und Unterrichtsmaterialien für den islamischen Religionsunterricht sowie die Zusammenarbeit der verschiedenen Lernorte islamischer Bildung (Familie, Moschee, Schule und Hochschule). Der aus der Präsenz muslimischer Menschen und des Islams hervorgehende Impuls wirkt aber nicht nur auf Fragen der islamischen Bildung. Auch interreligiöse Lehr- und Lernprozesse in formellen Bildungskontexten sowie die Ausbildung von Lehrpersonen – unabhängig von deren fachlichen Schwerpunkten – sind herausgefordert, sich mit den sich verändernden gesellschaftlichen Gegebenheiten zu befassen und darauf Antworten zu finden. Religion und religiöse Diversität spielen jedenfalls in der pluralen Gegenwartsgesellschaft eine zunehmend bedeutsamere Rolle und finden auch ihren Niederschlag in Theorien über das gesellschaftliche Miteinander (Riesebrodt, 2000; Habermas, 2001; Casanova, 2006; Stoeckl, 2010). Nicht zuletzt deswegen sind Religion und religiöse Diversität als wichtige Bestandteile von allgemeinen bildungsbezogenen Fragestellungen anzuerkennen.

Die hier versammelten Beiträge haben nicht nur die Verbundenheit von Religion und Bildung aufgezeigt, sondern auch den Mehrwert erkannt, der darin besteht, dass die wissenschaftlichen (Sub-)Disziplinen der Religionssoziologie und bildungsbezogene Wissenschaftsbereiche (wie die Islamische Religionspädagogik oder die Bildungswissenschaft) nicht als klinisch voneinander abgetrennte Wissenschaftsbereiche behandelt, sondern als interdependente, sich gegenseitig durchdringende Sphären verstanden werden. Fragen religiöser Bildung können nun einmal nicht vollkommen losgelöst von religionssoziologischen Befunden diskutiert werden. Auch die Reflexion der Konstitution und Herausbildung der religiösen Alltagspraxis der muslimischen Bevölkerung ist ohne den Einbezug von religionspädagogischen und bildungswissenschaftlichen Erkenntnissen nur beschränkt möglich.

Die Verschränkung von Religion und Bildung manifestiert sich in der vorliegenden Arbeit wie folgt: In religionssoziologischer Hinsicht setzen sich die einzelnen Beiträge u. a. damit auseinander, welche religiösen Praxisformen der muslimischen Bevölkerung des deutschsprachigen Raums gemein sind, welche Faktoren und Bedingungen deren Lebenswelten prägen und wie ihre Handlungsmöglichkeiten geformt werden. Die Bildungsforschung wiederum liefert für die Religionssoziologie erhellende Perspektiven, indem sie aufzeigt, welche Auswirkungen pädagogische Lehr- und Lerninhalte im schulischen Religionsunterricht und in der Moschee auf die gegenwärtigen religiösen Praxisformen haben, welche pädagogischen Bedingungen religiöse Orientierungen und Handlungen prägen und inwiefern religiöse Überzeugungen und Ansichten in Bildungskontexten oder im Rahmen von Lehr- und Lernprozessen beeinflusst werden.

Die bildungsbezogenen Aufsätze hingegen analysieren unterschiedliche Vorstellungen von religiöser Bildung, die Bandbreite an religionspädagogischen und -didaktischen Erwartungen, pädagogische Prinzipien, das Verhältnis und die Konfliktfelder zwischen den verschiedenen Lernorten islamischer Bildung sowie interreligiöse Lehr- und Lernkooperationen. Ebenso werden bildungswissenschaftliche Implikationen für die Lehrer*innenbildung entwickelt. Religionssoziologische Befunde unterstützen die bildungsbezogenen Analysen dabei, die religionspädagogischen Vorstellungen, Erwartungen und Leitbilder zu kontextualisieren, interreligiöse Kooperationen mit muslimischen Lebensrealitäten in Bezug zu setzen und die Auswirkungen religionspädagogischer und -didaktischen Entwicklungen auf zukünftige Generationen zu reflektieren. Folglich vermag die Religionssoziologie Erhellendes dazu beizutragen, wie Bildungsprozesse – seien sie schulisch, außerschulisch oder hochschulbezogen, formal (Schule), non-formal (Moschee) oder informell (Familie) – zu arrangieren sind, welche Lehrinhalte, pädagogischen Konzepte und didaktischen Methoden eingesetzt werden können und wie die Lehr- und Lernmöglichkeiten der beteiligten Akteur*innen, also der Lehrenden und Lernenden, strukturiert sind (Müller, 2006, S. 23).

Ungeachtet dessen, dass Religion und Bildung sowie Religionssoziologie und bildungsbezogene Disziplinen wie die Islamische Religionspädagogik oder

Bildungswissenschaften in einem engen Verhältnis zueinander stehen, herrscht in den islamisch-theologischen Studien bis auf wenige Ausnahmen die Tendenz vor, Religion und Bildung als getrennte Forschungsfelder isoliert voneinander zu behandeln. Nur selten werden im Falle von Muslim*innen in der Gegenwartsgesellschaft des deutschsprachigen Raums religionssoziologische und bildungsbezogene Perspektiven zusammengedacht.

Für die Weiterentwicklung der Islamischen Religionspädagogik, der Ausbildung von islamischen Religionslehrer*innen und interreligiöser Lehr- und Lernkonstellationen ist es erforderlich, religionssoziologische und bildungsbezogene Aspekte gleichermaßen zu berücksichtigen, um dem Bildungsauftrag für die nachkommenden Generationen gerecht werden zu können. Schließlich hat die Verfasstheit von muslimischen Lebenswelten und religiösen Praxisformen Auswirkungen darauf, wie mit religiöser Bildung umzugehen ist. Umgekehrt wirkt religiöse Bildung auf nachkommende Generationen ein und prägt so zukünftige muslimische Lebenswelten und religiöse Praxisformen. Damit wird sichergestellt, dass religiöse Aspekte in Bildungsfragen nicht mehr als Nischenphänomen betrachtet werden und deren gewichtige Rolle für die Identifikationsmuster und Sinnwelten der religiös pluralen Gegenwartsgesellschaft eine Rehabilitation erfährt.

Epilog

19

Der vorliegende Band befasst sich mit der muslimischen Alltagspraxis und religiösen Bildung in der Gegenwartsgesellschaft des deutschsprachigen Raums und beinhaltet sowohl religionssoziologische Befunde als auch bildungsbezogene Erkenntnisse. Die thematische Ausrichtung kann aus drei Gründen als besonders gelten – diese seien zum Abschluss nochmals hervorgehoben.

Erstens weist das vorliegende Werk enge Bezüge zu den islamisch-theologischen Studien, also einem noch sehr jungen Wissenschaftsbereich in universitären Kontexten des deutschsprachigen Raums, auf. Das heißt zum einen, dass während der Entstehung der Beiträge zu diesem Buch die Ausdifferenzierung von Subdisziplinen, die Entwicklung eines Methodenkanons oder die Etablierung von Publikationsorganen der Islamischen Theologie einem steten Prozess des Werdens unterworfen waren. Dieser Prozess findet an verschiedenen Stellen dieses Bands seinen Niederschlag und wird durch diese dokumentiert. Zum anderen verleiht diese Konstellation der vorliegenden Aufsatzsammlung das Potenzial, den weiteren Etablierungsprozess zu beeinflussen – insofern, als sie Perspektiven für die islamisch-theologischen Studien als Wissenschaftsbereich – z. B. bezüglich der Etablierung wissenschaftlicher Methoden oder Erkenntnisquellen – aufzeigt.

Zweitens ist das Thema dieses Buches insofern eine Besonderheit, als es in der öffentlichen Meinung, in der medialen Berichterstattung und in politischen Debatten breite Aufmerksamkeit erfährt. Seit dem 11. September 2001 und islamistischen Terroranschlägen in mehreren europäischen Staaten stehen muslimische Lebenswelten, religiöse Überzeugungen und Praxisformen der muslimischen Bevölkerung im Rampenlicht. Dabei dominieren problemzentrierte Zugänge, die

J. Kolb, *Muslimisches Leben und religiöse Bildung in der Gegenwartsgesellschaft,* Veröffentlichungen der Sektion Religionssoziologie der Deutschen Gesellschaft für Soziologie, https://doi.org/10.1007/978-3-658-42404-6_19

sich um den „Kernvorwurf der mangelnden Integrationsbereitschaft oder sogar
dem der Integrationsunfähigkeit" (Foroutan, 2012, S. 9) drehen. Befeuert wurden diese Pauschalisierungen und stereotypen Sichtweisen u. a. auch durch die
Diskussion um Thilo Sarrazins Buch ‚Deutschland schafft sich ab' (2010) ebenso
wie durch das von der türkis-blauen Bundesregierung in Österreich zwischen
den Jahren 2017 und 2019 beschworene Feindbild des ‚politischen Islams', das
Ängste vor einer Unterwanderung oder Islamisierung der Gesellschaft schürte
(Schneiders, 2010). Derartigen holzschnittartigen Sichtweisen wollen die hier
präsentierten Aufsätze entgegenwirken und anhand alltagsnaher, differenzierter
Einblicke in die Lebenswirklichkeit der muslimischen Bevölkerung im deutschsprachigen Raum die überreizten öffentlichen Debatten versachlichen und ent-
dramatisieren.

Die Besonderheit der thematischen Ausrichtung ergibt sich, drittens, aber
nicht nur aus der öffentlichen, medialen Präsenz des Themas und der jungen
Geschichte der Islamischen Theologie im deutschsprachigen Raum, sondern hat
auch inhaltliche Gründe: Die hier versammelten Beiträge verfolgen konsequent
einen mehrperspektivischen Ansatz, nutzen dabei die Empirie als Erkenntnisquelle und eröffnen so evidenzbasierte Einsichten in muslimische Lebenswelten
ebenso wie in die Diversität der religiösen Alltagspraxis. Es ist dies ein metho-
disches Vorgehen, das im Bereich der islamisch-theologischen Studien noch zu
wenig Anwendung findet. Mittels interdisziplinärer Zugänge, die religionssoziologische, religionspädagogische, theologische und bildungswissenschaftliche Ansätze miteinander verbinden, gelingt es der Arbeit, innovative und vielseitige Einblicke in das muslimische Leben im Hier und Heute zu vermitteln.

Ausgehend von diesen drei Besonderheiten werden zum Abschluss Anregungen skizziert, die einen Beitrag zur zukünftigen islambezogenen wissenschaftlichen Forschung im deutschsprachigen Raum leisten können. Eingegangen
wird dabei auf (I) die wissenschaftliche Disziplin der islamisch-theologischen
Studien, auf (II) den Umgang mit der Öffentlichkeit, der medialen Berichterstattung und politischen Debatten sowie auf (III) mehrperspektivische Zugänge.

(I) Basierend auf den Erkenntnissen der hier versammelten Beiträge sollen für
die Disziplin der islamisch-theologischen Studien folgende Denkanstöße gegeben
werden:

• In Anbetracht dessen, dass sich in der Islamischen Theologie ein Kanon anerkannter wissenschaftlicher Methoden noch nicht etabliert hat, sondern erst
  in Diskussion ist (Sejdini & Kolb, 2023), mag es zielführend sein, sich vorerst an in Bezugsdisziplinen wie den Sozialwissenschaften, christlichen Theologien und den Bildungswissenschaften bewährten Forschungsinstrumenten

zu orientieren. Plädiert wird an dieser Stelle für eine gehäufte und reflektierte Anwendung empirischer Forschungsmethoden in den islamisch-theologischen Studien.

• In der gegenwärtigen Phase der Etablierung der Islamischen Theologie als Wissenschaftsdisziplin an deutschsprachigen Universitäten wird besonderes Augenmerk darauf gerichtet, Traditionen der islamischen Gelehrsamkeit mit den Qualitätskriterien aktueller wissenschaftlicher Verfahren zu vereinen. Der Fokus sollte allerdings nicht nur auf Fragen der Vergangenheit liegen – einer angemessenen Berücksichtigung in Forschungskontexten bedürfen auch die Gegenwart und Zukunft der muslimischen Bevölkerung des deutschsprachigen Raums. Dies kann eine empirische Forschung leisten, die Einblicke in mus limische Lebenswelten, in die Ausprägungsformen von Religiosität oder in religionspädagogische Fragestellungen bietet.

• Es ist wünschenswert, dass empirische Forschung nicht unreflektiert erfolgt, sondern in den islamisch-theologischen Studien methodologisch verankert wird. Es empfiehlt sich daher, der Empirie innerhalb der Wissenschafts-disziplin – neben den schriftlichen theologischen Quellen – den Status einer wichtigen Erkenntnisquelle zuzuerkennen. Dabei sollte empirische Forschung allerdings nicht als randständiges Phänomen behandelt werden. Vielmehr ist es angebracht, dafür Sorge zu tragen, dass sich Stück um Stück eine eigene Subdisziplin etabliert – z. B. in Form einer empirischen Islamischen Theologie oder einer praktischen Islamischen Theologie –, die systematisch und epis-temologisch fundiert theologische Fragestellungen u. a. mittels empirischer Forschungsmethoden behandelt und auf diese Weise an muslimische Lebens-welten, religiöse Alltagspraxis, Moscheepädagogik oder den Bezug zur musli-mischen Glaubensgemeinde herangeht.

(II) Für den Umgang mit der Öffentlichkeit, der medialen Berichterstattung und mit politischen Debatten können aus den Befunden der Beiträge folgende Impulse gezogen werden:

• In politischen Debatten werden an die Islamische Theologie verschiedene Er-wartungen herangetragen: So soll sie neben der Etablierung von Forschung und Lehre auch einen Beitrag zur Integration von Muslim*innen leisten (Brunner, 2012, S. 103), zu einer „Zähmung des Islams" – wie es Jan Felix Engelhardt (2017, S. 59 ff.) nennt – beitragen und nicht nur ein akademisches Fachpublikum ansprechen, sondern ebenso die muslimische Glaubensgemein-schaft. Diese Messlatten sollte die Islamische Theologie tunlichst nicht über-sehen oder ignorieren, sondern jeweils als Bestandteil ihres Metiers annehmen

und die diversen Bereiche – soweit es die verfügbaren personellen und finan-
ziellen Kapazitäten und Ressourcen zulassen – bedienen. Zugleich ist jedoch
auch davor zu warnen, den jungen Wissenschaftszweig durch die an ihn gerichteten vielfältigen Erwartungen zulasten der Kernaufgaben in Forschung
und Lehre überzustrapazieren.

- In den vergangenen Jahrzehnten hat sich gezeigt, dass muslimische Lebenswelten und religiöse Orientierungen von Muslim*innen ein Dauerbrenner in
der medialen Berichterstattung und undifferenzierte Deutungen hierzu weit
verbreitet sind. Ungeachtet verschiedener detailreicher und methodisch ver-
sierter Studien, die auf die Diversität muslimischer Glaubenspraktiken hinweisen, wird die muslimische Bevölkerung hartnäckig als homogene Einheit betrachtet, der die Ablehnung anderer Religionen und Andersgläubiger
als konstitutiver Wesenszug eingeschrieben sei. Auch wenn es mitunter wie
ein Kampf gegen Windmühlen anmutet, haben die islamisch-theologischen
Studien die Aufgabe, durch fundierte wissenschaftliche Forschung unermüd-
lich zu einer Versachlichung und Entdramatisierung der Debatten beizutragen
und – falls erforderlich – Fehlwahrnehmungen oder Unwahrheiten durch
evidenzbasierte Befunde zu korrigieren – oder es zumindest zu versuchen.

- Die Islamische Theologie ist daneben angehalten, bestehenden pauschalisierenden und dichotomen Vorstellungen von Muslim*innen (praktizierend/
nicht-praktizierend; integriert/integrationsunwillig) entgegenzuwirken und generalisierende Zuschreibungen als Unterstellungen zu demaskieren. Der Gedanke, der interessierten Öffentlichkeit die Unterschiedlichkeit und Bandbreite
muslimischen Glaubens, religiöser Traditionen und Glaubenspraktiken näher-
bringen und damit das Ihrige dazu beitragen zu können, dass gesellschaftliche
Diversität, religiöser Pluralismus sowie intramuslimische Vielfalt als Normalzustand der Gegenwartsgesellschaft des deutschsprachigen Raums anerkannt
werden, sollte Ansporn sein.

(III) Nach den Ausführungen zur Disziplin der islamisch-theologischen Studien
und zum Umgang mit der Öffentlichkeit, medialen Berichterstattung und politischen Debatten seien zu guter Letzt noch folgende Anregungen in Bezug auf
mehrperspektivische Zugänge zur Diskussion gestellt:

- Die Islamische Theologie wäre schlecht beraten, würde sie sich interdisziplinären Ansätzen gegenüber verweigern. Die Aufsatzsammlung vermittelt genau
wegen ihres interdisziplinären Zugangs tiefgreifende Einblicke in muslimisches Alltagsleben, in die Vielschichtigkeit religiöser Praxisformen und stellt

differenzierte Überlegungen an, wie die Befunde in verschiedene Bildungskontexte und in Lehr- und Lernkonzepte einfließen können. Ermöglicht wird
dies durch die Disziplinen überschreitende Ausrichtung der wissenschaftlichen Analysen, die sowohl religionssoziologische, islamisch-theologische,
religionspädagogische als auch bildungswissenschaftliche Perspektiven bün-
deln und miteinander verknüpfen. Auf diesem Weg können zudem Religion
und Bildung zusammengedacht werden.

- Die Aufsätze zeichnen sich größtenteils durch einen empirischen Charakter
aus. Die Daten, auf denen die Analysen basieren, wurden nicht durch eine
einzige Erhebungsmethode, sondern im Zuge multimethodischer Vorgehensweisen generiert. Durch ein ausbalanciertes Sampling konnten Verzerrungen –
etwa durch ausschließliche Befragung von besonders religiösen oder wertkonservativen Muslim*innen – vermieden werden. Durch mehrperspektivische
Zugänge, die komplementäre Sichtweisen einbeziehen und die Potenziale verschiedener Methoden verschränken, sowie durch ein in Summe ausgewogenes
Datenmaterial kann das ‚Islamische' im Kanon mit anderen relevanten Identi-
fikationskategorien und Zugehörigkeitsmustern – wie Geschlecht, Ethnie,
Alter oder Beruf – angemessener gedeutet und eingeordnet werden.

- Die religionssoziologischen Einblicke in muslimische Lebenswelten und
Glaubenspraktiken haben im Rahmen der vorliegenden Analysen Eingang in
bildungsbezogene Reflexionen gefunden. Es empfiehlt sich, Letzteren bei der
Ausarbeitung von religionspädagogischen Konzepten, religionsdidaktischen
Methoden und entsprechenden Unterrichtsmaterialien eine wichtige Rolle
beizumessen. Auf diese Weise kann die Islamische Theologie den Pfad einer
‚anthropologischen Wende' in religionspädagogischer Hinsicht beschreiten
und der eigenen Glaubensgemeinde eine subjektorientierte und erfahrungsbasierte Religionsdidaktik anbieten, die an die Lebenswelten muslimischer
Jugendlicher und Kinder andockt, den Maßstäben einer zeitgemäßen Pädagogik gerecht wird und die Lernenden für das Leben in der religiös pluralen und
multikulturellen Gegenwartsgesellschaft des deutschsprachigen Raums vorbereitet.

Liste der Beiträge

Die in diesem Buch versammelten Aufsätze wurden ursprünglich in anderen Publikationsorganen in deutscher oder englischer Sprache veröffentlicht. Der Nachdruck erfolgt mit freundlicher Genehmigung der jeweiligen Verlage. Detaillierte Informationen zur jeweiligen Erstveröffentlichung finden sich in der nachfolgenden Auflistung.

„Muslim*innen und das religiös Andere: Zur Diversität von Einstellungen gegenüber anderen Religionen, religiösen Schemata und Interaktionen von Muslim*innen mit Andersgläubigen" *(Jonas Kolb)*

„Muslims and the Religious Other: On the Diversity of Austrian Muslims' Pluralistic Attitudes, Religious Schemes and Interactions with People of Another Faith and Other Religions" (Jonas Kolb; 2023). In: *Journal of Muslims in Europe*, *12*(2), S. 161–193. https://doi.org/10.1163/22117954-bja10051. Brill.

„Muslimische Lebensstile in Österreich: Religiosität und Entwicklung gesellschaftlicher Partizipation" *(Carsten Gennerich und Jonas Kolb)*

„Muslimische Lebensstile in Österreich: Religiosität und Entwicklung gesellschaftlicher Partizipation" (Carsten Gennerich und Jonas Kolb; 2019). In: Stein, Margit/ Steenkamp, Daniela/Weingraber, Sophie/Zimmer, Veronika (Hg.): *Flucht. Migration. Pädagogik. Willkommen? Aktuelle Kontroversen und Vorhaben*. Klinkhardt, S. 87–116.

„Verfasster Islam im Migrationskontext: Zur Vielfalt der Bindungen an religiöse Organisationsstrukturen und Autoritäten im Prozess des Wandels" *(Jonas Kolb)*

„Constituted Islam and Muslim Everyday Practices in Austria: The Diversity of the Ties to Religious Organizational Structures and Religious Authorities in the Process of Change" (Jonas Kolb; 2020). In: *Journal of Muslim Minority Affairs*, *40*(3), S. 371–394. https://doi.org/10.1080/13602004.2020.1819129. Taylor & Francis.

„Muslimische Diversität und religiöse Praxis in Bewegung: Von der defensiven zur offenen Religiosität" *(Jonas Kolb und Erol Yildiz)*

„Muslim Everyday Religious Practices in Austria: From Defensive to Open Religiosity" (Jonas Kolb und Erol Yildiz). In: *Religions*, *10*(3) 161. https://doi.org/10.3390/ rel10030161. MDPI.

„Religiöse Diversität unter muslimischen Jugendlichen und jungen Erwachsenen: Überlegungen zur Virtualisierung, Bricolage und Prozessualität des religiösen Lebens" *(Jonas Kolb)*

„Religiöse Praxisformen junger MuslimInnen in Österreich im Alltag. Virtualisierungstendenzen, religiöse Bricolage und der Prozesscharakter des religiösen Lebens" (Jonas Kolb; 2017). In: *Österreichisches Religionspädagogisches Forum, 25*(1), S. 74–88. https://doi.org/10.25364/10.25:2017.1. Dr. Schnider's.

„Bildungskonzepte und religionspädagogische Erwartungen muslimischer Eltern: Bildungssoziologische Perspektiven auf muslimische Diversität" *(Jonas Kolb)*

„Muslim Diversity, Religious Formation and Islamic Religious Education: Everyday Practical Insights into Muslim Parents' Concepts of Religious Education in Austria" (Jonas Kolb; 2023). In: *British Journal of Religious Education, 45*(2), S. 172–185. https://doi.org/10.1080/01416200.2021.1911787. Taylor & Francis.

„Transdisziplinäre Grenzarbeit zwischen hochschulgebundener, schulischer und außerschulischer Bildung: Ein Vorschlag zum Zusammenspiel der verschiedenen Lernorte islamischer Bildung" *(Vera Brandner, Jonas Kolb und Aykut Gelengec)*

„Transdisziplinäre Grenzarbeit zwischen hochschulgebundener, schulischer und außerschulischer Bildung. Ein konzeptioneller Beitrag am Fallbeispiel der islamischen Bildung in Österreich" (Vera Brandner, Jonas Kolb und Aykut Gelengec; 2022). In: Brocca, Nicola/Dittrich, Ann-Kathrin/Kolb, Jonas (Hg.): *Grenzgänge und Grenzziehungen. Transdisziplinäre Ansätze in der Lehrer*innenbildung.* iup, S. 173–200. https://doi.org/10.15203/99106-071-0-10.

„Religiöse Pluralität der Gegenwartsgesellschaft und interreligiöses Lernen: Eine Analyse von interreligiösen Ansätzen in Deutschland und Österreich" *(Jonas Kolb)*

„Modes of Interreligious Learning within Pedagogical Practice: An Analysis of Interreligious Approaches in Germany and Austria" (Jonas Kolb; 2021). In: *Religious Education, 116*(2), S. 142–156. https://doi.org/10.1080/00344087.2020.1854416. Taylor & Francis.

„Konflikte und Spannungen in interreligiösen Lehr- und Lernkonstellationen: Eine empirische Analyse von Konfliktherden in der Ausbildung von Religionslehrer*innen" *(Jonas Kolb und Petra Juen)*

„Konfliktherde und Spannungsfelder in der interreligiösen Lehrer*innenbildung" (Jonas Kolb und Petra Juen; 2021). In: Juen, Maria/Tuna, Mehmet H. (Hg.): *Praxis für die Zukunft: Erfahrungen, Beispiele und Modelle kooperativen Religionsunterrichts*. Kohlhammer, S. 87–104.

„**Forschung und muslimische Diversität in der Lehrer*innenbildung: Zu Potenzialen und Grenzen von forschungsgeleiteter Lehre sowie forschendem Lernen mit Studierenden und Schüler*innen am Beispiel muslimischer Diversität und sozialer Ungleichheit"** *(Jonas Kolb und Gudrun Quenzel)*

„Forschung in der Lehrer*innenbildung. Potenziale und Grenzen von forschungsgeleiteter Lehre und forschendem Lernen mit Studierenden und Schüler*innen" (Jonas Kolb und Gudrun Quenzel; 2022). In: Brocca, Nicola/Dittrich, Ann-Kathrin/Kolb, Jonas (Hg.): *Grenzgänge und Grenzziehungen. Transdisziplinäre Ansätze in der Lehrer*innenbildung*. iup, S. 51–83. https://doi.org/10.15203/99106-071-0-05.

Literatur

Agai, B., Bassiouni, M., Başol, A., Ben Abdeljelil, J., Bodenstein, M. C., Çakır, N., Güneş, S., Omerika, A., Rahmati, F., Özsoy, Ö., Şahin, E. & Simon, U. (2014). Islamische Theologie in Deutschland. Herausforderungen im Spannungsfeld divergierender Erwartungen. *Frankfurter Zeitschrift für Islamisch-Theologische Studien, 1*(1), S. 7–28.

Akca, A. A. (2020). *Moscheeleben in Deutschland. Eine Ethnographie zu Islamischem Wissen, Tradition und religiöser Autorität.* transcript.

Akca, A. A. (2022). Verstehen und Reflektieren versus Memorieren und Rezitieren. Eine ethnographische Analyse zu verschiedenen Praxen der Religiosität in Moscheen in Deutschland. In B. Karakoç & H. H. Behr (Hrsg.), *Moschee 2.0: Internationale und transdisziplinäre Perspektiven* (S. 11–28). Waxmann.

Akca, A. A., Abuali, E. & Süer, A. (2022). Bodies, things, doings: A practice theory approach to the study of Islam. In A. Aghdassi & A. W. Hughes (Hrsg.), *New methods in the study of Islam* (S. 306–327). Edinburgh Univ. Press.

Akinyosoye, C. (2016). Islamgesetz: Alter Wein in neuen Schläuchen. In ORF Religion, Beitrag vom 25. Februar 2016. Abrufort: https://religion.orf.at/m/stories/2759217/. Zugegriffen: 11. Apr. 2022.

Al-Faruqi, I. (1982). *Islamization of knowledge: General principles and work plan.* International Institute of Islamic Thought.

Alacacıoğlu, H. (1999). *Außerschulischer Religionsunterricht für muslimische Kinder und Jugendliche türkischer Nationalität in NRW. Eine empirische Studie zu Koranschulen in türkisch-islamischen Gemeinden.* LIT.

Alacacıoğlu, H. (2003). Ist Gott noch 'in'? Glaube und Glaubenspraxis von Jugendlichen in einer modernen Gesellschaft. In W.-D. Bukow & E. Yildiz (Hrsg.), *Islam und Bildung* (S. 93–114). Leske + Budrich.

Alimi, B. & Zuzo, Z. (2011). *Islamischer Religionsunterricht an Schweizer Schulen. CAS Religiöse Begleitung im interkulturellen Kontext.* Abrufort: http://www.uais.ch/new1/images/files/Islamischer_Unterricht_in_Wil.pdf. Zugegriffen: 16. Mai 2022.

Alkemeyer, T., Kalthoff, H. & Rieger-Ladich, M. (2015). *Bildungspraxis. Körper – Räume – Objekte.* Velbrück.

© Der/die Herausgeber bzw. der/die Autor(en), exklusiv lizenziert an Springer Fachmedien Wiesbaden GmbH, ein Teil von Springer Nature 2024
J. Kolb, *Muslimisches Leben und religiöse Bildung in der Gegenwartsgesellschaft,* Veröffentlichungen der Sektion Religionssoziologie der Deutschen Gesellschaft für Soziologie, https://doi.org/10.1007/978-3-658-42404-6

Alkin, Ö., Bayrak, M. & Ceylan, R. (Hrsg.) (2022). *Moscheen in Bewegung. Interdiszipli-näre Perspektiven auf muslimische Kultstätten der Migration.* De Gruyter.

Altglas, V. (2014). ‚Bricolage': Reclaiming a conceptual tool. *Culture and Religion, 15*(4), S. 474–493. https://doi.org/10.1080/14755610.2014.984235.

Amir-Moazami, S. (Hrsg.) (2018). *Der inspizierte Muslim. Zur Politisierung der Islam-forschung in Europa.* transcript.

Amiraux, V. (2006). Speaking as a Muslim: Avoiding religion in French public space. In G. Jonker & V. Amiraux (Hrsg.), *Politics of visibility: Young Muslims in European public spaces* (S. 21–52). transcript.

Ammerman, N. T. (2007a). Introduction: Observing modern religious lives. In N. T. Ammerman (Hrsg.), *Everyday religion. Observing modern religious lives* (S. 3–18). Oxford Univ. Press.

Ammerman, N. T. (Hrsg.) (2007b). *Everyday religion. Observing modern religious lives.* Oxford Univ. Press.

Ammerman, N. T. (2020). Rethinking religion: Toward a practice approach. *American Journal of Sociology. 126*(1), S. 6–51. https://doi.org/10.1086/709779.

AMS – Arbeitsmarktservice Österreich (2021). *Arbeitsmarktdaten im Kontext von Bildungsabschlüssen – Dezember 2020.* Abrufort: https://www.ams.at/content/dam/download/arbeitsmarktdaten/%C3%B6sterreich/berichte-auswertungen/001_am_bildung_1220.pdf. Zugegriffen: 02. Sept. 2023.

Anawati, G. (1983). Philosophie, Theologie und Mystik. In J. Schacht & C. E. Bosworth (Hrsg.): *Das Vermächtnis des Islams.* (Bd. 2, S. 119–165). Dtv.

Arnold, J., Kremer, K. & Mayer, J. (2017). Scaffolding beim Forschenden Lernen. Eine empirische Untersuchung zur Wirkung von Lernunterstützungen. *Zeitschrift für Didaktik der Naturwissenschaften, 23*(1), S. 21–37. https://doi.org/10.1007/s40573-016-0053-0.

Asad, M. (2017). *Die Botschaft des Koran. Übersetzung und Kommentar* (5. Aufl.). Patmos.

Asad, T. (2003). *Formations of the Secular: Christianity, Islam, Modernity.* Stanford Univ. Press.

Asbrand, B. (2000). *Zusammen Leben und Lernen im Religionsunterricht. Eine empirische Studie zur grundschulpädagogischen Konzeption eines interreligiösen Religionsunterrichts im Klassenverband der Grundschule.* IKO.

Aslan, E. (2008). ‚Wir erwarten europaweit Impulse'. Die Stimme eines Hochschullehrers. In H. H. Behr, M. Rohe & H. Schmid (Hrsg.), *„Den Koran zu lesen genügt nicht!" Fachliches Profil und realer Kontext für ein neues Berufsfeld. Auf dem Weg zum Islamischen Religionsunterricht* (S. 63–74). LIT.

Aslan, E. (2016). *Evaluierung ausgewählter Islamischer Kindergärten und -gruppen in Wien. Forschungsbericht.* Institut für Islamische Studien der Universität Wien.

Aslan, E. (2022a). Islamische Religionspädagogik: Geschichte und Gegenwart. In E. Aslan (Hrsg.), *Handbuch Islamische Religionspädagogik. Teil 1* (S. 17–39). V & R.

Aslan, E. (Hrsg.) (2022b). *Handbuch Islamische Religionspädagogik. Teil 1.* V & R.

Aslan, E., Erşan Akkılıç, E. & Hämmerle, M. (2018). *Islamistische Radikalisierung: Biografische Verläufe im Kontext der religiösen Sozialisation und des radikalen Milieus.* Springer VS.

Aslan, E., & Erşan Akkılıç, E., & Kolb, J. (2015). *Imame und Integration.* Springer VS.

Aslan, E., Kolb, J., & Yildiz, E. (2017). *Muslimische Diversität. Ein Kompass zur religiösen Alltagspraxis.* Springer VS.

Aslan, E., Kolb, J., & Mattausch-Yildiz, B. (2014). *Muslimische Alltagspraxis in Österreich: Ein Kompass zur religiösen Diversität. Forschungsbericht.* Institut für Islamische Studien der Universität Wien.

Aslan, E. & Yildiz, E. (2023). *Muslimische Religiosität im digitalen Wandel. Vom Umgang Jugendlicher mit medialen Islambildern.* Springer VS.

Ateş, G. (2014). Religiöse Praktiken bei muslimischen Familien: Kontinuität und Wandel in Österreich. In H. Weiss, P. Schnell & A. Gülay (Hrsg.), *Zwischen den Generationen. Transmissionsprozesse in Familien mit Migrationshintergrund* (S. 95–112). Springer VS.

Atteslander, P. (2000). *Methoden der empirischen Sozialforschung* (9. Aufl.). De Gruyter.

Auernheimer, G. (2003). *Einführung in die Interkulturelle Pädagogik* (3. Aufl.). WBG.

Aygün, A. (2013). *Religiöse Sozialisation und Entwicklung bei islamischen Jugendlichen in Deutschland und in der Türkei: Empirische Analysen und religionspädagogische Herausforderungen.* Waxmann.

Aysel, A. (2022a). Religiöse Erziehung und Sozialisation in muslimischen Familien in Deutschland: Ein Blick in die bisherigen Forschungen und ihre Ergebnisse. In E. Aslan (Hrsg.), *Handbuch Islamische Religionspädagogik. Teil 1* (S. 399–423). V & R.

Aysel, A. (2022b). Warten auf den deutschen Imam. Studierte Imame – ein Meilenstein in der deutschen Geschichte oder eine politische Sackgasse? *Soziale Welt,* Sonderband 25: Islam in Europa. Institutionalisierung und Konflikt, S. 135–162.

Backhaus, J. & Hansen, R. (2000). Methodenstreit in der Nationalökonomie. *Journal for General Philosophy of Science, 31*(2), S. 307–336.

Badawia, T. (2003). ‚Ana laha‘: ‚Ich nehme es selbst in die Hand‘: Muslimische Jugendliche und ein islamischer Bildungsauftrag, für den sich sonst keiner zuständig fühlt. In W.-D. Bukow & E. Yildiz (Hrsg.), *Islam und Bildung* (S. 115–132). Leske + Budrich.

Ballnus, J. (2011). Klassische religiöse Erziehung oder kindergerechter Zugang in Moscheegemeinden. In M. Borchard & R. Ceylan (Hrsg.), *Imame und Frauen in Moscheen im Integrationsprozess. Gemeindepädagogische Perspektiven* (S. 197–208). V & R.

Bano, M. (2022). Islamic authority and centres of knowledge production in Europe. *Journal of Muslims in Europe, 11*(1), S. 20–35. https://doi.org/10.1163/22117954-bja10046.

Baquero Torres, P. (2012). Postkoloniale Pädagogik. Ansätze zu einer interdependenten Betrachtung von Differenz. In J. Reuter & A. Karentzos (Hrsg.), *Schlüsselwerke der Postcolonial Studies* (S. 315–326). Springer VS.

Bar-On, D. (2003). *Die ‚Anderen‘ in uns. Dialog als Modell der interkulturellen Konfliktbewältigung.* Edition Körber-Stiftung.

Barz, H. & Spenlen, K. (Hrsg.) (2019). *Islam und Bildung: Auf dem Weg zur Selbstverständlichkeit* (2. Aufl.). Springer VS.

Bauer, W. T. (2016). *Der Islam in Österreich. Ein Überblick.* Österreichische Gesellschaft für Politikberatung und Politikentwicklung. Abrufort: http://www.politikberatung.or.at/fileadmin/_migrated/media/Der_Islam_in_OEsterreich_01.pdf. Zugegriffen: 25. Apr. 2022.

Baumann, U. (2005). Interreligiöses Lernen in der Aus- und Fortbildung von Pädagoginnen und Pädagogen. In P. Schreiner, U. Sieg & V. Elsenbast (Hrsg.), *Handbuch interreligiöses Lernen* (S. 533–542). Gütersloher Verlagshaus.

Baur, N. & Blasius, J. (Hrsg.) (2014). *Handbuch Methoden der empirischen Sozialforschung*. Springer VS.

Beck, U. (1996). Das Zeitalter der Nebenfolgen und die Politisierung der Moderne. In U. Beck, A. Giddens & S. Lash (Hrsg.), *Reflexive Modernisierung. Eine Kontroverse* (S. 19–112). Suhrkamp.

Beck-Gernsheim, E. (2007). *Wir und die Anderen*. Suhrkamp.

Becker, H. S. (1986). *Doing things together. Selected papers*. Northwestern Univ. Press.

Behloul, S. M. & Lathion, S. (2007). Muslime und Islam in der Schweiz: Viele Gesichter einer Weltreligion. In M. Baumann & J. Stolz (Hrsg.), *Eine Schweiz – viele Religionen. Risiken und Chancen des Zusammenlebens* (S. 193–207). transcript.

Behr, H. H. (1998). *Islamische Bildungslehre*. Dâr-us-Salâm.

Behr, H. H. (2005). *Curriculum Islamunterricht. Analyse von Lehrplanentwürfen für islamischen Religionsunterricht in der Grundschule. Ein Beitrag zur Lehrplantheorie des Islamunterrichts im Kontext der praxeologischen Dimension islamisch-theologischen Denkens*. Dissertation, Universität Bayreuth.

Behr, H. H. (2008). Bildungstheoretisches Nachdenken als Grundlage für eine islamische Religionsdidaktik. In L. Kaddor (Hrsg.), *Islamische Erziehungs- und Bildungslehre* (S. 49–65). LIT.

Behr, H. H. (2010). Worin liegt die Zukunft der Islamischen Religionspädagogik in Deutschland? *Zeitschrift für die Religionslehre des Islam, 4*(1), S. 22–32.

Behr, H. H. (2013). Islamischer Religionsunterricht in der Kollegstufe. In F. van der Velden, H. H. Behr & W. Haußmann (Hrsg.), *Gemeinsam das Licht aus der Nische holen. Kompetenzorientierung im christlichen und islamischen Religionsunterricht der Kollegstufe* (S. 17–40). V & R unipress.

Behr, H. H. (2014). Islamisch, theologisch, wissenschaftlich. *Frankfurter Zeitschrift für Islamisch-Theologische Studien, 1*(1), S. 113–121.

Behr, H. H. (2022). Islamischer Religionsunterricht zwischen religiöser, säkularer und identitärer Positionierung. In E. Aslan (Hrsg.), *Handbuch Islamische Religionspädagogik. Teil 1* (S. 353–375). V & R.

Beig, S. (2010). Die neue islamische Konfession. Das Bildungsministerium anerkennt die ,Islamische Alevitische Glaubensgemeinschaft in Österreich'. In *Wiener Zeitung*, Beitrag vom 17.10.2010, Abrufort: http://www.wienerzeitung.at/nachrichten/archiv/56014_Die-neue-islamische-Konfession.html. Zugegriffen: 21. Apr. 2023.

Beilschmidt, T. (2015). *Gelebter Islam. Eine empirische Studie zu DITIB-Moscheegemeinden in Deutschland*. transcript.

Benner, D. (1991). Allgemeine Pädagogik als Kritik und Orientierung pädagogischen Denkens und Handelns. Zur Frage nach d. gegenwärtigen Formulierung eines ,pädagogischen Grundgedankens'. In: H. Peukert & H. Scheuerl (Hrsg.), *Wilhelm Flitner und die Frage nach einer allgemeinen Erziehungswissenschaft im 20. Jahrhundert* (Zeitschrift für Pädagogik – Beiheft 26) (S. 171–185). Beltz.

Benner, D. (2005). Theologie und Erziehungswissenschaft, Religion und Erziehung. In L. Kuld, R. Bolle & T. Knauth (Hrsg.), *Pädagogik ohne Religion? Beiträge zur Bestimmung und Abgrenzung der Domänen von Pädagogik, Ethik und Religion* (S. 53–68). Waxmann.

Berger, P. L. (1969). *The sacred canopy: Elements of a sociological theory of religion*. Doubleday.

Berger, P. L. (1999). The desecularization of the world: A global overview. In P. L. Berger (Hrsg.), *The desecularization of the world: Resurgent religion and world politics* (S. 1–18). William B. Eerdmans Publishing Company.

Berghammer, C. & Fliegenschnee, K. (2014). Developing a concept of Muslim religiosity: An analysis of everyday lived eeligion among female migrants in Austria. *Journal of Contemporary Religion, 29*(1), S. 89–104. https://doi.org/10.1080/13537903.2014.864810.

Bernhardt, R. (1990). *Der Absolutheitsanspruch des Christentums. Von der Aufklärung bis zur Pluralistischen Religionstheologie.* Mohn.

Bernhardt, R. & Fürlinger, E. (Hrsg.) (2015). *Öffentliches Ärgernis? Moscheebaukonflikte in Deutschland, Österreich und der Schweiz.* Theologischer Verlag Zürich.

Bertelsmann Stiftung (Hrsg.) (2008a). *Religionsmonitor 2008* (Redaktion: M. Rieger). Bertelsmann Stiftung.

Bertelsmann Stiftung (Hrsg.) (2008b). *Religionsmonitor 2008. Muslimische Religiosität in Deutschland. Überblick zu religiösen Einstellungen und Praktiken.* Bertelsmann Stiftung.

Bertelsmann Stiftung (Hrsg.) (2015). *Religionsmonitor – verstehen was verbindet. Sonderauswertung Islam 2015. Die wichtigsten Ergebnisse im Überblick.* Bertelsmann Stiftung.

Beyer, P. (1999). Secularization from the perspective of globalization. A response to Dobbelaere. *Sociology of Religion, 60*(3), S. 295–298.

Bhabha, H. K. (2004). *The location of culture* (2. Aufl.). Routledge.

Biehl, P. (2001). Erfahrung. In N. Mette & F. Rickers (Hrsg.), *Lexikon der Religionspädagogik. Bd. 1: A–K* (S. 421–426). Neukirchener Verlag.

Biehl, P. (2005a). Die Gottesebenbildlichkeit des Menschen und das Problem der Bildung – Zur Neufassung des Bildungsbegriffs in religionspädagogischer Perspektive. In P. Biehl & K. E. Nipkow (Hrsg.), *Bildung und Bildungspolitik in pädagogischer Perspektive* (2. Aufl., S. 9–102). LIT.

Biehl, P. (2005b). Die Wiederentdeckung der Bildung in der gegenwärtigen Religionspädagogik – Ein Literaturbericht. In P. Biehl & K. E. Nipkow (Hrsg.), *Bildung und Bildungspolitik in pädagogischer Perspektive* (2. Aufl., S. 111–152). LIT.

Billiet, J. (2001). *European social survey core questionnaire development – Chapter 9: Proposal for questions on religious identity.* European Social Survey, City Univ. London.

BMI – Bundesministerium für Inneres (Hrsg.) (2020). *Zwischenbericht der Untersuchungskommission zum Terroranschlag vom 02.11.2020. Bericht vom 22.12.2020.* BMI.

Boal, A. (2006). *Der Regenbogen der Wünsche: Methoden aus Theater und Therapie.* Schibri.

Boal, A. (2016). *Übungen und Spiele für Schauspieler und Nicht-Schauspieler* (2. Aufl.). Suhrkamp.

Bochner, A. & Ellis, C. (2016). *Evocative autoethnography: Writing lives and telling stories.* Routledge.

Bödeker, S. (2011). Die soziale Frage der Demokratie. Einkommen und Bildung beeinflussen die Chancen politischer Teilhabe. *WZB-Mitteilungen, 134*, S. 26–29.

Boehme, K. (2017). Interreligiöses Begegnungslernen in der Schule. In A. Ritter, J. I. Schröter & C. Tosun (Hrsg.), *Religiöse Bildung und interkulturelles Lernen. Ein Erasmus-Plus-Projekt mit Partnern aus Deutschland, Liechtenstein und der Türkei* (S. 137–150). Waxmann.

Boehme, K. (2018). Fächerkooperierendes Interreligiöses Begegnungslernen. *Religionspädagogische Beiträge, 79*(2), S. 15–23.

Boehme, K. (2020). Islamischer Religionsunterricht im fächerkooperierenden Interreligiösen Begegnungslernen. In J. I. Schröter (Hrsg.), *Islam Didaktik: Praxishandbuch für die Sekundarstufe I und II* (S. 40–57). Cornelsen.

Boehme, K. & Krobath, T. (2020). Interreligiöses Begegnungslernen in der Ausbildung von Religionslehrkräften in Heidelberg und Wien. *Zeitschrift für Pädagogik und Theologie, 72*(2), S. 181–191. https://doi.org/10.1515/zpt-2020-0020.

Boger, M.-A. & Castro Varela, M. d. M. (2024). *Postkoloniale Pädagogik. Affirmativ-sabotierende Relektüren des pädagogischen Kanons.* Beltz/Juventa [im Erscheinen].

Boll, S. (2017). *Umgang mit religiöser Vielfalt in der Grundschule. Interreligiöses Lernen im Kontext schulischer Wirklichkeit in Schleswig-Holstein.* Dissertation, Universität Flensburg.

Boos-Nünning, U. & Karakaşoğlu, Y. (2005). *Viele Welten leben. Zur Lebenssituation von Mädchen und jungen Frauen mit Migrationshintergrund.* Waxmann.

Boschki, R. (2017). *Einführung in die Religionspädagogik* (3. Aufl.). WBG.

Boulding, K. E. (1963). *Conflict and defense: A general theory.* Harper & Row.

Brandner, V. (2020). *Generative Bildarbeit. Zum transformativen Potential fotografischer Praxis.* transcript.

Brandner, V., Engbers, M. & Meyer, E. (2024). Let's go for more participation, process orientation and mutual learning! A methodological framework for transformative approaches in transdisciplinary sustainability research. *Environment, Development and Sustainability* [in Begutachtung].

Brandner, V., Kolb, J. & Gelengec, A. (2022). Transdisziplinäre Grenzarbeit zwischen hochschulgebundener, schulischer und außerschulischer Bildung. Ein konzeptioneller Beitrag am Fallbeispiel der islamischen Bildung in Österreich. In N. Brocca, A.-K. Dittrich & J. Kolb (Hrsg.), *Grenzgänge und Grenzziehungen. Transdisziplinäre Ansätze in der Lehrer*innenbildung* (S. 173–200). iup.

Brandner, V., Winter, P. & Vilsmaier, U. (2015). Auf der Suche nach Räumen generativer Bildung. In G. Faschingeder (Hrsg.), *Bildung und ungleiche Entwicklung. Globale Konvergenzen und Divergenzen in der Bildungswelt* (S. 74–92). New academic press.

Braunsteiner, M.-L., Schnider, A. & Zahalka, U. (Hrsg.). (2014) *Grundlagen und Materialien zur Erstellung von Curricula* (verfasst von M.-L. Braunsteiner, K. Soukup-Altrichter, J. Zemanek, E. Seethaler, M. Wobak, R. Schulz-Kolland & R. Weitlaner). Leykam.

Brettfeld, K. & Wetzels, P. (2007). *Muslime in Deutschland: Integration, Integrationsbarrieren, Religion und Einstellungen zu Demokratie, Rechtsstaat und politisch-religiös motivierter Gewalt; Ergebnisse von Befragungen im Rahmen einer multizentrischen Studie in städtischen Lebensräumen.* Bundesministerium des Innern.

Brickner, I. (2010). ‚Kleine Revolution' für Muslime, made in Austria. Aleviten werden Bekenntnisgemeinschaft. Nun fordert die ‚zweite' islamische Gemeinde einen eigenen Religionsunterricht. In *Der Standard*, Beitrag vom 21.10.2010. Abrufort: http://derstandard.at/1292462317408/Islam-Kleine-Revolution-fuer-Muslime-made-in-Austria. Zu-gegriffen: 21. Apr. 2023.

Brubaker, R. (2013). Categories of analysis and categories of practice: A note on the study of Muslims in European countries of immigration. *Ethnic and Racial Studies, 36*(1), S. 1–8. https://doi.org/10.1080/01419870.2012.729674.

Bruce, S. (Hrsg.) (1992). *Religion and modernization: Sociologists and historians debate the secularization thesis.* Oxford Univ. Press.

Bruce, S. (2006). What the Secularization Paradigm Really Says. In M. Franzmann, C. Gärtner & N. Köck (Hrsg.), *Religiosität in der säkularisierten Welt. Theoretische und empirische Beiträge zur Säkularisierungsdebatte in der Religionssoziologie* (S. 39–48). VS.

Brunner, R. (2012). (Islamische) Theologie an der Universität. Warum eigentlich? In M. Khorchide (Hrsg.), *Das Verhältnis zwischen Islamwissenschaft und islamischer Theologie: Beiträge der Konferenz Münster, 1.–2. Juli 2011* (S. 100–108). Agenda.

Büchler, T. (2016). Schulstruktur und Bildungsungleichheit: Die Bedeutung von bundeslandspezifischen Unterschieden beim Übergang in die Sekundarstufe I für den Bildungserfolg. *Kölner Zeitschrift für Soziologie und Sozialpsychologie, 68*(1), S. 53–87. https://doi.org/10.1007/s11577-015-0350-5.

Buijs, F. J. & Rath, J. (2006). *Muslims in Europe: The state of research. IMISCOE Working Paper 7.* Universiteit Amsterdam.

Bukow, W.-D. & Ottersbach, M. (Hrsg.) (1999). *Der Fundamentalismusverdacht: Plädoyer für eine Neuorientierung der Forschung im Umgang mit allochthonen Jugendlichen.* Leske + Budrich.

Bukow, W.-D. & Yildiz, E. (Hrsg.) (2003). *Islam und Bildung.* Leske + Budrich.

Bunders, J. F. G., Broerse, J. E. W., Keil, F., Pohl, C., Scholz, R. W. & Zweekhorst, M. (2010). How can transdisciplinary research contribute to knowledge democracy? In R. J. in 't Veld (Hrsg.), *Knowledge democracy: Consequences for science, politics, and media* (S. 125–152). Springer.

Bundesamt für Statistik (2022a). *Religionszugehörigkeit seit 1910. Ständige Wohnbevölkerung ab 15 Jahren.* Abrufort: https://www.bfs.admin.ch/bfs/de/home/statistiken/bevoelkerung/sprachen-religionen.assetdetail.20944896.html. Zugegriffen: 28. Apr. 2023.

Bundesamt für Statistik (2022b). *Religionszugehörigkeit nach verschiedenen soziodemografischen Merkmalen und städtischem/ländlichem Gebiet. Ständige Wohnbevölkerung ab 15 Jahren.* Abrufort: https://www.bfs.admin.ch/bfs/de/home/statistiken/bevoelkerung/sprachen-religionen.assetdetail.20944914.html. Zugegriffen: 28. Apr. 2023.

Bunt, G. (2003). *Islam in the digital age: E-Jihad, online fatwas and cyber Islamic environments.* Pluto Press.

Bunt, G. (2009). *I-Muslims: Rewiring the house of Islam.* C. Hurst & Co Publishers.

Bunt, G. (2018). *Hashtag Islam: How cyber-Islamic environments are transforming religious authority.* The Univ. of North Carolina Press.

Burgess, R. G. (1981). Keeping a research diary. *Cambridge Journal of Education, 11*(1), S. 75–83.

Burris, M. A. & Wang, C. C. (1997). Photovoice. Concept, methodology, and use for participatory needs assessment. *Health Education Behavior, 24*(3), S. 369–387. https://doi.org/10.1177/109019819702400309.

Çakir, N. (2014). *Islamfeindlichkeit. Anatomie eines Feindbildes in Deutschland.* transcript.

Casanova, J. (1994). *Public religions in the modern world.* Chicago Univ. Press.

Casanova, J. (2006). Religion, European secular identities, and European integration. In: P. J. Katzenstein & T. A. Byrnes (Hrsg.): *Religion in an expanding Europe* (S. 65–92). Cambridge Univ. Press.

Cebulj, C. (2012). ‚Religion und Kultur' auf dem Prüfstand. Zum aktuellen Verhältnis von Religion und öffentlicher Schule. *Schweizer Kirchenzeitung, 180,* S. 38–40.

Ceylan, R. (2008). *Islamische Religionspädagogik in Moscheen und Schulen.* Dr. Kovač.

Ceylan, R. (2010a). *Die Prediger des Islam: Imame – wer sie sind und was sie wirklich wollen.* Herder.

Ceylan, R. (2010b). Zwischen Tradition und Innovation: Nur Memorieren und Rezitieren? Zur Bedeutung des Analysierens und Reflektierens. In B. Uçar & D. Bergmann (Hrsg.), *Islamischer Religionsunterricht in Deutschland. Fachdidaktische Konzeptionen: Ausgangslage, Erwartungen und Ziele* (S. 249–258). V & R.

Ceylan, R. (2014). *Cultural Time Lag. Moscheekatechese und islamischer Religionsunterricht im Kontext von Säkularisierung.* Springer VS.

Ceylan, R. (2015). ‚Raus aus den Koranschulen'. Das Verhältnis von Moscheekatechese und Islamischem Religionsunterricht. Zur Notwendigkeit einer öffentlichen und innerislamischen Debatte. *Theo-Web. Zeitschrift für Religionspädagogik, 14*(2), S. 169–188.

Ceylan, R. & Kiefer, M. (2013). *Salafismus. Fundamentalistische Strömungen und Radikalisierungsprävention.* Springer VS.

Chambers, R. (2006). Participatory mapping and geographic information systems: Whose map? Who is empowered and who disempowered? Who gains and who loses? *The Electronic Journal of Information Systems in Developing Countries, 25*(1), S. 1–11. https://doi.org/10.1002/j.1681-4835.2006.tb00163.x.

Chaves, M. (1994). Secularization as declining religious authority. *Social Forces, 72*(4), S. 749–774.

Chaves, M. (1997). Secularization: A Luhmannian reflection. *Soziale Systeme, 3*(2), S. 439–449.

Citak, Z. (2013). The institutionalization of Islam in Europe and the Diyanet: The case of Austria. *Ortadogu Etütleri, 5*(1), S. 167–182.

Clooney, F. X., SJ. (2010). *Comparative theology. Deep learning across religious borders.* Wiley-Blackwell.

Cramer, C. (2013). Beurteilung des bildungswissenschaftlichen Studiums durch Lehramtsstudierende in der ersten Ausbildungsphase im Längsschnitt. *Zeitschrift für Pädagogik, 59*(1), S. 66–82. https://doi.org/10.3262/ZP1301066.

Creswell, J. W. & Plano Clark, V. L. (2007). *Designing and conducting mixed methods research.* Sage.

D'Costa, G. (1986). *Theology and religious pluralism. The challenge of other religions.* Blackwell.

Dafir, K. (2015). *Der Koran. Pädagogische Reflexion in reformdidaktischer Hinsicht. Einführung in die Qurandidaktik I.* Dr. Kovač.

Damir-Geilsdorf, S. (2014). Projektionsfläche Frühislam? Zeitgenössische Bricolagen in Online-Fatwas, Internetforen und Reformdebatten. In A. Başol & Ö. Özsoy (Hrsg.), *Geschichtsschreibung zum Frühislam heute. Quellenkritik und Rekonstruktion der Anfänge* (S. 179–196). ebv.

Damir-Geilsdorf, S. & Tramontini, L. (2015). Renegotiating shariʿa-based normative guidelines in cyberspace: The case of women's ʿawra. *Heidelberg Journal of Religions on the Internet, 9*(1), S. 19–44.

Danz, C. (2005). *Einführung in die Theologie der Religionen.* LIT.

Danzl, C. (2018). Interreligiös oder multireligiös? In M. Kraml & Z. Sejdini (Hrsg.), *Interreligiöse Bildungsprozesse. Empirische Einblicke in Schul- und Hochschulkontexte* (S. 35–47). Kohlhammer.

Darling, L. T. (2007). Social cohesion ('Asabiyya) and justice in the Late Medieval Middle East. *Comparative Studies in Society and History, 49*(2), S. 329–357.

Davie, G. (1990). Believing without belonging: Is this the future of religion in Britain? *Social Compass, 37*(4), S. 455–469.

Davie, G. (1994): *Religion in Britain since 1945: Believing without belonging.* Blackwell.

Davie, G. (2002): *Europe: The exceptional case. Parameters of faith in the modern world.* Darton, Longman and Todd.

Demerath, N. J., Hall, P. D., Schmitt, T. & Williams, R. H. (Hrsg.) (1998). *Sacred companies. Organizational aspects of religion and religious aspects of organizations.* Oxford Univ. Press.

Der Standard (2017). Neue Schätzungen: Integrationsfonds: Zahl der Muslime in Österreich wächst. *Der Standard* (ohne AutorIn), Beitrag vom 13.04.2017. Abrufort: https://www.derstandard.at/story/2000055891947/zahl-der-muslime-in-oesterreich-waechst. Zugegriffen: 8. Febr. 2023.

Der Standard (2020). Jugendliche in Ruprechtskirche entgingen Wiener Terroranschlag. *Der Standard* (ohne AutorIn), Beitrag vom 27.11.2020. Abrufort: https://www.derstandard.at/story/2000122057433/jugendliche-in-ruprechtskirche-entgingen-wiener-terroranschlag. Zugegriffen: 20. Apr. 2023.

Dessing, N. M. (2013). How to study everyday Islam. In N. M. Dessing, N. Jeldtoft, J. S. Nielsen & L. Woodhead (Hrsg.), *Everyday lived Islam in Europe* (S. 39–52). Ashgate.

Diaw, M. A.-H. (2011). Transformationsprozesse in den Moscheegemeinden. In M. Borchard & R. Ceylan (Hrsg.), *Imame und Frauen in Moscheen im Integrationsprozess. Gemeindepädagogische Perspektiven* (S. 125–139). V & R unipress.

Diaw, M. A.-H. & Hajek, P. (2017). *Lebenswelten und Radikalisierungsverläufe von inhaftierten sogenannten Dschihadisten in Österreich. Eine Untersuchung von Personen mit Bezug zu terroristischen Vereinigungen aus dem Bereich der sogenannten politischen und dschihadistischen Salafiyya in Österreich.* BMEIA.

Dickopp, K.-H. (1982). *Erziehung ausländischer Kinder als pädagogische Herausforderung. Das Krefelder Modell.* Schwann.

Diekmann, A. (2010). *Empirische Sozialforschung, Grundlagen – Methoden – Anwendungen* (4. Aufl.). Rowohlt.

Dinter, A., Heimbrock, H.-G. & Söderblom, K. (Hrsg.) (2007). *Einführung in die Empirische Theologie. Gelebte Religion erforschen.* V & R.

Doğmuş, A., Karakaşoğlu, Y. & Mecheril, P. (Hrsg.) (2016). *Pädagogisches Können in der Migrationsgesellschaft.* Springer VS.

Dohmen, G. (1964). *Bildung und Schule. Die Entstehung des deutschen Bildungsbegriffs und die Entwicklung seines Verhältnisses zur Schule. Bd. 1: Der religiöse und der organologische Bildungsbegriff.* Beltz.

Dolezal, M., Helbling, M. & Huttler, S. (2008). Zwischen Gipfelkreuz und Halbmond: Die Auseinandersetzung um den Islam in Österreich und in der Schweiz 1998–2007. *Österreichische Zeitschrift für Politikwissenschaft, 3*(4), S. 401–417.

Donlic, J. & Yildiz, E. (2022). Postmuslimische Generation und ihre Lebensentwürfe: Vom Islamdispositiv zu Alltagserfahrungen. *Forum Islamisch-Theologische Studien, 1*(1), S. 83–106. https://doi.org/10.5771/2748-923X-2022-1.

Döring, N. (2014). „Evaluationsforschung". In N. Baur & J. Blasius (Hrsg.), *Handbuch Methoden der empirischen Sozialforschung* (S. 167–181). Springer VS.

DPI – Dokumentationsstelle Politischer Islam (2021). *Der Liga Kultur-Verein in Österreich. Studie* – Ausgabe 01/2021. DPI.

Draxler, P. & Khorsand, S. (2006). Fast eine für alle. *DATUM, 10*(6). Abrufort: https://web. archive.org/web/20141109143330/http://www.datum.at/artikel/fast-eine-fuer-alle/. Zugegriffen: 15. Apr. 2023.

Drerup, J. (2023). Soll man heute noch Jim Knopf lesen? Rassismuskritische Pädagogik in der Diskussion. In L. Dillinger, J. Drerup, P. D. Th. Knobloch & J. Nielsen-Sikora (Hrsg.), *Jim Knopf, Gonzo und andere Aufreger. Zur Analyse und Kritik engagierter Pädagogiken* (S. 9–49). J. B. Metzler.

Ebertz, M. N. (1997). *Kirche im Gegenwind. Zum Umbruch der religiösen Landschaft.* Herder.

Ecoquest (Hrsg.) (2013). *Muslime in Österreich (Studie im Auftrag des BMI, durchgeführt von IFES).* Ecoquest.

Eicher, P. (1970). *Die anthropologische Wende. Karl Rahners philosophischer Weg vom Wesen des Menschen zur personalen Existenz.* Universitätsverlag.

El-Wereny, M. (2020): *Radikalisierung im Cyberspace. Die virtuelle Welt des Salafismus im deutschsprachigen Raum – ein Weg zur islamistischen Radikalisierung?* transcript.

Elias, N. & Scotson, J. L. (1993). *Etablierte und Außenseiter.* Suhrkamp.

Engelhardt, J. F. (2017). *Islamische Theologie im deutschen Wissenschaftssystem. Ausdifferenzierung und Selbstkonzeption einer neuen Wissenschaftsdisziplin.* Springer VS.

Engin, M. (2011): Research diary: A tool for scaffolding. *International Journal of Qualitative Methods, 10*(3), S. 296–306. https://doi.org/10.1177/160940691101000308.

Englert, R. (2002). Skizze einer pluralitätsfähigen Religionspädagogik. In F. Schweitzer, R. Englert, U. Schwab & H.-G. Ziebertz (Hrsg.), *Entwurf einer pluralitätsfähigen Religionspädagogik* (S. 87–103). Gütersloher Verlagshaus.

Erkurt, M. (2016). Generation Haram. *Das Biber*, Beitrag vom 06.12.2016. Abrufort: https://www.dasbiber.at/content/generation-haram. Zugegriffen: 6. Mai 2023.

Erkurt, M. (2017). Süleymans Kinder. *Das Biber*, Beitrag vom 06.02.2017. Abrufort: https://www.dasbiber.at/content/sueleymans-kinder. Zugegriffen: 20. Mai. 2023.

Erkurt, M. (2020). *Generation Haram. Warum Schule lernen muss, allen eine Stimme zu geben.* Zsolnay.

Exenberger, A. (2001). Ibn Halduns ,Buch der Beispiele' oder: Jeder kulturelle Hintergrund ist in der Lage, Großes hervorzubringen. *Concilium medii aevi, 4*(1), S. 99–131.

Fechler, B. (2003). Dialog der Anerkennung. Möglichkeiten und Grenzen der Mediation bei ,interkulturellen' Konflikten an der Schule. In U. Kloeters, J. Lüddecke & T. Quehl (Hrsg.), *Schulwege in die Vielfalt. Handreichung zur Interkulturellen und Antirassistischen Pädagogik in der Schule* (S. 103–148). IKO.

Feichter, H. J. (2015). Partizipation von Schülerinnen und Schülern – Der blinde Fleck der Schulforschung. *Gruppendynamik & Organisationsberatung, 46*(3–4), S. 409–426. https://doi.org/10.1007/s11612-015-0288-0.

Feige, A. & Gennerich, C. (2009). *Lebensorientierungen Jugendlicher. Alltagsethik, Moral und Religion in der Wahrnehmung von Berufsschülerinnen und -schülern in Deutschland.* Waxmann.

Fereidooni, K. & Simon, N. (Hrsg.) (2020). *Rassismuskritische Fachdidaktiken: Theoretische Reflexionen und fachdidaktische Entwürfe rassismuskritischer Unterrichtsplanung.* Springer VS.

Fichten, W. (2010). Forschendes Lernen in der Lehrerbildung. In U. Eberhardt (Hrsg.), *Neue Impulse in der Hochschuldidaktik. Sprach- und Literaturwissenschaften* (S. 127–182). Springer VS.

Fischbach, R. (2023). Überlegungen zur Ästhetik von Gewalt im Koran. In Z. Sejdini (Hrsg.), *Diversität im Islam. Die vergessene Botschaft* (S. 99–130). Springer VS.

Fischer, D. (2005). Interreligiöses Lernen in der Grundschule. In P. Schreiner, U. Sieg & V. Elsenbast (Hrsg.), *Handbuch interreligiöses Lernen* (S. 453–464). Gütersloher Verlagshaus.

FNRP – Forschungsnetzwerk Radikalisierung und Prävention (Hrsg.) (2020). *Aspekte von Radikalisierungsprozessen. Fallgestützte Studien.* Institut für Islamische Theologie der Universität Osnabrück.

Foroutan, N. (2012). *Muslimbilder in Deutschland. Wahrnehmungen und Ausgrenzungen in der Integrationsdebatte. WISO Diskurs. Expertisen und Dokumentationen zur Wirtschafts- und Sozialpolitik.* Friedrich-Ebert-Stiftung.

Foroutan, N. (2020). Muslimische Identitäten: Soziale Konstruktionen und Performanz vor dem Hintergrund antimuslimischer Einstellungen in Deutschland. In S. E. Hößl, L. Jamal & F. Schellenberg (Hrsg.), *Politische Bildung im Kontext von Islam und Islamismus* (S. 21–53). Bundeszentrale für politische Bildung.

Fowler, J. W. (1981). *Stages of faith: The psychology of human development and the quest for meaning.* Harper & Row.

Francis, L. J., Sahin, A. & Al-Failakawi, F. (2008). Psychometric properties of two Islamic measures among young adults in Kuwait: The Sahin-Francis scale of attitude toward Islam and the Sahin index of Islamic moral values. *Journal of Muslim Mental Health, 3*(1), S. 9–24. https://doi.org/10.1080/15564900802035201.

Freeth, R. & Driemie, S. (2016). Participatory scenario planning: From scenario ‚stakeholders‘ to scenario ‚owners‘. *Environment: Science and Policy for Sustainable Development 58*(4), S. 32–43. https://doi.org/10.1080/00139157.2016.1186441.

Freire, P. (1978). *Pädagogik der Unterdrückten. Bildung als Praxis der Freiheit.* Rowohlt.

Freire, P. (1981). *Der Lehrer ist Politiker und Künstler. Neue Texte zu befreiender Bildungsarbeit.* Rowohlt.

Friedrich, O. (2021). ‚Operation Luxor‘ und Muslimbrüder: Vermisste Symbolpolitik. *Die Furche – die österreichische Wochenzeitung*, Beitrag vom 12.08.2021. Abrufort: https://www.furche.at/religion/operation-luxor-und-muslimbrueder-vermisste-symbolpolitik-5915332. Zugegriffen: 22. Mai 2023.

Fuhrer, U. & Uslucan, H.-H. (2005). Immigration und Akkulturation als ein intergenerationales Familienprojekt. Eine Einleitung. In U. Fuhrer & H.-H. Uslucan (Hrsg.), *Familie,*

Akkulturation und Erziehung. Migration zwischen Eigen- und Fremdkultur (S. 9–16). Kohlhammer.

Fürlinger, E. (2013). *Moscheebaukonflikte in Österreich. Nationale Politik des religiösen Raums im globalen Zeitalter.* Vienna Univ. Press.

Fürlinger, E. (Hrsg.) (2014). *Muslimische Vielfalt in Niederösterreich.* Edition Donau-Universität Krems.

Fürlinger, E. (2015). Moscheebau und Moscheebaukonflikte in Österreich. Eine religionswissenschaftliche Perspektive. In ÖIF – Österreichischer Integrationsfonds (Hrsg.), *Islam als Teil der Gemeinde. Islam in Österreich, Moscheebau & Dialog – Informationen für Gemeinden, Organisationen & Multiplikator/innen* (S. 57–73). ÖIF.

Fürlinger, E. (Hrsg.) (2018). *Religionsgemeinschaften in Niederösterreich im Kontext von Migration und Globalisierung.* Department für Migration und Globalisierung der Donau-Universität Krems.

Gabriel, K. (2018). Verkirchlichung und Entkirchlichung – ein soziologischer Blick in die jüngere Geschichte. *euangel, 9*(1). Abrufort: https://www.euangel.de/ausgabe-1-2018/ekklesiologien/verkirchlichung-und-entkirchlichung-ein-soziologischer-blick-in-die-juengere-geschichte/. Zugegriffen: 13. Dez. 2022.

Garcia Sobreira-Majer, A. (2015). ‚Das Kennenlernen des Fremden baut Vorurteile ab'. Interreligiöse Studierenden-Begegnungen an der KPH Wien/Krems und der IRPA. In H. Schluss, S. Tschida, T. Krobath & M. Dansgen (Hrsg.), *Wir sind alle »andere«. Schule und Religion in der Pluralität* (S. 139–144). V & R.

Garcia Sobreira-Majer, A., Abuzahra, A., Hafez, F. & Ritzer, G. (2014). Interreligiöses Lernen in Begegnung – Evaluation von Begegnungslernen in der ReligionslehrerInnenausbildung. In T. Krobath & G. Ritzer (Hrsg.), *Ausbildung von ReligionslehrerInnen. Konfessionell – kooperativ – interreligiös – pluralitätsfähig* (S. 155–184). LIT.

Gennerich, C. (2010). *Empirische Dogmatik des Jugendalters. Werte und Einstellungen Heranwachsender als Bezugsgrößen für religionsdidaktische Reflexionen.* Kohlhammer.

Gennerich, C. (2016). Religiosität muslimischer Jugendlicher. Empirische Befunde und theologische Perspektiven. In Y. Sarıkaya & A. Aygün (Hrsg.), *Islamische Religionspädagogik in multiplen Perspektiven* (S. 199–219). Waxmann.

Gennerich, C. (2017). Religiosität Jugendlicher in der Lebensstil-Perspektive. *Österreichisches Religionspädagogisches Forum, 25*(1), S. 47–63. https://doi.org/10.25364/10.25:2017.1.6.

Gennerich, C. (2018). Values and the value space as a coordinate system for understanding xenosophia and inter-religious prejudice. In H. Streib & C. Klein (Hrsg.), *Xenosophia and religion. Biographical and statistical paths for a culture of welcome* (S. 255–281). Springer.

Ghandour, A. (2018). *Die theologische Erkenntnislehre Ibn al-ʿArabīs: Eine Untersuchung des Begriffsvermögens (ʿaql), der Imagination (al-ḫayāl) und des Herzens (al-qalb) in Bezug auf ihr Erkenntnisvermögen in der Theologie aus der Perspektive der Sufis.* Editio Gryphus.

Giddens, A. (1984). *The constitution of society. Outline of the theory of structuration.* Polity Press.

Gilgenreiner, D. (2018). Was Schneckenhaus, Sonnenbrille, Straßenkreuzungen und Glühbirne von interreligiösem Lernen erzählen können. In M. Kraml & Z. Sejdini (Hrsg.),

Interreligiöse Bildungsprozesse. Empirische Einblicke in Schul- und Hochschulkontexte (S. 63–84). Kohlhammer.

Glock, C. Y. (1969). Über die Dimensionen der Religiosität. In J. Matthes (Hrsg.), *Kirche und Gesellschaft. Einführung in die Religionssoziologie II* (S. 150–168). Rowohlt.

Göbel, K. & Buchwald, P. (2017). *Interkulturalität und Schule. Migration – Heterogenität – Bildung.* Schöningh.

Gogolin, I. & Krüger-Potratz, M. (2006). *Einführung in die Interkulturelle Pädagogik.* Barbara Budrich.

Göle, N. (2004). Islam, europäische Öffentlichkeit und zivilgesellschaftliches Bewusstsein. *Transit. Europäische Revue, 15*(26), S. 156–165.

Göle, N. (2016). *Europäischer Islam. Muslime im Alltag.* Wagenbach.

Goujon, A., Jurasszovich, S. & Potančokova, M. (2017). *Demographie und Religion in Österreich. Szenarien 2016 bis 2046. ÖIF-Forschungsbericht.* ÖIF.

Grabherr, E., Burtscher-Mathis, S., Schmidinger, T. & Akkurt, T. (2019). *Vorarlbergs Moscheegemeinden. Die Organisationen und ihre Entwicklung. Ein Forschungsbericht von okay.zusammen leben/Projektstelle für Zuwanderung und Integration.* Okay.zusammen leben/Projektstelle für Zuwanderung und Integration.

Grießler, E. & Littig, B. (2003). Participatory technology assessment of xenotransplantation: Experimenting with the Neo-Socratic dialogue. *Practical Philosophy, 6*(2), S. 56–67.

Grimmitt, M. (1987). *Religious education and human development. the relationships between studying religions and personal, social and moral education.* McCrimmon.

Grimmitt, M. & Read, G. (1975). *Teaching Christianity in RE.* Mayhew.

Gronover, M. & Schnabel-Henke, H. (2017). Möglichkeiten der didaktischen Umsetzung – Einführung in die Unterrichtseinheiten. In F. Schweitzer, M. Bräuer & R. Boschki (Hrsg.), *Interreligiöses Lernen durch Perspektivenübernahme. Eine empirische Untersuchung religionsdidaktischer Ansätze* (S. 70–80). Waxmann.

Groß Ophoff, J. & Pant, H. A. (2020). Umgang mit Forschungsergebnissen in der Lehrerinnen- und Lehrerbildung. In C. Cramer, J. König, M. Rothland & S. Blömeke (Hrsg.), *Handbuch Lehrerinnen- und Lehrerbildung* (S. 661–666). Klinkhardt.

Grümme, B. (2012). Alteritätstheoretische Religionsdidaktik. In B. Grümme, H. Lenhard & M. L. Pirner (Hrsg.), *Religionsunterricht neu denken. Innovative Ansätze und Perspektiven der Religionsdidaktik. Ein Arbeitsbuch* (S. 119–132). Kohlhammer.

Grümme, B. (2017). *Heterogenität in der Religionspädagogik. Grundlagen und konkrete Bausteine.* Herder.

Grümme, B. (2021). *Praxeologie: Eine religionspädagogische Selbstaufklärung.* Herder.

Güngör, K. & Nik Nafs, C. (2016). *Jugendliche in der offenen Jugendarbeit. Identitäten, Lebenslagen und abwertende Einstellungen.* think.difference.

Güngör, K., Zandonella, M., Hoser, B. & Sützl, V. (2019). *Junge Menschen mit muslimischer Prägung in Wien. Zugehörigkeiten, Einstellungen und Abwertungen. ÖIF-Forschungsbericht.* ÖIF.

Günther, S. (2013). ‚Das Buch ist ein Gefäß, gefüllt mit Wissen und Scharfsinn': Pädagogische Ratschläge klassischer muslimischer Denker (9.–13. Jahrhundert). In P. Gemeinhardt & S. Günther (Hrsg.), *Von Rom nach Bagdad: Bildung und Religion von der römischen Kaiserzeit bis zum klassischen Islam* (S. 357–379). Mohr Siebeck.

Günther, S. (2016a). Bildungsauffassungen klassischer muslimischer Gelehrter. Von Abu Hanife bis Ibn Khaldun (8.–15. Jh.). In Z. Sejdini (Hrsg.), *Islamische Theologie und Religionspädagogik in Bewegung. Neue Ansätze in Europa* (S. 51–72). transcript.

Günther, S. (2016b). Bildung und Ethik im Islam. In R. Brunner (Hrsg.), *Islam. Einheit und Vielfalt einer Weltreligion* (S. 210–236). Kohlhammer.

Habermas, J. (2001). *Glauben und Wissen. Rede zum Friedenspreis des deutschen Buchhandels 2001*. Suhrkamp.

Hadjar, A., Boehnke, K., Knafo, A., Daniel, E., Musiol, A.-L., Schiefer, D. & Möllering, A. (2014). Intergenerationale Werteähnlichkeit, Distanz zu gesellschaftlichen Mainstream-Werten und subjektives Wohlbefinden von MigrantInnen. In H. Weiss, P. Schnell & G. Ateş (Hrsg.), *Zwischen den Generationen. Transmissionsprozesse in Familien mit Migrationshintergrund* (S. 49–69). Springer VS.

Hajek, P., Siegl, A. & Schwaiger, W. (2012). *Der Islam in den Medien. Berichterstattung über den Islam, seine Vertreter und Muslime in ausgewählten österreichischen Printmedien*. Public Opinion Strategies.

Hall, D. D. (Hrsg.) (1997). *Lived religion in America. Toward a history of practice*. Princeton Univ. Press.

Halm, D. & Sauer, M. (2015). *Lebenswelten deutscher Muslime*. Bertelsmann Stiftung.

Halm, D. & Sauer, M. (2017). *Muslime in Europa. Integriert, aber nicht akzeptiert?* Bertelsmann Stiftung.

Halm, D., Sauer, M., Schmidt, J. & Stichs, A. (2012). *Islamisches Gemeindeleben in Deutschland im Auftrag der Deutschen Islam Konferenz. Forschungsbericht 13.* Bundesamt für Migration und Flüchtlinge.

Hamburger, F. (1994). *Pädagogik der Einwanderungsgesellschaft*. Cooperative-Verlag.

Harms, F. (2009). Der Prophet ruft aus dem Cyberspace. Formen islamischer Mission im Internet. In M. Brückner & J. Pink (Hrsg.), *Von Chatraum bis Cyberjihad. Muslimische Internetnutzung in lokaler und globaler Perspektive* (S. 169–212). Ergon.

Harper, D. (2002). Talking about pictures. A case for photo elicitation. *Visual Studies, 17*(1), S. 13–26. https://doi.org/10.1080/14725860220137345.

Hartel, B., Hollerer, L., Smidt, W., Walter-Laager, C. & Stoll, M. (2019). Elementarpädagogik in Österreich. Voraussetzungen und Wirkungen elementarer Bildung. In BMBWF (Hrsg.), *Nationaler Bildungsbericht Österreich 2018. Bd. 2* (S. 183–224). Leykam.

Hartmann, A. (2006). Pluralismus und Toleranz aus der Sicht des Islam. In C. Augustin, J. Wienand & C. Winkler (Hrsg.), *Religiöser Pluralismus und Toleranz in Europa* (S. 123–186). VS.

Hartmann, P. H. (1999). *Lebensstilforschung. Darstellung, Kritik und Weiterentwicklung*. Leske + Budrich.

Hartmann, P. H. (2011). Methodische und methodologische Probleme der Lebensstilforschung. In J. Rössel & G. Otte (Hrsg.), *Lebensstilforschung. Sonderheft 51 der Kölner Zeitschrift für Soziologie und Sozialpsychologie* (S. 62–88). VS.

Hassan, R. (2007). On being religious. Patterns of religious commitment in Muslim societies. *The Muslim World, 97*(3), S. 437–478. https://doi.org/10.1111/j.1478-1913.2007.00190.x.

Haug, F. (2008). Memory work. *Australian Feminist Studies, 23*(58), S. 537–541. https://doi.org/10.1080/08164640802433498.

Haug, S., Müssig, S. & Stichs, A. (2009). *Muslimisches Leben in Deutschland. Studie im Auftrag der Deutschen Islam Konferenz. Forschungsbericht 6.* Bundesamt für Migration und Flüchtlinge.

Haußmann, W. (2005). Universität und Lehrerausbildung als Orte interreligiösen Lernens. In P. Schreiner, U. Sieg & V. Elsenbast (Hrsg.), *Handbuch interreligiöses Lernen* (S. 508–519). Gütersloher Verlagshaus.

Headland, T. N., Pike, K. & Harris, M. (Hrsg.). (1990). *Emics and etics. The insider/outsider debate.* Sage.

Hebdige, D. (1979). *Subculture: The meaning of style.* Methuen.

Heine, P. (2009). *Einführung in die Islamwissenschaft.* Akademie.

Heine, S., Lohlker, R. & Potz, R. (2012). *Muslime in Österreich. Geschichte – Lebenswelt – Religion. Grundlagen für den Dialog.* Tyrolia.

Heinisch, H. & Memedi, I. et al. (2017). *Die Rolle der Moschee im Integrationsprozess. ÖIF-Forschungsbericht.* ÖIF.

Heinisch, H. & Vidino, L. (2021). *Organisationen des politischen Islam und ihr Einfluss in Europa und Österreich.* DPI.

Heitmeyer, W., Müller, J. & Schröder, H. (1997). *Verlockender Fundamentalismus: Türkische Jugendliche in Deutschland.* Suhrkamp.

Hellmann, C. (2000). *Religiöse Bildung, interreligiöses Lernen und interkulturelle Pädagogik. Eine religionsgeschichtliche Untersuchung zur religiösen und interkulturellen Erziehung in der Moderne.* IKO.

von Hentig, H. (1996). *Bildung. Ein Essay.* Hanser.

Hervieu-Léger, D. (2000). *Religion as a chain of memory.* Polity.

Hervieu-Léger, D. (2006). The role of religion in establishing social cohesion. In K. Michalski (Hrsg.), *Religion in the New Europe* (S. 45–63). Central European Univ. Press.

Hill, M. (2015). Postmigrantische Alltagspraxen von Jugendlichen. In E. Yildiz & M. Hill (Hrsg.), *Nach der Migration. Postmigrantische Perspektiven jenseits der Parallelgesellschaft* (S. 171–192). transcript.

Hill, M. (2024). *Postmigrantische Bildung: Praxis und Programme.* transcript [im Erscheinen].

Hill, P. C. & Hood, R. W. Jr. (Hrsg.). (1999). *Measures of religiosity.* Religious Education Press.

Hillebrandt, F. (2012). Die Soziologie der Praxis und die Religion. Ein Theorievorschlag. In A. Daniel, F. Schäfer, F. Hillebrandt & H. Wienold (Hrsg.), *Doing Modernity – Doing Religion* (S. 25–57). Springer VS.

Hofinger, V. & Schmidinger, T. (2017). *Wege in die Radikalisierung. Wie Jugendliche zu IS-Sympathisanten werden (und welche Rolle die Justiz dabei spielt).* Institut für Rechts- und Kriminalsoziologie. Abrufort: https://www.irks.at/assets/irks/Endbericht_WegeRadikalisierung_final.pdf. Zugegriffen: 10. Apr. 2023.

Hölscher, L. (2018). Religion und Bildung. In D. Pollack, V. Krech, O. Müller & M. Hero (Hrsg.), *Handbuch Religionssoziologie* (S. 935–955). Springer VS.

Holzberger, D. (2014). *Evaluation des Modellversuchs „Islamischer Unterricht". Bericht zur Datenerhebung im Schuljahr 2013/14.* Staatsinstitut für Schulqualität und Bildungsforschung.

Homann, H. (1989). *Gesetz und Wirklichkeit in den Sozialwissenschaften. Vom Methodenstreit zum Positivismusstreit.* Dissertation, Universität Tübingen.

Honneth, A. (2010). *Kampf um Anerkennung. Zur moralischen Grammatik sozialer Konflikte* (6. Aufl.). Suhrkamp.

Huber, L. (1983). Forschung – Lehre – Lernen. In L. Huber (Hrsg.), *Enzyklopädie Erziehungswissenschaft. Bd. 10: Ausbildung und Sozialisation in der Hochschule* (S. 496–509). Klett-Cotta.

Huber, L. (2009). Warum Forschendes Lernen nötig und möglich ist. In L. Huber, J. Hellmer & F. Schneider (Hrsg.), *Forschendes Lernen im Studium. Aktuelle Konzepte und Erfahrungen* (S. 9–35). Universitätsverlag Webler.

Huber, L. & Reinmann, G. (2019). *Vom forschungsnahen zum forschenden Lernen an Hochschulen. Wege der Bildung durch Wissenschaft*. Springer VS.

Huber, S. (2003). *Zentralität und Inhalt. Ein neues multidimensionales Messmodell der Religiosität*. Leske + Budrich.

Huber, S. (2004). Zentralität und multidimensionale Struktur der Religiosität: Eine Synthese der theoretischen Ansätze von Allport und Glock zur Messung der Religiosität. In C. Zwingmann & H. Moosbrugger (Hrsg.), *Religiosität. Messverfahren und Studien zu Gesundheit und Lebensbewältigung. Neue Beiträge zur Religionspsychologie* (S. 79–105). Waxmann.

Huber, S. (2008a). Der Religiositäts-Struktur-Test (R-S-T). Kernkonzepte und Anwendungsperspektiven. *Prävention. Zeitschrift für Gesundheitsförderung, 31*(2), S. 38–39.

Huber, S. (2008b). Der Religionsmonitor 2008. Strukturierende Prinzipien, operationale Konstrukte, Auswertungsstrategien. In Bertelsmann Stiftung (Hrsg.), *Was glaubt die Welt? Analysen und Kommentare zum Religionsmonitor 2008* (S. 17–52). Bertelsmann Stiftung.

Huber, S. (2008c). Der Religiositäts-Struktur-Test (R-S-T): Systematik und operationale Konstrukte. In W. Gräb & L. Charbonnier (Hrsg.), *Individualisierung – Spiritualität – Religion. Transformationsprozesse auf dem religiösen Feld in interdisziplinärer Perspektive* (S. 137–171). LIT.

Hug, T. & Poscheschnik, G. (2020). *Empirisch forschen. Die Planung und Umsetzung von Projekten im Studium* (3. Aufl.). Narr Francke Attempto.

Huntington, S. P. (1996). *The clash of civilizations and the remaking of world order*. Simon and Schuster.

Hussain, A. M. (2013). *A social history of education in the Muslim world: From the prophetic era to Ottoman times*. Ta-Ha Publishers.

Ichner, B. (2020). Wegen Corona: Ein Drittel der Moscheen steht vor der Pleite. *Kurier*, Beitrag vom 08.04.2020. Abrufort: https://kurier.at/chronik/oesterreich/wegen-corona-ein-drittel-der-moscheen-steht-vor-der-pleite/400807466. Zugegriffen: 7. März 2023.

IGGÖ – Islamische Glaubensgemeinschaft in Österreich (Hrsg.) (2015). *Verfassung. Islamische Glaubensgemeinschaft in Österreich*. Abrufort: https://www.derislam.at/wp-content/uploads/2021/03/Verfassung_IGGOe_kons.13.12.2020.pdf. Zugegriffen: 20. Apr. 2023.

IGGÖ – Islamische Glaubensgemeinschaft in Österreich (Hrsg.) (2021). *Lehrplan für den Islamischen Religionsunterricht an Volksschulen, Hauptschulen, Polytechnischen Schulen, Sonderschulen, Berufsbildende Mittleren und Höheren Schulen, und an Allgemeinbildenden Höheren Schulen*. Abrufort: https://www.derislam.at/wp-content/uploads/2020/09/LP_gesamt_1-99.pdf. Zugegriffen: 20. Nov. 2022.

Jank, W. & Meyer, H. (2011). *Didaktische Modelle* (10. Aufl.). Cornelsen.

Jeldtoft, N. (2009). On Defining Muslims. In J. S. Nielsen, S. Akgönül, A. Alibašic, B. Maréchal & C. Moe (Hrsg.), *Yearbook of Muslims in Europe. Vol.1* (S. 9–14). Brill.

Jeldtoft, N. & Nielsen, J. S. (2011). Introduction: Methods in the study of ‚non-organized' Muslim minorities. *Ethnic and Racial Studies, 34*(7), S. 1113–1119. https://doi.org/10.1 080/01419870.2010.528442.

Jonker, G. (2002). *Eine Wellenlänge zu Gott. Der »Verband der Islamischen Kulturzentren«* in Europa. transcript.

Jonker, G. (2003). Vor den Toren. Bildung, Macht und Glauben aus der Sicht religiöser muslimischer Frauen. In U. Gerhard, M. M. Jansen & M. Rumpf (Hrsg.), *Facetten islamischer Welten – Geschlechterordnungen, Frauen- und Menschenrechte in der Diskussion* (S. 219–241). transcript.

Jozsa, D.-P. & Friederici, M. (2008). European comparison: Personal views and experiences of religion. In T. Knauth, D.-P. Jozsa, , G. Bertram-Troost & J. Ipgrave (Hrsg.), *Encountering religious pluralism in school and society. A qualitative study of teenage perspectives in Europe* (S. 375–388). Waxmann.

Jung, M. H. (2004). *Einführung in die Theologie*. WBG.

Kaddor, L. & Müller, R. (2008). *Der Koran für Kinder und Erwachsene. Übersetzt und erläutert von L. Kaddor und R. Müller*. C. H. Beck.

Kagan, S. (2019). Retracing my steps: A 10-year journey to walking-based transdisciplinary research. *World Futures, 75*(4), S. 242–259. https://doi.org/10.1080/02604027.20 18.1557977.

Kalbheim, B. (2016). Die Wirklichkeit – welche Wirklichkeit? Status und Bedeutung von Empirie in der empirischen Religionspädagogik. In C. Höger & S. Arzt (Hrsg.), *Empirische Religionspädagogik und praktische Theologie. Metareflexionen, innovative Forschungsmethoden und aktuelle Befunde aus Projekten der Sektion „Empirische Religionspädagogik"* der AKRK (S. 18–30). Abrufort: http://phfr.bsz-bw.de/frontdoor/ index/index/docId/566. Zugegriffen: 10. Apr. 2023.

Kalwa, N. (2013). *Das Konzept »Islam«. Eine diskurslinguistische Untersuchung*. De Gruyter.

Kappus, E.-N. (2004). *Islamischer Religionsunterricht im Schulhaus. Ein Projekt in Kriens und Ebikon. Ein Evaluationsbericht*. Swiss Academy for Development.

Karakaşoğlu, Y. (2000). *Muslimische Religiosität und Erziehungsvorstellungen. Eine empirische Untersuchung zu Orientierungen bei türkischen Lehramts- und Pädagogik-Studentinnen in Deutschland*. IKO.

Karakaşoğlu, Y. (2007). Zur Interdependenz von Religion und Bildung am Beispiel muslimischer Jugendlicher in Deutschland. In M. Harring, C. Rohlfs & C. Palientien (Hrsg.), *Perspektiven der Bildung. Kinder und Jugendliche in formellen, nicht-formellen und informellen Bildungsprozessen* (S. 81–97). VS.

Karakaşoğlu, Y. (2010). Islam als Störfaktor in der Schule. Anmerkungen zum pädagogischen Umgang mit orthodoxen Positionen und Alltagskonflikten. In T. G. Schneiders (Hrsg.), *Islamfeindlichkeit. Wenn die Grenzen der Kritik verschwimmen* (2. Aufl., S. 303–318). VS.

Karakaşoğlu, Y. & Mecheril, P. (2019). *Pädagogik neu denken! Die Migrationsgesellschaft und ihre Lehrer_innen (Y. Karakaşoğlu und P. Mecheril im Gespräch mit J. Goddar)*. Beltz.

Karakoç, B. (2020). Imamin, Migrantin, Wanderin. Weibliche Repräsentanz und Religion im transnationalen Raum Deutschland-Türkei. In M. Kulaçatan & H. H. Behr (Hrsg.), *Migration, Religion, Gender und Bildung. Beiträge zu einem erweiterten Verständnis von Intersektionalität* (S. 253–284). transcript.

Karakoç, B. (2022). Moschee als pädagogischer Raum. Ein erweiterter Blick auf die religiöse Bildung und Erziehung in Moscheegemeinden. In E. Aslan (Hrsg.), *Handbuch Islamische Religionspädagogik. Teil 1* (S. 631–656). V & R.

Karakoç, B. & Behr, H. H. (Hrsg.) (2022). *Moschee 2.0: Internationale und transdisziplinäre Perspektiven.* Waxmann.

Kasselstrand, I. (2015). Nonbelievers in the church: A study of cultural religion in Sweden. *Sociology of Religion, 76*(3), S. 275–294. https://doi.org/10.1093/socrel/srv026.

Katenbrink, N. & Goldmann, D. (2020). Varianten Forschenden Lernens – Ein konzeptbasierter Typisierungsvorschlag. In M. Basten, C. Mertens, A. Schöning & E. Wolf (Hrsg.), *Forschendes Lernen in der Lehrer/innenbildung. Implikationen für Wissenschaft und Praxis.* Waxmann.

Katenbrink, N. & Wischer, B. (2015). ‚Zum Glück hatte mein Projekt ja was mit Geschichte zu tun': Reflexivität als Herausforderung forschenden Lernens. In N. Katenbrink, I. Kunze & C. Solzbacher (Hrsg.), *Brücken bauen – Praxisforschung zu Übergängen im Bildungssystem* (S. 221–241). Monsenstein und Vannerdat.

Keller-Messahli, S. (2017). *Islamistische Drehscheibe Schweiz. Ein Blick hinter die Kulissen der Moscheen.* NZZ Libro.

Kellermann, P. F. (1998). Sociodrama. *Group Analysis, 31*(2), S. 179–195. https://doi.org/10.1177/0533316498312005.

Kenar, B., Stein, M. & Zimmer, V. (2020). Religiosität und religiöse Erziehung muslimischer Jugendlicher – Ein Literaturüberblick. *Theo-Web. Zeitschrift für Religionspädagogik, 19*(1), S. 345–367. https://doi.org/10.23770/tw0138.

Kermani, N. (2017). *Wer ist Wir? Deutschland und seine Muslime* (9. Aufl.). C. H. Beck.

Khalfaoui, M. (2010). Gängige Erwartungen und Erziehungsvorstellungen der Muslime: Was die Zufriedenheit verbirgt? In B. Uçar & D. Bergmann (Hrsg.), *Islamischer Religionsunterricht in Deutschland. Fachdidaktische Konzeptionen: Ausgangslage, Erwartungen und Ziele* (S. 113–124). V & R unipress.

Khalfaoui, M. & Ehret, J. (2021). *Islamische Theologie in Deutschland. Ein Modell für Europa und die Welt.* Herder.

Khorchide, M. (2007). Die Bedeutung des Islam für Muslime der zweiten Generation. In H. Weiss (Hrsg.), *Leben in zwei Welten. Zur sozialen Integration ausländischer Jugendlicher der zweiten Generation* (S. 217–244). Springer VS.

Khorchide, M. (2009a). *Der islamische Religionsunterricht zwischen Integration und Parallelgesellschaft. Einstellungen der islamischen ReligionslehrerInnen an öffentlichen Schulen.* VS.

Khorchide, M. (2009b). *Der islamische Religionsunterricht in Österreich. ÖIF-Dossier, Nr. 5.* ÖIF.

Kiefer, M. (2010). Schulbücher für Islamischen Religionsunterricht in der Grundschule – Eine Sichtung aus islamwissenschaftlicher Perspektive. In B. Uçar & D. Bergmann (Hrsg.), *Islamischer Religionsunterricht in Deutschland. Fachdidaktische Konzeptionen: Ausgangslage, Erwartungen und Ziele* (S. 141–159). V & R unipress.

Kiefer, M. (2013). Islamische Theologie, islamischer Religionsunterricht – Kritische Anmerkungen zur Funktion und Praxis der neu gegründeten Beiräte. In K. Spenlen (Hrsg.), *Gehört der Islam zu Deutschland? Fakten und Analysen zu einem Meinungsstreit* (S. 213–228). DUP.

Kiefer, M., Hüttermann, J., Dziri, B., Ceylan, R., Roth, V., Srowig, F. & Zick, A. (2018). *„Lasset uns in sha'a Allah ein Plan machen". Fallgestützte Analyse der Radikalisierung einer WhatsApp-Gruppe*. Springer VS.

Klafki, W. (1959). *Das pädagogische Problem des Elementaren und die Theorie der kategorialen Bildung*. Beltz.

Klafki, W. (2007). *Neue Studien zur Bildungstheorie und Didaktik. Zeitgemäße Allgemeinbildung und kritisch-konstruktive Didaktik* (6. Aufl.). Beltz.

Klaus, E., Drüeke, R. & Kirchhoff, S. (2012). Mediale Identitätsräume: Bilder von verschleierten Frauen in der österreichischen Presse. In E. Hausbacher, E. Klaus, R. Poole, U. Brandl & I. Schmutzhart (Hrsg.), *Migration und Geschlechterverhältnisse. Kann die Migrantin sprechen?* (S. 213–230). Springer VS.

Kleemann, F., Krähnke, U. & Matuschek, I. (2013). *Interpretative Sozialforschung. Eine Einführung in die Praxis des Interpretierens* (2. Aufl.). Springer VS.

Klement, K., Shakir, A. & Topalović, S. (Hrsg.) (2019). *Kompetenzorientierung im islamischen Religionsunterricht. Impulse für Theorie und Praxis*. Veritas.

Klinkhammer, G. (2000). *Moderne Formen islamischer Lebensführung. Eine qualitativ-empirische Untersuchung zur Religiosität sunnitisch geprägter Türkinnen der zweiten Generation in Deutschland*. Diagonal.

Klinkhammer, G. (2003). Moderne Formen islamischer Lebensführung. Musliminnen der zweiten Generation in Deutschland. In M. Rumpf, U. Gerhard & M. M. Jansen (Hrsg.), *Facetten islamischer Welten. Geschlechterordnungen, Frauen- und Menschenrechte in der Diskussion* (S. 257–271). transcript.

Klinkhammer, G. & Satilmis, A. (Hrsg.) (2008). *Interreligiöser Dialog auf dem Prüfstand. Kriterien und Standards für die interkulturelle und interreligiöse Kommunikation*. LIT.

Knauth, T. (2019). ‚Buntes aus der Grauzone'. Religionsunterricht und die Möglichkeiten dialogischen interreligiösen Lernens im konfessionellen Kontext. Ergebnisse einer qualitativ-empirischen Fallstudie. In T. Krobath, D. Lindner & E. Petschnigg (Hrsg.), *‚Nun sag, wie hast du's mit der religiösen Vielfalt?' Zwischen Konflikt und Kompetenz in Kindergarten, Schule und Jugendarbeit* (S. 207–227). LIT.

Knauth, T. (2020). Dialogischer Religionsunterricht für alle in Hamburg. Entwicklung, Potenziale und Fragen zur Weiterentwicklung. In T. Knauth & W. Weiße (Hrsg.), *Ansätze, Kontexte und Impulse zu dialogischem Religionsunterricht* (S. 293–314). Waxmann.

Knibbe, K. & Kupari, H. (2020). Theorizing lived religion: Introduction. *Journal of Contemporary Religion, 35*(2), S. 157–176. https://doi.org/10.1080/13537903.2020.175989 7.

Knobloch, P. D. Th. & Drerup, J. (Hrsg.), (2022). *Bildung in postkolonialen Konstellationen. Erziehungswissenschaftliche Analysen und pädagogische Perspektiven*. transcript.

Knorr Cetina, K. (2002). *Wissenskulturen. Ein Vergleich naturwissenschaftlicher Wissensformen*. Suhrkamp.

Kocina, E. (2017). Islam und Diskriminierung. Muslime als Feindbild. In R. Nowak & E. Kocina (Hrsg.), *Gehört der Islam zu Österreich?* (S. 137–145). Molden.

Koçyiğit, I. (2022). Universitäre Implementierung der islamischen Religionspädagogik im deutschsprachigen Raum. In E. Aslan (Hrsg.), *Handbuch Islamische Religionspädagogik. Teil 2* (S. 955–979). V & R.

Kolb, J. (2017). Religiöse Praxisformen junger MuslimInnen in Österreich im Alltag. Virtualisierungstendenzen, religiöse Bricolage und der Prozesscharakter des religiösen Lebens. *Österreichisches Religionspädagogisches Forum, 25*(1), S. 74–88. https://doi.org/10.25364/10.25:2017.1.8.

Kolb, J. (2018). *Präsenz durch Verschwinden. Sprache und Ethnizität in der Alltagspraxis junger Kärntner Slowen_innen.* transcript.

Kolb, J. (2020). Constituted Islam and Muslim everyday practices in Austria: The diversity of the ties to religious organizational structures and religious authorities in the process of change. *Journal of Muslim Minority Affairs, 40*(3), S. 371–394. https://doi.org/10.10 80/13602004.2020.1819129.

Kolb, J. (2021). Modes of interreligious learning within pedagogical practice: An analysis of interreligious approaches in Germany and Austria. *Religious Education, 116*(2), S. 142–156. https://doi.org/10.1080/00344087.2020.1854416.

Kolb, J. (2023a). Muslim diversity, religious formation and Islamic Religious Education: Everyday practical insights into Muslim parents' concepts of religious education in Austria. *British Journal of Religious Education, 45*(2), S. 172–185. https://doi.org/10.1 080/01416200.2021.1911787.

Kolb, J. (2023b). On the disappearance and presence of the Slovene-Speaking minority in Carinthia (Austria): Insights into the use of language and ethnic affiliation in leisure time from a practice-theoretical perspective. *Ethnicities, 23*(3), S. 475–499. https://doi.org/10.1177/14687968221096159.

Kolb, J. & Quenzel, G. (2022). Forschung in der Lehrer*innenbildung. Potenziale und Grenzen von forschungsgeleiteter Lehre und forschendem Lernen mit Studierenden und Schüler*innen. In N. Brocca, A.-K. Dittrich & J. Kolb (Hrsg.), *Grenzgänge und Grenzziehungen. Transdisziplinäre Ansätze in der Lehrer*innenbildung* (S. 51–83). iup.

Kolb, J. & Yildiz, E. (2019). Muslim everyday religious practices in Austria: From defensive to open religiosity. *Religions, 10*(3), 161, Special Issue: Islam in Europe, European Islam. https://doi.org/10.3390/rel10030161.

Könemann, J. (2015). Religion. *WIReLex. Das Wissenschaftlich-Religionspädagogische Lexikon im Internet.* Abrufort: https://www.bibelwissenschaft.de/wirelex/das-wissenschaftlich-religionspaedagogische-lexikon/wirelex/sachwort/anzeigen/details/religion/ch/69537e8ba561af212844b138cdc47f89/. Zugegriffen: 1. Sept. 2022.

Koopmans, R. (2015). Religious fundamentalism and hostility against out-groups: A comparison of Muslims and Christians in Western Europe. *Journal of Ethnic and Migration Studies, 41*(1), S. 33–57. https://doi.org/10.1080/1369183X.2014.935307.

Körs, A., Haddad, L., Wagner, C. & Akbaba, Y. (2022). Islamischer Religionsunterricht (IRU) in Deutschland im Spannungsfeld von Religion, Bildung, Politik und Gesellschaft. *Zeitschrift für Religion, Gesellschaft und Politik,* (online first). https://doi.org/10.1007/s41682-022-00120-5.

Kosnik, C. & Beck, C. (2000). The action research process as a means of helping student teachers understand and fulfil the complex role of the teacher. *Educational Action Research, 8*(1), S. 115–136.

Krämer, G. (2007). *Geschichte des Islam.* Sonderausgabe. C. H. Beck.

Kraml, M. & Sejdini, Z. (2015). Religiöse Unterschiedlichkeit als Potenzial. Innsbrucker interreligiöse Religionspädagogik und Religionsdidaktik. *Österreichisches Religionspädagogisches Forum, 23*(1), S. 29–37. https://doi.org/10.25364/10.23:2015.1.4.

Kraml, M. & Sejdini, Z. (Hrsg.) (2018a). *Interreligiöse Bildungsprozesse. Empirische Einblicke in Schul- und Hochschulkontexte.* Kohlhammer.

Kraml, M. & Sejdini, Z. (2018b). Der Forschungskontext. In M. Kraml & Z. Sejdini (Hrsg.), *Interreligiose Bildungsprozesse. Empirische Einblicke in Schul- und Hochschulkontexte* (S. 13–20). Kohlhammer.

Kraml, M. & Sejdini, Z. (2018c). Methodologie. In M. Kraml & Z. Sejdini (Hrsg.), *Interreligiöse Bildungsprozesse. Empirische Einblicke in Schul- und Hochschulkontexte* (S. 21–34). Kohlhammer.

Kraml, M., Sejdini, Z., Bauer, N. & Kolb, J. (2020). *Konflikte und Konfliktpotentiale in interreligiösen Bildungsprozessen. Empirisch begleitete Grenzgänge zwischen Schule und Universität.* Kohlhammer.

Kreisky, J. (2010). Historische Aspekte des Islam in Österreich. Kontinuitäten und Brüche. In A. Janda & M. Vogl (Hrsg.), *Islam in Österreich* (S. 11–19). ÖIF.

Krobath, T. (2020a). Das Wiener Projekt des dialogisch-konfessionellen Religionsunterrichts. Potentiale und Fragen zur Zukunft des Religionsunterrichts in Österreich. In T. Knauth & W. Weiße (Hrsg.), *Ansätze, Kontexte und Impulse zu dialogischem Religionsunterricht* (S. 105–120). Waxmann.

Krobath, T. (2020b). Religiöse Vielfalt als Struktur und Auftrag. Chancen und Spannungen religiöser Pluralisierung in einer Hochschule am Beispiel der Kirchlichen Pädagogischen Hochschule Wien/Krems. In J. Willems (Hrsg.), *Religion in der Schule. Pädagogische Praxis zwischen Diskriminierung und Anerkennung* (S. 279–296). transcript.

Kroißenbrunner, S. (1996). *Soziopolitische Netzwerke türkischer MigrantInnen in Wien. Projektendbericht.* IFK.

Kroißenbrunner, S. (2001). *Türkische Imame in Wien. Projektendbericht.* IFK.

Kuckartz, U. (2014). *Mixed Methods. Methodologie, Forschungsdesigns und Analyseverfahren.* Springer VS.

Kunstmann, J. (2010). *Religionspädagogik. Eine Einführung* (2. Aufl.). Francke.

Kunstmann, J. (2017). Subjektorientierte Religionspädagogik. Modellvorschlag für ein zeitgemäßes Konzept religiöser Bildung. *Zeitschrift für Pädagogik und Theologie, 69*(4), S. 367–377. https://doi.org/10.1515/zpt-2017-0040.

Kutlu, S. (2013). Schulen des Islams. In R. Heinzmann, P. Antes, M. Thurner, M. Selçuk & H. Albayrak (Hrsg.), *Lexikon des Dialogs. Grundbegriffe aus Christentum und Islam. Bd. 2* (S. 626–628). Herder.

Kutscher, J. (2009). Online-Fatwas – Islamische Rechtsgutachten und ihre Bedeutung für politische Partizipation. In M. Brückner & J. Pink (Hrsg.), *Von Chatraum bis Cyberjihad. Muslimische Internetnutzung in lokaler und globaler Perspektive* (S. 135–154). Ergon.

Lachmann, R. (2013). Geschichte der Religionspädagogik bis Anfang des 20. Jahrhunderts – didaktische Schlaglichter. In M. Rothgangel, G. Adam & R. Lachmann (Hrsg.), *Religionspädagogisches Kompendium* (8. Aufl., S. 53–72). V & R.

Lamptey, J. T. (2014). *Never wholly other: A Muslima theology of religious pluralism.* Oxford Univ. Press.

Lang, D. J, Wiek, A., Bergmann, M., Stauffacher, M., Martens, P., Moll, P., Swilling, M. & Thomas, C. J. (2012). Transdisciplinary research in sustainability science: Practice, principles, and challenges. *Sustainability Science, 7*(1), S. 25–43. https://doi.org/10.1007/s11625-011-0149-x.

Lange, A.-K. (2014). *Islamische Theologie an deutschen Hochschulen.* Nomos.

Langenhorst, G. (2016). *Trialogische Religionspädagogik. Religiöses Lernen zwischen Judentum, Christentum und Islam.* Herder.

Lederer, B. (2014). *Kompetenz oder Bildung. Eine Analyse jüngerer Konnotationsverschiebungen des Bildungsbegriffs und Plädoyer für eine Rück- und Neubesinnung auf ein transinstrumentelles Bildungsverständnis.* iup.

Lee, L. (2012). Research note: Talking about revolution: Terminology for the new field of non-religion studies. *Journal of Contemporary Religion, 27*(1), S. 129–139. https://doi.org/10.1080/13537903.2012.642742.

Lehnhoff, B. (2019). Körperschaftsstatus für Islamverbände? *NDR Kultur*, Beitrag vom 18.01.2019. Abrufort: https://www.ndr.de/kultur/sendungen/freitagsforum/Koerperschaftsstatus-fuer-Islamverbaende,lehnhoffkoerperschaftsstatus100.html. Zugegriffen: 29. Apr. 2023.

Leimgruber, S. (2005). Katholische Perspektiven zum interreligiösen Lernen: Konziliar und inklusivistisch. In P. Schreiner, U. Sieg & V. Elsenbast (Hrsg.), *Handbuch interreligiöses Lernen* (S. 126–133). Gütersloher Verlagshaus.

Leimgruber, S. (2007). *Interreligiöses Lernen.* Neuausgabe. Kösel.

Leimgruber, S. (2013). Von Kanton zu Kanton verschieden. Neue Ansätze im Religionsunterricht der Schweiz. *Herder Korrespondenz Spezial 2*, S. 48–52.

Lengersdorf, D. (2011). *Arbeitsalltag ordnen. Soziale Praktiken in einer Internetagentur.* VS.

Lévi-Strauss, C. (1962). *The savage mind.* Weidenfeld & Nicolson.

Lindemann, H. (2006). *Konstruktivismus und Pädagogik. Grundlagen, Modelle, Wege zur Praxis.* Reinhardt.

Lingen-Ali, U. & Mecheril, P. (2016). Religion als soziale Deutungspraxis. *Österreichisches Religionspädagogisches Forum, 24*(2), S. 17–24. https://doi.org/10.25364/10.24:2016.2.3.

Lott, J. & Schröder-Klein, A. (2006). Religion unterrichten in Bremen. *Theo-Web. Zeitschrift für Religionspädagogik, 7*(1), S. 68–79.

Lotz, T. A. (2007). Phänomenologie als methodologische Grundlage für empirische Praktische Theologie. In A. Dinter, H.-G. Heimbrock & K. Söderblom (Hrsg.), *Einführung in die Empirische Theologie. Gelebte Religion erforschen* (S. 60–72). V & R.

Luckmann, T. (1972). Religion in der modernen Gesellschaft. In J. Wössner (Hrsg.), *Religion im Umbruch. Soziologische Beiträge zur Situation von Religion und Kirche in der gegenwärtigen Gesellschaft* (S. 3–15). Enke.

Luckmann, T. (1980). Säkularisierung – ein moderner Mythos. In T. Luckmann (Hrsg.), *Lebenswelt und Gesellschaft* (S. 161–172). Schöningh.

Lüdtke, A. (2020). *Confessional Gap. Konfessionalität und Religionsunterricht denken.* Kohlhammer.

Lüdtke, A. & Pohl-Patalong, U. (2018). ,Konfessionalität' des Religionsunterrichts? Wandlungen des Begriffs im Kontext religiöser Heterogenität. *Praktische Theologie, 53*(2), S. 84–90. https://doi.org/10.14315/prth-2018-530206.

Luhmann, N. (1972). Die Organisierbarkeit von Religionen und Kirchen. In J. Wössner (Hrsg.), *Religion im Umbruch. Soziologische Beiträge zur Situation von Religion und Kirche in der gegenwärtigen Gesellschaft* (S. 245–285). Enke.

Luhmann, N. (2000). *Die Religion der Gesellschaft*. Suhrkamp.

Makdisi, G. (1981). *The rise of colleges: Institutions of learning in Islam and the West*. Edinburgh Univ. Press.

Mattes, A. (2022). *Migration & Religion*. Verlag der Österreichischen Akademie der Wissenschaften.

Mattes, A., Mourão Permoser, J. & Stoeckl, K. (2016). Introduction: Institutional responses to religious pluralism. *Interdisciplinary Journal for Religion and Transformation in Contemporary Society, 2*(1), S. 2–11.

McGuire, M. B. (Hrsg.) (2008). *Lived religion. Faith and practice in everyday life*. Oxford Univ. Press.

Mecheril, P. (2004). *Einführung in die Migrationspädagogik*. Beltz.

Mecheril, P. (2016). Migrationspädagogik – Ein Projekt. In P. Mecheril (Hrsg.), *Handbuch Migrationspädagogik* (S. 8–30). Beltz.

Mette, N. (2005). *Einführung in die katholische Praktische Theologie*. WBG.

Mette, N. & Schweitzer, F. (2002). Neuere Religionsdidaktik im Überblick. In P. Biehl, C. Bizer, R. Degen, N. Mette, F. Rickers & F. Schweitzer (Hrsg.), *Religionsdidaktik. Jahrbuch der Religionspädagogik 18* (S. 21–40). Neukirchener Verlag.

Mey, G. & Mruck, K. (2009). Methodologie und Methodik der Grounded Theory. In W. Kempf & M. Kiefer (Hrsg.), *Forschungsmethoden der Psychologie. Zwischen naturwissenschaftlichem Experiment und sozialwissenschaftlicher Hermeneutik. Bd. 3: Psychologie als Natur- und Kulturwissenschaft. Die soziale Konstruktion der Wirklichkeit* (S. 100–152). Regener.

Meyer, K. (2019). *Grundlagen interreligiösen Lernens*. V & R.

Mikkelsen, F. (2019). The diffusion and innovation of Muslim organizations in Denmark. *Journal of Muslim Minority Affairs, 39*(2), S. 157–176. https://doi.org/10.1080/136020 04.2019.1625255.

Mohagheghi, H. & Steinwede, D. (2016). *Was der Koran uns sagt: Für Kinder in einfacher Sprache*. Bayerischer Schulbuch-Verl.

Mohr, I.-C. (2009). Notizen aus der didaktischen Diskussion des islamischen Religionsunterrichts in Niedersachsen. In I.-C. Mohr & M. Kiefer (Hrsg.), *Islamunterricht – Islamischer Religionsunterricht – Islamkunde. Viele Titel – Ein Fach?* (S. 117–142). transcript.

Mourão Permoser, J., Rosenberger, S. & Stoeckl, K. (2010). Religious organisations as political actors in the context of migration: Islam and Orthodoxy in Austria. *Journal of Ethnic and Migration Studies, 36*(9), S. 1463–1481. https://doi.org/10.1080/13691 83X.2010.500819.

Muckel, S. (2017). Muslimische Religionsgemeinschaften als Körperschaften des öffentlichen Rechts. In P. Antes & R. Ceylan (Hrsg.), *Muslime in Deutschland. Historische Bestandsaufnahme, aktuelle Entwicklungen und zukünftige Forschungsfragen* (S. 77–113). Springer VS.

Müller, D. (2017). ‚Aber Hocam …' – Imame und die Aushandlung islamischer Autorität im Alltag von Schweizer Moscheen. *Zeitschrift für Ethnologie, 142*(1), S. 67–92.

Müller, R. (2016). Der Koran im Unterricht. Chance für Geschlechtergerechtigkeit oder Extremismus. In Z. Sejdini (Hrsg.), *Islamische Theologie und Religionspädagogik in Bewegung. Neue Ansätze in Europa* (S. 91–100). transcript.

Müller, W. (2006). Bildungsforschung und pädagogische Soziologie. In H. Merkens (Hrsg.), *Erziehungswissenschaft und Bildungsforschung* (S. 21–39). VS.

Münz, R., Seifert, W. & Ulrich, R. (1997). *Zuwanderung nach Deutschland. Strukturen, Wirkungen, Perspektiven*. Campus.

Nauck, B. (2004). Familienbeziehungen und Sozialintegration von Migranten. In K. J. Bade & M. Bommes (Hrsg.), *Migration – Integration – Bildung: Grundfragen und Problembereiche. IMIS-Beiträge – Heft 23* (S. 83–104). Instituts für Migrationsforschung und Interkulturelle Studien der Universität Osnabrück.

Neubacher, M., Freunberger, R., Schreiner, C., Vogtenhuber, S., Oberwimmer, K., Höller, I., Mayrhofer, L., Baumegger, D., Steiger, A., Gurtner-Reinthaler, S., Toferer, B. & Wallner-Paschon, C (2018). Indikatoren D: Output – Ergebnisse des Schulsystems. In BMBWF (Hrsg.), *Nationaler Bildungsbericht Österreich 2018. Bd.1* (S. 197–270). Leykam.

Neumann, P. (2013). Radikalisierung, Deradikalisierung und Extremismus. *APuZ – Aus Politik und Zeitgeschichte, 63*(29–31), S. 3–10.

Nielsen, J. S. (2013). Concluding reflections: Everyday lived Islam and the future of Islamic studies. In N. M. Dessing, N. Jeldtoft, J. S. Nielsen & L. Woodhead (Hrsg.), *Everyday lived Islam in Europe* (S. 163–177). Ashgate.

Nikbakhsh, M. & Meinhart, E. (2020). Terror in Wien: Was wir bisher über Attentäter F. wissen. *Profil*, Beitrag vom 03.11.2020. Abrufort: https://www.profil.at/oesterreich/terror-in-wien-was-wir-bisher-ueber-attentaeter-f-wissen/401086029. Zugegriffen: 8. März 2023.

Nimmervoll, L. (2018). Islam in der Schule: ‚Nicht das Kind ist das Problem‘. *Der Standard*. Printausgabe vom 26.03.2018, S. 6.

Nipkow, K. E. (2002). Multikulturelle und multireligiöse Erziehung in der Schule. *Zeitschrift für Pädagogik und Theologie, 54*(2), S. 101–118.

Obermann, A. (2005). ‚Religion unterrichten zwischen Kirchturm und Minarett‘ – Entwürfe eines interreligiösen Religionsunterrichts an der Berufsschule. In P. Schreiner, U. Sieg & V. Elsenbast (Hrsg.), *Handbuch interreligiöses Lernen* (S. 476–485). Gütersloher Verlagshaus.

OECD – Organisation für wirtschaftliche Zusammenarbeit und Entwicklung (Hrsg.) (2019a). *PISA 2018. Ergebnisse. Bd. 1: Was Schülerinnen und Schüler wissen und können*. OECD.

OECD – Organisation für wirtschaftliche Zusammenarbeit und Entwicklung (Hrsg.) (2019b). *PISA 2018. Results. Vol. II: Where all students can succeed*. OECD.

Ohly, K. P. (2011). Evolutionstheorie und Schöpfungslehre im Biologieunterricht. In D. Dreesmann, D. Graf & K. Witte (Hrsg.), *Evolutionsbiologie. Moderne Themen für den Unterricht* (S. 485–503). Spektrum Akademischer Verlag.

ÖIF – Österreichischer Integrationsfonds (Hrsg.) (2012). *Der Islam in den Medien – Berichterstattung über den Islam, seine Vertreter und Muslime in ausgewählten österreichischen Printmedien*. ÖIF.

ÖIF – Österreichischer Integrationsfonds (Hrsg.) (2020). *Diskurse in ausgewählten Grazer Moscheen und deren mögliche Auswirkungen auf den Integrationsprozess. Eine explorative Studie. ÖIF-Forschungsbericht*. ÖIF.

ÖRF – Österreichisches Religionspädagogisches Forum (Hrsg.) (2014). *Angehende Lehrerinnen und Lehrer benötigen dringend Kompetenzen, wie sie mit religiösen Phänomenen umgehen können* (Stellungnahme veröffentlicht am 16.12.2014). Abrufort: https:// oerf.eu/fileadmin/user_upload/p_rel-paed-forum/2014_12_16_Kompetenzen_religioese_Phaenomene.pdf. Zugegriffen: 8. März 2023.

Ornig, N. (2006). *Die Zweite Generation und der Islam in Österreich. Eine Analyse von Chancen und Grenzen des Pluralismus von Religionen und Ethnien.* Grazer Universitätsverlag.

Orsi, R. A. (1985). *The Madonna of 115th Street. Faith and Community in Italian Harlem, 1880–1950.* Yale Univ. Press.

Orsi, R. A. (1997). Everyday miracles: The study of lived religion. In D. D. Hall (Hrsg.), *Lived religion in America. toward a history of practice* (S. 3–21). Princeton Univ. Press.

OSZE – Organisation für Sicherheit und Zusammenarbeit in Europa (Hrsg.) (2012). *Pädagogischer Leitfaden zur Bekämpfung von Diskriminierung und Intoleranz gegenüber Muslimen. Mit Bildungsarbeit gegen Islamophobie.* OSZE.

Otte, G. & Rössel, J. (2011). Lebensstile in der Soziologie. In J. Rössel & G. Otte (Hrsg.), *Lebensstilforschung. Sonderheft 51 der Kölner Zeitschrift für Soziologie und Sozialpsychologie* (S. 7–34). VS.

Ourghi, A.-H. (2017). *Einführung in die Islamische Religionspädagogik.* Grünewald.

Owen, H. (2008). *Open space technology: A user's guide* (3. Aufl.). Berrett-Koehler.

Özışık, S. (2016). *Intergenerational changes in the religiosity of Turkish Islamic immigrants in contemporary Germany. A qualitative analysis using the faith development interview.* Dissertation, Universität Bielefeld.

Özsoy, Ö. (2015). Islamische Theologie als Wissenschaft. Funktionen, Methoden, Argumentationen. In M. Gharaibeh, E. Begic, H. Schmid & C. Ströbele (Hrsg.), *Zwischen Glaube und Wissenschaft. Theologie in Christentum und Islam* (S. 56–68). Pustet.

Pabel, K. (2017). Das neue Islamgesetz in Österreich. In ÖIF – Österreichischer Integrationsfonds (Hrsg.), *Islam europäischer Prägung* (S. 111–125). ÖIF.

Petzke, M. & Tyrell, H. (2012). Religiöse Organisationen. In M. Apelt & V. Tacke (Hrsg.), *Handbuch Organisationstypen* (S. 275–306). Springer Fachmedien.

Pfündel, K., Stichs, A. & Halle, N. (2020). *Menschen mit Migrationshintergrund aus muslimisch geprägten Ländern in Deutschland. Analysen auf Basis des Mikrozensus 2018. Working Paper 87.* Bundesamt für Migration und Flüchtlinge.

Pfündel, K., Stichs, A. & Tanis, K. (2021). *Muslimisches Leben in Deutschland 2020. Studie im Auftrag der Deutschen Islam Konferenz. Forschungsbericht 38.* Bundesamt für Migration und Flüchtlinge.

Pickel, G. (2010). Säkularisierung, Individualisierung oder Marktmodell? Religiosität und ihre Erklärungsfaktoren im europäischen Vergleich. *Kölner Zeitschrift für Soziologie und Sozialpsychologie, 62*(2), S. 219–245.

Pickel, G. (2011). *Religionssoziologie. Eine Einführung in zentrale Themenbereiche.* VS.

Pink, J. (2011). Ein Monopol aufs Paradies? Innermuslimische Kontroversen über die Frage der Exklusivität des Zuganges zum jenseitigen Heil. In T. Seidensticker (Hrsg.), *Zeitgenössische islamische Positionen zu Koexistenz und Gewalt* (S. 59–81). Harrassowitz.

Polat, M. (2008). Die islamisch-wissenschaftlichen Disziplinen. In H. H. Behr (Hrsg.), *„Den Koran zu lesen genügt nicht!". Fachliches Profil und realer Kontext für ein neues Berufsfeld. Auf dem Weg zum islamischen Religionsunterricht* (S. 93–104). LIT.

Pollack, D. (2012). *Säkularisierung – Ein moderner Mythos? Studien zum religiösen Wandel in Deutschland* (2. Aufl.). Mohr Siebeck.

Pollack, D. (2018). Säkularisierung. In D. Pollack, V. Krech, O. Müller & M. Hero (Hrsg.), *Handbuch Religionssoziologie* (S. 303–327). Springer VS.

Pollack, D. & Müller, O. (2013). *Religiosität und Zusammenhalt in Deutschland.* Bertelsmann Stiftung.

Pollack, D. & Pickel, G. (2003). Deinstitutionalisierung des Religiösen und Religiöse Individualisierung in Ost- und Westdeutschland. *Kölner Zeitschrift für Soziologie und Sozialpsychologie, 55*(3), S. 447–474.

Popa, F., Guillermin, M. & Dedeurwaerdere, T. (2015). A pragmatist approach to transdisciplinarity in ustainability research: From complex systems theory to reflexive science. *Futures, 65*, S. 45–56. https://doi.org/10.1016/j.futures.2014.02.002.

Potz, R. (1993). Die Anerkennung der islamischen Glaubensgemeinschaft in Österreich. In J. Schwartländer (Hrsg.), *Freiheit der Religion. Christentum und Islam unter dem Anspruch der Menschenrechte* (S. 135–146). Grünewald.

Poya, A. & Reinkowski, M. (2008). Einführung: Was soll Islamwissenschaft bedeuten? In A. Poya (Hrsg.), *Das Unbehagen in der Islamwissenschaft: Ein klassisches Fach im Scheinwerferlicht der Politik und der Medien* (S. 9–15). transcript.

Prengel, A. (1993). *Pädagogik der Vielfalt. Verschiedenheit und Gleichberechtigung in interkultureller, feministischer und integrativer Pädagogik.* Leske + Budrich.

Prengel, A. (1997). Perspektivität anerkennen – Zur Bedeutung von Praxisforschung in Erziehung und Erziehungswissenschaft. In B. Friebertshäuser & A. Prengel (Hrsg.), *Handbuch Qualitative Forschungsmethoden in der Erziehungswissenschaft* (S. 599–627). Juventa.

Pries, L. (2010). (Grenzüberschreitende) Migrantenorganisationen als Gegenstand der sozialwissenschaftlichen Forschung: Klassische Problemstellungen und neuere Forschungsbefunde. In L. Pries & Z. Sezgin (Hrsg.), *Jenseits von ‚Identität oder Integration'. Grenzen überspannende Migrantenorganisationen* (S. 15–60). VS.

Quenzel, G. & Hurrelmann, K. (Hrsg.) (2019). *Handbuch Bildungsarmut.* Springer VS.

Race, A. (1983). *Christians and religious pluralism: Patterns in the Christian theology of religions.* Orbis.

Radtke, F.-O. (2011). *Kulturen sprechen nicht: Die Politik grenzüberschreitender Dialoge.* Hamburger Edition.

Rahman, F. (1988). Islamization of knowledge: A response. *American Journal of Islamic Social Sciences, 5*(1), S. 3–12.

Rammstedt, B., Zabal, A. & Gauly, B. (2019). Grundkompetenzen Erwachsener im internationalen Vergleich – Ergebnisse aus 32 PIAAC Teilnehmerländern. In G. Quenzel & K. Hurrelmann (Hrsg.), *Handbuch Bildungsarmut* (S. 287–314). Springer VS.

Reckwitz, A. (2003). Grundelemente einer Theorie sozialer Praktiken: Eine sozialtheoretische Perspektive. *Zeitschrift für Soziologie, 32*(4), S. 282–301. https://doi.org/10.1515/zfsoz-2003-0401.

Reiser, K. M. (2000). *Identitäts- und Interessenpolitik „türkischer" Migrantenorganisationen in Wien.* Dissertation, Universität Wien.

Rickers, F. (2001). Interreligiöses Lernen. In R. Mette & F. Rickers (Hrsg.), *Lexikon der Religionspädagogik. Bd. 1: A–K* (S. 874–881). Neukirchener Verlag.

Riesebrodt, M. (2000). *Die Rückkehr der Religionen. Fundamentalismus und der 'Kampf der Kulturen'*. C. H. Beck.

Rosenow-Williams, K. (2010). Von der Konsolidierung zur Erneuerung. Eine organisationssoziologische Analyse der Türkisch-Islamischen Union der Anstalt für Religion e.V. (DITIB). In L. Pries & Z. Sezgin (Hrsg.), *Jenseits von 'Identität oder Integration'. Grenzen überspannende Migrantenorganisationen* (S. 169–200). VS.

Rosenow-Williams, K. (2012). *Organizing Muslims and integrating Islam in Germany. New developments in the 21st Century*. Brill.

Rosenow-Williams, K. & Sezgin, Z. (2014). Islamic migrant organizations: Little-studied actors in humanitarian action. *International Migration Review, 48*(2), S. 324–353. https://doi.org/10.1111/imre.12061.

Rothgangel, M. (2013). Was ist Religionspädagogik? Eine wissenschaftstheoretische Orientierung. In M. Rothgangel, G. Adam & R. Lachmann (Hrsg.), *Religionspädagogisches Kompendium* (8. Aufl., S. 17–34). V & R.

Rötting, M. (2012). *Religion in Bewegung. Dialog-Typen und Prozess im interreligiösen Lernen*. LIT.

Rückamp, V. (2021). *Alltag in der Moschee. Eine Feldforschung jenseits von Integrationsfragen*. transcript.

Sachse, R. (2017). *Konflikt und Streit. Wie wir konstruktiv mit ihnen umgehen*. Springer-Verlag.

Sahin, A. (2013). *New directions in Islamic education: Pedagogy and identity formation*. Kube Publishing.

Şahin, E. (2017). *Europäischer Islam. Diskurs im Spannungsfeld von Universalität, Historizität, Normativität und Empirizität*. Springer VS.

Saif, M. (2018). *»Islam« im öffentlichen Diskurs. Zur sprachlichen Konstituierung einer Religion*. Dissertation, Universität Mannheim.

Sajak, C. P. (2005). *Das Fremde als Gabe begreifen. Auf dem Weg zu einer Didaktik der Religionen aus katholischer Perspektive*. LIT.

Sajak, C. P. (2015). Trialogische Religionspädagogik und Komparative Theologie. Strukturelle Analogien – produktive Kollisionen. In R. Burrichter, G. Langenhorst & K. von Stosch (Hrsg.), *Komparative Theologie. Herausforderung für die Religionspädagogik. Perspektiven zukunftsfähigen interreligiösen Lernens* (S. 31–48). Schöningh.

Sarıkaya, Y. (2011). *401 Hadithe für den Islamunterricht. „Am Gesandten Gottes habt ihr ein schönes Beispiel …"*. Schulbuchverlag Anadolu.

Sarıkaya, Y. (2016). Der Hadith im islamischen Religionsunterricht. In Z. Sejdini (Hrsg.), *Islamische Theologie und Religionspädagogik in Bewegung. Neue Ansätze in Europa* (S. 101–118). transcript.

Sarıkaya, Y. (2021). *Hadith und Hadithdidaktik. Eine Einführung*. Schöningh.

Sarıkaya, Y., Ermert, D. & Öger-Tunç, E. (Hrsg.) (2019). *Islamische Religionspädagogik: Didaktische Ansätze für die Praxis*. Waxmann.

Sarrazin, T. (2010). *Deutschland schafft sich ab. Wie wir unser Land aufs Spiel setzen*. DVA.

Schambeck, M. (2013). *Interreligiöse Kompetenz. Basiswissen für Studium, Ausbildung und Beruf*. V & R.

Schatzki, T. R. (1996). *Social practices. A Wittgensteinian approach to human activity and the social*. Cambridge Univ. Press.

Schatzki, T. R. (2002). *The site of the social. A philosophical account of the constitution of social life and change*. Pennsylvania State Univ. Press.

Schäuble, M. (2011). *Dschihadisten: Feldforschung in den Milieus. Die Analyse zu Black Box Dschihad*. Schiler & Mücke.

Scheipl, J., Leeb, J., Wetzel, K., Rollett, W. & Kielblock, S. (2019). Pädagogische Ausgestaltung und förderliche Bedingungen erfolgreicher ganztägiger Schulformen. In BMBWF (Hrsg.), *Nationaler Bildungsbericht Österreich 2018. Bd. 2* (S. 225–268). Leykam.

Schielke, S. (2010). *Second thoughts about the anthropology of Islam, or how to make sense of grand schemes in everyday life. ZMO Working papers, No. 2*. Zentrum Moderner Orient.

Schiffauer, W. (1998). Ausbau von Partizipationschancen islamischer Minderheiten als Weg zur Überwindung des islamischen Fundamentalismus? In H. Bielefeld & W. Heitmeyer (Hrsg.), *Politisierte Religion* (S. 418–437). Suhrkamp.

Schiffauer, W. (2004). Vom Exil- zum Diaspora-Islam. Muslimische Identitäten in Europa. *Soziale Welt, 55*(4), S. 347–368.

Schiffauer, W. (2010). *Nach dem Islamismus. Eine Ethnographie der Islamischen Gemeinschaft Milli Görüş*. Suhrkamp.

Schiffauer, W. (2015a). Akteur Islamische Gemeinden: Identitäten und Ressourcen. In W. Schiffauer (Hrsg.), *Schule, Moschee, Elternhaus. Eine ethnologische Intervention* (S. 135–186). Suhrkamp.

Schiffauer, W. (2015b). *Schule, Moschee, Elternhaus. Eine ethnologische Intervention*. Suhrkamp.

Schimmel, A. (1951). *Ibn Chaldun. Ausgewählte Abschnitte aus der Muqaddima. Aus dem Arabischen von Annemarie Schimmel*. J. C. B. Mohr (Paul Siebeck).

Schmid, H. (2017a). Muslime in der Schweiz. Mehr Vielfalt. *Herder Korrespondenz, 8*, S. 27–30.

Schmid, H. (2017b). Dialogue in conflict – Conflict in dialogue. Unexpected loci of Interreligious Theology. *Studies in Interreligious Dialogue, 27*(2), S. 95–115. https://doi.org/10.2143/SID.27.2.3269037.

Schmid, H., Akca, A. A. & Barwig, K. (2008). *Gesellschaft gemeinsam gestalten. Islamische Vereinigungen als Partner in Baden-Württemberg*. Nomos.

Schmidinger, T. (2015). *Jihadismus: Ideologie, Prävention und Deradikalisierung*. Mandelbaum.

Schmidinger, T. & Larise, D. (Hrsg.) (2008). *Zwischen Gottesstaat und Demokratie. Handbuch des politischen Islam*. Deuticke.

Schmidt, P., Bamberg, S., Davidov, E., Herrmann, J. & Schwartz, S. H. (2007). Die Messung von Werten mit dem ‚Portraits Value Questionnaire'. *Zeitschrift für Sozialpsychologie, 38*(4), S. 261–275.

Schmidt-Leukel, P. (2005). *Gott ohne Grenzen: Eine christliche und pluralistische Theologie der Religionen*. Gütersloher Verlagshaus.

Schmidt-Leukel, P. (2019). *Wahrheit in Vielfalt: Vom religiösen Pluralismus zur interreligiösen Theologie*. Gütersloher Verlagshaus.

Schmied, M. (2005). Islam in Österreich. In W. Feichtinger & S. Wentker (Hrsg.), *Islam, Islamismus und islamischer Extremismus* (S. 189–206). Böhlau.

Schneider, J. & Cramer, C. (2020). Relationierung von Theorie und Praxis: Was bedeutet dieses Konzept für die Begleitung von Praktika in der Lehrerinnen- und Lehrerbildung? In K. Rheinländer & D. Scholl (Hrsg.), *Verlängerte Praxisphasen in der Lehrer*innenbildung. Konzeptionelle und empirische Aspekte der Relationierung von Theorie und Praxis* (S. 23–38). Klinkhardt.

Schneider, R. & Wildt, J. (2007). Forschendes Lernen in Praxisstudien. *Journal für Hochschuldidaktik, 18*(2), S. 12–15.

Schneiders, T.-G. (2010). Die Schattenseite der Islamkritik. In T.-G. Schneiders (Hrsg.), *Islamfeindlichkeit – Wenn die Grenzen der Kritik verschwimmen* (2. Aufl., S. 417–446). VS.

Schnell, P. (2014). Transmission von Partnerpräferenzen bei muslimischen Familien in Österreich. In H. Weiss, P. Schnell & G. Ateş (Hrsg.), *Zwischen den Generationen. Transmissionsprozesse in Familien mit Migrationshintergrund* (S. 113–134). Springer VS.

Schneuwly-Purdie, M. & Tunger-Zanetti, A. (2019). Switzerland. In O. Scharbrodt, S. Akgönül, A. Alibašić, J. S. Nielsen & E. Račius (Hrsg.), *Yearbook of Muslims in Europe. Vol. 11* (S. 614–630). Brill.

Schnur, O. (2008). Gute Beziehungen, schlechte Beziehungen. Lokales Sozialkapital und soziale Integration von Migranten im Quartier. *Vhw Forum Wohneigentum, 9*(3), S. 138–144.

Schratz, M. & Westfall-Greiter, T. (2010). Das Dilemma der Individualisierungsdidaktik. Plädoyer für personalisiertes Lernen in der Schule. *Journal für Schulentwicklung, 12*(1), S. 18–31.

Schreiber, C. (2017). *Inside Islam. Was in Deutschlands Moscheen gepredigt wird*. Econ.

Schreier, M. (2010). Fallauswahl. In G. Mey & K. Mruck (Hrsg.), *Handbuch Qualitative Forschung in der Psychologie* (S. 238–251). VS.

Schröder, B. (2012). *Religionspädagogik*. Mohr Siebeck.

Schröter, J. I. (Hrsg.) (2020). *Islamdidaktik. Praxishandbuch für die Sekundarstufe I und II*. Cornelsen.

Schührer, S. (2018). *Türkeistämmige Personen in Deutschland. Erkenntnisse aus der Repräsentativuntersuchung „Ausgewählte Migrantengruppen in Deutschland 2015" (RAM). Working Paper 81*. Bundesamt für Migration und Flüchtlinge.

Schütz, A. & Luckmann, T. (1984). *Strukturen der Lebenswelt. Bd. 2*. Suhrkamp.

Schwab, U. (2002). Wahrnehmen und Handeln. Praktische Theologie als subjektorientierte Theorie. In E. Hauschild & U. Schwab (Hrsg.), *Praktische Theologie für das 21. Jahrhundert* (S. 161–175). Kohlhammer.

Schwartz, S. H. (1992). Universals in the content and structure of values: Theoretical advances and empirical tests in 20 countries. *Advances in Experimental Social Psychology, 25*(1), S. 1–65.

Schwartz, S. H. (2006). *Basic human values. An overview*. Abrufort: https://uranos.ch/research/references/Schwartz_2006/Schwartzpaper.pdf. Zugegriffen: 8. März 2023.

Schwartz, S. H., Cieciuch, J., Vecchione, M., Davidov, E., Fischer, R., Beierlein, C., Ramos, A., Verkasalo, M., Lönnqvist, J.-E., Demirutku, K., Dirilen-Gumus, O. & Konty, M. (2012). Refining the theory of basic individual values. *Journal of Personality and Social Psychology, 103*(4), S. 663–688.

Schwartz, S. H., Melech, G., Lehmann, A., Burgess, S., Harris, M. & Owens, V. (2001). Extending the cross-cultural validity of the theory of basic human values with a different method of measurement. *Journal of Cross-Cultural Psychology, 32*(5), S. 519–542. https://doi.org/10.1177/0022022101032005001.

Schwegler, D. (2012). Islamischer Religionsunterricht. Streit um Allahs Botschaft. *Beobachter*, Beitrag vom 10.04.2012. Abrufort: https://www.beobachter.ch/bildung/schule/islamischer-religionsunterricht-streit-um-allahs-botschaft. Zugegriffen: 15. Mai 2023.

Schweitzer, F. (2014a). *Interreligiöse Bildung. Religiöse Vielfalt als religionspädagogische Herausforderung und Chance.* Gütersloher Verlagshaus.

Schweitzer, F. (2014b). *Bildung.* Neukirchener Verlag.

Schweitzer, F. (2017). Interreligiöse Kompetenz: Stand der Diskussion – Aufgaben der Forschung – Ausgangspunkte für die empirische Untersuchung. In F. Schweitzer, M. Bräuer & R. Boschki (Hrsg.), *Interreligiöses Lernen durch Perspektivenübernahme. Eine empirische Untersuchung religionsdidaktischer Ansätze* (S. 56–69). Waxmann.

Schweitzer, F. & Boschki, R. (2017). Zur Bedeutung der Befunde – Konsequenzen für religionsdidaktische Forschung und religionspädagogische Theoriebildung. In F. Schweitzer, M. Bräuer & R. Boschki (Hrsg.), *Interreligiöses Lernen durch Perspektivenübernahme. Eine empirische Untersuchung religionsdidaktischer Ansätze* (S. 133–138). Waxmann.

Schweitzer, F., Bräuer, M. & Boschki, R. (Hrsg.) (2017). *Interreligiöses Lernen durch Perspektivenübernahme. Eine empirische Untersuchung religionsdidaktischer Ansätze.* Waxmann.

Schweitzer, F., Bräuer, M. & Losert, M. (2017). Einführung und zusammenfassende Darstellung des Forschungsprojekts. In F. Schweitzer, M. Bräuer & R. Boschki (Hrsg.), *Interreligiöses Lernen durch Perspektivenübernahme. Eine empirische Untersuchung religionsdidaktischer Ansätze* (S. 11–29). Waxmann.

Schweitzer, F. & Ulfat, F. (2022). *Dialogisch – kooperativ – elementarisiert. Interreligiöse Einführung in die Religionsdidaktik aus christlicher und islamischer Sicht.* V & R.

Sejdini, Z. (2015). Grundlagen eines theologiesensiblen und beteiligtenbezogenen Modells islamischer Religionspädagogik und Religionsdidaktik im deutschsprachigen Kontext. *Österreichisches Religionspädagogisches Forum, 23*(1), S. 21–28. https://doi.org/10.25364/10.23:2015.1.3.

Sejdini, Z. (2017). Islamische Theologie an europäischen Universitäten. In ÖIF – Österreichischer Integrationsfonds (Hrsg.), *Islam europäischer Prägung* (S. 97–109). ÖIF.

Sejdini, Z. (2018). ,Wer das eigene Ufer nie verlässt, wird Neues nicht entdecken'. Herausforderungen für die Islamische Religionspädagogik im europäischen Kontext. In Z. Sejdini (Hrsg.), *Islam in Europa. Begegnungen, Konflikte und Lösungen* (S. 17–33). Waxmann.

Sejdini, Z. (2020a). Säkular und religiös – Herausforderungen für die islamische Theologie. In C. Ströbele, M. Gharaibeh, K. Hock & M. Tatari (Hrsg.), *Säkular und religiös. Herausforderungen für islamische und christliche Theologie* (S. 90–98). Pustet.

Sejdini, Z. (2020b). The Innsbruck model of interreligious education. In W. Weiße, J. Ipgrave, O. Leirvik & M. Tatari (Hrsg.), *Pluralisation of theologies at European universities* (S. 215–226). Waxmann.

Sejdini, Z. (2022a). *Rethinking Islam in Europe. Contemporary approaches in Islamic religious education and theology.* De Gruyter.

Sejdini, Z. (2022b). Anthropologische Grundlagen islamischer Bildungsvorstellungen und ihre Implikationen für die islamische Religionspädagogik. In E. Aslan (Hrsg.), *Handbuch Islamische Religionspädagogik. Teil 1* (S. 83–109). V & R.

Sejdini, Z. (2022c). Religiöse Pluralität aus islamisch-religionspädagogischer Perspektive. In A. Poya, F. Suleiman & B. Weineck (Hrsg.), *Bildungskulturen im Islam. Islamische Theologie Lehren und Lernen* (S. 275–304). De Gruyter.

Sejdini, Z. & Kolb, J. (2023). *Wissenschaftliches Forschen und Arbeiten in der Islamischen Theologie. Eine Einführung.* Schöningh.

Siegenthaler, P. & Abdeleli, A. (2020). Anerkennung der muslimischen Glaubensgemeinschaft ist umstritten. *SWI*, Beitrag vom 12.03.2020. Abrufort: https://www.swissinfo.ch/ger/anerkennung-der-muslimischen-glaubensgemeinschaft-ist-umstritten/45809952. Zugegriffen: 2. Mai 2023.

Simojoki, H. & Lindner, K. (2020). Modelle der konfessionellen Kooperation an Schulen und Hochschulen in Deutschland. Eine Bestandsaufnahme im Horizont einer gesamttheologisch verantworteten Religionslehrerinnen- und Religionslehrerbildung. *Zeitschrift für Pädagogik und Theologie, 72*(2), S. 120–132. https://doi.org/10.1515/zpt-2020-0015.

Spellerberg, A. (1996). *Soziale Differenzierung durch Lebensstile. Eine empirische Untersuchung zur Lebensqualität in West- und Ostdeutschland.* Edition Sigma.

Spielhaus, R. (2011). *Wer ist hier Muslim? Die Entwicklung eines islamischen Bewusstseins in Deutschland zwischen Selbstidentifikation und Fremdzuschreibung.* Ergon.

Spielhaus, R. (2018). Der Umgang mit innerreligiöser Vielfalt im Islamischen Religionsunterricht in Deutschland und seinen Schulbüchern. In Z. Štimac & R. Spielhaus (Hrsg.), *Schulbuch und religiöse Vielfalt. Interdisziplinäre Perspektiven* (S. 93–116). V & R unipress.

Spielhaus, R. & Mühe, N. (Hrsg.). (2018). *Islamisches Gemeindeleben in Berlin.* Senatsverwaltung für Kultur und Europa. Abrufort: https://www.berlin.de/sen/kulteu/religion-und-weltanschauung/islamisches-gemeindeleben-in-berlin/2020neu_studieislam_gemeindeleben.pdf. Zugegriffen: 10. Mai 2023.

Star, S. L. & Griesemer, J. R. (1989). Institutional ecology: Translations and boundary objects: Amateurs and professionals in Berkeley's Museum of Vertebrate Zoology, 1907–39. *Social Studies of Science, 19*(3), S. 387–420. https://doi.org/10.1177/030631289019003001.

Stark, R. & Glock, C. Y. (1970). *American piety: The nature of religious commitment.* Univ. of California Press.

Statistik Austria (Hrsg.) (2015). *Migration & Integration. Zahlen.Daten.Indikatoren.* Statistik Austria.

Stein, M. (2012). Werteerziehung. In U. Sandfuchs, W. Melzer, B. Dühlmeier & A. Rausch (Hrsg.), *Handbuch Erziehung* (S. 662–667). Klinkhardt.

Stein, M. (2017). *Allgemeine Pädagogik* (3. Aufl.). Ernst Reinhardt.

Stein, M., Zimmer, K. & Ceylan, R. (2022). Islamische Erziehung und Säkularisierung: Herausforderungen für muslimische Familien und den islamischen Religionsunterricht in Deutschland. In E. Aslan (Hrsg.), *Handbuch Islamische Religionspädagogik. Teil 1* (S. 241–263). V & R.

Sticker, M. (2008). *Sondermodell Österreich? Die Islamische Glaubensgemeinschaft in Österreich (IGGiÖ)*. Drava.

Stoeckl, K. (2010). The impact of the return of religion on theoretical approaches to democracy and governance in the social and political sciences. *Sociology Compass, 4*(2), S. 1–11. https://doi.org/10.1111/j.1751-9020.2010.00284.x.

Stoeckl, K. (Hrsg.). (2015). *The future of religious education in Europe*. European Univ. Institute.

Stoeckl, K. (2016). Postsecular conflicts and the global struggle for traditional values. *State, Religion and Church, 3*(2), S. 102–116.

von Stosch, K. (2012). *Komparative Theologie als Wegweiser in der Welt der Religionen*. Schöningh.

Strauss, A. & Corbin, J. (1990). *Basics of qualitative research: Grounded Theory procedures and techniques*. Sage.

Strauss, A. L. & Corbin, J. (1996). *Grounded Theory. Grundlagen Qualitativer Sozialforschung*. Beltz.

Streib, H. (2005). Wie finden interreligiöse Lernprozesse bei Kindern und Jugendlichen statt? Skizze einer xenosophischen Religionsdidaktik. In P. Schreiner, U. Sieg & V. Elsenbast (Hrsg.), *Handbuch interreligiöses Lernen* (S. 230–243). Gütersloher Verlagshaus.

Streib, H. (2018). What is Xenosophia? Philosophical contributions to prejudice research. In H. Streib & C. Klein (Hrsg.), *Xenosophia and Religion. Biographical and statistical paths for a culture of welcome* (S. 3–21). Springer.

Streib, H., Hood, R. W. Jr. & Klein, C. (2010). The religious schema scale: Construction and initial validation of a quantitative measure for religious styles. *International Journal for the Psychology of Religion, 20*(3), S. 151–172. https://doi.org/10.1080/1050861 9.2010.481223.

Strobl, A. (1997). *Islam in Österreich. Eine religionssoziologische Untersuchung*. Peter Lang.

Strobl, A. (2005). Der österreichische Islam. Entwicklung, Tendenzen, Möglichkeiten. *SWS-Rundschau, 45*(4), S. 520–543.

Stübig, F. & Stübig, H. (2018). Kategoriale Bildung und Kompetenzorientierung. Ist Wolfgang Klafkis Theorie noch zeitgemäß? In R. Laging & P. Kuhn (Hrsg.), *Bildungstheorie und Sportdidaktik. Ein Diskurs zwischen kategorialer und transformatorischer Bildung* (S. 29–48). Springer Fachmedien.

Sunier, T. & Buskens, L. (2022). Authoritative landscapes: The making of Islamic authority among Muslims in Europe. An introduction. *Journal of Muslims in Europe, 11*(1), S. 1–19. https://doi.org/10.1163/22117954-bja10057.

Takim, A. (2016). Die Verortung der Islamischen Theologie und Religionspädagogik in der europäischen Islamforschung. Ein Spannungsfeld zwischen Innen- und Außenperspektive. In Y. Sarıkaya & A. Aygün (Hrsg.), *Islamische Religionspädagogik. Leitfragen aus Theorie, Empirie und Praxis* (S. 13–35). Waxmann.

Tautz, M. (2007). *Interreligiöses Lernen im Religionsunterricht. Menschen und Ethos im Islam und Christentum*. Kohlhammer.

Tautz, M. (2018). Begegnungslernen – Ein schillernder Begriff. *Religionspädagogische Beiträge, 79*, S. 24–32.

Taylor, C. (2009). *Ein säkulares Zeitalter*. Suhrkamp.

Tezcan, L. (2003). Das Islamische in den Studien zu Muslimen in Deutschland. *Zeitschrift für Soziologie, 32*(3), S. 237–261. https://doi.org/10.1515/zfsoz-2003-0304.

Tezcan, L. (2011). Der säkulare Muslim: Zur Generierung einer Kategorie im Kontext der Deutschen Islam Konferenz. In M. Krüger-Potratz & W. Schiffauer (Hrsg.), *Migrationsreport 2010. Fakten – Analysen – Perspektiven* (S. 83–108). Campus.

Thiele, M. (2015). *Medien und Stereotype. Konturen eines Forschungsfeldes*. transcript.

Thompson Klein, J., Grossenbacher-Mansuy, W., Häberli, R., Bill, A., Scholz, R. W. & Welti, M. (Hrsg.) (2001). *Transdisciplinarity: Joint problem solving among science, technology, and society: An effective way for managing complexity*. Birkhäuser.

Tietze, N. (2001). *Islamische Identitäten. Formen muslimischer Religiosität junger Männer in Deutschland und Frankreich*. Hamburger Edition.

Topalović, S. (2018). Schulbuchentwicklung für den islamischen Religionsunterricht. Weiterentwicklungspotenziale und zukünftige Herausforderungen. *Österreichisches Religionspädagogisches Forum, 26*(1), S. 80–87. https://doi.org/10.25364/10.26:2018.1.10.

Trautmann, M. & Wischer, B. (2011). *Heterogenität in der Schule. Eine kritische Einführung*. VS.

Tremp, P. (2020). Forschungsorientierung und Berufsrelevanz. Hochschuldidaktische Überlegungen zum Lehramtsstudium. *Journal für lehrerInnenbildung, 20*(2), S. 16–32. https://doi.org/10.35468/jlb-02-2020_01.

Tufan-Destanoğlu, T. S. (2019). Muslimische Bildungs- und Erziehungsvorstellungen – Die Erwartungen von muslimischen Eltern und islamischen Religionslehrkräften an den islamischen Religionsunterricht in Niedersachsen und Nordrhein-Westfalen. *HIKMA, 10*(2), S. 147–170. https://doi.org/10.13109/hikm.2019.10.2.147.

Tufan-Destanoğlu, T. S. (2020). *Muslimische Bildungs- und Erziehungsvorstellungen. Die Erwartungen von Eltern und Lehrkräften an den islamischen Religionsunterricht*. Peter Lang.

Tuna, M. H. (2019). *Islamische ReligionslehrerInnen auf dem Weg zur Professionalisierung*. Waxmann.

Tuna, M. H., Kolb, J. & Sejdini, Z. (2023). Religious learning environments of Austrian Muslim youth: An empirical analysis of religious educational processes. *Religions, 14*(8), 1002, Special Issue: Rethinking Islamic Education: Challenges and Opportunities. https://doi.org/10.3390/rel14081002.

Tyack, D. & Tobin, W. (1994). The 'Grammar' of schooling: Why has it been so hard to change? *American Educational Research Journal, 31*(3), S. 453–479.

Tyrell, H. (2008). Religion und Organisation. Sechs kirchensoziologische Anmerkungen. In J. Hermelink & G. Wegner (Hrsg.), *Paradoxien kirchlicher Organisation. Niklas Luhmanns frühe Kirchensoziologie und die aktuelle Reform der evangelischen Kirche* (S. 179–204). Ergon.

Uçan, M. (2015). Keine Barrierefreiheit: Migranteneltern und Schule. In W. Schiffauer *Schule, Moschee, Elternhaus. Eine ethnologische Intervention* (S. 50–87). Suhrkamp.

Uçar, B. (2008). Synopse für das Fach „Islamunterricht" in der Grundschule: Zwischen didaktischem Profil und inhaltlicher Gestaltung. In M. Kiefer, E. Gottwald & B. Uçar (Hrsg.), *Auf dem Weg zum islamischen Religionsunterricht. Sachstand und Perspektiven in Nordrhein-Westfalen* (S. 121–140). LIT.

Uçar, B. & Bergmann, D. (Hrsg.) (2010). *Islamischer Religionsunterricht in Deutschland. Fachdidaktische Konzeptionen: Ausgangslage, Erwartungen und Ziele.* V & R unipress.

Ulfat, F. (2017). *Die Selbstrelationierung muslimischer Kinder zu Gott. Eine empirische Studie über die Gottesbeziehungen muslimischer Kinder als reflexiver Beitrag zur Didaktik des Islamischen Religionsunterrichts.* Schöningh.

Ulfat, F. (2018). Current state of research on Islamic religious education in Germany. In F. Schweitzer & R. Boschki (Hrsg.), *Researching religious education. Classroom processes and outcomes* (S. 343–370). Waxmann.

Ulfat, F. (2020a). Empirical research: Challenges and impulses for Islamic religious education. In *British Journal of Religious Education*, *42*(4), S. 415–423. https://doi.org/10.10 80/01416200.2020.1711513.

Ulfat, F. (2020b). Musliminnen und Muslime, Islam und Gender in der Wirklichkeitskonstruktion empirischer Studien. In K. Amirpur (Hrsg.), *MuslimInnen auf neuen Wegen. Interdisziplinäre Gender Perspektiven auf Diversität* (S. 23–38). Ergon.

Ulfat, F. (2022). Was zeichnet wissenschaftlichen Erkenntnisgewinn in der Islamischen Religionspädagogik aus? – Eine Annäherung. In A. Poya, F. Suleiman & B. Weineck (Hrsg.), *Bildungskulturen im Islam. Islamische Theologie lehren und lernen* (S. 103–114). De Gruyter.

Unzeitig, D. (2019). *Eine Lehrerin sieht Rot: Mini-Machos, Kultur-Clash, Gewalt in der Schule und das Versagen der Politik.* Plassen.

Uslucan, H.-H. (2008). *Religiöse Werteerziehung in islamischen Familien.* Bundesministerium für Familie, Senioren, Frauen und Jugend.

Uslucan, H.-H. (2011). Integration durch islamischen Religionsunterricht? In H. Meyer & K. Schubert (Hrsg.), *Politik und Islam* (S. 145–167). VS.

Uslucan, H.-H. & Yalcin, C. M. (2018). *Abschlussbericht zur wissenschaftlichen Begleitung der Einführung des islamischen Religionsunterrichts (IRU) im Land Nordrhein-Westfalen.* Zentrum für Türkeistudien und Integrationsforschung.

Uygun-Altunbaş, A. (2017). *Religiöse Sozialisation in muslimischen Familien. Eine vergleichende Studie.* transcript.

Veit, B. (2020). Was tun gegen den Generalverdacht? *Annenpost. Geschichten aus dem Annenviertel,* Beitrag vom 18.12.2020. Abrufort: http://www.annenpost.at/2020/12/18/was-tun-gegen-den-generalverdacht/. Zugegriffen: 7. März 2023.

Verza, A. (2021). *Ibn Khaldūn and the Arab Origins of the Sociology of Civilisation and Power.* Springer.

Vilsmaier, U., Engbers, M., Luthardt, P., Maas-Deipenbrock, R. M., Wunderlich, S. & Scholz, R. W. (2015). Case-based mutual learning sessions: Knowledge integration and transfer in transdisciplinary processes. *Sustainability Science* 10, Special Feature: The Reality of Transdisciplinary Processes, S. 563–580. https://doi.org/10.1007/s11625-015-0335-3.

Vimercati Sanseverino, R. (2016). Was ist islamische Theologie? Für eine akademische Glaubenswissenschaft des Islams. *Frankfurter Zeitschrift für islamisch-theologische Studien, 3*(1), S. 171–184.

Vogt, J. (2020). Sebastian Kurz: Um Geschlossenheit bemüht. *Die Zeit,* Beitrag vom 03.11.2020. Abrufort: https://www.zeit.de/politik/2020-11/sebastian-kurz-islam-terror-anschlag-wien-oesterreich. Zugegriffen: 8. März 2023.

Waardenburg, J. (2002). *Islam: Historical, social and political perspectives.* De Gruyter.

Wäckerlig, O., Baumann-Neuhaus, E. & Bünker, A. (2022). Entkirchlichung als Prozess. Beobachtungen zur Distanzierung gegenüber Kirche und kirchlicher Religiosität. In J. Stolz, A. Bünker, A. Liedhegener, E. Baumann-Neuhaus, I. Becci, Z. Dandarova-Robert, J. Senn, P. Tanner, O. Wäckerlig & U. Winter-Pfändler (Hrsg.), *Religionstrends in der Schweiz. Religion, Spiritualität und Säkularität im gesellschaftlichen Wandel* (S. 105–142). Springer VS.

Wagner, J. (2018). *Die Macht der Moschee. Scheitert die Integration am Islam?* Herder.

Waldenfels, B. (2003). *Topographie des Fremden. Studien zur Phänomenologie des Fremden I* (3. Aufl.). Suhrkamp.

Waldrauch, H. & Sohler, K. (2004). *Migrantenorganisationen in der Großstadt. Entstehung, Strukturen und Aktivitäten am Beispiel Wien.* Campus.

Wallner, A.-M. (2017). Islam und Medien. Viel beachtet, oft falsch dargestellt. In R. Nowak & E. Kocina (Hrsg.), *Gehört der Islam zu Österreich?* (S. 104–113). Molden.

Wang, C. C. & Burris, M. A. (1994). Empowerment through Photo Novella: Portraits of participation. *Health Education Quarterly, 21*(2), S. 171–186. https://doi.org/10.1177/109019819402100204.

Waschke, T. & Lammers, C. (2011). Evolutionstheorie im Biologieunterricht – (k)ein Thema wie jedes andere? In D. Dreesmann, D. Graf & K. Witte (Hrsg.), *Evolutionsbiologie. Moderne Themen für den Unterricht* (S. 504–534). Spektrum Akademischer Verlag.

WBGU – Wissenschaftlicher Beirat der Bundesregierung – Globale Umweltveränderungen (Hrsg.) (2011). *Welt im Wandel. Gesellschaftsvertrag für eine große Transformation. Hauptgutachten.* WBGU.

Weirer, W., Wenig, E. & Yağdı, Ş. (2019). ‚… und dass man nicht einfach das von zu Hause nachredet'. Interreligiöses Lernen im christlich-islamischen Teamteaching. *Österreichisches Religionspädagogisches Forum, 27*(2), S. 129–151. https://doi.org/10.25364/10.27:2019.2.9.

Weiss, H. (Hrsg.) (2007). *Leben in zwei Welten. Zur sozialen Integration ausländischer Jugendlicher der zweiten Generation.* VS.

Weiss, H., Ateş, G. & Schnell, P. (Hrsg.) (2016). *Muslimische Milieus im Wandel? Religion, Werte und Lebenslagen im Generationenvergleich.* Springer VS.

Weiss, H., Schnell, P. & Ateş, G. (Hrsg.) (2014). *Zwischen den Generationen. Transmissionsprozesse in Familien mit Migrationshintergrund.* Springer VS.

Weiss, H. & Strodl, R. (2016). Muslimische Milieus. Religiöse Bindung, Geschlechterbeziehungen und säkulare Orientierung. In H. Weiss, G. Ateş & P. Schnell (Hrsg.), *Muslimische Milieus im Wandel? Religion, Werte und Lebenslagen im Generationenvergleich* (S. 51–81). Springer VS.

Weiß, A. (2001). Was macht interkulturelle Konflikte aus? Kulturelle Differenzen, ethnische Identitäten und die Frage der Macht. *Journal für Konflikt- und Gewaltforschung, 3*(2), S. 87–110.

Weiße, W. (2010). Interreligiöse Bildung in Europa. Neue Entwicklungen in der öffentlichen Debatte, in der Forschung und im Trialog an Schulen. In C. P. Sajak (Hrsg.), *Trialogisch lernen. Bausteine für interkulturelle und interreligiöse Projektarbeit* (S. 25–39). Kallmeyer.

von Wensierski, H.-J. & Lübcke, C. (2012). „Als Muslim fühlt man sich hier auch zu Hause". Biographien und Alltagskulturen junger Muslime in Deutschland. Opladen.

Wets, J. (2006). The Turkish community in Austria and Belgium. The challenge of integration. Turkish Studies, 7(1), S. 85–100. https://doi.org/10.1080/14683840500520600.

Wetzels, P. & Brettfeld, K. (2003). Auge um Auge, Zahn um Zahn? Migration, Religion und Gewalt junger Menschen. Eine empirisch-kriminologische Analyse der Bedeutung persönlicher Religiosität für Gewalterfahrungen, -einstellungen und -handeln muslimischer junger Migranten im Vergleich zu Jugendlichen anderer religiöser Bekenntnisse. LIT.

Wiesinger, S. & Thies, J. (2018). Kulturkampf im Klassenzimmer. Wie der Islam die Schulen verändert. Bericht einer Lehrerin. Edition QVV.

Willems, J. (2011). Interreligiöse Kompetenz. Theoretische Grundlagen – Konzeptualisierungen – Unterrichtsmethoden. VS.

Willems, J. (2017). The position of Muslim pupils in discourses at German schools: Two accounts. International Journal of Practical Theology, 21(2), S. 194–214. https://doi.org/10.1515/ijpt-2016-0019.

Wilson, B. R. (1969). Religion in secular society. A sociological comment. Penguin Books.

Wilz, S. M. (2015). Skizze zur praxistheoretischen Debatte um Organisation. In M. Apelt & U. Wilkesmann (Hrsg.), Zur Zukunft der Organisationssoziologie (S. 253–270). Springer VS.

Winter, F. (2015). Lerndialog statt Noten. Neue Formen der Leistungsbeurteilung. Beltz.

Wissenschaftsrat (Hrsg.) (2010). Empfehlungen zur Weiterentwicklung von Theologien und religionsbezogenen Wissenschaften an deutschen Hochschulen (Drs. 9678–10). Wissenschaftsrat.

Woppowa, J. (2016). Differenzsensibel und konfessionsbewusst lernen. Multiperspektivität und Perspektivenverschränkung als religionsdidaktische Prinzipien. Österreichisches Religionspädagogisches Forum, 24(2), S. 41–49. https://doi.org/10.25364/10.24:2016.2.6.

Yildiz, E. (2015). Postmigrantische Perspektiven. Aufbruch in eine neue Geschichtlichkeit. In E. Yildiz & M. Hill (Hrsg.), Nach der Migration. Postmigrantische Perspektiven jenseits der Parallelgesellschaft (S. 19–36). transcript.

Yildiz, E. (2018). Vom methodologischen Orientalismus zur muslimischen Alltagspraxis. In Z. Sejdini (Hrsg.), Islam in Europa. Begegnungen, Konflikte und Lösungen (S. 61–78). Waxmann.

Yildiz, E. (2020). Ideen zu einer transreligiösen Bildung. Kontrapunktische Betrachtungen. In Z. Sejdini & M. Kraml (Hrsg.), Interreligiöse Bildung zwischen Kontingenzbewusstsein und Wahrheitsansprüchen (S. 15–25). Kohlhammer.

Yildiz, E. (2024). Postmigrantisch denken. Heimisch in einer globalisierten Gesellschaft. transcript [im Erscheinen].

Yilmaz-Huber, N. (2006). Die Rolle von MigrantInnenvereinen bei der Integration. In M. Oberlechner (Hrsg.), Die missglückte Integration? Wege und Irrwege in Europa (S. 45–56). Braumüller.

Zinnecker, J. (1975). Der heimliche Lehrplan. Untersuchungen zum Schulunterricht. Beltz.

Zirker, H. (1996). Zur ‚Pluralistischen Religionstheologie' im Blick auf den Islam. In R. Schwager (Hrsg.), Christus allein? Der Streit um die pluralistische Religionstheologie (S. 189–202). Herder.

Zuckerman, P. (2008). *Society without God: What the least religious nations can tell us about contentment.* New York Univ. Press.

Zulehner, P. M. (2011). *Verbuntung. Kirchen im weltanschaulichen Pluralismus.* Schwabenverlag.

Zulehner, P. M. (2016). *Muslimas und Muslime in Österreich im Migrationsstress.* Springer VS.

Zulehner, P. M. & Steinmair-Pösel, P. (2014). *Gleichstellung in der Sackgasse? Frauen, Männer und die erschöpfte Familie von heute.* Styria.

Zuschlag, B. & Thielke, W. (1998). *Konfliktsituationen im Alltag. Ein Leitfaden für den Umgang mit Konflikten in Beruf und Familie* (3. Aufl.). Hogrefe.

SPRINGER NATURE

GPSR Compliance

The European Union's (EU) General Product Safety Regulation (GPSR) is a set of rules that requires consumer products to be safe and our obligations to ensure this.

If you have any concerns about our products, you can contact us on ProductSafety@springernature.com

In case Publisher is established outside the EU, the EU authorized representative is:

Springer Nature Customer Service Center GmbH
Europaplatz 3
69115 Heidelberg, Germany

The manufacturer's authorised representative in the EU is Springer
Nature Customer Service Centre GmbH, Europaplatz 3, 69115 Heidelberg,
Germany. If you have any concerns regarding our products, please
contact ProductSafety@springernature.com

Printed and bound by CPI Group (UK) Ltd, Croydon, CR0 4YY
28/04/2026
02098518-0005